한국어교육 문법

자료편

저자 **강현화**, 이현정, 남신혜, 장채린, 홍연정, 김강희

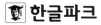

한글파크

서문

이 책은 대학원 수업에서 시작한 3년여에 걸친 한국어 문법 연구의 결과물이다. 그간 한국어교육을 위한 문법의 항목 선정과 이를 효과적으로 제시하는 방안에 대해 고민해 왔고, 결국 끝나지 않을 것 같았던 작업이 드디어 끝나는 시점에 이르렀다. 드디어 '한국어교육 문법-자료편'을 내놓게 되었다.

본 책 [한국어교육 문법]은 문법 항목을 중심으로 하는 사전식으로 제시된다. 학습자들은 개별 문법 항목의 의미와 사용 맥락을 앎으로 해서 의사소통에 적절한 언어 구사 능력을 지니게 되며, 개별 문법 항목의 사용상의 다양한 특성(형태적, 의미적, 문법적, 담화적)을 앎으로 해서 정확한 의사소통 능력에 접근하게 될 것이다.

본 책은 문법 항목 선정의 과정과 다양한 문법 지식 정보에 보다 초점을 두고자 하였다. 우선 한국어교육에 필요한 문법 항목을 객관적인 기준으로 선정하고자 했다. 이를 위해 한국어 교재나 한국어능력시험 등의 한국어교육 자료에 나타난 문법 항목들의 자료 간 중복도를 산정했으며, 일반 한국어 말뭉치나 한국어교육 자료 말뭉치상의 빈도를 살폈다. 아울러 선행 연구나 사전에서 제시된 문법 항목의 목록 등을 선정의 결과물과 교차 분석해 봄으로 해서 한국어교육에 필수적인 문법 항목을 선정하고자 했다. 또한 개별 문법 항목의 지식 정보를 형태적, 의미적, 문법적, 담화적 측면에서 차례로 기술하고, 유사 문법 항목과의 비교를 통해 그 정보의 특성을 변별하고자 했다. 한국어교육 자료 코퍼스와 일반 한국어 균형 말뭉치의 구성, 구어와 문어에서의 빈도 산정, 그리고 유사한 변이 형식들 중 대표 문법 항목을 정하는 일, 개별 항목들의 문법적 특성을 밝히는 작업, 유사하거나 관련이 있는 문법 항목 간의 비교 기술 등은 어렵고도 긴 작업이었다. 이에 몇 번을 수정했지만 여전히 많은 오류를 담고 있을 것이다.

하지만 [금요일엔 외솔관]이라는 카톡방 이름처럼 수업과 무관하게 금요일이 되면 연구실에 모여, 하나하나 밝히고 토론하면서 오늘의 작업을 마무리할 수 있었던 것은 실로 오랜 만의 성취감이었다. 쌓이는 행정 업무, 연구 부담, 수많은 학사 지도 속에서도 틈틈이 토론하며 고민하는 작업은 커다란 기쁨이었고, 공동 저자들인 이현정, 남신혜, 장채린, 홍연정, 김강희 다섯 제자들도 함께 이러한 성취감을 공유했으리라 믿는다. 털어 내지 않으면 다음으로 나아갈 수 없으므로 부족한 원고이지만 세상으로 내보내기로 했다. 어려운 출판 환경에서도 기꺼이 출판을 맡아 주신 한글파크에 감사를 드린다.

2016년 3월
저자 대표. 강현화

| 일 | 러 | 두 | 기 |

1. 표제항에 대한 정보

표제항

▶ 표제항은 영역별로 빈도와 중복도를 기준으로 선정된 문형이다. 표제항은 다음과 같은 원칙으로 기술하였다.

- 매개모음이 있는 것은 통합하여 기술: '(으)로', '-(으)면' 등
- 두 형태의 빈도가 동등한 것은 각 형태를 모두 제시: '이/가', '-은/는데' 등
- 일부 어미 중 형태가 복잡한 것은 동사와 결합하는 형태를 대표형으로 기술: '-는다' 등
- 의존어 구성에서는 관형사형어미를 포함하여 제시: '-은/는/을 것 같다' 등

형태 정보

▶ 형태 정보는 해당 문법을 사용하는 데 학습자들이 알아야 하는 이형태 정보, 품사에 따른 형태 정보를 담았다. 단, 의존어 구성은 관형사형어미와 결합하므로 시제에 따른 형태 정보를 제공하였다. 아울러, 형태 정보에는 준말과 본말, 줄어든 꼴의 정보, 각 문형의 특성을 고려한 문형의 활용과 관련한 여타 정보를 폭넓게 반영하고 있다.

	동사			형용사	
	과거	현재	미래	현재	미래
받침 O	-은 게 틀림없다	-는 게 틀림없다	-을 게 틀림없다	-은 게 틀림없다	-을 게 틀림없다
받침 X	-ㄴ 게 틀림없다		-ㄹ 게 틀림없다	-ㄴ 게 틀림없다	-ㄹ 게 틀림없다

2. 용법별 정보

의미 정보

▶ 의미 정보는 해당 문법의 용법을 명사형의 개념어로 제시한 것이다. '-음', '-기' '-는 것' 등으로 제시하였다.
▶ 아라비아 숫자 '1, 2, 3…'은 해당 문법 항목이 지니는 기본 의미와 확장 의미의 용법을 기술한 것이다. 기본 의미에서 확장 의미의 순으로 제시하였다.

1. 확인하기 2. 알려 주기

▶ 뜻풀이는 개념어로 제시한 의미를 이해하기 쉽게 풀어 쓴 것으로, '어떤 뜻을 나타낸다.', '어떤 경우에 쓴다.', '무엇을 나타낼 때 쓴다.' 등으로 이루어져 있다.

EXAMPLE –잖아(요)

1. 확인하기: 상대방이 알고 있는 사실을 확인할 때 쓴다.
2. 알려 주기: 상대방이 알아야 한다고 생각하는 내용을 알려 줄 때 쓴다. 특히 자신이 말한 것의 근거나 이유를 말할 때 쓴다.

▶ 예문은 해당 문법의 사용이 잘 나타난 것으로, 표제어와 결합 요소를 굵은 글씨로 처리하였다. 문장 예문과 대화 예문으로 구성되어 있으며, 형태 정보 및 문법 정보가 최대한 드러날 수 있도록 하였다. *는 비문, ?, ??는 예문의 어색함을 나타낸다.

EXAMPLE –잖아(요)

가: 규현 씨 생일에 우리 뭐 사 줄까요?
나: 책을 사 줄까요? 규현 씨는 책을 많이 읽잖아요.

문법 정보

▶ 문법 정보는 해당 문법 항목을 이해하거나 표현하기 위해 알아야 하는 문법적 정보나 제약을 뜻한다. 해당 문법 항목이 속한 문장의 주어나 목적어 등 '문장 성분에 대한 정보', 결합되는 선행 용언이나 선어말어미, 조사 등 '형태소에 대한 정보', 그 밖에 '부정형', '문장 유형', '분포나 활용상 특징에 대한 정보' 등을 담았다.

EXAMPLE –고 말다

• 조사 결합 정보 : '–고'와 '말다' 사이에 조사 '야'가 쓰여 그 의미를 더욱 강조하기도 한다.
  [예문] 김 선생은 불의의 사고로 일찍 세상을 **떠나고야 말았습니다**.
• 선행 용언 제약 : 주로 동사와 결합한다. 형용사, '이다'와 결합하기 어렵다.
  [예문] *아기가 엄마를 닮아서 **못생기고 말았어요**.
• 선어말어미 제약 : 선행 용언과 결합할 때 '–었–', '–겠–'이 개재되기 어렵다.
  [예문] *늦잠을 자는 바람에 중요한 행사에 (지각했고/지각하겠고) 말았어요.
• 시제 정보 : 주로 '–었–'과 결합하여 과거형으로 쓴다. 그러나 미래의 사건을 기정사실화하여 표현할 때는 미래형으로 쓸 수도 있다.
  [예문] 나도 언젠가는 세상을 **떠나고 말겠지**. → 변할 수 없는 사건을 표현할 때
        김 선생은 사고로 일찍 세상을 **떠나고 말 겁니다**. → 점쟁이가 미래를 예언할 때
• 문장 유형 제약 : 주로 평서문, 의문문으로 쓴다. 청유문, 명령문으로 쓰기 어렵다.
  [예문] *중요한 행사에 **지각하고 맙시다**.

공기 정보

▶ 공기 정보는 해당 문법과 함께 자주 쓰이는 어휘나 문법 형태에 대한 정보를 제공하였다.

- 의미를 강조하기 위해 '거의', '매일' 등과 함께 쓴다.
  > 예문 할머니가 저를 <u>거의</u> <u>키우다시피</u> 하셨어요.

담화 정보

▶담화 정보는 해당 문법 항목이 실제로 사용되는 장면, 화자와 청자 정보, 화행 정보를 담고 있다.
  담화 정보는 사용역 정보, 구어/문어에서의 실현형 정보, 의사소통 기능 정보 순으로 기술하였다.

| EXAMPLE **-는다고(요)**

- 주로 구어에서 사용된다.
- 주로 비격식적인 상황에서 사용된다.
- 평서문의 '-는다고(요)'는 아주 가까운 관계의 윗사람에게 말할 때 사용될 수 있다. 그러나 가까운 관계의 윗사람이라 하더라도 조금 기분 나쁘게 들릴 수도 있으므로 주의하여 사용한다.
- 격식적인 상황에서 청자가 윗사람일 경우, 청자에게 자신이 한 말을 반복하여 전달할 경우에는 '-는다고요'를 사용하지 않고 자신이 한 말을 그대로 다시 말하는 것이 자연스럽다.
- 구어에서 '-는다구(요)'로 발음하기도 한다.

관련 표현

▶관련 표현에서는 해당 문법과 유사한 의미 기능을 하는 문법에 대한 정보를 제시하였다. 문법 간의 의미적, 문법적, 담화적 유사성과 차이점에 대한 정보를 담았다. 또한 필요한 경우 표제항과 반의 또는 상하위 관계에 있는 표현도 제시하였다.

| EXAMPLE **-어서 vs -기 때문에**

- 대부분의 경우에 '-어서'와 큰 의미 차이 없이 바꿔 쓸 수 있다.
  > 예문 오늘은 날씨가 (<u>춥기 때문에</u>/<u>추워서</u>) 집에 있으려고 한다.
- '-어서'는 선행 용언과 결합할 때 '-었-'이 개재되기 어렵지만, '-기 때문에'는 그렇지 않다.
  > 예문 한국에 온 지 오래(<u>되었기 때문에</u>/<u>되어서</u>) 한국 생활에 익숙합니다.
- '-기 때문에'가 '-어서'에 비해 문어성이 강하다.
  > 예문 가 : 서준아, 안 씻니?
  >   나 : 오늘은 <u>피곤해서</u> 그냥 자려고요.
  > 예문 경기가 회복되고 <u>있기 때문에</u> 내년에는 경제 성장률이 올해보다 높을 것으로 예상된다.
- 조사 '에' 대신 '이다'와 결합한 '-기 때문이다'의 꼴로 쓰이기도 한다.
  > 예문 이번에 오디션에서 탈락한 것은 준비가 <u>부족했기 때문이에요</u>.

기타 정보

기타 용법

▶표제항의 주된 용법이 아닌, 제한적으로 사용되는 용법에 대한 정보를 제공하였다.

┃ EXAMPLE **−기 전에**

- 역할의 우선순위 : 앞에 나오는 역할보다 뒤에 나오는 역할이 더 우선적임을 강조할 때 쓴다.
  예문 나는 <u>아내이기 전에</u> 여자예요.

참고 정보

▶해당 문법과 관련하여 참고가 될 만한 정보를 제공하였다.

┃ EXAMPLE **−을까 보다**

- '보다' 대신 큰 의미 차이 없이 '하다'나 '싶다'를 사용할 수 있다. 두려움의 정도는 '보다'가 가장 강하다.
  예문 멀미를 <u>할까 (봐서/해서/싶어서)</u> 약을 가지고 왔어요.

확장

▶해당 문법이 다른 요소와 공기하여 확장된 의미 구성으로 학습될 수 있거나, 특정한 상황 맥락에 따라 추가적인 화행으로 사용되는 경우에는 확장 정보를 제공하였다.

┃ EXAMPLE **(으)로**

- (으)로 해서 : 선행어가 '길', '다리', '비상구', '뒷문'과 같이 통과하거나 지나가는 장소에 '(으)로 해서'가 붙으면 '경유'의 의미가 있다.
  예문 (택시를 탈 때) 아저씨, <u>마포대교로 해서</u> 가 주세요.

이 **사전**을 보는 법

 표제항에 대한 정보

표제항	• 대표형 제시	▶영역별 빈도와 중복도를 기준으로 선정
형태 정보	• 이형태 정보 • 준말, 본말 정보 • 줄어든 꼴에 대한 정보	▶표제항의 다양한 형태에 관한 정보를 담음 ▶필요에 따라 품사와 시제에 따른 형태 정보 제시

 용법별 정보

의미 정보	• 개념어 • 뜻풀이 • 예문	▶문법 항목의 의미를 개념어로 제시 ▶알기 쉬운 말로 풀어 쓴 뜻풀이 제시 ▶형태 및 문법 정보가 가시적으로 드러나도록 예문 제시
문법 정보	• 문장 성분에 대한 정보 : 주어, 목적어 • 결합 형태소에 대한 정보 : 선행 용언, 조사, 선어말어미 • 절, 문장의 특징에 대한 정보 : 부정형, 문장 유형, 후행절	▶해당 문법 항목을 이해, 또는 표현할 수 있기 위해 알아야 하는 문법적 정보나 제약을 제시
공기 정보	• 자주 함께 어울리는 문장 성분에 대한 정보	▶해당 문법 항목과 함께 자주 쓰이는 어휘나 문법 형태에 대한 정보 제시
담화 정보	• 사용역 정보 • 구어/문어의 실현형 정보 • 의사소통 기능 정보	▶실제로 사용되는 장면, 화자와 청자 정보, 구어 또는 문어에서 실제적으로 사용되는 형태, 화행 등의 정보 제시
관련 표현	• 문형 간 유사성, 차이점 : 의미, 문법, 담화 등	▶유사한 의미 기능을 수행하는 관련 표현 간의 의미적, 문법적, 담화적 특성을 비교

차 례

종결어미

선어말어미

관형사형어미

1

조사

① 조사

❀ 구성 ❀

표제항 정보

▶ **표제항은 아래와 같은 방식으로 대표형을 제시했다.**
- 매개모음을 사용하여 제시: (으)로
- 선행어에 받침이 있는 것을 먼저 제시: 은/는

조사 영역 쉽게 읽기

▶ **선행어의 음절 말 받침 유무에 따른 이형태의 제시**
- 조사는 선행어에 붙여 쓰기 때문에 형태 정보를 나타낼 때 선행어의 음절 말 받침 유무에 따라 이형태를 구분하여 제시하였다.

▶ **선행 요소와 후행 요소의 정보 제시**
- 조사의 특성상 문법 정보는 다른 영역에 비해 비교적 간략한데, 주로 선행 요소 정보와 후행 요소 정보를 제시하였다. 선행 요소는 주로 해당 조사가 결합하는 명사(혹은 명사 상당어구)인 경우가 많고, 후행 요소는 주로 해당 조사와 자주 쓰이는 서술 표현이나 선행어와 관련이 있는 명사(혹은 명사 상당어구)인 경우가 많다.

▶ **구어/문어에 따른 사용의 경향성 제시**
- 조사는 구어인지 문어인지에 따라 사용되는 형태가 다른 경우가 있어 담화 정보에서 이를 자세하게 제시하였다.

▶ **구어에서의 빈번한 생략 및 줄임 현상 기술**
- 조사는 구어에서 생략하거나 줄여 쓰는 일이 빈번하기 때문에 담화 정보에서 이를 자세하게 기술하였다. 형태 정보에서 제시하고 있는 **준말**, **tip**과 달리 담화 정보에서 제시하고 있는 조사의 줄임 현상은 구어 쓰임상 특징으로 발생하는 형태에 한하여 기술하였다.

▶ **다양한 사용역 정보의 제시**
- 조사는 다양한 사용역에 따라 쓰이는 형태에 차이가 있기 때문에, 담화 정보에서 구어/문어, 장르, 격식적/비격식적, 화청자 정보와 그에 따른 형태들을 상세히 제시하였으며, 관련 표현에서도 유사한 환경에서 교체되거나 교체되지 않는 조사를 서로 비교하였다.

▶ **추가 문형 및 확장된 의미 정보의 제시**
- 조사는 다른 요소들과 공기하여 하나의 구성으로서 학습할 수 있는 경우가 있기 때문에 추가 문형으로 제시할 수 있거나 확장된 의미를 지니는 것으로 제시할 수 있는 경우를 함께 기술하였다.

▶ **결합형 조사 정보의 제시**
- 표제항의 조사가 다른 조사와 결합하여 사용되는 경우를 추가적인 예문을 통하여 제시하였다.

까지

조사

형태 정보

• 선행어에 '까지'를 붙인다.

1 범위의 끝

범위의 끝 지점이나 한계를 나타낸다.

• 수업이 오후 1시까지 있습니다.
• 고향에서 서울까지 5시간 걸립니다.
• 저녁 5시부터 9시까지 아르바이트를 합니다.
• 오늘부터 14일까지 할인 행사가 진행될 예정이다.
• 가 : 그 책을 벌써 다 읽었어요?
　나 : 너무 재미있어서 끝까지 다 읽어 버렸어요.

공기 정보

• '까지'는 범위의 시작을 나타내는 조사 '에서', '부터'와 자주 쓴다. 대개 장소의 범위는
'~에서 ~까지', 시간의 범위는 '~부터 ~까지'로 사용한다.
　예문 서울에서 부산까지 기차로 3시간쯤 걸려요.
　　　오늘부터 내일까지 휴가입니다.

2 더함

현재의 상태나 정도에서 더해지거나 더 나아감을 나타낸다.

• 바람이 부는데 비까지 온다.
• 저녁에다가 커피까지 사 주시고 정말 감사드립니다.
• 채린이는 성격이 좋은데 예쁘기까지 해서 인기가 많다.
• 가 : 진짜 네가 안 했어?
　나 : 너까지 나를 믿지 못하는 거야?

- **도**

  (1) '도'는 단순히 두 상황이 동시에 존재함을 나타내지만, '까지'는 앞의 일을 인정한 후에 거기에서 끝이 아니라 하나가 더해짐을 나타내므로 화자의 태도를 더욱 강하게 전달한다.

  예문 몸이 아픈데, 일도 많다. → 몸도 아프고 일도 많음.

  　　　일까지 많다. → 몸이 아픈데, 여기에서 그치지 않고 마음에 들지 않는 일이 겹침.

  (2) '도'는 문장 내에 반복적으로 사용될 수 있으나 '까지'는 그렇지 않다.

  예문 그는 사업이 어려워서 차(도/*까지) 팔고 집(도/*까지) 팔고 땅(도/*까지) 팔았다.

- **마저**

  (1) '까지'는 단순히 하나의 사실이 더해짐을 나타내는 반면, '마저'는 '마지막 남은 그것', 혹은 '마지막이라고 할 수 있는 그것'의 의미가 더해짐을 나타낸다.

  예문 행복해하는 사람들을 보면 나(*마저/까지) 기분이 좋아진다.

  　　　김치 박물관에 가면 여러 종류의 김치를 구경하고, 김장 체험(*마저/까지) 할 수 있다.

  (2) '마저' 대신 '까지'를 쓸 수 있으나, '마저'를 사용하면 화자의 기대가 어긋남이 더욱 강조되는 효과가 있다.

  예문 그는 작년에 사랑하는 아내(마저/까지) 잃어 상심이 크다.

- **조차**

  (1) '까지'는 긍정문과 부정문에서 모두 쓸 수 있는 반면, '조차'는 부정문에서 주로 쓰인다.

  예문 똑똑한데 성격(*조차/까지) 좋다.

  (2) 부정문에서 '조차'는 '까지'와 바꿔 쓸 수 있다. 그러나 '조차'의 선행어는 화자가 생각하는 매우 '기본적인 일'인 반면, '까지'의 선행어에는 이러한 의미적 제약이 없다.

  예문 공부를 포기했는지 이제는 숙제까지 안 한다. → 다른 일에 더하여 숙제도 안 한다.

  　　　숙제조차 안 한다. → 가장 기본적인 숙제도 안 한다.

3 기타 용법

① 지나침

(주로 '이렇게, 저렇게, 그렇게'나 일부 연결어미에 붙어) 정상적인 정도를 지나침을 나타낸다.

- 그렇게까지 할 필요 없어요.
- 가 : 영어 발표 시험 준비 많이 했어?

나 : 응. 자면서까지 외울 정도야.

┌─── **결합형 조사 정보** ───────────────────────────────

'까지'는 다음과 같이 다른 조사들과 결합하여 쓰이기도 한다.

- **까지 + 가** : 여기**까지가** 시험 범위입니다.
- **까지 + 는** : 선생님 집 주소**까지는** 모르겠어요.
- **까지 + 도** : 엄마**까지도** 저에게 말해 주지 않았어요.
- **까지 + 로** : 일단 계약 기간은 15일**까지로** 되어 있습니다.
- **까지 + 를** : 1에서 10**까지를** 세어 보십시오.
- **까지 + 만** : 이번 학기**까지만** 한국에서 공부하고 고향에 돌아갈 거예요.
- **까지 + 밖에** : 2월은 왜 29일**까지밖에** 없어요?
- **까지 + 와** : A 전자에서는 지금**까지와** 다른 모습의 자동차를 출시할 계획이다.
- **에 + 까지** : 김 선수의 갑작스런 결혼 소식은 해외 신문**에까지** 났다.
- **에서 + 까지** : 요즘은 화장실**에서까지** 스마트폰을 보는 사람이 늘고 있다.
- **한테 + 까지** : 부모님은 자식들**한테까지** 아프다는 것을 말하지 않았다.

└──

께
조사

형태 정보

- 선행어에 '께'를 붙인다.

1 대상

('에게'의 높임말) 어떤 행위에 영향을 받는 대상이나 감정을 느끼는 대상을 나타낸다.

- 어제 부모님께 전화를 드렸어요.
- 할아버지께 인사를 드리러 가야 해요.
- 이 드라마를 시청해 주신 모든 분들께 감사드립니다.
- 우리 직원들은 사장님께 깊은 존경심을 느끼고 있다.
- 가 : 이 문제를 잘 모르겠어요.
  나 : 그럼 강 선생님께 한번 여쭤 보세요.

문법 정보

- **선행 요소 정보** : 화자가 높여야 하는 대상을 나타내는 유정 명사와 결합한다.

- **후행 요소 정보** : '주다, 가르치다, 말하다, 맡기다, 보내다, 보이다, 느끼다, 실망하다'와 같이 그 대상을 필요로 하는 동사나 '관심, 호감, 흥미' 등과 같이 감정을 나타내는 명사가 주로 온다.

  예문 김 선생님께 호감을 가지는 사람이 많이 있어요.

담화 정보

- 주로 구어에서 사용하는 경향이 있다.

관련 표현

- **에게, 한테**

  (1) '께'는 '에게'의 높임말이다. 따라서 높여야 할 대상이 아니면 '께'가 아니라 '에게'를 쓴다. 구어에서는 '에게' 대신 '한테'를 쓰기도 한다.

  예문 저는 고민이 있으면 친구(에게/한테/*께) 전화를 해요.

확장

- **사동문에서의 '께'**

  (1) 시킴을 받는 대상(사람)을 나타낸다.

  예문 의사 선생님이 할머니께 운동을 하게 하셨어요.

- **이동 동사 구문에서의 '께'**

  (1) 주어가 향하는 대상(사람)임을 나타낸다.

  예문 서준이는 선생님께 다가가서 인사를 했다.

- **비교 동사 및 '어울리다' 구문에서의 '께'**

  (1) 비교 대상(사람) 및 기준임을 나타낸다.

  예문 이런 옷은 아버님께 어울리지 않는 것 같아요.

- **'있다/없다' 구문에서의 '께'**

  (1) 그것을 가지고 있는 대상(사람)을 나타낸다.

  예문 우리 집의 경제권은 어머니께 있어요.
  최종 권한은 사장님께 있습니다.

- **편지나 이메일에서 그것을 받는 대상(사람)을 쓸 때 사용한다.**

  예문 강현화 선생님께.

2 주체

('에게'의 높임말) 주어가 어떤 행위에 영향을 받았을 때 그 행동이 비롯된 주체를 나타낸다.

- 저는 김 선생님께 한국어를 배웠어요.
- 이 집은 조부모님께 물려받은 거예요.
- 아직 학생이라서 매달 부모님께 용돈을 받아요.
- 일하다가 실수를 해서 사장님께 혼났어요.
- 수업 시간에 게임하다가 선생님께 잡혔다.
- 가 : 그 이야기를 누구한테서 들었어요?
  나 : 부장님께 들었는데요.

문법 정보

- **선행 요소 정보** : 화자가 높여야 하는 대상을 나타내는 유정 명사와 결합한다.
- **후행 요소 정보** : '받다, 듣다, 배우다, 혼나다, 야단을 맞다' 등 피동성이 있는 일부 동사 및 일부 피동사가 주로 온다.

담화 정보

- 주로 구어에서 사용하는 경향이 있다.

관련 표현

- **에게, 한테**
  (1) '께'는 '에게'의 높임말이다. 따라서 높여야 할 대상이 아니면 '께'가 아니라 '에게'를 쓴다. 구어에서는 '에게' 대신 '한테'를 쓰기도 한다.

  예문 어제 친구(에게/한테/*께) 선물을 받았어요.

결합형 조사 정보

'께'는 다음과 같이 다른 조사들과 결합하여 쓰이기도 한다.

- **께 + 는** : 강희야, 강 선생님께는 내가 말씀드릴게.
- **께 + 도** : 선생님들과 선배님들께도 감사의 말씀드립니다.
- **께 + 만** : 할아버지께만 드리지 말고, 할머니께도 좀 드리렴.

께서

조사

형태 정보

- 선행어에 '께서'를 붙인다.

1 주체

('이/가'의 높임말) 어떤 상태나 상황의 대상이나 동작의 주체를 나타낸다.

- 할아버지께서 신문을 읽으세요.
- 강 선생님께서 바쁘신가 봐요.
- 일전에 선생님께서 말씀해 주셨어요.
- 오늘 어머니께서 반찬을 보내셨어요.
- 시부모님께서 저에게 정말 잘 대해 주세요.
- 어른들께서 하시는 말씀은 모두 일리가 있다.
- 가 : 누가 발표를 맡기로 했어요?
  나 : 회장님께서 직접 하시기로 했어요.

문법 정보

- **선행 요소 정보** : 화자가 높여야 하는 대상을 나타내는 유정 명사와 결합한다.
- **후행 요소 정보** : 후행하는 용언에는 주로 선어말어미 '-(으)시-'가 결합된다.
  예문 할아버지께서 병원에 (²다녀왔어요/다녀오셨어요).

담화 정보

- 정치인이나 유명인, 위인들이 주체인 경우에는 '께서'를 잘 사용하지 않는다. 이때 '께서'를 사용하면 개인적인 친분이 있는 듯한 느낌을 준다.
  예문 (뉴스에서) 김 대통령(²²께서/이) 이번에 미국을 방문하였습니다.

관련 표현

- **이/가**
  (1) '께서'는 '이/가'의 높임말이다. 문장의 주어가 높여야 할 대상이면 '이/가' 대신 '께서'를 사용한다. 그러나 필수적인 것은 아니다.
  예문 친구(가/*께서) 한국에 왔어요.
       어머니(가/께서) 한국 드라마를 좋아하세요.

결합형 조사 정보

'께서'는 다음과 같이 다른 조사들과 결합하여 쓰이기도 한다.

- **께서 + 는** : 김 선생님께서는 계신데 이 선생님께서는 부재중이시다. → '은/는'의 관련 표현
- **께서 + 도** : 강 선생님 외에 다른 선생님께서도 발표를 하신다고 들었어요.
- **께서 + 만** : 이번 회의에는 회장님은 안 오시고 사장님께서만 참석하십니다.

과/와

형태 정보

	형태
받침 ○	과
받침 ×	와

1 대등 접속

여러 개의 사물이나 사람을 동등하게 이어서 말할 때 쓴다.

- 저는 언니와 동생이 있어요.
- 오늘 저녁 메뉴는 된장찌개와 생선입니다.
- 그 집 첫째 딸과 둘째 딸은 모두 미인이다.
- 이 음악은 광고와 드라마에서 자주 나와요.
- 인터넷 뱅킹으로 송금과 환전 업무를 손쉽게 이용할 수 있습니다.
- 가 : 오늘 회의의 안건은 무엇입니까?
  나 : 설문 조사 결과와 추후 개선 방향에 관해 논의할 예정입니다.

문법 정보

- **후행 요소 정보** : 선행 요소와 대등하거나 병렬적인 의미를 갖는 명사가 온다.

  tip 사물이나 사람이 셋 이상일 때 '과/와'를 반복해서 사용하면 어색하다.
  - 백화점에서 신발과 옷과 가방과 모자를 구경했다. (??)
  - → 백화점에서 신발, 옷, 가방과 모자를 구경했다. (○)
  - → 백화점에서 신발과 옷, 가방, 모자를 구경했다. (○)

담화 정보

- 주로 문어에서 사용하는 경향이 있다.

관련 표현

- **하고**
  (1) '하고'는 주로 구어에서 사용하는 데 비해 '과/와'는 주로 문어에서 사용한다.
    예문 가 : 뭐 먹을래?
    　　 나 : 나는 냉면하고 불고기 먹을래.

예문 건강을 위해서는 균형 잡힌 식사와 적당한 운동이 필수적이다.

(2) '과/와'가 두 번째 명사에 결합하지 않는 반면, '하고'는 이러한 제약이 없다.

예문 가 : 아침에 뭐 먹었어?

　　　나 : 빵하고 우유(하고).

　　　　　빵과 우유(*와).

- **(이)랑**

(1) '(이)랑'은 주로 구어에서 사용하는 데 반해, '과/와'는 주로 문어에서 사용한다.

예문 여행을 할 때는 그 나라의 역사(?랑/와) 문화를 존중해야 한다.

(2) '(이)랑'은 귀엽고 정감 있는 느낌을 준다.

예문 자기야, 나는 피자(랑/?와) 파스타가 먹고 싶어.

(3) '과/와'가 두 번째 명사에 결합하지 않는 반면, '(이)랑'은 이러한 제약이 없다.

예문 내일 모임에 너랑 나랑 채린이랑 또 누가 가지?

　　　　　　*너와 나와 채린이와

2 함께하는 상대

어떤 일을 함께 하는 상대방을 나타낸다.

- 남자 친구와 싸웠어요.
- 동생과 같이 살고 있어요.
- 어제 선배와 함께 밥을 먹었어요.
- 우리 형은 10년 연애 끝에 첫사랑과 결혼했어요.
- 어렸을 때에는 친구들과 어울려 자주 놀러 다니곤 했다.
- 가 : 스트레스를 어떻게 푸는 게 좋을까요?

　　나 : 가까운 사람들과 자주 만나서 이야기하는 것이 좋습니다.

문법 정보

- **선행 요소 정보** : 사람을 나타내는 명사와 결합한다.
- **후행 요소 정보** : 행위를 나타내는 동사와 함께 사용할 수 있다. 특히 '사귀다, 싸우다, 만나다, 어울리다, 결혼하다' 등 혼자서는 할 수 없는 행위를 나타내는 일부 동사에는 필수적으로 ' 명사 + 과/와'를 쓴다.

담화 정보

- 주로 문어에서 사용하는 경향이 있다.

관련 표현

- **하고**

  (1) '하고'는 주로 구어에서 사용하는 데 비해 '과/와'는 주로 문어에서 사용한다.

  예문 오래간만에 너하고 만나니까 좋다.

  　　　 다른 사람과 이야기할 때는 상대방의 말을 잘 들어 주는 것이 중요하다.

- **(이)랑**

  (1) '(이)랑'은 주로 구어에서 사용하는 데 반해 '과/와'는 주로 문어에서 사용한다.

  예문 (신문에서)최근 동료(²랑/와) 식사하지 않는 직장인들이 늘고 있다.

  (2) '(이)랑'은 귀엽고 정감 있는 느낌을 준다.

  예문 서준아, 오늘 나(랑/²와) 노래방 갈래?

▶3 비교의 대상

비교되는 대상을 나타낸다.

- 하얀색 신발은 이 옷과 어울리지 않는다.
- 아버지는 어머니와 달리 성격이 급하시다.
- 그 친구는 생각하는 방식이나 취향이 나와 비슷하다.
- 지난번에 말씀 드린 바와 같이 지각은 절대 안 됩니다.
- 가 : 이번 고객 만족도 조사 결과가 어떤가요?

  나 : 지난번과 비교하면, 만족도가 크게 향상되었습니다.

문법 정보

- **후행 요소 정보** : '같다, 다르다, 어울리다, 비교하다, 비슷하다' 등과 같이 비교할 때 주로 쓰는 용언이 온다.

담화 정보

- 주로 문어에서 사용하는 경향이 있다.

관련 표현

- **하고**

  (1) '하고'는 주로 구어에서 사용하는 데 비해, '과/와'는 주로 문어에서 사용한다.

  예문 단발머리가 네 얼굴형하고 잘 어울려.

  　　　 다른 사람과 자신을 비교하는 것은 좋지 않다.

- **(이)랑**

  (1) '(이)랑'은 주로 구어에서 사용하는 데 반해, '과/와'는 주로 문어에서 사용한다.

  예문 일반적인 상식(²이랑/과) 달리, 소비자들은 고가의 물건을 선호하기도 한다.

(2) '(이)랑'은 귀엽고 정감 있는 느낌을 준다.

예문 가 : 서준아, 넌 어때?

　　　 나 : 응. 나도 너(랑/?와) 비슷해.

결합형 조사 정보

'과/와'는 다음과 같이 다른 조사들과 결합하여 쓰이기도 한다.

- **과/와 + 는** : 친구**와는** 모든 이야기를 할 수 있다.
- **과/와 + 도** : 여기에 부모님**과도** 와 본 적이 있어요.
- **과/와 + 만** : 아직 부장님**과만** 말씀을 나누어 보았습니다.
- **과/와 + 의** : 다른 사람**과의** 인연을 소중히 여겨야 한다.

대로

조사

형태 정보

- 선행어에 '대로'를 붙인다.

1 앞의 말에 따라, 그것에 근거하여

앞의 말에 따라, 그것에 근거하여 어떤 행위를 함을 나타낸다.

- 법대로 합시다.
- 사실대로 말해 주세요.
- 채린 씨부터 차례대로 발표를 해 볼까요?
- 모든 일이 내 생각대로 되면 얼마나 좋을까요?
- 지난번 선생님 말씀대로 미술 공부를 더 해 볼까 해요.
- 대부분의 사회 초년생들은 상사의 지시대로 일을 진행한다.
- 가 : 우와, 이거 진짜 맛있다. 어떻게 만들었어?

　나 : 다행이다. 그냥 인터넷 보고 레시피대로 만들었어.

문법 정보

- **선행 요소 정보** : '말', '말씀', '속담', '법', '계획', '생각', '마음', '예상', '지시', '가르침', '순서', '차례', '방식' 등과 같이 말이나 방식과 관련된 명사와 주로 결합한다.

담화 정보

• 구어에서는 '대루'로 발음하기도 한다.

2 각각 구분함

둘 이상을 각각 구별함을 나타낸다.

• 냉장고가 이게 뭐야? 반찬은 반찬**대로**, 야채는 야채**대로** 잘 놓아야지.
• 어제 청소하면서 겨울옷은 겨울옷**대로** 여름옷은 여름옷**대로** 정리를 했어요.
• 여자애들은 여자애들**대로**, 남자애들은 남자애들**대로** 따로 떨어져서 앉았다.
• 가 : 우리 헤어지자.
  나 : 그래. 좋아. 너는 너**대로**, 나는 나**대로** 이제 서로 상관하지 말자.
• 가 : 밥을 그렇게 많이 먹었는데, 또 케이크가 들어가?
  나 : 당연하지. 밥은 밥**대로** 디저트는 디저트**대로** 다 먹어야지.

tip ' 명사1 은/는 명사1 대로, 명사2 은/는 명사2 대로'의 구성으로 주로 쓴다.

담화 정보

• 구어에서는 '대루'로 발음하기도 한다.

관련 표현

• **마다**
  (1) '마다'는 주로 '있다, 다르다'와 함께 쓰여 각각이 서로 같거나 다름을 나타내지만,
     '대로'는 앞의 것과 뒤의 것을 구분 짓는 데에 초점이 있다.
  예문 사람마다 생각이 달라요.
     이 사람은 이 사람대로 저 사람은 저 사람대로 각자 생각이 다르다.

결합형 조사 정보

┌───┐

'대로'는 다음과 같이 다른 조사들과 결합하여 쓰이기도 한다.

• **대로 + 는** : 부장님의 요구는 무리예요. 그 요구**대로는** 도저히 할 수가 없어요.
• **대로 + 만** : 정말 사실**대로만** 말씀해 주세요.
• **대로 + 의** : 내 멋**대로의** 삶도 가치가 있다.

└───┘

더러

형태 정보

- 선행어에 '더러'를 붙인다.

1 행동이 미치는 대상

어떤 행동이 미치는 대상임을 나타낸다.

- 내가 친구더러 만나자고 했어.
- 친구가 나더러 뚱뚱하다고 했다.
- 어머니는 형더러 방을 청소하라고 시켰다.
- 가 : 현정아, 언니더러 언제 오냐고 문자 좀 보내 봐.
  나 : 오늘 좀 늦는다고 했어요.

문법 정보

- **선행 요소 정보** : 사람 이름이나 대명사, 동물 이름 등의 유정 명사와 주로 결합한다.
- **후행 요소 정보** : '–다고/냐고/자고/(으)라고 (말)하다' 꼴의 간접인용절이 주로 온다.

담화 정보

- 주로 구어에서 사용하는 경향이 있다.
- 구어 중에서도 일상대화와 같은 비격식적인 상황에서 사용된다.

관련 표현

- ㄹ더러
  (1) 선행어에 받침이 없으면 'ㄹ더러'를 사용할 수 있다.
  예문 서준이가 (날더러/나더러) 연예인을 닮았대.

- 에게
  (1) '더러'가 주로 '말하다'류의 서술어와 함께 쓰이는 데 반해, '에게'는 다양한 서술어와
  어울린다.
  예문 선배(에게/더러) 소개해 달라고 했어요.
  어제 친구(에게/*더러) 생일 선물을 줬어요.

  (2) '더러'는 비격식적인 구어에 잘 어울리므로 문어나 격식적인 상황에서는 '에게'를 사

용하는 것이 더 자연스럽다.

예문 친구가 나([?]에게/더러) 노래 잘한대.

대통령은 국민들(에게/^{??}더러) 투명한 정치를 약속한다고 말했다.

- **한테**
  (1) '더러'가 주로 '말하다'류의 서술어와 함께 쓰이는 데 반해, '한테'는 다양한 서술어와 어울린다.

  예문 엄마가 나(한테/더러) 밥 먹으래.

  이거 신혜(한테/*더러) 좀 전해 줘.

- **보고**
  (1) '더러'는 '보고'와 큰 의미 차이 없이 바꿔 쓸 수 있다.

  예문 나(보고/더러) 시간이 있는지 물어봤다.

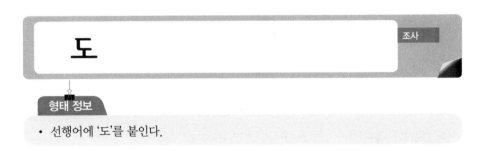

결합형 조사 정보

'더러'는 다음과 같이 다른 조사들과 결합하여 쓰이기도 한다.

- **더러 + 는** : 오늘 숙제가 없다고? 선생님께서 나**더러는** 하라고 하셨는데.
- **더러 + 도** : 현정이가 나**더러도** 오라고 했어.
- **더러 + 만** : 선배가 유독 저**더러만** 뭐라고 하더라고요.

도

조사

형태 정보

- 선행어에 '도'를 붙인다.

1 동일한 것 추가

이미 언급된 것에 동일한 것을 더하거나 포함시킴을 나타낸다.

- 저는 학생이에요. 제 동생**도** 학교에 다니고 있어요.
- 어제 백화점에서 옷을 샀어요. 가방**도** 샀고요.
- 아침에 보통 빵을 먹고 커피**도** 마셔요.
- 여름 방학 때 프랑스에 갔었어요. 이탈리아에**도**요.

- 요즘은 아이가 잘 뛰어놀고 말도 잘해요.
- 이번 행사에는 총리뿐만 아니라 대통령도 참석했다.
- 가 : 규현이가 유학을 간다면서?
  나 : 응. 나도 들었어.

담화 정보

- 구어에서는 '두'로 발음하기도 한다.
  예문 나(도/두) 가고 싶어.

관련 표현

- **까지**
  (1) '도'는 단순히 두 상황이 동시에 존재함을 나타내지만, '까지'는 앞의 일을 인정한 후에 거기에서 끝이 아니라 하나가 더해짐을 나타내므로 화자의 태도를 더욱 강하게 전달한다.
  예문 몸이 아픈데, 일도 많다. → 몸도 아프고 일도 많음.
  　　　　　　　　　　일까지 많다. → 몸이 아픈데, 여기에서 그치지 않고 마음에 들지 않는 일이 겹침.

  (2) '도'는 문장 내에 반복적으로 사용될 수 있으나 '까지'는 그렇지 않다.
  예문 그는 사업이 어려워서 차(도/*까지) 팔고 집(도/*까지) 팔고 땅(도/*까지) 팔았다.

확장

- **~도 ~도**
  (1) '도'를 나열하여 씀으로써 대상들이 모두 어떠한 경우에 해당됨을 나타낼 수 있다.
  예문 여기 비빔밥은 맛도 좋고, 값도 싸다.
  　　　　다이어트 때문에 마음대로 먹지도 마시지도 못하겠다.
  예문 가 : 아버지 생신인데, 언제 식사하는 게 좋을까?
  　　　　나 : 나도 서준 씨도 금요일이 좋아. 그날은 애들도 집에 있고.

- **도 (괜찮다, 좋다)**
  (1) 앞의 것이 가장 좋지만, 그것이 안 된다면 뒤의 경우를 추가하여 받아들일 수 있음을 나타낸다.
  예문 커피가 없으면 물도 괜찮아요.
  예문 가 : 미안한데, 토요일에는 내가 일이 있어서 만날 수 없을 것 같아.
  　　　　나 : 토요일이 어려우면 저는 일요일도 좋아요.

2 극단의 것 포함

극단적인 것이 포함됨을 나타낸다.

- 어제 처음 만나서 아직 나이도 몰라요.
- 언니는 화가 나서 나하고 말도 안 해요.
- 오늘은 일이 너무 바빠서 화장실도 못 갔어요.
- 저는 그런 사람 몰라요. 이름도 들어본 적이 없어요.
- 신혜는 조금도 잘못이 없어요. 모두 제 잘못이에요.
- 정부는 대책 마련은커녕 해당 문제에 대한 인식도 못하고 있다.
- 가 : 돈 좀 빌려 줘.
  나 : 나 지금 십 원도 없어.

문법 정보

- **후행 요소 정보** : '안', '못', '-지 않다', '-지 못하다', '모르다', '없다'와 같이 부정을 나타내는 말이 주로 온다.

담화 정보

- 구어에서는 '두'로 발음하기도 한다.
  예문 너는 그렇게 쉬운 것(도/두) 못하냐?

확장

- **조금도, 하나도, 아무도, 한 (개/권/마디/모금…)도**
  (1) '도'는 극단의 경우를 말하기 때문에 화자가 실제로 그렇지 않더라도 상황을 강조하여 말할 때 쓸 수 있다.
  예문 맛이 하나도 없어. → '맛이 없음'을 강조하고 있다.
  예문 가 : 이번 학기 강 선생님 수업 어때?
      나 : 아, 너무 어려워서 한 마디도 못 알아듣겠어.
          → 모른다는 것을 강조하기 위해 사용한다.

- **아무 명사 도**
  (1) '아무 명사 도'는 '아무 일도, 아무것도, 아무 말도' 등으로 쓰여 '어느 한 명사 도'의 의미가 있다. 뒤에는 부정문이 온다.
  예문 너무 기뻐서 아무 말도 할 수 없어요.
  예문 가 : 표정이 왜 그래요? 무슨 일 있었어요?
      나 : 아니요. 아무 일도 없었어요.

관련 표현

- **조차**
  (1) '도'와 큰 의미 차이 없이 바꿔 쓸 수 있다.
  예문 나는 그 사람의 이름(조차/도) 몰라요.

(2) '도'는 극단의 의미일 경우, '조금', '하나'와 같은 말에 붙어 적은 것을 과장하여 말할 수 있으나 '조차'에는 이러한 과장 용법은 없다.

> **예문** 나는 정말 하나(*조차/도) 모르겠어.

3 강조

앞말의 의미를 강조할 때 쓴다.

- 아이가 정말 예쁘게도 웃네요.
- 11시인데 아직도 자고 있어?
- 아이고, 녀석 참 씩씩도 하다.
- 어머, 이 작은 게 비싸기도 하네.
- 가 : 늦어서 미안해.
  나 : 일찍도 온다. 지금이 몇 시야?

문법 정보

- **선행 요소 정보** : 주로 '일찍, 빨리, 천천히, 자주, 퍽, 잘' 등과 같은 일부 부사나 용언의 부사형과 주로 결합한다.
- **후행 요소 정보** : 후행 용언은 주로 종결어미 '−는다', '−네(요)'와 결합한다.

> **tip** 발화 상황에서 즉각적인 화자의 태도를 나타내기 때문에 '−는다, −네(요)'와 같은 종결어미와 함께 쓰는 경우가 많다.

담화 정보

- 주로 구어에서 사용하는 경향이 있다.
- 구어에서는 '두'로 발음하기도 한다.
  > **예문** 거 참 많이(도/두) 먹는다.

- 발화 상황에 따라서 '감탄', '비아냥', '놀람'의 태도를 나타낸다.
  > **예문** 넌 진짜 부지런하게도 산다. → '감탄'
  > **예문** 가 : 내가 옆에 있으니까 도움이 되지?
  >   나 : 하루 종일 불평만 하면서 그런 말을 잘도 한다. → '비아냥'
  > **예문** 우와, 사람이 정말 많이도 모였네요. → '놀람'

┌─ 결합형 조사 정보 ─────────────────────────────┐

'도'는 다음과 같이 다른 조사들과 결합하여 쓰이기도 한다.

- **께 + 도** : 선생님들과 선배님들**께도** 감사의 말씀드립니다.
- **께서 + 도** : 강 선생님 외에 다른 선생님**께서도** 발표를 하신다고 들었어요.
- **더러 + 도** : 현정이가 나**더러도** 오라고 했어.
- **마저 + 도** : 연정이가 화가 많이 나서 인사**마저도** 안 하네요.
- **만 + 도** : 형이 동생**만도** 못하다.
- **만 + 으로 + 도** : 아이가 있다는 사실**만으로도** 살아갈 힘을 느낀다.
- **만큼 + 도** : 손톱**만큼도** 반성하지 않고 있구나.
- **보고 + 도** : 선생님께서 나뿐만 아니라 반장**보고도** 안 된다고 했어요.
- **보다 + 도** : 사회생활이라는 게 생각했던 것**보다도** 훨씬 어렵네요.
- **에 + 도** : 요즘 친구 결혼식이 많네요. 이번 주말**에도** 있어요.
- **에 + 도 (불구하고)** : 서준이는 어린 나이**에도 (불구하고)** 참 어른스럽네요.
- **에게 + 도** : 명절에는 친척들**에게도** 인사를 드리러 가요.
- **에게서 + 도** : 어른뿐만 아니라 아이들**에게서도** 배울 점은 있다.
- **에서 + 도** : 요즘은 커피숍**에서도** 공부하는 사람이 많아요.
- **과/와 + 도** : 여기에 부모님**과도** 와 본 적이 있어요.
- **(으)로 + 도** : 요즘은 전화 외에 스마트폰 앱**으로도** 배달이 가능하다.
- **(으)로부터 + 도** : 이 제품은 국내뿐만 아니라 해외 기관들**로부터도** 인증을 받았다.
- **(으)로서 + 도** : 다른 사람은 물론이고 엄마인 나**로서도** 아들의 마음을 모르겠다.
- **(이)나마 + 도** : 예전에는 걷기라도 했는데, 요즘에는 그**나마도** 안 한다.
- **(이)랑 + 도** : 직장 동료들**이랑도** 가끔 주말에 만나서 놀 때도 있다.
- **조차 + 도** : 너무 긴장해서 인사**조차도** 제대로 못 했다.
- **하고 + 도** : 이 치마는 스웨터나 셔츠**하고도** 잘 어울려요.
- **한테 + 도** : 다른 사람 이야기라고 생각했는데, 나**한테도** 이런 좋은 일이 일어나는구나.
- **한테서 + 도** : 모두가 싫어하는 사람**한테서도** 배울 점은 있다.
└──────────────────────────────────────┘

따라

조사

📎 **형태 정보**

- 선행어에 '따라'를 붙인다.

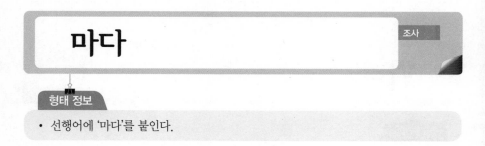

1 '이유 없이 평소와 다르게'

'이유 없이 평소와 다르게'의 의미를 나타낸다.

- 오늘**따라** 가족이 그리워요.
- 이번 주**따라** 몸이 자꾸 피곤하네요.
- 요즘**따라** 매운 음식이 계속 먹고 싶어요.
- 어제**따라** 일이 이상하게 많더라고요.
- 가 : 너 며칠 전에 왜 그렇게 술을 마셨어?
  나 : 그날**따라** 왠지 취하고 싶은 기분이었거든.

문법 정보

- **선행 요소 정보** : '어제', '오늘', '요즘', '그날' 등과 같이 시간을 나타내는 말과 주로 결합한다. 그러나 미래의 시간을 나타내는 '내일', '모레' 등과 같은 표현과는 결합할 수 없다. 단, 미래의 일이 정해진 상황이라면 예외적으로 허용되기도 한다.
  예문 *내일따라 비가 많이 올 거예요.
  (일정표를 보면서) 내일따라 약속이 많네요.

공기 정보

- '따라' 뒤에는 '이상하게', '나도 모르게', '그냥', '왠지' 등의 말이 자주 온다.
  예문 요즘따라 (그냥) 옛날 친구들이 보고 싶어.

담화 정보

- 주로 구어에서 사용하는 경향이 있다.

마다
조사

형태 정보

- 선행어에 '마다'를 붙인다.

1 하나하나 각각

'제 각각', '하나하나 모두'의 뜻을 나타낸다.

- 요즘은 집집**마다** 컴퓨터가 있어요.
- 만나는 사람**마다** 강희를 칭찬했다.
- 나라**마다** 인사를 하는 방법이 달라요.
- 하루의 적정 수면 시간은 개인**마다** 다르다고 한다.
- 가 : 나는 이 식당이 맛있는데, 내 동생은 별로래.

  나 : 사람**마다** 입맛이 제각각이니까, 뭐.

관련 표현

- **대로**

  (1) '마다'는 주로 '있다, 다르다'와 함께 쓰여 각각이 서로 같거나 다름을 나타내지만, '대로'는 앞의 것과 뒤의 것을 구분 짓는 데에 초점이 있다.

  예문 사람마다 생각이 달라요.

  이 사람은 이 사람대로 저 사람은 저 사람대로 각자 생각이 다르다.

2 되풀이

시간에 따라 각 상황이 반복됨을 나타낸다.

- 신혜는 날**마다** 도서관에 가요.
- 마을버스는 10분**마다** 옵니다.
- 아버지는 주말**마다** 낚시를 가십니다.
- 친구는 생일 때**마다** 잊지 않고 선물을 보낸다.
- 가 : 언제 아르바이트를 해요?

  나 : 수요일하고 토요일**마다** 아르바이트를 해요.

문법 정보

- **선행 요소 정보** : 시간을 나타내는 말인 '분', '시간', '주일', '달', '해', '때' 등과 주로 결합한다.

확장

- **'날이면 날마다', '밤이면 밤마다'**

  (1) '매일', '매일 밤'의 의미로 각각 '날이면 날마다', '밤이면 밤마다'와 같은 표현을 쓰기도 한다.

  예문 이런 기회는 날이면 날마다 오는 것이 아닙니다.

  밤이면 밤마다 옆집에서 음악 소리가 들린다.

마저

- 선행어에 '마저'를 붙인다.

1 '마지막 남은 하나까지도'

현재의 상황에서 마지막 남은 것까지 더해짐을 나타낸다.

- 믿었던 친구마저 저를 떠났어요.
- 막내딸마저 작년에 시집을 가서 마음이 허전해요.
- 그 배우는 바보 연기마저 멋있다는 평을 듣고 있다.
- 신혜는 얼굴뿐만 아니라 걸음걸이마저 아버지를 닮았다.
- 어렸을 때 부모님을 여의고, 작년에 할머니마저 돌아가셨어요.
- 중소기업은 물론이고 대기업마저도 적자를 기록하고 있다.
- 가 : 요즘 편의점에는 없는 게 없어요.
  나 : 맞아요. 심지어 속옷마저 팔고 있다니까요.

공기 정보

- '심지어 ~마저', '~뿐만 아니라 ~마저', '~은/는 물론이고 ~마저' 등으로 자주 사용한다.

담화 정보

- '마저'는 긍정문과 부정문에서 모두 사용할 수 있는데, '마저'를 사용함으로써 긍정성과 부정성이 강조되는 효과가 있다.
- 긍정문에서 '마저'를 사용하면 부러움, 비꼼, 농담의 뉘앙스를 갖기도 한다.
  예문 가 : 강희는 어떻게 모든 걸 저렇게 완벽하게 하지?
  나 : 맞아. 심지어 성격마저 좋잖아.

관련 표현

- **까지**
  (1) '까지'는 단순히 하나의 사실이 더해짐을 나타내는 반면, '마저'는 '마지막 남은 그것', 혹은 '마지막이라고 할 수 있는 그것'의 의미가 더해짐을 나타낸다.
  예문 행복해하는 사람들을 보면 나(까지/*마저) 기분이 좋아진다.

김치 박물관에 가면 여러 종류의 김치를 구경하고, 김장 체험(까지/*마저) 할 수 있다.

(2) '마저'를 사용하면 화자의 기대가 어긋남이 더욱 강조되는 효과가 있다.

예문 그는 작년에 사랑하는 아내(까지/마저) 잃어 상심이 크다.

- **조차**
  (1) '조차'는 기본적인 것을 하지 않음을 나타낸다. 반면, '마저'는 '마지막 남은 하나까지도'의 의미를 가지며 화자의 마지막 기대가 무너짐을 나타낸다.

  예문 친구가 나를 보고도 인사마저 하지 않네요. → '말을 안 하는 것은 물론이고 인사도'
  인사조차 하지 않네요. → '가장 기본적인 인사도'

  (2) '조차'는 긍정문에서 잘 사용하지 않는다. 그러나 '마저'는 긍정문과 부정문에서 모두 사용 가능하다.

  예문 막내딸(*조차/마저) 시집을 갔다.
  추운데 바람(*조차/마저) 불어요.

결합형 조사 정보

'마저'는 다음과 같이 다른 조사와 결합하여 쓰이기도 한다.

- **'마저 + 도'** : 연정이가 화가 많이 나서 인사**마저도** 안 하네요.

만

조사

형태 정보

- 선행어에 '만'을 붙인다.

1 **'오직'**

다른 것은 제외하고 앞의 것으로 한정함을 나타낸다.

- 동생은 집에 오면 컴퓨터만 해요.
- 이건 비밀이니까 너만 알고 있어야 돼.
- 저는 다이어트 중이라서 물만 마셔요.
- 가족들은 모두 고향에 있고 저만 서울에서 살아요.

- 이 할인 쿠폰은 신촌점에서만 사용할 수 있다.
- 가 : 혹시 연정 씨하고 친하세요?

  나 : 아니요. 그냥 만나면 인사만 하는 사이예요.

문법 정보

- **선행 요소 정보** : 구체적인 사물이나 사람을 나타내는 명사와 주로 결합한다.

관련 표현

- **밖에**

  (1) '만'과 '밖에' 모두 어떤 것을 한정하는 의미가 있다. 그러나 '밖에' 뒤에는 부정문이 온다.

  예문 동생은 집에 오면 (게임밖에 안 해요/게임만 해요).

  (2) '만'은 어떤 것을 최소한으로 한정하는 데 반해, '밖에'는 그것이 부족함을 나타낸다.

  예문 가 : 오백 원만 빌려 주세요.

  　　 나 : 죄송해요. 지금 백 원밖에 없어요.

  예문 저는 지금 한국 친구가 한 명(밖에 없어서/?만 있어서) 친구를 더 사귀고 싶어요.

2 강조

한정(용법1)의 의미가 강조됨을 나타낸다.

- 이번 일은 반드시 성공해야만 해요.
- 내일 약속이 있다는 걸 자꾸만 잊어버려요.
- 그냥 보지만 말고 뭐라고 말 좀 해 주세요.
- 규현 씨는 대답은 하지 않고 그냥 웃기만 해요.
- 어제만 해도 겨울 같았는데 오늘은 따뜻하다.
- 날씨가 흐려서 당장이라도 비가 올 것만 같다.
- 가 : 그만 진정하세요.

  나 : 잘못은 저 사람이 했는데 왜 참고만 있어야 해요?

문법 정보

- **선행 요소 정보** : '자꾸, 빨리' 등과 같은 일부 부사나, '-고, -기, -어, -어야, -지' 등과 같은 일부 어미와 주로 결합한다.

3 최소한의 수준

화자가 바라는 것을 최소한의 선으로 제한함을 나타낸다.

- 딱 한 입만 먹을게.
- 잠시만 기다려 주세요.
- 미안한데, 천 원만 좀 빌려 줄래?
- 마지막으로 한 번만 기회를 주세요.
- 시험에서 오십 점만 맞으면 좋겠다.
- 가 : 이제 게임 그만하고 자라.
  나 : 엄마, 딱 한 시간만 더 하고 잘게요.

문법 정보

- **선행 요소 정보** : '개, 번, 원, 판, 통, 마리, 시간, 분' 등 단위를 나타내는 표현과 주로 결합한다.

📑 4 최소한의 조건

어떤 일을 이루거나 상태가 되기 위한 최소한의 조건을 나타낸다.

- 저는 물만 마셔도 살이 찌는 타입이에요.
- 너무 피곤해서 눈을 감기만 해도 잘 것 같아요.
- 어머니 목소리만 들어도 눈물이 날 것 같은 기분이었다.
- 삼촌은 술만 마시면 언제나 큰 소리로 노래를 부르세요.
- 가 : 쇼핑 자주 해요?
  나 : 그럼요. 월급이 들어오기만 하면 백화점에 쇼핑하러 가요.

tip 주로 '(-기)만 하면, (-기)만 - 어도' 등의 문형으로 사용된다.

문법 정보

- **선행 요소 정보** : 명사, 혹은 전성어미 '-기'에 의해 전성된 용언의 명사형과 주로 결합한다.

📑 5 비교의 대상

앞의 말이 비교의 대상임을 나타낸다.

- 동생이 형만 못해요.
- 아들 발이 엄마 발만 하네요.
- 내년에도 올해만 같으면 좋겠네요.
- 일을 대충 하는 것은 안 하느니만 못해요.
- 가 : 요즘 장사 잘 돼요?
  나 : 아니요. 예전만 못하네요.

문법 정보

- **후행 요소 정보** : '하다', '못하다', '같다'가 온다.

확장

- **만 하다**

    (1) 일부 정형화된 표현으로 사용되기도 한다.

    예문 월급이 쥐꼬리**만 하다**. → 월급이 매우 적음.

    배가 남산**만 하다**. → 배가 무척 뚱뚱함.

    얼굴이 주먹**만 하다**. → 얼굴이 매우 작음.

결합형 조사 정보

'만'은 다음과 같이 다른 조사들과 결합하여 쓰이기도 한다.

- **만 + 도** : 형이 동생**만도** 못하다.
- **만 + 으로** : 최근 식단 조절**만으로** 암을 이겨낸 사람들이 늘고 있다.
- **만 + 으로 + 는** : 노력 없이 열정**만으로는** 성공할 수 없어요.
- **만 + 으로 + 도** : 아이가 있다는 사실**만으로도** 살아갈 힘을 느낀다.
- **만 + 을** : 나는 정말 너**만을** 사랑해.
- **만 + 이라도** : 단 일 분**만이라도** 돌아가신 부모님을 만나고 싶어요.
- **만 + 의** : 오늘 일은 우리**만의** 비밀이야.
- **까지 + 만** : 이번 학기**까지만** 한국에서 공부하고 고향에 돌아갈 거예요.
- **께 + 만** : 할아버지**께만** 드리지 말고, 할머니께도 좀 드리렴.
- **께서 + 만** : 이번 회의에는 회장님은 안 오시고 사장님**께서만** 참석하십니다.
- **대로 + 만** : 정말 사실**대로만** 말씀해 주세요.
- **더러 + 만** : 선배가 유독 저**더러만** 뭐라고 하더라고요.
- **만큼 + 만** : 너에게 많은 걸 바라지 않아. 딱 네 형**만큼만** 해라.
- **보고 + 만** : 도대체 김 과장님은 왜 저**보고만** 화를 내시는 거예요?
- **에 + 만** : 저는 날씨가 좋은 날**에만** 빨래를 해요.
- **에게 + 만** : 홈페이지에 가입한 고객분들**에게만** 할인 혜택을 드립니다.
- **에게 + 만 + 은** : 우리 아이들**에게만은** 고생을 시키고 싶지 않아요.
- **에게서 + 만** : 아이**에게서만** 문제를 찾으려고 하는 부모들이 많다.
- **에서 + 만** : 이 음식은 이 식당**에서만** 팔아요.
- **과/와 + 만** : 아직 부장님**과만** 말씀을 나누어 보았습니다.
- **(으)로 + 만** : 말로만 하지 말고 행동으로 보여 주세요.
- **(으)로서 + 만** : 그를 배우**로서만** 기억하는 사람이 많지만, 사실 그는 소설가이기도 하다.
- **(으)로써 + 만** : 휴대 전화는 더 이상 통신 수단**으로써만** 기능하지 않는다.
- **(이)라야 + 만** : 저희 식당은 2인분 이상**이라야만** 배달해 드립니다.

만큼

조사

형태 정보

- 선행어에 '만큼'을 붙인다.

1 수량이나 정도가 비슷함

어떤 대상의 수량이나 정도가 앞의 말과 유사함을 나타낸다.

- 동생이 형**만큼** 키가 커요.
- 요즘은 주말도 평일**만큼** 바빠요.
- 우리 아이는 어른**만큼** 밥을 먹어요.
- 양 다리를 어깨 넓이**만큼** 벌려 주세요.
- 선생님은 반 아이들의 숫자**만큼** 커피를 사 주셨다.
- 가 : 여보, 나 얼마나 사랑해요?
  나 : 하늘**만큼** 땅**만큼** 사랑해요.

문법 정보

- **선행 요소 정보** : 대개 '크기, 넓이, 높이, 폭, 숫자, 개수' 등 정량적인 명사나, 혹은 정량적인 표현으로 바꿀 수 있는 말과 결합하는 것이 자연스럽다.
- **후행 요소 제약** : '만큼' 뒤에는 '앉다, 서다, 눕다, 엎드리다'의 자세 동사나, '이다', '되다', '도착하다', '합격하다' 등과 같이 정도성을 갖지 못하는 용언은 올 수 없다. 단, 이들 용언이 정도성을 나타내는 부사를 동반하는 경우에는 사용이 가능하다.
  예문 *연정이는 채린이**만큼** 도착했다.
  연정이는 채린이**만큼** 빨리 도착했다.

관련 표현

- **만치**

  (1) 큰 의미 차이 없이 '만큼'과 바꿔 쓸 수 있다.

  <예문> 아이가 밥을 어른(만치/만큼) 먹네.

  (2) '만치'는 요즘 구어에서는 자주 사용되지 않으나, 할아버지나 할머니와 같이 연령대가 높은 화자가 사용하는 일이 있기도 하다.

  <예문> 아이 : 할아버지도 우리 아빠([?]만치/만큼) 손이 크네.

- **처럼**

  (1) '만큼'과 '처럼'은 유사한 의미를 나타낼 때도 있으나 전제하고 있는 사실은 다르다.

  <예문> 강희는 어머니처럼 키가 크다. → 두 사람 모두 평균 키보다 크다.
  강희는 어머니만큼 키가 크다. → 강희의 키를 어머니와 비교했을 때, 어머니와 견줄 수 있을 정도로 키가 크다. 두 사람의 키가 평균보다 큰지는 알 수 없다.

  (2) '처럼'은 모양이나 상태가 유사함을, '만큼'은 수량이나 정도가 대등함을 나타낸다.

  <예문> 아이가 아빠처럼 자요. → 아이의 자는 모습이 아빠와 비슷함.
  아이가 아빠만큼 자요. → 아이가 아버지와 비슷한 시간 동안 잠을 나타냄.

  (3) '만큼'은 자세 동사, '이다', '되다', '생기다', '보이다' 등 일부 서술어와 어울릴 수 없다. 그러나 '처럼'은 이러한 제약이 없다.

  <예문> 강희는 귀여운 토끼(*만큼/처럼) 생겼어요.
  이제 나도 언니(*만큼/처럼) 대학생이 되었다.
  지하철에서 날 도와준 사람이 정말 천사(*만큼/처럼) 보였어요.

- **같이**

  (1) '같이'는 선행어의 상태나 모양, 특성이 유사함을 나타낸다. 반면, '만큼'은 정도나 수량을 비교하는 구문에서 주로 사용한다.

  <예문> 이제는 룸메이트가 가족같이 편하다. → 가족과 비슷하게
  가족만큼 편하다. → 가족까지는 아니지만 그것과 견줄 수 있을 정도로
  가끔 아들이 남편(같이/*만큼) 느껴질 때가 있다.
  부모님께 받은 사랑(*같이/만큼) 보답해 드리고 싶어요.

  (2) '만큼'은 자세 동사, '이다', '되다', '생기다', '보이다' 등 일부 서술어와 어울릴 수 없다. '같이'는 이러한 제약이 없다.

  <예문> 강희는 귀여운 토끼(같이/*만큼) 생겼어요.

결합형 조사 정보

'만큼'은 다음과 같이 다른 조사들과 결합하여 쓰이기도 한다.

- **만큼 + 도** : 손톱**만큼도** 반성하지 않고 있구나.
- **만큼 + 만** : 너에게 많은 걸 바라지 않아. 딱 네 형**만큼만** 해라.
- **만큼 + 은** : 다른 사람은 몰라도 안전**만큼은** 소홀히 하면 안 된다.
- **만큼 + 을** : 지금 휴대폰을 사면 휴대폰 값**만큼을** 사은품으로 돌려준대.
- **만큼 + 의** : 집을 지으려면 얼마**만큼의** 예산이 필요할까?
- **만큼 + 이나** : 족발도 치킨**만큼이나** 한국 사람들이 좋아하는 야식이다.
- **만큼 + 이라도** : 얼마 안 남았지만 남은 시간**만큼이라도** 즐겁게 살고 싶다.

밖에 조사

형태 정보

- 선행어에 '밖에'를 붙인다.

1 유일함

앞의 것이 유일함을 나타낸다. '그것 이외에는', '그것 말고는'의 의미가 있다.

- 지금 돈이 백 원**밖에** 없어요.
- 제 동생은 공부**밖에** 모르는 모범생이에요.
- 시간이 없어서 숙제를 조금**밖에** 못 했어요.
- 검찰은 사건의 일부**밖에** 파악하지 못했다고 밝혔다.
- 가 : 아직도 아파요? 병원에 가 봤어요?
  나 : 아니요. 병원에 가 봤자 쉬라는 말**밖에** 더 듣겠어요?

문법 정보

- **선행 요소 정보** : '하나'나 '조금'과 같이 적은 수량이나 낮은 정도를 나타내는 말, 또는 화자가 적다고 생각하는 것을 나타내는 표현과 결합한다.
- **후행 요소 정보** : '없다', '모르다', '안', '-지 않다', '못', '-지 못하다'와 같이 부정을 나타내는 말이 온다.

관련 표현

- **만**

  (1) '만'과 '밖에' 모두 어떤 것을 한정하는 의미가 있다. 그러나 '밖에' 뒤에는 부정문이 온다.

  예문 동생은 집에 오면 게임(만 해요/밖에 안 해요).

  (2) '만'은 어떤 것을 최소한으로 한정하는 데 반해, '밖에'는 그것이 부족함을 나타낸다.

  예문 가 : 오백 원만 빌려 주세요.

  　　　나 : 죄송해요. 지금 백 원밖에 없어요.

  예문 저는 지금 한국 친구가 한 명([?]만 있어서/밖에 없어서) 친구를 더 사귀고 싶어요.

- **뿐**

  (1) '뿐'은 '뿐이다'의 형태로 사용되어 '밖에'와 유사한 의미를 나타낸다.

  예문 가 : 네가 나를 사랑하는지 잘 모르겠어.

  　　　나 : 믿어 줘. 내가 사랑하는 사람은 너뿐이야.

  　　　　　　　　　　　　　　= 너밖에 없어.

- **(이)나**

  (1) 수량을 나타내는 말과 함께 쓰여 그것이 많음을 나타낸다.

  예문 제 동생은 한 달에 책을 20권이나 읽어요. 하지만 저는 1권밖에 안 읽어요.

  (2) 동일한 수량이라도 할지라도 화자가 적다고 생각하면 '밖에'를, 많다고 생각하면 '(이)나'를 사용할 수 있다.

  예문 선물을 사야 하는데 돈이 1,000원밖에 없어요.

  　　　기대하지 않았는데 주머니에는 돈이 1,000원이나 있었어요.

  예문 가 : 시험에서 3개나 틀렸어요. → 많이 틀렸다고 생각함.

  　　　나 : 네? 3개밖에 안 틀렸어요? → 조금 틀렸다고 생각함.

결합형 조사 정보

'밖에'는 다음과 같이 다른 조사들과 결합하여 쓰이기도 한다.

- **밖에 + 는** : 죄송하다는 말**밖에는** 드릴 말씀이 없습니다.
- **까지 + 밖에** : 2월은 왜 29일**까지밖에** 없어요?
- **에서 + 밖에** : 이런 풍경은 이 시장**에서밖에** 볼 수 없어요.
- **(으)로 + 밖에** : 연정이의 말은 아무리 생각해도 자랑**으로밖에** 들리지 않았다.

보고

형태 정보

- 선행어에 '보고'를 붙인다.

1 말하는 상대

이야기를 하는 상대를 나타낸다.

- 친구가 저보고 오늘 예쁘다고 했어요.
- 너 처음에 나보고 남자 같다고 했잖아.
- 제가 그 사람보고 같이 가자고 했어요.
- 모르는 게 있으면 누구보고 물어봐요?
- 가 : 부장님이 아까 뭐라고 하셨어?
  나 : 부장님이 채린 씨보고 보고서 제출하라고 하셨어.

문법 정보

- **선행 요소 정보** : 사람이나 동물을 나타내는 유정 명사와 결합한다.
- **후행 요소 정보** : '(-다고) 이야기하다, 말하다, 보고하다, 묻다' 등과 같이 발화 동사, 인용 표현이 주로 온다.

담화 정보

- 주로 구어에서 사용하는 경향이 있다.
- 구어 중에서도 일상대화와 같은 비격식적인 상황에서 사용된다.

관련 표현

- 에게
  (1) '보고'가 주로 '말하다'류의 서술어와 함께 쓰이는 데 반해, '에게'는 다양한 서술어와 어울린다.
  예문 동생(에게/보고) 먼저 집에 가라고 했어.
  친구(에게/*보고) 메일 보냈어.

  (2) '보고'는 비격식적인 구어에서 주로 사용한다.
  예문 엄마가 나(?에게/보고) 우유를 사 오라고 하셨어.

- **한테**

(1) 주로 '말하다'류의 서술어와 함께 사용하며, 말하는 대상을 나타낸다.

예문 엄마가 너(한테/보고) 청소 좀 하래.

　　　나(한테/*더러) 문자 좀 보내 줘.

- **더러**

(1) '보고'와 큰 의미 차이 없이 바꿔 쓸 수 있다.

예문 나(더러/보고) 시간이 있는지 물어봤다.

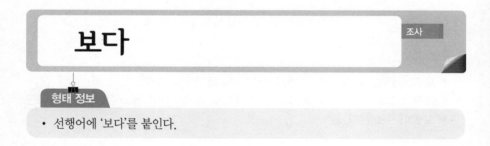

결합형 조사 정보

'보고'는 다음과 같이 다른 조사들과 결합하여 쓰이기도 한다.

- **보고 + 는** : 언니, 엄마 집에 안 계셔? 나**보고는** 집이라고 하셨는데.
- **보고 + 도** : 선생님께서 나뿐만 아니라 반장**보고도** 안 된다고 했어요.
- **보고 + 만** : 도대체 김 과장님은 왜 저**보고만** 빨리 하라는 거예요?

보다

조사

형태 정보

- 선행어에 '보다'를 붙인다.

1 비교의 대상

두 가지 이상을 비교할 때 비교하는 대상을 나타낸다.

- 수박이 사과**보다** 더 커요.
- 처음**보다** 한국어 실력이 늘었어요.
- 저는 말**보다** 행동이 더 빠른 사람이에요.
- 우리 강아지는 집에서**보다** 밖에서 더 잘 놀아요.
- 친구와 이야기를 한다기**보다** 일방적으로 듣고 있었다.
- 가 : 언니는 몇 살이에요?

　나 : 언니가 저**보다** 두 살 많아요.

문법 정보

- **선행 요소 정보** : 명사, 혹은 전성어미 '-기'에 의해 전성된 용언의 명사형과 주로 결합한다.
- **후행 요소 정보** : 비교의 의미를 나타내는 부사 '더', '훨씬', '비교적' 등과 잘 어울린다.

관련 표현

- **에 비해서**

  (1) '보다'와 큰 의미 차이 없이 바꿔 쓸 수 있는 경우가 있다.

  예문 부산은 서울(에 비해서/보다) 더 덥다.

  (2) '에 비해서'가 '비례해서', '앞의 것을 고려하면'의 의미로 쓰인 경우는 '보다'로 바꿔 쓸 수 없다.

  예문 이 휴대폰은 가격(에 비해서/*보다) 기능이 많아요.

  (3) '에 비해서'는 일상 대화와 같은 비격식적인 대화보다 격식적인 상황이나 문어에 더 잘 어울린다.

  예문 올해는 작년(에 비해서/보다) 기온이 상승했습니다.

  예문 가 : 야, 오늘 좀 덥지 않냐?

  　　나 : 어. 어제(?에 비해서/보다) 더 덥다.

결합형 조사 정보

'보다'는 다음과 같이 다른 조사들과 결합하여 쓰이기도 한다.

- **보다 + 는** : 혼자**보다는** 다른 사람과 있는 게 더 즐겁다.
- **보다 + 도** : 사회생활이라는 게 생각했던 것**보다도** 훨씬 어렵네요.
- **보다 + 야** : 모르는 것**보다야** 아는 게 낫지.
- **에서 + 보다** : 커피숍**에서보다** 집에서 조용히 마시는 커피가 더 좋다.

부터

형태 정보

* 선행어에 '부터'를 붙인다.

1 범위의 시작

어떤 범위 내에서 시작이나 순서상 처음임을 나타낸다.

* 9시부터 1시까지 한국어 수업이 있어요.
* 금요일부터 일요일까지 여행을 가려고 해요.
* 집에 오면 우선 손부터 씻고 다른 일을 하세요.
* 발표를 하기 전에 먼저 제 소개부터 하겠습니다.
* 그 아이는 학교에 들어가고부터 성격이 더 밝아졌다.
* 가 : 언제부터 배우가 꿈이었어요?
  나 : 어렸을 때부터 배우가 되고 싶었어요.

문법 정보

* **선행 요소 정보** : 시간과 관련된 명사와 결합하여 쓰거나 순서상 처음을 나타내는 말과 주로 결합한다. 시간의 선후 관계를 나타내는 어미 '-고, -어서' 뒤에 결합하기도 한다.

공기 정보

* '부터'는 범위의 끝을 나타내는 '까지'와 자주 공기한다. 대개 '(시간)부터 (시간)까지'의 꼴로 사용한다.

관련 표현

* **에서**
  (1) '에서'는 주로 장소 명사와 사용되어 출발지의 의미를 나타내는 데 반해, '부터'는 장소 명사, 시간 명사, 유정 명사 등 다양한 명사와 어울려 어떤 일의 시작이나 순서상의 처음을 나타낸다.
  예문 학교(에서/부터) 집까지 걸어서 왔어요.
  서울역(에서/*부터) 출발했어요.
  오늘(*에서/부터) 수업이 시작돼요.
  채린 씨(*에서/부터) 읽어 보세요.

아/야

조사

형태 정보

	형태
받침 ○	아
받침 ×	야

1 부르는 말

말하는 사람의 친구나 아랫사람, 동물 등을 부를 때 쓴다.

- 신혜야, 어디 가?
- 서준아, 밥 먹었니?
- 얘들아, 우리 내일 만날래?
- 엄마 : 강희야, 컴퓨터 그만하고 얼른 자.
  강희 : 네, 엄마.

문법 정보

- **선행 요소 정보** : 사람이나 동물의 이름, 또는 동물을 나타내는 말과 결합한다.
- **후행 요소 정보** : 후행하는 용언은 '-어', '-니?', '-냐?', '-자' 등의 반말체 종결어미와 결합하는 것이 자연스럽다.

담화 정보

- 주로 윗사람이 아랫사람에게 사용하거나 친구 사이에서 사용하며, 친근한 대상에게 쓴다.
  예문 상은아, 어떻게 생각해?

상은 씨, 어떻게 생각하십니까?

- '아/야'는 성까지 함께 부를 때는 사용하지 않는 것이 보통이다.
  > 예문 *장채린아, 어디야?

- 동물의 별칭과 함께 사용하면 동물을 사람처럼 친근하게 부르는 듯한 느낌을 준다.
  > 예문 멍멍아, 이리 와.

- 외국 이름에는 '아/야'를 잘 사용하지 않는다.
  > 예문 ??제시카야, 지금 뭐 해?

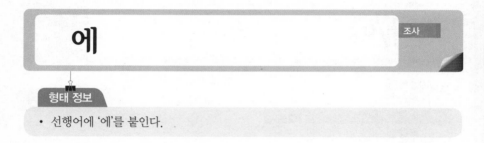

에
조사

형태 정보

- 선행어에 '에'를 붙인다.

1 위치 및 장소

사물이나 사람이 존재하는 위치 및 장소를 나타낸다.

- 은행은 정문 앞에 있어요.
- 교실에 시계가 없어요.
- 공원에 사람이 많아요.
- 저는 지금 신촌에 살고 있어요.
- 모두 자리에 앉아 주시기 바랍니다.
- 이 케이크는 냉장고에 넣어서 보관해야 한다.
- 가 : 지금 어디야?
  나 : 나 지금 도서관에 있어.

문법 정보

- **선행 요소 정보** : '앞, 뒤, 위, 아래, 옆, 오른쪽, 왼쪽, 가운데' 등 위치를 나타내는 말이나 '도서관, 식당, 집' 등 장소를 나타내는 말과 결합한다.
- **후행 요소 정보** : '있다, 없다, 많다'와 같이 존재를 나타내는 말이나 '넣다, 놓다, 두다, 앉다' 등의 말이 주로 온다.
  > 예문 부모님은 고향에 계세요. 하지만 동생은 베이징에 있어요.

- **에서**
  (1) '에'는 존재 장소나 행위의 지점을 나타내는 데 반해 '에서'는 행위가 일어나는 장소를 나타낸다.

  [예문] 버스(*에서/에) 사람이 많아요.
   자리가 없어서 바닥(*에서/에) 앉았다.
   책이 책상 위(*에서/에) 있어요.
   교실(에서/*에) 공부를 해요.

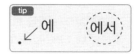

  (2) ' 장소 명사 + 에'는 후행 동사가 생략되어 도구나 수단, 방법을 나타내기도 한다.

  [예문] 고기는 강한 불에 (올려놓고) 익혀야 한다.
   전자레인지에 (넣어서) 국을 데워 먹어라.

2 목적지

행동의 목표가 되는 도착지 및 목적지를 나타낸다.

- 저는 매일 학교에 가요.
- 우리 오빠는 회사에 다니고 있어요.
- 친구가 방학이라서 한국에 놀러 왔어요.
- 경찰은 사건이 발생한 직후 현장에 도착하였다.
- 가 : 어디에 가요?
  나 : 밥 먹으러 식당에 가요.

문법 정보

- **선행 요소 정보** : 장소 및 위치를 나타내는 말과 주로 결합한다.
- **후행 요소 정보** : '가다, 오다, 다니다'와 같은 이동 동사나 '도착하다, 닿다, 이르다'처럼 이동의 결과를 나타내는 동사가 온다.

관련 표현

- **을/를**
  (1) '을/를'도 이동 동사와 함께 사용되어 목적지의 의미를 나타낸다. 그러나 '을/를'은 장소 명사 외에 서술성 명사와 결합하여 이동의 '목적'을 나타낼 수 있다.

  [예문] 가 : 지금 어디(를/에) 가요?
   나 : 도서관(을/에) 가요.
   상경이는 유학(을/*에) 간다.

  (2) 이 용법에서 '을/를'은 '에'와 큰 의미 차이 없이 바꿔 쓸 수 있다. 그러나 '을/를'은

'에'와 달리 화자가 장소 전체를 하나의 대상으로 인식하고 있음을 나타낸다.

> [예문] 화장실(에/을) 가요.
>
> 나는 버스 뒷자리(에/*를) 가서 앉았다.

(3) '을/를'을 사용할 때는 목적지를 다소 강조하는 듯한 느낌을 준다.

> [예문] 가 : 어디 가?
>
> 나 : (집에/*집을). → '가다'가 생략된 문장에서는 '집을'의 사용이 어색함.
>
> [예문] 가 : 나 지금 미국(에/?을) 갈 거야.
>
> 나 : 뭐? 갑자기 미국(에/을)! → 목적지가 '미국'이라는 사실에 놀람.

- **(으)로**

    (1) '(으)로'는 방향 및 경과의 의미가 있다. '에'에는 이러한 의미가 없다.

    > [예문] 이 버스는 명동에 가요. → 버스의 목적지가 명동임.
    >
    > 명동으로 가요. → 명동 방향으로 가므로 중간에 신촌 등을 경유함.
    >
    > 좀 더 오른쪽(으로/*에) 오세요.

3 대상

행위나 감정의 대상임을 나타낸다.

- 나는 매일 아침 꽃에 물을 준다.
- 어제 식당에 전화를 걸어 예약했어요.
- 서준이는 그 사람의 외모에 반했다고 했어요.
- 노사는 정리 해고에 반대하는 시위를 벌이고 있다.
- 가 : 왜 한국에 왔어요?

    나 : 한국 문화에 관심이 있었거든요.

문법 정보

- **선행 요소 제약** : 사람이나 동물을 나타내는 유정 명사와 결합할 수 없다.

    > [예문] *나는 친구에 물을 뿌렸다. → '에게'를 써야 한다.

관련 표현

- **에다가**

    (1) '에다가'는 '에'와 달리 감정의 대상을 나타내지는 않는다.

    > [예문] 쓰레기는 쓰레기통(에다가/에) 버리세요.
    >
    > 저는 운동(*에다가/에) 관심이 많아요.

    (2) '에다가'는 주로 구어에서 사용하며 '에'에 비해 강조하는 느낌이 있다.

- **에게**

(1) 행동이나 감정의 대상이 사람이나 동물과 같은 유정 명사인 경우에는 '에' 대신 '에게'를 사용한다.

예문 나는 친구(에게/*에) 전화를 했다.

강희는 고양이(에게/*에) 우유를 주었어요.

확장

- **에 대해(서), 에 대한**

(1) 주로 말하고자 하는 대상을 나타낼 때 사용한다.

예문 오늘은 '환경 문제'에 대해(서) 이야기를 해 봅시다.

사람들은 누구보다 자기 자신에 대해(서) 알아야 한다.

이 영화는 젊은이들의 사랑에 대한 것이다.

- **에 좋다, 에 효과가 있다**

(1) 목표가 되는 대상을 나타낸다.

예문 바나나는 다이어트에 좋습니다.

이 옷은 편하게 입기에 좋습니다.

이 약은 두통에 효과가 있습니다.

- **에 의해(서), 에 의한, 에 의하면**

(1) 후행어에 대한 기준, 이유, 출처가 되는 대상을 나타낸다.

예문 불법 복제를 하면 법에 의해(서) 처벌을 받게 된다.

음주운전에 의한 사고는 매해 줄어드는 추세이다.

연구 결과에 의하면 적당한 스트레스는 건강에 도움이 된다고 한다.

- **에 따라(서), 에 따른, 에 따르면**

(1) 후행어에 대한 비례, 기준, 원인, 출처의 대상을 나타낸다.

예문 날씨가 더워짐에 따라(서) 에어컨 판매량이 늘고 있다.

시대에 따라(서) 선호되는 직업이 달라지고 있다.

경제 발전에 따른 문제점들은 다음과 같다.

일기 예보에 따르면 내일은 날씨가 맑다고 한다.

4 시간

행위나 상태의 시간을 나타낸다.

- 저는 매일 아침 7시에 일어나요.
- 저는 작년에 처음 한국에 왔어요.
- 수업이 끝난 후에 친구를 만났어요.
- 오늘 밤에 친구 생일 파티가 있어요.
- 사람들은 겨울에 활동량이 줄어든다.

- 월요일에 긴급회의를 열기로 했다.
- 가 : 무슨 요일에 아르바이트를 해요?
  나 : 주말에 해요.

문법 정보

- **선행 요소 정보** : 시간을 나타내는 말과 주로 결합한다. 그러나 시간 명사 중에서 '오늘', '어제', '내일', '그제', '모레'와는 결합할 수 없다.
  (예문) *저는 내일에 휴가를 떠납니다.

5 더해짐

어떤 것에 뒤의 것이 더해짐을 나타낸다.

- 1(일)에 2(이)를 더하면 3(삼)이 된다.
- 오늘은 비에 바람까지 강하네요.
- 그는 동그란 얼굴에 큰 눈을 하고 있었다.
- 피자에 파스타까지 먹어서 배가 터질 것 같아요.
- 요즘 회사원들은 셔츠에 청바지를 즐겨 입는다.
- 가 : 현정 언니, 요즘 많이 바빠요?
  나 : 말도 마. 회사 일에 집안일까지 하느라 정신없어.

관련 표현

- **에다가**
  (1) '에'와 큰 의미 차이 없이 바꿔 쓸 수 있다. 단, '에'에 비해 강조하는 느낌이 있다.
  (예문) 너 설마 삼겹살(에다가/에) 냉면까지 다 먹었어?

  (2) '에'는 구어와 문어에서 두루 사용하나 '에다가'는 주로 일상 대화에서 사용한다.
  (예문) (일기 예보) 내일은 많은 양의 비(ʔ에다가/에) 바람까지 강하게 불 것으로 전망됩니다.
  엄마, 내일 비(에다가/에) 바람까지 분대.

6 단위

앞말이 셈의 기준이나 단위가 됨을 나타낸다.

- 이 약은 하루에 세 번 드셔야 합니다.
- 저는 일주일에 두 번 태권도를 배우고 있어요.
- 서준이는 한 달에 5권이 넘는 책을 읽는다고 한다.
- 채린이는 삼 년에 한 번씩 부모님과 해외여행을 간다.

- 가 : 이 사과 얼마예요?

  나 : 세 개에 오천 원이에요.

문법 정보

- **선행 요소 정보** : 주로 기간이나 수량을 나타내는 말과 결합한다.
- **후행 요소 정보** : '번, 회, 개, 원, 권' 등 단위를 나타내는 말이 온다.

7 비교 기준

앞말이 비교의 기준이 됨을 나타낸다.

- 월급에 비하면 일이 많은 셈이다.
- 예의에 어긋나는 행동은 하지 마세요.
- 학생은 학교 규칙에 맞는 행동을 해야 한다.
- 미래를 예측하는 일은 거의 불가능에 가깝다.
- 가 : 이 가방 어때?

  나 : 아주 예쁜데. 지금 옷에 잘 어울려.

문법 정보

- **선행 요소 정보** : 감정을 나타낼 수 없는 사물이나 추상 명사와 주로 결합한다.
- **후행 요소 정보** : '비교하다, 비하다, 걸맞다, 가깝다, 어울리다, 어긋나다' 등의 용언과 함께 쓴다.

  tip 감정을 나타내는 사람이나 사물 명사에는 '에' 대신 '에게'를 쓴다.
  - 연정아, 그 사람은 너에게 어울리지 않아.

확장

- **에 비해(서), 에 비하면**

  (1) 비교의 대상을 나타낸다.

  예문 형에 비해(서) 동생은 키가 작은 편이다.

  노력에 비해(서) 결과가 좋지 않다.

  예전에 비하면 복지 혜택이 늘어난 것이지만 아직도 부족하다.

8 원인

앞의 말이 뒤의 원인이 됨을 나타낸다.

- 채린이는 맥주 한 잔에 취해 버렸다.

- 나는 오랜 자취 생활에 지쳐 있었다.
- 시끄러운 차 소리에 아기가 잠에서 깼다.
- 이번 홍수에 지역 주민들이 큰 피해를 입었다.
- 가 : 왜 점점 말을 안 해?
  나 : 지금 더위에 지쳐서 아무 말도 못 하겠어.

문법 정보

- **후행 요소 정보** : '에'는 주어의 적극적이며 능동적인 행동의 원인으로는 사용될 수 없다. 따라서 후행하는 용언으로는 주로 상태성이 있는 용언이 온다.
  (예문) 그 아이는 어려운 가정 형편(*에/으로) 학교를 그만두었다.

관련 표현

- **(으)로**
  (1) '(으)로'도 '에'와 마찬가지로 원인과 이유를 나타낸다. '(으)로'는 주어의 적극적이며 동적인 행동의 원인으로 쓸 수 있는 반면, '에'는 그럴 수 없다.
  (예문) 큰 소리(*로/에) 아기가 깼다.
  큰 소리(로/*에) 동생을 깨웠다.

9 자격, 신분

앞말이 자격이나 신분임을 나타낸다.

- 현정 선배가 학생회장에 선출되었대요.
- 전 서울 시장이 대통령에 당선되었습니다.
- 강 교수님께서 우리 학교 총장에 임명되셨습니다.
- 아나운서 출신 정치가가 여성부 장관에 취임하였다.
- 가 : 이번 학기에는 누가 반장이 되었어요?
  나 : 규현이가 반장에 뽑혔대요.

문법 정보

- **선행 요소 정보** : '회장, 사장, 반장, 총장, 장관, 대통령' 등 사회적인 지위를 나타내는 말과 주로 결합한다.
- **후행 요소 정보** : '선출되다, 임명되다, 취임하다, 선택되다, 뽑히다' 등 자격이나 지위를 갖게 되는 근거나 절차와 관련된 의미의 용언이 온다.

관련 표현

- **(으)로**

(1) '(으)로'도 자격이나 신분을 나타낸다.

> **예문** 현정 선배가 학생 회장(에/으로) 선출되었대요.

(2) '(으)로'는 능동적 의미가 있는 동사와 다양하게 결합할 수 있으나 '에'는 그렇지 않다.

> **예문** 1반 학생들은 강희를 반장(으로/*에) 뽑았다.
> 나는 정사원(으로/*에) 입사했다.

10 기타 용법

① 나열

('~에 ~에'의 꼴로 쓰여) 나열의 의미를 나타낸다.

- 신혜는 과자에 아이스크림에 먹을 것을 사서 우리 집에 놀러 왔다.
- 가 : 풀 옵션 원룸을 찾고 있는데요.
  나 : 요즘 웬만하면 침대에 세탁기에 냉장고까지 다 있어요.

결합형 조사 정보

'에'는 다음과 같이 다른 조사들과 결합하여 쓰이기도 한다.

- **에 + 까지** : 김 선수의 갑작스런 결혼 소식은 해외 신문**에까지** 났다.
- **에 + 나** : 쓰레기를 아무 곳**에나** 버리면 안 돼요.
- **에 + 는** : 작년 겨울**에는** 눈이 참 많이 왔어요.
- **에 + 도** : 요즘 친구 결혼식이 많네요. 이번 주말**에도** 있어요.
- **에 + 도 (불구하고)** : 서준이는 어린 나이**에도** (불구하고) 참 어른스럽네요.
- **에 + 라도** : 지금 못하면 나중**에라도** 꼭 사과해.
- **에 + 를** : 여러분, 잠깐 이 위**에를** 봐 주십시오.
- **에 + 만** : 저는 날씨가 좋은 날**에만** 빨래를 해요.
- **에 + 야** : 제 딴**에야** 일찍 취직하는 게 부모를 돕는 길이라고 생각했겠지.
- **에 + 야말로** : 이번**에야말로** 시험에 꼭 합격할 거예요.
- **에 + 의** : 젊은이들의 사회**에의** 진출이 점점 늦어지고 있다.

에게

형태 정보

- 선행어에 '에게'를 붙인다.

tip 대명사 '나, 저, 너'는 '에게'와 결합하면 다음과 같이 줄여서 쓰기도 한다.

- 나에게 → 내게   • 저에게 → 제게   • 너에게 → 네게

1 대상

어떤 행위에 영향을 받는 대상이나 감정을 느끼는 대상을 나타낸다.

- 친구에게 선물을 줬어요.
- 친구는 저에게 문자를 자주 보내요.
- 부모님은 늘 우리에게 사랑한다고 말씀하셨어요.
- 채린이는 미국 유학 후 아이들에게 영어를 가르쳐요.
- 교사는 학생들에게 늘 관심을 가지고 있어야 한다.
- 가 : 작가님, 앞으로 어떤 글을 쓰고 싶으신가요?
  나 : 어려운 사람들에게 힘과 용기를 주는 글을 쓰고 싶습니다.

문법 정보

- **선행 요소 정보** : 사람이나 동물과 같은 유정 명사와 결합한다.
- **후행 요소 정보** : '주다, 가르치다, 맡기다, 보내다'와 같이 대상이 필요한 동사나 '느끼다, 실망하다'와 같은 감정 동사가 주로 온다. 명사의 경우 '관심, 호감, 흥미' 등과 같이 감정을 나타내는 명사가 주로 온다.

담화 정보

- 주로 문어에서 사용하는 경향이 있다.
- 격식적인 구어 상황에서 사용하기도 한다.

관련 표현

- **께**
  (1) 선행어가 높여야 할 대상이라면 '에게' 대신 '께'를 사용한다.
  예문 저는 매일 아버지께 전화를 드립니다.

졸업식 전날 선생님께 편지를 썼어요.

- **한테**
  (1) 구어에서는 '에게' 대신 '한테'를 자주 사용하는 경향이 있다.
  예문 신혜야, 그거 나한테 줘.

- **에**
  (1) 감정을 느끼지 않는 사물이나 추상 명사에는 '에'를 쓴다.
  예문 꽃(에/*에게) 물을 줍니다.

- **더러**
  (1) '더러'가 '말하다'류의 서술어와 함께 쓰이는 데 반해, '에게'는 다양한 서술어와 어울린다.
  예문 선배(더러/에게) 소개해 달라고 했어요.
  　　 어제 친구(*더러/에게) 생일 선물을 줬어요.

  (2) '더러'는 비격식적인 구어에서 주로 사용되므로 문어나 격식적인 상황에서는 '에게'를 사용한다.
  예문 친구는 나(더러/?에게) 노래를 잘한다고 했다.

- **보고**
  (1) '보고'가 '말하다'류의 서술어와 함께 쓰이는 데 반해, '에게'는 다양한 서술어와 어울린다.
  예문 동생(보고/에게) 먼저 집에 가라고 했어.
  　　 친구(*보고/에게) 메일 보냈어.

  (2) '보고'는 비격식적인 구어에서 사용하는 경향이 있다.
  예문 엄마가 나(보고/?에게) 우유를 사오라고 하셨어.

확장

- **사동문에서의 '에게'**
  (1) 시킴을 받는 대상(사람)을 나타낸다.
  예문 어머니가 아이에게 우유를 먹입니다.

- **이동 동사 구문에서의 '에게'**
  (1) 주어가 향하는 대상(사람)임을 나타낸다.
  예문 서준이는 나에게 다가와서 인사를 했다.

- **비교 동사 및 '어울리다' 구문에서의 '에게'**
  (1) 비교 대상(사람) 및 기준임을 나타낸다.
  예문 아줌마 역할은 그 배우에게 어울리지 않는다.

- **'있다/없다' 구문에서의 '에게'**

  (1) 그것을 가지고 있는 대상(사람)을 나타낸다.

  예문 결혼식 사진은 나에게 없고 신혜에게 있다.

  나에게 시간과 돈이 생긴다면 전 세계를 여행하고 싶다.

- **편지나 이메일에서 그것을 받는 대상(사람)을 쓸 때 사용한다.**

  예문 보고 싶은 현정이에게.

  사랑하는 서준이에게.

2 주체

주어가 어떤 행위에 영향을 받았을 때 그 행동이 비롯된 주체를 나타낸다.

- 가끔 부모도 아이에게 배울 때가 있다.
- 거짓말 한 것이 언니에게 들통 나 버렸다.
- 이번 생일 때 친구들에게 선물을 많이 받았어요.
- 누구나 다른 사람에게 칭찬을 받으면 기분이 좋기 마련이다.
- 가 : 신혜 씨, 강아지를 무서워한다면서요?

  나 : 네, 어렸을 때 강아지에게 물린 적이 있어서요.

문법 정보

- **선행 요소 정보** : 사람이나 동물을 나타내는 유정 명사와 주로 결합한다.
- **후행 요소 정보** : '받다, 배우다'와 같이 피동의 의미가 있는 동사나 '물리다, 보이다, 잡히다, 안기다' 등의 일부 피동사가 주로 온다.

담화 정보

- 주로 문어에서 사용하는 경향이 있다.
- 격식적인 구어 상황에서 사용하기도 한다.

관련 표현

- **한테**

  (1) '에게'는 주로 문어에서 사용하며, '한테'는 주로 구어에서 사용한다.

  예문 너 그 말 누구(한테/?에게) 들었니?

  연구 결과, 대부분 가족들(?한테/에게) 스트레스를 받은 적이 있는 것으로 나타났다.

- **에게서**

  (1) '받다, 배우다' 구문에서는 '에게'와 '에게서'를 바꿔 쓸 수 있으나 피동문에서는 '에게서'를 사용할 수 없다.

예문 지난 설에는 친척들(에게서/에게) 선물을 많이 받았습니다.

아기는 엄마(*에게서/에게) 안겨서 잠이 들었다.

결합형 조사 정보

'에게'는 다음과 같이 다른 조사들과 결합하여 쓰이기도 한다.

- **에게 + 는** : 채린이**에게는** 차를 선물하고, 현정이**에게는** 과자를 선물했다.
- **에게 + 도** : 명절에는 친척들**에게도** 인사를 드리러 가요.
- **에게 + 만** : 홈페이지에 가입한 고객분들**에게만** 할인 혜택을 드립니다.
- **에게 + 만 + 은** : 우리 아이들**에게만은** 고생을 시키고 싶지 않아요.
- **에게 + 조차** : 남편은 아내인 나**에게조차** 아프다는 말을 하지 않았다.

에게서

조사

형태 정보

- 선행어에 '에게서'를 붙인다.
- **tip** 대명사 '나, 저, 너'는 '에게'와 결합하면 다음과 같이 줄여서 쓰기도 한다.

  - 나에게서 → 내게서
  - 저에게서 → 제게서
  - 너에게서 → 네게서

---

1 시작되는 대상

동작이나 상태가 시작되거나 비롯되는 대상을 나타낸다.

- 부모들도 아이에게서 많은 것을 배운다.
- 나는 신혜에게서 사랑의 감정을 느꼈다.
- 생일에 친구들에게서 축하 편지를 받았습니다.
- 시간이 지나자 사람들은 그에게서 멀어져 갔습니다.
- 사람들은 누구나 주위 사람들에게서 영향을 받는다.
- 연예인들은 대중들에게서 잊히는 일이 가장 무섭다고 한다.
- 가 : 김 대리, 거래처에 회신했어?

  나 : 네. 오늘 담당자에게서 연락이 와서 답장을 했습니다.

문법 정보

- **선행 요소 정보** : 사람이나 동물을 나타내는 유정 명사와 주로 결합한다.
- **후행 요소 정보** : 주로 피동의 의미가 있는 동사나 피동사가 주로 온다.

담화 정보

- 주로 문어에서 사용하는 경향이 있다.

관련 표현

- **에서**

  (1) 선행 명사가 사람이 아닌 경우에는 출처 및 기원을 나타내는 데에 '에서'가 사용된다.

  예문 이번 일은 아내의 오해(에서/*에게서) 시작되었다.

- **에게, 한테**

  (1) '받다, 배우다' 구문에서는 '에게', '한테'와 '에게서'를 바꿔 쓸 수 있으나 피동문에서는 '에게서'를 사용할 수 없다.

  예문 지난 설에는 친척들(에게/한테/에게서) 선물을 많이 받았습니다.

  아기는 엄마(에게/한테/*에게서) 안겨서 잠이 들었다.

  (2) '에게서'는 주로 문어에서 사용하는 데 반해, '한테'는 주로 구어에서 사용한다.

  예문 처음 뵙겠습니다. 동생(한테/[?]에게서) 말씀 많이 들었습니다.

- **한테서**

  (1) '에게서'는 주로 문어에서 사용하는 데 반해, '한테서'는 주로 구어에서 사용한다.

  예문 (신문) 이 박사는 대통령([?]한테서/에게서) 직접 상을 받았다.

  야! 너 솔직히 말해. 엄마(한테서/[?]에게서) 다 들었거든?

- **(으)로부터**

  (1) 이 두 조사는 때때로 바꿔 쓸 수 있다.

  예문 사람들은 가족들(로부터/에게서) 살아갈 힘을 얻곤 한다.

  (2) 그러나 일상 대화에서는 '(으)로부터'의 사용이 어색하다.

  예문 그 사람([?]으로부터/에게서) 늘 좋은 향기가 나네요.

결합형 조사 정보

> **'에게서'는 다음과 같이 다른 조사들과 결합하여 쓰이기도 한다.**
>
> - **에게서 + 는** : 유독 신혜**에게서는** 늘 좋은 향기가 나는 것 같아요.
> - **에게서 + 도** : 어른뿐만 아니라 아이들**에게서도** 배울 점은 있다.
> - **에게서 + 만** : 아이**에게서만** 문제를 찾으려고 하는 부모들이 많다.

에다가

형태 정보

• 선행어에 '에다가'를 붙인다.
  준말 에다

---

1 도달점

행위가 향하는 도달점을 나타낸다.

• 쓰레기는 꼭 쓰레기통에다가 버리세요.
• 저는 매일 아침 꽃에다가 물을 줘요.
• 공책에다가 이름을 써서 내 주세요.
• 식당에다가 전화해서 예약을 좀 미뤄 줄래?
• 현정 씨, 이 과일 좀 접시에다가 담아 주세요.
• 가 : 택배 왔습니다. 어디에다가 놓을까요?
  나 : 여기에다 놓아 주세요.

문법 정보

• **후행 요소 정보** : '걸다, 붙이다, 버리다, 쓰다, 적다, 사인하다, 낙서하다, 놓다, 넣다, 두다, 담다, 주다', '보내다, 전화하다, 전화를 걸다' 등과 같이 도달점을 필요로 하는 동사가 주로 온다.

담화 정보

• 구어에서 사용하는 경향이 있다.
• 구어에서 '에다'로 줄여서 쓰기도 한다.

관련 표현

• 에
  (1) '에'는 '있다', '없다'와 함께 쓰여 그것이 존재하는 위치를 나타낼 수 있으나 '에다가'에는 이러한 의미가 없다.
  예문 채린이는 지금 학교(에/*에다가) 있어요.
  열쇠가 서랍 안(에/*에다가) 없어요.

(2) '에'가 '앉다, 서다, 눕다'와 같은 자세 동사와 함께 쓰이는 반면, '에다가'는 함께 쓰이지 않는다.

> **예문** 이 자리(에/*에다가) 앉으세요.
>
> 이 앞(에/*에다가) 서세요.

(3) '에'는 구어와 문어에서 두루 사용되나 '에다가'는 주로 구어에서 사용되며 '에'보다 강조하는 느낌이 있다.

> **예문** 〈안내문〉 쓰레기는 쓰레기 통(에/²에다가) 버리십시오.
>
> 야, 이걸 여기(에/에다가) 두면 어떡해. 위험하잖아.

(4) '에다가'는 '에'와 달리 감정의 대상을 나타내지는 않는다.

> **예문** 저는 운동(에/*에다가) 관심이 많아요.

2 더해짐

어떤 것에 뒤의 것이 더해짐을 나타낸다.

- 1(일)에다가 2(이)를 더하면 3(삼)이 돼요.
- 친구가 케이크에다가 선물까지 사 줬어요.
- 요즘 아르바이트에다가 과제까지 있어서 힘들어요.
- 우리 고향은 멀어서 버스에다가 배까지 타야 해요.
- 치킨에다가 맥주 한 잔 마시면 스트레스가 풀려요.
- 가 : 코트 입어야 되나?
  나 : 날씨가 따뜻해서 원피스에다가 재킷만 입어도 돼요.

담화 정보

- 구어에서 사용하는 경향이 있다.
- 구어에서 '에다'로 줄여서 쓰기도 한다.

관련 표현

- 에

  (1) '에다가'와 큰 의미 차이 없이 바꿔 쓸 수 있다. 단, '에다가'가 '에'에 비해 강조하는 느낌이 있다.

  > **예문** 너 설마 삼겹살(에/에다가) 냉면까지 다 먹었어?

  (2) '에'는 구어와 문어에서 두루 사용하나 '에다가'는 주로 일상 대화에서 사용한다.

  > **예문** (일기 예보) 내일은 많은 양의 비(에/²에다가) 바람까지 강하게 불 것으로 전망됩니다.
  >
  > 엄마, 내일 비(에/에다가) 바람까지 분대.

① 비유 대상

('~에다가 비유하다/비유되다'의 꼴로 쓰여) '비유의 대상이 됨'을 나타낸다.

- 우리는 흔히 사람을 동물에다가 비유하곤 한다.
- 인생은 종종 여행에다가 비유된다.

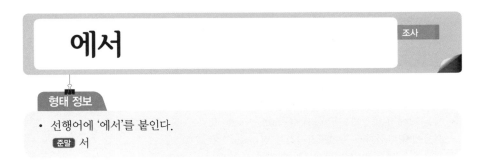

에서

조사

형태 정보

- 선행어에 '에서'를 붙인다.
  준말 서

1 행위가 일어나는 장소

어떤 행위가 일어나는 장소를 나타낸다.

- 식당에서 밥을 먹습니다.
- 어제 커피숍에서 친구를 만났어요.
- 노래방에서 노래를 부르면 스트레스가 풀려요.
- 이번 졸업식은 강당에서 진행될 예정입니다.
- 남북 측은 판문점에서 회담을 진행하기로 했습니다.
- 가 : 이 케이크 어디에서 샀어요?
  나 : 새로 생긴 빵집에서 산 거예요.

문법 정보

- **선행 요소 정보** : '도서관, 식당, 집, 학교, 여기' 등 장소를 나타내는 말과 결합한다.
- **후행 요소 정보** : 행위나 동작을 나타내는 말이 온다.

담화 정보

- 구어나 신문 기사 제목에서는 '서'로 줄여서 쓰기도 한다.
  예문 우리 어디서 만날까?

한국서 세계 정상 회의 개최

관련 표현

- 에

  (1) '에'는 존재 장소나 행위의 지점을 나타내는 데 반해 '에서'는 행위가 일어나는 장소
  를 나타낸다.

  예문 버스(에/*에서) 사람이 많아요.
  자리가 없어서 바닥(에/*에서) 앉았다.
  책이 책상 위(에/*에서) 있어요.
  교실(*에/에서) 공부를 해요.

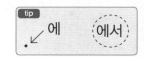

2 출발점

출발하는 장소를 나타낸다.

- 저는 집에서 학교까지 걸어서 다녀요.
- 서울에서 부산까지 기차로 3시간쯤 걸려요.
- 최근 외국에서 들어온 식재료가 인기를 끌고 있다.
- 가 : 한스 씨는 어디에서 왔어요?
  나 : 저는 미국에서 왔어요.

문법 정보

- **선행 요소 정보** : '도서관, 식당, 집, 학교, 여기' 등 장소를 나타내는 말과 결합한다.
- **후행 요소 정보** : '오다, 떠나다, 나가다, 나오다, 출발하다, 들어오다'와 같은 이동 동사
  나, '시작하다, 기원하다, 유래하다' 등의 동사가 온다.

공기 정보

- '에서'는 범위의 끝을 나타내는 '까지'와 자주 공기한다. 대개 '(장소)에서 (장소)까지'의
  꼴로 사용한다.

담화 정보

- 구어나 신문 기사 제목에서는 '서'로 줄여서 쓰기도 한다.
  예문 여기서 출발하면 한 20분쯤 걸릴 거야.
  일본서 들어온 식재료 인기

관련 표현

- 부터

(1) '에서'는 주로 장소 명사와 사용되어 출발지의 의미를 나타내는 데 반해, '부터'는 장소 명사, 시간 명사, 유정 명사 등 다양한 명사와 어울려 어떤 일의 시작이나 순서상의 처음을 나타낸다.

> **예문** 학교(부터/에서) 집까지 걸어서 왔어요.
> 서울역(*부터/에서) 출발했어요.
> 오늘(부터/*에서) 수업이 시작돼요.
> 채린 씨(부터/*에서) 읽어 보세요.

- **(으)로부터**

(1) 장소 명사와 함께 사용되어 출발점의 의미를 나타낼 때에는 '(으)로부터'와 바꿔 쓸 수 있는 경우가 있다.

> **예문** 최근 외국(으로부터/에서) 수입된 식자재가 큰 인기다.
> 도쿄(로부터/에서) 날아온 소식

(2) 이동을 하는 대상이 사람인 경우 '에서'를 사용한다.

> **예문** 저는 미국(*으로부터/에서) 왔어요.
> 저는 학교(*로부터/에서) 집까지 걸어서 다녀요.

확장

- **'에서'는 다양한 용언과 어울려 출발지뿐만 아니라 어떤 일의 기준, 시작, 출처, 동기 등의 의미로 광범위하게 해석할 수 있다.**

(1) ('멀다, 가깝다'와 어울려) '그 장소를 기점으로 멀거나 가까움'을 나타낸다.

> **예문** 학교는 지하철역에서 꽤 멀어요.
> 우리 집은 시내에서 가까운 편이에요.

(2) 어떤 일의 시작점을 나타낸다.

> **예문** 이 상태에서 일을 계속하면 쓰러질 수도 있어요.

(3) 어떤 일이나 정보가 나오게 된 출처를 나타낸다.

> **예문** 일기예보에서 오늘 비가 온다고 했어요.
> 책에서 봤는데 사람마다 적정 수면 시간이 다르대요.

(4) ('마음에서', '뜻에서', '차원에서' 등으로 쓰여) 어떤 행동을 한 동기를 설명한다.

> **예문** 선생님께 감사드리는 마음에서 이 꽃을 준비했습니다.
> 아이들에게 모범을 보이는 차원에서 재활용을 하고 있습니다.

3 주체

어떤 일을 한 주체를 나타낸다.

- 방송국에서 신입 사원을 모집합니다.

- 회사에서 신상품을 개발하고 있다.
- 정부에서 건강 보험료 인상 계획을 밝혔다.
- 학생회에서 무료로 간식을 나누어 주고 있다.
- 가 : 김 기자, 정부 발표에 대한 시민 단체의 반응은 어떤가요?
  나 : 시민 단체에서는 강하게 반발하고 있습니다.

문법 정보

- **선행 요소 정보** : '회사, 정부' 등 단체를 나타내는 말과 결합한다.
- **후행 요소 제약** : 주로 '개최하다, 모집하다' 등의 일부 타동사가 온다. 형용사나 상태를 나타내는 말은 올 수 없다.
  > 예문 학교(가/*에서) 참 예쁘네요.

담화 정보

- 구어에서는 '서'로 줄여서 쓰기도 한다.
  > 예문 과 사무실서 사물함 신청을 받고 있어.

관련 표현

- **이/가**
  (1) 주체가 단체가 아니라면, 일반적으로 상태나 행위의 주체는 '이/가'로 나타낸다.
  > 예문 친구(가/*에서) 내일 한국에 와요.

결합형 조사 정보

'에서'는 다음과 같이 다른 조사들과 결합하여 쓰이기도 한다.

- **에서 + 가** : 이 일을 시작한 동기는 단순한 호기심**에서가** 아니었다.
- **에서 + 까지** : 요즘은 화장실**에서까지** 스마트폰을 보는 사람이 늘고 있다.
- **에서 + 나** : 과학 기술의 발전으로 영화**에서나** 볼 법한 일들이 실제로 일어나고 있다.
- **에서 + 나마** : 먼 곳**에서나마** 팬으로서 응원하겠습니다.
- **에서 + 는** : 집이 시끄러워서 집**에서는** 공부할 수 없어요.
- **에서 + 도** : 요즘은 커피숍**에서도** 공부하는 사람이 많아요.
- **에서 + 만** : 이 음식은 이 식당**에서만** 팔아요.
- **에서 + 밖에** : 이런 풍경은 이 시장**에서밖에** 볼 수 없어요.
- **에서 + 보다** : 커피숍**에서보다** 집에서 조용히 마시는 커피가 더 좋다.
- **에서 + 야** : 그동안 미루던 일을 오늘**에서야** 하기로 했다.
- **에서 + 와** : 지난 소설**에서와** 마찬가지로 이 소설에도 소년이 등장한다.
- **에서 + 의** : 여행지**에서의** 추억은 좀처럼 잊히지 않는다.
- **에서 + 조차** : 남편은 집**에서조차** 일만 했다.
- **에서 + 처럼** : 영화**에서처럼** 낭만적인 사랑을 할 수 있을까?

요

형태 정보

- 선행어에 '요'를 붙인다.
  - **tip** 선행어가 명사인 경우, 받침이 있으면 '이요'를 붙이기도 한다.
    - ·가방**이요**   ·천원**이요**

1 존대(문장 종결)

대화 상대방에게 존대의 뜻으로 말하며 문장을 끝낼 때 쓴다.

- 비가 오네**요**.
- 오늘 날씨가 좋지**요**?
- 제가 요즘 좀 바쁘거든**요**.
- 주말에 동물원에 갈래**요**?
- 가 : 지금 뭐해**요**?
  나 : 텔레비전을 봐**요**.

문법 정보

- **선행 요소 정보** : '-아, -지, -네, -거든, -을래, -을까' 등의 종결어미와 결합한다.

담화 정보

- 주로 구어에서 사용하는 경향이 있다.
- 청자가 화자보다 나이가 많거나 윗사람인 경우, 처음 만난 사이에서 '요'를 주로 사용한다.

2 존대

대화 상대방에게 존대의 뜻을 나타낸다.

- 이 식당은**요**, 비빔밥이 제일 유명해요.
- 저는 아침에 일어나면**요**, 먼저 물부터 마셔요.
- 선생님, 강희가**요**, 저한테**요**, 바보라고 했어요.
- 가 : 이름이 뭐예요?

나 : 남신혜요.
- 가 : 지금 어디예요?
  나 : 지금요? 버스요.

문법 정보

- **선행 요소 정보** : 명사나 부사, 조사, 연결어미에 결합한다.

담화 정보

- 주로 구어에서 사용하는 경향이 있다.
- 일상 대화와 같은 비격식적인 상황에서 주로 사용한다.
- 대화를 할 때 온전한 문장을 발화하지 않고 주어나 부사어 뒤에 계속해서 '요'를 붙이면 매우 귀엽게 이야기하는 듯한 느낌을 주게 된다. 주로 어린아이나 젊은 여성층에서 '요' 를 반복적으로 사용하는 일이 있다.
  예문 (아이가 엄마에게) 엄마, 저는요, 엄마가요, 세상에서요, 제일요, 좋아요.
  (어린 후배가 선배에게) 선배, 선배는요, 졸업하면요, 앞으로요, 뭐 하실 거예요?

tip 질문을 듣고 질문자가 요구하는 정보에 '요'를 사용하여 간단하게 대답할 수 있다.

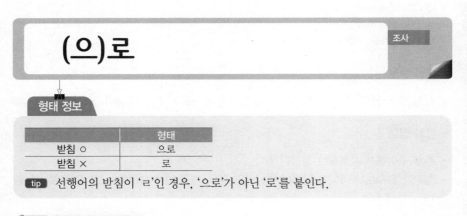

(으)로
조사

형태 정보

	형태
받침 ○	으로
받침 ×	로

tip 선행어의 받침이 'ㄹ'인 경우, '으로'가 아닌 '로'를 붙인다.

1 방향

어떤 것이 향하는 방향을 나타낸다.

- 이 버스는 명동으로 갑니다.
- 이 소포를 부산으로 보내고 싶은데요.
- 오른쪽으로 돌면 큰 은행이 보일 거예요.
- 최근 다른 나라로 유학을 가는 학생이 늘고 있다.

- 지금부터 호명되시는 분은 앞으로 나와 주십시오.
- 가 : 선생님, 목이 자주 아픈데요.
  나 : 그럴 때는 고개를 위, 아래로 천천히 움직여 보세요.

문법 정보

- **선행 요소 정보** : 장소 명사나 위치 명사, 방향을 나타내는 명사와 결합한다.
- **후행 요소 정보** : '가다, 오다, 나가다, 나오다, 떠나다' 등과 같은 이동 동사나 '움직이다', '보내다' 등과 같은 동사가 주로 온다.

담화 정보

- 구어에서는 '(으)로'가 '(으)루'로 발음되는 일이 있다. '것'이나 '여기, 저기, 거기'와 함께 쓰이면 각각 '걸로', '여길로', '저길로', '거길로' 등으로 발음되기도 한다.
  예문 어디루 가세요?
  　　아줌마, 이걸로 주세요.

관련 표현

- **에**
  (1) '에'는 목적지를 분명하게 나타내는 데 반해, '(으)로'는 목적지를 향해 가는 방향 및 경로를 나타낸다.
  예문 이 버스는 명동에 가요. → 버스의 목적지가 명동임.
  　　　　명동으로 가요. → 명동 방향으로 가므로 중간에 신촌 등을 경유함.
  　　좀 더 오른쪽(?에/으로) 오세요.

- **을/를**
  (1) '을/를'도 '가다, 오다'와 같은 이동 동사와 함께 사용되어 목적지를 나타낸다. 그러나 '을/를'은 방향을 나타내지 않는다.
  예문 오늘은 학교를 가요. → 목적지가 학교임.
  　　　　학교로 가요. → 학교 방향으로 감. 목적지는 학교나 그 근처일 수 있음.
  　　거기에서 오른쪽(*을/으로) 가세요.

확장

- **(으)로 해서**
  (1) 선행어가 '길', '다리', '비상구', '뒷문'과 같이 통과하거나 지나는 장소에 '(으)로 해서'가 붙으면 '경유'의 의미가 있다.
  예문 아저씨, 마포대교로 해서 가 주세요.

2 수단, 도구, 방식

어떤 행위를 하는 데 '그것을 이용해서' 혹은 '그러한 상태가 되어서'의 뜻을 나타낸다.

- 수업 시간에는 한국어로 이야기하세요.
- 한국에서는 숟가락과 젓가락으로 밥을 먹어요.
- 요즘은 스마트폰으로 동영상도 만들 수 있어요.
- 강희는 언제나 웃는 얼굴로 사람들을 대해서 보기 좋아요.
- 연구 결과, 맨발로 걸으면 발바닥이 더 튼튼해진다고 한다.
- 재능 기부란 돈이 아닌 재능으로 다른 사람을 돕는 것을 말한다.
- 가 : 서준 씨는 학교에 어떻게 와요?
  나 : 저는 매일 지하철로 와요.

문법 정보

- **선행 요소 정보** : 교통수단, 언어, 신체 부위 등 여러 가지 수단 및 도구를 나타내는 명사와 주로 결합한다. 방식을 나타낼 때에는 '차림, 채, 표정, 맨발, 맨손' 등과 같이 상태를 나타내는 말과 결합한다.
- **후행 요소 정보** : 행위를 나타내는 말이 온다.

담화 정보

- 구어에서는 '(으)로'가 '(으)루'로 발음되는 일이 있다. '것'이나 '여기, 저기, 거기'와 함께 쓰이면 각각 '걸로', '여길로', '저길로', '거길로' 등으로 발음되기도 한다.
  예문 포크루 찍어 먹어.
  　　　가위가 안 되면, 이걸로 잘라 보세요.

관련 표현

- **(으)로써**
  (1) '(으)로'와 큰 의미 차이 없이 바꿔 쓸 수 있다. 단, '(으)로'에 비해 강조하는 느낌이 있다.
  예문 총리 후보자는 눈물(로써/로) 국민들에게 지지를 부탁했다.

  (2) 일상 대화에서는 '(으)로'를 사용하는 것이 더욱 자연스럽다.
  예문 가 : 중국에서는 컵라면을 젓가락으로 안 먹는다면서?
  　　　나 : 응. 중국에서는 포크(?로써/로) 먹어.

  (3) ' 동사 + -음으로써'의 '(으)로써'는 '(으)로'와 바꾸면 어색해진다.
  예문 우선 상대방의 말을 열심히 들어 줌(으로써/*으로) 서서히 문제를 해결해 가는 것이 좋다.

한국의 문화를 체험함(으로써/*으로) 한국 문화를 더욱 이해할 수 있다.

3 재료

어떤 물건이나 음식의 재료임을 나타낸다.

- 최근 두부로 만든 과자가 인기를 끌고 있다.
- 이 식탁은 버려진 나무로 만들어진 것입니다.
- 이 가방은 소가죽으로 제작되어 질감이 부드럽습니다.
- 캐시미어로 된 코트는 가볍고 따뜻하다는 점이 특징이다.
- 가 : 아이 옷인데 너무 비싸지 않아?
  나 : 아마 순면으로 만들어서 그럴 거야.

문법 정보

- **선행 요소 정보** : 어떤 것의 재료나 원료를 나타내는 말과 결합한다.
- **후행 요소 정보** : '만들다, 제작하다, 생산하다' 등의 동사가 주로 온다.

담화 정보

- 구어에서는 '(으)로'가 '(으)루'로 발음되는 일이 있다. '것'과 함께 쓰이면 '걸로' 등으로 발음되기도 한다.
  [예문] 이 빵은 쌀루 만들었대.
  그냥 버리기 아까워. 이걸로 뭔가 만들까?

관련 표현

- **(으)로써**
  (1) '(으)로써'는 어떤 것을 만드는 재료나 원료가 됨을 나타내기도 하나, 대개 '(으)로'의 꼴로만 나타난다.
  [예문] 그는 직접 재배한 딸기(로써/로) 잼을 만든다.

4 신분 및 자격

어떠한 대상의 신분 및 자격을 나타낸다.

- 이번 반장 선거에서 규현이가 반장으로 뽑혔대.
- 이 학교는 내가 교사로 처음 부임한 곳이었다.
- 한 집안의 가장으로 사는 것은 쉽지 않은 일이야.
- 강 선생님께서 이번 대회에 심사 위원으로 참석하셨다.
- 나는 여행지에서 찍은 사진을 기념으로 간직하고 있다.

- 가 : 너 여자 친구랑 헤어졌어?
- 나 : 응. 그냥 좋은 친구로 남기로 했어.

문법 정보

- **선행 요소 정보** : '대통령, 군인, 교사, 선수, 연예인' 등 직업을 나타내는 말, '사장, 상사, 선배' 등 지위를 나타내는 말, '가족, 친구, 언니' 등 역할을 나타내는 말과 주로 결합한다. 이 외에도 '기념, 점심' 등 일반 명사도 올 수 있다.

담화 정보

- 구어에서는 '(으)로'가 '(으)루'로 발음되는 일이 있다.
  > 예문 저는 이번 드라마에서 주인공의 언니루 나오는데요.

관련 표현

- **에**

  (1) '뽑히다, 선출되다' 등의 일부 피동성이 있는 동사와 어울려 '자격'의 의미가 있다.
  > 예문 현정 선배가 학생회장(에/으로) 선출되었다.

  (2) '(으)로'는 '에'와 달리 능동적 의미가 있는 동사가 다양하게 올 수 있다.
  > 예문 1반 학생들은 강희를 반장(*에/으로) 뽑았다.
  > 나는 정사원(*에/으로) 입사하였다.

- **(으)로서**

  (1) '(으)로'와 큰 의미 차이 없이 바꿔 쓸 수 있다.
  > 예문 팬(으로서/으로) 오빠를 응원할 거예요.

  (2) '(으)로서' 뒤에는 동사 외에 형용사도 올 수 있다.
  > 예문 아이들의 성장을 지켜보는 것은 부모(로서/*로) 큰 기쁨이다.

5 변화의 결과

앞에 오는 것이 변화의 결과임을 나타낸다.

- 이모는 아이 셋을 모두 의사로 키웠다.
- 이 프로그램은 음성을 문자로 바꿔 준다.
- 제 친구는 술만 마시면 다른 사람으로 바뀌어요.
- 지구 온난화로 사막으로 변한 지역이 늘고 있다.
- 오랜만에 만난 친구는 한 아빠의 아이로 변해 있었다.
- 가 : 달러를 원으로 바꾸고 싶은데요.
  나 : 네, 잠시만요.

문법 정보

- **후행 요소 정보** : '만들다', '변하다', '바뀌다', '키우다' 등과 같이 성질이 변함을 나타내는 동사가 온다.

담화 정보

- 구어에서는 '(으)로'가 '(으)루'로 발음되는 일이 있다. '것'이나 '여기, 저기, 거기'와 함께 쓰이면 각각 '걸로', '여길로', '저길로', '거길로' 등으로 발음되기도 한다.

  [예문] 이거 천 원짜리루 바꿔 주세요.
  약속 장소를 명동에서 여길루 바꿀까?

[6] 원인 및 이유

어떤 일의 원인이나 이유를 나타낸다.

- 갑작스러운 폭설로 말미암아 수업이 취소되었다.
- 이번 지진으로 인해 수많은 이재민들이 발생했다.
- 무리한 다이어트로 건강을 잃는 사람들이 늘고 있다.
- 동생은 어려운 가정 형편으로 학교를 그만두어야 했다.
- 연정이는 사고 이후 꾸준한 재활 치료로 건강을 회복하였다.
- 가 : 선생님께서는 어린 나이에 요리 일을 시작하셨는데, 이유가 있나요?
  나 : 아버님의 병환으로 집안이 어려웠거든요.

문법 정보

- **선행 요소 정보** : 질병, 사고, 현상, 사건 등과 관련된 명사와 주로 결합한다.
- **후행 요소 정보** : 주로 동작성이 있는 용언이 온다. 또한 '인하다', '말미암다'라는 동사와 함께 쓰여 '-(으)로 인해', '-(으)로 말미암아'의 꼴로 사용하는 경우가 많다.

담화 정보

- 구어에서는 '(으)로'가 '(으)루'로 발음되는 일이 있다.

  [예문] 이번 홍수루 재산 피해가 엄청 많이 났대.

관련 표현

- **에**
  (1) '(으)로'도 '에'와 마찬가지로 원인과 이유를 나타낸다. '(으)로'는 주어의 적극적이며 동적인 행동의 원인으로 쓸 수 있는 반면, '에'는 그럴 수 없다.

  [예문] 큰 소리(에/*로) 아기가 깼다.

큰 소리(*에/로) 동생을 깨웠다.

7 선택 및 결정

어떤 것을 선택하거나 결정했음을 나타낸다.

- 오늘 점심은 피자로 할까요?
- 내일 채린 씨랑 만나기로 했어요.
- 나는 내년에 유학을 가기로 결정했다.
- 다음 회의는 금요일로 하는 게 좋겠어요.
- 자세한 얘기는 다음에 하는 것으로 하지요.
- 가 : 음료는 커피와 녹차 중에 고르실 수 있습니다.
  나 : 커피로 할게요.

문법 정보

- **후행 요소 정보** : '하다', '약속하다', '결정하다', '선택하다' 등의 동사가 온다.

담화 정보

- 구어에서는 '(으)로'가 '(으)루'로 발음되는 일이 있다. '것'이나 '여기, 저기, 거기'와 함께
  쓰이면 각각 '걸로', '여길로', '저길로', '거길로' 등으로 발음되기도 한다.
  예문 나도 커피루 할래.
      저는 이걸로 할게요.

8 셈의 범위

셈을 하는 데 있어서 포함되는 범위를 나타낸다.

- 모처럼의 휴가가 어제로 끝이 났어요.
- 휴대폰을 잃어버린 것이 이번으로 5번째예요.
- 정부가 정책 공모를 실시한 지 올해로 3주년이 되었다.
- 가 : 두 사람 만난 지 오래되었어요?
  나 : 아니요. 오늘로 사귄 지 100일 되었어요.

문법 정보

- **선행 요소 정보** : 주로 '어제, 오늘, 내일', '지난달, 이번 달, 다음 달', '작년, 올해, 내년', '이번' 등과 같이 시간을 나타내는 명사와 결합한다.
- **후행 요소 정보** : 주로 '(기간)이/가 되다', '번째이다'와 같은 말이 온다.

담화 정보

- 구어에서는 '(으)로'가 '(으)루'로 발음되는 일이 있다.

  예문 동창들이랑 연락을 안 한 지도 올해루 벌써 5년째야.

관련 표현

- **(으)로써**

  (1) '(으)로써'는 시간을 셈할 때 셈에 넣는 한계를 나타내며, '(으)로'에 비해 강조하는 느낌이 있다.

  예문 시험에 떨어진 것도 이번으로써 벌써 네 번째다.

  예문 가 : 미안해. 내가 잘못했어.

  　　　나 : 이제 오늘로써 너하고 끝이야. 다신 만나지 말자.

확장

- 아침저녁으로, 밤낮으로, 시시각각으로 등

  (1) '(으)로'는 일부 시간을 나타내는 명사와 결합하여 문장에서 특별한 의미가 없고 선행어를 부사어로 만들어 주기도 한다.

  예문 아버지는 아침저녁으로 운동을 하신다.

결합형 조사 정보

'(으)로'는 다음과 같이 다른 조사들과 결합하여 쓰이기도 한다.

- **(으)로 + 나** : 가치관을 바꾸는 것은 개인적**으로나** 사회적**으로나** 어려운 일이다.
- **(으)로 + 나마** : 강 선생님, 멀리 있지만 이렇게 이메일**로나마** 안부를 묻습니다.
- **(으)로 + 다가** : 오늘 저녁은 특별히 스테이크**로다가** 준비했어요.
- **(으)로 + 도** : 요즘은 전화 외에 스마트폰 앱**으로도** 배달이 가능하다.
- **(으)로 + 만** : 말**로만** 하지 말고 행동으로 보여 주세요.
- **(으)로 + 밖에** : 연정이의 말은 아무리 생각해도 자랑**으로밖에** 들리지 않았다.
- **까지 + 로** : 일단 계약 기간은 15일**까지로** 되어 있습니다.
- **만 + 으로** : 최근 식단 조절**만으로** 암을 이겨낸 사람들이 늘고 있다.
- **한테 + 로** : 방학이라서 아이들은 잠깐 할머니**한테로** 보냈어요.

(으)로는

형태 정보

선행어	형태
받침 ○	으로는
받침 ×	로는

1 출처, 근거

어떤 말이나 판단의 출처 혹은 근거를 나타낸다.

- 의사 선생님 말씀으로는 쉬면 낫는대요.
- 내 생각으로는 혼자 사는 게 제일 편한 것 같아.
- 들리는 말로는 너 조만간 결혼한다고 하던데, 진짜야?
- 제가 들은 소문으로는 서준이가 엄청난 부잣집 아들이래요.
- 얼핏 듣기로는 강희한테 남자 친구가 생긴 것 같아요.
- 가 : 이번 주 금요일이 회의지요?
  나 : 음, 제가 알기로는 목요일인 것 같은데요.

문법 정보

- **선행 요소 정보** : '말, 말씀, 이야기, 소문, 생각' 등의 명사나 '듣기', '알기', '보기' 등의 '명사형과' 주로 결합한다.
- **후행 요소 정보** : '–다고 하다' 등의 인용 표현이나 '–은 것 같다' 등의 추측 표현과 잘 어울린다.

담화 정보

- 주로 구어에서 사용하는 경향이 있다.

관련 표현

- **~에 따르면, ~에 의하면**
  (1) '~에 따르면', '~에 의하면', '(으)로는'은 모두 출처 및 근거를 제시할 때 쓴다. 그러나 '~에 따르면'과 '~에 의하면'은 신문이나 뉴스와 같은 객관적인 뉴스에 잘 어울리며, '(으)로는'은 주관적인 화자의 생각을 나타내는 말을 근거로 제시할 때 쓴다는 차이가 있다.

예문 소문(에 따르면/에 의하면/으로는) 곧 새 휴대폰 모델이 출시된대요.
뉴스(에 따르면/에 의하면/*로는) 버스 요금이 인상된다고 한다.
제 생각(*에 따르면/*에 의하면/으로는) 그건 아닌 것 같아요.

2 '앞의 말에 해당되는 것이라면'

'앞의 말에 해당되는 것이라면'의 뜻을 나타낸다.

- 역시 야식으로는 치킨이 최고야.
- 산책하기로는 역시 한강이 그만이네요.
- 어린이날 선물로는 역시 인형만 한 것이 없어요.
- 분위기 좋은 레스토랑으로는 거기가 제일인 것 같아.
- 가 : 작년에 그 가수 콘서트에 갔다 왔는데 진짜 최고더라.
  나 : 노래 잘하기로는 그 가수를 따라올 사람이 없지.

문법 정보

- **선행 요소 정보** : 명사, 혹은 전성어미 '-기'에 의해 전성된 용언의 명사형과 주로 결합한다.
- **후행 요소 정보** : '그만이다', '제일이다', '최고다', '만 한 것이 없다', '따라올 … 이/가 없다' 등의 표현이 주로 온다.

담화 정보

- 주로 구어에서 사용하는 경향이 있다.

(으)로부터

형태 정보

선행어	형태
받침 ○	으로부터
받침 ×	로부터

1 출발점

어떤 행위나 사건의 출발점이나 그것이 비롯되는 대상, 근원을 나타낸다.

- 뉴욕으로부터 소포가 왔어요.
- 온갖 유해 물질로부터 건강을 지키자.
- 지금으로부터 3년 전에 있었던 일이에요.
- 규현이는 동료들로부터 인정받는 실력가예요.
- 모든 연구는 "왜?"라는 물음으로부터 시작된다.
- 정부의 새 정책이 시민들로부터 큰 호응을 얻고 있다.
- 가 : 정말 화가 나.
  나 : 진정해. 모든 행복과 불행은 나로부터 비롯된다고 하잖아.

문법 정보

- **선행 요소 정보** : 다양한 명사와 결합한다. 그러나 '시간 명사'의 경우에는 주로 '지금, 그 시간' 등 한정된 명사와만 결합할 수 있다.
- **후행 요소 정보** : '오다, 나오다, 비롯되다, 시작하다, 받다, 얻다, 수집하다', '구하다, 보호하다, 지키다, 탈출하다' 등의 동사가 주로 온다.

관련 표현

- 에서
  (1) '(으)로부터'가 장소 명사와 함께 사용되어 출발점의 의미를 나타낼 때에는 '에서'와 바꿔 쓸 수 있는 경우가 있다.
  예문 최근 외국(에서/으로부터) 수입된 식자재가 큰 인기다.
      도쿄(에서/로부터) 날아온 소식

  (2) 이동을 하는 대상이 사람인 경우 '에서'를 사용한다.
  예문 저는 미국(에서/*으로부터) 왔어요.

저는 학교(에서/*로부터) 집까지 걸어서 다녀요.

- **에서부터**

   (1) '(으)로부터'가 어떤 행위가 비롯되는 사건이나 일을 나타낼 때는 '에서부터'로 바꿔 쓸 수 있다.

   [예문] 부부싸움은 언제나 사소한 일(에서부터/로부터) 비롯된다.

   (2) 범위의 시작을 나타낼 때는 '에서부터'를 사용하며, '(으)로부터'는 사용되지 않는다.

   [예문] 나는 우리 딸의 머리(에서부터/*로부터) 발끝까지 모두 사랑스럽다.

   오늘은 교과서 50페이지(에서부터/*로부터) 수업을 시작해 볼까요?

- **에게서**

   (1) 어떤 행위가 비롯되는 대상이 사람인 경우 '에게서'로 바꿔 쓸 수 있다.

   [예문] 사람들은 가족들(에게서/로부터) 살아갈 힘을 받곤 한다.

   (2) 단, 일상 대화에서는 '(으)로부터'의 사용이 어색하다.

   [예문] 그 사람(에게서/?으로부터) 늘 좋은 향기가 나네요.

- **한테서**

   (1) 선행어가 사람인 경우 '한테서'는 '(으)로부터'로 바꿔 쓸 수 있다.

   [예문] 저는 자라오면서 어머니(한테서/로부터) 많은 것을 배웠습니다.

   (2) 단, 일상 대화에서는 '한테서'를, 문어에서는 '(으)로부터'를 사용하는 것이 더 자연스럽다.

   [예문] 아버지(한테서/??로부터) 편지를 받았어요.

결합형 조사 정보

'(으)로부터'는 다음과 같이 다른 조사들과 결합하여 쓰이기도 한다.

- **(으)로부터 + 는** : 김 감독의 지난 영화와 달리 이번 영화**로부터는** 깊은 감동을 받았다.
- **(으)로부터 + 도** : 이 제품은 국내뿐만 아니라 해외 기관들**로부터도** 인증을 받았다.

(으)로서

형태 정보

선행어	형태
받침 ○	으로서
받침 ×	로서

1 자격

어떤 지위나 신분, 자격을 나타낸다.

- 학생으로서 공부를 하는 것은 당연한 일이다.
- 반장, 네가 먼저 발표해. 반장으로서 모범을 보여 줘.
- 선생님으로서 어떻게 아이에게 그런 말을 할 수 있어요?
- 너를 오랫동안 옆에서 지켜본 사람으로서 한마디만 할게.
- 가 : 아이를 낳고 옛날과 가장 크게 달라진 점이 있을까요?
  나 : 이제는 한 아이의 부모로서 나보다 아이를 먼저 생각하게 되었어요.

문법 정보

- **선행 요소 정보** : '선생님', '부모', '반장', '친구', '애인', '남편', '아내', '가장', '상사' 등 지위, 신분, 자격을 나타내는 말이 주로 온다.

관련 표현

- **(으)로**
  (1) '(으)로서'와 큰 의미 차이 없이 바꿔 쓸 수 있다.
  예문 팬(으로/으로서) 오빠를 응원할 거예요.

  (2) 단, '(으)로서' 뒤에는 동사 외에 형용사도 올 수 있다.
  예문 아이들의 성장을 지켜보는 것은 부모(*로/로서) 큰 기쁨이다.

- **(으)로써**
  (1) '(으)로서'는 '(으)로써'와 발음이 비슷하여 자주 혼동된다. 그러나 '(으)로서'는 자격을 나타내며, '(으)로써'는 도구, 수단, 방법 등을 나타내는 서로 다른 조사다.

(으)로써

조사

형태 정보

선행어	형태
받침 ○	으로써
받침 ×	로써

1 수단, 도구, 방법

어떤 행위를 하는 수단, 도구, 방법임을 나타낸다.

- 문제는 대화**로써** 풀어야 해요.
- 돈**으로써** 모든 것을 해결하려고 하지 마세요.
- 따뜻한 말**로써** 다른 사람의 호감을 얻을 수 있다.
- 어떤 예술가들은 자신의 생각을 몸**으로써** 표현하기도 한다.
- 어려운 상황이지만 서로에 대한 사랑**으로써** 극복했어요.
- 동호회 활동을 함**으로써** 다양한 사람들과 교류를 할 수 있다.
- 가 : 가수가 된 특별한 계기가 있었나요?
  나 : 저는 노래**로써** 다른 사람들에게 힘을 주고 싶었어요.

tip '(으)로써'는 주로 ' 동사 + -음으로써'의 형태로 사용된다.
- 매일 아침 천천히 걸음**으로써** 건강을 지킬 수 있었어요.
- 친구들을 사귐**으로써** 새 학교에 적응했어요.

- 주로 신문, 토론, 발표와 같은 격식적인 상황에서 사용한다.
  예문 남북문제는 대화로써 해결하는 것을 원칙으로 해야 한다.

관련 표현

- **(으)로**
  (1) '(으)로써'와 큰 의미 차이 없이 바꿔 쓸 수 있다. 단, '(으)로써'가 '(으)로'에 비해 강조하는 느낌이 있다.
  예문 총리 후보자는 눈물(로/로써) 국민들에게 지지를 부탁했다.

  (2) 일상 대화에서는 '(으)로'를 사용하는 것이 더 자연스럽다.
  예문 가 : 중국에서는 컵라면을 젓가락으로 안 먹는다면서?
  　　나 : 응. 중국에서는 포크(로/[?]로써) 먹어.

  (3) ' 동사 + −음으로써'의 '(으)로써'는 '(으)로'와 바꾸면 어색해진다.
  예문 우선 상대방의 말을 열심히 들어 줌(으로써/*으로) 서서히 문제를 해결해 가는 것이 좋다.
  　　한국의 문화를 체험함(으로써/*으로) 한국 문화를 더욱 이해할 수 있다.

- **(으)로서**
  (1) '(으)로서'는 '(으)로써'와 발음이 비슷하여 자주 혼동된다. 그러나 '(으)로서'는 자격을 나타내며, '(으)로써'는 도구, 수단, 방법 등을 나타내는 서로 다른 조사이다.

2 기타 용법

① 셈의 범위

시간을 셈할 때 셈에 넣는 한계를 나타내며, '(으)로'보다 강조하는 느낌이 있다.

- 시험에 떨어진 것도 이번으로써 벌써 네 번째다.
- 가 : 미안해. 내가 잘못했어.
  나 : 이제 오늘로써 너하고 끝이야. 다신 만나지 말자.

② 재료나 원료

재료나 원료를 나타낼 때 쓴다.

- 그는 직접 재배한 딸기로써 잼을 만든다.

'(으)로써'는 다음과 같이 다른 조사들과 결합하여 쓰이기도 한다.

- **(으)로써 + 만** : 휴대 전화는 더 이상 통신 수단**으로써만** 기능하지 않는다.

은/는

조사

형태 정보

선행어	형태
받침 ○	은
받침 ×	는

1 대조

어떤 대상이 다른 것과 대조됨을 나타낸다.

- 형은 키가 큰데 동생은 키가 작아요.
- 어제는 추웠는데 오늘은 따뜻하네요.
- 숙제는 했는데 예습은 아직 못했어요.
- 김치찌개는 맵지만 불고기는 안 매워요.
- 그 사람은 일을 빨리는 하는데 정확하지는 않네요.
- 올해는 작년에 비해 기온이 많이 올랐다.
- 가 : 아이가 참 조용하네요.
  나 : 아니에요. 집에서는 말이 많은데 밖에서는 이렇게 조용해져요.

문법 정보

- **선행 요소 정보** : 명사 외에도 일부 부사 및 조사와 비교적 자유롭게 결합한다.
  예문 자주는 아니지만, 가끔 외식을 할 때가 있어요.

담화 정보

- 구어에서는 '는'을 'ㄴ'으로 줄여서 쓰기도 한다.
  예문 가 : 너도 알고 있었니?
  　　나 : 아니요. 전 몰랐어요.

- **이/가**

  (1) '은/는'에는 '대조'의 의미가 있으며 '이/가'에는 이러한 의미가 없다.

  예문 저는 한국에 왔지만 친구(*가/는) 미국에 갔어요.

  예문 가 : 오늘 약속 있어요?

  　　나 : 음…. 약속은 없는데…. → '아르바이트', '수업' 등 다른 일이 있다는 느낌을 준다.

  　　　　아니요. 약속이 없어요. → 다른 일이 있다는 느낌이 없다.

  (2) 형용사와 함께 쓰일 때 대조의 의미가 없다면 '이/가'가 더 자연스럽다.

  예문 날씨가 좋다. → 말 그대로 오늘 날씨가 맑고 좋음을 나타냄.

  　　날씨는 좋다. → 하지만 내 기분은 별로 좋지 않다/할 일이 없다 등의 의미

- **께서는**

  (1) 선행어가 높여야 할 대상이면 '께서는'을 쓰기도 한다.

  예문 김 선생님께서는 계신데 이 선생님께서는 부재중이시다.

2 주제

문장의 주제 및 화제를 나타낸다.

- 우리 고향은 생선이 유명한 도시입니다.
- 그 가게는 냉면과 만두가 제일 맛있어요.
- 김치는 세계의 삼대 발효 식품 중에 하나이다.
- 이 책은 전후의 삶을 가장 잘 묘사했다는 평가를 받고 있다.
- 가 : 자기소개를 좀 해 보세요.

  나 : 안녕하세요. 저는 프랑스에서 온 카이나라고 합니다.

담화 정보

- 구어에서는 '는'을 'ㄴ'으로 줄여서 쓰기도 한다.

  예문 전 한국 문화에 관심이 있어서 한국에 왔어요.

관련 표현

- **이/가**

  (1) '은/는'도 '이/가'와 같이 행위 및 상태의 주체를 나타낼 수 있다.

  예문 친구(가/는) 미국에 갔어요.

  (2) '은/는'은 자기소개를 하는 상황에서 쓸 수 있지만, '이/가'는 쓸 수 없다.

  예문 (*제가/저는) 임규현이라고 합니다. (*제가/저는) 사진 찍는 것을 좋아합니다.

(3) '은/는'은 '~에 대해서'의 의미가 있다. 따라서 문장의 처음에서 선행어를 강조할 때에는 '은/는'을 쓰는 것이 더 자연스럽다.

예문 강 선생님(은/??이) 제가 제일 존경하는 선생님이에요.

(4) '누구, 어디, 무엇, 언제'과 같은 의문사에는 '이/가'가 결합한다.

예문 (누가/*누구는) 동생이에요?
어디(가/*는) 아파요?
뭐(가/*는) 맛있어요?
언제(가/*는) 괜찮아요?

(5) '이/가'는 청자에게 새로운 정보를 나타낼 때 사용하며 '은/는'은 주로 두 사람에게 공유된 정보를 말할 때 쓴다.

예문 가 : 저기요. 연세 대학교(가/*는) 어디예요?
나 : 연세 대학교(*가/는) 이쪽이에요.

예문 옛날 옛날에 왕자(가/*는) 살았어요. 그 왕자는 ….
요즘 새로운 드라마(가/*는) 시작되었어요. 그 드라마는 ….
며칠 전에 친구(가/*는) 한국에 왔어요. 그 친구는 ….

(6) 안긴문장에서는 '은/는'을 쓰지 않고 '이/가'를 쓴다.

예문 친구(가/*는) 제 선물을 좋아할지 모르겠어요.
이 가방은 오빠(가/*는) 사 준 거예요.

- **께서는**
(1) 선행어가 높여야 할 대상이면 '께서는'을 쓰기도 한다.

예문 할아버지께서는 병원에 가셨어요.
사장님께서는 말수가 적고 신중하신 분이세요.

- **(이)란**
(1) '(이)란'과 '은/는'이 어떤 대상을 설명하거나 정의를 내릴 때에는 바꿔 쓸 수 있다. 단, '(이)란'이 화제를 더욱 분명하게 나타낸다는 차이가 있다.

예문 기행문(이란/은) 여행에서 있었던 일을 쓴 글을 말한다.
사랑(이란/은) 서로 같은 곳을 바라보는 것이다.

3 강조

화자가 앞의 말을 강조함을 나타낸다.

- 이런 일이 처음은 아니에요.
- 교실에서는 조용히 해야 돼요.
- 모르는 것은 언제든지 물어보세요.
- 그 사람을 보면은 꼭 연락해 주세요.

- 밥은 제대로 먹으면서 다니는지 모르겠구나.
- 가 : 지난번 동창회에서 연정이도 봤어?
  나 : 응. 너무 달라져서 보고는 깜짝 놀랐어.

문법 정보

- **선행 요소 정보** : 명사 외에도 조사 및 일부 연결어미 등과 결합한다.
  예 조사 : 보다는, 에서는, 에는, (으)로는, (으)로서는, (이)라고는, 치고는, 치고서는 등
  예 어미 : -ㄴ/는다고는, -고는, -지만은, -(으)면은, -(으)려고는 등

담화 정보

- 구어에서는 '는'을 'ㄴ'으로 줄여서 쓰기도 한다.
  예문 가 : 학교 그만두고 아르바이트만 할까?
  나 : 에이, 그건 아니지.

결합형 조사 정보

'은/는'는 다음과 같이 다른 조사들과 결합하여 쓰이기도 한다.

- **과/와 + 는** : 친구**와는** 모든 이야기를 할 수 있다.
- **까지 + 는** : 선생님 집 주소**까지는** 모르겠어요.
- **께 + 는** : 강희야, 강 선생님**께는** 내가 말씀드릴게.
- **대로 + 는** : 부장님의 요구는 무리예요. 그 요구**대로는** 도저히 할 수가 없어요.
- **더러 + 는** : 오늘 숙제가 없다고? 선생님께서 나**더러는** 하라고 하셨는데.
- **만 + 으로 + 는** : 노력 없이 열정**만으로는** 성공할 수 없어요.
- **만큼 + 은** : 다른 사람은 몰라도 안전**만큼은** 소홀히 하면 안 된다.
- **밖에 + 는** : 죄송하다는 말**밖에는** 드릴 말씀이 없습니다.
- **보고 + 는** : 언니, 엄마 집에 안 계셔? 나**보고는** 집이라고 하셨는데.
- **보다 + 는** : 혼자**보다는** 다른 사람과 있는 게 더 즐겁다.
- **부터 + 는** : 다음**부터는** 늦지 마세요.
- **에 + 는** : 작년 겨울**에는** 눈이 참 많이 왔어요.
- **에게 + 는** : 채린이**에게는** 차를 선물하고, 현정이**에게는** 과자를 선물했다.
- **에게 + 만 + 은** : 우리 아이들**에게만은** 고생을 시키고 싶지 않아요.
- **에게서 + 는** : 유독 신혜**에게서는** 늘 좋은 향기가 나는 것 같아요.
- **에서 + 는** : 집이 시끄러워서 집**에서는** 공부할 수 없어요.
- **(으)로부터 + 는** : 김 감독의 지난 영화와 달리 이번 영화**로부터는** 깊은 감동을 받았다.
- **(으)로서 + 는** : 그 사람은 친구**로서는** 좋은데 애인**으로서는** 별로일 것 같아.
- **이랑 + 은** : 엄마**랑은** 영화도 보고 쇼핑도 하지만, 아빠**랑은** 잘 외출 안 해.
- **하고 + 는** : 언니**하고는** 성격이 비슷한데, 동생**하고는** 많이 달라요.
- **한테 + 는** : 아이들**한테는** 공부보다 게임이 최고지.
- **한테서 + 는** : 다른 사람들은 내 음식이 맛있다는데 남편**한테서는** 못 들어봤다.

은/는커녕

형태 정보

선행어	형태
받침 ○	은커녕
받침 ×	는커녕

1 앞의 것은 말할 필요도 없고 그것보다 더 기본적인 것도

앞의 것은 말할 필요도 없고 그것보다 더 쉽고 기본적인 뒤의 일도 불가능함을 나타낸다.

- 예습은커녕 숙제도 못했다.
- 너무 바빠서 밥은커녕 물도 못 마셨다.
- 하와이는커녕 가까운 제주도조차 가 본 적이 없다.
- 신혜는 어찌 된 일인지 인사는커녕 아는 척도 안 하던데요.
- 회사는 문제를 해결하기는커녕 오히려 없던 일로 하려고 했다.
- 가 : 연정 씨는 남자 친구 있어요?
  나 : 남자 친구는커녕 그냥 친구도 별로 없어요.

문법 정보

- **후행 요소 정보** : '못', '-지 못하다', '안', '-지 않다'와 같은 부정 표현 및 '힘들다, 어렵다, 귀찮다' 등의 부정적인 의미가 있는 용언이 주로 온다.

> **tip** '은/는커녕'이 긍정문에서 사용될 때에는 화자의 기대가 부정됨을 나타낸다.
> - 칭찬은커녕 오히려 욕을 들었다. → '칭찬을 받을 줄 알았는데 그게 아니라' 오히려 욕을 들었다.

공기 정보

- '은/는커녕'의 다음에 오는 명사에는 '도'나 '조차'가 자주 쓰인다. 즉, ' 명사1 은/는커녕 명사2 도' 혹은 ' 명사1 은/는커녕 명사2 조차'의 구성으로 자주 사용된다.

담화 정보

- 어떤 대상에 대한 개인의 가치 판단을 포함하므로 격식적인 상황에서는 잘 사용되지 않는다. 문어에서는 주로 개인적인 의견을 드러내는 사설이나 소설에서 사용된다.
  > **예문** 정부는 수재민의 고통을 덜어 주기는커녕 책임지지 않으려고 한다.

- '는커녕'은 구어에서 'ㄴ커녕'으로 사용하기도 한다.

  예문 가 : 여행 준비 잘 돼 가?

  　　나 : 바빠서 준빈커녕 여행 생각도 못하고 있어.

- 화자의 불만을 나타내거나 부정적인 상황을 강조한다.

  예문 쳇, 손님은커녕 개미 한 마리도 안 보이네.

⋮ 관련 표현

- **은/는 고사하고**

  (1) '은/는 고사하고'는 '앞의 일은 말할 필요도 없고'의 뜻으로 대개 '은/는커녕'과 바꿔 쓸 수 있다.

  예문 단수가 되어서 샤워(는 고사하고/는커녕) 세수도 못했다.

- **은/는 물론이고**

  (1) '은/는 물론이고'는 '은/는커녕'과 달리 긍정적인 상황에서 사용할 수 있다.

  예문 이 식당은 음식 맛(은 물론이고/*은커녕) 분위기도 좋다.

- **인들**

  (1) '은/는커녕'과 '인들'은 화자의 부정적인 태도를 나타낸다. 그러나 '인들'에는 수사의 문문이 오므로 부정적인 태도가 더욱 강조된다.

  예문 가 : 발표 준비 하고 있어?

  　　나 : 발표 준비는커녕 과제도 못 하고 있어.

  　　가 : 어떡해. 내가 좀 도와줄까?

  예문 가 : 발표 준비 하고 있어?

  　　나 : 야. 내가 지금 잠도 못 자는 판에 발표 준빈들 했겠냐?

  　　가 : 뭐야. 왜 나한테 짜증이야.

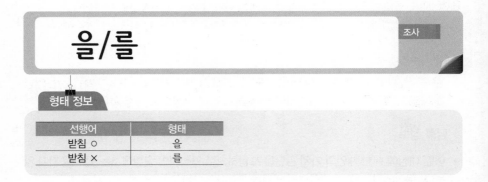

을/를

조사

형태 정보

선행어	형태
받침 ○	을
받침 ×	를

1 행위의 대상

어떤 행위에 직접적 혹은 간접적으로 영향을 받는 대상을 나타낸다.

- 아침에 빵을 먹어요.
- 어제 명동에서 옷을 샀습니다.
- 내일 친구를 만나려고 해요.
- 저는 한국 가수를 좋아해요.
- 요즘 피아노를 배우고 있어요.
- 친구에게 생일 선물을 주었다.
- 가 : 매일 어떻게 학교에 와요?
  나 : 지하철을 타고 학교에 가요.

tip '게임하다, 공부하다'와 같은 ' 서술형 명사 + 하다' 구성에서는 '하다' 앞에 '을/를'을 붙이기도 한다. 즉, '게임을 하다', '공부를 하다'와 같이 사용할 수 있다.

문법 정보

- **후행 요소 제약** : 후행 용언으로는 주로 타동사가 온다. 상태를 나타내는 말과 쓸 수 없다.
  예문 *저는 책을 많아요.

담화 정보

- 구어에서는 '을/를'을 쓰지 않는 것이 자연스러운 경우가 있다.
  예문 가 : 커피(?를/∅) 줄까요?
  　　　 나 : 아니요. 아침에 커피(?를/∅) 마셨어요.
- 구어에서는 '를' 대신에 'ㄹ'을 사용하기도 한다.
  예문 가 : 지금 (?뭐를/뭘) 해요?
  　　　 나 : 책(을/∅) 읽어요.

확장

- **을/를 가지고**
  (1) 앞의 말이 도구, 수단, 방법, 재료가 됨을 나타낸다.
  예문 요즘 휴대폰을 가지고 할 수 있는 일이 참 많아요.
  　　　 오늘은 버섯을 가지고 볶음 요리를 만들어 보겠습니다.

  (2) '앞의 일을 대상으로 하여'의 의미를 나타낸다.
  예문 이미 끝난 일을 가지고 뭐라고 해 봤자 소용없다.
  　　　 다음 시간에는 '사랑'이라는 주제를 가지고 이야기를 나눠 보도록 하겠습니다.

- **을/를 위해(서)**

(1) 이롭게 하거나 도움을 주려는 대상을 나타낸다.

예문 대학 입학을 위해서 열심히 공부하고 있어요.

　　환경을 위해 개인 컵을 사용하는 사람들이 늘고 있다.

2 목적지

주어가 목적을 가지고 이동하는 장소를 나타낸다.

- 동생은 학교를 다녀요.
- 친구가 한국을 왔어요.
- 배가 아파서 병원을 갔어요.
- 일이 바쁘면 주말에도 회사를 간다.
- 가 : 어제 뭐 했어요?
  나 : 미용실을 다녀왔어요.

문법 정보

- **선행 요소 정보** : 장소를 나타내는 명사와 결합한다.
- **후행 요소 정보** : '가다, 오다, 다니다' 등 이동의 의미를 나타내는 동사가 주로 온다.

담화 정보

- 구어에서는 '을/를'을 쓰지 않는 것이 자연스러운 경우가 있다.

  예문 가 : 요즘 바빠요?
  　　나 : 네, 요즘 피아노 학원(을/∅) 다녀서 좀 바빠요.

- 구어에서는 '를' 대신에 'ㄹ'을 사용하기도 한다.

  예문 가 : 지금 (어디를/어딜) 가요?
  　　나 : 편의점(을/∅) 가요.

관련 표현

- 에

  (1) 이 용법에서 '을/를'은 '에'와 큰 의미 차이 없이 바꿔 쓸 수 있다. 그러나 '을/를'은 '에'와 달리 화자가 장소 전체를 하나의 대상으로 인식하고 있음을 나타낸다.

  예문 화장실(에/을) 가요.
  　　나는 버스 뒷자리(에/*를) 가서 앉았다.

  (2) 목적지를 나타낼 때는 '에'를 쓰는 것이 일반적이다. '을/를'을 사용할 때는 목적지를 다소 강조하는 듯한 느낌을 준다.

  예문 가 : 어디 가?
  　　나 : (집에/*집을). → '가다'가 생략된 문장에서는 '집을'의 사용이 어색함.

예문 가 : 나 지금 미국(에/?을) 갈 거야.

나 : 뭐? 갑자기 미국(에/을)! → 목적지가 '미국'이라는 사실에 놀람.

3 이동의 출발점

주체가 이동을 시작하는 장소를 나타낸다.

- 나는 7시에 집을 나왔다.
- 동생은 울면서 고향을 떠났다.
- 현정이는 어제 제주도를 출발했다.
- 요즘은 대학을 나와도 취직하기가 힘들다.
- 가 : 휴가 계획 세웠어요?
  나 : 네, 이번에는 복잡한 도시를 벗어나서 시골로 갈 거예요.

문법 정보

- **선행 요소 정보** : 장소를 나타내는 명사와 결합한다.
- **후행 요소 정보** : '나오다, 나가다, 나서다, 떠나다, 거치다, 출발하다' 등의 이동 동사가 주로 온다.

담화 정보

- '을/를'은 구어에서 생략되기도 한다.
  예문 집(을/∅) 나가도 갈 데가 없어.

관련 표현

- **에서**

  (1) '에서'도 출발의 의미를 나타낸다.
  예문 강희는 오늘 아침 일찍 집(에서/을) 나갔다.

  (2) 비유적 표현에서는 '에서'를 쓸 수 없다.
  예문 그는 고등학교(*에서/를) 나온 후 계속 일했다.

4 이동이 진행되는 장소

이동이 진행되는 장소를 나타낸다.

- 사람들이 길을 건너고 있어요.
- 비행기가 하늘을 날고 있습니다.
- 친구와 함께 홍대 앞거리를 돌아다녔다.

- 나는 어렸을 때 강을 헤엄치면서 놀았다.
- 가 : 어제 뭐 했어요?
  나 : 공원을 산책했어요.

문법 정보

- **선행 요소 정보** : 장소를 나타내는 명사와 결합한다.
- **후행 요소 정보** : '걷다, 건너다, 날다, 다니다, 달리다, 오르다' 등 이동의 의미를 나타내는 동사가 주로 온다.

담화 정보

- 구어에서는 '을/를'을 쓰지 않는 것이 자연스러운 경우가 있다.
  > **예문** 가 : 은행이 어디에 있어요?
  > 나 : 정문 앞 횡단보도(를/∅) 건너면 보일 거예요.

관련 표현

- **에서**
  (1) '에서'도 행위의 장소를 나타낸다. 그러나 '을/를'이 이동이 진행되는 장소를 나타낸다면 '에서'는 행위의 장소를 나타낸다.
  > **예문** 나는 아침마다 운동장(에서/을) 달린다.
  > 사람들이 길(을/*에서) 건넜다.

  (2) '을/를'은 '에서'와 달리 화자가 장소를 전체로 인식하고 있음을 나타낸다. 따라서 '온 N'는 '을/를'과 어울리며, '에서'와는 어울리지 않는다.
  > **예문** 나는 그 과자를 구하기 위해 온 가게(*에서/를) 돌아다녔다.
  > 잃어버린 지갑을 찾으려고 온 교실(*에서/을) 찾아다녔다.

5 이동의 목적

이동을 하는 목적을 나타낸다.

- 동생이 영국으로 유학을 갔다.
- 부모님께서는 여행을 떠나셨다.
- 날씨가 더워서 바닷가로 휴가를 왔다.
- 가 : 주말에 뭐 해요?
  나 : 가까운 한강으로 소풍을 갈까 해요.

문법 정보

- **선행 요소 정보** : 목적을 나타내는 한자어 명사와 결합한다. 대개 '-하다'의 앞에 오는

한자어와 어울리면 자연스럽다.

> **예문** 나는 주말에 친구와 (*영화를/영화 구경을) 갔다.
>
> 선생님과 함께 (*밥을/식사를) 갔다.

- **후행 요소 정보** : '다니다, 가다, 오다, 떠나다' 등 이동의 의미를 나타내는 동사가 주로 온다.

담화 정보

- 구어에서는 '을/를'을 쓰지 않는 것이 자연스러운 경우가 있다.

> **예문** 가 : 방학에 뭐 했어?
>
> 나 : 여행(을/∅) 다녀왔어.

관련 표현

- **에**

  (1) '에'도 이동 동사와 함께 어울리지만, '을/를'과 달리 행위의 목적을 나타내는 의미는 없다.

> **예문** 주말에는 쇼핑(*에/을) 갈 거예요.

6 강조

강조의 의미를 나타낸다.

- 나는 그 사람의 있는 그대로를 사랑한다.
- 우리 아이는 집에 오면 공부를 하지를 않아.
- 규현이는 한참을 생각한 후에 말을 시작했다.
- 가 : 상사 때문에 힘들다면서?

  나 : 응. 그 사람은 정말 뭐 하나 제대로 알지를 못해.

문법 정보

- **선행 요소 정보** : '한참', '꼼짝'과 같은 일부 부사나 '-지 않다', '-지 못하다', '-지 말다' 와 같은 부정 표현에 쓰이는 어미 '-지'와 결합한다.

담화 정보

- 주로 구어에서 사용하는 경향이 있다.

관련 표현

- **이/가**

  (1) '이/가'는 대개 서술어가 형용사이거나 자동사일 때 사용할 수 있다. 그러나 '을/를'

은 대개 서술어가 행동의 대상을 필요로 하는 타동사일 때 사용한다.

예문 왜 먹지(*가/를) 않니?

요즘은 손님이 많지(가/?를) 않네요.

(2) 단, 주어가 의도성이 있으면 '–지' 앞의 서술어가 자동사라도 '이/가' 대신 '을/를'을 쓰기도 한다.

예문 차가 굴러 가지(가/를) 않아.

우리 아들은 도대체 학교에 가지(를/*가) 않아요.

7 기타 용법

① 경유지

주로 '거치다, 지나다' 등의 서술어와 함께 쓰이면, '경유지'의 의미를 갖기도 한다.

- 이 비행기는 홍콩을 거쳐 미국으로 간다.
- 가 : 연정이가 진짜 안 오네.
  나 : 아까 시청역을 지났다고 했으니까 곧 올 거야.

의
조사

형태 정보

- 선행어에 '의'를 붙인다.

tip 대명사 '나', '저', '너'에 '의'가 결합한 '나의', '저의', '너의'는 종종 다음과 같이 줄여서 쓴다.

  • **나의** 가방 → **내** 가방 • **저의** 친구 → **제** 친구 • **너의** 소원 → **네** 소원

1 소유, 소속, 관계, 기원, 주체의 관계를 가짐

앞의 말이 뒤의 말에 대한 소유, 소속, 관계, 기원, 주체의 의미를 가짐을 나타낸다.

- 이건 현정 씨의 휴대폰이에요.
- 안녕하세요. 한국 무역의 남신혜라고 합니다.
- 제 딸은 지금 유학을 가 있어요.

- 아내의 마음을 잘 모르겠어요.
- 자연의 위대함 앞에서 입이 떡 벌어졌다.
- 가 : 자기의 가장 큰 단점이 뭐라고 생각합니까?
  나 : 저는 다른 사람의 부탁을 잘 거절하지 못합니다.

담화 정보

- 구어에서 '의'는 쓰지 않는 것이 자연스러운 경우가 많다.
  > **예문** 가 : 이거 누구 책이에요? → '누구의 책'보다 '누구 책'이 자연스럽다.
  >   나 : 철수 책이에요. → '철수의 책'보다 '철수 책'이 자연스럽다.
- 그러나 문장에서 '의' 다음에 나오는 말이 '-은 명사 , -적 + 명사 ' 구성일 때 '의'가 생략되지 않는다.
  > **예문** 규현이(의/*∅) 밝은 성격은 어머니를 닮은 것 같네요.
  >   어머니(의/*∅) 긍정적 태도는 저에게 좋은 영향을 미쳤어요.

tip '나의, 저의, 너의'는 '의'를 생략한 '나', '저', '너'로는 잘 사용되지 않으며 '내', '제', '네'의 형태로 자주 사용된다.
  - (*나/내) 친구는 유학 갔어.
  - (*저/제) 꿈이에요.
  - (*너/네) 친구야?

2 행위의 대상이나 목표

앞의 말이 뒤의 말에 대하여 행위의 대상이나 목표가 됨을 나타낸다.

- 우리 회사는 신제품의 개발에 힘쓰고 있다.
- 의료 기술의 발달로 평균 수명이 증가하였다.
- 최근 쓰레기의 처리 문제가 심각하다.
- 가 : 젊은이들이 성인병에 걸리는 이유는 무엇인가요?
  나 : 가장 큰 이유로는 운동의 부족을 들 수 있겠습니다.

담화 정보

- 말을 할 때 '의'는 종종 생략된다.
  > **예문** 장애인(의/∅) 인권 문제가 대두되었다.

3 속성이나 수량

앞의 말이 뒤의 말에 대하여 속성이나 수량을 한정함을 나타낸다.

- 제 인생 최고의 순간은 지금이에요.

- 그 사람에게서 사랑의 감정을 느꼈어요.
- 한 편의 영화로 기분 전환을 해 보세요.
- 강희는 고도의 집중력을 발휘했다.
- 가 : 남편의 어떤 점이 그렇게 멋있었어요?
  나 : 190센티미터의 큰 키에 반했어요.

문법 정보

- **선행 요소 정보** : '최고, 최선, 고도, 일말' 등의 속성을 나타내는 말이나 수량 표현과 결합한다.

4 전체와 부분

앞의 말과 뒤의 말이 전체와 부분의 관계임을 나타낸다.

- 정치인의 한 사람으로서 진심으로 감사의 말씀을 드립니다.
- 직장인들의 대부분이 운동 부족인 것으로 나타났다.
- 그 가수는 콘서트 수익금의 일부를 기부했다.
- 신혜는 월급의 절반을 저축하는 데에 쓰고 있다.
- 가 : 요즘 집값이 많이 올랐지?
  나 : 응. 작년의 두 배는 되는 것 같아.

문법 정보

- **후행 요소 정보** : '대부분', '일부', '한 사람', '~배', '반', '절반' 등의 표현이 온다.

담화 정보

- 말을 할 때 '의'는 종종 생략된다. '의'를 사용하면 전체와 부분의 관계가 더욱 분명해진다.
  예문 생활비(의/Ø) 반이 식비로 나간다.

5 비유의 대상

앞의 말과 뒤의 말에 대한 비유의 대상임을 나타낸다.

- 소외된 이웃들에게 관심의 손길이 필요합니다.
- 자기 마음 속 양심의 소리에 귀를 기울여 보세요.
- 나는 친구들의 선물을 받고 감격의 눈물을 흘렸다.
- 정치인들은 서로에게 비난의 화살을 돌렸다.
- '철의 여인'은 강한 의지를 가진 여성에게 쓰는 말이다.

앞의 조사가 그 의미 특성을 가지고 뒷말을 수식할 때 사용한다.

- 요즘 들어 친구와의 인연이 정말 소중한 것 같아.
- 여행지에서의 하루는 길게 느껴진다.
- 앞으로 부모로서의 역할에 더 충실해야겠다.
- 가 : 강희가 나 좋아하는 것 같지 않아?
  나 : 그건 너만의 착각이야.

문법 정보

- **선행 요소 정보** : '에, 에서, (으)로, (으)로서, 만, 과/와' 등 일부 조사와 결합한다.

이/가

조사

형태 정보

선행어	형태
받침 ○	이
받침 ×	가

- 선행어에 '의'를 붙인다.

tip 대명사 '나', '저', '너', '누구'는 '가'가 붙으면 형태가 달라진다.

- 나 + 가 → 내가 (나가 ×)
- 저 + 가 → 제가 (저가 ×)
- 너 + 가 → 네가 (너가 ×)
- 누구 + 가 → 누가 (누구가 ×)

tip 선행어가 이름일 경우, 받침이 있으면 접사 '이'를 붙이고 받침이 없으면 조사 '가'를 붙이는 것이 보통이다. 단, 알파벳으로 된 이름의 경우에는 적용되지 않는다.

- 현정**이가**
- 마이클**이가**(×) → 마이클**이**(○)

1 주체

어떤 상태나 상황의 대상이나 동작의 주체를 나타낸다.

- 빵이 맛있어요.

- 얼굴이 예뻐요.
- 제가 전화를 했어요.
- 내일 친구가 한국에 온다.
- 가 : 오늘 날씨가 어때요?
  나 : 날씨가 좋아요.

담화 정보

- 대화를 할 때에는 '이/가'가 생략되기도 한다. 그러나 글을 쓰거나 격식적인 상황에서는 '이/가'를 생략하지 않는다.
  - 예문 가 : 지금 공원에 사람(이/Ø) 많아요?
    나 : 네, 사람(이/Ø) 많아요.
    (뉴스에서) 최근 지하철을 이용하는 사람들(이/*Ø) 늘고 있습니다.

- 또한 '무엇, 어디, 누가' 등과 같은 의문사에 대한 대답, 안긴문장에서는 '이/가'를 생략하지 않는다.
  - 예문 가 : 누가 채린 씨 동생이에요?
    나 : 모자를 쓴 사람(이/*Ø) 제 동생이에요.
  - 예문 저는 강희(가/*Ø) 누구인지 몰랐어요.

- '것 + 이'는 구어에서 '게'로 쓰기도 한다.
  - 예문 이것이 → 이게, 그것이 → 그게, 저것이 → 저게

  tip '이/가'를 강하게 발음하면 '다른 것이 아니라 바로 그것'이라는 의미로 해석될 수 있다.
  - 이 피자 빵이(↗) 맛있네요. → '다른 빵이 아니라 바로 이 피자 빵이'

관련 표현

- 에서
  (1) '에서'는 단체 명사와 결합하여 해당 단체가 행위의 주체임을 나타낸다. 이때 '이/가'와 바꿔 쓸 수 없다.
  예문 회사(에서/*가) 신제품을 개발하였다.

  (2) '에서'는 형용사가 서술어로 올 수 없는 반면, '이/가'는 이러한 제약이 없다.
  예문 학교(*에서/가) 예쁘다.

- 은/는
  (1) '은/는'도 '이/가'와 같이 행위 및 상태의 주체를 나타낼 수 있다.
  예문 친구(는/가) 미국에 갔어요.

  (2) '은/는'에는 '대조'의 의미가 있으며 '이/가'에는 이러한 의미가 없다.
  예문 저는 한국에 왔지만 친구(는/*가) 미국에 갔어요.
  예문 가 : 오늘 약속 있어요?

나 : 음···. 약속은 없는데···. → '아르바이트', '수업' 등 다른 일이 있다는 느낌을 준다.

　　　아니요. 약속이 없어요. → 다른 일이 있다는 느낌이 없다.

(3) '은/는'이 대조의 의미일 때에는 주어 외의 여러 문장 요소와 결합할 수 있다.

　예문 아침은 먹었는데, 점심은 못 먹었어요. → '을/를' 대신에 '은/는'이 사용됨.

　　　도와는 주겠지만, 그 이상은 못해요. → '도와주다' 중 '도와'에 결합함.

(4) '은/는'은 자기소개를 하는 상황에서 쓸 수 있지만, '이/가'는 쓸 수 없다.

　예문 (저는/*제가) 임규현이라고 합니다. (저는/*제가) 사진 찍는 것을 좋아합니다.

(5) '은/는'은 '~에 대해서'의 의미가 있다. 따라서 문장의 처음에서 선행어를 강조할 때
　　에는 '은/는'을 쓰는 것이 더 자연스럽다.

　예문 강 선생님(은/??이) 제가 제일 존경하는 선생님이에요.

(6) '누구, 어디, 무엇, 언제'와 같은 의문사에는 '이/가'가 결합한다.

　예문 (*누구는/누가) 동생이에요?

　　　어디(*는/가) 아파요?

　　　뭐(*는/가) 맛있어요?

　　　언제(*는/가) 괜찮아요?

(7) '이/가'는 청자에게 새로운 정보를 나타낼 때 사용하며 '은/는'은 주로 두 사람에게
　　공유된 정보를 말할 때 쓴다.

　예문 가 : 저기요. 연세 대학교(*는/가) 어디예요?

　　　나 : 연세 대학교(는/*가) 이쪽이에요.

　예문 옛날 옛날에 왕자(*는/가) 살았어요. 그 왕자는 ···.

　　　요즘 새로운 드라마(*는/가) 시작되었어요. 그 드라마는 ···.

　　　며칠 전에 친구(*는/가) 한국에 왔어요. 그 친구는 ···.

(8) 안긴문장에서는 '은/는'을 쓰지 않고 '이/가'를 쓴다.

　예문 친구(*는/가) 제 선물을 좋아할지 모르겠어요.

　　　이 가방은 오빠(*는/가) 사 준 거예요.

2 대상

바뀌는 대상, 부정의 대상, 심리 상태의 대상을 나타낸다.

- 저는 가수가 되고 싶어요.
- 이 가방은 제 가방이 아닙니다.
- 저는 제 고향이 좋아요.
- 나는 형제가 많은 사람들이 늘 부러웠다.
- 가 : 뭐가 먹고 싶어요?
  나 : 불고기가 먹고 싶어요.

- **후행 요소 정보** : '되다', '아니다' 또는 '좋다, 싫다, 무섭다' 등의 심리형용사, '싶다'와 같은 보조 형용사가 주로 온다.

> tip '−고 싶다' 구문에서는 '싶다'에 초점이 있으면 '을/를' 대신 '이/가'를 사용할 수 있기도 하다.
> - 오늘은 피자(를/가) 먹고 싶어요.

담화 정보

- 대화를 할 때에는 '이/가'가 생략되기도 한다. 그러나 대상을 강조할 때는 생략하지 않는다. 또한 글을 쓰거나 격식적인 상황에서는 '이/가'를 생략하지 않는다.
  > 예문 나는 강아지(가/∅) 좋아.
  > 예문 가 : 뭐라고요? 약속 시간이 4시라고요?
  >   나 : 아니요. 4시(가/*∅) 아니라고요. 4시(가/*∅) 아니라 3시예요.
  > 예문 나중에 크면 선생님(이/*∅) 되고 싶다.

- '것 + 이'는 구어에서 '게'로 쓰기도 한다.
  > 예문 이것이 → 이게, 그것이 → 그게, 저것이 → 저게

3 강조

강조의 뜻을 나타낸다.

- 교실이 따뜻하지가 않아요.
- 일이 끝나지가 않아.
- 도대체가 알 수가 없다.
- 가 : 피곤해 보여요.
  나 : 집 주변이 너무 시끄러워서 잘 수가 없어요.

문법 정보

- **선행 요소 정보** : '−지 않다', '−지 못하다'의 어미 '−지', '−을 수 없다'의 의존명사 '수'에 결합한다. 부사 중에서는 '도대체', '그대로', '거의', '다' 등과 어울린다.

담화 정보

- 주로 구어에서 사용하는 경향이 있다.

관련 표현

- **을/를**

(1) '이/가'는 대개 서술어가 형용사이거나 자동사일 때 사용할 수 있다. 그러나 '을/를'은 대개 서술어가 행동의 대상을 필요로 하는 타동사일 때 사용한다.

예문 왜 먹지(를/*가) 않니?

오늘은 날씨가 좋지(?를/가) 않네요.

(2) 그러나 주어가 의도성이 있으면 자동사라도 '이/가' 대신 '을/를'을 쓰기도 한다.

예문 차가 굴러 가지(를/가) 않아.

예문 우리 아들은 도대체 학교에 가지(를/*가) 않아요.

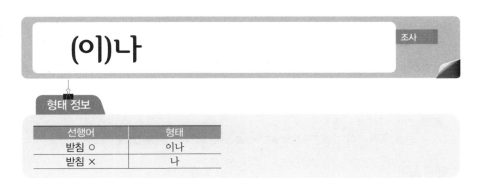

(이)나

조사

형태 정보

선행어	형태
받침 ○	이나
받침 ×	나

1 선택

둘 이상을 나열하고 그중에 하나를 선택함을 나타낸다.

* 저는 주말에 영화나 드라마를 봐요.
* 아침에는 빵이나 삼각 김밥을 먹어요.
* 보통 커피숍에 가면 커피나 홍차를 마셔요.
* 지하철이나 버스를 타고 가는 게 어때요?
* 보통 도서관에서나 커피숍에서 공부를 해요.
* 가 : 언제 다시 오면 될까요?

  나 : 내일이나 모레 오세요.

2 차선

아주 만족스럽지는 않지만 그것을 선택함을 나타낸다.

* 할 일도 없는데 잠이나 자자.
* 배고픈데 라면이나 먹을까?
* 쓸데없는 소리하지 말고 공부나 해.

- 오늘 시간 괜찮으면 술**이나** 한잔 할까요?
- 걱정하지 말고 일단 한번 해 보기**나** 하세요.
- 가 : 오늘 뭐 할까?
  나 : 영화**나** 보러 가자.

문법 정보

- **선행 요소 정보** : 화자가 아주 만족스럽지는 않다고 생각하는 대상이 온다.
- **후행 요소 정보** : 후행하는 용언은 주로 '–(으)세요, –을까요?, –읍시다'와 같이 명령, 제안, 청유를 나타내는 종결어미와 잘 결합한다.

담화 정보

- 제안하는 상황에서 화자가 생각하기에 최선의 것을 제안하여도 '(이)나'를 사용하는 경우가 있는데 이것은 청자의 부담을 덜어 주기 위한 것이다. 제안할 때 '(이)나'를 사용하면 진지한 제안이라기보다는 '가벼운 제안'이라는 느낌을 줄 수 있기 때문이다.
  _{예문} 커피 마시러 갈래?
   커피**나** 마시러 갈래? → '커피' 혹은 '커피를 마시는 일' 외에 다른 것도 괜찮음.

관련 표현

- **(이)라도**
  (1) '(이)라도'도 최선의 선택이 아님을 나타내므로 '(이)나'와 큰 의미 차이 없이 바꿔 쓸 수 있는 경우가 있다.
  _{예문} 배부른데 잠깐 산책(이라도/이나) 할까?
   밥이 없으니까 라면(이라도/이나) 먹어야겠어요.

  (2) '(이)나'는 앞의 것을 화자가 대수롭지 않게 생각함을 나타내는 데 반해, '(이)라도'에는 이러한 의미가 없다.
  _{예문} 가 : 이번 방학에는 유럽 여행이나 갈까 해요. → '유럽 여행'을 가볍게 여김.
   나 : "유럽 여행이나"라고 했어요? 생각보다 돈이 얼마나 많이 필요한데요.
  _{예문} 가 : 이번 방학에는 유럽 여행이라도 갈까 해요. → 아직 뭘 가장 하고 싶은지 모르겠음.
   나 : 괜찮은 것 같은데요.

  (3) '(이)라도'와 달리 '(이)나'는 청자의 의지를 부정하는 뜻이 있다.
  _{예문} 가 : 내가 선물 사 줄까?
   나 : 너는 돈도 없으면서 선물은 무슨. 그냥 편지(*라도/나) 써서 줘.
  _{예문} 가 : 저 사람 지금 뭐 하는 거지?
   나 : 다른 사람 일에 신경 쓰지 말고 그냥 네 할 일(*이라도/이나) 제대로 해.

- **(이)나마**
  (1) '(이)나'와 '(이)나마'는 교체가 가능하지만 '(이)나'에는 상황을 긍정적으로 평가하는

의미가 없다.

예문 찬밥(이나마/이나) 먹어야겠다.

작은 집(이나마/*이나) 누울 곳이 있어서 행복하다.

3 모두를 포함

여러 가지 중에서 모두를 포함함을 나타낸다.

- 서준이는 춤**이나** 노래**나** 다 잘해요.
- 저는 아무 데서**나** 잠을 잘 자요.
- 이 음식은 누구**나** 쉽게 만들 수 있어요.
- 변명이라도 좋으니까 아무 말**이나** 좀 해 봐.
- 동생은 내가 하는 것은 무엇**이나** 다 따라 해요.
- 의견이 안 맞는 사람은 어디에**나** 있는 법이다.
- 가 : 뭐 드실래요?

  나 : 저는 아무 거**나** 다 잘 먹어요.

문법 정보

- **선행 요소 정보** : 주로 '아무' 혹은 '아무 명사 ', 또는 '무엇, 어디, 누구' 등 의문사와 결합하며 '에'나 '에서' 등과 같은 조사와도 결합할 수 있다.

관련 표현

- **(이)든지**

  (1) '(이)든지'와 '(이)나'가 문장에 따라서는 교체가 가능한 경우도 있다.

  예문 이 일은 누구(든지/나) 할 수 있어요.

  (2) 의문사 '누구, 언제, 어디'는 조사 '(이)나'와 결합하면 그것을 포함한 '모두'의 의미가 있으나, '(이)든지'와 함께 쓰면 '특정 상황과 관계없이, 가리지 않고'의 의미를 나타낸다.

  예문 무슨 일이 있거든 언제(든지/*나) 연락하세요.

  ('언제든지' = '무슨 일이 있을 때마다')

  무엇(이든지/*이나) 물어보세요.

  ('무엇이든지' = '어려운 문제, 쉬운 문제 가리지 말고')

  당신과 함께라면 어디(든지/*나) 갈 수 있어요.

  ('어디든지'= '거리나 장소에 관계없이')

  무슨 소원(이든지/*이나) 들어 줄게요.

  ('무슨 소원이든지' = '소원의 내용에 관계없이')

  (3) 부정 대명사 '아무'는 '든지'와 함께 쓸 수 없다.

  예문 이번 파티에는 아무(*든지/나) 와도 돼요.

(4) '아무 명사 (이)나'는 그것이 무엇이 되었든 '명사 중 하나'의 의미가 있으나 '(이)든지'에는 그런 의미가 없다.

예문 저는 (뭐든지/아무 거나) 잘 먹어요.
배가 고프니까 일단 (*뭐든지/아무 거나) 하나 주문해요.
원하는 곳이 있으면 (어디든지/*아무 데나) 데리고 갈게요.

(5) '(이)나'는 긍정문과 부정문에서 모두 잘 사용되나, '(이)든지'는 대개 긍정문과 사용하는 것이 자연스럽다.

예문 그 사람은 궁금한 것이 있어도 (*언제든지/언제나) 묻지 않아요.

• (이)라도
(1) '(이)나'와 '(이)라도'는 문장에 따라 큰 의미 차이 없이 교체가 가능한 경우도 있다.

예문 휴일에는 어디(라도/나) 사람이 많아요.

(2) 그러나 ' 의문사 + (이)나'는 모든 것을 포함하는 의미가 있으며, ' 의문사 + (이)라도'는 '상관없다'의 의미를 갖는다.

예문 친구 집에 갈 때는 뭐(라도/*나) 하나 사 가는 편이다.
('뭐라도'= '좋은 것이든 나쁜 것이든')
우리는 누구(*라도/나) 친구가 필요해요.
('누구나'= '모두')
얘들아, 내 도움이 필요하면 언제(라도/*나) 전화해.
('언제라도'= '때에 관계없이')
현정이는 언제(*라도/나) 음악을 들어요.
('언제나'= '항상', '자주')

(3) '(이)라도'는 '상관없다'는 의미를 가지므로 '괜찮다, 좋다'등의 말이 뒤에 올 수 있는데 반해, '(이)나'는 이러한 서술어가 후행하지 않는다.

예문 저는 누구(라도/*나) 좋으니까 친구를 사귀고 싶어요.

🖋 4 수량이나 정도가 많음

어떤 것의 수량이나 정도가 화자의 기대나 예상보다 매우 많음을 나타낸다.

• 이번에 상금이 오천만 원**이나** 된대요.
• 어제 거의 열 시간**이나** 자 버렸어요.
• 채린이는 애완견을 다섯 마리**나** 기른대요.
• 신혜는 매일 커피를 다섯 잔**이나** 마신대요.
• 차가 오지 않아서 거의 한 시간**이나** 기다렸다.
• 가 : 삼만 원입니다.
  나 : 네? 무슨 샌드위치가 삼만 원**이나** 해요?

관련 표현

- **밖에**

  (1) 어떤 것의 수량이 적음을 나타낸다.

  [예문] 어제 두 시간밖에 못 잤어요.

  (2) 동일한 수량이라고 할지라도 화자가 적다고 생각하면 '밖에'를, 많다고 생각하면 '(이)나'를 사용할 수 있다.

  [예문] 선물을 사야 하는데 돈이 1,000원밖에 없어요.

  　　　기대하지 않았는데 주머니에 돈이 1,000원이나 있었어요.

  [예문] 가 : 시험에서 3개나 틀렸어요. → 많이 틀렸다고 생각함.

  　　　나 : 네? 3개밖에 안 틀렸어요? → 조금 틀렸다고 생각함.

5 수량이나 정도 짐작

수량이나 정도가 어느 정도가 되는지 짐작함을 나타낸다.

- 친구 결혼식에 몇 명**이나** 갈지 아직 모르겠네요.
- 과연 몇 퍼센트**나** 찬성이라고 응답할지 궁금하네요.
- 저 사장님 젊어 보이는데 몇 살**이나** 됐을까?
- 가 : 호텔에 몇 시에**나** 도착할 것 같아요?

  나 : 음. 한 열 시**나** 돼야 도착할 것 같은데요.

문법 정보

- **선행 요소 정보** : 대개 '몇 명, 몇 시간, 몇 살' 등과 같이 수량이나 정도에 대한 의문을 나타내는 표현과 주로 결합한다.

6 비유

실제로 그렇지 않지만 거의 그렇다고 말할 수 있음을 나타낸다.

- 큰 형은 우리 집 가장**이나** 같아요.
- 그분은 제 어머니**나** 다름없는 분이세요.
- 채린이는 내 가족**이나** 마찬가지인 죽마고우예요.
- 한국에서 오래 살아서 여기가 고향**이나** 마찬가지이다.
- 가 : 채린 씨는 혼자 사나 봐요.

  나 : 그건 아닌데, 룸메이트가 잘 안 들어와서 거의 혼자 사는 거**나** 다름없어요.

- **후행 요소 정보** : 주로 '다름없다', '마찬가지다', '변함없다', '같다' 등이 온다.

관련 표현

- **과/와**
  (1) '(이)나'는 비유적인 의미가 있으나, '과/와'는 그렇지 않다.
  예문 이제는 한국이 제 고향이나 마찬가지예요.
  → 한국이 고향일 수는 없지만, 마치 그 정도로 편안하게 느껴진다.
  이 경우도 지난번과 마찬가지로 해결하시면 됩니다. → 비유적인 의미가 없다.

7 비웃는 태도

화자가 다른 사람의 과장된 생각이나 행동을 비웃거나 무시하고 있음을 나타낸다.

- 그깟 돈푼이나 있다고 사람 무시하는 거예요?
- 자기가 무슨 대단한 사람이나 되는 줄 아나 봐.
- 매니저가 마치 사장이나 되는 것처럼 일을 시켜요.
- 아직 결선이 남았는데 벌써 우승이나 한 것처럼 으스대기는.
- 가 : 아, 아파서 못 걷겠어.
  나 : 조금 다친 것 가지고 무슨 큰일이나 당한 듯이 엄살 부리지 말아요.

tip 주로 '(이)나 되는 것처럼', '(이)나 되는 듯이'의 표현으로 사용한다.

문법 정보

- **선행 요소 정보** : 주어가 과장하여 생각하는 말이 온다. 따라서 '대단한 명사 ', '엄청난 명사 '과 같은 표현이나 '사장, 우승, 부자' 등 일반적으로 높은 사회적 지위나 긍정적인 의미를 나타내는 표현이 주로 온다.

관련 표현

- **(이)라도**
  (1) 이 용법에서 '(이)나'는 큰 의미 차이 없이 '(이)라도'와 바꿔 쓸 수 있다.
  예문 그는 자기가 마치 엄청난 영웅(이라도/이나) 되는 듯이 거짓말을 해 댄다.

8 기타 용법

① 다른 사람의 말에 대한 부정적인 태도를 나타냄.

- 화자가 다른 사람에게서 들은 말을 옮기면서 그것에 무관심하거나 불만이 있음을 나타

낸다. 일부 종결어미 '-는다, -자, -라' 등과 함께 쓰이며, 후행어로는 '뭐라나, 어떻다나, 어쩐다나'과 같은 말이 함께 쓰인다.

예문 연정이가 내일 소개팅을 한다나 뭐라나.

예문 가 : 친구하고 오해 풀었어요?

　　　나 : 아니요. 글쎄, 친구가 자기는 그런 말을 한 적이 없다나요.

결합형 조사 정보

'(이)나'는 다음과 같이 다른 조사들과 결합하여 쓰이기도 한다.

- **에 + 나** : 쓰레기를 아무 곳**에나** 버리면 안 돼요.
- **에서 + 나** : 과학 기술의 발전으로 영화**에서나** 볼 법한 일들이 실제로 일어나고 있다.
- **(으)로 + 나** : 가치관을 바꾸는 것은 개인적**으로나** 사회적**으로나** 어려운 일이다.
- **한테 + 나** : 누구**한테나** 고민은 있다.

(이)나마

조사

형태 정보

선행어	형태
받침 ○	이나마
받침 ×	나마

1 '미흡하지만'

현재의 상황이 만족스럽지 않고 부족하다고 생각하지만 어쩔 수 없이 그것을 인정하고 받아들임을 나타낸다.

- 낡은 집**이나마** 있어서 다행이에요.
- 조금씩**이나마** 몸이 회복되고 있는 것 같아요.
- 잠시**나마** 이야기를 나눌 수 있어서 영광이었습니다.
- 계약직**이나마** 내가 좋아하는 일을 할 수 있어서 행복해요.
- 늦게**나마** 준비를 하는 것이 아예 안 하는 것보다 나아요.
- 직접 찾아뵐 수 없어 이렇게 전화로**나마** 안부를 여쭙니다.
- 가 : 이렇게 기부 활동을 하는 이유는 무엇인가요?

　나 : 어려운 이웃들에게 조금**이나마** 도움을 주고 싶었거든요.

- **선행 요소 정보** : '잠시, 잠깐, 일부, 부분, 대략, 작은 명사 , 낡은 명사 ', '(뒤)늦게, 부족하게, 약소하게, 막연하게, 어렴풋하게', '멀리에서' 등 객관적으로 부족하며 열등한 가치를 가진 것으로 여겨지는 말과 결합한다.

  예문 *새 집이나마 있어서 좋아요.
  → 낡은 집이나마

담화 정보

- '(이)나마'는 상황이나 능력이 미흡함을 인정하지만 화자가 이를 받아들이고 긍정적인 평가를 내리고 있음을 나타낸다.

  예문 짧은 시간이나마 함께 해서 (즐거웠습니다/*아쉬웠습니다).

- 화자의 겸손한 태도를 나타내기도 한다.

  예문 가 : 이번 이재민 돕기 행사에 참여해 주셔서 진심으로 감사드립니다.
  나 : 아닙니다. 이번 행사로 여러분들께 조금이나마 위로가 되었으면 하는 마음입니다.

관련 표현

- **(이)라도**

  (1) '(이)나마'와 큰 의미 차이 없이 바꿔 쓸 수 있으나, '(이)나마'의 뒤에는 '좋다, 괜찮다, 상관없다'보다 불만스러운 상황을 보상하려는 내용이 뒤따르는 것이 자연스럽다.

  예문 간소하게(라도/*나마) 괜찮아요.
  간소하게(라도/나마) 음식을 차려 놓았어요.

  (2) '(이)나마'는 사태에 대한 화자의 긍정을 나타내므로 2인칭이나 3인칭 주어와 잘 어울리지 않는 데 반해, '(이)라도'는 이러한 제약이 없다.

  예문 가 : 내 남자 친구는 자꾸 내 생일도 잊어버리고 나한테 무심해.
  나 : 너는 그런 남자 친구(라도/*나마) 있지. 나는 그런 친구도 없어.
  예문 가 : 배가 고파요? 지금 라면밖에 없는데 어떡하지요?
  나 : 라면(이라도/*이나마) 주세요.

- **(이)나**

  (1) '(이)나'와 '(이)나마'는 교체가 가능하지만 '(이)나'에는 상황을 긍정적으로 평가하는 의미가 없다.

  예문 찬밥(이나/이나마) 먹어야겠다.
  작은 집(*이나/이나마) 누울 곳이 있어서 행복하다.

(이)니

조사

형태 정보

선행어	형태
받침 ○	이니
받침 ×	니

1 나열

('~(이)니 ~(이)니'의 꼴로 사용되어) 둘 이상의 사물을 같은 자격으로 나열할 때 사용한다.

- 국**이니** 밥**이니** 없는 게 없네요.
- 요즘 과제**니** 발표**니** 해야 할 일이 너무 많아요.
- 현정이는 화장품**이니** 과자**니** 선물을 잔뜩 사왔어요.
- 회사에서도 인맥**이니** 서열**이니** 그런 게 얼마나 중요한데.
- 가 : 연말인데 어떻게 지내요?
  나 : 요즘 송년회**니** 환송회**니** 행사 때문에 정신없어요.

문법 정보

- **선행 요소 정보** : '(이)니' 앞에 오는 두 개의 말은 서로 비슷한 의미 부류여야 한다.
- **후행 요소 정보** : 두 개의 명사를 아우를 수 있는 의미의 용언이 와야 한다.
  예문 *현정이는 화장품이니 과자니 잔뜩 먹었어요.

관련 표현

- **(이)며**
  (1) '(이)니'와 큰 의미 차이 없이 바꿔 쓸 수 있다.
  예문 팔(이며/이니) 다리(며/니) 안 아픈 곳이 없네요.

- **하고**

  (1) '(이)니'와 큰 의미 차이 없이 바꿔 쓸 수 있다.

  예문 술(하고/이니) 안주(하고/니) 다 차려져 있네요.

- **(이)다**

  (1) '(이)니'와 큰 의미 차이 없이 바꿔 쓸 수 있다.

  예문 요즘 이사(다/니) 뭐(다/니) 바쁘게 지내고 있어요.

- **(이)라든가**

  (1) '(이)라든가'는 예를 들어 말할 때 주로 사용되므로, 그러한 상황에서는 '(이)니'와 큰 의미 차이 없이 바꿔 쓸 수 있다.

  예문 예를 들어, 집안(이라든가/이니) 학벌(이라든가/이니) 하는 것은 중요하지 않아.
  방 안에 옷(*이라든가/이니) 가방(*이라든가/이니) 엉망진창으로 널려 있다.

  (2) '(이)니'는 '뭐'와 함께 사용되는 데 반해, '(이)라든가'는 그렇지 않다.

  예문 인생의 목표가 성공(이니/*이라든가) 뭐(니/*라든가) 해도 행복이 가장 중요해요.

- **하며**

  (1) '하며'는 사물을 나열할 때는 '(이)니'와 큰 의미 차이 없이 바꿔 쓸 수 있다.

  예문 어머니는 슈퍼에서 과일(하며/이니) 야채(하며/니) 잔뜩 사 오셨다.

  (2) '하며'는 '(이)니'와 달리 사물 외에도 특정 모습을 나열하여 사용할 수 있다.

  예문 저 오뚝한 코(하며/*니) 날렵한 턱선(하며/*이니) 정말 내 스타일이야.

확장

- **~(이)니 ~(이)니 하다**

  (1) '이런저런 말이 있지만' 혹은 '이런저런 말을 하면서'의 뜻을 나타낸다.

  예문 치킨이니 피자니 해도 역시 밥이 최고예요.
  뭐니 뭐니 해도 감기에는 역시 생강차가 제일이에요.
  친구들은 제주도니 부산이니 하면서 여행 계획을 짜고 있어요.

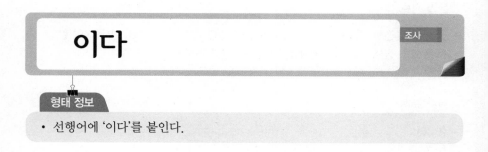

이다

조사

형태 정보

- 선행어에 '이다'를 붙인다.

1 서술격 조사

주어에 대하여 서술하는 말에 붙여 쓴다.

- 나는 스무 살이다.
- 혼자 하는 여행은 이번이 처음이다.
- 저는 학생이고 언니는 회사원이에요.
- 우리 집은 1층이어서 좀 시끄러워요.
- 저 사람은 모델인가 봐요. 키가 정말 커요.
- 내일은 한글날이기 때문에 수업이 없습니다.
- 가 : 시험이 언제인지 알아요?
  나 : 네, 다음 주 월요일이에요.

문법 정보

- **선행 요소 정보** : 명사나 일부 부사가 온다.
- **후행 요소 정보** : '이다' 뒤에 다양한 어미가 붙을 수 있다. '이다'만으로 문장을 끝맺을 수 있다.

담화 정보

- ('이다'가 종결형으로 쓰일 경우) 존대의 의미가 없다. 상대 존대의 의미를 나타내기 위해서는 '-습니다', '-어요'를 결합시킨 '입니다', '이에요/예요'를 쓴다.
  [예문] 선생님, 이건 제 작은 선물(입니다/이에요/*이다).

- 주체 존대를 나타내기 위해서는 '-(으)시-'를 사용한다.
  [예문] 저희 부모님께서는 모두 서울 분이십니다.

(이)든지

조사

형태 정보

선행어	형태
받침 ○	이든지
받침 ×	든지

[준말] (이)든

어느 것을 선택해도 뒤의 행동이나 결과에는 큰 상관이 없음을 나타낸다.

- 모르는 것이 있으면 언제든지 물어보세요.
- 이 아르바이트는 간단해서 누구든지 할 수 있어요.
- 만화책이든지 소설책이든지 책이라면 다 좋아해요.
- 옆집 사람은 낮이든지 밤이든지 시끄럽게 기타를 쳐요.
- 저는 도서관에서든지 교실에서든지 어디에서든지 잘 자요.
- 가 : 어떤 음식 좋아하세요?
  나 : 저는 음식은 가리지 않고 뭐든지 잘 먹어요.

문법 정보

- **선행 요소 정보** : '언제, 어디, 누구' 등과 같은 의문사나 일반 명사, '에게, 한테, 에서' 등의 조사와 결합한다.
- **후행 요소 정보** : 대개 긍정 표현과 함께 쓰이는 것이 자연스럽다.
  예문 그 사람은 궁금한 것이 있어도 (*언제든지/언제나) 바로 묻지 않아요.

관련 표현

- **(이)든가**
  (1) 큰 의미 차이 없이 '(이)든지'와 바꿔 쓸 수 있다. 단, 의문사와는 '든가'보다 '든지'를 사용하는 것이 더 자연스럽다.
  예문 바나나(든가/든지) 딸기(든가/든지) 있으면 좀 사 와.
  저는 과일이라면 뭐(*든가/든지) 다 잘 먹어요.

- **(이)고**
  (1) '(이)고'는 '~(이)고 ~(이)고 (간에)'의 꼴로 주로 쓰이며 '가리지 않고 모두'의 의미가 있다. 일부 정형화된 표현으로 나타나기도 한다. 이때 '(이)든지'와 바꿔 쓰면 어색하다.
  예문 계란말이는 아이(고/?든지) 어른(이고/?이든지) 모두 좋아하는 반찬입니다.

  (2) '~(이)고 뭐고 (간에)'의 형태로 쓰여, 자신의 생각이나 상대방의 생각을 부정할 수 있다. 이 경우 '(이)든지'와 바꿔 쓸 수 없다.
  예문 일(이고/?이든지) 뭐(고/?든지) 다 그만두고 여행이나 가고 싶다.
  예문 가 : 오늘 시험 때문에 바빠.
  나 : 시험(이고/?이든지) 뭐(고/?든지) 간에 일단 청소부터 해.

  (3) '(이)고'가 의문사와 사용되면 '(이)든지'와 바꿔 쓸 수 있다. 이때 '(이)고'는 '(이)든지'보다 예스러운 느낌이 있다.

예문 채린이는 언제(고/든지) 내 힘이 되어 주었다.

- **(이)나**

  (1) '(이)든지'와 '(이)나'가 문장에 따라서는 교체가 가능한 경우도 있다.

  예문 이 일은 누구(나/든지) 할 수 있어요.

  (2) 의문사 '누구, 언제, 어디'는 조사 '(이)나'와 결합하면 그것을 포함한 '모두'의 의미가 있으나, '(이)든지'와 함께 쓰면 '특정 상황과 관계없이, 가리지 않고'의 의미가 있다.

  예문 무슨 일이 있거든 언제(*나/든지) 연락하세요.
  ('언제든지'= '무슨 일이 있을 때마다')
  무엇(*이나/이든지) 물어보세요.
  ('무엇이든지'= '어려운 문제, 쉬운 문제 가리지 말고')
  당신과 함께라면 어디(*나/든지) 갈 수 있어요.
  ('어디든지'= '거리나 장소에 관계없이')
  무슨 소원(*이나/이든지) 들어 줄게요.
  ('무슨 소원이든지'= '소원의 내용에 관계없이')

  (3) 부정 대명사 '아무'는 '든지'와 함께 쓸 수 없다.

  예문 이번 파티에는 아무(나/*든지) 와도 돼요.

  (4) '아무 명사 (이)나'는 그것이 무엇이 되었든 'N 중 하나'의 의미가 있으나 '(이)든지'에는 그런 의미가 없다.

  예문 저는 (뭐든지/아무 거나) 잘 먹어요.
  배가 고프니까 일단 (아무 거나/*뭐든지) 하나 주문해요.
  원하는 곳이 있으면 (*아무 데나/어디든지) 데리고 갈게요.

  (5) '(이)나'는 긍정문과 부정문에서 모두 잘 사용되나, '(이)든지'는 대개 긍정문과 사용하는 것이 자연스럽다.

  예문 그 사람은 궁금한 것이 있어도 (언제나/*언제든지) 묻지 않아요.

- **(이)라도**

  (1) '(이)라도'는 '(이)든지'와 큰 의미 차이 없이 바꿔 쓸 수 있다.

  예문 무슨 일이 생기면 언제(든지/라도) 전화하세요.

  (2) '(이)든지'는 의문사 외의 다른 명사와 결합하며 반복하여 사용할 수 있다.

  예문 만화책(*이라도/이든지) 소설책(*이라도/이든지) 다 좋아요.

- **인들**

  (1) ' 의문사 + 인들'은 ' 의문사 + (이)든지'의 의미로 해석되나, '인들'에는 수사의문문이 오므로 의미가 더욱 강조된다.

  예문 가족을 위해서라면 뭔들 못 하겠어요?
  (=뭐든지 할 수 있어요.)

- **(이)라든가**
  - (1) '(이)든지'는 주로 의문사와 어울려 '그것과 관계없이'의 의미가 있으며, '(이)라든가'와 달리 나열할 때 사용하지 않는다.
  - 예문 모르는 것이 있으면 뭐(*라든가/든지) 물어보세요.

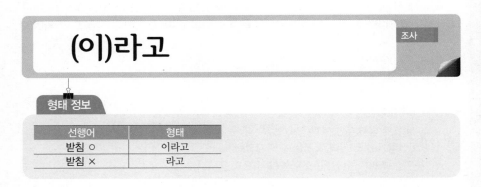

(이)라고 〔조사〕

형태 정보

선행어	형태
받침 ○	이라고
받침 ×	라고

1 인용

어떤 말이 원래 말해진 그대로 인용됨을 나타낸다.

- 어머니는 잔소리 대신 "널 믿는다."라고 했어요.
- 상사에게 "수고하셨어요."라고 하면 안 되나요?
- 사람들이 "어느 나라 사람이에요?"라고 자주 물어봐요.
- 가게 앞에 '휴가 중'이라고 쓰여 있어서 그냥 왔어요.
- 저는 이수민이라고 해요. 친구들은 저를 "미니"라고 불러요.
- 가 : 엄마를 중국말로 뭐라고 해요?
  나 : "마마"라고 해요.
- 가 : 야, 삼겹살 먹으러 가자.
  나 : 뭐? 너 어제는 분명히 "다이어트할 거야."라고 말했잖아.

문법 정보

- **선행 요소 정보** : 다른 사람이나 자신이 이전에 한 말 전체가 그대로 오는 경우 큰따옴표("")나 작은따옴표('')를 쓰고 '(이)라고'를 사용한다. 주로 문장이나 명사와 결합한다.
- **후행 요소 정보** : 주로 '하다', '묻다', '듣다', '쓰다', '쓰이다', '부르다' 등 말과 관련된 동사나 '생각하다', '믿다'와 같은 인지 동사가 온다.

담화 정보

- 어떤 말을 객관화하여 있는 그대로 전달하기 위해 사용하기도 한다.

예문 김 대통령은 기자의 질문에 "모두 사실"이라고 답했다.

확장

- '[문장] + (이)라고'는 말하는 사람이 자신이 들은 말을 그대로 옮기는 기능을 한다. 그러나 이 외에도 들은 내용을 화자의 입장에서 다시 해석하여 말을 전달할 수도 있다. 그리고 이것은 화자가 전달하려는 말이 평서문인지, 의문문인지, 명령문인지, 청유문인지에 따라서 다음과 같이 표현된다.

  (1) [서술문] ─다고
  예문 일기예보에서 오늘 날씨가 **좋다고** 했어요.
  현정이가 자기도 **간다고** 했어요.

  (2) [의문문] ─냐고
  예문 부모님과 전화를 하면 항상 밥은 **먹었냐고** 물어보세요.
  한국 사람들이 한국어 공부가 **재미있냐고** 자주 물어요.

  (3) [명령문] ─(으)라고
  예문 선생님께서 학교에 일찍 **오라고** 했어요.
  현정 씨가 저에게 **도와달라고** 했어요.
  엄마가 위험하니까 가지 **말라고** 했어요.

  (4) [청유문] ─자고
  예문 친구가 주말에 같이 **쇼핑하자고** 했어요.
  그 라면은 너무 매우니까 내가 먹지 **말자고** 했어.

(이)라고(는)

조사

형태 정보

선행어	형태
받침 ○	이라고(는)
받침 ×	라고(는)

1 불만

앞의 대상이 마음에 들지 않아 그것을 대단하지 않게 여김을 나타낸다.

- 너 지금 그걸 말**이라고** 하는 거니?
- 뭐? 빵점? 이걸 성적**이라고** 받아온 거니?
- 완전 음치네. 그것도 노래**라고** 부르는 거예요?
- 이걸 요리**라고** 만든 거예요? 이런 걸 어떻게 먹어요?
- 자식**이라고** 하나 있는 게 공부는 안 하고 놀기만 하네요.
- 가 : 본의 아니게 미안하게 됐네요.
  나 : 지금 그걸 사과**라고** 하는 거예요?

문법 정보

- **후행 요소 정보** : 후행 용언은 주로 '–는 거예요?, –는 거니?, –는 거냐?'와 같은 표현과 결합하여 반문의 형태로 사용된다.

담화 정보

- 주로 구어에서 사용하는 경향이 있다.
- 대개 대화 상대방에게 불만을 표현하며 화를 내거나 시비를 걸 때 사용한다.

2 부족함 강조

(주로 '(이)라고는'의 꼴로 쓰여) 어떤 것이 적거나 부족함을 강조하여 나타낸다.

- 재산**이라고는** 낡은 집밖에 없어요.
- 집에 먹을 것**이라고는** 물밖에 없어요.
- 할 줄 아는 요리**라고는** 김치찌개 정도예요.
- 그 사람에 대해서 아는 거**라고는** 이름뿐이에요.
- 가 : 어제 본 영화가 어땠어요?
  나 : 정말 재미**라고는** 하나도 없었어요.

문법 정보

- **후행 요소 정보** : '밖에 없다', '뿐이다', '하나도 없다'와 같이 화자의 부정적인 인식을 나타내는 표현이 주로 온다.

담화 정보

- 주로 구어에서 사용하는 경향이 있다.
- 구어에서는 '(이)라곤'으로 줄여서 말하기도 한다.

① 이유

('~(이)라고 해서' 중 '해서'가 생략되어) 이유를 나타내기도 한다. 주로 '~은/는 아니다'와 같은 부정적인 표현이 온다.

- 여자라고 꼭 요리를 잘하는 것은 아니다.
- 가 : 커피숍이니까 술은 안 팔 것 같은데요.
  나 : 글쎄요. 커피숍이라고 꼭 커피만 파는 건 아니니까요.

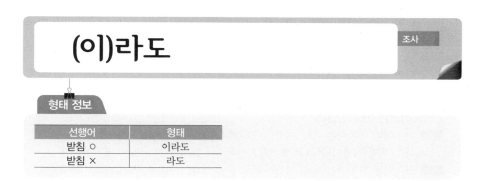

(이)라도

조사

형태 정보

선행어	형태
받침 ○	이라도
받침 ×	라도

1 차선

여러 개 중에서 어떤 것이 만족스럽지 않으나 그것을 선택함을 나타낸다.

- 밥이 없으면 라면이라도 드세요.
- 내일 시간 있으면 영화라도 볼래요?
- 공부가 안 되면 잠이라도 자지 그래요?
- 전화가 안 되면 문자라도 보내 주셨어야지요.
- 가 : 나도 대기업에 취직할 수 있을까?
  나 : 지원이라도 해 봐.

문법 정보

- **선행 요소 정보** : 화자가 만족스럽지 않다고 생각하는 대상을 나타내는 명사와 주로 결합한다.
- **후행 요소 정보** : 후행하는 용언은 '-(으)세요, -을까요?, -읍시다'와 같이 명령, 제안, 청유를 나타내는 종결어미와 결합하는 경우가 많다.

- 제안하는 상황에서 화자가 생각하기에 최선의 것을 제안하여도 '(이)라도'를 사용하는 경우가 있는데 이것은 청자의 부담을 덜어 주기 위한 것이다. 제안할 때 '(이)라도'를 사용하면 진지한 제안이라기보다는 '가벼운 제안'이라는 느낌을 줄 수 있기 때문이다.

  예문 커피 마시러 갈래?

  커피라도 마시러 갈래? → '커피' 혹은 '커피를 마시는 일' 외에 다른 것도 괜찮음.

관련 표현

- **(이)나**

  (1) '(이)라도'도 최선의 선택이 아님을 나타내므로 '(이)나'와 큰 의미 차이 없이 바꿔 쓸 수 있는 경우가 있다.

  예문 배부른데 잠깐 산책(이나/이라도) 할까?

  밥이 없으니까 라면(이나/이라도) 먹어야겠어요.

  (2) '(이)나'는 앞의 것을 화자가 대수롭지 않게 생각함을 나타내는 데 반해, '(이)라도'에는 이러한 의미가 없다.

  예문 가 : 이번 방학에는 유럽 여행이나 갈까 해요. → '유럽 여행'을 가볍게 여김.

  나 : "유럽 여행이나"라고 했어요? 생각보다 돈이 얼마나 많이 필요한데요.

  예문 가 : 이번 방학에는 유럽 여행이라도 갈까 해요. → 아직 뭘 가장 하고 싶은지 모르겠음.

  나 : 괜찮은 것 같은데요.

  (3) '(이)라도'와 달리 '(이)나'는 청자의 의지를 부정하는 뜻을 갖는다.

  예문 가 : 내가 선물 사 줄까?

  나 : 너는 돈도 없으면서 선물은 무슨. 그냥 편지(나/*라도) 써서 줘.

  예문 가 : 저 사람 지금 뭐 하는 거지?

  나 : 다른 사람 일에 신경 쓰지 말고 그냥 네 할 일(이나/*이라도) 제대로 해.

2 마찬가지임

어떤 경우라도 마찬가지임을 나타낸다.

- 뭐라도 좋으니까 일을 하세요.
- 휴일에는 어디라도 사람이 많아요.
- 비 오는 날에는 누구라도 운전하기 힘들어요.
- 아무 말이라도 괜찮으니까 대답 좀 해 주세요.
- 가 : 너네 집에 놀러 가도 돼?

  나 : 응. 언제라도 환영이야.

문법 정보

- **선행 요소 정보** : '어디, 누구, 무엇, 언제' 등과 같은 의문사와 주로 결합한다.

관련 표현

- **(이)든지**

  (1) '(이)라도'는 '(이)든지'와 큰 의미 차이 없이 바꿔 쓸 수 있다.

  예문 무슨 일이 생기면 언제(든지/라도) 전화하세요.

  (2) '(이)든지'는 의문사 외의 다른 명사와 결합하며 반복하여 사용할 수 있다.

  예문 만화책(이든지/*이라도) 소설책(이든지/*이라도) 다 좋아요.

- **(이)나**

  (1) '(이)나'와 '(이)라도'는 문장에 따라 큰 의미 차이 없이 교체가 가능한 경우도 있다.

  예문 휴일에는 어디(나/라도) 사람이 많아요.

  (2) 그러나 '의문사 + (이)나'는 모든 것을 포함하는 의미가 있으며, ' 의문사 + (이)라
  도'는 '상관없다'의 의미가 있다.

  예문 친구 집에 갈 때는 뭐(*나/라도) 하나 사 가는 편이다.
  　　('뭐라도'= '좋은 것이든 나쁜 것이든')
  　　우리는 누구(나/*라도) 친구가 필요해요.
  　　('누구나'= '모두')
  　　얘들아, 내 도움이 필요하면 언제(*나/라도) 전화해.
  　　('언제라도'= '때에 관계없이')
  　　현정이는 언제(나/*라도) 음악을 들어요.
  　　('언제나'= '항상', '자주')

  (3) '(이)라도'는 '상관없다'는 의미가 있으므로 '괜찮다, 좋다' 등의 말이 뒤에 올 수 있는
  데 반해, '(이)나'는 이러한 서술어가 후행하지 않는다.

  예문 저는 누구(*나/라도) 좋으니까 친구를 사귀고 싶어요.

3 기타 용법

① 의심이나 의문

**('~(이)라도 ~는지, ~(으)면' 등의 구성으로 쓰여) 불확실한 사실에 대한 말
하는 사람의 의심이나 의문을 나타낸다.**

- 연정이는 술이라도 마셨는지 얼굴이 빨개져 있네요.
- 가 : 이번 주 토요일에 신혜 생일이야.
  나 : 아! 맞다. 있지, 내가 혹시라도 잊어버리면 토요일에 다시 말해 줘.

('(마치) ~이라도 ~듯, ~것처럼' 등의 구성으로 쓰여) 비유적인 표현을 나타낸다.

• 현정이는 마치 귀신이라도 본 것처럼 깜짝 놀랐다.
• 가 : 두 사람한테 아직도 연락 없어?
　　나 : 마치 짜기라도 한 듯이 내 연락을 안 받네.

(이)라든가

조사

형태 정보

선행어	형태
받침 ○	이라든가
받침 ×	라든가

1 예를 들어 나열

말하는 사람이 어떤 것이라도 상관이 없는 대상을 예를 들어 나열할 때 사용한다.

• 귀걸이라든가 팔찌 같은 액세서리를 선물해 봐.
• 바나나라든가 고구마 같은 음식이 다이어트에 좋대.
• 집안이라든가 학벌이라든가 하는 것보다 진실한 사람인지를 봐야 해.
• 학생일 때 중국어라든가 일본어라든가 외국어를 배워 놓는 게 어때?
• 가 : 넌 어떤 운동을 좋아해?
　　나 : 난 단체로 하는 운동이 좋아. 야구라든가 축구라든가 뭐 그런 운동.

문법 정보

• **선행 요소 정보** : '(이)라든가'의 앞에 오는 말과 뒤에 오는 말은 비슷한 의미 부류여야 한다.
• **후행 요소 정보** : 두 개의 명사를 아우를 수 있는 의미의 용언이 와야 한다.

공기 정보

• 두 번째로 나열되는 말 뒤에는 '같은', '뭐 그런 (거)' 등의 표현이 잘 어울린다.

담화 정보

- 주로 구어에서 사용하는 경향이 있다.

관련 표현

- **(이)라든지**

  (1) '(이)라든가'는 '(이)라든지'와 바꿔 쓸 수 있다.

- **(이)든지**

  (1) '(이)든지'는 주로 의문사와 어울려 '그것과 관계없이'의 의미가 있으며, '(이)라든가'와 달리 나열할 때 사용하지 않는다.

  예문 모르는 것이 있으면 뭐(든지/*라든가) 물어보세요.

- **(이)니**

  (1) '(이)라든가'는 예를 들어 말할 때 주로 사용되므로, 그러한 상황에서는 '(이)니'와 큰 의미 차이 없이 바꿔 쓸 수 있다.

  예문 예를 들어, 집안(이니/이라든가) 학벌(이니/이라든가) 하는 것은 중요하지 않아.
  방 안에 옷(이니/*이라든가) 가방(이니/*이라든가) 엉망진창으로 널려 있다.

  (2) '(이)니'는 '뭐'와 함께 사용되는 데 반해, '(이)라든가'는 그렇지 않다.

  예문 인생의 목표가 성공(이니/*이라든가) 뭐(니/*라든가) 해도 행복이 가장 중요해요.

- **(이)다**

  (1) '~(이)다 ~(이)다 하다' 구성에서는 '(이)다'를 '(이)라든가'로 바꿔 쓸 수 있으나 예를 드는 상황에서는 '(이)라든가'를 주로 사용한다.

  예문 취업을 할 때 학점(이다/이라든가) 자격증(이다/이라든가) 하는 것은 생각보다 중요하지 않다.
  불고기(다/*라든가) 잡채(다/*라든가) 없는 게 없네요.

  (2) '(이)다'는 '뭐'와 함께 사용되는 데 반해, '(이)라든가'는 그렇지 않다.

  예문 요즘 과제(다/*라든가) 뭐(다/*라든가) 바빠.

- **(이)며**

  (1) '(이)라든가'는 예를 들어 말할 때 주로 사용되므로, 그러한 상황에서는 '(이)며'와 큰 의미 차이 없이 바꿔 쓸 수 있다.

  예문 예를 들어, 부모님 성품(이며/이라든가) 형제 관계(며/라든가) 하는 것이 얼마나 중요한데.
  가방 속에는 책(이며/²이라든가) 프린트(며/²라든가) 온갖 것들이 정신없이 담겨 있었다.

  (2) '(이)며'는 '뭐'와 함께 사용되는 데 반해, '(이)라든가'는 그렇지 않다.

  예문 출국 전에 비자 발급(이며/*이라든가) 뭐(며/*라든가) 준비할 게 많네.

- **하며**

(1) '하며'와 '(이)라든가'는 나열을 한다는 사전적 의미로는 유사할 수 있지만 '(이)라든가'는 예를 들어 나열하는 상황에서 사용하므로 교체하면 어색하다.

예문 엄마가 김치(하며/[?]라든가) 반찬(하며/[?]라든가) 보내 줬어요.

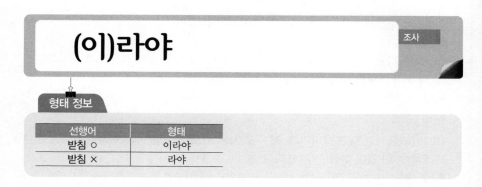

(이)라야

조사

형태 정보

선행어	형태
받침 ○	이라야
받침 ×	라야

1 필수 자격 및 조건

앞의 말이 뒤의 말에 대한 필수적인 자격이나 조건임을 나타낸다.

- 그 일은 컴퓨터 전공자**라야** 지원할 수 있대요.
- 장학금은 성적이 90점 이상**이라야** 받을 수 있어요.
- 진심을 담은 말**이라야** 다른 사람을 설득할 수 있어요.
- 속마음을 털어놓을 수 있는 친구**라야** 진정한 친구 아니에요?
- 점수에 들어가는 숙제**라야** 하지, 안 그러면 아무도 안 해요.
- 가 : 과장님, 다음 프로젝트는 누구에게 맡기실 거예요?
  나 : 그 일은 정말 전문가**라야** 할 수 있는 일이라 지금 고민 중이에요.

담화 정보

- 주로 구어에서 사용하는 경향이 있다.

관련 표현

- **만**
  (1) '(이)라야'는 문장에서 '만'의 의미로 해석되기도 한다.
  예문 이 일은 너라야 할 수 있어.
  　　　　 =너만

  (2) '(이)라야'는 '-(으)려면 - 아/아야 한다'의 의미가 있는 데 반해, '만'에는 이러한 가정의 의미가 없다.

예문 좋아하는 일이라야 열심히 할 수 있다. → 무언가를 열심히 하려면 그것이 좋아하는 일이어야 한다.

좋아하는 일만 열심히 할 수 있다. → 싫어하는 일은 열심히 할 수 없다.

(3) '만'은 선행 명사와 후행 서술어를 모두 꾸며 줄 수 있는 데 반해, '(이)라야만'은 선행 명사가 필수 조건임을 나타낸다.

예문 강희는 아메리카노라야 마신다. → 강희는 다른 커피는 안 마심.

강희는 아메리카노만 마신다. → ① 다른 커피는 안 마심. ② 다른 일은 안 하고 커피를 마심.

2 대수롭지 않음

화자가 앞의 일을 별로 대단하지 않게 생각하며 말함을 나타낸다.

- 반찬이라야 김치밖에 없어요.
- 재산이라야 시골에 있는 집 한 채가 전부예요.
- 휴가라야 하루 바닷가에 갔다 오는 거뿐이에요.
- 월급이라야 고작 한 달 간신히 살아 갈 수 있는 정도예요.
- 가 : 요즘 운동 많이 하신다면서요?

  나 : 에이, 아니에요. 운동이라야 저녁에 조금 걷는 게 다예요.

문법 정보

- **후행 요소 정보** : '밖에 없다', '뿐이다', '이/가 전부다' 등과 같은 표현이 주로 온다.

공기 정보

- 별로 대단하지 않은 것이라는 화자의 부정적인 인식을 나타내므로 '고작, 겨우' 등과 같은 부사와 잘 어울린다.

담화 정보

- 주로 구어에서 사용하는 경향이 있다.
- 구어에서 '(이)래야'로 발음하기도 한다.

관련 표현

- **(이)라고는**

  (1) '(이)라야'와 큰 의미 차이 없이 바꿔 쓸 수 있다.

  예문 소개팅(이라고는/이라야) 대학교 때 딱 한 번 해 본 게 다야.

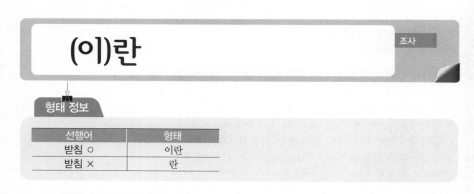

(이)란

조사

형태 정보

선행어	형태
받침 ○	이란
받침 ×	란

1 정의의 대상

어떤 대상을 화제로 삼아 그것에 대해 이야기하거나 정의를 내릴 때 쓴다.

- 흔히 행복**이란** 멀리 있는 것이 아니라고 한다.
- 사랑**이란** 두 사람이 같은 방향을 바라보는 것이다.
- 요즘 들어 성공**이란** 무엇일까에 대해 진지하게 고민하게 된다.
- 진정한 친구**란** 멀리 떨어져 있어도 함께 있는 것 같은 존재이다.
- 가 : 선생님, 질문이 있는데요. '상대 평가'가 뭐예요?
  나 : 상대 평가**란** 다른 사람과 비교해서 평가를 하는 것을 말해요.

문법 정보

- **후행 요소 정보** : 해당 화제에 대해 이야기하는 표현이나 정의를 내리는 표현이 후행한다. 이와 같은 후행 표현은 '―는 것이다', '―는 것이 아니다', '―는 것을 말하다'와 같은 표현과 결합하는 경우가 많다.

담화 정보

- 구어에서 '(이)란' 다음에 잠깐 쉬었다가 말을 계속한다.

관련 표현

- 은/는
  (1) '(이)란'과 '은/는'이 어떤 대상을 설명하거나 정의를 내릴 때에는 바꿔 쓸 수 있는데 '(이)란'이 화제를 더욱 분명하게 나타낸다는 차이가 있다.

  예문 기행문(은/이란) 여행에서 있었던 일을 쓴 글을 말한다.
  사랑(은/이란) 서로 같은 곳을 바라보는 것이다.

2 기타 용법

① 강조

('(이)란 는 법이다, 기 마련이다'의 꼴로 쓰여) '일반적으로 그러함'을 강조함을 나타낸다.

- 돈이란 아무리 많아도 부족하다고 느끼기 마련이다.
- 가 : 내 여자 친구는 언제나 사랑이 식은 것 같다고 투덜대.
  나 : 원래 사랑이란 표현하지 않으면 잘 전달되지 않는 법이야. 더 표현을 해 봐.

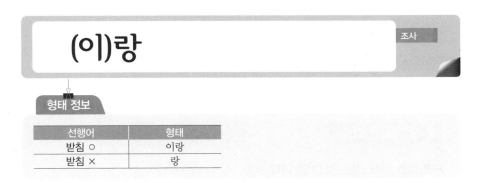

(이)랑

조사

형태 정보

선행어	형태
받침 ○	이랑
받침 ×	랑

1 대등 접속

여러 개의 사물이나 사람을 동등하게 이어서 말할 때 쓴다.

- 생일 선물로 케이크랑 편지를 받았어요.
- 집에 엄마랑 나랑 둘이 있어.
- 어제 명동에서 가방이랑 신발이랑 옷도 샀어.
- 이번 콘서트는 서울에서랑 부산에서 두 번 한대.
- 가 : 아침 먹었어?
  나 : 응. 바나나랑 요구르트 먹었어.

담화 정보

- 구어에서 사용한다.
- 친근하며 정감 있는 느낌을 갖는다.
  > **예문** 엄마, 아이스크림이랑 과자 사 주세요.

관련 표현

- **과/와**

  (1) '과/와'는 문어성이 강한 데 반해 '(이)랑'은 구어성이 매우 강하다.
  > **예문** 여행을 할 때는 그 나라의 역사(와/²랑) 문화를 존중해야 한다.

  (2) 또한 '(이)랑'은 귀엽고 정감 있는 느낌을 준다.
  > **예문** 자기야, 나는 피자(²와/랑) 파스타가 먹고 싶어.

  (3) '과/와'가 두 번째 명사에 결합하지 않는 반면, '(이)랑'은 이러한 제약이 없다.
  > **예문** 내일 모임에 너랑 나랑 채린이랑 또 누가 가지?
  >   *너와 나와 채린이와

- **하고**

  (1) '(이)랑'은 '하고'보다 더욱 비격식적이다.

  (2) '(이)랑'은 귀엽고 정감 있는 느낌을 준다.
  > **예문** 엄마, 저는 빵(하고/이랑) 우유 먹을래요.
  >   자기야, 나는 피자(하고/랑) 파스타가 먹고 싶어.

🔲2 함께하는 상대

어떤 일을 함께 하는 상대방을 나타낸다.

- 나랑 결혼해 줄래?
- 이번 방학에 부모님이랑 여행 가려고 해요.
- 남자 친구랑 자주 싸우다가 결국 헤어졌어요.
- 가 : 내일 누구랑 영화 보는 거예요?
  나 : 고등학교 동창이랑 봐요.

문법 정보

- **선행 요소 정보** : 주로 사람을 나타내는 유정 명사와 결합한다.
- **후행 요소 정보** : 행위를 나타내는 동사가 주로 온다. 특히 '사귀다, 싸우다, 만나다, 어울리다, 결혼하다' 등과 같이 혼자서는 할 수 없는 행위를 나타내는 일부 동사에는 필수적으로 ' 명사 + (이)랑'을 쓴다.

담화 정보

- 구어에서 사용한다.
- 친근하며 정감 있는 느낌을 갖는다.

  예문 나 수지랑 결혼해.

  예문 ?나 수지랑 이혼했어. → 정감을 표현하기 어려운 상황임.

관련 표현

- **과/와**

  (1) '과/와'는 문어성이 강한 데 반해 '(이)랑'은 구어성이 매우 강하다.

  예문 (신문에서) 최근 동료(와/?랑) 식사하지 않는 직장인들이 늘고 있다.

  (2) 또한 '(이)랑'은 귀엽고 정감 있는 느낌을 준다.

  예문 서준아, 오늘 나(?와/랑) 노래방 갈래?

- **하고**

  (1) '(이)랑'은 '하고'보다 더욱 비격식적이다.

  (2) '(이)랑'은 귀엽고 정감 있는 느낌을 준다.

  예문 내일 친구(하고/랑) 만나기로 했어.

3 비교의 대상

비교되는 대상을 나타낸다.

- 성격이 저**랑** 비슷하네요.
- 엄마**랑** 닮았다는 말 자주 들어요.
- 이 선생님은 박 선생님**이랑** 가르치는 방식이 달라요.
- 가 : 어제 길에서 연예인을 봤다면서요?

  나 : 네, 그런데 실물이 화면**이랑** 똑같았어요.

문법 정보

- **후행 요소 정보** : '같다, 다르다, 어울리다, 비교하다, 비슷하다' 등과 같이 비교할 때 주로 쓰는 일부 용언과 함께 쓴다.

담화 정보

- 구어에서 사용한다.
- 친근하며 정감 있는 느낌을 갖는다.

- 과/와

  (1) '과/와'는 문어성이 강한데 반해 '(이)랑'은 구어성이 매우 강하다.

  예문 일반적인 상식(과/²이랑) 달리, 소비자들은 고가의 물건을 선호하기도 한다.

  (2) 또한 '(이)랑'은 귀엽고 정감 있는 느낌을 준다.

  예문 가 : 서준아, 넌 어때?

  　　 나 : 응. 나도 너(²와/랑) 비슷해.

- 하고

  (1) '(이)랑'은 '하고'보다 더욱 비격식적이다.

  (2) '(이)랑'은 귀엽고 정감 있는 느낌을 준다.

  예문 이 옷 내 옷(하고/이랑) 진짜 비슷하다.

결합형 조사 정보

'(이)랑'은 다음과 같이 다른 조사들과 결합하여 쓰이기도 한다.

- **(이)랑 + 도** : 직장 동료들**이랑도** 가끔 주말에 만나서 놀 때도 있다.
- **(이)랑 + 만** : 고향 친구들 중에서 신혜**랑만** 아직도 가끔 연락한다.
- **(이)랑 + 은** : 엄마**랑은** 영화도 보고 쇼핑도 하지만, 아빠**랑은** 잘 외출 안 해.

(이)며

조사

형태 정보

선행어	형태
받침 ○	이며
받침 ×	며

1 나열

('~(이)며 ~(이)며'의 꼴로 사용되어) 둘 이상의 사물을 같은 자격으로 나열할 때 사용한다.

- 아기가 눈이며 코며 아버지를 꼭 닮았네요.

- 요즘 아이가 감기며 알레르기며 자꾸 아프답니다.
- 친구들이 집들이에 세제며 휴지며 잔뜩 사 왔어요.
- 우리 학교는 학교 수준이며 선배며 동기며 뭐며 다 완벽해요.
- 어제 대청소를 하면서 안 입는 옷이며 책이며 다 갖다 팔아 버렸어요.
- 가 : 취업 준비 잘 돼 가?
  나 : 아니. 자기소개서며 지원 동기며 뭐며 써야 할 게 엄청 많아.

문법 정보

- **선행 요소 정보** : '(이)며' 앞에 오는 두 개의 서로 비슷한 의미 부류를 나타내는 말이어야 한다.
- **후행 요소 정보** : 두 개의 명사를 아우를 수 있는 의미를 갖는 용언이 와야 한다.
  예문 *요즘 아이가 감기며 입원이며 자꾸 걸려요.

관련 표현

- **(이)니**
  (1) '(이)며'와 큰 의미 차이 없이 바꿔 쓸 수 있다.
  예문 팔(이니/이며) 다리(니/며) 안 아픈 곳이 없네요.

- **하고**
  (1) '(이)며'와 큰 의미 차이 없이 바꿔 쓸 수 있다.
  예문 술(하고/이며) 안주(하고/며) 다 차려져 있네요.

- **(이)다**
  (1) '(이)며'와 큰 의미 차이 없이 바꿔 쓸 수 있다.
  예문 요즘 이사(다/며) 뭐(다/며) 바쁘게 지내고 있어요.

- **(이)라든가**
  (1) '(이)라든가'는 예를 들어 말할 때 주로 사용되므로, 그러한 상황에서는 '(이)며'와 큰 의미 차이 없이 바꿔 쓸 수 있다.
  예문 예를 들어, 부모님 성품(이라든가/이며) 형제 관계(라든가/며) 하는 것이 얼마나 중요한데.
  가방 속에는 책(?이라든가/이며) 프린트(?라든가/며) 온갖 것들이 정신없이 담겨 있었다.

  (2) '(이)며'는 '뭐'와 함께 사용되는 데 반해, '(이)라든가'는 그렇지 않다.
  예문 출국 전에 비자 발급(*이라든가/이며) 뭐(*라든가/며) 준비할 게 많네.

- **하며**
  (1) '하며'는 사물을 나열할 때는 '(이)며'와 큰 의미 차이 없이 바꿔 쓸 수 있다.
  예문 어머니는 슈퍼에서 과일(하며/이며) 채소(하며/며) 잔뜩 사 오셨다.

(이)야

형태 정보

선행어	형태
받침 ○	이야
받침 ×	야

1 강조

'다른 것은 몰라도 그것은'의 의미가 있으며 앞의 말을 강조함을 나타낸다.

• 밥이야 먹고 살지요.
• 당연히 처음부터 잘 할 수야 없지.
• 가수니까 노래야 잘 부르지만 춤은 잘 못 춰요.
• 일단 초대야 해 보겠지만 올지 안 올지 모르겠어요.
• 가 : 너 괜찮아?
  나 : 나야 괜찮지. 다른 사람이 걱정이다.
• 가 : 내가 너한테 그런 말도 못 하니?
  나 : 말이야 할 수 있지.

문법 정보

• **후행 요소 정보** : 후행 용언은 주로 '–지(요)', '–잖아(요)', '–는데(요)', '–지만' 등의 어미
  와 결합한다.

tip 특정 행동이나 정보를 요구하는 명령문이나 청유문, 의문문에서는 사용할 수 없다.
   • *공부만 하지 말고 가끔이야 쉬세요.

담화 정보

• 주로 구어에서 사용하는 경향이 있다.
• 일상대화와 같은 비격식적인 상황에서 주로 사용한다.
• '(이)야'는 화자가 어떠한 일에 대해 당연하다거나 대수롭지 않다는 태도를 나타내기도
  한다.
  예문 가 : 선배, 요즘 일이 많으세요?
       나 : 일이야 언제나 많지.
  예문 가 : 요즘 돈이 없어.

나 : 에이, 돈이야 벌면 되지. 뭘 고민해?

관련 표현

- **은/는**

  (1) 강조의 '(이)야'는 '은/는'과 바꿔 쓸 수 있지만, '(이)야'는 한 문장에서 두 번 이상 사용되지 않는다.

  > **예문** 얼굴(은/이야) 예쁘지.
  >
  > 얼굴(은/*이야) 예쁘지만 성격(은/*이야) 안 좋아.

  (2) '(이)야'는 어떤 것에 대해 화자가 확실하게 여기는 태도를 나타내므로 주로 어미 '-지(요), -잖아(요)' 등과 잘 어울린다. 그러나 '은/는'은 이러한 태도를 나타내지 않는다.

  > **예문** 영화가 재미(는/야) 있지요.
  >
  > 영화가 재미(는/^{??}야) 있어요.

  (3) '(이)야'는 '은/는'과 달리 특정 행동이나 정보를 요구하는 명령문이나 청유문, 의문문에서는 사용하지 않는다.

  > **예문** 공부만 하지 말고 가끔(은/*이야) 쉬세요.
  >
  > 우리 이거 다 먹으면(은/*야) 영화 보러 갈까?
  >
  > 어머니께서 그 일을 알고(는/*야) 있으세요?

- **(이)야말로**

  (1) '(이)야말로'를 '(이)야'의 강조 표현이라고 보기도 하지만 이 두 조사는 바꿔 쓸 수 없다. '(이)야'는 대조로 인한 강조의 의미이지만 '(이)야말로'는 '정말로 바로 그것'의 의미이며 어떤 것을 지정하여 강조할 때 쓴다.

  > **예문** 말이야 누구나 할 수 있지. → 하지만 행동을 안 하면 소용없다.
  >
  > 말이야말로 우리가 조심해야 하는 것이다. → 말은 정말 조심해야 한다.

2 비로소

어떤 일이 한참 뒤에 비로소 일어났음을 나타낸다.

- 길이 막혀서 이제**야** 도착했어요.
- 서른이 되어서**야** 뒤늦게 운전면허 자격증을 땄어요.
- 헤어진 후에**야** 비로소 그 사람의 소중함을 알게 되었어요.
- 비행기를 타고 나서**야** 정말 이민을 간다는 게 실감이 났다.
- 가 : 지난번 김 부장님 승진 이야기 들었어요?

  나 : 네. 사회생활에서 인간관계가 중요하다는 것을 그때**야** 알았어요.

- **선행 요소 정보** : '이제', '그때', '—은 후에', '—고 나서', '—어서' 등 시간이나 순서를 나타 내는 말과 자주 결합한다.

(이)야말로

조사

형태 정보

선행어	형태
받침 ○	이야말로
받침 ×	야말로

1 강조하여 확인

다른 것이 아니라 바로 그 대상임을 강조하여 확인함을 나타낸다.

- 지금이야말로 새로운 일을 할 최고의 타이밍이 아닐까요?
- 나한테 잔소리하지 말고 너야말로 연애 좀 해 봐.
- 이 치즈 좀 봐. 이거야말로 진정한 피자라고 할 수 있지.
- 호기심이야말로 인생의 가장 큰 재산이라고 한다.
- 가 : 그동안 감사했어요.
  나 : 아니에요. 저야말로 많이 배웠습니다. 감사합니다.

관련 표현

- **(이)야**
  (1) '(이)야말로'를 '(이)야'의 강조 표현이라고 보기도 하지만 이 두 조사는 바꿔 쓸 수 없 다. '(이)야'는 대조로 인한 강조의 의미이지만 '(이)야말로'는 '정말로 바로 그것'의 의 미이며 어떤 것을 지정하여 강조할 때 쓴다.
  예문 말이야 누구나 할 수 있지. → 하지만 행동을 안 하면 소용없다.
  말이야말로 우리가 조심해야 하는 것이다. → 말은 정말 조심해야 한다.

- **이/가**
  (1) '(이)야말로'는 '이/가'와 바꿔 쓸 수 있다. 이 경우 '이/가'를 강하게 발음하는 것이 자 연스럽다.

예문 연예인(이/이야말로) 정말 힘든 직업이 아닐까 해요.

인들

조사

형태 정보

	형태
받침 ○	인들
받침 ×	ㄴ들

1 소용없음

앞의 말도 다른 것과 마찬가지로 화자의 기대에 반하는 부정적인 결과가 나옴을 나타낸다.

• 숙제도 안 하는데 시험 공부인들 했겠어요?
• 나도 내 마음을 모르는데 다른 사람인들 알겠어요?
• 오지도 가 봤는데 어딘들 못 가겠어요.
• 돈만 아는 사람인데 돈을 위해서라면 뭔들 못 하겠어.
• 난들 회사를 그만두고 싶었겠어?
• 가 : 그러지 말고 네가 동생한테 한마디 해 봐.
  나 : 아빠 말도 안 듣는데, 제 말인들 듣겠어요?

문법 정보

• **선행 요소 정보** : 화자가 다른 것보다 더 가능성이 낮다고 생각하는 말이 온다.
  예문 천 원도 없는데 만 원인들 있겠어요?

• **후행 요소 정보** : 주로 '-겠어요?'로 끝나는 수사의문문이 온다. 그러나 구체적인 대답을 원하는 의문문이 아니라 그것과 반대되는 상황임을 더욱 강조하기 위한 것이다. '어디, 무엇(뭐), 언제, 누구' 등과 같은 의문사와 결합하는 경우 '못, 안 ~겠어(요)?'의 형태가 온다.

담화 정보

• 주로 구어에서 사용하는 경향이 있다.
• 화자의 부정적인 태도를 나타낸다.

- **도**
  (1) '인들'이 사용된 문장은 '도'의 의미로 해석되나, '인들'의 뒤에는 수사의문문이 오므로 화자의 부정적인 태도가 더욱 강조되는 효과가 있다.

  예문 부모님 말도 안 듣는데 선생님 말인들 듣겠어요?

  (=선생님 말도 듣지 않을 거예요.)

- **(이)든지**
  (1) ' 의문사 + 인들'은 ' 의문사 + (이)든지'의 의미로 해석되나, '인들'에는 수사의문문이 오므로 의미가 더욱 강조된다.

  예문 가족을 위해서라면 뭔들 못 하겠어요?

  (=뭐든지 할 수 있어요.)

- **은/는커녕**
  (1) '은/는커녕'과 '인들'은 화자의 부정적인 태도를 나타낸다. 그러나 '인들'에는 수사의문문이 오므로 부정적인 태도가 더욱 강조된다.

  예문 가 : 발표 준비하고 있어?

  나 : 발표 준비는커녕 과제도 못 하고 있어.

  가 : 어떡해. 내가 좀 도와줄까?

  예문 가 : 발표 준비하고 있어?

  나 : 야. 내가 지금 잠도 못 자는 판에 발표 준빈들 했겠냐?

  가 : 뭐야. 왜 나한테 짜증이야.

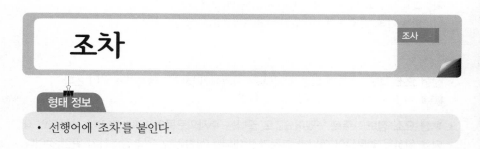

조차

조사

형태 정보

- 선행어에 '조차'를 붙인다.

1 '최소한의 것도'

극단의 상황에서 다른 것은 말할 필요도 없고 그보다 더 기본적인 것도 포함됨을 나타낸다.

- 목이 아파서 약조차 먹을 수 없다.
- 가장 친한 친구조차 내 말을 믿지 않았다.

- 너무 배가 고파서 물조차 맛있게 느껴졌다.
- 친구는 나를 보고도 인사조차 하지 않았다.
- 새로 산 신발이 불편해서 걷기조차 힘들었다.
- 정부는 사건의 실태조차 파악하지 못해 비난을 받고 있다.
- 가 : 연정아, 너 요리 잘해?
  나 : 전혀 못해. 라면조차 못 끓이는데.

문법 정보

- **선행 요소 정보** : 화자가 가장 기본적인 것이라고 여기는 말이 온다.
- **후행 요소 정보** : 후행 용언은 주로 '−지 못하다, −지 않다, −을 수 없다' 등 부정을 나타내는 표현과 주로 결합한다. '힘들다', '무시하다' 등 부정적 의미를 가진 용언도 올 수 있다.

담화 정보

- 가장 기본적이며 최소한의 것을 포함시킴으로써 부정적인 상황을 더욱 강조하는 느낌을 준다.

관련 표현

- **도**

  (1) '조차'는 '도'와 바꿔 쓸 수 있다.
  예문 나는 그 사람의 이름(도/조차) 몰라요.

  (2) '도'는 극단의 의미일 경우, '조금', '하나'와 같은 말에 붙어 적은 것을 과장하여 말할 수 있으나 '조차'에는 이러한 과장 용법은 없다.
  예문 나는 정말 하나(도/*조차) 모르겠어.

- **까지**

  (1) '까지'는 '더함'의 의미이며 화자의 태도가 중립적이다.
  예문 신혜는 회사 일에 집안일(까지/*조차) 해야 해서 바쁘다.

  (2) '까지'는 '조차'와 달리 긍정적인 상황에서 사용할 수 있다.
  예문 내 동생은 공부는 물론이고 운동(까지/*조차) 잘한다.

- **마저**

  (1) '조차'는 기본적인 것을 하지 않음을 나타낸다. 반면, '마저'는 '마지막 남은 하나까지도'의 의미이며 화자의 마지막 기대가 무너짐을 나타낸다.
  예문 친구는 나를 보고도 인사마저 하지 않네요. → '말을 안 하는 것은 물론이고 인사도'
  　　　　　　　　　　인사조차 하지 않네요. → '가장 기본적인 인사도'

  (2) '조차'는 긍정문에서 잘 사용하지 않는다. 그러나 '마저'는 긍정문과 부정문에서 모

두 사용 가능하다.

예문 막내 딸(마저/*조차) 시집을 갔다.

추운데 바람(마저/*조차) 불어요.

결합형 조사 정보

'조차'는 다음과 같이 다른 조사들과 결합하여 쓰이기도 한다.

- **조차 + 도** : 너무 긴장해서 인사**조차도** 제대로 못 했다.
- **에게 + 조차** : 남편은 아내인 나**에게조차** 아프다는 말을 하지 않았다.
- **에서 + 조차** : 남편은 집**에서조차** 일만 했다.

처럼

조사

형태 정보

- 선행어에 '처럼'을 붙인다.

1 정도나 모양이 비슷함

어떤 대상의 정도나 모양이 앞의 말과 유사함을 나타낸다.

- 제 친구는 가수처럼 노래를 잘해요.
- 새처럼 날고 싶다는 생각을 가끔 해요.
- 지금 살고 있는 하숙집은 새 집처럼 깨끗해요.
- 이 운동화는 마치 신발을 안 신은 것처럼 가벼워요.
- 하숙집 아주머니는 어머니처럼 저를 잘 챙겨 주신다.
- 가 : 어제 소개팅 잘 했어?

  나 : 응. 처음 만났는데 오래된 친구처럼 편하더라고.

관련 표현

- **만큼**

  (1) '만큼'과 '처럼'이 유사한 의미를 나타낼 때도 있으나 전제하고 있는 사실은 다르다.

  예문 강희는 어머니만큼 키가 크다. → 강희의 키를 어머니와 비교했을 때, 어머니와 견줄 수 있을 정도로 키가 크다. 두 사람의 키가 평균보다 큰지는 알 수 없다.

  강희는 어머니처럼 키가 크다. → 두 사람 모두 평균 키보다 크다.

(2) '처럼'은 모양이나 상태가 유사함을, '만큼'은 수량이나 정도가 동등함을 나타낸다.

> 예문 아이가 아빠만큼 자요. → 아이가 아버지와 비슷한 시간 동안 잠을 나타냄.
> 아이가 아빠처럼 자요. → 아이의 자는 모습이 아빠와 비슷함.

(3) '만큼'은 자세 동사, '이다', '되다', '생기다', '보이다' 등 일부 서술어와 어울릴 수 없는 반면, '처럼'은 이러한 제약이 없다.

> 예문 강희는 귀여운 토끼(*만큼/처럼) 생겼어요.
> 이제 나도 언니(*만큼/처럼) 대학생이 되었다.
> 지하철에서 날 도와준 사람이 정말 천사(*만큼/처럼) 보였어요.

- **같이**

(1) 대개 '처럼'과 큰 의미 차이 없이 바꿔 쓸 수 있다.

> 예문 신혜는 가수(같이/처럼) 노래를 잘해요.

(2) 일부 관용 표현에서는 '처럼'보다 '같이'가 쓰인다.

> 예문 아버지는 불(같이/?처럼) 화를 내셨어요.
> 밖에 비가 억수(같이/?처럼) 쏟아지고 있어요.

치고(는)

형태 정보

- 선행어에 '치고(는)'을 붙인다.

1 예외 없음

앞의 말이 예외 없이 뒤의 내용과 같음을 나타낸다.

- 이 브랜드의 가방치고 비싸지 않은 게 없어요.
- 학생치고 시험을 좋아하는 사람이 어디 있어요?
- 우리 회사 사람치고 그 식당을 모르는 사람이 없다.
- 다른 사람 욕하는 사람치고 괜찮은 사람 못 봤어요.
- 가 : 책을 많이 읽는 사람이 똑똑한 것 같아요.
  나 : 맞아요. 책 많이 읽는 사람치고 공부 못 하는 사람 못 봤어요.

문법 정보

- **후행 요소 정보** : '-을/를 모르는 ~ 이/가 없다', '-지 않는 ~ 이/가 없다', '-지 못하는

~ 이/가 없다'와 같은 이중 부정문, 또는 반문이 온다.

- 주로 구어에서 사용하는 경향이 있다.
- 보고서나 신문 기사 등 격식적인 글쓰기에서는 잘 사용하지 않는다.

2 예외적임

(주로 '치고는'의 꼴로 쓰여) 앞의 말을 기준으로 뒤의 내용이 예외적임을 나타낸다.

- 그 가수는 아이돌치고는 나이가 많은 편이에요.
- 저 사람은 모델치고는 키가 좀 작은 것 같아요.
- 저렴한 호텔치고는 깔끔하고 시설도 좋았어요.
- 가 : 이번에 시험 잘 봤어?
  나 : 급하게 준비한 시험치고는 괜찮았어.

담화 정보

- 주로 구어에서 사용하는 경향이 있다.
- 보고서나 신문 기사 등 격식적인 글쓰기에서는 잘 사용하지 않는다.
- 구어에서는 '치곤'으로 줄여서 말하기도 한다.

하고

조사

형태 정보

- 선행어에 '하고'를 붙인다.

1 대등 접속

여러 개의 사물이나 사람을 동등하게 이어서 말할 때 쓴다.

- 저는 형하고 동생이 있어요.
- 명동에서 가방하고 신발 샀어.
- 여기에 이름하고 주소 써 주세요.
- 월요일하고 수요일은 수업이 없어요.

- 저는 중국어하고 일본어를 할 수 있어요.
- 가 : 뭐 드릴까요?
  나 : 떡볶이하고 김밥 주세요.

담화 정보

- 주로 구어에서 사용하는 경향이 있다.
- 문어 중에서 편지, 이메일 등에서는 쓸 수 있으나 보고서나 회의 자료 등 격식적인 글쓰기에서는 잘 사용하지 않는다.
- 구어에서는 '하구'로 발음하기도 한다.

관련 표현

- **과/와**
  (1) '하고'는 구어성이 강한 반면, '과/와'는 문어성이 강하다.
  예문 가 : 손님, 주문하시겠습니까?
         나 : 커피하고 주스 주세요.
  예문 건강을 위해서는 균형 잡힌 식사와 적당한 운동이 필수적이다.

  (2) '과/와'가 두 번째 명사에 결합하지 않는 반면, '하고'는 이러한 제약이 없다.
  예문 가 : 아침에 뭐 먹었어?
         나 : 빵하고 우유(하고).
            빵과 우유(*와).

- **(이)랑**
  (1) '(이)랑'은 '하고'보다 더욱 비격식적이다.
  (2) '(이)랑'은 귀엽고 정감 있는 느낌을 준다.
  예문 엄마, 저는 빵(이랑/하고) 우유 먹을래요.
         자기야, 나는 피자(랑/하고) 파스타가 먹고 싶어.

2 함께하는 상대

어떤 일을 함께 하는 상대방을 나타낸다.

- 어제 친구하고 밥을 먹었어요.
- 엄마하고 전화로 이야기했어요.
- 요즘 동생하고 같이 살고 있어요.
- 서준이가 여자 친구하고 참 잘 어울리네요.
- 가 : 연정이가 오늘 기분이 안 좋아 보이네.
  나 : 응. 쟤 남자 친구하고 헤어졌거든.

- **선행 요소 정보** : 주로 사람을 나타내는 명사와 결합한다.
- **후행 요소 정보** : 행위를 나타내는 동사가 온다. 특히 '사귀다, 싸우다, 만나다, 어울리다, 결혼하다' 등과 같이 혼자서는 할 수 없는 행위를 나타내는 일부 동사에는 필수적으로 ' 명사 + 하고'를 쓴다.

담화 정보

- 주로 구어에서 사용하는 경향이 있다.
- 문어 중에서 편지, 이메일 등에서는 쓸 수 있으나 보고서나 회의 자료 등 격식적인 글쓰기에서는 잘 사용하지 않는다.
- 구어에서는 '하구'로 발음하기도 한다.

관련 표현

- **과/와**
  (1) '하고'는 구어성이 강한 반면, '과/와'는 문어성이 강하다.
  예문 오래간만에 너하고 만나니까 좋다.
  　　　다른 사람과 이야기할 때는 상대방의 말을 잘 들어 주는 것이 중요하다.

- **(이)랑**
  (1) '(이)랑'은 '하고'보다 더욱 비격식적이다.
  (2) '(이)랑'은 귀엽고 정감 있는 느낌을 준다.
  예문 내일 친구랑 만나기로 했어.

3 비교의 대상

비교되는 대상을 나타낸다.

- 나도 너하고 똑같은 옷 있는데.
- 실물이 사진하고 많이 다르네요.
- 어머니보다 아버지하고 닮았어요.
- 가 : 서로 다른 성격의 사람들이 사귈 확률이 높대요.
  나 : 그래요? 제 남자 친구는 저하고 성격이 비슷한데.

문법 정보

- **후행 요소 정보** : '같다, 다르다, 어울리다, 비교하다, 비슷하다' 등과 같이 비교할 때 주로 쓰는 일부 용언이 주로 온다.

- 주로 구어에서 사용하는 경향이 있다.
- 문어 중에서 편지, 이메일 등에서는 쓸 수 있으나 보고서나 회의 자료 등 격식적인 글 쓰기에서는 잘 사용하지 않는다.
- 구어에서는 '하구'로 발음하기도 한다.

관련 표현

- **과/와**
  (1) '하고'는 구어성이 강한 반면, '과/와'는 문어성이 강하다.
  예문 단발머리가 네 얼굴형하고 잘 어울려.
      다른 사람과 자신을 비교하는 것은 좋지 않다.

- **(이)랑**
  (1) '(이)랑'은 '하고'보다 더욱 비격식적이다.
  (2) '(이)랑'은 귀엽고 정감 있는 느낌을 준다.
  예문 이 옷 내 옷(이랑/하고) 진짜 비슷하다.

결합형 조사 정보

'하고'는 다음과 같이 다른 조사들과 결합하여 쓰이기도 한다.

- **하고 + 는** : 언니**하고는** 성격이 비슷한데, 동생**하고는** 많이 달라요.
- **하고 + 도** : 이 치마는 스웨터나 셔츠**하고도** 잘 어울려요.
- **하고 + 만** : 연말에는 친한 사람들**하고만** 송년회를 할까 해요.

한테

조사

형태 정보

- 선행어에 '한테'를 붙인다.

1 대상

어떤 행위에 영향을 받는 대상이나 감정을 느끼는 대상을 나타낸다.

- 친구한테 방금 문자 보냈어요.
- 내일 못 간다고 선생님한테 말씀드렸어.
- 사장님이 아르바이트생들한테 관심이 엄청 많아.
- 자꾸 변명하는 모습을 보고 걔한테 약간 실망했어요.
- 가 : 그거 누구한테 주려고 산 거야?
  나 : 아, 동생한테 주려고. 생일이거든.

문법 정보

- **선행 요소 정보** : 사람이나 동물을 나타내는 유정 명사와 주로 결합한다.
- **후행 요소 정보** : '주다, 가르치다, 맡기다, 보내다, 보이다'와 같이 대상을 필요로 하는 동사나 '느끼다, 실망하다'와 같은 감정 동사가 주로 온다. 명사의 경우 '관심, 호감, 흥미' 등과 같이 감정을 나타내는 명사가 주로 온다.

담화 정보

- '한테'는 주로 구어에서 사용하는 경향이 있다. 문어에서는 소설이나 수필 등 일부 문학 작품을 제외하고는 잘 사용하지 않는다.
  예문 최근 서울시에서는 학생들(에게/*한테) 무상 급식을 지원하고 있다.

관련 표현

- 께
  (1) 선행사가 높여야 하는 대상이라면 '한테' 대신 '께'를 쓴다.
  예문 저는 매일 아버지께 전화를 드립니다.
  　　졸업식 전날 선생님께 편지를 썼어요.

- 에게
  (1) '에게'는 구어에서도 사용되기는 하나 '한테'보다 문어성이 더 강하다.
  예문 앞으로 엄마(에게/한테) 더 잘 할게요.
  　　정부는 국민들(에게/?한테) 더 많은 혜택을 주기 위해 노력해야 한다.

- 에
  (1) 감정을 느끼지 않는 사물이나 추상 명사에는 '에'를 쓴다.
  예문 꽃(에/*한테) 물을 줍니다.

- 더러
  (1) '더러'가 '말하다'류의 서술어와 함께 쓰이는 데 반해, '한테'는 다양한 말과 어울린다.
  예문 너(더러/한테) 말했는데.
  　　이거 신혜(*더러/한테) 좀 전해 줘.

  (2) '더러'는 '한테'보다 비격식적인 상황에 더 잘 어울린다.

예문 친구가 나(더러/한테) 노래를 잘한대.

- **보고**

  (1) '말하다'류의 서술어와 함께 사용하며, 말하는 대상을 나타낸다.

  예문 엄마가 너(보고/한테) 청소 좀 하래.

  　　나(*보고/한테) 문자 좀 보내 줘.

  (2) '보고'는 '한테'보다 비격식적인 상황에 더 잘 어울린다.

  예문 내가 언니(보고/한테) 쇼핑하러 가자고 했어.

  ### 확장

- **사동문에서의 '한테'**

  (1) 시킴을 받는 대상(사람)을 나타낸다.

  예문 어머니가 아이한테 우유를 먹입니다.

- **이동 동사 구문에서의 '한테'**

  (1) 주어가 향하는 대상(사람)임을 나타낸다.

  예문 서준이는 나한테 다가와서 인사를 했다.

- **비교 동사 및 '어울리다' 구문에서의 '한테'**

  (1) 비교 대상(사람) 및 기준임을 나타낸다.

  예문 아줌마 역할은 그 배우한테 어울리지 않는다.

- **'있다/없다' 구문에서의 '한테'**

  (1) 그것을 가지고 있는 대상(사람)을 나타낸다.

  예문 결혼식 사진은 나한테 없고 신혜한테 있다.

  　　나한테 시간과 돈이 생긴다면 전 세계를 여행하고 싶다.

2 주체

주어가 어떤 행위에 영향을 받았을 때 그 행동이 비롯된 주체를 나타낸다.

- 같이 일하면서 너한테 많이 배웠어.
- 나도 다른 사람들한테 들은 이야기예요.
- 어젯밤에 모기한테 물렸는데 되게 가렵네요.
- 아이가 엄마한테 안기기만 하면 잠이 드네요.
- 가 : 아르바이트 해?

  나 : 네, 선배한테 소개를 받아서 아르바이트를 시작했어요.

- **선행 요소 정보** : 사람이나 동물을 나타내는 유정 명사가 온다.
- **후행 요소 정보** : '받다, 배우다, 되다'와 같이 피동의 의미를 갖는 동사나 '물리다, 보이다, 잡히다, 안기다' 등의 일부 피동사와 주로 어울린다.

담화 정보

- '한테'는 주로 구어에서 사용하는 경향이 있다. 문어에서는 소설이나 수필 등 일부 문학 작품을 제외하고는 잘 사용하지 않는다.

  예문 최근 일인용 식품이 소비자들(에게/[?]한테) 사랑을 받고 있는 것으로 나타났다.

관련 표현

- **에게**

  (1) '에게'는 주로 문어에서 사용하며, '한테'는 주로 구어에서 사용한다.

  예문 너 그 말 누구([?]에게/한테) 들었니?

  연구 결과, 대부분 가족들(에게/[?]한테) 스트레스를 받은 적이 있는 것으로 나타났다.

- **한테서**

  (1) '받다, 배우다' 구문에서는 바꿔 쓸 수 있으나 피동문에서는 '한테서'를 사용할 수 없다.

  예문 지난 설에는 친척들(한테서/한테) 선물을 많이 받았습니다.

  아기는 엄마(*한테서/한테) 안겨서 잠이 들었다.

결합형 조사 정보

'한테'는 다음과 같이 다른 조사들과 결합하여 쓰이기도 한다.

- **한테 + 까지** : 부모님은 자식들**한테까지** 아프다는 것을 말하지 않았다.
- **한테 + 나** : 누구**한테나** 고민은 있다.
- **한테 + 는** : 아이들**한테는** 공부보다 게임이 최고지.
- **한테 + 도** : 다른 사람 이야기라고 생각했는데, 나**한테도** 이런 좋은 일이 일어나는구나.
- **한테 + 로** : 방학이라서 아이들은 잠깐 할머니**한테로** 보냈어요.
- **한테 + 만** : 정말 너**한테만** 말하는 거니까 다른 사람한테는 말하지 마.

한테서

형태 정보

- 선행어에 '한테서'를 붙인다.

1 시작되는 대상

동작이나 상태가 시작되거나 비롯되는 대상을 나타낸다.

- 너한테서 그런 말을 듣다니 좀 의외야.
- 선생님한테서 좋은 향기가 나는 것 같아.
- 휴대폰을 보니까 선배한테서 연락이 와 있더라고.
- 아이가 점점 나한테서 멀어지고 있는 것 같아서 좀 서운해.
- 가 : 그게 뭐야?
  나 : 아, 이거 친구한테서 선물 받은 거야.

문법 정보

- **선행 요소 정보** : 사람이나 동물을 나타내는 유정 명사가 온다.
- **후행 요소 정보** : '듣다, 받다, 배우다'와 같이 피동의 의미가 있는 동사나 '잊히다, 당하다' 등과 같은 일부 피동 동사가 주로 온다.

담화 정보

- 주로 구어에서 사용하는 경향이 있다.
- 주로 비격식적인 상황에서 사용한다.

관련 표현

- **에서**
  (1) 선행 명사가 사람이 아닌 경우에는 출처 및 기원을 나타내는 데에 '에서'가 사용된다.
  예문 이번 일은 친구의 오해(에서/*한테서) 시작되었다.

- **에게, 한테**
  (1) '받다, 배우다' 구문에서는 '에게', '한테'와 '한테서'를 바꿔 쓸 수 있으나 피동문에서는 '한테서'를 사용할 수 없다.
  예문 지난 설에는 친척들(에게/한테/한테서) 선물을 많이 받았습니다.

아기는 엄마(에게/한테/*한테서) 안겨서 잠이 들었다.

(2) '한테서'는 주로 구어에서 사용하는 데 반해, '에게'는 주로 문어에서 사용한다.
> 예문 처음 뵙겠습니다. 동생(한테서/?에게) 말씀 많이 들었습니다.

• 에게서
(1) '에게서'는 주로 문어에서 사용하는 경향이 있는 데 반해, '한테서'는 주로 구어에서 사용하는 경향이 있다.
> 예문 (신문) 이 박사는 대통령(에게서/*한테서) 직접 상을 받았다.
> 야! 너 솔직히 말해. 엄마(?에게서/한테서) 다 들었거든?

• 한테
(1) '받다, 배우다' 구문에서는 '한테'와 '한테서'를 바꿔 쓸 수 있으나 피동문에서는 '한테서'를 사용할 수 없다.
> 예문 지난 설에는 친척들(한테/한테서) 선물을 많이 받았습니다.
> 아기는 엄마(한테/*한테서) 안겨서 잠이 들었다.

• (으)로부터
(1) 구어에서 선행어가 사람인 경우 '한테서'는 '(으)로부터'로 바꿔 쓸 수 있다. 그러나 일상적인 맥락에서는 '(으)로부터'의 사용이 어색하다.
> 예문 저는 자라오면서 어머니(로부터/한테서) 많은 것을 배웠습니다.
> 환경보호는 작은 실천(으로부터/*한테서) 시작됩니다.

2

연결어미

② 연결어미

❀ 구성 ❀

표제항 정보

▶ **표제항은 다음과 같은 원칙에 근거하여 기술하였다.**
- 매개모음을 사용하여 제시: '-(으)러'
- 양성모음에 결합하는 어미를 먼저 제시: '-아/어서'
- 형용사에 결합하는 어미를 먼저 제시: '-은/는데'
- 형태가 복잡한 경우, 동사에 붙는 형태를 대표형으로 제시: '-는다면'

연결어미 쉽게 읽기

▶ 선행절과 후행절의 관계에 따른 문법 정보 제시
- 연결어미의 문법 정보는 선행절과 후행절을 연결하는 위치에서 기능하는 연결어미의 특성에 맞추어 이와 관련된 정보가 제공되는 점이 특징적이다. 선행절과 후행절의 관계 속에서 주어나 목적어의 일치 제약이 있는 경우에 이에 대한 정보가 포함된 것, 그리고 후행절의 문장 유형, 시제, 부정형 등에 대한 정보가 제시된 것 역시 연결어미 문법 정보의 특징이다.

▶ 연결어미의 종결어미적 쓰임에 대한 정보 제시
- 연결어미는 종결어미적인 쓰임을 나타내는 경우가 있는데 참고 정보를 통해 이러한 실례들을 제시하였다.

▶ 사용역에 따른 담화 정보의 제시
- 연결어미는 구어성/문어성, 격식/비격식 등에 따른 제약을 많이 보이기 때문에 사용역에 따른 담화 정보를 보다 상세하게 제시하였다.

▶ 관용적인 표현 및 특정 장르에서의 사용 정보 제시
- 연결어미는 의사소통 기능의 차원을 벗어나 특정한 장르에서 관용적인 표현으로 자주 사용되기도 하는데, 이러한 정보들을 기타 정보를 통하여 제시하였다.

▶ 의존어 구성(연결표현)과의 교체 가능 여부에 대한 정보의 제시
- 연결어미는 의미 · 기능에 따라 다양한 의존어 구성과 교체되기도 하기 때문에 이에 대한 정보를 관련 표현 기술을 통해 제시하였다.

-거나

형태 정보

- 용언의 어간에 '-거나'를 붙인다.

  준말 -건

  tip '선택'의 용법에서는 '-거나'를 '건'으로 줄여서 쓰지 않는다.

1 선택

앞이나 뒤의 내용 중 하나가 선택될 수 있음을 나타낸다.

- 우리 날씨도 좋은데 드라이브를 하거나 산책하러 가자.
- 혹시 힘들거나 어려운 일이 있으면 나한테 연락해.
- 어버이날에는 부모님께 선물을 드리거나 용돈을 드리려고 한다.
- 가 : 많이 아파 보이는데 병원에 가거나 약을 먹어야 하지 않겠어?

  나 : 아까보다 나아졌어. 많이 아프면 병원에 가 볼게.

문법 정보

- **주어 제약** : 선행절과 후행절의 주어가 같아야 하며 후행절의 주어는 보통 생략된다.

  예문 서준이는 노래를 부르거나 (서준이는/*규현이는) 음악을 듣는 것을 좋아한다.

- **선어말어미 제약** : 선행 용언과 결합할 때 '-었-', '-겠-'이 개재되기 어렵다. 단, 이미 완료되었을 것이라고 생각되는 일에 대해서는 '-었-'이 개재될 수 있다.

  예문 어렸을 때는 동생과 자주 (다투거나/?다투었거나) 싸웠어요.

  내일은 친구하고 영화를 (보거나/*보겠거나) 쇼핑을 하려고 해요.

  친구와 며칠째 연락이 되질 않아요. 아마 여행을 갔거나 출장을 갔나 봐요.

tip '-거나' 또는 '-거나 -거나' 뒤에 '하다'가 쓰일 수 있다.

- 내일은 친구하고 영화를 보거나 하려고요.
- 내일은 친구하고 영화를 보거나 쇼핑을 하거나 하려고요.

관련 표현

- **-든지**

  (1) '-거나'와 큰 의미 차이 없이 바꿔 쓸 수 있다.

  예문 우리 날씨도 좋은데 드라이브를 하(든지/거나) 산책하러 가자.

2 상관없음

여러 가지 중에서 어떠한 경우도 상관이 없음을 나타낸다.

• 규현이는 눈이 **오거나** 비가 **오거나** 매일 밖에 나가서 축구를 해요.
• 다른 사람들이 너의 이야기를 **하거나 말거나** 신경 쓰지 마.
• 현정 씨는 어디에 **가거나** 인기가 아주 많다.
• 아빠는 내가 시험을 잘 **봤거나** 못 **봤거나** 상관없이 항상 격려해 주신다.
• 가 : 그 소문 사실이야?
  나 : 응. 이제 걔가 뭘 **하거나** 나하고 상관없어.

tip '−거나 −거나', '무엇/어디/누구/언제/어떻게 ~ −거나', '−거나 말거나' 등의 구성으로 쓴다.
tip '−거나' 뒤에 '간에'나 '상관없이'가 쓰여 어느 경우도 상관이 없음을 더욱 분명히 나타낼 수 있다.
  • 요즘 지하철에서는 서 있거나 앉아 있거나 간에 모두 스마트폰을 본다.
  • 우리 부모님은 저의 성적이 좋거나 나쁘거나 상관없이 언제나 수고했다고 하세요.

담화 정보

• 구어에서는 줄여서 '−건'으로 쓰기도 한다.

관련 표현

• **−든지**
  (1) '−거나'와 큰 의미 차이 없이 바꿔 쓸 수 있다.
  예문 서준이는 옆에 사람이 있(든지/거나) 말(든지/거나) 큰 소리로 이야기한다.

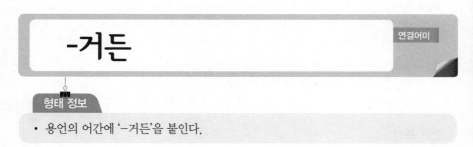

−거든

연결어미

형태 정보

• 용언의 어간에 '−거든'을 붙인다.

1 조건

'어떤 일이 사실이거나 사실로 실현되면'의 뜻을 나타낸다.

- 한국에 도착하거든 바로 연락해.
- 신혜를 만나거든 안부를 전해 주세요.
- 오후에 날씨가 맑거든 밀린 빨래를 해야겠다.
- 또 거짓말을 하거든 다시는 만나지 않을 거야.
- 가 : 날씨가 따뜻해지거든 제주도로 여행갈까요?
  나 : 좋아요. 제주도에 가 보고 싶었어요.

문법 정보

- **선어말어미 제약** : 선행 용언과 결합할 때 '-겠-'이 개재되기 어렵다.
  > 예문 *신혜를 만나겠거든 안부를 전해 주세요.

- **후행절 정보** : 후행절 서술어는 주로 명령, 권유, 부탁, 약속 등을 나타내는 '-어라, -으세요, -자, -읍시다'나 의향을 나타내는 '-겠다, -을 것이다' 등과 결합한다.
  > 예문 좋은 대학에 가고 싶거든 죽기 살기로 공부해라.
  > 졸업하거든 같이 유럽 여행을 가자.
  > 먹어 보고 맛있거든 계속 주문해서 먹어야겠어요.

담화 정보

- 구어에서는 '-거들랑', '-걸랑'으로 발음하기도 한다.
- '-거들랑'은 주로 비격식적인 상황에서 반말체로 쓰인다.
  > 예문 졸업하거들랑 같이 여행 가자.
  > 잘 모르거들랑 아는 척 하지 마.

관련 표현

- **-으면**
  (1) '-거든'의 후행절 서술어는 주로 명령, 권유, 부탁, 약속 등을 나타내는 '-어라, -으세요, -자, -읍시다'나 의향을 나타내는 '-겠다, -을 것이다' 등과 결합한다. 그러나 '-으면'에는 그러한 제약이 없다.
  > 예문 한국에 오(거든/면) 바로 연락해 줘. → 명령, 부탁
  > 또 거짓말을 하(거든/면) 다시는 만나지 않을 거야. → 의향
  > 시금치를 데칠 때 소금을 넣(으면/*거든) 색이 선명해져요. → 서술
  > 봄이 오(면/*거든) 꽃이 핀다. → 서술

종결어미 '-거든(요)'

① 상대방이 모르는 내용을 알려 주기

상대방이 모르고 있을 거라고 생각하는 내용을 말할 때 사용한다.

- 요즘 내가 아침마다 수영하거든. 그런데 내가 오늘 아침에 수영복을 안 가져온 거야.
- 나 어제 길에서 선생님을 만났거든. 그런데 선생님은 나를 못 알아보셨어.
- 가 : 고기를 많이 샀네?
  나 : 응, 우리 가족은 고기를 많이 좋아하거든.

-게

연결어미

형태 정보

- 용언의 어간에 '-게'를 붙인다.

1 목적

앞의 내용이 뒤에 이어지는 내용의 목적이 됨을 나타낸다.

- 자전거가 지나가게 우리가 옆으로 비켜섰다.
- 아이가 깨지 않게 조용히 해 줘요.
- 나도 좀 앉게 가방 좀 치워 줄래?
- 가 : 여러분, 글씨가 잘 보이나요?
  나 : 선생님, 뒤에서도 보이게 조금 더 크게 써 주세요.

문법 정보

- **선행 용언 제약** : 주로 동사와 결합한다.
- **선어말어미 제약** : 선행 용언과 결합할 때 '-었-', '-겠-'이 개재되기 어렵다.
  예문 엄마, 내일 학교에 갈 때 책 사(게/*겠게) 돈 좀 주세요.

담화 정보

- (도치나 생략을 통해 종결어미처럼 쓰여) 목적을 나타낼 수 있다.
  예문 서준아, 가방 좀 갖다 줘. 휴대전화 좀 꺼내게.
  (= 서준아, 휴대전화 좀 꺼내게 가방 좀 갖다 줘.)

관련 표현

- **─도록**

  (1) 대부분의 경우에 '─게'와 큰 의미 차이 없이 바꿔 쓸 수 있다.

  예문 아이도 먹을 수 있(도록/게) 음식을 작게 잘랐다.

  (2) 그러나 '시간의 한계'를 나타내는 '─도록'은 '─게'로 바꿔 쓸 수 없다.

  예문 아침이 되(도록/*게) 잠이 오지 않았다.

- **─게끔**

  (1) '─게'와 큰 의미 차이 없이 바꿔 쓸 수 있다. 단, '─게끔'이 더 강조하는 느낌이 있다.

  예문 아이도 먹을 수 있(게끔/게) 음식을 작게 잘랐다.

2 기타 용법

① 정도, 방식

주로 형용사에 결합하여 뒤에서 가리키는 행위에 대한 정도나 방식을 나타낸다.

- 서준이는 방을 깨끗하게 청소했다.
- 머리를 예쁘게 잘라 주세요.
- 차가 막혔지만 다행스럽게도 기차 시간에 늦지 않았어요.

┌─── **종결어미 '─게'** ────────────────────────────

  ① 의도

  '─으려고 하다'의 뜻으로 의도를 나타낸다.

  - 벌써 가시게요?
  - 내 옆에 앉게?
  - 가 : 어디 가?
    나 : 피곤해서 집에 가서 쉬게.

  ② 당연히 그러하다고 추측하여 물음

  앞의 내용이 그러하므로 뒤의 내용이 당연히 그러할 것이라고 추측하여 물음을 나타낸다.

  - 그럼 현정이가 수재게?
  - 그 사람이 범인이 아니라면 철수가 범인이게?

└───

③ 반어적 물음

반어적인 물음을 나타내는 종결어미로서 뒤의 내용이 성립하지 않으므로 앞의 내용도 성립하지 않음을 나타낸다.

- 그 사람이 그 문제를 풀었으면 천재게?
- 예쁜 사람이 다 연예인이 됐으면 얘도 연예인이 됐게?

④ 짐작해서 답할 것을 유도

상대방에게 한번 짐작해서 답해 보라는 뜻을 나타낸다.

- 이게 몇 개게?
- 어제 무슨 일이 있었게?

⑤ 물음에 대한 근거를 제시함

어떤 내용을 물은 후에 그 근거를 제시함을 나타낸다.

- 오늘 무슨 일 있으세요? 정장을 입으셨게?
- 입맛이 없어? 저녁도 안 먹었게.

-게끔

연결어미

형태 정보

- 용언의 어간에 '-게끔'을 붙인다.

1 목적

앞의 내용이 뒤에 이어지는 내용의 목적이 됨을 나타낸다.

- 자전거가 **지나가게끔** 우리가 옆으로 비켜섰다.
- 문제가 **없게끔** 마무리를 잘 하십시오.
- 강 선생님은 누구든지 이해할 수 **있게끔** 쉽게 설명해 주신다.
- 가 : 여러분, 글씨가 잘 보이나요?
  나 : 선생님, 뒤에서도 **보이게끔** 조금 더 크게 써 주세요.

156   한국어교육 문법-자료편

문법 정보

- **선행 용언 제약** : 주로 동사와 결합한다.
  > (예문) *예쁘게끔 화장을 하세요.
- **선어말어미 제약** : 선행 용언과 결합할 때 '-었-', '-겠-'이 개재되기 어렵다.
  > (예문) *아이도 먹을 수 있었게끔 음식을 작게 잘랐다.
  > *제 시간에 출발하겠끔 미리 짐을 싸 두어라.

관련 표현

- **-도록**

  (1) 대부분의 경우에 '-게끔'과 큰 의미 차이 없이 바꿔 쓸 수 있다.
  > (예문) 도서관에서는 공부에 집중할 수 있(도록/게끔) 조용히 해 주세요.

  (2) 그러나 '시간의 한계'를 나타내는 '-도록'은 '-게끔'으로 바꿔 쓸 수 없다.
  > (예문) 아침이 되(도록/*게끔) 잠이 오지 않았다.

- **-게**

  (1) '-게끔'과 큰 의미 차이 없이 바꿔 쓸 수 있다. 단, '-게끔'이 더 강조하는 느낌이 있다.
  > (예문) 도서관에서는 공부에 집중할 수 있(게/게끔) 조용히 해 주세요.

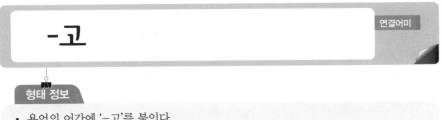

-고

연결어미

형태 정보

- 용언의 어간에 '-고'를 붙인다.

1 나열

둘 이상의 대등한 사실을 시간의 순서와 상관없이 나열함을 나타낸다.

- 형은 부산에 살고 저는 서울에 살고 있어요.
- 오늘은 전국이 **맑고** 포근하겠습니다.
- 어렸을 때 동생의 꿈은 **요리사였고** 나는 가수가 되는 것이 꿈이었다.
- 가 : 힘들어 보이네요.

  나 : 네. 지금 **피곤하고** 배도 많이 고파요.

문법 정보

- 선행절과 후행절의 내용을 바꾸어도 의미가 변하지 않는다.

  예문 오늘은 전국이 맑고 포근하겠습니다. = 오늘은 전국이 포근하고 맑겠습니다.

담화 정보

- 구어에서는 '–구'로 발음하기도 한다.

  예문 연정이는 키도 크구 예뻐서 정말 부러워.

관련 표현

- **–으며**

  (1) '–고'와 큰 의미 차이 없이 바꿔 쓸 수 있다.

  예문 오늘은 날씨가 (추우며/춥고) 바람이 불겠습니다.

  그는 (시인이며/시인이고) 대학에서 강의를 하고 있는 교수입니다.

  (2) 단, '–고'는 구어와 문어에 두루 쓰이는 데 비해 '–으며'는 주로 문어에서 사용한다.

2 행위의 시간 순서

앞의 내용과 뒤의 내용이 시간의 순서에 따라 차례대로 일어남을 나타낸다.

- 서준아, 간식 먹고 학원에 갈 준비 해.
- 현정이의 이야기를 먼저 듣고 내가 하고 싶은 이야기를 했어.
- 옷을 갈아입고 식사 준비를 했다.
- 먼저 올해의 실적에 대해 보고를 드리고 그 다음에 내년도 전망과 목표에 대해 말씀드리겠습니다.
- 가 : 어제 모처럼 일이 일찍 끝났는데 뭐 했어요?

  나 : 피곤해서 퇴근하고 곧장 집으로 갔어요.

tip 순차적인 행위를 나타내는 '–고'는 맥락에 따라 앞선 행위가 뒤에 일어나는 행위의 원인이나 계기로 해석될 수도 있다.
- 추운 날씨에 비를 맞고 감기에 걸렸어.
- 언니는 합격 소식을 듣고 뛸 듯이 기뻐했어요.

문법 정보

- **선행 용언 제약** : 행위의 순서를 나타내므로 주로 동사와 결합한다.

  예문 늦었으니 빨리 씻고 자도록 해.

담화 정보

- 구어에서는 '–구'로 발음하기도 한다.
  > 예문 서준아, 밥 먹구 과자를 먹어야지.

관련 표현

- **–고서**
- (1) '–고'와 큰 의미 차이 없이 바꿔 쓸 수 있다. 단, '–고서'가 더 강조하는 느낌이 있다.
  > 예문 그는 전화를 받(고서/고) 표정이 어두워졌다.

- **–고 나서**
  (1) '–고'와 큰 의미 차이 없이 바꿔 쓸 수 있다. 단, '–고 나서'가 앞에 오는 일이나 과정이 끝난 후에 뒤의 내용이 이어짐을 더욱 강조하는 느낌이 있다.
  > 예문 옷을 (갈아입고 나서/갈아입고) 식사 준비를 했다.
  > 일단 일을 먼저 (끝내고 나서/끝내고) 밥 먹으러 갑시다.

- **–어서**
  (1) '–고'는 단순히 시간적인 앞뒤 순서를 나타내지만, '–어서'는 앞의 내용이 뒤에 이어지는 내용의 전제가 되고 앞뒤의 내용이 긴밀한 연관성을 갖는다.
  > 예문 친구를 만나고 도서관에 갔다.
  > → 두 행위 간에 연관성이 크지 않고, 두 행동이 순차적으로 일어난 것을 나타냄.
  > 친구를 만나서 도서관에 갔다. → '친구를 만났고, 그 친구와 도서관에 함께 갔다.'의 의미
  > 손을 씻고 밥을 했다. → 두 행동이 순차적으로 일어난 것을 나타냄.
  > 콩나물을 씻어서 국에 넣었다. → '콩나물을 씻었고, 그 콩나물을 국에 넣었다.'의 의미

  (2) '–고'는 선행절과 후행절을 단순히 시간적인 순서에 의해 연결하므로 선행절과 후행절의 주어가 같지 않아도 된다. 그러나 '–어서'가 연결하는 선행절과 후행절의 주어는 같아야 한다.
  > 예문 내가 먼저 노래를 (*불러서/부르고) 다음에 강희가 노래를 불렀다.

  (3) '–고'는 선행 용언과 결합할 때 '–었–', '–겠–'이 개재될 수 있지만, '–어서'는 그렇지 않다.
  > 예문 열심히 (*공부했어서/공부했고) 좋은 대학에 합격했다.

  (4) '–고' 뒤에는 명령문과 청유문이 쓰일 수 있지만, '–어서'는 그렇지 않다.
  > 예문 일단 회의를 (*해서/하고) 밥을 먹으러 가자.
  > 숙제를 (*해서/하고) 텔레비전을 봐라.

- **–은 다음에/뒤에/후에**
  (1) '–고'와 큰 의미 차이 없이 바꿔 쓸 수 있다. 단, '–은 다음에/뒤에/후에'가 앞에 오는 일이나 과정이 완료되고 뒤의 내용이 이어짐을 더욱 강조하는 느낌이 있다.
  > 예문 옷을 (갈아입은 다음에/갈아입은 뒤에/갈아입은 후에/갈아입고) 식사 준비를 했다.

일단 일을 먼저 (끝낸 다음에/끝낸 뒤에/끝낸 후에/끝내고) 밥 먹으러 갑시다.

(2) '-고'는 구어와 문어에 두루 쓰이는 데 비해 '-은 뒤에/후에'는 상대적으로 문어에서 자주 쓰는 경향이 있다.

3 행위 또는 그 결과의 지속

앞의 행위나 그 결과가 지속된 상태에서 뒤의 행위가 이루어짐을 나타낸다. '-은 상 태로'의 뜻이 된다.

- 수업에 늦어서 택시를 타고 학교에 가는 중이야.
- 이번에는 내 차를 몰고 갈까?
- 피곤해서 오늘은 편한 신발을 신고 왔다.
- 가 : 무대에서 마이크를 들고 이야기하시는 분이 누구세요?
  나 : 저 분이 강 선생님이세요.

문법 정보

- **주어 제약** : 선행절과 후행절의 주어가 같아야 하며 후행절의 주어는 보통 생략된다.
  예문 제가 오늘은 편한 신발을 신고 (제가/*현정이가) 왔어요.

- **선행 용언 제약** : 주로 '쓰다, 신다, 입다, 들다, 하다'와 같은 착용 동사나 '타다, 몰다'와 같은 이동의 수단 및 방법을 나타내는 동사와 결합한다.

- **선어말어미 제약** : 선행 용언과 결합할 때 '-었-', '-겠-'이 개재되기 어렵다.
  예문 *중요한 미팅이 있어서 정장을 입었고 회사에 갔다.
  　　 *내일 날씨가 춥다니까 두꺼운 옷을 입겠고 가려고 해요.

담화 정보

- 구어에서는 '-구'로 발음하기도 한다.
  예문 차 막히니까 지하철 타구 가자.

관련 표현

- **-고서**
- (1) '-고'와 큰 의미 차이 없이 바꿔 쓸 수 있다. 단, '-고서'가 더 강조하는 느낌이 있다.
  예문 무대에서 마이크를 들(고서/고) 이야기하시는 분이 강 선생님이시다.

- **-고 나서**
  (1) '-고'는 앞의 행위 상태가 지속되면서 뒤의 행위가 발생함을 나타낼 수 있지만, '-고 나서'는 앞의 행위가 끝난 상태에서 뒤의 행위가 발생함을 나타낸다.
  예문 장군은 3천 명의 군사를 (*거느리고 나서/거느리고) 전투 현장에 나왔다.

마이크를 (*들고 나서/들고) 이야기를 했다.

4 기타 용법

① 반대되는 사실의 나열

반대되거나 대립적인 사실을 나열함을 나타낸다.

- 길고 짧은 것은 대 봐야 안다.
- 누가 맞고 누가 틀렸는지는 두고 봐야 알겠지.
- 규현이는 좋고 싫은 것에 대한 표현이 분명한 편이다.

② 강조

'-고 -은'의 꼴로 형용사를 반복하여 사용함으로써 그 뜻을 강조한다. 주로 '멀다, 넓다, 크다, 길다, 검다, 붉다, 희다'와 같은 형용사와 쓰여 어떤 대상의 성질을 강조하거나 과장하여 표현할 때 쓴다. 보조사 '도'를 덧붙이면 그 뜻이 더욱 강해진다.

- 멀고(도) 먼 길.
- 길고(도) 긴 기다림.
- 넓고(도) 넓은 우주.
- 검고(도) 검은 속내.

종결어미 '-고'

① 물음

상대방에게 어떤 사실이나 상황에 대해 물어볼 때 사용한다.

- 그동안 별일 없었고?
- 숙제는 다 했고?

② 따져 물음

상대방에게 빈정거리는 어투로 따져 묻거나 항의함을 나타낸다.

- 싫다고 할 때는 언제고?
- 네가 다 먹어 버리면 나는 뭐 먹고?

③ 의아함

묻는 말에 덧붙여서 어떠한 상황이나 사실에 대해 의아해함을 나타낸다.

- 이게 웬일이야? 지각 한 번 없던 네가 결석을 하고.
- 무슨 일 있으세요? 평소에 안 입던 정장을 입으시고.

④ 명령

부드럽게 명령할 때 사용한다.

- 자, 다음에는 강희가 발표하고.
- 청소 다 끝냈으면 이제 가 보고.

-고도

연결어미

형태 정보

- 용언의 어간에 '-고도'를 붙인다.

1 상반된 상황

앞의 행위가 완료되고 그 행위로 예상되는 결과와는 다른 행위나 상황이 이어짐을 나타낸다.

- 신혜는 그 사실을 알고도 모르는 척했다.
- 너무 어려워서 설명을 듣고도 이해하지 못하겠어요.
- 그는 슬픈 영화를 보고도 울지 않는다.
- 가 : 또 먹어? 그렇게 먹고도 배가 안 불러?
  나 : 배는 부른데 맛있어서 자꾸 먹게 돼.

문법 정보

- **주어 제약** : 선행절과 후행절의 주어가 같아야 하며 후행절의 주어는 보통 생략된다.
  예문 신혜는 그 사실을 알고도 (신혜는/*현정이는) 모르는 척했다.

- **선행 용언 제약** : 주로 동사와 결합한다.
  예문 *신혜는 그렇게 예쁘고도 인기가 없다.

- **선어말어미 제약** : 선행 용언과 결합할 때 '-었-', '-겠-'이 개재되기 어렵다.
  예문 *민우는 어제 잠을 많이 잤고도 수업 시간에 졸고 있다.
  　　*그 사람은 떠나겠고도 연락하지 않을 것이다.

- **후행절 제약** : 후행절은 주로 평서문, 의문문으로 쓴다. 청유문, 명령문으로 쓸 수 없다.

예문 *우리 그 일을 보고도 못 믿읍시다.

관련 표현

- **–지만**
  (1) '상반되는 상황'을 나타낼 때 '–고도'와 큰 의미 차이 없이 바꿔 쓸 수 있는 경우가 있다.
  예문 너는 그렇게 매일 놀(고도/지만) 시험을 잘 보더라.

  (2) '–고도'는 '–었–', '–겠–'이 개재되기 어렵지만, '–지만'은 그렇지 않다.
  예문 공부를 열심히 (*했고도/했지만) 시험에 떨어졌다.

2 관련된 특성

어떠한 특성을 나타내면서 관련된 특성을 더하여 나타낼 때 쓴다.

- 바다는 참 **넓고도** 깊다.
- 그 영화는 **슬프고도** 아름다운 이야기를 그리고 있다.
- 그의 아이디어는 **참신하고도** 독창적이다.
- 가 : 이곳은 물이 어쩜 이리 **투명하고도** 맑아?
  나 : 그러게. 정말 물이 깨끗하다.

문법 정보

- **선행 용언 정보** : 서로 관련된 의미의 형용사가 '–고도'의 앞과 뒤에 온다.
  예문 그녀의 피부는 희고도 맑다.

- **선어말어미 제약** : 선행 용언과 결합할 때 '–었–', '–겠–'이 개재되기 어렵다.
  예문 *그녀의 피부는 희었고도 맑았다.

- **후행절 제약** : 후행절은 주로 평서문, 의문문으로 쓴다. 청유문, 명령문으로 쓸 수 없다.
  예문 *물이 맑고도 (깨끗합시다/깨끗하십시오).

-고서

연결어미

형태 정보

- 용언의 어간에 '–고서'를 붙인다.

1 행위의 시간 순서

앞의 내용과 뒤의 내용이 순차적으로 일어남을 나타낸다.

- 일단 밥부터 먹고서 생각해 보자.
- 먼저 갈 곳을 정하고서 움직이는 게 좋겠어요.
- 내가 집에 도착하고서 전화할게요.
- 가 : 엄마, 저 게임해도 돼요?
  나 : 우선 숙제를 하고서 해야지. 지금은 안 돼.

tip 순차적인 행위를 나타내는 '–고서'는 맥락에 따라 앞선 행위가 뒤에 일어나는 행위의 원인이나 계기로 해석될 수도 있다.
  - 추운 날씨에 비를 맞고서 감기에 걸렸어.
  - 언니는 합격 소식을 듣고서 뛸 듯이 기뻐했어요.

문법 정보

- **선행 용언 제약** : 행위의 순서를 나타내므로 주로 동사와 결합한다.
  예문 *산은 높고서 물은 깊다.

- **선어말어미 제약** : 선행 용언과 결합할 때 '–었–', '–겠–'이 개재되기 어렵다.
  예문 *채린이는 숙제를 끝냈고서 텔레비전을 켰다.

- **조사 결합 정보** : '야'를 덧붙여 '–고서야'로 쓰면 앞의 행위가 이루어지고 비로소 뒤의 행위가 이루어짐을 나타낸다.
  예문 내가 몇 번을 부르고서야 그가 돌아보았다.
  수술이 잘 끝났다는 말을 듣고서야 비로소 안심이 되었어요.
  교실에 도착하고서야 오늘이 휴일인 것을 알았지 뭐야.

담화 정보

- 주로 구어에서 사용하는 경향이 있다.
- 구어에서는 '–구서'로 발음하기도 한다.
  예문 서준아, 손 먼저 씻구서 간식을 먹어야지.

관련 표현

- **–고**
  (1) '–고서'와 큰 의미 차이 없이 바꿔 쓸 수 있다. 단, '–고서'가 더 강조하는 느낌이 있다.
  예문 그는 전화를 받(고/고서) 밖으로 나갔다.

  (2) 단순 나열의 '–고'는 '–고서'로 바꿔 쓰면 어색하다.

예문 여름에는 비가 자주 오(고/*고서) 겨울에는 눈이 온다.

(3) 보조적 연결어미 '-고' 역시 '-고서'로 바꿔 쓸 수 없다.
예문 이번 방학에는 배낭여행을 가(고/*고서) 싶다.

• **-고 나서**
(1) '-고서'와 큰 의미 차이 없이 바꿔 쓸 수 있다. 단, '-고 나서'가 앞에 오는 일이나 과정이 완료되고 뒤의 내용이 이어짐을 더욱 강조하는 느낌이 있다.
예문 규현아, 숙제 먼저 끝내(고 나서/고서) 텔레비전을 보도록 해.

• **-은 다음에/뒤에/후에**
(1) '-고서'와 큰 의미 차이 없이 바꿔 쓸 수 있다. 단, '-은 다음에/뒤에/후에'가 앞에 오는 일이나 과정이 완료되고 뒤의 내용이 이어짐을 더욱 강조하는 느낌이 있다.
예문 옷을 (갈아입은 다음에/갈아입은 뒤에/갈아입은 후에/갈아입고서) 식사 준비를 했다.
일단 일을 먼저 (끝낸 다음에/끝낸 뒤에/끝낸 후에/끝내고서) 밥 먹으러 갑시다.

(2) '-고서'는 주로 구어에서 사용하는 데 비해 '-은 뒤에/후에'는 상대적으로 문어에서 자주 쓰는 경향이 있다.

2 행위 또는 그 결과의 지속

앞의 행위나 그 결과가 지속된 상태에서 뒤의 행위가 이루어짐을 나타낸다. '-은 상태로'의 뜻이 된다.

• 학교에 지하철을 타고서 다녀요.
• 어제는 라디오를 들으면서 운전하고서 집에 갔어.
• 규현이가 내 짐을 들고서 공항까지 바래다 줬다.
• 가 : 원피스에 구두까지 신고서 어디에 가요?
  나 : 아~, 친구 결혼식이요.

문법 정보

• **주어 제약** : 선행절과 후행절의 주어가 같아야 하며 후행절의 주어는 보통 생략된다.
예문 제가 오늘은 편한 신발을 신고서 (제가/*현정이가) 왔어요.

• **선행 용언 제약** : '쓰다, 신다, 입다, 들다, 하다'와 같은 착용 동사나 '들다, 잡다, 쥐다' 등과 같이 신체를 이용한 동작을 나타내는 동사, 그리고 '타다, 몰다'와 같은 이동의 수단이나 방법을 나타내는 동사와 주로 결합한다.
예문 오늘은 평소와 다르게 안경을 쓰고서 왔네요?

• **선어말어미 제약** : 선행 용언과 결합할 때 '-었-', '-겠-'이 개재되기 어렵다.

예문 *중요한 미팅이 있어서 정장을 입었고서 회사에 갔다.
*내일 날씨가 춥다니까 두꺼운 옷을 입겠고서 가려고 해요.

담화 정보

* 주로 구어에서 사용하는 경향이 있다.
* 구어에서는 '―구서'로 발음하기도 한다.
  예문 차 막히니까 지하철 타구서 가자.

관련 표현

* **―고**
* (1) '―고서'와 큰 의미 차이 없이 바꿔 쓸 수 있다.
  예문 무대에서 마이크를 들(고/고서) 이야기하시는 분이 강 선생님이시다.

* **―고 나서**
  (1) '―고서'는 앞의 행위 상태가 지속되면서 뒤의 행위가 발생함을 나타낼 수 있지만, '―고 나서'는 앞의 행위가 끝난 상태에서 뒤의 행위가 발생함을 나타낸다.
  예문 장군은 3천 명의 군사를 거느리(*고 나서/고서) 전투 현장에 나왔다.
  마이크를 들(*고 나서/고서) 이야기를 했다.

2 대립적인 사실

뒤의 내용이 앞의 내용과 대립되는 관계에 있음을 나타낸다. '―었는데도'의 뜻이 된다.

* 그 아이는 숙제를 안 하고서 했다고 거짓말을 했다.
* 그는 내 고향에 가 보지도 않고서 가 본 것처럼 잘 아는 체를 했다.
* 민우는 지각을 하고서 선생님께 늦게 오지 않았다고 말했다.
* 가 : 왜 또 싸우니?
  나 : 형이 내 간식까지 먹고서 안 먹은 척을 했어요.

문법 정보

* **주어 제약** : 선행절과 후행절의 주어가 같아야 하며 후행절의 주어는 보통 생략된다.
  예문 신혜는 숙제를 안 하고서 (*현정이는) 했다고 거짓말을 했다.

* **선행 용언 제약** : 주로 동사와 결합한다.
  예문 *오늘 날씨는 맑고서 공기는 안 좋다.

* **선어말어미 제약** : 선행 용언과 결합할 때 '―었―', '―겠―'이 개재되기 어렵다.
  예문 *형은 내 간식까지 먹었고서 안 먹은 척을 했어요.

* **조사 결합 정보** : 의미를 강조하기 위해 보조사 '도', '는'과 결합하여 '―고서도', '―고서

는'으로 쓰기도 한다.

> **예문** 진실을 알고서도 모른 척하시는 거죠?
>
> 형은 내 간식까지 먹고서는 안 먹은 척을 했어요.

담화 정보

- 주로 구어에서 사용하는 경향이 있다.
- 구어에서는 '—구서'로 발음하기도 한다.

> **예문** 잘못은 네가 하구서 왜 오히려 화를 내?

3 기타 용법

① 당연하거나 꼭 필요함

'—고서는 —을 수 없다'의 꼴로 쓰여 앞선 사실이 당연하거나 꼭 필요함을 강조하여 그렇지 않으면 뒤에 오는 사실이 불가능함을 나타낸다.

- 저는 집이 아니고서는 쉽게 잠들지 못해요.
- 단단히 각오하지 않고서는 그 일을 끝까지 해내지 못할 것이다.
- 이 개념을 모르고서는 제대로 공부했다고 할 수 없어요.

② 힘들거나 불가능함

'—고서야 —을 수 없다', '—고서야 —겠니/겠어?'의 꼴로 쓰여 뒤의 내용이 일어나기 힘들거나 불가능함을 나타낸다.

- 미친 게 아니고서야 그런 말을 할 수가 없다.
- 천재가 아니고서야 어떻게 이 문제를 풀겠어?
- 이렇게 놀기만 해서야 어떻게 시험을 잘 볼 수 있겠니?

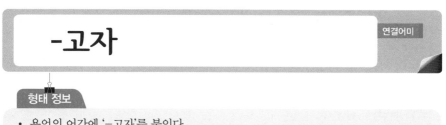

-고자

연결어미

형태 정보

- 용언의 어간에 '—고자'를 붙인다.

1 목적

어떤 행동을 할 목적이 있음을 나타낸다.

- 그는 꿈을 **이루고자** 밤낮으로 열심히 공부를 하고 있다.
- 저의 의견을 **말씀드리고자** 이 앞에 섰습니다.
- 정부는 경제를 **살리고자** 갖은 노력을 하고 있다.
- 작가는 그 지역 사람들의 비참한 현실을 **알리고자** 이 글을 썼다고 밝혔다.
- 가 : 일하랴, 애 키우랴 힘드시겠어요.
  나 : 아이에게 좋은 **엄마이고자** 나름 애쓰고 있는데 바빠서 쉽지 않네요.

문법 정보

- **주어 제약** : 주로 사람을 나타내는 주어와 함께 쓴다. 선행절과 후행절의 주어가 같아야 하며 후행절의 주어는 보통 생략된다.
  _{예문} 서준이는 원하는 대학에 합격하고자 (서준이는) 열심히 공부했다.

- **선행 용언 제약** : 주로 동사, '이다'와 결합한다. 형용사와 결합하기 어렵다.
  _{예문} *언니는 예쁘고자 화장을 열심히 했다.

- **선어말어미 제약** : 선행 용언과 결합할 때 '-었-', '-겠-'이 개재되기 어렵다.
  _{예문} *정부는 경제를 살렸고자 갖은 노력을 하였다.
  *제 꿈을 말씀드리겠고자 이 자리에 섰습니다.

- **후행절 정보** : 주로 평서문, 의문문으로 쓴다. 청유문, 명령문으로 쓰면 어색한 경우가 많다.
  _{예문} ?꿈을 이루고자 최선을 (다하자/다해라).

담화 정보

- 주로 문어에서 사용하는 경향이 있다.
- 주로 격식적이거나 공식적인 상황에서 사용한다. 문어로서 사용될 때는 논문, 기사, 보고문과 같은 글을 쓰는 상황이며, 구어로서 사용될 때는 공식적인 자리에서 발표하거나 연설하는 상황이다.
  _{예문} (기사에서) 현재 △△ 회사는 지역 경제를 살리고자 여러 노력을 하고 있다.
  (기자회견에서) 정부는 현재의 사태를 해결하고자 모든 노력을 기울이고 있습니다.

관련 표현

- **-으려고**
  (1) '-으려고'는 상대적으로 구어에서 더 자주 쓰이는 반면, '-고자'는 문어와 연설이나 발표와 같은 격식적인 상황에서 자주 사용된다.

의도, 희망

'-고자 하다'의 꼴로 쓰여 어떤 행위를 하려는 의도나 희망이 있음을 나타낸다.

- 몇 가지 보완해야 할 사항을 지적하고자 한다.
- 이번 회의를 통해 논의하고자 하는 것이 무엇입니까?
- 저는 국민의 뜻에 따르는 정치를 하고자 합니다.
- 한국어 교사가 되고자 하는 학생들을 위한 교육 과정이 마련되었다.

문법 정보

- **주어 제약** : 주로 사람을 나타내는 주어와 함께 쓴다.
  예문 저는 한국전쟁에 대해 이야기해 보고자 합니다.
- **선행 용언 제약** : 주로 동사, '이다'와 결합한다. 형용사와 결합하기 어렵다.
  예문 *저는 예쁘고자 합니다.
- **선어말어미 제약** : 선행 용언과 결합할 때 '-었-', '-겠-'이 개재되기 어렵다.
  예문 *저는 한국어 교사가 되겠고자 합니다.
- **후행절 제약** : 주로 평서문, 의문문으로 쓴다. 청유문, 명령문으로 쓰기 어렵다.
  예문 *우리 회의에서 논의하고자 합시다.

담화 정보

- 주로 문어에서 사용하는 경향이 있다.
- 주로 격식적이거나 공식적인 상황에서 사용한다. 문어로서 사용될 때는 논문, 기사, 보고문과 같은 글을 쓰는 상황이며, 구어로서 사용될 때는 공식적인 자리에서 발표하거나 연설하는 상황이다.
  예문 (논문에서) 이 연구를 통해 조선의 음식 문화에 대해 알아보고자 한다.
  (기자회견에서) 질문에 대한 답변을 드리고자 합니다.

-길래

연결어미

형태 정보

- 용언의 어간에 '-길래'를 붙인다.

화자가 지각한 내용이 이유, 원인이 되어 화자가 어떤 행위를 함을 나타낸다. 이때의 원인은 화자 자신에 있는 것이 아니라 주로 외부적인 상황이나 사실에 있다.

- 백화점이 세일을 **하길래** 옷을 한 벌 샀어요.
- 날씨가 **춥길래** 두꺼운 옷을 입고 나왔어요.
- 오후에 비가 온다고 **하길래** 우산을 가지고 나왔다.
- 가 : 도대체 무슨 **일이길래** 그렇게 화가 났어?
  나 : 친구가 약속 시간을 자꾸 **바꾸길래** 좀 다퉜어.

문법 정보

- **주어 정보** : 평서문에서 '-길래'는 화자가 지각한 내용이 이유, 원인이 되어 화자가 어떤 행위를 했음을 나타내므로 선행절에는 2, 3인칭 주어가 쓰이고 후행절의 주어는 1인 칭이 되는 것이 자연스럽다.
  예문 어머니가 주무시고 계시길래 (저는) 깨우지 않고 조용히 나왔어요.
- **선어말어미 정보** : 선행절과 후행절의 내용이 같은 시간 속에서 일어난 경우에는 과거의 내용이라 하더라도 '-었길래'가 아닌 '-길래'를 쓴다. 그러나 앞의 내용이 뒤의 내용보다 시간적으로 먼저 일어난 경우에는 '-었길래'를 쓴다.
  예문 동생이 빵을 먹길래 나눠 먹자고 했다.
  동생이 빵을 다 먹었길래 빵집에 가서 더 사 왔다.
- **후행절 제약** : 후행절은 주로 평서문, 의문문으로 쓴다. 청유문, 명령문으로 쓰기 어렵다.
  예문 *날씨가 덥길래 에어컨을 (켜자/켜라).

  tip '-는다고/냐고/자고/으라고 하길래' 구성의 간접 화법으로 쓰이는 일이 많다.
  - 친구가 어디 가냐고 하길래 화장실에 간다고 대답했다.
  - 그 식당이 맛있다고 하길래 오늘 점심에 가 보려고요.

담화 정보

- 주로 구어에서 사용하는 경향이 있다.
  예문 서준이가 몇 번이나 부탁하길래 거절 못 했어.

관련 표현

- **-기에**
  (1) '-길래'가 '-기에'보다 우연히 발견함의 의미가 더 강하다.
  예문 달력을 보니 오늘이 채린이 생일이(길래/?기에) 선물을 사러 갔다 왔어요.

(2) '-길래'는 주로 구어에서 사용하고 '-기에'는 주로 문어에서 사용한다.

예문 돈이 무엇이기에 사람들은 돈을 그렇게 소중히 여기는가?

(3) '-기에'는 다소 예스러운 표현이다.

- **-어서**
  (1) '-길래'는 주로 뒤의 행위를 하게 된 이유를 나타낼 때 쓰이므로 후행절에는 동작 동사가 쓰이는 일이 많고 상태를 나타내는 형용사가 쓰이지 않는다. '-어서'의 후행절에는 동사와 형용사가 모두 쓰일 수 있다.

  예문 비가 (와서/*오길래) 춥다.
  봄이 되(어서/*길래) 날씨가 건조한 거예요?

  (2) 평서문에서 '-길래'의 후행절에는 1인칭 주어가 와야 자연스럽지만, '-어서'에는 그러한 주어 제약이 없다.

  예문 지훈이가 거짓말을 (해서/하길래) 내가 화를 냈다.
  지훈이가 거짓말을 (해서/*하길래) 선생님이 화를 내셨다.

2 기타 용법

① 다행

> '-길래/기에 망정이지'의 꼴로 쓰여 앞의 말이 나타내는 내용이 그렇게 된 것이 다행임을 나타낸다.

- 엄마가 바로 옆에 있었(길래/기에) 망정이지 하마터면 아기가 크게 다칠 뻔했다.
- 여행 갈 때 비상약을 가져갔(길래/기에) 망정이지 안 그랬으면 정말 난감했을 거예요.

-느니/(으)니만큼

연결어미

형태 정보

	형태	
	동사	형용사
받침 ○	-느니만큼	-으니만큼
받침 ×		-니만큼

1 이유, 원인

앞 내용을 인정하면서 그것이 뒤에 오는 내용의 원인 또는 근거임을 나타낸다.

- 강 선생님이 직접 **가시느니만큼** 잘 해결될 겁니다.
- 모두가 열심히 **일하느니만큼** 좋은 성과가 있으리라 생각한다.
- 요즘 소비자들의 불만이 **있었으니만큼** 고객 응대에 더욱 신경 써 주세요.
- 현재의 상황이 단기간에 해결될 수는 **없으니만큼** 장기적으로 대처해야 한다.
- 경제적 부담이 출산율 저하의 주된 **원인이니만큼** 출산과 양육을 정책적으로 지원해야 한다.

문법 정보

- **선행 용언 제약** : 주로 동사, '이다'와 결합한다. 형용사와 결합하기 어렵다.
  <예문> *네 키가 작으니만큼 우유를 많이 마셔라.
- **선어말어미 제약** : 선행 용언과 결합할 때 '-겠-'이 개재되기 어렵다.
  <예문> *내일은 비가 오겠으니만큼 집에서 쉽시다.

담화 정보

- 주로 문어에서 사용한다.
  <예문> 건조한 시기이니만큼 건강 관리에 더욱 힘써야 한다.

관련 표현

- **-으니만치**
  (1) '-으니만큼'과 큰 의미 차이 없이 바꿔 쓸 수 있다.
  <예문> 어려운 (일이니만치/일이니만큼) 보람도 크겠지.

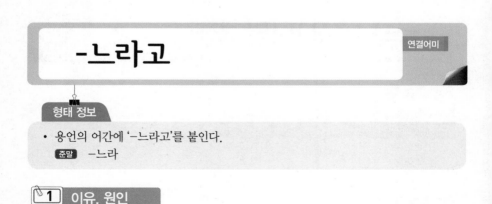

-느라고

연결어미

형태 정보

- 용언의 어간에 '-느라고'를 붙인다.
  <준말> -느라

1 이유, 원인

앞의 내용이 뒷내용의 원인임을 나타낸다. 보통 앞의 내용이 원인이 되어 부정적인 사실, 상황이 있음을 나타낼 때 사용한다.

- 요즘 발표 준비하고 시험 공부하느라고 많이 바빠요.
- 아침에 급하게 **나오느라고** 휴대전화를 집에 놓고 왔어.
- 어머니가 청소기를 돌리시느라고 초인종 소리를 못 들으셨다.
- 가 : 규현아, 지우개 좀 빌려 줘.
  나 : 뭐라고 했어? 옆 친구랑 **이야기하느라고** 못 들었어.

문법 정보

- **주어 제약** : 선행절과 후행절의 주어가 같거나 화제가 같아야 한다. 후행절의 주어는 보통 생략된다.
  > 예문 미안해. 아까는 내가 샤워하느라고 (내가) 전화를 못 받았어.
  > 강희는 청소하느라고 (강희의) 옷이 더러워졌다.

- **선행 용언 제약** : 주로 동사와 결합한다. 순간적으로 완료되는 동사와 결합하면 어색한 경우가 있다.
  > 예문 *피곤해서 눈을 감느라고 너를 못 봤어.

- **선어말어미 제약** : 선행 용언과 결합할 때 '-었-', '-겠-'이 개재되기 어렵다.
  > 예문 어제는 기말 보고서 (쓰느라고/*썼느라고) 한숨도 못 잤어.
  > 곧 결혼 준비하(느라고/*겠느라고) 무척 바쁠 것 같아.

- **후행절 정보** : 후행절은 주로 부정적인 의미를 표현하며 평서문, 의문문으로 쓴다. 의문문의 경우 주로 '-지요?', '-잖아요?' 등과 결합하여 확인 의문문으로 쓴다. 청유문, 명령문으로 쓰기 어렵다.
  > 예문 어머니는 자식들 키우시느라고 고생이 (많으시지요/*많으십니까)?

- **부정형 정보** : 선행절에 부정을 나타내는 '안', '못'을 쓰면 어색한 경우가 많다.
  > 예문 *오늘 숙제를 안 하느라고 불안했어.

담화 정보

- 주로 구어에서 사용하는 경향이 있다.
- 구어에서는 '-느라구'로 발음하기도 한다.
  > 예문 어제 영화 보느라구 늦게 잤더니 졸려.

관련 표현

- **-어서**
  (1) '-느라고'는 앞의 행위를 하는 과정에서 뒤의 상황이 됨을 의미하고, '-어서'는 앞 상

황의 결과로서 뒤 상황이 일어남을 의미하여 차이가 있다. 따라서 '–느라고'는 앞 내용과 뒷내용의 행위가 같은 시간 속에서 일어난다는 의미가 있고, '–어서'는 앞과 뒤의 내용에 시간 차가 있다.

> **예문** 그는 텔레비전을 너무 오래 봐서 눈이 아팠다. → 텔레비전을 오래 본 결과 눈이 아팠음.
> 그는 텔레비전을 보느라고 정신이 없었다. → 텔레비전을 보는 중에 정신이 없음.
> 너무 많이 (먹어서/*먹느라고) 배가 아프다. → 많이 먹은 결과 배가 아픔.
> 비가 (와서/*오느라고) 땅이 질다. → 비가 온 결과 땅이 질음.

(2) '–어서'는 선행절과 후행절의 주어가 달라도 되지만, '–느라고'가 쓰인 경우 선행절과 후행절의 주어가 같거나 화제가 같아야 한다.

> **예문** 동생이 시끄럽게 해서 내가 공부를 제대로 못했어.
> 내가 엄마 대신 동생을 돌보느라고 공부를 제대로 못했어.
> 강희가 청소를 하느라고 옷이 더러워졌다. → 선행절의 주어 '강희', 후행절의 주어 '강희의 옷'

- **–는 바람에**
  (1) '–는 바람에'는 앞의 행위가 뒤에 이어지는 내용의 부정적 원인이나 이유가 됨을 나타낸다.

  > **예문** 늦잠을 자는 바람에 학교에 늦었어요.

  (2) '–느라고'는 앞의 행위를 하는 과정에서 뒤의 상황이 됨을 의미하고, '–는 바람에'는 앞 상황의 결과로서 뒤 상황이 일어남을 의미하여 차이가 있다. 따라서 '–느라고'는 앞 내용과 뒷내용의 행위가 같은 시간 속에서 일어난다는 의미가 있고, '–는 바람에'는 앞뒤 내용에 시간 차가 있다.

  > **예문** 아침에 남편하고 (싸우는 바람에/*싸우느라고) 하루 종일 우울해요.

  (3) '–느라고'는 선행절과 후행절의 주어가 같거나 화제가 같아야 하지만, '–는 바람에'에는 그러한 제약이 없다.

  > **예문** 비가 (오는 바람에/*오느라고) 소풍이 취소됐어요.

- **–는 통에**
  (1) '–는 통에'는 부정적인 결과를 가져오는 원인을 나타낸다. 이때의 원인은 어떤 상황, 주로 복잡하고 정신이 없는 상황이 된다.

  > **예문** 조카들이 놀러 와서 떠들어 대는 통에 정신이 하나도 없어요.
  > 바빠서 서두르는 통에 지갑을 집에 놓고 왔어요.

  (2) '–느라고'는 선행절과 후행절의 주어가 같거나 화제가 같아야 하지만, '–는 통에'는 그러한 제약이 없다.

  > **예문** 식당에서 아이가 울어 대(는 통에/*느라고) 휴대전화를 두고 왔다.

- **–은/는 탓에**
  (1) '–은/는 탓에'는 어떤 부정적인 현상의 원인이나 책임의 소재를 나타낸다.

예문 태풍이 온 탓에 여행 일정이 연기되었다.

(2) '-느라고'는 동사와만 결합하지만 '-은/는 탓에'는 동사뿐 아니라 일부 형용사와도 결합할 수 있다.

예문 동생이 게으른 탓에 나까지 지각을 했다.

(3) '-느라고'는 선행절과 후행절의 주어가 같거나 화제가 같아야 하지만, '-은/는 탓에'는 그러한 제약이 없다.

예문 사람들이 너무 (떠드는 탓에/*떠드느라고) 친구의 말이 잘 들리지 않는다.

2 목적

앞의 내용이 뒷내용의 목적임을 나타낸다. 어떤 목적을 위해서 하고 있는 행위가 수고롭다거나 무엇인가 희생되고 있는 부정적인 상황에 쓰이는 경우가 많다.

- 서준이는 요즘 취직 시험을 **준비하느라고** 매일 도서관에 가요.
- 부모님은 동생을 유학 **보내느라고** 집을 팔고 작은 집으로 이사를 하셨다.
- 어머니는 아픈 아버지 대신 생활비를 **버시느라고** 밤낮으로 일을 하신다.
- 가 : 옥상에서 뭐 해?
  나 : 바람 좀 **쐬느라고** 올라와 있었어.

문법 정보

- **주어 제약** : 선행절과 후행절의 주어가 같아야 한다. 후행절의 주어는 보통 생략된다.
  예문 (제가) 요즘 살을 빼느라고 (제가/*현정이가) 외식을 하지 않아요.

- **선행 용언 제약** : 주로 행위를 나타내는 동사와 결합한다. 그러나 짧은 시간에 완료되는 행위를 나타내는 동사와의 결합은 어색한 경우가 많다.
  예문 나는 시험을 준비하느라고 열심히 공부했다.
  *나는 시험에 합격하느라고 열심히 공부했다.

- **선어말어미 제약** : 선행 용언과 결합할 때 '-었-', '-겠-'이 개재되기 어렵다.
  예문 *부모님은 동생을 유학 (보냈느라고/보내겠느라고) 집을 팔고 작은 집으로 이사를 하셨다.

- **부정형 정보** : 선행절에 부정을 나타내는 '안' 또는 '못'을 쓰면 어색한 경우가 많다.
  예문 ?요즘 살을 안 빼느라고 외식을 자주 해요.

- **후행절 제약** : 후행절은 주로 평서문, 의문문으로 쓴다. 청유문, 명령문으로 쓰기 어렵다.
  예문 *유학 준비를 하느라고 회사를 쉬어라.

담화 정보

- 구어에서는 '-느라구'로 발음하기도 한다.
  > 예문 바람 좀 쐬느라구 옥상에 올라와 있었어.

관련 표현

- **–기 위해(서)**
  (1) '–느라고'와 큰 의미 차이 없이 바꿔 쓸 수 있다. 단, '–느라고'에는 어떤 목적을 위해 하는 행동이 수고롭거나 무엇인가 희생하고 있다는 느낌이 다소간 드러나게 된다.
  > 예문 서준이는 요즘 취직 시험을 (준비하기 위해서/준비하느라고) 매일 도서관에 가요.

- **–으려고**
  (1) '–느라고'와 큰 의미 차이 없이 바꿔 쓸 수 있다. 단, '–느라고'에는 어떤 목적을 이루기 위해서 하는 행위가 수고롭거나 무엇인가 희생하고 있다는 느낌이 다소간 드러나게 된다.
  > 예문 요즘 살을 빼(느라고/려고) 될 수 있으면 외식을 하지 않아요.

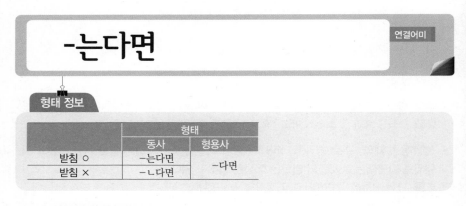

-는다면

연결어미

형태 정보

	형태	
	동사	형용사
받침 ○	–는다면	–다면
받침 ×	–ㄴ다면	

1 가정

어떤 사실이나 상황을 가정하여 조건으로 삼는 것을 나타낸다.

- 아저씨가 그 말을 듣는다면 무척 기뻐하실 것이다.
- 도로가 막히지 않는다면 다섯 시간 정도 걸립니다.
- 나도 언니처럼 예쁘다면 참 좋을 텐데.
- 가 : 지수가 그 이야기를 들었다면 큰일인데.
  나 : 걱정하지 마. 아마 모를 거야.

문법 정보

- **선어말어미 정보** : 선행 용언과 결합할 때 '-었-'이 개재되면 이미 일어난 과거의 일과 반대되는 내용 또는 현재 사실과 반대되는 상황을 가정하는 의미를 나타낸다. 그러나 '-겠-'은 개재되기 어렵다.

  예문 네가 도와주지 않았다면 그 일을 해 낼 수 없었을 거야. → 과거와 반대되는 상황 가정

  어머니가 살아 계셨다면 너를 자랑스러워 하셨을 거야. → 현재와 반대되는 상황 가정

  키가 조금만 더 컸다면 좋았을 텐데. → 현재와 반대되는 상황 가정

  내일도 열이 많이 (난다면/*나겠다면) 병원에 꼭 가 보세요.

관련 표현

- **-으면**
  (1) '-는다면'이 '-으면'에 비해 일어날 가능성이 적거나 사실이 아닌 것을 가정하는 느낌이 조금 더 강하다.

  예문 (성공하면/성공한다면) 가장 먼저 부모님께 집을 사 드리고 싶어요.

  하늘을 날 수 (?있으면/있다면) 어떤 기분일까?

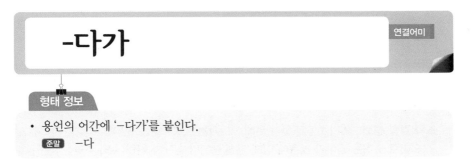

-다가

연결어미

형태 정보

- 용언의 어간에 '-다가'를 붙인다.

  준말 -다

1 행위 또는 상태가 중단되고 다른 행위나 상태로 바뀜

어떤 행위나 상태가 중단되고 다른 행동이나 상태로 바뀜을 나타낼 때 쓴다.

- 날씨가 아침에는 맑다가 지금은 흐리다.
- 공부를 하다가 시계를 봤는데 벌써 새벽 세 시다.
- 규현이는 피곤해서 영화를 보다가 잠이 들었다.
- 가 : 어제 저녁에 전화했었는데 안 받더라고요.
  나 : 미안해요. 책을 읽다가 잠이 들어서 전화를 못 받았어요.

문법 정보

- **주어 제약** : 선행절과 후행절의 주어나 화제가 같아야 하며 후행절의 주어는 보통 생략된다.

예문 날씨가 아침에는 맑다가 (날씨가) 지금은 흐리다.
  *내가 자다가 엄마가 나를 깨웠다.
- **선어말어미 제약** : 선행 용언과 결합할 때 '-었-'이 개재되면 의미가 달라진다. '-다가'는 어떤 행위가 지속되는 도중에 다른 행위로 전환되었음을 나타내고, '-었다가'는 어떤 행위가 완료된 상태에서 다음 행위가 일어났음을 의미한다.
  예문 학교에 가다가 돌아왔다. → 학교에 가는 도중에 멈추고 돌아왔음. 즉 학교에 가지 않았음.
  학교에 갔다가 돌아왔다. → 학교에 갔고 다시 돌아왔음.

2 원인, 근거

앞의 내용이 뒤의 내용의 원인이나 근거가 됨을 나타낼 때 쓴다.

- 버스에서 졸다가 못 내렸어요.
- 계속 과로를 하다가 쓰러질지도 몰라요.
- 유민이는 계속 거짓말을 하다가 결국 선생님께 크게 혼났다.
- 가 : 현정 씨, 몸이 안 좋아 보여요.
  나 : 네. 추운 날씨에 얇게 입고 나갔다가 감기에 걸렸거든요.

문법 정보

- **후행절 제약** : 후행절은 주로 평서문, 의문문으로 쓴다. 청유문, 명령문으로 쓰기 어렵다.
  예문 ?철수는 과로를 하다가 쓰러져라.
- **조사 결합 정보** : 의미를 강조하기 위해 '-다가는'으로 쓰기도 한다. '-다가는'은 '경고'의 의미로 쓰이는 경우가 많은데 이때 앞선 행위나 상태가 원인이 되어 부정적인 상황 또는 결과가 생기게 될 것임을 나타낸다. '-다가는'은 '-다간' 또는 '-단'으로 줄여 쓸 수 있다.
  예문 그렇게 늑장부리(다가는/다간/단) 학교에 늦겠어.
  너 자꾸 거짓말하(다가는/다간/단) 엄마한테 혼난다.
  계속 이렇게 무리하(다가는/다간/단) 병이 날 것 같아요.

3 기타 용법

① 번갈아 일어남

'-다가 -다가 하다'의 꼴로 쓰여 둘 이상의 행위 또는 상태가 번갈아 일어남을 나타낸다.

- 신혜는 영화를 보면서 울다가 웃다가 했다.

- 날씨가 춥다가 따뜻하다가 해서 감기에 걸리기 십상이에요.
- 길이 막혀서 차가 가다가 서다가 하네요.

② 행위의 지속

'-다가 -다가'의 꼴로 쓰여 행위가 계속되는 것을 강조하여 나타낸다.

- 내가 정말 참다가 참다가 이야기하는 거야.
- 철수에게 포기하지 말라고 설득을 하다가 하다가 포기했다.

③ 어떤 행위나 상태가 극에 달해 그것을 더 이상 유지할 수 없음.

'-다가 못하여'의 꼴로 쓰여 어떤 행위나 상태가 극에 달해 그것을 더 이상 유지할 수 없음을 나타낸다.

- 배가 너무 아파서 참다가 못하여 119에 전화를 했다.
- 수지는 얼굴이 희다가 못해 창백하다.

④ 의도치 않게

'-다가 보니까', '-다가 보면'의 꼴로 쓰여 앞의 행동을 하는 과정에서 의도하지 않았지만 뒤의 사실을 새로 깨닫게 되거나, 뒤의 상태로 됨을 나타낸다.

- 자꾸 하다가 보니까 요령이 생겼다.
- 그 친구의 이야기를 듣다 보면 가끔 기분이 나빠져요.

-다시피

연결어미

형태 정보

- 용언의 어간에 '-다시피'를 붙인다.

1 '-는 바와 같이'

'알다, 듣다, 보다, 이야기하다, 말하다' 등의 동사와 함께 쓰여 '-는 바와 같이'의 뜻을 나타낸다.

- 누구나 **알다시피** 하와이는 세계적인 관광지이다.
- 잘 **아시다시피** 김치는 한국의 대표적인 음식 중 하나입니다.
- 자료에서 **보시다시피** 올해 지원자가 작년에 비해 크게 증가했습니다.

- 가 : 여러분, 아까도 말했다시피 보고서는 내일까지 꼭 제출하세요.
  나 : 네, 선생님.

문법 정보

- **선행 용언 제약** : 주로 '알다, 듣다, 보다, 이야기하다, 말하다' 등의 동사와 결합한다.
  예문 신혜 씨도 알다시피 요즘 제 형편이 좋지 않아요.
- **선어말어미 제약** : 선행 용언과 결합할 때 '-겠-'이 개재되기 어렵다.
  예문 너도 (알다시피/[?]알겠다시피) 내가 요즘 많이 바쁘잖아.

담화 정보

- 발표나 연설 등의 공식적 · 격식적인 상황에서 자주 사용한다.
  예문 제가 앞에서 말씀드렸다시피 올해의 경제 전망은 매우 밝습니다.

관련 표현

- **-듯이**
  (1) '-다시피'와 큰 의미 차이 없이 바꿔 쓸 수 있는 경우가 있다.
  예문 전에도 이야기했(듯이/다시피) 이번 행사를 차질 없이 준비하도록 하십시오.

2 '-는 것과 같이'

**실제로 그러한 것은 아니지만 그것에 가깝게 하는 것을 나타낸다. '-는 것과 같이'
의 뜻이 된다.**

- 어제는 자료를 찾는다고 밤을 새우다시피 했어요.
- 서준이가 스키를 타고 미끄러지다시피 내려오고 있네요.
- 그는 고국에서 쫓겨나다시피 다른 나라로 갔다.
- 너무 피곤한 나머지 쓰러지다시피 침대에 누웠다.
- 가 : 규현아, 오늘 무척 피곤해 보여.
  나 : 발표 준비하느라고 요즘 도서관에서 살다시피 했더니 힘드네.

tip '-다시피 하다'의 꼴로 쓰이는 일이 많다.
- 그 선배는 연구실에서 살다시피 한다.
- 어제는 잠이 안 와서 밤을 새우다시피 했어요.

문법 정보

- **주어 제약** : 선행절과 후행절의 주어가 같아야 하며 후행절의 주어는 보통 생략된다.
  예문 나는 쓰러지다시피 (나는) 침대에 누웠다.

- **선행 용언 제약** : 형용사와 결합하기 어렵다. 동사 중에서도 '살다, 굶다, 키우다, 새우다, 쫓겨나다, 미끄러지다, 날다, 기다' 등의 특정 동사와만 주로 결합한다.
  > [예문] 지수가 다이어트를 한다고 요즘 거의 굶다시피 하던데요?
- **선어말어미 제약** : 과거 시제를 나타내는 '-었-'과 결합하기 어렵다.
  > [예문] 어릴 때 부모님이 바쁘셔서 할머니가 저를 키(우다시피/*웠다시피) 하셨어요.

공기 정보

- 의미를 강조하기 위해 '거의', '매일' 등과 함께 쓴다.
  > [예문] 할머니가 저를 거의 키우다시피 하셨어요.
  > 도서관에서 매일 살다시피 했어요.

관련 표현

- **-듯이**
  (1) '-다시피'와 큰 의미 차이 없이 바꿔 쓸 수 있는 경우가 있다.
  > [예문] 너무 피곤한 나머지 쓰러지(듯이/다시피) 침대에 누웠다.

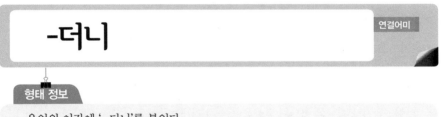

-더니
연결어미

형태 정보

- 용언의 어간에 '-더니'를 붙인다.

1 이유, 원인

듣거나 경험한 사실이 다른 사실의 이유나 원인, 조건이 됨을 나타낸다.

- 어제 오랜만에 등산을 갔다 왔더니 다리가 너무 아파요.
- 너는 어제 그렇게 많이 먹더니 배탈이 났구나.
- 요즘 계속 야근을 했더니 피곤하다.
- 가 : 아침부터 날이 흐리더니 비가 오기 시작하네.
  나 : 얼른 빨래 걷어야겠다.

문법 정보

- **주어 제약** : 1인칭 주어에는 '-었더니'를 쓰고, 2인칭과 3인칭 주어에는 '-더니'를 쓴다.

예문 점심을 굶었더니 기운이 하나도 없어요. → 1인칭 주어는 '-었더니'
밤에 눈이 많이 오더니 길이 미끄럽다. → 3인칭 주어는 '-더니'

- **선어말어미 정보** : 선행 용언과 결합할 때 '-었-'이 개재된 '-었더니'는 1인칭 주어와 함께 쓰고, '-더니'는 2, 3인칭 주어와 함께 쓴다. '-었-'의 유무와 상관없이 '-더니'가 결합한 선행절은 발화 시점 이전의 상황을 나타낸다.
  예문 어제 술을 많이 (마셨더니/*마시더니)마시더니 속이 쓰려요.
  동생이 아이스크림을 여러 개 (먹더니/*먹었더니) 배탈이 났어요.
- **후행절 제약** : 후행절은 주로 평서문, 의문문으로 쓴다. 청유문, 명령문으로 쓰기 어렵다.
  예문 *아침부터 비가 오더니 빨리 빨래를 걷어라.
- **조사 결합 정보** : 의미를 강조하기 위해 '-더니마는', '-더니만'으로 쓰기도 한다.
  예문 어제 밤을 샜(더니/더니마는/더니만) 너무 졸려요.

담화 정보

- 주로 구어에서 사용하는 경향이 있다.
  예문 아침부터 굶었더니 배고파 죽겠어.

2 과거와 다르거나 새로운 사실

알던 사실, 과거의 경험과 다르거나 새로운 사실이 있음을 나타낸다. 후행절에는 주로 과거와 대조적인 사실 또는 상황이 온다.

- 작년 겨울에는 눈이 별로 안 **오더니** 올해는 폭설이 자주 오는군요.
- 전에는 민지가 싫다고 **하더니** 요즘은 친하게 지내는구나.
- 주말에는 백화점에 사람이 **많더니** 오늘은 한산하다.
- 가 : 제주도에 가 **봤더니** 생각보다 볼 게 많더라고요.
  나 : 그래요? 저도 이번 방학에 한번 가 봐야겠네요.

문법 정보

- **주어 제약** : 1인칭 주어에는 '-었더니'를 쓰고, 2인칭과 3인칭 주어에는 '-더니'를 쓴다.
  예문 예전에 자주 가던 식당에 오랜만에 갔더니 맛이 예전만 못했어요.
  → 1인칭 주어는 '-었더니'
  너는 예전에 그 식당에 자주 가더니 요즘은 뜸하네. → 2인칭 주어는 '-더니'
- **선어말어미 정보** : 선행 용언과 결합할 때 '-었-'이 개재된 '-었더니'는 1인칭 주어와 함께 쓰고, '-더니'는 2, 3인칭 주어와 함께 쓴다. '-었-'의 유무와 상관없이 '-더니'가 결합한 선행절은 발화 시점 이전의 상황을 나타낸다.
  예문 고등학교 때 친구를 오랜만에 만났더니 성격이 많이 달라졌더라.

→ 1인칭 주어는 '-었더니'

발표 준비로 한동안 바쁘더니 요즘은 한가한가 봐요? → 2인칭 주어는 '-더니'

아기가 예전에는 밥을 잘 안 먹더니 요즘은 입맛이 좋은지 밥을 잘 먹어요.
→ 3인칭 주어는 '-더니'

- **조사 결합 정보** : 의미를 강조하기 위해 '-더니마는', '-더니만'으로 쓰기도 한다.

  예문 작년 겨울에는 눈이 별로 안 오(더니/더니마는/더니만) 올해는 폭설이 자주 내린다.

담화 정보

- 주로 구어에서 사용하는 경향이 있다.

  예문 어제는 그렇게 기분이 안 좋더니 오늘은 하루 종일 웃네?

관련 표현

- **-으니까**

  (1) '-었더니'와 큰 의미 차이 없이 바꿔 쓸 수 있다.

  예문 어제 제가 학교에 가 (보니까/봤더니) 공사중이더라고요.

3 이어지는 상황 또는 사실

어떤 사실이나 상황 뒤에 또 다른 사실, 상황이 이어짐을 나타낸다.

- 어둠 속에서 한 남자가 **나타나더니** 순식간에 사라졌다.
- 남편이 집에 **오더니** 씻지도 않고 잠을 자고 있다.
- 아기가 심하게 **보채더니** 열이 나기 시작해요.
- 가 : 버스에서 어떤 여자가 나를 밀치고 새치기를 **하더니** 재빨리 빈자리에 앉았어.
  나 : 그랬어? 기분이 안 좋았겠다.

문법 정보

- **주어 제약** : 경험하거나 관찰한 사실을 말하는 것이므로 주로 2, 3인칭 주어와 함께 쓴다. 선행절과 후행절의 주어가 같거나 화제가 같아야 한다.

  예문 *친구가 책을 빌려가더니 내가 오늘 받았다.

- **선어말어미 정보** : 의미상 과거의 상황을 나타내지만 '-었-'과 결합하지 않는다.

  예문 점심시간에 철수가 전화를 (받더니/*받았더니) 밥을 먹다 말고 나갔다.

- **후행절 제약** : 후행절은 주로 평서문, 의문문으로 쓴다. 청유문, 명령문으로 쓰기 어렵다.

  예문 *아기가 아프더니 병원에 가라.

- **조사 결합 정보** : 의미를 강조하기 위해 '-더니마는', '-더니만'으로 쓰기도 한다.

  예문 아기가 심하게 보채(더니/더니마는/더니만) 열이 나기 시작해요.

4 관련된 상황이 더해짐

어떤 사실, 상황에 더하여 그와 관련된 또 다른 사실이 있음을 나타낸다.

- 오래간만이야. 어렸을 때도 눈이 크더니 여전하네.
- 신혜는 어렸을 때도 예쁘더니 지금은 정말 미인이 되었네.
- 아들이 사춘기가 되어서 반항을 하더니 가출까지 했다.
- 가 : 너는 아침도 조금 먹더니 점심은 굶는 거야?
  나 : 어젯밤에 야식을 먹어서 속이 더부룩해.

문법 정보

- **주어 제약** : 경험하거나 관찰한 사실을 말하는 것이므로 주로 2, 3인칭 주어와 함께 쓴다.
  (예문) *나는 얼굴도 예쁘더니 마음씨까지 곱다.

- **선어말어미 정보** : 의미상 과거의 상황을 나타내지만 '-었-'과 결합하지 않는다.
  (예문) 아까 철수가 동생과 말싸움을 (하더니/*했더니) 때리기까지 했다.

- **후행절 제약** : 후행절은 주로 평서문, 의문문으로 쓴다. 청유문, 명령문으로 쓰기 어렵다.
  (예문) *동생과 말싸움을 하더니 때리기까지 해라.

- **조사 결합 정보** : 의미를 강조하기 위해 '-더니마는', '-더니만'으로 쓰기도 한다.
  (예문) 신혜는 어렸을 때도 예쁘(더니/더니마는/더니만) 커서는 정말 미인이 되었네.

담화 정보

- 주로 구어에서 사용하는 경향이 있다.
  (예문) 어제는 지각을 하더니 오늘은 아예 안 왔나 보네.

5 기타 용법

① 인용

'-는다고 하더니'의 꼴로 쓰여 속담 등을 인용하면서 그와 관련된 사실, 상황을 제시할 때 쓴다.

(예문) 호랑이도 제 말하면 온다고 하더니, 현정 씨가 갑자기 나타나서 얼마나 놀랐는지 몰라요.
제 눈의 안경이라고 하더니, 그 말이 딱 맞네요.

-더라도

형태 정보

- 용언의 어간에 '-더라도'를 붙인다.

1 기대에 어긋남

앞의 내용을 가정하거나 인정하지만 뒤의 내용에는 관계가 없거나 영향을 끼치지 않음을 나타낸다.

- 이번에 떨어지더라도 다음에 다시 도전할 거예요.
- 내일 날씨가 춥더라도 꼭 등산하러 가자.
- 그가 무슨 말을 하더라도 사람들은 믿지 않았다.
- 가 : 화가 많이 났더라도 조금만 참지 그랬어.
  나 : 도저히 참을 수가 없었어. 어떻게 나한테 그런 말을 할 수 있어?

문법 정보

- **선어말어미 제약** : 선행 용언과 결합할 때 '-겠-'이 개재되기 어렵다.
  예문 *비가 오겠더라도 등산을 가자.

공기 정보

- '아무리', '설사' 등과 함께 쓰이는 일이 많다.
  예문 아무리 비싸더라도 저 옷은 꼭 사고 싶어!
  설사 너의 말이 맞더라도 바뀌는 것은 없어.

담화 정보

- 구어에서는 '-더라두'로 발음하기도 한다.
  예문 조금 늦더라두 꼭 갈게요.

관련 표현

- **-어도**
  (1) '-더라도'와 큰 의미 차이 없이 바꿔 쓸 수 있다. 단, '-더라도'가 더 강조하는 느낌이 있다.
  예문 아무리 (바빠도/바쁘더라도) 끼니는 거르지 마세요.

- **–을지라도**
  (1) –을지라도'는 현실과 다르거나 일어날 가능성이 희박한 상황을 가정할 때 많이 사용된다.

  예문 미국으로 유학을 (?갈지라도/가더라도) 자주 연락할게.
  죽음이 우리를 갈라놓을지라도 너를 향한 나의 마음은 변함이 없을 것이다.
  내일 지구가 망할지라도 나는 오늘 사과나무를 심겠다.

  (2) '–을지라도'는 주로 문어에서 사용하는 경향이 있다.

-던데

연결어미

형태 정보

- 용언의 어간에 '–던데'를 붙인다.

1 상황 또는 배경 제시

화자가 경험하여 알고 있는 사실이 뒤에 이어지는 내용의 배경이나 상황이 됨을 나타낸다.

- 그 사람 괜찮아 **보이던데** 한번 만나 보세요.
- 아까 손님이 **오셨던데** 만나셨어요?
- 근처에 분위기 좋은 커피숍이 **생겼던데** 같이 가 봐요.
- 가 : 김 대리 얼굴이 안 좋아 **보이던데** 무슨 일 있어요?
  나 : 이번 프로젝트 때문에 부장님께 크게 혼났나 봐요.

tip 인용 표현과 결합하여 '–는다던데, –냐던데, –자던데, –으라던데, **명**이라던데'의 형태로 쓰이기도 한다.
  - 연정이가 다음 달에 유학을 간다던데 그 전에 한번 모이자.

문법 정보

- **주어 제약** : 주로 2인칭이나 3인칭 주어와 함께 쓴다. 단, 새롭게 발견한 자신의 모습이나 감정에 대해서 말할 때에는 1인칭 주어와 함께 쓸 수 있다.
  예문 (김 대리가/*제가) 오늘 바쁘던데 조금이라도 쉬면서 일해야지요.
  (꿈에서 보니) 내가 하늘을 날던데 오늘 좋은 일이 있으려나?

- **후행절 정보** : 후행절은 주로 의문문, 청유문, 명령문으로 쓴다.

담화 정보

- 주로 구어에서 사용한다.
  > **예문** 그 부부가 이혼했다고 하던데 진짜예요?

- (도치나 생략을 통해 종결어미처럼 쓰여) 상황 또는 배경을 제시할 때 사용한다.
  > **예문** 그 사람 괜찮아 보이던데.(= 그 사람 괜찮아 보이던데 한번 만나 보세요.)
  > 한번 만나 보세요. 그 사람 괜찮아 보이던데.

관련 표현

- **―는데**

  (1) '―던데'가 쓰인 선행절은 화자가 직접 경험한 내용이 된다.
  > **예문** 채린아, 내일 시험도 있(는데/*던데) 도서관에 가서 같이 공부할래?

  (2) '―던데'는 1인칭 주어를 쓰면 어색한 경우가 많지만, '―는데'는 그러한 제약이 없다.
  > **예문** 오늘은 좀 피곤(한데/*하던데) 내일 이야기하자.

2 대립되는 사실

화자가 과거에 직접 경험한 사실이나 상황과 대립적인 내용이 뒤에 이어짐을 나타낸다.

- 과일이 백화점에서는 **비싸던데** 시장에서는 훨씬 쌌어요.
- 모두가 그 사실을 **알던데** 지수만 모르더라고요.
- 다들 유민이를 **좋아하던데** 나는 왠지 유민이가 싫다.
- 가 : 오늘 김 대리가 일찍 **퇴근했던데** 무슨 일 있어요?
  나 : 감기에 걸려서 몸이 안 좋대요.

문법 정보

- **주어 제약** : 주로 2인칭이나 3인칭 주어와 함께 쓴다. 단, 새롭게 발견한 자신의 모습이나 감정에 대해서 말할 때에는 1인칭 주어와 함께 쓸 수 있다.
  > **예문** (모두들/*나는) 그 사실을 알던데 지수만 모르더라고요.
  > 꿈에서 보니 내가 하늘을 날던데 현실에서는 전혀 그렇지 않지.

담화 정보

- 주로 구어에서 사용하는 경향이 있다.
  > **예문** 매일 도서관에서 열심히 공부하던데 또 시험에 떨어졌대요.

- (도치나 생략을 통해 종결어미처럼 쓰여) 대립되는 내용이 뒤에 이어짐을 나타낸다.
  > **예문** 모두가 알던데.(= 모두가 알던데 지수만 모르더라고요.)
  > 지수만 모르더라고요. 모두가 알던데.

관련 표현

- **−는데**
  (1) 대립적인 사실을 나타내는 '−던데'가 쓰인 선행절은 화자가 직접 경험한 내용이 된다.
  > **예문** 아버지의 직업은 요리사(인데/*이던데) 집에서는 전혀 요리를 하지 않으신다.

  (2) '−던데'는 1인칭 주어를 쓰면 어색한 경우가 많지만, '−는데'는 그러한 제약이 없다.
  > **예문** 평일이라 백화점이 한가할 줄 알았(는데/*던데) 사람이 많네.

종결어미 '−던데'

① 근거 말하기

> 과거에 새롭게 깨닫게 된 것이나 새롭게 든 생각을 근거로 하여 말할 때 사용한다.

- 가 : 이번 어머니 생신을 어디에서 하는 게 좋을까요?
  나 : 여기 새로 생긴 레스토랑 어때요? 거기 괜찮던데요.

- 가 : 민수는 어떤 사람이야? 좀 재미없는 사람이라면서?
  나 : 어? 그렇지 않아. 지난번에 만났을 때 말도 잘하고 재미있던데.

- 가 : 오늘 날씨도 좋은데 수지 씨한테 어디 놀러 가자고 할까요?
  나 : 글쎄요. 다음에 연락하는 게 어때요? 요즘 수지 씨가 시험 기간이라 바쁘던데요.

−던지

연결어미

형태 정보

- 용언의 어간에 '−던지'를 붙인다.

1 근거나 원인이 되는 과거의 사실

> 과거에 경험한 사실을 회상하면서 그것이 뒤에 이어지는 내용의 근거나 원인이 됨
> 을 나타낸다.

- 어찌나 **창피하던지** 고개를 들 수가 없었다.
- 연설이 어찌나 **지루하던지** 하품이 계속 나왔어요.
- 영화가 얼마나 재미있고 **감동적이던지** 열 번도 넘게 봤어요.
- 아무래도 안 **되겠던지** 그가 직접 찾아왔다.
- 가 : 현정 씨, 목소리가 왜 그래요?
  나 : 좋아하는 가수의 콘서트에서 얼마나 소리를 **질렀던지** 목소리가 쉬어 버렸어요.

문법 정보

- **후행절 제약** : 후행절은 주로 평서문으로 쓴다. 의문문, 청유문, 명령문으로 쓰기 어렵다.
  > **예문** *어찌나 창피하던지 고개를 들 수 없었어요?
  > *영화가 얼마나 감동적이던지 또 봅시다.

공기 정보

- '어찌나, 얼마나' 등과 함께 쓰여 과거에 경험한 상황이나 사실이 대단하거나 정도가 심했음을 강조한다.
  > **예문** 얼마나 화가 나던지 참을 수가 없었다.

담화 정보

- ('-던지' 뒤의 내용을 생략하고 종결어미처럼 쓰여) 감탄하여 말할 때 쓴다.
  > **예문** 어찌나 아름답던지!
  > 얼마나 춥던지!

-도록

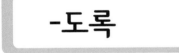

연결어미

형태 정보

- 용언의 어간에 '-도록'을 붙인다.

1 목적

앞의 내용이 뒤에 이어지는 내용의 목적이 됨을 나타낸다.

- 소화가 잘 **되도록** 부드러운 음식을 드십시오.
- 다음에는 시험을 더 잘 **보도록** 열심히 할게요.

- 아이가 먹을 수 **있도록** 음식을 작게 잘랐다.
- 가 : 서준아, 밖이 추우니까 감기에 걸리지 **않도록** 따뜻하게 입으렴.
  나 : 네, 엄마.

문법 정보

- **선행 용언 제약** : 주로 동사와 결합한다.
  예문 *나는 예쁘도록 화장을 했다.

- **선어말어미 제약** : 선행 용언과 결합할 때 '-었-', '-겠-'이 개재되기 어렵다.
  예문 *아이가 먹을 수 있었도록 음식을 작게 잘랐다.
  　　　*서준아, 밖이 추우니까 감기에 걸리지 않겠도록 따뜻하게 입으렴.

관련 표현

- **-게**
  (1) '-도록'과 큰 의미 차이 없이 바꿔 쓸 수 있다.
  예문 아이가 깨지 않(게/도록) 조용히 해 줘요.

2 시간의 한계

시간의 한계를 나타낸다. '그 시간에 이를 때까지'의 뜻을 나타낸다.

- 1년이 **넘도록** 그 친구에게서 연락이 없네요.
- 오랜만에 만난 우리는 밤이 **새도록** 이야기를 했어요.
- 날이 **어두워지도록** 아이가 집에 돌아오지 않았다.
- 가 : 이 시간이 **되도록** 집에 안 오고 어디에 있었니?
  나 : 친구네 집에 놀러 갔었어요. 죄송해요.

문법 정보

- **선행 용언 제약** : 주로 동사와 결합한다. 특히 '날이 밝다, 날이 어두워지다, 해가 지다, 날이 새다, 넘다, 지나다, 되다' 등과 같이 시간을 표현하는 표현과 주로 결합한다.
  예문 날이 (어두워지도록/*어둡도록) 남편이 오지 않았다.

- **선어말어미 제약** : 선행 용언과 결합할 때 '-시-', '-었-', '-겠-'이 개재되기 어렵다.
  예문 *1년이 (넘도록/*넘었도록) 그에게서 연락이 없다.

- **부정형 정보** : 선행절에 부정을 나타내는 '안', '못'을 쓰면 어색한 경우가 많다.
  예문 *5년이 (안/못) 넘도록 시험에 합격하지 못 했다.

관련 표현

- **–게**
  (1) '시간의 한계'를 나타내는 '–도록'은 '–게'로 바꿔 쓸 수 없다.
  예문 의견이 좁혀지지 않아 밤이 새(*게/도록) 토론을 계속했습니다.

- **–을 때까지**
  (1) 대부분의 경우 '–도록'과 큰 의미 차이 없이 바꿔 쓸 수 있다.
  예문 우리는 잠도 자지 않고 해가 (뜰 때까지/뜨도록) 그간의 이야기를 했다.

종결어미 '–도록'

① 명령

상대방에게 명령의 뜻을 나타낼 때 사용한다.

- 수업 시간에 늦지 않도록.
- 열두 시까지 모이도록.
- 숙제를 기한 내에 제출하도록.

–든지

연결어미

형태 정보

- 용언의 어간에 '–든지'를 붙인다.
  준말 –든

1 선택

앞이나 뒤의 내용 중 하나를 선택함을 나타낸다.

- 도착하면 전화를 하든지 문자 메시지를 보내 주세요.
- 여름 방학에 영어를 배우든지 중국어를 배우려고 한다.
- 주말에 같이 밥을 먹든지 영화를 보든지 하자.
- 가 : 유학 가면 휴대폰은 어떻게 할 거야?
  나 : 글쎄, 새로 사든지 아니면 그냥 지금 거 쓸까 해.

문법 정보

- **주어 제약** : 선행절과 후행절의 주어가 같아야 하며 후행절의 주어는 보통 생략된다.

예문 나는 여름 방학에 영어를 배우든지 (*너는) 중국어를 배우려고 한다.

- **선어말어미 제약** : 선행 용언과 결합할 때 '–었–', '–겠–'이 개재되기 어렵다. 단, 이미 끝났거나 일어났을 것이라고 생각되는 일에 대해서는 '–었–'을 함께 쓸 수 있다.
  예문 어렸을 때는 동생과 자주 (다투든지/*다투었든지) 싸웠어요.
  　　　 내일은 친구하고 영화를 (보든지/*보겠든지) 쇼핑을 할 거예요.
  　　　 친구와 며칠째 연락이 되질 않아요. 아마 여행을 갔든지 출장을 갔나 봐요.

tip '–든지' 또는 '–든지 –든지' 뒤에 '하다'가 쓰일 수 있다.
  - 얼굴이 안 좋아 보이는데 약을 먹든지 하세요.
  - 얼굴이 안 좋아 보이는데 약을 먹든지 병원에 가든지 하세요.

관련 표현

- **–든가**
  (1) '–든지'와 큰 의미 차이 없이 바꿔 쓸 수 있다.
  예문 가 : 졸업하면 뭐 할 거야?
  　　　 나 : 취업을 하(든가/든지) 유학을 가려고 해.

- **–거나**
  (1) '–든지'와 큰 의미 차이 없이 바꿔 쓸 수 있다.
  예문 우리 날씨도 좋은데 드라이브를 하(거나/든지) 산책하러 가자.

2 상관없음

여러 가지 중에서 어떠한 경우도 상관이 없음을 나타낸다.

- 수박이 너무 먹고 싶으니까 싸든지 비싸든지 꼭 사다 줘.
- 내 동생은 어디에 가든지 늘 말썽을 부린다.
- 너는 먹든지 말든지 마음대로 해.
- 아빠는 내가 시험을 잘 봤든지 못 봤든지 상관없이 항상 격려해 주신다.
- 가 : 현정 씨, 제가 회사를 그만두게 되었어요.
  나 : 앞으로 무슨 일을 하시든지 잘되시길 바랄게요.

tip '–든지 –든지', '무엇/어디/누구/언제/어떻게 ~ –든지', '–든지 말든지'의 구성으로 쓴다.

tip '–든지' 뒤에 '간에'나 '상관없이'가 쓰여 어느 경우도 상관이 없음을 더욱 분명히 나타낼 수 있다.
  - 부모님은 내가 어디에서 무엇을 하든지 간에 나를 믿고 지지해 주신다.
  - 서준이는 무슨 일을 하든지 상관없이 열심히 해요.

- **–든가**

  (1) '–든지'와 큰 의미 차이 없이 바꿔 쓸 수 있다.

  예문 내 동생은 어디에 가(든가/든지) 늘 말썽을 부린다.

- **–거나**

  (1) '–든지'와 큰 의미 차이 없이 바꿔 쓸 수 있다.

  예문 서준이는 옆에 사람이 있(거나/든지) 말(거나/든지) 큰 소리로 이야기한다.

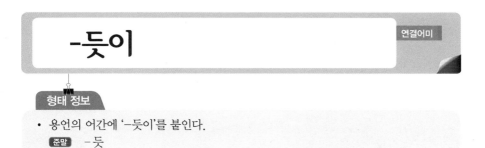

–듯이

연결어미

형태 정보

- 용언의 어간에 '–듯이'를 붙인다.

  준말 –듯

1 앞의 내용처럼 뒤의 내용도 그러함

앞의 내용처럼 뒤의 내용도 그러함을 나타낸다.

- 사람마다 생김새가 다르듯이 성격도 각기 달라요.
- 독일의 대표적인 술이 맥주이듯이 프랑스의 대표적인 술은 와인이에요.
- 신혜는 지금까지 그래 왔듯이 맡은 일을 묵묵히 해내었다.
- 가 : 선생님, 보고서를 언제까지 내야 하나요?

  나 : 전에도 말했듯이 다음 주 일요일까지 제출하도록 하세요.

문법 정보

- **선어말어미 제약** : 선행 용언과 결합할 때 '–겠–'이 개재되기 어렵다.

  예문 *내일 날씨가 좋겠듯이 모레도 날씨가 좋겠다.

관련 표현

- **–는 듯이**

  (1) '–듯이'가 앞 내용과 유사함을 나타내는 반면에, '–는/은/을 듯이'는 어떤 상황이 앞 상황과 유사하다고 추측함을 나타낸다.

예문 채린이는 이해하지 못하는 듯이 어리둥절한 표정을 짓고 있다.
연정이는 만족스러운 듯이 미소를 띠고 있었다.
그는 다시는 돌아오지 않을 듯이 모두에게 작별 인사를 했다.

2 기타 용법

① 비교하며 강조

비슷한 사실을 비교하면서 강조하여 말할 때 쓴다.

* 비 오듯이 땀이 나다.
* 뛸 듯이 기쁘다.
* 날아갈 듯이 가볍다.
* 물 쓰듯이 돈을 쓰다.
* 불 보듯이 뻔하다.
* 가뭄에 콩 나듯이 귀하다.

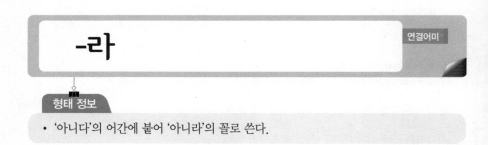

-라
연결어미

형태 정보

* '아니다'의 어간에 붙어 '아니라'의 꼴로 쓴다.

1 대립되는 사실

앞의 내용을 부정하며 대조적으로 뒤의 내용을 강조함을 나타낸다.

* 마이클 씨는 미국 사람이 **아니라** 캐나다 사람이에요.
* 서점은 1층이 **아니라** 3층에 있습니다.
* 중요한 것은 결과가 **아니라** 과정이다.
* 제가 케이크를 먹은 게 **아니라** 서준이가 먹었어요.
* 가 : 오늘이 목요일이 **아니라** 금요일이야?
  나 : 응. 오늘 외솔관에서 모임을 하는 날이잖아.

문법 정보

* **주어 제약** : 선행절과 후행절의 주어가 같아야 하며 후행절의 주어는 보통 생략된다.

예문 마이클 씨는 미국 사람이 아니라 (*제임스 씨는) 캐나다 사람이에요.

- **선행 용언 제약** : '아니다'와 결합한다.
- **선어말어미 제약** : 선행 용언과 결합할 때 '-었-', '-겠-'이 개재되기 어렵다.

관련 표현

- **-고**
  (1) '-라'와 큰 의미 차이 없이 바꿔 쓸 수 있다. 단, '-라'가 앞의 내용을 더욱 강하게 부정하고 뒤의 내용이 맞는 사실임을 강조하는 느낌이 있다.
  예문 회의는 10시가 아니(고/라) 10시 반에 시작합니다.

2 기타 용법

① '-을 뿐만 아니라'

'-을 뿐만 아니라'의 구성으로 쓰여 앞의 내용에 더해 뒤의 내용까지 작용함을 나타낸다.

- 장미꽃은 아름다울 뿐만 아니라 향기까지 좋다.
- 민우 씨는 성실할 뿐만 아니라 예의도 바릅니다.
- 흡연은 본인의 건강에 해로울 뿐만 아니라 주변 사람의 건강도 해친다.

-아/어다가

연결어미

형태 정보

	형태
ㅏ, ㅗ	-아다가
ㅏ, ㅗ 외	-어다가
하다	-여다가(하여다가/해다가)

준말 -아/어다

1 행위의 결과물로 다음 행위를 함

어떤 행위를 한 뒤에 그 결과물을 가지고 다음 행위를 함을 나타낸다.

- 싱싱한 채소와 고기를 **사다가** 요리를 하려고 해요.
- 어머니는 동생을 **불러다가** 심부름을 시키셨다.
- 그 회사는 외국에서 물건을 **수입해다가** 한국에서 판매하고 있다.
- 가 : 조개껍데기를 **주워다가** 뭐 할 거야?
  나 : 실로 꿰서 목걸이를 만들 거야.

문법 정보

- **주어 제약** : 선행절과 후행절의 주어가 같아야 하며 후행절의 주어는 보통 생략된다.
  > 예문 현정이는 물을 떠다가 (*신혜는) 화분에 주었다.

- **목적어 정보** : 선행절과 후행절의 목적어가 같아야 하며 후행절의 목적어는 보통 생략된다. 선행절과 후행절의 행위의 장소가 달라야 하므로 이동할 수 있는 대상이 목적어로 온다.
  > 예문 현정이는 물을 떠다가 (물을) 화분에 주었다.
  > 꽃을 따다가 (꽃을) 화병에 꽂았다.

- **선행 용언 제약** : 주로 동사와 결합한다. 특히 '사다, 빌리다, 집다, 부르다, 데리다, 모시다, 얻다' 등과 같이 행위를 한 뒤 그 결과물을 가지고 장소를 이동하여 다음 행위를 이어갈 수 있는 동사를 쓴다.
  > 예문 현정이는 물을 (떠다가/*마셔다가) 쏟아 버렸다.

- **선어말어미 제약** : 선행 용언과 결합할 때 '-겠-'이 개재되기 어렵다. '-었-'이 개재되면 다른 의미가 된다.
  > 예문 *싱싱한 고기를 사겠다가 요리를 할 거예요.
  > 장을 봤다가 요리를 했다. → '장을 보다'와 '요리를 하다'가 별개의 행위로 해석됨.

-아/어도

연결어미

형태 정보

	형태
ㅏ, ㅗ	-아도
ㅏ, ㅗ 외	-어도
하다	-여도(하여도/해도)

- **-라도** : 주로 구어에서 선행어가 '이다', '아니다'인 경우에는 '-라도'를 붙이기도 한다.
  > 예문 아이라도 알 건 다 알아요.
  > 주스가 아니라도 괜찮아.

1 기대에 어긋남

앞의 내용을 가정하거나 인정하지만 뒤의 내용에는 관계가 없거나 영향을 끼치지 않음을 나타낸다.

- 하연이는 많이 먹어도 살이 찌지 않아요.
- 우리 아무리 힘들어도 포기하지 말자.
- 아무리 화가 났어도 그런 말을 하면 어떻게 해?
- 가 : 열심히 공부해도 성적이 오르지 않아서 고민이야.
  나 : 열심히 준비했으니까 다음번에는 분명히 좋은 성적을 거둘 거야.

문법 정보

- **선어말어미 제약** : 선행 용언과 결합할 때 '-겠-'이 개재되기 어렵다.
  예문 아무리 힘들었어도 그렇게 극단적인 선택을 하면 안 되는 거였어.
  *아무리 힘들겠어도 해낼 것이다.

공기 정보

- 의미를 강조하기 위해 '아무리', '설사' 등과 함께 쓰이는 일이 많다.
  예문 아무리 비싸도 저 옷은 꼭 사고 싶어!
  설사 너의 말이 맞는다고 해도 바뀌는 것은 없어.

담화 정보

- 구어에서는 '-어두'로 발음하기도 한다.
  예문 일 때문에 바빠두 끼니는 거르지 마.

관련 표현

- **-더라도**
  (1) 대부분의 경우에 '-어도'와 큰 의미 차이 없이 바꿔 쓸 수 있다. 단, '-더라도'가 '-어도'에 비해 현실이 아닌 상황을 가정하는 느낌이 강하다.
  예문 아무리 (바쁘더라도/바빠도) 끼니는 거르지 마세요.
  내가 실수를 했(더라도/어도) 아무도 몰랐을 걸.

- **-을지라도**
  (1) '-을지라도'는 현실과 다르거나 일어날 가능성이 희박한 상황을 가정할 때 많이 사용된다.
  예문 많이 (?바쁠지라도/바빠도) 운동은 매일 하고 있어요.
  죽음이 우리 사이를 갈라놓을지라도 사랑하는 마음은 변함이 없을 거예요.

내일 지구가 망할지라도 나는 오늘 사과나무를 심겠다.

(2) '-을지라도'는 주로 문어에서 사용하는 경향이 있다.

- **-음에도 (불구하고)**

  (1) '-음에도 (불구하고)'는 앞의 내용에 상관없이 뒤의 내용이 있음을 나타낸다.

  예문 그 백화점은 평일임에도 사람이 많았다.

  여러 번 충고했음에도 불구하고 그는 또 같은 잘못을 저질렀다.

  (2) '-음에도 (불구하고)'는 주로 평서문, 의문문으로 쓰고 청유문, 명령문으로 쓰기 어렵다. 그러나 '-어도'에는 그러한 제약이 없다.

  예문 몸이 안 좋음에도 불구하고 최선을 다 ([?]하자/^{??}해라).

  (3) '어도'가 구어와 문어에 두루 쓰이는 데 비해, '-음에도 (불구하고)'는 주로 문어에서 사용하는 경향이 있다.

  예문 경제를 살리기 위해 정부가 갖은 노력을 했음에도 불구하고 불황이 지속되고 있다.

- **-어 봤자**

  (1) 상대방의 행동이나 시도가 기대하는 결과를 가져오지 못할 것이라는 화자의 부정적인 인식이 드러나거나, 어떤 사실을 가정해도 그 정도가 대단하지 않음을 나타내는 경우, '-어도'와 바꿔 쓸 수 있는 경우가 있다.

  예문 우리가 지수에게 아무리 이야기를 (해 봤자/해도) 지수는 우리의 말을 안 믿을 거예요. → 행동이나 시도가 소용없음.

  예문 아저씨는 (길어 봤자/길어도) 6개월 정도밖에 못 사신다고 해요.
  → 정도가 기대에 미치지 못하거나 대단하지 않음.

  예문 (*실패해 봤자/실패해도) 포기하지 마.

  (2) '-어도'가 구어와 문어에 두루 쓰이는 데 비해, '-어 봤자'는 주로 구어에서 사용한다.

  예문 이렇게 싸워 봤자 무슨 소용이 있어요.

  네가 아무리 노력해 봤자 그 사람을 이길 순 없어.

2 허락, 허용

'-어도 되다/좋다/괜찮다/상관없다'의 꼴로 쓰여, 허락이나 허용의 의미를 나타낸다.

- 네 지우개 좀 써도 될까?
- 이제 나가 봐도 좋아.
- 아직 시간이 있으니까 천천히 준비해도 괜찮아요.
- 가 : 이번 주말에는 회사에 나가 봐야 할 것 같아요. 혹시 약속을 다음 주로 미뤄도 될까요?

  나 : 네. 바쁘면 다음에 만나도 상관없어요.

문법 정보

- **주어 제약** : 선행절과 후행절의 주어가 같아야 하며 후행절의 주어는 보통 생략된다.
  <예문> 저는 다음에 만나도 (저는) 상관없어요.

- **선어말어미 제약** : 미래 시제를 나타내는 '-겠-'과 결합하기 어렵다.
  <예문> *이따가 전화하겠어도 될까요?

- **후행 요소 정보** : '-어도' 뒤에는 주로 '되다', '좋다', '괜찮다', '상관없다' 등이 온다. 명령문, 청유문으로 쓰기 어렵다.
  <예문> 이 옷 입어 봐도 (돼요./돼요?/*되십시오./*됩시다.)

관련 표현

- **-으면 되다**
  (1) '-으면 되다'는 어떤 기준이나 결과를 충족시키는 조건을 말한다. 이에 비해 '-어도 되다'는 단지 그 행위나 상태가 상대에게 허용되거나 허락되는 것만을 나타낸다.
  <예문> 이곳에 주차하면 돼요?
  이곳에 주차해도 돼요?
  내일 몇 시까지 오면 돼요?
  내일 평소보다 조금 늦게 와도 돼요?

  (2) '금지'를 나타낼 때는 '-으면 안 되다'를 사용한다.
  <예문> 이곳에 주차해도 돼요. (허락, 허용) ↔ 이곳에 주차하면 안 돼요. (금지)
  내일은 늦게 와도 돼요. (허락, 허용) ↔ 내일은 늦게 오면 안 돼요. (금지)

3 근거

앞선 행위나 상태를 근거로 들어 말함을 나타낸다.

- 그 말만 **들어도** 철수가 잘못했네.
- 그 두 사람은 표정만 **봐도** 서로가 무슨 생각을 하는지 알 수 있어요.
- 말을 더듬는 것만 **봐도** 그가 거짓말을 하고 있는 게 분명하다.
- 가 : 서준이가 기분이 안 좋아 보이던데.
  나 : 눈빛만 **봐도** 딱 화가 난 것 같더라고.

문법 정보

- **선어말어미 제약** : 선행 용언과 결합할 때 '-었-', '-겠-'이 개재되기 어렵다.
  <예문> *그 말만 들었어도 철수가 잘못했네.

- **부정형 정보** : 선행절에 부정을 나타내는 '안', '못'을 쓰면 어색한 경우가 많다.

예문 *나는 그 사람 표정만 (안/못) 봐도 무슨 생각을 하는지 알 수 있어.

- **후행절 제약** : 후행절은 평서문, 의문문으로 쓴다. 청유문, 명령문으로 쓸 수 없다.
  예문 *그 사람 표정만 봐도 무슨 생각을 하는지 (알아맞히자/알아맞혀라).

4 강조

'-어도 -어도'의 구성으로 쓰여 강조를 나타낸다.

- 정말 해도 해도 너무 한다.
- 음식이 너무 많아서 먹어도 먹어도 끝이 없어요.
- 가도 가도 끝없는 바다.
- 가 : 채린이는 성격이 어때요?
  나 : 착해도 착해도 그렇게 착할 수가 없어요.

문법 정보

- **선행 용언 정보** : 동일한 동사나 형용사를 반복하여 쓴다.
  예문 이번 겨울은 추워도 추워도 너무 추워요.

- **선어말어미 제약 : 선행 용언과 결합할 때 '-었-', '-겠-'이 개재되기 어렵다.**
  예문 *지난여름은 더웠어도 더웠어도 너무 더웠다.
  　　　*일이 너무 많아서 하겠어도 하겠어도 끝이 날 것 같지 않다.

- **후행절 제약** : 후행절은 주로 평서문, 의문문으로 쓴다. 청유문, 명령문으로 쓸 수 없다.
  예문 *먹어도 먹어도 더 많이 (먹자/먹어라).

-아/어서

연결어미

형태 정보

	형태
ㅏ, ㅗ	-아서
ㅏ, ㅗ 외	-어서
하다	-여서(하여서/해서)

- **-라서** : 선행어가 '이다', '아니다'인 경우에는 '-라서'를 붙이기도 한다.
  예문 아침이라서 차가 많네요.
  　　　회사원이 아니라서 자유 시간이 많아요.

앞의 내용이 뒷내용의 원인이나 이유임을 나타낸다.

- 눈이 많이 와서 길이 미끄럽네요.
- 차가 막혀서 약속 시간에 늦었어요.
- 최근에 경기가 좋아서 부동산 가격이 오르고 있다.
- 내일 아침에 회의가 있어서 오늘은 집에 일찍 들어가야 한다.
- 가 : 현정아, 졸업을 축하한다.
  나 : 선생님, 그동안 많이 도와주셔서 감사합니다.

문법 정보

- **선어말어미 제약** : 선행 용언과 결합할 때 '-었-', '-겠-'이 개재되기 어렵다.
  예문 *그동안 많은 도움을 주셨어서 고마웠습니다.
  *내일 아침에 회의가 있겠어서 오늘은 집에 일찍 들어가야 해요.

- **후행절 제약** : 후행절은 주로 평서문, 의문문으로 쓴다. 청유문, 명령문으로 쓰기 어렵다.
  예문 날씨가 더워서 창문을 열(었다/었니?/*자./*어라.)

담화 정보

- 구어에서는 '-어 가지고/가지구'의 꼴로 쓰기도 한다.
  예문 철수가 늦게 와 가지고 한 시간이나 기다렸어.
  동생이 거짓말을 해 가지구 엄마가 얼마나 화가 나셨는지 몰라.

- (도치나 생략을 통해 종결어미처럼 쓰여) 이유나 원인을 나타낼 수 있다.
  예문 가 : 오늘 회의에 왜 늦었어요?
  나 : 버스를 놓쳐서요.

관련 표현

- **-어**
  (1) 대부분의 경우에 '-어서'와 큰 의미 차이 없이 바꿔 쓸 수 있다.
  예문 최근에 경기가 좋(아/아서) 부동산 가격이 오르고 있다.

  (2) 단, '-어서'가 문어와 구어에 두루 쓰이는 데 비해 '-어'는 문어에서 자주 쓴다.

  (3) '미안하다, 죄송하다, 고맙다, 반갑다'와 함께 앞의 사실에 대한 인사말로서 쓸 때
  는 '-어'를 쓰지 않고 '-어서'를 쓰는 것이 자연스러운 경우가 있다.
  예문 그동안 도와주(?셔/셔서) 정말 감사합니다.

- **-으니까**

(1) '-어서'는 선행 용언과 결합할 때 '-었-', '-겠-'이 개재되기 어렵다. 그러나 '-으니까'에는 그러한 제약이 없다.

> **예문** 열심히 공부했으니까 좋은 결과가 있을 거야.
> *열심히 공부했어서 좋은 결과가 있었다.

(2) '-어서' 뒤에는 명령문과 청유문을 쓰기 어렵다. 그러나 '-으니까'에는 그러한 제약이 없다.

> **예문** 날씨가 추워서 집에 (*있자/*있어라).
> 날씨가 추우니까 집에 (있자/있어라).

(3) '미안하다, 죄송하다, 고맙다, 반갑다' 등의 인사말이나 자신의 감정, 상황을 이유로 내세우는 경우에는 '-어서'를 쓰고, '-으니까'를 쓰면 어색한 경우가 많다.

> **예문** 이해해 (*주시니까/주셔서) 고마워요.
> 약속 시간에 (*늦으니까/늦어서) 미안합니다.
> (*바쁘니까/바빠서) 어제 못 왔어요.

(4) '-어서'가 구어와 문어에 두루 쓰이는 데 비해, '-으니까'는 주로 구어에서 사용하는 경향이 있다.

- **-으므로**
  (1) '-어서'는 선행 용언과 결합할 때 '-었-', '-겠-'이 개재되기 어려우나, '-으므로'에는 그러한 제약이 없다.

  > **예문** 최선을 (다했으므로/*다했어서) 아쉬움은 없다.
  > 내일은 비가 (오겠으므로/*오겠어서) 외출하실 때 우산을 꼭 챙기시기 바랍니다.

  (2) '-어서'는 청유문, 명령문으로 쓰기 어려우나, '-으므로'에는 그러한 제약이 없다.

  > **예문** 모두가 어려운 때(이므로/*여서) 최선을 다하자.
  > 토요일에 중요한 행사가 있(으므로/*어서) 모두 출근하세요.

  (3) '-으므로'는 주로 문어나 격식적인 상황에서 사용한다. 그러나 '-어서'는 구어와 문어에 두루 사용한다.

- **-느라고**
  (1) '-느라고'는 앞의 행위를 하는 과정에서 뒤의 상황이 됨을 의미하고, '-어서'는 앞 상황의 결과로서 뒤 상황이 일어남을 의미하여 차이가 있다. 따라서 '-느라고'는 앞 내용과 뒤의 내용의 행위가 같은 시간 속에서 일어난다는 의미가 있고, '-어서'는 앞과 뒤의 내용에 시간차가 있다.

  > **예문** 그는 텔레비전을 보느라고 정신이 없었다. → 텔레비전을 보는 중에 정신이 없음.
  > 그는 텔레비전을 너무 오래 봐서 눈이 아팠다. → 텔레비전을 오래 보았고, 그 결과 눈이 아팠음.
  > 너무 많이 (*먹느라고/먹어서) 배가 아프다. → 많이 먹었고, 그 결과 배가 아픔.
  > 비가 (*오느라고/와서) 땅이 질다. → 비가 왔고, 그 결과 땅이 질음.

(2) '–느라고'는 앞의 내용이 부정적인 영향을 끼쳐 어떤 일을 못했거나 좋지 않은 결과가 있을 때 자주 쓴다. 그렇기 때문에 후행절에는 '못 하다, 안 하다, 아프다, 바쁘다, 고생하다'와 같은 부정적인 내용이 오는 경우가 많다.

> **예문** 발표 준비하느라고 어제 한숨도 못 잤다.
> 공부와 육아를 같이 하느라고 아주 힘들었다.

(3) '–어서'는 선행절과 후행절의 주어가 달라도 되지만, '–느라고'가 쓰인 경우 선행절과 후행절의 주어가 같거나 화제가 같아야 한다.

> **예문** 동생이 시끄럽게 해서 내가 공부를 제대로 못했어.
> 내가 엄마 대신 동생을 돌보느라고 공부를 제대로 못했어.
> 강희가 청소를 하느라고 옷이 더러워졌다. → 선행절의 주어 '강희', 후행절의 주어 '강희의 옷'

- **–기 때문에**

(1) 대부분의 경우에 '–어서'와 큰 의미 차이 없이 바꿔 쓸 수 있다.

> **예문** 오늘은 날씨가 (춥기 때문에/추워서) 집에 있으려고 한다.

(2) 단, '–어서'는 선행 용언과 결합할 때 '–었–'이 개재되기 어렵지만, '–기 때문에'는 그렇지 않다.

> **예문** 한국에 온 지 오래 (되었기 때문에/되어서) 한국 생활에 익숙합니다.

(3) '–기 때문에'가 '–어서'에 비해 문어성이 강하다.

> **예문** 가 : 서준아, 안 씻니?
> 나 : 오늘은 피곤해서 그냥 자려고요.
> **예문** 경기가 회복되고 있기 때문에 내년에는 경제 성장률이 올해보다 높을 것으로 예상된다.

(4) 조사 '에' 대신 '이다'와 결합한 '–기 때문이다'의 꼴로 쓰이기도 한다.

> **예문** 이번에 오디션에서 탈락한 것은 준비가 부족했기 때문이에요.

2 행위의 시간 순서

앞의 내용과 뒤의 내용이 시간 순서대로 일어남을 나타낸다.

- 우리 이번 주말에 **만나서** 뭐 할까?
- 우리 주말에 **모여서** 그 문제에 대해 의논해 보자.
- 빨리 집에 **가서** 쉬고 싶다.
- 가 : 서준아, 빨리 **일어나서** 씻고 학교 갈 준비해.
  나 : 엄마, 5분만 더 잘게요.

문법 정보

- **주어 제약** : 선행절과 후행절의 주어가 같아야 하며 후행절의 주어는 보통 생략된다.

> **예문** 나는 빨리 집에 가서 (*연정이가) 쉬고 싶다.

- **선행 용언 제약** : 행위의 순서를 나타내므로 주로 동사와 결합한다.

- **선어말어미 제약** : 선행 용언과 결합할 때 '-었-', '-겠-'이 개재되기 어렵다.
  > **예문** *어제는 오랜만에 고등학교 동창을 만났어서 밥도 먹고 이야기도 많이 했다.
  > *이번 여름 방학에는 혼자 유럽에 가겠어서 배낭여행을 할 계획이다.

- **부정형 정보** : 선행절에 부정을 나타내는 '안', '못'을 쓰면 어색한 경우가 많다.
  > **예문** ?안 일어나서 학교 갈 준비를 안 한다.
  > ?연정이를 못 만나서 도서관에 못 갔다. → '이유, 원인'의 '-어서'로 해석됨.

담화 정보

- 구어에서는 '-어 가지고/가지구'의 꼴로 쓰기도 한다.
  > **예문** 빨리 집에 가 가지고 쉬고 싶다.
  > 무를 잘라 가지구 냄비에 넣어 줘.

관련 표현

- **-고**
  (1) '-고'는 단순히 시간적인 앞뒤 순서를 나타내지만, '-어서'는 앞의 내용이 뒤에 이어
  지는 내용의 전제가 되고 앞뒤의 내용이 긴밀한 연관성이 있다.
  > **예문** 친구를 만나고 도서관에 갔다. → 두 행위 간에 연관성이 크지 않고, 두 행동이 순차적으로 일어난 것
  > 을 나타냄.
  > 친구를 만나서 도서관에 갔다. → '친구를 만났고, 그 친구와 도서관에 함께 갔다.'의 의미
  > 손을 씻고 밥을 했다. → 두 행동이 순차적으로 일어난 것을 나타냄.
  > 콩나물을 씻어서 국에 넣었다. → '콩나물을 씻었고, 그 콩나물을 국에 넣었다.'의 의미

  (2) '-고'는 선행절과 후행절을 단순히 시간적인 순서에 의해 연결하므로 선행절과 후
  행절의 주어가 같지 않아도 된다. 그러나 '-어서'가 연결하는 선행절과 후행절의 주
  어는 같아야 한다.
  > **예문** 내가 먼저 노래를 (부르고/?불러서) 다음에 강희가 노래를 불렀다.

  (3) '-고'는 선행 용언과 결합할 때 '-었-', '-겠-'이 개재될 수 있지만, '-어서'는 그렇
  지 않다.
  > **예문** 열심히 (공부했고/*공부했어서) 좋은 대학에 합격했다.

3 기타 용법

① 목적

앞선 행위가 뒤의 내용의 목적임을 나타낸다. 주로 동사 '찾다'가 쓰이며, '-기 위해서'
와 바꿔 쓸 수 있다. 단, '-기 위해서'는 주로 문어에서 사용되는 경향이 있다.

- 많은 입양아가 낳아 주신 부모님을 찾(아서/기 위해서) 한국에 온다.
- 누구를 찾아서 오셨나요?

② 수단, 방법

앞선 행위가 뒤의 내용의 수단이나 방법이 됨을 나타낸다.

- 서준이는 매일 걸어서 학교에 간다.
- 약속 시간에 늦지 않으려고 달려서 왔어요.

③ 시간

'지나다, 경과하다, 걸치다, 들다, 가다, 오다, 되다, 저물다, 어리다, 어둑하다' 등의 동
사 및 형용사와 결합하여 시간을 나타내는 표현에 사용된다.

- 그는 어려서 부모님을 잃었다. → '-(었)을 때'의 뜻
- 최근 들어서 경기가 회복세를 보이고 있다. → '어느 시기에 이르러서'의 뜻
- 이 소설은 장장 십 년에 걸쳐서 완성되었다. → 시간 또는 공간의 범위
- 좀처럼 의견이 좁혀지지 않기 때문에 회의가 밤 열 시가 지나서 끝났다. → 시간의 경과

④ 미안함이나 고마움의 이유(인사말)

('-어서 미안하다/죄송하다/고맙다'의 꼴로 쓰여) 상대방에 대한 미안함, 고마움의
이유를 표현할 수 있다.

- 약속 시간에 늦어서 미안해.
- 기한 내에 일을 끝내지 못해서 죄송합니다.
- 행사에 초대해 주셔서 감사합니다.

⑤ 관용적 표현

'-에 대해서', '-에 따라서', '-에 의해서', '-에 비해서', '-으로 인해서', '-와 더불어', '-
을 향해서', '예를 들어서', '나아가서', '-에 관해서', '-과 관련해서', '-을 비롯해서', '-에
반해서', '-으로 미루어서' 등의 관용적인 표현에 쓰인다. 이들은 주로 격식적인 글에서
논리적인 연결을 위해 사용된다.

-아/어야

형태 정보

	형태
ㅏ, ㅗ	-아야
ㅏ, ㅗ 외	-어야
하다	-여야(하여야/해야)

- **-라야** : 선행어가 '이다', '아니다'인 경우에는 '-라야'를 붙이기도 한다.
  - **예문** 고등학생이라야 할인을 받을 수 있어요.
    그 아르바이트는 여자가 아니라야 된대.

1 필수 조건

앞말이 뒷말에 대한 필수적인 조건임을 나타낸다.

- 내일 비가 안 **와야** 소풍을 갈 텐데요.
- 아버지, 담배도 끊고 운동도 **하셔야** 건강하게 오래오래 사시죠.
- 표정이 **밝아야** 상대방에게 좋은 인상을 줄 수 있다.
- 가 : 영화 표가 이미 매진되었네.
  나 : 주말이잖아. 미리 **예매했어야** 영화를 볼 수가 있지.

문법 정보

- **선어말어미 제약** : 선행 용언과 결합할 때 '-겠-'이 개재되기 어렵다.
  - **예문** 규현아, 숙제를 (끝냈어야/*끝내겠어야) 텔레비전을 볼 수 있어.

- **후행절 제약** : 후행절은 주로 평서문, 의문문으로 쓴다. 청유문, 명령문으로 쓰기 어렵다.
  - **예문** *내일 비가 안 와야 소풍을 갑시다.

- **조사 결합 정보** : 의미를 강조하기 위해 보조사 '만'과 결합하여 '-어야만'으로 쓰기도 한다.
  - **예문** 네가 앉아야만 뒷사람이 영화를 볼 수가 있어.
    음식을 가리지 않고 골고루 먹어야만 건강하다.

담화 정보

- 비격식적인 상황의 구어에서는 '-어야지'로 쓰는 것도 자연스럽다.

예문 내일 비가 안 (와야지/와야) 소풍을 갈 수가 있어.

콩나물은 뚜껑을 덮고 (삶아야지/삶아야) 비린내가 안 나요.

관련 표현

- **-으면**

  (1) '-으면'이 단순한 조건이나 근거를 나타내는 데 비해, '-어야'는 뒤의 사실이 성립되기 위해 반드시 있어야 하는 필수 조건을 나타낼 때만 쓸 수 있다.

  예문 만 19세가 되(면/어야) 투표를 할 수 있다.

  나는 많이 울(면/*어야) 눈이 퉁퉁 부어.

  밀가루 음식을 먹(으면/*어야) 소화가 잘 안 된다.

- **-어야지**

  (1) '-어야'와 큰 의미 차이 없이 바꿔 쓸 수 있다.

  예문 옷은 입어 (봐야지/봐야) 어울리는지 알 수 있어.

  (2) 단, '-어야'가 구어와 문어에 두루 쓰이는 데 비해 '-어야지'는 주로 구어에서 사용한다.

2 소용없음

앞에서 가정한 사실이 아무 영향이 없거나 소용이 없음을 나타낸다.

- 아들 키워 **봐야** 결혼하면 소용없다.
- 그렇게 **떼써야** 장난감은 사 주지 않을 거야.
- 네가 아무리 **슬퍼야** 나만큼 슬프겠어?
- 가 : 얼마나 걸릴 것 같은가?

  나 : 아무리 **길어야** 일주일이 넘지 않을 겁니다.

문법 정보

- **선어말어미 제약** : 선행 용언과 결합할 때 '-었-', '-겠-'이 개재되기 어렵다.

  예문 *아무리 (길었어야/길겠어야) 일주일이 넘지 않을 겁니다.

- **후행절 제약** : 후행절은 주로 평서문, 의문문으로 쓴다. 청유문, 명령문으로 쓰기 어렵다.

  예문 *아무리 길어야 일주일만 (고생하십시오/고생합시다).

공기 정보

- '아무리/그렇게 -어야'의 꼴로 쓰여 앞에서 가정한 사실이 아무 소용이 없음을 강조한다.

  예문 아무리 불러 봐야 아무도 오지 않아.

  네가 아무리 애써 봐야 안 되는 일이다.

- **–어도**
  (1) '–어야'와 큰 의미 차이 없이 바꿔 쓸 수 있다.
  예문 아무리 불러 (봐도/봐야) 아무도 오지 않아.
  네가 아무리 (슬퍼도/슬퍼야) 나만큼 슬프겠어?

- **–어 봤자**
  (1) '–어야'와 큰 의미 차이 없이 바꿔 쓸 수 있다. 단, '–어 봤자'가 더 강조하는 느낌이
  있다.
  예문 그렇게 (떼써 봤자/떼써야) 장난감은 사 주지 않을 거야.
  네가 아무리 (똑똑해 봤자/똑똑해도) 나한테는 안 돼.

–아/어야지

연결어미

형태 정보

	형태
ㅏ, ㅗ	–아야지
ㅏ, ㅗ 외	–어야지
하다	–여야지(하여야지/해야지)

1 필수 조건

앞의 내용이 뒤에 이어지는 내용에 대한 필수적인 조건임을 나타낸다.

- 옷은 입어 **봐야지** 어울리는지 알 수 있어.
- 주말에는 **예매해야지** 영화를 볼 수가 있어요.
- 표정이 **밝아야지** 상대방에게 좋은 인상을 줄 수가 있단다.
- 오늘 비가 안 **왔어야지** 빨래를 했을 텐데요.
- 가 : 아빠, 당근은 먹기 싫어요.
  나 : 음식을 골고루 **먹어야지** 건강하지.

문법 정보

- **선어말어미 제약** : 선행 용언과 결합할 때 '–겠–'이 개재되기 어렵다.
  예문 *날이 개겠어야지 빨래를 널 수 있다.

- **후행절 제약** : 후행절은 주로 평서문, 의문문으로 쓴다. 청유문, 명령문으로 쓰기 어렵다.
  - 예문 *옷을 입어 봐야지 어울리는지 봅시다.
- **조사 결합 정보** : 의미를 강조하기 위해 보조사 '만'과 결합하여 '-어야지만'으로 쓰기도 한다.
  - 예문 주말에는 예매해야지만 영화를 볼 수 있어요.
  - 사람은 오래 겪어 봐야지만 알 수 있어.

담화 정보

- 주로 구어에서 사용하는 경향이 있다.
  - 예문 우유를 많이 마셔야지 키가 쑥쑥 크지.
  - 엄마 말을 잘 들어야지 산타 할아버지가 선물을 주신대.
- 격식적인 상황에서는 '-어야'를 쓰는 것이 자연스럽다.

관련 표현

- **-어야**
  - (1) '-어야지'와 큰 의미 차이 없이 바꿔 쓸 수 있다.
    - 예문 군대를 (다녀와야/다녀와야지) 진짜 남자지!
  - (2) 단, '-어야'가 구어와 문어에 두루 쓰이는 데 비해 '-어야지'는 주로 구어에서 사용한다.

-았/었더라면

연결어미

형태 정보

	형태
ㅏ, ㅗ	-았더라면
ㅏ, ㅗ 외	-었더라면
하다	-였더라면 (하였더라면/했더라면)

1 과거의 사실을 반대로 가정

지난 사실을 반대로 가정해 봄을 나타낸다. 과거의 사실에 대한 후회나 안타까움을 나타낼 때 자주 쓴다.

- 민우가 화를 내지 않고 조금만 **참았더라면** 좋았을 텐데.
- 그가 잘못을 솔직하게 인정하고 **사과했더라면** 이렇게 비난받지는 않았을 것이다.
- 차가 **막혔더라면** 늦을 뻔했다.
- 가 : 기차가 출발해 버렸네.
  나 : 그러게. 조금만 더 **서둘렀더라면** 탈 수 있었을 텐데.

문법 정보

- **후행절 제약** : 후행절은 주로 평서문, 의문문으로 쓴다. 명령문, 청유문으로 쓰기 어렵다.
  `예문` *조금만 참았더라면 더 좋읍시다.

  `tip` 과거의 사실을 반대로 가정하는 뜻을 나타내므로 항상 과거를 나타내는 '-었-'과 결합하여 '-었더라면'의 꼴로 쓴다.
  - *차가 막히더라면 늦을 뻔했다.

관련 표현

- **-었으면**
  (1) '-었으면'이 실제의 상황과 실제가 아닌 상황을 가정할 때 모두 쓰일 수 있는 것에 비해, '-었더라면'은 실제 있었던 상황을 반대로 가정하는 경우에만 쓸 수 있다.
  `예문` 민우가 화를 내지 않고 조금만 참(았으면/았더라면) 좋았을 텐데.
  `예문` 가 : 오늘 모임이 취소되었대.
  나 : 정말? 현정이가 벌써 (출발했으면/*출발했더라면) 큰일인데.

- **-었다면**
  (1) '-었다면'이 실제의 상황과 실제가 아닌 상황을 가정할 때 모두 쓰일 수 있는 것에 비해, '-었더라면'은 실제 있었던 상황을 반대로 가정하는 경우에만 쓸 수 있다.
  `예문` 네가 도와주지 않(았다면/았더라면) 그 일을 해낼 수 없었을 거야.
  `예문` 가 : 지수가 그 이야기를 들(었다면/*었더라면) 큰일인데.
  나 : 걱정하지 마. 아마 모를 거야.

-았/었으면

형태 정보

	형태
ㅏ, ㅗ	-았으면
ㅏ, ㅗ 외	-었으면
하다	-였으면(하였으면/했으면)

1 희망, 바람

주로 '좋겠다, 하다, 싶다' 등과 함께 쓰여 그렇게 되기를 바라거나 희망함을 나타낸다.

- 내일은 날씨가 **좋았으면** 좋겠어요.
- 여유가 생기면 운전을 **배웠으면** 싶어.
- 가족 모두가 아프지 말고 **건강했으면** 좋겠다.
- 가 : 이번 연휴에 뭘 할 거예요?
  나 : 이번 연휴에는 집에서 푹 **쉬었으면** 해요.

tip '-었으면'의 꼴로 쓰이나 과거가 아닌 현실, 미래에 대한 희망, 바람을 나타낸다.
- 올해는 좋은 일만 생겼으면 좋겠다.
- 우리 싸우지 말고 사이좋게 지냈으면 해.

문법 정보

- **후행 요소 정보** : '-았으면' 뒤에는 주로 '좋다', '싶다', '하다' 등이 서술어로 온다. 주로 평서문, 의문문으로 쓰고 청유문, 명령문으로 쓰기 어렵다.
  예문 *우리 서로에게 조금 더 솔직해졌으면 합시다.

담화 정보

- 말꼬리를 흐리거나 뒷말을 생략하기도 한다.
  예문 올해는 좋은 일만 생겼으면. (좋겠어요)
  가족 모두가 아프지 말고 건강했으면. (해요)
  내일은 좀 쉬었으면. (싶어요)

-(으)나

형태 정보

	형태
받침 ○	-으나
받침 ×	-나

1 대립되는 사실

대립되는 두 가지의 사실을 연결할 때 쓴다.

- 그 나라는 물건 값은 **싸나** 교통비가 비싸다.
- 홍수의 피해가 **심각하나** 열심히 복구하고 있는 중이다.
- 부모님께서 저희의 결혼을 처음에는 **반대하셨으나** 나중에는 허락하고 축복해 주셨습니다.
- 한국 축구 대표 팀은 먼저 한 골을 **넣었으나** 후반전에 역전을 당하고 말았다.

담화 정보

- 주로 문어에서 사용한다.
- 연설, 보고, 신문 기사, 학술적인 글과 같은 격식적인 장면에서 자주 사용된다.
  > 예문 많은 의학자가 이 병의 치료제를 개발하기 위해 힘써 왔으나 아직 개발되지 않고 있다.

관련 표현

- **-지만**
  (1) '-으나'와 큰 의미 차이 없이 바꿔 쓸 수 있다.
  > 예문 많은 의학자가 이 병의 치료제를 개발하기 위해 힘써 왔(으나/지만) 아직 개발되지 않고 있다.

  (2) 단, '-으나'가 문어성이 더 강하다.

- **-는데**
  (1) '-으나'와 큰 의미 차이 없이 바꿔 쓸 수 있다.
  > 예문 작년에는 지원자가 많지 않았(으나/는데) 올해는 경쟁률이 무척 높다.

  (2) 단, '-으나'가 '-는데'에 비해 문어성이 강하다.

(3) 대립적인 사실을 나타내는 연결어미를 문어성과 격식성을 기준으로 나열해 보면 '-는데 < -지만 < -으나' 순이 된다. 즉, 세 표현 중에서 '-는데'가 가장 구어성이 높고 격식성이 낮으며, '-으나'가 가장 문어성이 높으며 주로 격식적인 상황에서 사용된다.

2 기타 용법

① 어느 경우에도 뒤에 오는 사실이나 상황은 같음.

'-으나 -으나'의 구성으로 쓰여 어느 경우에도 뒤에 오는 사실이나 상황은 같음을 나타낸다.

- 미우나 고우나 그 사람은 제 남편이에요.
- 하나 마나 한 소리를 왜 해?
- 걔는 있으나 마나 별 도움이 안 돼.
- 좋으나 싫으나 같이 일하게 됐으니 열심히 해 봅시다.

② 마찬가지임

'어디, 어느, 무엇'과 함께 쓰여 어느 경우에도 마찬가지임을 나타낸다.

- 크리스마스에는 어디를 가나 붐벼요.
- 요즘 속이 안 좋아서 무엇을 먹으나 다 소화가 안 돼요.
- 중심가는 어느 도시를 가나 다 비슷해요.

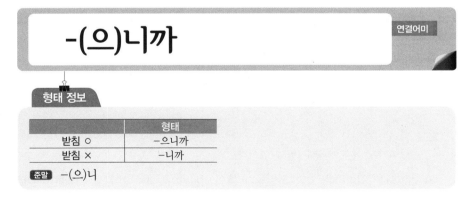

-(으)니까

연결어미

형태 정보

	형태
받침 ○	-으니까
받침 ×	-니까

준말 -(으)니

1 이유, 판단의 근거

앞의 내용이 뒤에 오는 내용의 이유 또는 판단의 근거임을 나타낸다.

- 엄마가 **예쁘니까** 아이도 예쁠 거예요.
- 지금은 시간이 **없으니까** 내일 설명해 줄게.
- 퇴근 시간이어서 차가 **막히니까** 조금 늦게 출발할까요?
- 가 : 여기는 **도서관이니까** 통화는 작게 해 주세요.
  나 : 네. 죄송합니다!

문법 정보

- **조사 결합 정보** : 의미를 강조하기 위해 '-으니까는', '-으니깐'으로 쓰기도 한다.
  [예문] 길이 미끄러우(니까/니까는/니깐) 넘어지지 않게 조심해.

담화 정보

- 주로 구어에서 사용한다.
  [예문] 시간 없으니까 빨리 말해.

- 문어나 격식적인 상황에서 '-으니'가 자주 사용된다.
  [예문] 모두 모이셨으니 회의를 시작하도록 하겠습니다.

- (도치나 생략을 통해 종결어미처럼 쓰여) 이유 또는 판단의 근거를 나타낼 수 있다.
  [예문] 너무 실망하지 마세요. 기회는 또 있으니까요.
  [예문] 가 : 왜 아무 말도 안 해?
  나 : 피곤하니까.

관련 표현

- **-어서**
  (1) '-어서'는 선행 용언과 결합할 때 '-었-', '-겠-'이 개재되기 어렵다. 그러나 '-으니까'는 그러한 제약이 없다.
  [예문] *열심히 공부했어서 좋은 결과가 있었다.
  　　　 열심히 공부했으니까 좋은 결과가 있을 거야.

  (2) '-어서' 뒤에는 명령문과 청유문을 쓰기 어렵다. 그러나 '-으니까'는 그러한 제약이 없다.
  [예문] 날씨가 추워서 집에 (*있자/*있어라).
  　　　 날씨가 추우니까 집에 (있자/있어라).

  (3) '미안하다, 죄송하다, 고맙다, 반갑다' 등의 인사말이나 자신의 감정, 상황을 이유로 내세우는 경우에는 '-어서'를 쓴다. '-으니까'를 쓰면 어색한 경우가 많다.
  [예문] 이해해 주(어서/*니까) 고마워요.
  　　　 약속 시간에 늦(어서/*으니까) 미안합니다.
  　　　 (바빠서/*바쁘니까) 어제 못 왔어요.

(4) '-어서'가 구어와 문어에 두루 쓰이는 데 비해, '-으니까'는 주로 구어에서 사용하는 경향이 있다.

- **-으므로**
  (1) '-으므로'는 주로 문어나 격식적인 상황에서 사용하는 반면, '-으니까'는 주로 구어나 비격식적인 상황에서 사용한다.
    > [예문] 시간이 얼마 남지 않았으므로 발표를 서둘러 마무리해 주시길 바랍니다.
    >> → 격식적인 상황
    >
    > 시간 없으니까 빨리 말해. → 비격식적인 상황

2 발견

앞의 행위를 한 결과로 뒤의 사실을 발견하게 되었음을 나타낸다.

- 주중에 **가니까** 사람이 별로 많지 않던데요.
- 집에 돌아와 **보니까** 문이 열려 있고 아무도 없었다.
- 십 년 만에 고향에 가 **보니까** 많이 변해 있더라고요.
- 가 : 어제 민우 씨를 만났죠? 어떤 사람이에요?
  나 : 직접 **만나 보니까** 생각보다 좋은 사람이었어요.

문법 정보

- **주어 제약** : 주로 1인칭 주어와 함께 쓴다.
  > [예문] (내가/*네가) 민우 씨를 직접 만나 보니까 생각보다 좋은 사람이었어.
- **선행 용언 제약** : 앞의 사실이나 행동이 진행된 결과로 뒤의 사실이 그러함을 발견할 때 사용되므로 주로 동사와 결합한다.
  > [예문] 발을 담가 보니까 물이 너무 차가웠다.
- **선어말어미 제약** : 선행 용언과 결합할 때 '-시-', '-었-', '-겠-'이 개재되기 어렵다.
  > [예문] *발을 담가 (보시니까/보았으니까/보겠으니까) 물이 너무 차가웠다.
- **후행절 제약** : 후행절은 주로 평서문, 의문문으로 쓴다. 청유문, 명령문으로 쓰기 어렵다.
  > [예문] *서랍을 열어 보니까 편지를 (발견하자/발견해라).
- **부정형 정보** : 선행절에 부정을 나타내는 '안', '못'을 쓰면 어색한 경우가 많다.
  > [예문] ?서랍을 안 열어 보니까 편지가 안 들어 있었다.

담화 정보

- 주로 구어에서 사용하는 경향이 있다.
  > [예문] 백화점에 평일에 가니까 한가하고 좋더라.

- **-었더니**

  (1) '-으니까'와 큰 의미 차이 없이 바꿔 쓸 수 있다.

  예문 어제 제가 학교에 가 (보니까/봤더니) 공사 중이더라고요.

-(으)되

형태 정보

	형태
받침 ○	-으되
받침 ×	-되

tip 단서와 조건을 나타내는 용법 1에서는 용언의 어간 말에 받침이 있는 경우에도 '-으되'가 아닌 '-되'를 붙인다.
- 전화를 받되, 나가서 받으세요.

1 단서, 조건

앞의 내용을 인정하면서 그에 대한 단서나 조건 등을 덧붙임을 나타낸다.

- 자기의 생각을 적극적으로 **표현하되** 예의를 지켜야 한다.
- 주제는 자유롭게 **선택하되** 글에 자신의 생각이 드러나야 합니다.
- 건강을 위해서 골고루 **먹되** 기름지거나 열량이 높은 음식은 줄이는 것이 좋다.
- 가 : 서준아, 요즘 텔레비전을 너무 많이 보는구나. 텔레비전을 보되 정해진 시간에만 보
   도록 해.
   나 : 네, 알겠어요.

문법 정보

- **선행 용언 제약** : 주로 동사와 결합한다. 형용사와 결합하기 어렵다.

  예문 *오늘까지는 바쁘되 내일부터는 쉬세요.

- **선어말어미 제약** : 선행 용언과 결합할 때 '-었-', '-겠-'이 개재되기 어렵다.

  예문 *다이어트를 위해 점심은 양껏 (먹었되/먹겠되) 저녁에는 채소를 위주로 먹는다.

- **후행절 정보** : 후행절은 제안, 명령, 조언 등을 표현하는 경우가 많다.

- 주로 문어에서 사용하는 경향이 있다.

  예문 자식의 잘못을 바로잡되 미워하지는 말아야 한다.

- 구어로서 사용될 때에는 공식적인 상황인 경우가 많다.

  예문 (학교에서 교장이 공식적인 규율을 말할 때) 자유롭게 생활하되 규칙은 지키도록 합시다.

2 대립적인 사실

대립적인 사실을 연결할 때 쓴다.

- 한편의 동화 같은 영화이되 담겨 있는 이야기는 어둡고 슬펐다.
- 마음은 있으되 시간이 없어서 행사에 참여하지 못했습니다.
- 그는 한국인이되 한국에 돌아오지 못하고 있다.
- 나의 어린 시절은 가난했으되 따스했던 기억으로 남아 있다.

문법 정보

- **후행절 제약** : 주로 평서문으로 쓴다. 의문문의 경우 주로 확인의문문이나 반문 등으로 쓴다. 청유문, 명령문으로 쓸 수 없다.

  예문 [?]마음은 있으되 시간이 없어서 못 왔어요?

  마음은 있으되 시간이 없어서 못 (온 거지요/온 거 아니에요)?

담화 정보

- 주로 문어에서 사용하는 경향이 있다.

  예문 그는 돈은 있으되 행복하지 않았다.

- 예스러운 느낌이 있다.

-(으)라고

형태 정보

	형태
받침 ○	-으라고
받침 ×	-라고

1 목적, 의도

어떤 행위의 목적이나 의도를 나타낸다.

- 두 사람이 편하게 **이야기하라고** 자리를 비켜 줬어요.
- 아이가 먹기 **좋으라고** 음식을 작게 잘랐다.
- 나무가 잘 **자라라고** 거름을 주었다.
- 가 : 민우랑 무슨 일 있어? 사이가 어색해 보이는데……
  나 : 나는 재미있**으라고** 한 소리인데 민우가 화를 내더라고.

문법 정보

- **선행 용언 제약** : 주로 동사와 결합한다. 단, '재미있다', '좋다', '편하다' 등과 같은 일부 형용사와 결합할 수 있다.

  > **예문** *나는 예쁘라고 화장을 했다.
  > 아내에게 여행 갈 때 편하라고 비즈니스 좌석 표를 사 줬어.

- **선어말어미 제약** : 선행 용언과 결합할 때 '-었-', '-겠-'이 개재되기 어렵다.

  > **예문** *나무가 잘 자랐으라고 거름을 주었다.

담화 정보

- 구어에서는 '-으라구'로 발음하기도 한다.

  > **예문** 기분 좋으라구 규현이한테 칭찬을 많이 해 줬어.

-(으)러

형태 정보

	형태
받침 ○	-으러
받침 ×	-러

1 이동의 목적

가거나 오거나 하는 동작의 목적을 나타낸다.

- 점심을 먹으러 식당에 가요.
- 한가하실 때 저희 집에 놀러 오세요.
- 서준이는 요즘 영어를 배우러 학원에 다니고 있다.
- 가 : 신혜야, 주말에 영화 보러 갈래?
  나 : 미안해. 이번 주말에는 약속이 있어. 다음 주에 보러 가자.

문법 정보

- **주어 제약** : 주로 유정물을 나타내는 주어와 함께 쓴다. 선행절과 후행절의 주어가 같아야 하며 후행절의 주어는 보통 생략된다.
  예문 연정이가 공부하러 (연정이가) 도서관에 간다.

- **선행 용언 제약** : 이동을 나타내는 동사와 결합하기 어렵다.
  예문 *나는 지금 부산에 가러 간다.

- **선어말어미 제약** : 선행 용언과 결합할 때 '-었-', '-겠-'이 개재되기 어렵다.
  예문 *나는 영화를 (봤으러/보겠으러) 간다.

- **부정형 정보** : 선행절에 부정을 나타내는 '안' 또는 '못'을 쓰면 어색한 경우가 많다.
  예문 *점심을 안 먹으러 간다.

- **후행절 정보** : 후행절의 서술어로는 주로 '가다, 오다, 다니다, 나가다, 나오다, 들어가다, 들어오다' 등의 이동 동사가 온다.
  예문 강희가 핸드폰을 가지러 집에 들어갔다.

관련 표현

- **–으려고**
  (1) '–으려고'가 다양한 행위의 목적을 나타내는 데 쓰일 수 있다면, '–으러'는 주로 이동의 목적을 나타낼 때 쓰인다.

  (2) 따라서 '–으러'의 후행절에는 '가다, 오다, 다니다' 등의 이동 동사가 쓰이고, '–으려고'의 후행절에는 다양한 동사가 올 수 있다.
  > 예문 공부하(려고/러) 도서관에 갔다.
  > 선물하(려고/*러) 꽃을 샀다.

  (3) '–으려고'는 청유, 명령으로 끝나는 문장에 쓰일 수 없다. 그러나 '–으러'에는 그러한 제약이 없다.
  > 예문 내일 등산하(*려고/러) 산에 가자.

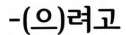

-(으)려고
연결어미

형태 정보

	형태
받침 ○	–으려고
받침 ×	–려고

준말 -(으)려

1 의도, 목적

어떤 행위를 하려는 의도나 목적을 나타낸다.

- 친구와 **먹으려고** 아이스크림을 샀어요.
- 서준이는 학교에 **가려고** 지하철을 탔다.
- 학교 근처로 이사를 **하려고** 집을 알아보고 있다.
- 가 : 너 왜 안 먹어?
  나 : 이번에는 꼭 살을 **빼려고** 운동을 하는 중이야.

문법 정보

- **주어 제약** : 주로 유정물을 나타내는 주어와 함께 쓴다. 선행절과 후행절의 주어가 같아야 하며 후행절의 주어는 보통 생략된다.
  > 예문 신혜는 원하는 회사에 취직하려고 (신혜는) 열심히 준비하고 있다.

- **선행 용언 제약** : 주로 동사와 결합한다.

  예문 *우리 언니는 예쁘려고 매일 열심히 꾸민다.

- **선어말어미 제약** : 선행 용언과 결합할 때 '-었-', '-겠-'이 개재되기 어렵다.

  예문 *나는 어제 케이크를 샀으려고 빵집에 갔다.

  *내일 쇼핑을 하겠으려고 백화점에 갈 거예요.

- **부정형 정보** : 선행절에 부정을 나타내는 '못'을 쓰면 어색한 경우가 많다.

  예문 *나는 공부를 못 하려고 한다.

- **후행절 제약** : 평서문, 의문문으로 쓴다. 청유문, 명령문으로 쓸 수 없다.

  예문 *친구와 먹으려고 아이스크림을 사자.

  tip '-으려고 하다', '-으려고 들다'의 구성으로 쓰는 일이 많다.
  - 이번 방학에는 유럽으로 배낭여행을 가려고 해요.
  - 너는 왜 자꾸 싸우려고 들어?

담화 정보

- 주로 구어에서 사용하는 경향이 있다.
- 구어에서는 '-을려고, -을려구, -을라고, -을라구' 등으로 발음하기도 한다.

  예문 내가 아이스크림을 (살려고/살려구/살라고/살라구) 가게에 갔거든.

관련 표현

- **-으러**

  (1) '-으려고'가 다양한 행위의 목적을 나타내는 데 쓰일 수 있다면, '-으러'는 주로 이동의 목적을 나타낼 때 쓰인다.

  (2) '-으러'의 후행절에는 '가다, 오다, 다니다' 등의 이동 동사가 쓰이고, '-으려고'의 후행절에는 다양한 동사가 올 수 있다.

  예문 공부하(러/려고) 도서관에 갔다.

  선물하(*러/려고) 꽃을 샀다.

  (3) '-으려고'는 청유, 명령으로 끝나는 문장에 쓰일 수 없다. 그러나 '-으러'에는 그러한 제약이 없다.

  예문 내일 등산하(러/*려고) 산에 가자.

- **-고자**

  (1) '-으려고'는 상대적으로 구어에서 더 자주 쓰이는 반면, '-고자'는 문어와 연설이나 발표와 같은 격식적인 상황에서 자주 사용된다.

'-으려고 하다'의 꼴로 쓰여 곧 일어날 움직임이나 상태 변화를 나타낸다.

- 비가 오려고 해요.
- 꽃이 지려고 한다.
- 하늘이 흐려지려고 해요.
- 가 : 버스가 이제 출발하려고 한다. 어서 타렴.
  나 : 네, 아빠. 방학하면 또 올게요.

문법 정보

- **선행 용언 제약** : 주로 동사와 결합한다.
  예문 *날씨가 추우려고 하네요.

- **선어말어미 제약** : 선행 용언과 결합할 때 '-었-', '-겠-'이 개재되기 어렵다.
  예문 *버스가 출발(했으려고/하겠으려고) 합니다.

- **후행절 제약** : 후행절은 주로 평서문, 의문문으로 쓴다. 청유문, 명령문으로 쓸 수 없다.
  예문 *버스가 출발하려고 (합시다/하십시오).

-(으)려다가

연결어미

형태 정보

	형태
받침 ○	-으려다가
받침 ×	-려다가

준말 -(으)려다
- **-(으)려고 하다가** : '-으려다가'는 '-으려고 하다가'의 줄어든 꼴로 볼 수 있다.

어떤 의도나 목적이 있는 행위가 중단되거나 다른 행위로 바뀌는 것을 나타낸다.

- 너무 피곤해서 친구를 만나려다가 말았어요.
- 어머니께 옷을 사 드리려다가 그냥 용돈을 드렸어요.

- 서준이는 비가 올 것 같아서 산책을 **가려다가** 가지 않았다.
- 가 : 밖에 차가 많이 막히던데 뭐 타고 왔어?

  나 : 버스를 **타려다가** 약속 시간에 늦을 것 같아서 지하철을 탔어.

문법 정보

- **주어 제약** : 선행절과 후행절의 주어가 같아야 하며 후행절의 주어는 보통 생략된다.

  예문 강희는 커피를 주문하려다가 (*신혜는) 주스를 주문했다.

- **선행 용언 제약** : 의도가 있는 행위가 중단되거나 바뀌는 것을 나타내므로 행위를 나타내는 동사와 결합한다. 형용사, '이다'와 결합하기 어렵다.

  예문 *꽃이 예쁘려다가 안 예쁘다.

- **선어말어미 제약** : 선행 용언과 결합할 때 '-었-', '-겠-'이 개재되기 어렵다.

  예문 *오늘 아침에 등산을 (갔으려다가/가겠으려다가) 비가 와서 가지 않았다.

- **후행절 제약** : 어떤 행위를 하려는 의도가 있었으나 결국은 하지 않거나 다른 행위를 했음을 나타낼 때 쓰이므로 후행절은 주로 과거 시제로 쓴다. 따라서 후행절은 평서문, 의문문으로 쓰고 청유문, 명령문으로 쓸 수 없다.

  예문 *커피를 주문하려다가 주스를 주문해라.

2 상황, 상태가 이루어지거나 변하는 과정에서 중단되거나 바뀜

어떤 상황이나 상태가 이루어지거나 변하는 과정에서 그 상황이 중단되거나 바뀌는 것을 나타낸다.

- 날이 **개려다가** 다시 흐려졌다.
- 할아버지의 병세가 **호전되려다가** 최근에 다시 악화되었다.
- 슬픈 영화를 보는데 친구가 옆에서 말을 거는 바람에 눈물이 **나오려다가** 말았다.
- 가 : 서울은 요즘 날씨가 어때요?

  나 : 날씨가 **따뜻해지려다가** 다시 추워졌어요.

문법 정보

- **주어 제약** : 선행절과 후행절의 주어가 같아야 하며 후행절의 주어는 보통 생략된다. 의도나 목적과는 무관하게 상태나 상황이 변하다가 중단되는 것을 나타내므로 1인칭 주어와 함께 쓰기 어렵다.

  예문 *내가 날씬해지려다가 다시 살이 쪘다.

- **선행 용언 정보** : 화자의 의지와 상관없이 일어나는 일을 나타낼 때 쓰이므로 주로 '좋아지다, 나빠지다, 따뜻해지다, 추워지다, 호전되다, 악화되다' 등과 같이 상태의 변화를 나타내는 동사와 결합한다.

- **선어말어미 제약** : 선행 용언과 결합할 때 '–었–', '–겠–'이 개재되기 어렵다.
  > **예문** *할아버지의 병세가 (호전되었으려다가/호전되겠으려다가) 최근에 다시 악화되었다.

- **후행절 제약** : 어떤 상태로 변하는 과정에서 그 상황이 중단되거나 바뀜을 나타내므로 후행절은 주로 과거 시제로 쓴다. 따라서 후행절은 평서문, 의문문으로 쓰고 청유문, 명령문으로 쓸 수 없다.
  > **예문** *날씨가 따뜻해지려다가 다시 추워져라.

-(으)려면

연결어미

형태 정보

	형태
받침 ○	–으려면
받침 ×	–려면

- –(으)려고 하면 : '–(으)려면'은 '–으려고 하면'이 줄어든 형태로 볼 수 있다.

1 의도나 의향이 있음을 가정

어떤 의도나 의향이 있는 경우를 가정할 때 쓴다.

- 명동에 **가려면** 다음 역에서 4호선으로 갈아타세요.
- 마트까지 들렀다 **오려면** 서둘러야 해.
- 장학금을 **받으려면** 누구보다 열심히 공부해야 한다.
- 오늘 중으로 **끝내려면** 점심 먹을 시간도 없다.
- 가 : 부산 가는 버스표를 **사려면** 어디로 가야 해요?
  나 : 쭉 가시면 오른쪽에 매표소가 있습니다.

문법 정보

- **주어 제약** : 선행절과 후행절의 주어가 같아야 하며 후행절의 주어는 보통 생략된다.
  > **예문** 저는 오늘 중으로 끝내려면 (*그는) 점심 먹을 시간도 없어요.

- **선행 용언 제약** : 주로 의도나 의지로 일어날 수 있는 행위를 나타내는 동사와 결합한다. 따라서 주체의 의지와 관련 없는 인지 동사나 결과 상태를 나타내는 동사 등과는 결합하기 어렵다.

예문 *더 모르려면 공부를 하지 마세요.

*국이 빨리 식으려면 냉장고에 잠깐 넣어 두세요.

- **선어말어미 제약** : 선행 용언과 결합할 때 '-었-', '-겠-'이 개재되기 어렵다.

예문 *명동에 (갔으려면/가겠으려면) 다음 역에서 4호선으로 갈아타세요.

- **부정형 정보** : 선행절에 부정을 나타내는 '못'을 쓰면 어색한 경우가 많다.

예문 파티에 (안/*못) 가려면 집에서 공부나 해.

2 '장차 어떤 일이 일어나기 위해서는'

장차 일어날 일을 가정하면서 그 일이 일어나기 위해 필요한 조건이나 상황을 뒤에 제시할 때 쓴다.

- 밥이 다 **되려면** 조금 더 있어야 돼.
- 아빠가 퇴근하고 **오시려면** 8시가 넘어야 해.
- 이번 일이 다 **끝나려면** 한 달은 더 걸리겠다.
- 가 : 3월인데도 날씨가 너무 추워요.
  나 : **따뜻해지려면** 3월 중순은 지나야 돼요.

문법 정보

- **선행 용언 제약** : 주로 동사와 결합한다. 형용사, '이다'와 결합하기 어렵다.

예문 *날씬하려면 다이어트를 하면 됩니다.

- **선어말어미 제약** : 선행 용언과 결합할 때 '-었-', '-겠-'이 개재되기 어렵다.

예문 밥이 다 (^{??}됐으려면/*되겠으려면) 조금 더 있어야 돼.

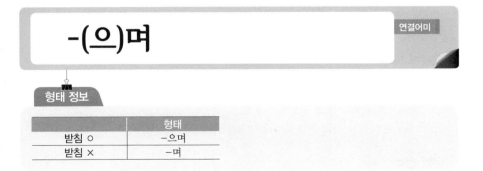

-(으)며

연결어미

형태 정보

	형태
받침 ○	-으며
받침 ×	-며

1 나열

둘 이상의 대등한 사실을 시간의 순서와 상관없이 나열함을 나타낸다.

• 강이 **맑으며** 깊다.
• 아버지는 **회사원이시며** 어머니는 선생님이십니다.
• 서준이는 **적극적이며** 활발한 성격의 소유자이다.
• 많은 의학자가 이 병의 원인이 **무엇이며** 그 치료법은 무엇인지 연구하고 있습니다.

문법 정보

• 선행절과 후행절의 내용을 바꾸어도 의미가 변하지 않는다.
   예문 강이 맑으며 깊다. = 강이 깊으며 맑다.

담화 정보

• 주로 문어에서 사용한다.
   예문 내일은 전국이 흐리고 비가 오겠으며 서울과 경기도는 늦은 밤에 그치겠다.

관련 표현

• **-고**
   (1) '-으며'와 큰 의미 차이 없이 바꿔 쓸 수 있다.
   예문 오늘은 날씨가 (춥고/추우며) 바람이 불겠습니다.
      그는 (시인이고/시인이며) 대학에서 강의를 하고 있는 교수입니다.

   (2) 단, '-고'는 구어와 문어에 두루 쓰이는 데 비해 '-으며'는 주로 문어에서 사용한다.

2 동시에 일어남

둘 이상의 행위가 동시에 일어남을 나타낸다.

• 민우가 커피를 **마시며** 친구와 이야기를 하고 있었다.
• 어렸을 때 소리를 **내며** 음식을 먹으면 부모님이 혼을 내셨다.
• 여러분, 이 그림을 **보며** 이야기해 봅시다.
• 가 : 여러분은 여가 시간에 보통 무엇을 **하며** 시간을 보내나요?
   나 : 저는 보통 책을 읽거나 공원에서 산책을 합니다.

문법 정보

• **주어 제약** : 선행절과 후행절의 주어가 같아야 하며 후행절의 주어는 보통 생략된다.
   예문 민우가 노래를 부르며 (*현정이가) 춤을 추었다.

- **선행 용언 제약** : 앞과 뒤의 동작이 동시에 일어남을 나타내므로 동사와 결합한다.
  > 예문 촛불을 끄며 소원을 빌었다.

- **선어말어미 제약** : 선행 용언과 결합할 때 '-었-', '-겠-'이 개재되기 어렵다.
  > 예문 *민우가 커피를 마셨으며 친구와 이야기를 하고 있었다.
  > *내일 점심을 먹겠으며 다시 이야기해 봅시다.

담화 정보

- 주로 문어에서 사용하는 경향이 있다.

관련 표현

- **-으면서**
  (1) 둘 이상의 행동이 동시에 일어남을 나타내는 '-으면서'와 큰 의미 차이 없이 바꿔 쓸 수 있다.
  > 예문 한국에는 정월 대보름에 달을 보(면서/며) 소원을 비는 풍습이 있다.

  (2) 단, '-으며'는 주로 문어나 격식적인 상황에서 쓰는 경향이 있다.

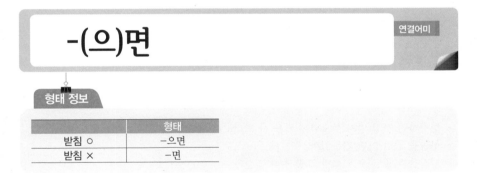

-(으)면
연결어미

형태 정보

	형태
받침 ○	-으면
받침 ×	-면

1 조건

뒤의 내용에 대한 조건임을 나타낸다. 일반적으로 분명한 사실을 어떤 일에 대한 조건으로 말할 때 쓴다.

- 봄이 오면 꽃이 핀다.
- 오늘 바쁘시면 다음에 만나요.
- 채소를 다 썰었으면 프라이팬에 넣고 볶으세요.
- 열심히 공부하면 원하는 대학에 합격할 수 있을까요?
- 가 : 여보, 며칠 있으면 우리가 결혼한 지 딱 1년이 되네요.

나 : 벌써 그렇게 됐어? 시간이 빠르네.

문법 정보

- **선어말어미 제약** : 선행 용언과 결합할 때, 미래 시제를 나타내는 '-겠-'이 개재되기 어렵다. 그러나 가능성이나 능력을 나타내는 '-겠-'은 가능하다.
  > 예문 수업이 끝나(면/*겠으면) 집으로 곧장 오도록 해. → 미래시제의 '-겠-'
  > 음식을 다 못 먹겠으면 남겨도 괜찮아요. → 가능성, 능력의 '-겠-'

담화 정보

- 구어에서는 '-으믄'으로 발음하기도 한다.
  > 예문 신촌역에 와서 전화하믄 내가 데리러 갈게.

관련 표현

- **-어야**
  (1) '-으면'이 단순한 조건이나 근거를 나타내는데 비해, '-어야'는 뒤의 사실이 성립되기 위해 반드시 있어야 하는 필수 조건을 나타낼 때만 쓸 수 있다.
  > 예문 만 19세가 되(어야/면) 투표를 할 수 있다.
  > 나는 많이 울(*어야/면) 눈이 퉁퉁 부어.
  > 밀가루 음식을 먹(*어야/으면) 소화가 잘 안 된다.

2 가정

불확실하거나 이루어지지 않은 사실을 가정할 때 쓴다.

- 성공하면 가장 먼저 부모님께 집을 사 드리고 싶어요.
- 하늘을 날면 어떤 기분일까?
- 시간을 되돌릴 수 있으면 그렇게 하고 싶다.
- 가 : 복권에 당첨이 되면 가장 먼저 뭘 할 거예요?
- 나 : 멋진 자동차를 사고 싶어요.

문법 정보

- **선어말어미 정보** : 선행 용언과 결합할 때 '-겠-'이 개재되기 어렵다. 그러나 과거 시제를 나타내는 '-었-'과 결합하면 이미 일어난 과거의 일과 반대되는 내용, 또는 현재 사실과 반대되는 상황을 가정하는 의미를 나타낸다.
  > 예문 조금만 일찍 출발했으면 기차를 놓치지 않았을 텐데. → 과거와 반대되는 상황 가정
  > 어머니가 살아 계셨으면 너를 자랑스러워 하셨을 거야. → 현재와 반대되는 상황 가정
  > 성공하(면/*겠으면) 가장 먼저 부모님께 집을 사 드리고 싶어요.

관련 표현

• **-는다면**

(1) '-으면'과 큰 의미 차이 없이 바꿔 쓸 수 있다. 단, '-는다면'이 '-으면'에 비해 일어날 가능성이 희박하거나 사실이 아닌 것을 가정하는 느낌이 강하다.

예문 (성공한다면/성공하면) 가장 먼저 부모님께 집을 사 드리고 싶어요.

시간을 되돌릴 수 (있다면/있으면) 그렇게 하고 싶다.

민우 씨는 다시 (태어난다면/²태어나면) 여자로 태어나고 싶다고 해요.

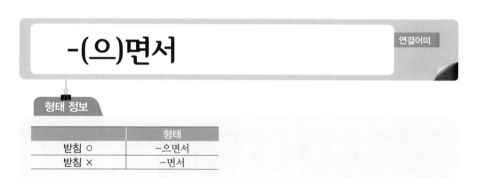

-(으)면서

연결어미

형태 정보

	형태
받침 ○	-으면서
받침 ×	-면서

1 동시에 일어남

앞과 뒤의 행위나 상태가 동시에 나타남을 뜻한다.

• 민우가 음악을 들으면서 춤을 추고 있어.
• 차를 운전하면서 졸면 안 된다.
• 이 과일은 값도 싸면서 맛도 정말 좋네요.
• 가 : 현정 씨, 괜찮으시면 우리 식사하면서 이야기할까요?
  나 : 좋아요. 뭘 먹을까요?

문법 정보

• **주어 제약** : 선행절과 후행절의 주어가 같아야 하며 후행절의 주어는 보통 생략된다.

  예문 민우가 노래를 부르면서 (*현정이가) 춤을 추었다.

• **선행 용언 제약** : 앞과 뒤의 내용이 동시적으로 일어남을 나타내므로 동사와 결합하는 경우가 많다. 그러나 '서다, 앉다, 감다, 뜨다, 떨어지다' 등과 같이 순간적인 동작을 나타내는 동사와 결합하기 어렵다.

  예문 *서준이는 서면서 친구와 이야기를 하고 있어요.

*그 애는 시험에 떨어지면서 펑펑 울었다.

- **선어말어미 제약** : 선행 용언과 결합할 때 '-었-', '-겠-'이 개재되기 어렵다.
  <예문> *민우가 커피를 마셨으면서 친구와 이야기를 하고 있었다.
  *내일 점심을 먹겠으면서 다시 이야기해 봅시다.

관련 표현

- **-으며**
  (1) '-으면서'와 큰 의미 차이 없이 바꿔 쓸 수 있다.
  <예문> 한국에는 정월 대보름에 달을 보(며/면서) 소원을 비는 풍습이 있습니다.

  (2) 단, '-으며'는 주로 문어에서 사용하는 경향이 있다.

2 상반되는 관계

둘 이상의 행위가 서로 상반되는 관계에 있음을 나타낸다.

- 이 식당은 값도 비싸면서 음식 맛이 형편없어요.
- 연정이는 똑똑하고 얼굴도 예쁘면서 왜 자신감이 없을까?
- 그 아이는 창문을 깨트렸으면서 깨트리지 않았다고 선생님께 거짓말을 했다.
- 가 : 너는 다이어트를 한다고 하면서 쉬지 않고 음식을 먹는구나.
  나 : 이따가 운동하러 갈 거야.

문법 정보

- **선어말어미 제약** : 선행 용언과 결합할 때 '-겠-'이 개재되기 어렵다.
  <예문> *내일은 비가 오겠으면서 오늘은 날이 맑다.

- **조사 결합 정보** : 의미를 강조하기 위해 보조사 '도'와 결합하여 '-으면서도'로 쓰기도
  한다.
  <예문> 강희는 알고 있(으면서/으면서도) 모르는 척했다.

-(으)므로

형태 정보

	형태
받침 O	-으므로
받침 X	-므로

1 이유, 근거

앞의 내용이 뒷내용의 이유나 근거가 됨을 나타낸다.

- 최선을 **다했으므로** 아쉬움은 없다.
- 내일은 비가 **오겠으므로** 외출하실 때 우산을 꼭 챙기시길 바랍니다.
- 언어와 문화는 밀접한 관계에 **있으므로** 다른 나라의 언어를 배울 때는 그 나라의 문화에도 관심을 가져야 한다.
- 종합병원 응급실은 24시간 **운영되므로** 늦은 시간에도 이용이 가능하다.
- 손발이 찬 사람은 겨울철에 동상에 걸리기 **쉬우므로** 항상 손발을 따뜻하게 하는 것이 좋습니다.

담화 정보

- 주로 문어에서 사용한다.

  예문 세대 간에는 차이가 있으므로 대화를 통해 서로 이해하려는 노력이 필요하다.

- 격식적이거나 공식적인 상황에서 사용한다.

  예문 (논문에서) 나이가 어릴수록 언어 습득 속도가 빠르므로 어릴 때 배우는 것이 좋다.
  (안내 방송에서) 공연 시작 20분 전이므로 입장해 주시기 바랍니다.

관련 표현

- **-어서**
  (1) '-어서'는 선행 용언과 결합할 때 '-었-', '-겠-'이 개재되기 어려우나, '-으므로'에는 그러한 제약이 없다.

  예문 최선을 (*다했어서/다했으므로) 아쉬움은 없다.
  내일은 비가 (*오겠어서/오겠으므로) 외출하실 때 우산을 꼭 챙기시기 바랍니다.

  (2) '-어서'는 청유문, 명령문으로 쓰기 어려우나, '-으므로'에는 그러한 제약이 없다.

예문 모두가 어려운 때(*여서/이므로) 최선을 다하자.

　　　　토요일에 중요한 행사가 있(*어서/으므로) 모두 출근하세요.

(3) '–어서'는 구어와 문어에 두루 쓰이는 반면, '–으므로'는 주로 문어나 격식적인 상황에서 사용한다.

- **–으니까**

(1) '–으니까'는 주로 구어나 비격식적인 상황에서 쓰이는 반면, '–으므로'는 주로 문어나 격식적인 상황에서 사용한다.

예문 시간 없으니까 빨리 말해.

　　　　시간이 얼마 남지 않았으므로 발표를 서둘러 마무리해 주시길 바랍니다.

- **–기 때문에**

(1) 대부분의 경우에 '–으므로'와 큰 의미 차이 없이 바꿔 쓸 수 있다.

예문 최선을 다했(기 때문에/으므로) 아쉬움은 없다.

(2) 단, '–기 때문에'는 선행 용언과 결합할 때 '–겠–'이 개재되기 어려우나, '–으므로'는 그러한 제약이 없다.

예문 내일은 비가 오겠(*기 때문에/으므로) 외출하실 때 우산을 꼭 챙기시길 바라비다.

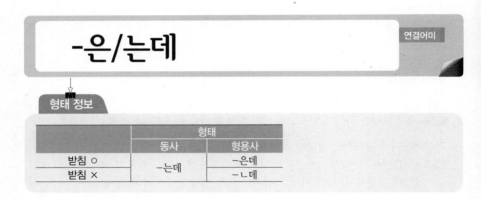

-은/는데

연결어미

형태 정보

	형태	
	동사	형용사
받침 ○	–는데	–은데
받침 ×		–ㄴ데

1 상황 또는 배경 제시

뒤에 이어지는 내용에 대한 배경이나 상황을 나타낸다.

- 주말에 영화를 봤는데 지루해서 잠이 들어 버렸어요.
- 어머니 생신 선물을 사려고 하는데 어떤 선물이 좋을까요?
- 어제 고속도로에서 큰 교통사고가 났는데 많은 사람이 다쳤다.
- 가 : 여보, 잠깐 이야기 좀 해.

나 : 오늘은 좀 피곤한데 내일 이야기하자.

문법 정보

- **후행절 정보** : 후행절은 주로 새로운 정보나 경험해서 발견한 사실, 또는 화자의 감상을 나타낸다.

  예문 *어제 식당에 갔는데 밥을 먹었어.

  어제 식당에 갔는데 유명한 가수를 봤어. → 신정보, 경험해서 발견한 사실

  어제 학교 앞 식당에 갔었는데 예전보다 맛이 없어졌더라. → 신정보, 경험해서 발견한 사실

  어제 여의도에 갔는데 벚꽃이 참 예쁘더라고요. → 감상

담화 정보

- 주로 구어에서 사용하는 경향이 있다.

  예문 영화표가 생겼는데 같이 보러 갈래?

- 요청, 제안, 명령을 하기에 앞서 상황이나 배경을 제시할 때 자주 사용한다.

  예문 여보, 간장이 떨어졌는데 퇴근하는 길에 하나만 사다 줘요.

  내일 시험도 있는데 방에 가서 공부하렴.

  예문 가 : 신혜 씨, 지금 점심 먹으러 가는데 같이 갈래요?

  나 : 그렇지 않아도 배가 고팠는데 같이 가요.

2 대립되는 사실

대립되는 두 가지의 사실을 연결할 때 쓴다.

- 형은 키가 큰데 동생은 키가 작더라고요.
- 열심히 공부했는데 시험에 떨어졌어요.
- 4월이 되었는데 아직도 날씨가 너무 춥다.
- 가 : 혹시 강희 보셨어요?

  나 : 강희가 조금 전까지는 여기에 있었는데 안 보이네.

담화 정보

- 주로 구어에서 사용하는 경향이 있다.

  예문 평일이라 백화점이 한가할 줄 알았는데 사람이 많네.

관련 표현

- **−지만**

  (1) '−는데'와 큰 의미 차이 없이 바꿔 쓸 수 있다.

  예문 조금 전에 밥을 먹었(지만/는데) 또 배가 고프다.

(2) 단, '–지만'이 '–는데'에 비해 문어성이 강하다.

- **–으나**
  (1) '–는데'와 큰 의미 차이 없이 바꿔 쓸 수 있다.
  예문 작년에는 지원자가 많지 않았(으나/는데) 올해는 경쟁률이 무척 높다.

  (2) 단, '–으나'는 문어성이 매우 강하다. '–으나'는 문어나 연설, 보고, 발표와 같은 격식적인 구어에서 자주 사용한다.

  (3) 대립적인 사실을 나타내는 연결어미를 문어성과 격식성을 기준으로 나열해 보면 '–는데 〈 –지만 〈 –으나' 순이 된다. 즉, 세 표현 중에서 '–는데'가 가장 구어성이 높고 격식성이 낮으며, '–으나'가 가장 문어성이 높으며 주로 격식적인 상황에서 사용된다.

종결어미 '–는데'

① 반응 유도

듣는 사람의 반응을 적극적으로 기대하며 말할 때 사용한다.

- 가 : 민수 씨, 오늘 정말 멋진데요?
  나 : 사실 오늘 소개팅이 있거든요.

- 가 : 엄마, 내가 설거지했는데.
  나 : 그래. 잘했어. 수고했다.

-은/는지

연결어미

형태 정보

	형태	
	동사	형용사
받침 ○	–는지	–은지
받침 ×		–ㄴ지

1 의문이 나는 상황 또는 사실

'누구, 어디, 왜, 무엇, 어떻게' 등과 함께 쓰여 화자가 의문을 가진 상황 또는 사실을 나타낸다. 이는 뒤에서 추론하거나 논의하는 대상이 된다.

- 혹시 저 분이 누구신지 아세요?
- 이번에는 두 나라의 관계가 어떻게 변해 왔는지 살펴봅시다.
- 어떻게 그 일이 언론에 공개되었는지 도무지 이해할 수가 없다.
- 가 : 민우의 기분이 왜 저렇게 안 좋은지 모르겠어.
  나 : 얼마 전에 여자 친구랑 헤어졌대. 많이 힘든가 봐.

문법 정보

- **선어말어미 제약** : 선행 용언과 결합할 때 '-겠-'이 개재되기 어렵다.
  > **예문** 시험이 몇 시부터 (시작하는지/*시작하겠는지) 아세요?

- **후행 요소 정보** : '-는지' 뒤에는 주로 '알다, 모르다, 깨닫다, 이해하다'와 같은 인지 동사나 '검토하다, 살펴보다, 논의하다, 알아보다'와 같이 추론 및 논의의 의미가 있는 동사가 온다.
  > **예문** 내가 얼마나 바보 같은 일을 했는지 뒤늦게 깨달았다.

> **tip** '-는지 -는지'의 꼴로 쓰이면 둘 중에 어느 것인지에 대한 의문을 나타내며, 이는 뒤에서 추론하거나 논의하는 대상이 된다. 이때 결합하는 용언은 '있다, 없다', '오다, 안오다'처럼 의미적으로 상반되는 관계에 있는 것이 선택된다.
> - 맛이 있는지 없는지 내가 한번 먹어 볼게.
> - 채린이가 오늘 학교에 오는지 안 오는지 물어보렴.
> - 집주인이 안에 있는지 없는지 문을 두드려 보자.
> - 걔가 한 말이 진짜인지 가짜인지 내가 어떻게 알겠어?

담화 정보

- ('-는지' 뒤의 내용을 생략하여 종결어미처럼 쓰여) 상대방에게 외부의 상황이나 타인에 대한 정보를 물을 때 쓴다.
  > **예문** 저 분이 누구신지요? → 저 분이 누구신지 아세요?
  > 채린 씨가 지금 어디에 있는지요? → 채린 씨가 지금 어디에 있는지 아세요?

2. 앞선 상황 강조

'얼마나/어찌나 -는지 모르다'의 꼴로 쓰여 매우 그러함을 강조할 때 쓴다.

- 우리 서준이가 얼마나 효자인지 몰라요.
- 이렇게 큰 상을 주셔서 얼마나 감사한지 모르겠습니다.
- 가을 하늘이 어찌나 높고 푸른지 모른다.

- 가 : 여행은 재미있으셨어요?
  나 : 여행 중에 여권을 잃어 버려서 얼마나 고생을 했는지 모르실 거예요.

문법 정보

- **선어말어미 제약** : 선행 용언과 결합할 때 '-겠-'이 개재되기 어렵다.
  > [예문] 그곳에 가면 가을 하늘이 어찌나 (아름다운지/*아름답겠는지) 몰라요.

- **후행 요소 정보** : '-는지' 뒤에는 주로 '알다', '모르다'가 오며 평서문으로 쓴다.
  > [예문] *우리 서준이가 얼마나 효자인지 모릅시다.

공기 정보

- 의미를 강조하기 위해 '얼마나, 어찌나'와 함께 쓴다.
  > [예문] 신혜는 어찌나 마음이 곱고 예쁜지 몰라.

담화 정보

- ('-는지' 뒤의 내용을 생략하여 종결어미처럼 쓰여) 앞선 상황을 강조하기도 한다.
  > [예문] 물이 어찌나 맑고 깨끗한지! → 물이 어찌나 맑고 깨끗한지 몰라요.
  >
  > 이렇게 큰 상을 주셔서 얼마나 감사한지요! → 이렇게 큰 상을 주셔서 얼마나 감사한지 모르겠습니다.

3 이유, 근거 상황

뒤에 이어지는 내용에 대한 근거나 원인이 되는 상황을 나타낸다.

- 연정이가 바쁜지 며칠째 연락이 없네요.
- 텔레비전이 고장이 났는지 갑자기 켜지지 않아.
- 동생이 잘못을 했는지 엄마에게 혼이 나고 있었다.
- 가 : 김 대리가 안 좋은 일이 있는지 표정이 어둡더라고요.
  나 : 네. 아버지가 편찮으시다고 들었어요.

문법 정보

- **선어말어미 제약** : 선행 용언과 결합할 때 '-겠-'이 개재되기 어렵다.
  > [예문] ?비가 오겠는지 날이 흐리다.

- **후행절 제약** : 후행절은 주로 평서문, 의문문으로 쓴다. 청유문, 명령문으로 쓰기 어렵다.
  > [예문] *강희가 바쁜지 며칠째 연락하지 말자.

'-는지(도) 모르다'의 꼴로 쓰여 앞 내용에 대한 추측을 나타낸다.

• 두 사람이 몰래 연애를 하고 있는지도 몰라.
• 일부러 나를 못 본 척했는지도 몰라요.
• 벌써 그 소식을 들었는지도 모르겠다.
• 가 : 이미 알고 있는지도 모르겠지만 김 대리가 다음 달에 결혼을 한대요.
  나 : 그래요? 꼭 참석해야겠네요.

문법 정보

• **선어말어미 제약** : 선행 용언과 결합할 때 '-겠-'이 개재되기 어렵다.
  [예문] *날이 흐린 걸 보면 비가 오겠는지도 몰라.

• **후행 요소 정보** : '-는지' 뒤에는 주로 '모르다'가 오며 평서문으로 쓴다.
  [예문] *벌써 그 소식을 들었는지도 모릅시다.

• **조사 결합 정보** : 의미를 강조하기 위해 보조사 '도'와 결합하여 '-는지도'로 쓸 수 있다.

관련 표현

• **-을지**
  (1) '-는지'와 큰 의미 차이 없이 바꿔 쓸 수 있다. 단, '-을지'가 '-는지'에 비해 더 막연
  하고 어렴풋이 추측하는 느낌이 있다.
  [예문] 일부러 나를 못 본 척했(을지/는지) 몰라요.

'-는지 모르다'의 꼴로 쓰여 어떤 대상에 대해 걱정하고 염려함을 나타낸다.

• 남자 친구가 군대에서 잘 지내는지 모르겠어요.
• 서준이가 밥이나 잘 먹고 다니는지 모르겠어.
• 아프진 않은지 모르겠다.
• 가 : 아드님이 유학을 갔다면서요?
  나 : 네. 요즘 시험 때문에 많이 바쁘다고 하던데 밥이나 챙겨 먹었는지 모르겠네요.

문법 정보

• **선어말어미 제약** : 선행 용언과 결합할 때 '-겠-'이 개재되기 어렵다.
  [예문] *아들이 혼자 있는데 밥이나 챙겨 먹겠는지 모르겠네요.

- **후행 요소 정보** : '-는지' 뒤에는 주로 '모르다'가 오며 평서문으로 쓴다.
  예문 *아프진 않은지 모릅시다.

관련 표현

- **-을지**
  (1) 어떤 대상에 대해 걱정함을 나타내는 '-는지'는 '-을지'와 의미 특성이 유사하다. 그러나 '-는지'는 현재 상황에 대해 염려하는 느낌을, '-을지'는 미래 상황 또는 더 막연한 상황에 대해 걱정하는 느낌을 준다.
  예문 아들이 군대에서 잘 지내는지 모르겠어요.
  아들이 다음 달에 군대에 가는데 잘 지낼지 모르겠어요.
  저렇게 무리하다가 아프지나 않을지 몰라.

종결어미 '-는지(요)'

① 정중한 물음

상대방에게 막연히 물을 때 사용한다. 조사 '요'를 붙인 '-는지요'는 주로 완곡하고 정중하게 물을 때 사용한다.

- 너도 알고 있었는지?
- 내일 회의에 참석하실 수 있으신지요?

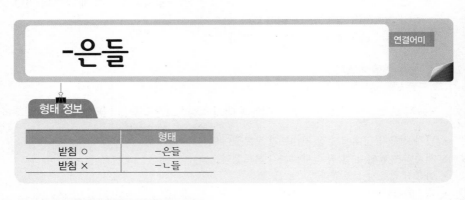

-은들

연결어미

형태 정보

	형태
받침 ○	-은들
받침 ×	-ㄴ들

1 가정, 예상과 결과가 다름

어떤 상황을 가정하여 인정한다고 해도 그 결과가 예상과 다른 내용임을 나타낸다. 주로 앞의 내용이 기대에 미치지 못하거나 미흡하다는 의미를 나타낼 때 많이 쓴다.

- 돈이 아무리 많은들 건강하지 않다면 무슨 소용이 있겠습니까?

- 세월이 **흘러간들** 그 사람을 잊을 수는 없을 것이다.
- 그 아이는 아무리 **혼낸들** 눈 하나 깜짝 안 한다.
- 가 : 아무리 몸에 좋은 음식을 **먹은들** 운동을 안 하면 건강이 좋아지지 않아요.
  나 : 네. 그런데 바빠서 운동할 시간이 나질 않아요.

문법 정보

- **선어말어미 제약** : 선행 용언과 결합할 때 '-었-', '-겠-'이 개재되기 어렵다.
  > 예문 *내가 갔은들 그 일을 성공시키지 못했을 것이다.
  >   *그 아이는 아무리 혼내겠은들 눈 하나 깜짝 안 할 것이다.
- **후행절 제약** : 후행절은 주로 평서문, 의문문으로 쓴다. 청유문, 명령문으로 쓸 수 없다.
  > 예문 *세월이 흘러간들 그 사람을 잊지 말아라.

담화 정보

- 주로 문어에서 사용한다.
- 주로 연령대가 높은 사람들이 사용하는 경향이 있다.
- 부정적으로 평가하는 의미가 있으므로 윗사람에게 사용하면 실례가 될 수 있다.

관련 표현

- **-을지라도**
  (1) '-을지라도'는 '-은들'과 비슷하게 현실과 다르거나 일어날 가능성이 희박한 상황을
      가정할 때 자주 사용된다. 그러나 '-은들'에는 선행절의 내용이 기대에 미치지 못하
      거나 미흡함을 나타내는 부정적 평가의 의미가 있다는 점이 다르다.
  > 예문 비록 세상이 모두 나를 믿지 않을지라도 너만 나를 믿어 주면 돼.
  >   조금 일찍 출발한들 제 시간에 도착하기는 어려워.

-을수록

연결어미

형태 정보

	형태
받침 ○	-을수록
받침 ×	-ㄹ수록

앞 내용에 비례하여 뒤의 내용도 그 정도가 더해지거나 덜해짐을 나타낸다.

- 한국어는 배울수록 어렵지만 재미도 있어요.
- 나이가 어릴수록 외국어를 더 잘 배운다면서요?
- 가까운 사이일수록 예의를 잘 지키도록 하렴.
- 설문 조사 결과에서 연령이 높을수록 등산을 좋아하는 것으로 나타났다.
- 가 : 여자 친구가 그렇게 좋아요?
  나 : 네. 만나면 만날수록 더 좋아져요.

문법 정보

- **선어말어미 제약** : 선행 용언과 결합할 때 '-었-', '-겠-'이 개재되기 어렵다.
  예문 *만나면 (만났을수록/만나겠을수록) 여자 친구가 더 좋아져요.

tip '-으면 -을수록'의 꼴로 쓰면 더욱 강조하는 뜻을 나타낸다.
  - 나이가 어리면 어릴수록 외국어를 더 잘 배운다고 한다.
  - 한국어는 배우면 배울수록 어렵지만 재미도 있어요.

tip '갈수록'은 '시간이 지나면서 점점 더'의 뜻으로 부사로 굳어진 경우이다.
  - 한국어 실력이 갈수록 좋아지고 있구나.
  - 과일 가격이 갈수록 비싸진다.

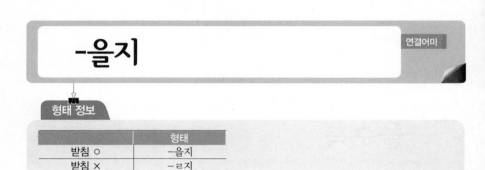

-을지

연결어미

형태 정보

	형태
받침 ○	-을지
받침 ×	-ㄹ지

화자가 막연한 의문을 가진 상황 또는 사실을 나타낸다. 이는 뒤에서 추론, 판단하거나 논의하는 대상이 된다.

- 여자 친구에게 어떤 선물을 하면 좋을지 좀 알려 주세요.
- 지금쯤 행사가 시작되었을 텐데, 몇 명이나 참석했을지 궁금하네요.
- 이번 프로젝트가 언제까지 마무리될지 내일 오전 중에 보고하세요.
- 이번 경기에서 어느 팀이 이길지 알 수 없다.
- 가 : 이번에 박 선수가 큰 부상을 당했다면서요?

  나 : 네. 부상이 심각해서 회복할 수 있을지 의문입니다.

문법 정보

- **선어말어미 제약** : 선행 용언과 결합할 때 '-겠-'이 개재되기 어렵다.

  예문 다음 대회에서는 누가 우승을 (할지/*하겠을지) 궁금하네요.

- **후행 요소 정보** : '-는지' 뒤에는 주로 '알다, 모르다, 깨닫다, 이해하다'와 같은 인지 동사나 '검토하다, 살펴보다, 논의하다, 알아보다'와 같이 추론 및 논의의 의미가 있는 동사가 온다.

  tip '-을지 -을지'의 꼴로 쓰이면 둘 중에 어느 것인지에 대한 의문을 나타내며, 이는 뒤에서 추론하거나 논의하는 대상이 된다. 이때 선행 용언은 의미적으로 상반되는 관계에 있는 것이 선택된다.
  - 콘서트에 같이 갈지 말지 결정해서 알려 줘.
  - 시험에 붙었을지 떨어졌을지 전혀 모르겠다.

공기 정보

- 의미를 강조하기 위해 '얼마나, 어찌나'와 함께 쓴다.

  예문 가 : 우리 딸이 내일 연주회에서 얼마나 잘할지 기대하고 있어. 응원할게.

  나 : 열심히 할게요. 고마워요, 아빠.

담화 정보

- (도치나 생략을 통해 종결어미처럼 쓰여) 막연한 의문을 나타낼 수 있다.

  예문 내 첫사랑은 어떻게 지내고 있을지.

  (= 내 첫사랑은 어떻게 지내고 있을지 궁금하네.)

  예문 궁금하네. 내 첫사랑은 어떻게 지내고 있을지.

- (종결어미 자리에서 '-을지요'의 형태로 쓰여) 상대방에게 완곡하게 물어볼 때 사용한다.

  예문 여자 친구에게 어떤 선물을 하면 좋을지요?

  그 사람이 한국 음식을 좋아할지요?

관련 표현

- **-는지**

  (1) 화자가 의문을 가지는 상황 또는 사실을 나타내는 '-을지'는 '-는지'와 유사한 의미

특성을 지닌다. 그러나 '–는지'는 주로 현재 상황에 대한 의문을 나타내지만 '–을지'는 미래 상황 또는 더 막연한 상황에 대한 의문을 나타내는 느낌이 있다.

> **예문** 이번 경기에서 어떤 팀이 (*이기는지/이길지) 알 수가 없다. → 미래 상황에 대한 의문을 나타낼 때 '–을지'를 쓰는 것이 자연스러움.
>
> 어제 있었던 대회에서 누가 1등을 (했는지/했을지) 궁금하네요. → '–는지'에 비해 '–을지'가 더 막연한 상황에 대해 의문을 가지는 느낌이 있음.

2 추측

'–을지(도) 모르다'의 꼴로 쓰여 앞 내용에 대한 추측을 나타낸다.

- 금요일이라서 차가 막힐지 몰라요. 지하철을 타고 가는 게 어때요?
- 저녁이 되면 추워질지 몰라. 따뜻하게 입고 나가렴.
- 지금 자고 있을지도 모르니까 내일 전화해야겠다.
- 가 : 그 사람이 너의 말에 상처를 받았을지도 몰라.
  나 : 그래? 내일 연락해서 사과해야겠다.

문법 정보

- **선어말어미 제약** : 선행 용언과 결합할 때 '–겠–'이 개재되기 어렵다.
  > **예문** *저녁이 되면 추워지겠을지도 몰라.

- **후행 요소 정보** : '–을지' 뒤에는 주로 '모르다'가 오며 평서문으로 쓴다.
  > **예문** *그 소식을 들었을지도 모릅시다.

- **조사 결합 정보** : 의미를 강조하기 위해 보조사 '도'와 결합하여 '–을지도'로 쓸 수 있다.

관련 표현

- **–는지**
  (1) '–는지'와 큰 의미 차이 없이 바꿔 쓸 수 있다. 단, '–을지'가 '–는지'에 비해 더 막연하고 어렴풋하게 추측하는 느낌이 있다.
  > **예문** 일부러 나를 못 본 척했(는지도/을지도) 몰라요.

3 걱정, 염려

'–을지 모르다'의 꼴로 쓰여 어떤 대상에 대해 걱정하고 염려함을 나타낸다.

- 유학 간 동생이 잘 지내고 있을지 모르겠어요.
- 날씨가 갑자기 추워졌는데 아내가 옷을 따뜻하게 입고 나갔을지 걱정이네요.
- 아들이 밥은 잘 챙겨 먹고 다닐지 모르겠다.

- 가 : 신혜가 저렇게 무리하다가 아프지나 않을지 몰라.
  나 : 그러게 말이에요. 저도 걱정이에요.

문법 정보

- **선어말어미 제약** : 선행 용언과 결합할 때 '-겠-'이 개재되기 어렵다.
  예문 *아들이 혼자 있는데 밥이나 챙겨 먹겠을지 모르겠네요.
- **후행 요소 정보** : '-을지' 뒤에는 주로 '모르다'가 오며 평서문으로 쓴다.
  예문 *아프진 않을지 모릅시다.

관련 표현

- **-는지**
  (1) 어떤 대상에 대해 걱정함을 나타내는 '-을지'는 '-는지'와 의미 특성이 유사하다. 그러나 '-는지'는 현재 상황에 대해 염려하는 느낌을, '-을지'는 미래 상황 또는 더 막연한 상황에 대해 걱정하는 느낌을 준다.
  예문 아들이 군대에서 잘 지내는지 모르겠어요.
  　　　아들이 다음 달에 군대에 가는데 잘 지낼지 모르겠어요.
  　　　저렇게 무리하다가 아프지나 않을지 몰라.

-을지라도

연결어미

형태 정보

	형태
받침 ○	-을지라도
받침 ×	-ㄹ지라도

1 기대에 어긋남

앞의 내용을 가정하거나 인정하지만 뒤의 내용에는 관계가 없거나 영향을 끼치지 않음을 나타낸다. 현실과 다르거나 일어날 가능성이 희박한 극단적인 상황을 가정할 때 많이 쓴다.

- 때로는 불만이 있을지라도 참을 줄 알아야 해.
- 비록 훈련이 괴롭고 힘들지라도 포기하지 않고 이겨낼 것이다.

- 세상이 그대를 **속일지라도** 슬퍼하거나 노여워하지 마라.
- 그는 긴장은 **했을지라도** 겁을 내지는 않았다.

문법 정보

- **선어말어미 제약** : 선행 용언과 결합할 때 '–겠–'이 개재되기 어렵다.

  > [예문] *죽음이 우리 사이를 갈라놓겠을지라도 사랑하는 마음은 변함없을 거예요.

담화 정보

- 주로 문어에서 사용하는 경향이 있다.

관련 표현

- **–어도**

  (1) '–을지라도'가 그 뜻이 더 강하고 현실이 아닌 상황을 가정하는 느낌이 있다.

  > [예문] 하연이는 많이 먹(어도/²을지라도) 살이 찌지 않는다.
  > 죽음이 우리 사이를 갈라놓을지라도 사랑하는 마음은 변함이 없을 것이다.

  (2) '–어도'는 구어와 문어에 두루 쓰이는 데 비해 '–을지라도'는 주로 문어에서 사용하는 경향이 있다.

- **–더라도**

  (1) '–을지라도'가 그 뜻이 더 강하고 현실이 아닌 상황을 가정하는 느낌이 있다.

  > [예문] 많이 (바쁘더라도/²바쁠지라도) 운동은 매일 하고 있어요.
  > 죽음이 우리 사이를 갈라놓을지라도 사랑하는 마음은 변함이 없을 것이다.

  (2) '–을지라도'는 주로 문어에서 사용하는 경향이 있다.

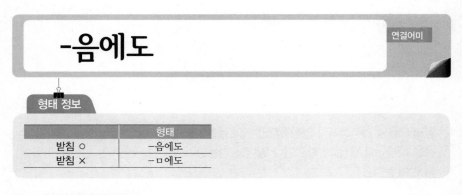

-음에도

연결어미

형태 정보

	형태
받침 ○	–음에도
받침 ×	–ㅁ에도

1 상반되는 사실

> **앞의 내용으로 인해 기대되는 사건이 발생하지 않았거나 기대에 상반되는 사건이 발생하였음을 나타낸다.**

- 그는 실력이 뛰어남에도 게으른 탓에 성공하지 못했다.
- 그녀는 어린 **나이임에도** 뛰어난 실력을 갖추고 있다.
- 여러 번 주의를 **주었음에도** 철수는 같은 실수를 반복했다.
- 많은 우여곡절이 있었음에도 불구하고 그들은 신제품 개발에 성공했다.
- 가 : 행사 준비는 잘 되어 갑니까?
  나 : 행사가 내일 시작됨에도 불구하고 아직 준비가 완벽하지 못해서 걱정입니다.

tip '상관하지 않음'을 뜻하는 동사 '불구하다'와 함께 ' 명사 −음에도 불구하고'의 구성으로 쓰여 그 뜻을 더욱 강조한다. 명사에는 ' 명사 + 불구하고'의 구성으로 쓰인다.
   - 부모님이 반대하셨음에도 불구하고 철수는 유학을 떠났다.
   - 부모님의 반대에도 불구하고 철수는 유학을 떠났다.
   - 그녀는 어린 나이임에도 불구하고 뛰어난 실력을 갖추고 있다.
   - 그녀는 어린 나이에도 불구하고 뛰어난 실력을 갖추고 있다.

문법 정보

- **후행절 제약** : 후행절은 주로 평서문, 의문문으로 쓴다. 청유문, 명령문으로 쓸 수 없다.
  예문 심한 감기 몸살에 걸렸음에도 불구하고 회사에 출근(했다./했니?/*하자./*해라.)

담화 정보

- 주로 문어에서 사용하는 경향이 있다.
  예문 한국 대표팀은 최선을 다했음에도 불구하고 패배하고 말았다.

관련 표현

- **−는데**
  (1) '−음에도'와 큰 의미 차이 없이 바꿔 쓸 수 있다. 단, '−음에도'가 앞의 내용과 대립되며 기대에 상반되는 사실이 뒤에 이어짐을 더욱 강하게 표현한다.
  예문 벌써 4월(인데/임에도) 아직 날씨가 춥다.

  (2) '−음에도'가 '−는데'에 비해 문어성이 강하다.

-자

형태 정보

• 용언의 어간에 '–자'를 붙인다.

1 잇따라 일어남

앞의 행위가 일어나고 잇따라 다음 행위가 일어남을 나타낸다.

• 까마귀 **날자** 배 떨어진다.
• 집을 **나서자** 비가 오기 시작했다.
• 문이 **열리자** 민수가 서 있는 것이 보였다.
• 가 : 호랑이도 제 말하면 온다고, 제가 강 선생님 이야기를 **하자** 강 선생님이 나타나셔서
        깜짝 놀랐습니다.
  나 : 하하하. 그러셨어요?

문법 정보

• **선행 용언 제약** : 주로 동사와 결합한다. 형용사, '이다'와 결합하기 어렵다.

• **선어말어미 제약** : 선행 용언과 결합할 때 '–었–', '–겠–'이 개재되기 어렵다.
  예문 *저녁이 되었자 비가 오기 시작했다.

• **후행절 제약** : 후행절은 주로 현재형, 과거형으로 쓴다. 따라서 청유문, 명령문으로 쓰기 어렵다.
  예문 *수업이 끝나자 화장실에 (갈 거예요/갑시다/가십시오).

담화 정보

• 주로 문어에서 사용하는 경향이 있다.

2 원인, 동기

앞의 내용이 뒤에 이어지는 내용의 원인이나 동기임을 나타낸다.

• 여름이 **되자** 아이스크림의 판매가 증가했습니다.
• 내가 그 말을 **하자** 엄마께서 불같이 화를 내셨다.
• 모든 것을 **포기하자** 마음이 편해졌다.

- 가 : 박 기자, 오늘 정부의 대책 발표가 있었는데요.

  나 : 네. 그러나 정부의 대책이 **발표되자** 국민의 비난이 쏟아졌습니다.

문법 정보

- **선행 용언 제약** : 주로 동사와 결합한다. 형용사, '이다'와 결합하기 어렵다.

  〔예문〕 *그 애가 예쁘자 인기가 많아졌다.

- **선어말어미 제약** : 선행 용언과 결합할 때 '-었-', '-겠-'이 개재되기 어렵다.

  〔예문〕 *아이는 선물을 (받았자/받겠자) 뛸 듯이 기뻐했다.

- **후행절 제약** : 후행절은 주로 현재형, 과거형으로 쓴다. 따라서 청유문, 명령문으로 쓰기 어렵다.

  〔예문〕 *학교가 끝나자 곧바로 집에 (들어올게요/들어오겠습니다/들어와라).

담화 정보

- 주로 문어에서 사용하는 경향이 있다.

  〔예문〕 전염병이 번지자 사람들이 마스크를 쓰고 다녔다.

관련 표현

- **–자마자**

  (1) 앞의 행위와 다음 행위의 시간차가 거의 없을 때는 '–자마자'가 더 자연스럽고, 두 행위의 시차와 관계없이 앞의 행위가 원인이나 동기가 되어 다음의 행위가 이어질 때는 '–자'를 쓰는 것이 자연스럽다.

  〔예문〕 집에 돌아오(자마자/자) 손을 씻었다.

  수업이 끝나(*자마자/자) 잠시 후에 선생님이 교실을 나가셨다.

  아기가 나를 보자마자 울기 시작했다. → 아기가 나를 보았고 곧바로 울기 시작했다.

  아기가 나를 보자 울기 시작했다. → 아기가 나를 보았고 (나 때문에) 울기 시작했다.

  초인종을 누르자마자 집주인이 나왔다. → 초인종을 눌렀고 곧바로 집주인이 나왔다.

  초인종을 누르자 집주인이 나왔다. → 초인종을 눌렀기 때문에 집주인이 나왔다.

  정부가 대책을 발표하자마자 비난이 쏟아졌다. → 정부가 대책을 발표했고 곧바로 비난이 쏟아졌다.

  정부가 대책을 발표하자 비난이 쏟아졌다. → 정부가 대책을 발표했고 대책 때문에 비난이 쏟아졌다.

  (2) '–자'의 뒤에는 명령, 청유문이 올 수 없지만, '–자마자'에는 그러한 제약이 없다.

  〔예문〕 학교가 끝나(자마자/*자) 집으로 돌아와라.

  여름 방학이 시작하(자마자/*자) 여행을 가자.

〔3〕 자격이나 특징이 함께 있음

둘 이상의 자격이나 특징을 동시에 가지고 있음을 나타낸다.

- 그는 시인이자 교수이다.
- 그것은 어른들의 **책임이자** 의무입니다.
- 이것은 저의 **생각이자** 제 부모님의 뜻이기도 합니다.
- 가 : **처음이자** 마지막으로 부탁 하나만 할게요.
  나 : 무슨 일인데요? 말씀해 보세요.

문법 정보

- **주어 제약** : 선행절과 후행절의 주어가 같아야 하며 후행절의 주어는 보통 생략된다.

  예문 그 선수는 세계 기록 보유자이자 (*저 분은) 지난 대회의 우승자입니다.

- **선행 용언 제약** : '이다'와 결합한다.

  예문 한 남자의 아내이자 두 아이의 엄마로서 최선을 다하고 있다.

- **선어말어미 제약** : 선행 용언과 결합할 때 '-었-', '-겠-'이 개재되기 어렵다.

  예문 *그는 천재적인 피아노 (연주가였자/연주가이겠자) 작곡가이시다.

참고 정보

① -자 하니(까)

'보자 하니(까)', '듣자 하니(까)'의 꼴로 쓰여 보고 들은 것을 근거로 말함을 나타낸다.

- 듣자 하니까 이번에 큰 아들이 결혼을 한다면서?
- 보자 하니 오늘 내로 끝내기는 틀린 것 같다

② -자 -자 하니(까)

'보자 보자 하니(까)', '듣자 듣자 하니(까)'의 꼴로 쓰여 어떤 상황을 참고 지나치려 해도 참을 수가 없음을 나타낸다.

- 듣자 듣자 하니까 그걸 말이라고 해?
- 보자 보자 하니까 정말 너무하네.
- 너 정말 보자 보자 하니까 못하는 짓이 없다!

-자마자

형태 정보

- 용언의 어간에 '-자마자'를 붙인다.

1 곧바로

앞의 행위가 일어나고 곧바로 다음 행위가 일어남을 나타낸다.

- 한국에 도착하자마자 연락해 주세요.
- 수업이 끝나자마자 저녁 먹으러 가자.
- 집을 나오자마자 비가 내리기 시작했다.
- 서준이는 대학을 졸업하자마자 취직했다.
- 가 : 언제부터 그 사람을 좋아하게 됐어요?
  나 : 그녀를 보자마자 첫눈에 반했습니다.

문법 정보

- **선행 용언 제약** : 주로 동사와 결합한다. 형용사, '이다'와 결합하기 어렵다.

  예문 *그 애는 예쁘자마자 인기가 많아졌다.

- **선어말어미 제약** : 선행 용언과 결합할 때 '-었-', '-겠-'이 개재되기 어렵다.

  예문 서준이는 대학을 졸업(하자마자/*했자마자) 취직했다.

  우리는 결혼을 (하자마자/*하겠자마자) 아이를 가질 계획이에요.

- **부정형 정보** : 선행절에 부정을 나타내는 '안', '못'을 쓰면 어색한 경우가 많다.

  예문 *동생이 밥을 안 먹자마자 엄마가 혼을 내셨어요.

  ?시험을 못 보자마자 속상해서 눈물이 나왔어요.

관련 표현

- **-자**
  (1) 앞의 행위와 다음 행위의 시간차가 거의 없을 때는 '-자마자'가 더 자연스럽고, 두 행위의 시차와 관계없이 앞의 행위가 원인이나 동기가 되어 다음의 행위가 이어질 때는 '-자'를 쓰는 것이 자연스럽다.

  예문 집에 돌아오(*자/자마자) 손을 씻었다.

  수업이 끝나(자/*자마자) 잠시 후에 선생님이 교실을 나가셨다.

  아기가 나를 보자마자 울기 시작했다. → 아기가 나를 보았고 곧바로 울기 시작했다.

아기가 나를 보자 울기 시작했다. → 아기가 나를 보았고 (나 때문에) 울기 시작했다.

초인종을 누르자마자 집주인이 나왔다. → 초인종을 눌렀고 곧바로 집주인이 나왔다.

초인종을 누르자 집주인이 나왔다. → 초인종을 눌렀기 때문에 집주인이 나왔다.

정부가 대책을 발표하자마자 비난이 쏟아졌다. → 정부가 대책을 발표했고 곧바로 비난이 쏟아졌다.

정부가 대책을 발표하자 비난이 쏟아졌다. → 정부가 대책을 발표했고 대책 때문에 비난이 쏟아졌다.

(2) '-자'의 뒤에는 명령, 청유문이 올 수 없지만, '-자마자'에는 그러한 제약이 없다.

　예문 학교가 끝나(*자/자마자) 집으로 돌아와라.

　여름 방학이 시작하(*자/자마자) 여행을 가자.

- **-는 대로**

(1) '-는 대로'는 앞서 어떤 행위가 일어나고 그 상태가 계속되는 가운데 그와 관련된 뒤의 행위가 일어남을 나타내지만, '-자마자'는 앞의 행위가 일어난 그 순간을 가리키기 때문에 우연적인 상황에도 사용할 수 있다.

　예문 한국에 도착하(는 대로/자마자) 연락할게요.

　학교가 끝나(는 대로/자마자) 집으로 돌아와라.

　집을 나오(*는 대로/자마자) 비가 내리기 시작했다.

(2) '-는 대로'의 후행절에는 미래의 내용이 이어지는 것이 자연스럽다.

　예문 일어나(*는 대로/자마자) 운동하러 나갔다.

　일어나(는 대로/자마자) 운동하러 갈 거예요.

(3) '-는 대로'의 뒤에 예정이나 계획을 나타내는 내용 이외의 진술문(평서문)이 오는 것은 어색한 경우가 많다. '-자마자'의 뒤에는 평서, 의문, 명령, 청유문이 모두 쓰일 수 있다.

　예문 일어나(*는 대로/자마자) 물을 마십니다.

　한국에 도착하(는 대로/자마자) 연락할게요.

-자면

연결어미

형태 정보

- 용언의 어간에 '-자면'을 붙인다.

1 의도나 생각을 가정

- 좋은 성적을 **유지하자면** 예습과 복습을 하는 것이 중요하다.
- 이사를 **하자면** 챙겨야 할 것들이 한두 가지가 아니다.
- 저 집을 **사자면** 돈이 얼마나 있어야 할까?
- 가 : 수현아, 왜 화가 났어?
  나 : 말 안 하고 **참자면** 그냥 넘어갈 수도 있지만 그냥 솔직히 이야기할게.

문법 정보

- **선행 용언 제약** : 주로 동사와 결합한다. 형용사, '이다'와 결합하기 어렵다.
  예문 *더 예쁘자면 화장을 하면 된다.

- **선어말어미 제약** : 선행 용언과 결합할 때 '−었−', '−겠−'이 개재되기 어렵다.
  예문 *나쁘게 (보았자면/보겠자면) 그는 두 얼굴의 사나이였다.

- **부정형 정보** : 선행절에 부정을 나타내는 '못'을 쓰면 어색한 경우가 많다.
  예문 집을 (안/*못) 사자면 굳이 돈을 모을 필요가 없지.

- **후행절 제약** : 후행절은 주로 평서문, 의문문으로 쓴다. 청유문, 명령문으로 쓰기 어렵다.
  예문 *큰 집으로 이사를 하자면 돈을 더 모읍시다.

담화 정보

- 주로 문어에서 사용하는 경향이 있다.
  예문 기존의 논의를 간단하게 정리하자면 다음과 같다.

- 논리적인 글이나 발표, 연설 등에서 '말하자면, 예를 들자면, 요약하자면, 덧붙이자면' 등의 관용적인 표현으로 자주 쓰인다.
  예문 말하자면 소설보다 수필에 더 가까운 셈이다.

-지만   연결어미

형태 정보

- 용언의 어간에 '−지만'을 붙인다.
  본말 −지마는

대립되는 두 가지의 사실을 연결할 때 쓴다.

- 어머니는 노래를 잘 **부르시지만** 저는 음치예요.
- 오전에는 날씨가 매우 **흐렸지만** 오후에는 날이 개었다.
- 신혜에게 전화를 **했지만** 받지 않아서 문자 메시지를 보내 두었다.
- 가 : 연정 씨, 어디 아파요? 얼굴이 안 좋아요.
  나 : 감기에 걸렸어요. 약을 **먹었지만** 감기가 좀처럼 낫지 않네요.

관련 표현

- **–는데**
  (1) '–지만'과 큰 의미 차이 없이 바꿔 쓸 수 있다.
  예문 조금 전에 밥을 먹었(는데/지만) 또 배가 고프다.

  (2) 단, '–지만'이 '–는데'에 비해 문어성이 강하다.

- **–으나**
  (1) '–지만'과 큰 의미 차이 없이 바꿔 쓸 수 있다.
  예문 많은 의학자가 이 병의 치료제를 개발하기 위해 힘써 왔(으나/지만) 아직 개발되지 않고 있다.

  (2) '–으나'는 문어성이 매우 강하며 주로 격식적인 상황에서 사용된다.

  (3) 대립적인 사실을 나타내는 연결어미를 문어성과 격식성을 기준으로 나열해 보면 '–는데 〈 –지만 〈 –으나' 순이 된다. 즉, 세 표현 중에서 '–는데'가 가장 구어성이 높고 격식성이 낮으며, '–으나'가 가장 문어성이 높으며 주로 격식적인 상황에서 사용된다.

어떤 사실이나 조건을 덧붙여 말할 때 쓴다.

- 채린이는 얼굴도 **예쁘지만** 마음이 정말 예뻐요.
- 태훈이는 공부도 **잘하지만** 운동에도 소질이 있더라고.
- 제주도는 경치도 **아름다웠지만** 음식이 정말 맛있었어요.
- 당근은 맛도 **좋지만** 눈에 매우 좋은 채소이다.
- 가 : 현정 씨, 회사 앞에 식당이 새로 생겼던데요. 가 봤어요?
  나 : 네. 그런데 그 식당은 맛도 **없지만** 직원들이 너무 불친절하더라고요.

① 전제적 사실 제시

하고자 하는 이야기를 본격적으로 제시하기에 앞서 전제적 사실을 말할 때 쓴다.

- 믿기 어렵겠지만 그 사람이 범인이었어.
- 지난번에도 말씀드렸지만 이번 주 금요일까지 관련된 서류를 모두 제출해 주세요.
- 다른 제품과 비교해 보시면 아시겠지만 품질이나 가격 면에서 저희 제품이 가장 우수합니다.

② 양해 구함

'미안하다, 실례하다' 등과 함께 쓰여 관용적으로 상대방에게 부탁하거나 공손하게 양해를 구할 때 쓴다.

- 미안하지만 자리 좀 비켜 줄래?
- 가 : 이현정 씨 좀 바꿔 주세요.
  나 : 실례지만 누구시라고 전해 드릴까요?
- 이왕 이렇게 된 거 수고스럽겠지만 한 번만 더 도와주세요.

3

종결어미

③ 종결어미

❀ 구성 ❀

표제항 정보

▶ **표제항은 다음과 같은 원칙에 근거하여 기술하였다.**
  • 매개모음을 사용하여 제시: '-(으)세요'
  • 양성모음에 결합하는 어미를 먼저 제시: '-아/어요'
  • 형용사에 결합하는 어미를 먼저 제시: '-은/는가'
  • 형태가 복잡한 경우, 동사에 붙는 형태를 대표형으로 제시: '-는다고(요)'
  • 보조사 '요'의 결합 정보는 ()로 표시: '-을게(요)'

종결어미 쉽게 읽기

▶ **결합 용언에 따른 이형태의 제시**
  • 종결어미는 결합하는 용언의 어간 말 음절의 받침 유무, 용언의 어간 말 모음의 종류, 품사에 따라 이형태를 제시하였다. 선행어가 명사일 경우 ' 명사 입니다'의 형태로 제시하였으며, 준말, 줄어든 꼴에 대한 정보를 기술하였다. 표기법과 실제 사용이 다른 경우는 tip 으로 제시하였다.

▶ **선행 용언, 선어말어미 등 문법 정보의 풍부한 제공**
  • 종결어미의 문법 정보는 '어미'라는 종결어미의 특성상 해당 종결어미가 결합되는 선행 용언, 선어말어미 등에 대한 정보를 되도록 풍부하게 제시하고자 하였다.

▶ **보조사 '요'와의 결합 가능 여부에 대한 정보 제시**
  • 종결어미는 다른 영역들과는 달리 주로 보조사 '요'와의 결합 가능 여부에 대한 정보가 제시된 것이 특징적이다

▶ **다양한 화청자 정보의 제시**
  • 종결어미는 설명, 질문, 명령, 청유 등의 서법에 따라 문장을 끝맺는 기능을 주로 하면서, 화자와 청자 정보, 화자의 태도에 대한 정보를 주로 담고 있기 때문에, 화자와 청자의 나이, 사회적 지위, 성별, 친소 관계 등에 따른 사용 양상을 다른 영역보다 상세하게 기술하였다.

▶ **공손성에 대한 정보의 제시**
  • 종결어미는 문법적 의미와 별개로 사용하는 상황 맥락에 따라 청자의 체면을 손상시키거나 불쾌감을 유발할 수 있기 때문에 공손성에 대한 맥락적 지식이 반드시 요구된다. 따라서 학습자들이 공손성을 훼손하지 않기 위해 주의해야 할 점들을 담화 정보를 통해 상세히 제시하였다.

▶ **세부적인 의사소통 기능 정보의 제시**
  • 종결어미는 상황 맥락에 따라 다양한 의사소통 기능을 나타내기 때문에 사용역 정보뿐만 아니라 세부적인 의사소통 기능에 대한 정보까지 상세히 제시하였다. 의사소통 기능 정보는 종결어미가 나타내는 함축된 의미 또는 사용 의미, 화행에 대한 설명을 담고 있다.

▶ **억양 및 어조에 대한 정보의 제시**
  • 종결어미의 억양 및 어조에 대한 정보를 제시하였다.

-거/너라

형태 정보

- 용언의 어간에 '-거라'를 붙인다.
- 단, '오다'와 결합할 경우에는 '-너라'를 붙이다.
  예문 이리 오너라.

1 명령하기

명령할 때 사용한다.

- 가 : 할머니께 인사하고 가거라.
  나 : 네, 어머니.
- 가 : 이제 방에 들어가거라.
  나 : 네, 알겠습니다. 쉬세요.
- 가 : 내일 아침 일찍 출발할 거니까 늦어도 6시에는 일어나거라.
  나 : 네, 안녕히 주무세요.
- 가 : 이것도 좀 먹거라.
  나 : 네, 감사합니다.
- 가 : 오늘 점심시간 후에 오너라.
  나 : 네, 알겠습니다. 그때 뵙겠습니다.
- 가 : 꼭 노크하고 들어오너라.
  나 : 네, 명심하겠습니다.

문법 정보

- **주어 제약** : 명령을 나타내므로 보통은 2인칭 주어와 함께 쓰거나 주어 없이 쓴다.

- **선행 용언 제약** : 주로 '-거라'는 '가다' 또는 '가다'로 끝나는 합성 동사와 결합하며 '-너라'는 '오다' 또는 '오다'로 끝나는 합성 동사와 결합한다. 그러나 그 밖의 동사와 결합하는 경우도 있다. 한편, 형용사, '이다'와 결합하기 어렵다.
  예문 *더 예쁘거라.

- **선어말어미 정보** : '-시-', '-었-', '-겠-'과 결합하기 어렵다.
  예문 맛있게 (*드시거라/*먹었거라/*먹겠거라).

담화 정보

- 주로 구어에서 사용한다.
- 주로 윗사람이 아랫사람에게 권위를 가지고 지시하거나 명령할 때 사용한다.
- 동등한 지위의 사람에게는 사용하지 않는다.
- 약간 옛날 말투의 느낌이 난다.

-거든(요)

종결어미

형태 정보

- 용언의 어간에 '-거든(요)'를 붙인다.

1 상대방이 모르는 내용을 알려 주기

상대방이 모르고 있을 거라고 생각하는 내용을 말할 때 사용한다.

- 요즘 내가 아침마다 **수영하거든**. 그런데 내가 오늘 아침에 수영복을 안 가져온 거야.
- 나 어제 길에서 선생님을 **만났거든**. 그런데 선생님은 나를 못 알아보셨어.
- 나는 겨울이 되면 원래 살이 잘 **찌거든**. 그래서 걱정이야.
- 가 : 채린아, 너 이번에 달리기 대회에 나가 볼래?
  나 : 네가 잘 모르겠지만 내가 달리기를 정말 **못하거든**.
- 가 : 고기를 많이 샀네?
  나 : 응, 우리 가족은 고기를 많이 **좋아하거든**.

문법 정보

- **선어말어미 정보** : '-시-', '-었-'과 결합할 수 있다. '-겠-'과 결합하기 어렵다.
  예문 *내일 비가 오겠거든.

담화 정보

- 주로 구어에서 사용된다.
- 주로 비격식적인 상황에서 사용된다. 격식적인 상황에서는 '-거든(요)'를 사용하기보다는 '-습니다'의 형태로 말하는 경향이 있다.

tip '-거든(요)'는 청자가 모르는 내용에 대해서 알려 주듯 말할 때 사용한다. 청자가 알고 있는 내용에 대해서 말할 경우에는 '-잖아(요)'를 사용한다.
- 우산 가져가세요. 오늘 일기 예보에서 비가 온다고 했거든요.

억양 정보

• 약간 끝을 올려 말한다.

확장

• **이유나 근거 말하기** : 앞선 말 또는 상황에 대한 이유나 근거를 말할 때에도 사용한다. 이 때에는 말끝이 내려가는 경향을 보인다.

예문 선크림 꼭 바르세요. 오늘 햇빛이 정말 강하거든요.
　　　나는 이 향수만 써. 냄새가 정말 좋거든.

예문 가 : 이번에는 왜 머리 염색 안 했어?
　　　나 : 머릿결이 좀 많이 상했거든. 그래서 염색 안 했어.

예문 가 : 너 오늘은 저녁 밥 잘 먹네.
　　　나 : 네, 엄마, 오늘 점심을 굶었거든요.

예문 가 : 너희 집은 왜 오늘 하루 종일 청소해?
　　　나 : 내일 중요한 손님이 오시거든요.

• **자랑하기** : 자랑할 때에도 사용하며, 이때의 말끝은 좀 길어진다.

예문 가 : 어머나, 규현이가 정말 잘생겼네요.
　　　나 : 그렇죠? 규현이가 남편을 닮은 것 같아요. 남편도 젊었을 때 좀 멋있었거든요.

• **단호하게 거절하기** : 단호하게 거절 의사를 밝힐 때에도 사용할 수 있으며, 이때의 말끝은 좀 짧게 한다.

예문 가 : 연정아, 이제부터 정말 너한테 잘할게. 나를 믿어 줘.
　　　나 : 됐거든. 우린 이미 끝났어.

관련 표현

• **–잖아(요)**

(1) '–잖아(요)'는 '–거든(요)'와 마찬가지로 앞선 말이나 상황에 대한 근거나 이유를 말할 때 사용하기도 한다. 그러나 청자가 알고 있는 내용에 대해서 말할 경우에만 '–잖아(요)'를 사용한다. 반면 청자가 모를 것이라 가정한 내용에 대해서 말할 경우에는 '–거든(요)'를 사용한다.

예문 가 : 채린아, 우리 다이어트도 할 겸 아침에 운동할까?
　　　나 : 나는 못 해. 나 아침에 영어 학원 다니잖아. → 아침에 영어 학원을 다니고 있다는 사실을
　　　　　청자가 이미 알고 있었으며 환기해 줌.
　　　나 : 나는 못 해. 나 아침에 영어 학원 다니거든. → 아침에 영어 학원을 다니고 있다는 사실을
　　　　　청자가 모르고 있었으며 새로이 알려 줌.

-게(요)

형태 정보

- 용언의 어간에 '-게(요)'를 붙인다.

1 상대방의 의도 묻기

상대방의 의도를 물을 때 사용한다.

- 가 : 이렇게 꾸물대다가 너 이거 언제 다 하게?
  나 : 이번 주말에 시간이 있으니까 다 할 수 있어요.
- 가 : 세뱃돈 받은 거 어디에 쓰게? 나한테 밥 좀 사.
  나 : 무슨 소리야. 나 이거 다 저금할 거야.
- 가 : 오늘도 학교에 가게?
  나 : 네, 시험 공부 때문에 가려고요.
- 가 : 어머니, 정말 오늘 하루 종일 굶으시게요?
  나 : 어, 병원에서 검사 받으려면 굶어야 한대.

문법 정보

- **선어말어미 정보** : '-시-'와 결합할 수 있다. '-었-', '-겠-'과 결합하기 어렵다.
  예문 너 이거 언제 다 (*했게/*하겠게)?

담화 정보

- 주로 구어에서 사용된다.
- 주로 비격식적인 상황에서 사용된다. 격식적인 상황에서는 '-습니까' 등의 형태로 쓰는 경향이 있다.

2 반어적으로 물어보며 반박하기

반어적인 내용의 의문문을 이용하여 앞의 내용에 대하여 반박할 때 사용한다. 앞 문장의 조건이 충족되면 뒤 문장의 내용이 당연할 테지만 실제 상황에서는 그렇게 되지 않았음을 나타낸다.

- 가 : 내가 그렇게 예뻤으면 영화배우가 됐게?

나 : 흠, 맞아. 솔직히 말하면 네 외모가 그 정도는 아니지.
- 가 : 와! 너 정말 똑똑하다. 천재야.
  나 : 날 비행기 태우지 마. 내가 천재면 지금 이러고 있게?
- 가 : 연정아, 너 이 문제 풀 수 있니?
  나 : 당연하죠. 제가 이런 문제도 못 풀면 바보게요?
- 가 : 신혜야, 너 노래 정말 잘 부른다. 다시 봤어.
  나 : 내가 노래 못 불렀으면 가수를 어떻게 했게?

문법 정보

- **선어말어미 정보** : '-시-', '-었-'과 결합할 수 있다. '-겠-'과 결합하기 어렵다.
  `예문` *그렇게 따지면 네가 1등을 하겠게?

담화 정보

- 주로 구어에서 사용된다.
- 주로 비격식적인 상황에서 사용된다. 격식적인 상황에서는 똑같은 의미를 전달하더라도 '-습니까'의 형태가 사용되며 반어적인 의미가 없다.
  `예문` (비격식적인 상황에서) 내가 돈이 있었으면 그 스포츠카를 벌써 샀게요?
  (격식적인 상황에서) 제가 돈이 있었으면 그 스포츠카를 왜 안 샀겠습니까?

3 짐작을 이끌어 내기

상대방의 짐작을 이끌어 내는 질문을 할 때 사용한다.

- 지금 몇 시게?
- 나 무슨 전공이게?
- 나 오늘 화장했게, 안 했게?
- 나 어렸을 때 별명이 뭐였게?
- 아저씨, 우리 할머니 보신 적 있으시죠? 우리 할머니 연세가 어떻게 되시게요?

문법 정보

- **선어말어미 정보** : '-시-', '-었-'과 결합할 수 있다. '-겠-'과 결합하기 어렵다.
  `예문` *내일 비가 오겠게, 안 오겠게?

담화 정보

- 주로 구어에서 사용된다.
- 주로 비격식적인 상황에서 사용된다. 격식적인 상황에서는 '-을 것 같습니까?', '-는지 압니까?' 등과 같은 표현을 사용하여 비슷한 의미를 전달할 수 있다.

예문 저 어렸을 때 별명이 무엇일 것 같습니까?
저 어렸을 때 별명이 뭐였는지 아십니까?

-고(요)

종결어미

형태 정보

• 용언의 어간에 '-고(요)'를 붙인다.

---

1 완곡하게 명령하기

상대방에게 완곡하게 명령할 때 사용한다.

• 이쪽으로 **오시고요**.
• 이거 **가져가시고요**.
• 내일은 일찍 **오시고요**.
• 가 : 이 주사 아픈가요?
  나 : 조금 아플 거예요. 소매 **걷으시고요**.

문법 정보

• **주어 제약** : 주로 2인칭 주어와 함께 쓰거나 주어 없이 쓴다.

• **선행 용언 제약** : 주로 동사와 결합한다. 형용사, '이다'와 결합하기 어렵다.
  예문 *내일은 예쁘고요.

• **선어말어미 정보** : '-시-'와 결합할 수 있다. '-었-', '-겠-'과 결합하기 어렵다.
  예문 *이거 먹(었/겠)고.

담화 정보

• 주로 구어에서 사용된다.
• 주로 비격식적인 상황에서 사용된다. 격식적인 상황에서는 '-고요' 대신 '-으십시오'를 사용하는 것이 자연스럽다.
  예문 (격식적인 상황에서) 이쪽으로 오십시오.

• '-고(요)'를 사용하면 '-으세요', '-으십시오', '-어', '-어라' 등과 같은 명령형 종결어미를 사용하는 것보다 단정적인 느낌이 들지 않아서 청자의 거부감이나 부담을 줄일 수

있다.
* 구어에서는 '-구(요)'와 같이 발음하기도 한다.

> 예문 신발은 벗으시구요.

2 (평서문으로 쓰여) 덧붙여 말하기

상대방이 한 말이나 자신이 한 말에 덧붙일 내용을 말할 때 사용한다.

* 어? 너 여기에 웬일로 왔니? 멀리 간다고 해 놓고.
* 여보세요? 어디에 있었어요? 전화도 안 **받고요**. 걱정했잖아요.
* 가 : 서준이는 참 괜찮은 학생인 것 같아요
  나 : 맞아요. 그리고 공부도 **잘하고요**.
* 가 : 오늘 본 영화는 전반적으로 잘 만들어졌다는 생각이 들었어.
  나 : 맞아, 연기도 **좋고**.
* 가 : 이번이 석사 마지막 학기예요.
  나 : 그럼 이번에 졸업하는 거니?
  가 : 그건 **아니고요**. 이번에 논문을 써요.

문법 정보

* **선어말어미 정보** : '-시-', '-었-', '-겠-'과 결합할 수 있다.

담화 정보

* 주로 구어에서 사용된다.
* 주로 비격식적인 상황에서 사용된다. 격식적인 상황에서는 '-고' 다음의 말을 생략하는 것이 어색하다. 한편 격식적인 상황에서는 덧붙이는 말을 나타내는 표지로 '-고 말입니다'와 같은 표현을 사용할 수도 있다.

> 예문 부장님은 정말 발표를 잘하시는 것 같습니다. 영어도 잘하시고 말입니다.

* 구어에서는 '-구(요)'와 같이 발음하기도 한다.

> 예문 너 어디에 있었어? 전화도 안 받구.

3 (의문문으로 쓰여) 대꾸하기

의문문의 형식으로 상대방의 말에 대꾸할 때 사용한다. '-고' 이후의 특정 부분을 생략하여 질문함으로써 그 생략된 내용을 도리어 강조하는 효과가 있다.

* 네가 공주라면 나는 **왕자고**?
* 흥, 내가 그런 말 같지도 않은 말에 속을 줄 **알고**?

- 내일 너까지 모임에 안 오면 나 혼자 어떻게 하고?
- 내가 만든 음식 다시는 안 먹겠다고 할 때는 언제고?
- 가 : 이번에 우리 가족 여행은 울릉도다.
  나 : 제주도가 아니고요?

문법 정보

- **선어말어미 정보** : '-시-', '-었-', '-겠-'과 결합할 수 있다.

담화 정보

- 주로 구어에서 사용된다.
- 주로 비격식적인 상황에서 사용된다. 격식적인 상황에서는 상대방에게 대꾸하는 상황은 어색하다.
- 구어에서는 '-구(요)'와 같이 발음하기도 한다.
  예문 밥은 먹었구?

4 (의문문으로 쓰여) 안부 묻기

친한 사람에게 안부를 물으며 인사할 때 사용한다.

- 가 : 부모님은 잘 계시고?
  나 : 네, 잘 계세요.
- 가 : 그래, 요즘 하는 일은 잘 되고?
  나 : 네, 요즘 잘 되고 있어요.
- 가 : 여자 친구하고는 잘 지내고?
  나 : 아니요, 헤어진 지 꽤 됐어요.
- 가 : 점심은 먹었고?
  나 : 응, 당연히 먹었지.
- 가 : 아버지, 저녁은 드셨고요?
  나 : 응, 오늘은 점심을 많이 먹었더니 배불러서 그냥 안 먹었다.

문법 정보

- **선행 용언 정보** : 주로 '잘 지내다', '밥을 먹다', '안녕하다'와 같이 상대방의 안부를 물을 때 자주 사용하는 표현과 결합한다.

- **선어말어미 정보** : '-시-', '-었-'과 결합할 수 있다. '-겠-'과 결합하기 어렵다.
  예문 *애들은 잘 있겠고?

담화 정보

- 주로 구어에서 사용된다.
- 주로 비격식적인 상황에서 사용된다. 격식적인 상황에서는 주로 '-습니까'의 형태를 사용하여 인사한다.
- 처음 만난 사람에게는 사용하지 않으며 친한 사람에게 사용하는 경향이 있다.
- '-고(요)'를 사용하여 인사하면 상대방과 나눈 지난 대화와 연결되는 느낌이 든다. 그러므로 오랜만에 만난 사람에게 인사하더라도 '-고(요)'를 사용할 수 있으며 오히려 대화 참여자들 간의 어색함을 줄이는 데 도움을 줄 수 있다.

  예문 요즘 회사 일은 안 바쁘고?
- 구어에서는 '-구(요)'와 같이 발음하기도 한다.

  예문 밥은 먹었구?

-기

종결어미

형태 정보

- 용언의 어간에 '-기'를 붙인다.

1 일반화하여 말하기

일어나지 않은 어떤 상황을 일반화, 추상화하여 말할 때 사용한다. 따라서 계획, 결심, 약속, 지침에 대해 말할 때 주로 사용한다.

- 오늘 저녁에 세탁소에 들러서 코트 맡기기.
- 새해부터는 열심히 다이어트 하기.
- 이번 주 토요일까지 선물 준비해 오기.
- 도서관에서 음식물 먹지 않기.
- 가 : 우리 스터디 모임에 사람들이 자꾸 지각해서 분위기가 안 좋은 것 같아.
  나 : 맞아! 그런 것 같아. 그럼 이제부터 늦게 오는 사람 벌금 내기.

문법 정보

- **주어 정보** : 주로 인칭에 관계없이 사람을 나타내는 주어와 함께 쓴다. 그러나 주어가 생략될 때가 많다.

  예문 (화자 자신에게) 오늘 고향에 소포 부치기.

  교실에서 떠들지 말기.

- **선행 용언 제약** : 주로 동사와 결합한다. 형용사, '이다'와 결합하기 어렵다.
  > 예문 *머리가 좋기.
- **선어말어미 정보** : 선어말어미 '-시-', '-었-', '-겠-'과 결합하기 어렵다.
  > 예문 제시간에 (*도착하시/*도착했/*도착하겠)기.

담화 정보

- 계획이나 결심을 나타낼 경우에는 메모에서 사용되며, 지침을 나타낼 경우에는 표어나 게시물 등의 글에서 사용한다.
- 구체적인 청자가 지정되지 않은 상황에서 사용된다. 따라서 높임법 등의 화계를 표현하지 않으나 주로 화자가 자기 자신에게 말하거나 윗사람이 아랫사람에게 말하는 경우에 사용한다.
- 어떤 상황을 일반화하여 말하는 것이므로 속담을 말할 때 사용하는 경우가 많다.
  > 예문 칼로 물 베기.
  > 하늘의 별 따기.
  > 누워서 떡 먹기.
  > 남의 말 하기는 식은 죽 먹기.

관련 표현

- **-음**
  (1) '-기'는 실제로 일어난 일이 아닌 상황을 일반화하여 나타낼 때 주로 사용하며 '-음'은 어떤 사실을 구체적으로 말할 때 사용한다. 따라서 어떤 똑같은 내용을 '-기'로 말하면 '계획 말하기'의 기능이 두드러지고, '-음'으로 말하면 '보고'의 기능이 두드러진다.
  > 예문 도서관에 책 반납하기. → 할 일을 말함, 계획 말하기
  > 도서관에 책 반납함. → 한 일을 말함, 보고하기

  (2) '-기'는 '-시', '-었-', '-겠-'과 쓸 수 없으나 '-음'은 이러한 선어말어미와 쓸 수 있다. 또한 '-기'는 형용사, '이다'와 쓸 수 없으나 '-음'은 쓸 수 있다.

- **-을 것**
  (1) '-기'와 '-을 것'은 모두 아직 일어나지 않은 상황을 가리킨다. 그런데 다른 사람에게 어떤 일을 하도록 지시하는 기능은 '-을 것'에만 있다. 똑같은 상황을 '-기'로 나타내면 '약속'의 의미가 두드러진다.
  > 예문 내일 회의에 제시간에 오기. → 약속
  > 내일 회의에 제시간에 올 것. → 지시

-기는(요)

형태 정보

• 용언의 어간에 '-기는(요)'를 붙인다.

준말 -긴(요)

1 겸손하게 말하기

상대방의 칭찬에 겸손하게 말할 때 사용한다.

• 가 : 강희 씨, 오늘 정말 예쁘네요.
  나 : **예쁘기는요.** 오늘 화장을 해서 그래요.
• 가 : 연정 씨, 요리를 정말 잘하시네요.
  나 : **잘하기는요.** 아직 멀었어요.
• 가 : 현정아, 너 정말 부지런하구나.
  나 : **부지런하기는.** 오늘만 일찍 일어나서 운동한 거야.
• 가 : (어렸을 때의 비디오를 보면서) 신혜 씨, 어렸을 때에도 춤을 잘 췄군요.
• 나 : 춤을 잘 **췄기는요.** 그냥 가수들 춤을 보고 따라했을 뿐이에요.

문법 정보

• **선행 용언 제약** : 주로 형용사와 결합한다. 동사의 경우 정도나 상태의 어떠함을 나타내는 부사를 동반한 경우에 결합이 허용되기도 한다.

  예문 *밥을 먹기는요.
  밥을 복스럽게 먹기는요.

• **선어말어미 정보** : '-었-'과 결합할 수 있다. '-시-', '-겠-'과 결합하기 어렵다.

  예문 가 : 채린 씨, 공부를 참 잘하시네요. 비결이 뭐예요?
  나 : ?공부를 잘하시기는요. 그저 열심히 하는 거죠.
  나 : 공부를 잘하기는요. 그저 열심히 하는 거죠.

담화 정보

• 주로 구어에서 사용된다.
• 주로 비격식적인 상황에서 사용된다.

가볍게 반박하기

상대방의 말에 대해 가볍게 반박할 때 사용한다.

- 가 : 너, 프랑스어 못하지?
  나 : 어머, 내가 프랑스어를 못하기는. 나 프랑스어 전공했어.
- 가 : 엄마, 아빠는 책을 별로 안 읽으시는 것 같아요.
  나 : 어머, 아빠가 책을 안 읽으시기는. 네가 몰라서 그래. 너 자고 매일 밤마다 독서 삼매경이셔.
- 가 : 너 어제 학교에 안 갔지?
  나 : 나? 내가 학교에 안 갔기는. 어제 밤늦게까지 공부하다가 왔는데.

문법 정보

- **선어말어미 정보** : '-시-', '-었-'과 결합할 수 있다. '-겠-'과 결합하기 어렵다.
  예문 가 : 신혜야, 연정이가 일본어는 못하겠지?
  　　　나 : *연정이가 일본어를 못하겠기는. 일본어 아주 잘해.

담화 정보

- 주로 구어에서 사용된다.
- 주로 비격식적인 상황에서 사용된다.

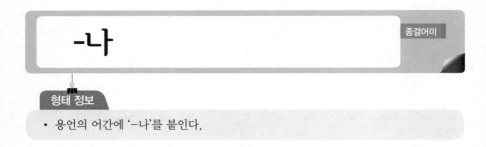

-나
종결어미

형태 정보

- 용언의 어간에 '-나'를 붙인다.

아랫사람에게 묻기

아랫사람에게 물어볼 때 사용한다.

- 자네 언제쯤 집에 오나?
- 자네 할머니께서는 보통 몇 시에 집에 들어오시나?
- 자네, 언제 이 차를 샀나?
- 자네, 우리 딸과 언제 결혼하겠나?

- **선행 용언 정보** : 주로 동사와 결합한다.
- **선어말어미 정보** : '-시-', '-었-', '-겠-'과 결합할 수 있다.

담화 정보

- 주로 구어에서 사용된다.
- 보통 남성 화자들끼리 많이 사용하는 경향이 있다. 특히 장인이 사위에게, 직장에서 나이가 더 많은 상사가 나이가 적은 부하 직원에게 물어볼 때 사용된다.

관련 표현

- **-는/은가**
  (1) '-는/은가' 또한 아랫사람에게 물을 때 사용한다. '-나'와 같은 의미이다.
  (2) 단, '-나'는 동사에 주로 결합하나, '-는/은가'는 선행하는 품사에 따라 결합하는 형태가 다르다. 형용사에는 '-은가'가, 동사에는 '-는가'가 붙는다.

2 의문을 혼잣말하듯 표현하기

어떤 내용에 의문을 가지고 혼잣말하듯이 말할 때 사용한다. 실제 혼잣말하는 경우에도 사용할 수 있다.

- 가 : 요즘 강희가 점점 더 예뻐지네. 무슨 좋은 일 있나?
  나 : 글쎄, 나도 잘 모르겠지만 아마 요즘 남자 친구가 생겨서 그럴걸.
- 가 : 이렇게 늦게 출발하면 우리가 제시간에 도착할 수 있겠나?
  나 : 빨리 운전해서 가면 도착할 수 있을 거니까 걱정 마.
- (혼잣말) 내가 언제 그 일을 한다고 했나?
- (혼잣말) 할머니가 어디에 과자를 숨겨 놓으셨나?

문법 정보

- **선행 용언 정보** : 주로 동사, '있다', '없다'와 결합한다. 형용사, '이다'와 결합하면 어색하다.
  > **예문** ?강 선생님이 요즘도 많이 바쁘시나?
  > 강 선생님이 요즘도 많이 바쁘신가?
- **선어말어미 정보** : '-시-', '-었-', '-겠-'과 같은 선어말어미와의 결합이 자연스럽다.

담화 정보

- 주로 구어에서 사용한다.

> **tip** '-나 싶다/보다/하다'의 구성으로 쓰여 화자의 생각이나 추측을 나타내기도 한다.
> - 그 사람이 언제 나한테 고백하나 싶어.
> - 지금까지 동생한테 연락이 없는 걸 보니 아직 도착하지 않았나 봐요.
> - 나는 정말 네가 다치면 어쩌나 했어.

-나요

종결어미

형태 정보

- 용언의 어간에 '-나요'를 붙인다.

1 부드럽게 물어보기

상대방에게 부드럽게 물어볼 때 사용한다.

- 우리 언제 부산에 **가나요**?
- 저기요, 혹시 여기에서 가장 가까운 지하철역이 어디에 **있나요**?
- 한 달에 책을 몇 권 **읽나요**?
- 몇 시에 공연이 시작하는지 **아시나요**?
- 벌써 식사를 **하셨나요**?
- 가 : 교통 카드는 어디에서 **충전하나요**?
  나 : 가까운 편의점에서 충전할 수 있어요.

문법 정보

- **선행 용언 정보** : 주로 동사, '있다', '없다'와 결합한다. 형용사, '이다'와 결합하면 어색하다.
  > **예문** ?요즘 많이 바쁘시나요?
  > 요즘 많이 바쁘신가요?

- **선어말어미 정보** : '-시-', '-었-', '-겠-'과 결합할 수 있다.

> **tip** 미래의 상황에 대해 질문을 할 경우에는 '-을 것이다'와 '-은가요'가 결합하여 '-을 건가요'의 형태로 사용된다.
> - 연정 씨는 언제쯤 이사하실 건가요?

- 주로 구어에서 사용된다.
- 처음 보는 화자에게 공손하고 부드럽게 말할 때 사용한다.
- 부드러운 말투이며 여성스러운 느낌이 있다.

관련 표현

- **−은가요**

  (1) '−은가요' 또한 상대방에게 부드럽게 물어볼 때 사용한다. '−나요'와 같은 의미이다.

  (2) 단, '−나요'는 동사와 '있다', '없다'와 주로 사용하나, '−은가요'는 '있다', '없다'를 제외한 형용사에만 사용할 수 있다.

  예문 이 모자 예쁜가요?

    이 모자 저한테 어울리나요?

−냐

종결어미

형태 정보

- 용언의 어간에 '−냐'를 붙인다.

1 질문하기

상대방에게 질문할 때 쓴다.

- 가 : 연정아, **자냐**?
  나 : 아니, 왜?
- 가 : 어디 **가냐**?
  나 : 응, 배고파서 편의점 좀 가려고.
- 가 : 그 여자 실제로 보니까 어때? **예쁘냐**?
  나 : 어, 진짜 예쁘더라.
- 가 : 어제 왜 수업에 **빠졌냐**?
  나 : 몸이 좀 안 좋았다.
- 가 : 어디 **아프냐**?
  나 : 아니, 괜찮은데?

- 가 : 할머니 어디에 계시냐?
  나 : 부엌에 계실걸?
- 가 : 너 내 생일 잊어버렸지?
  나 : 내가 네 생일을 **잊어버렸겠냐**?

문법 정보

- **선어말어미 정보** : '-시-', '-었-', '-겠-'과 결합할 수 있다.

담화 정보

- 주로 구어에서 사용한다.
- 주로 비격식적인 상황에서 사용한다.
- 아랫사람이나 나이가 같은 사람에게만 사용할 수 있다.
- 단, 아주 가까운 사이에서만 사용할 수 있다.
- 부드럽지 않은 느낌을 주며 나이가 어리거나 젊은 남성 화자들이 많이 사용하는 경우
  가 많다.
- 아무리 가족과 같이 가까운 사이라도 나이가 많은 사람에게 사용하는 것은 어색하다.
  > 예문 (한 살 어린 동생이 형에게) 밥 먹었냐? → 어색함.
  > (한 살 많은 형이 동생에게) 밥 먹었냐? → 자연스러움.

참고 정보

- '-느냐에 달려 있다'의 형태에서와 같이 내포절에 쓰일 수 있다.
  > 예문 제 진로는 이번 시험에 합격하느냐에 달려 있어요.

관련 표현

- **-니**
  (1) '-냐'와 '-니' 모두 낮춤말이며 물을 때 사용한다. 그러나 '-냐'는 조금 더 거친 느낌
     이 들고, 주로 남성 화자들이 자주 사용하는 경향이 있다. 그러나 '-니'는 '-냐'에 비
     해 부드럽고 여성스러운 느낌이 있다.
     > 예문 (언니가 동생에게) 우산은 챙겼니?
     > (형이 동생에게) 우산은 챙겼냐?

  (2) '-냐'와 '-니' 모두 같은 나이의 친구에게 사용할 수 있으나 이때 더 친근함이 느껴
     지는 표현은 '-냐'이다. 친구 사이이면서 관계가 매우 가까울 때에는 남녀 구분 없
     이 '-냐'를 즐겨 사용한다.
     > 예문 (친한 친구끼리) 이거 예쁘다. 어디서 샀냐?
     > 나도 좋은 볼펜 좀 써 보자. 나 빌려주면 어디 덧나냐?

-냐고(요)

형태 정보

- 용언의 어간에 '-냐고(요)'를 붙인다.

> tip 본래 '-냐고(요)'는 다음과 같은 이형태가 있다. 그러나 최근에는 선행 용언에 관계없이 점차 '-냐고(요)'를 붙이는 경우가 많다.

	형태	
	동사	형용사
받침 ○	-느냐고(요)	-으냐고(요)
받침 ×		-냐고(요)

1 (의문문으로 쓰여) 질문 확인하기

상대방이 한 질문을 확인하기 위하여 물어볼 때 사용한다.

- 가 : 여행은 어땠어요? 재미있었어요?
  나 : 네? 지금 시끄러워서 잘 안 들리네요. 여행이 **재미있었냐고요**?
- 가 : 요즘 현정이랑 만나?
  나 : 어? 잘 안 들려. 요즘 현정이랑 **만나냐고**?
- 가 : 우리 언제 시험이지?
  나 : 뭐라고? 언제 **시험이냐고**?
- 가 : 넌 이 중에서 어떤 걸 살 거야?
  나 : 어? 잘 안 들려. 아, 이 중에서 어떤 걸 살 **거냐고**?

문법 정보

- **선어말어미 정보** : '-시-', '-었-', '-겠-'과 결합할 수 있다.

담화 정보

- 주로 구어에서 사용된다.
- 주로 비격식적인 상황에서 사용된다.
- 격식적인 상황에서 청자가 윗사람일 경우, 청자가 한 질문을 확인하기 위하여 물어볼 때에는 '다시 한 번 말씀해 주시겠습니까?' 등과 같은 표현으로 요청할 수 있다.

  > 예문 가 : 김 대리, 언제까지 이 보고서를 끝낼 수 있나?
  > 나 : 아, 다시 한 번 말씀해 주시겠습니까?

가 : 언제까지 이 보고서를 끝낼 수 있나?

- 평서문의 '–냐고(요)'는 아주 가까운 관계의 윗사람에게 말할 때 사용될 수 있다. 그러나 약간 무례하게 느껴질 수 있으므로 '–냐고 하신 거예요?', '–냐고 하셨어요?' 등과 같은 표현을 사용하여 물어볼 수 있다.

  예문 선배 : 신혜야, 이번 행사에 몇 명이 참여해?
  후배 : 아, 이번 행사에 몇 명이 참여하냐고요?
  아, 지금 이번 행사에 몇 명이 참여하냐고 하신 거예요?

- 구어에서 '–냐구(요)'로 발음하기도 한다.

  예문 생일이 언제냐구요?

참고 정보

- 간접 인용문의 내포절에 쓰일 수 있다.

  예문 신혜가 내일은 학교에 나올 거냐고 했어요.
  강희가 나한테 어렸을 때 발레를 배웠냐고 물어봤어요.

2 (평서문으로 쓰여) 질문 강조하기

자신이 한 질문을 반복하여 강조할 때 사용한다.

- 가 : 차 좀 드시겠어요?
  나 : 네?
  가 : 차 좀 드시겠냐고요.
- 가 : 몇 시 비행기야?
  나 : 뭐라고? 잘 안 들려.
  가 : 몇 시 비행기냐고.
- 지금 너 어디야? 어디냐고.
- 아침 식사는 하셨어요? 식사 하셨냐고요.

문법 정보

- **선어말어미 정보** : '–시–', '–었–', '–겠–'과 결합할 수 있다.

담화 정보

- 주로 구어에서 사용된다.
- 주로 비격식적인 상황에서 사용된다.
- 격식적인 상황에서 청자가 윗사람일 경우, 청자에게 자신이 한 질문을 반복하여 전달할 경우에는 '–냐고요'를 사용하지 않고 자신이 한 질문을 그대로 다시 말하기도 한다.

예문 가 : 부장님, 커피 좀 드시겠습니까?

　　 나 : 잠깐만요. 뭐라고요?

　　 가 : 커피 좀 드시겠습니까?

- 평서문의 '-냐고(요)'는 아주 가까운 관계의 윗사람에게 말할 때 사용될 수 있다. 그러나 약간 무례하게 느껴질 수 있으므로 '-냐고 했어요' 등과 같은 표현을 사용하여 물어볼 수 있다.

  예문 손　 자 : 할머니, 몇 시에 집에 들어오실 거예요?

  　　 할머니 : 뭐라구?

  　　 손　 자 : 몇 시에 집에 들어오실 거냐고요. → 다소 무례하게 들림.

  　　　　　　 몇 시에 집에 들어오실 거냐고 했어요. → 상대적으로 공손하게 들림.

  예문 후배 : 선배, 오늘 뒷풀이는 어디서 해요?

  　　 선배 : 나 지금 잘 안 들려. 뭐라고 했어?

  　　 후배 : 오늘 뒷풀이 장소는 어디냐고요. → 다소 무례하게 들림.

  　　　　　 오늘 뒷풀이 장소는 어디냐고 했어요. → 상대적으로 공손하게 들림.

- 거듭 질문하는 것을 통해 자신의 질문을 강조할 수 있다.

  예문 너 지금 뭐라고 했어? 내 동생한테 뭐라고 했냐고.

확장

- **질책하기** : 윗사람이 아랫사람에게 질책할 때 사용할 수 있다.

  예문 어머니 : 너 지금 몇 시야? 몇 시냐고. → 아들이 귀가 시간을 안 지켰을 때

  　　 아　 들 : 네, 어머니, 얼른 들어갈게요. 죄송해요.

3 (의문문으로 쓰여) 놀람 표현하기

다른 사람의 질문에 당연함 또는 의외성 등에 대한 느낌, 놀람을 표현할 때 사용한다.

- 가 : 너 나 좋아해?

  나 : 뭐? 내가 너를 **좋아하냐고**?

- 가 : 너 숙제 다 했어? 안 했어?

  나 : 네? 숙제**했냐고요**? 어, 그게……

- 가 : 어렸을 때 너 공부 잘했지?

  나 : 뭐라고? 내가 공부를 **잘했냐고**? 어, 그게 말이지.

- 가 : 너 배우 이민호 좋아해? 진짜야?

  나 : **진짜냐고**? 당연하지. 어떻게 그걸 물어볼 수가 있어?

문법 정보

- **선어말어미 정보** : '-시-', '-었-', '-겠-'과 결합할 수 있다.

- 주로 구어에서 사용한다.
- 주로 비격식적인 상황에서 사용한다.
- 격식적인 상황에서 윗사람에게 잘 사용하지 않는다.
- 놀람을 표현하는 '–냐고요'는 가까운 사이의 윗사람에게 사용하는 것이 자연스럽다.

  예문 상사 : 자네, 어제 왜 보고서를 제출하지 않았나?

  부하 직원 : 네? 왜 보고서를 제출하지 않았냐고요? → 무례하게 들릴 수 있음.

  예문 어머니 : 네가 동생 과자 먹었지?

  아 들 : 네? 제가 먹었냐고요?

- 화자가 생각하기에 대답이 확실한 당연한 질문 또는 너무 황당한 질문이라 어떻게 그러한 질문을 할 수 있느냐를 이야기하고 싶을 때 사용한다.

  예문 가 : 시험에 떨어지고 기분이 어땠어?

  나 : 시험에 떨어지고 기분이 어땠냐고? 당연히 속상했지.

  예문 가 : 너 왜 하늘이 파란지 알아?

  나 : 어? 뭐라고? 왜 하늘이 파라냐고? 갑자기 당황스럽네.

- 여기에서는 선행 질문의 물음의 '내용'에 대한 의문이 아니라 '질문'이라는 화행 자체에 대한 의문을 표현하는 것으로 볼 수 있다. 즉 상대방의 말에 대한 반응을 나타내는 의사소통 기능에 초점을 맞춘 것이다.

- **시간 끌기** : 곤란하거나 대답이 잘 생각나지 않는 질문에 대해 대답할 시간을 벌기 위하여 '–냐고(요)'를 사용할 수 있다.

  예문 가 : 혹시 규현 씨 전화번호 알아요? 규현 씨 전화번호가 뭐예요?

  나 : 규현 씨 전화번호가 뭐냐고요? 글쎄요. 그게 좀 곤란한데요.

  예문 가 : 할머니 생신이 언제인지 기억나니?

  나 : 할머니 생신이 언제냐고? 음, 글쎄. 생각이 잘 안 나는데…….

4 (의문문으로 쓰여) 부정하기

다른 사람의 질문의 내용에 반대 내용을 말할 때 사용한다.

- 가 : 너 내 과자 먹었지?

  나 : 뭐? 내가 **먹었냐고**? 말도 안 돼!

- 가 : 오늘은 잠을 좀 푹 잘 수 있죠?

  나 : 푹 잘 수 **있냐고요**? 잠은 무슨……. 내일까지 보고서를 내야 해서 밤을 새워야 해요.

- 가 : 요즘 이 과자 정말 맛있지 않아요?

나 : 네? 이 과자가 **맛있냐고요**? 전 이 과자는 너무 달아서 싫던데요.

문법 정보

- **선어말어미 정보** : '-시-', '-었-', '-겠-'과 결합할 수 있다.

담화 정보

- 주로 구어에서 사용된다.
- 주로 비격식적인 상황에서 사용된다.
- 청자가 윗사람일 경우 반대 의견을 표현하는 것은 무례하게 들릴 수 있으므로 잘 사용
  하지 않으나 부모님과 같이 가까운 사이에서는 반대 의견을 표현하기 위해 사용하기도
  한다.
  > **예문** 아버지 : 규현아, 너 방 청소한 거 맞냐? 왜 이렇게 방이 더럽니.
  > 아 들 : 네? 청소한 거냐고요? 얼마나 깨끗이 청소한 거라고요.

억양 정보

- 약간 퉁명스러운 어조로 말한다.

-냐니(요)

종결어미

형태 정보

- 용언의 어간에 '-냐니(요)'를 붙인다.
- **tip** 본래 '-냐니(요)'는 다음과 같은 이형태가 있다. 그러나 최근에는 선행 용언에 관
  계없이 점차 '-냐니(요)'를 붙이는 추세이다.

	형태	
	동사	형용사
받침 ○	-느냐니(요)	-으냐니(요)
받침 ×		-냐니(요)

1 놀람 표현하기

다른 사람의 질문에 대해 당연함 또는 의외성 등에 대한 느낌, 놀람을 표현할 때 사
용한다.

- 가 : 연정아, 너 짜장면 먹을래, 짬뽕 먹을래?
  나 : 뭘 **먹겠냐니**? 당연히 짜장면이지. 내가 이 집에 오면 항상 짜장면만 먹는 거 몰라?
- 가 : 엄마, 어디 가세요?
  나 : 어디 **가냐니**? 내가 쓰레기 들고 있는 거 보이지? 지금 쓰레기 버리러 가는 거야.
- 가 : 저 사람이 이름이 뭐지?
  나 : 저 사람이 이름이 **뭐냐니**? 요즘 드라마에 나오는 송중기잖아!
- 가 : 채린아, 숙제 다 했니?
  나 : 엄마, 제가 숙제를 다 **했냐니요**? 끝낸지가 언젠데요.

문법 정보

- **선어말어미 정보** : '-시-', '-었-', '-겠-'과 결합할 수 있다.

담화 정보

- 주로 구어에서 사용한다.
- 주로 비격식적인 상황에서 사용한다.
- 격식적인 상황에서 청자가 윗사람일 경우에는 사용하지 않는다. '-냐니요'는 감정을 적극적으로 드러내는 경우에 사용되므로 무례하게 들릴 수 있으며 어색하다.

  예문 상사 : 자네, 어제 왜 보고서를 제출하지 않았나?
  부하 직원 : 네? 왜 보고서를 제출하지 않았냐니요? → 무례하게 들림.

- 그러나 비격식적인 상황에서 가까운 윗사람에게, 예를 들어 부모와 자식 사이에서는 사용되기도 한다.

  예문 가 : (어머니가 다 큰 아들에게) 넌 아빠가 좋아, 엄마가 좋아?
  나 : 누가 좋으냐니요? 지금 제가 몇 살인데 그런 걸 물어보세요?

- 화자가 생각하기에 대답이 확실한 당연한 질문 또는 너무 황당한 질문이라 어떻게 그러한 질문을 할 수 있느냐를 이야기하고 싶을 때 사용한다.

  예문 가 : 너 왜 해가 서쪽에서 뜨는지 알아?
  나 : 어? 뭐라고? 왜 해가 서쪽에서 뜨는지 아냐니? 너 왜 그래? 뭐 잘못 먹었어?

- 여기에서는 선행 질문의 물음의 '내용'에 대한 의문이 아니라 '질문'이라는 화행 자체에 대한 의문을 표현하는 것으로 볼 수 있다. 즉 상대방의 말에 대한 반응을 나타내는 의사소통 기능에 초점을 맞춘 것이다.

억양 정보

- '-냐니(요)' 앞에 붙는 용언을 강조하여 말하고 '-냐니(요)'는 그 끝이 조금 내려가는 듯한 억양으로 말하는 것이 보통이다. 물음표가 뒤에 붙지만 실제로는 보통 그 끝이 올라가게 말하지는 않는다.

2 부정하기

다른 사람의 질문의 내용에 반대 내용을 이야기할 때 사용한다.

- 가 : 네가 내 아이스크림 먹었냐?
  나 : 뭐? 내가 네 아이스크림을 **먹었냐니**? 나는 보지도 못했거든?
- 가 : 내일 등산을 갈 수 있겠죠?
  나 : 뭐라고요? 등산을 갈 수 **있겠냐니요**? 눈이 너무 많이 와서 내일 갈 수 없어요.
- 가 : 이번에 마라톤 대회에 나갈 거지요?
  나 : 이번에 마라톤 대회에 **나가냐니**? 지금 무릎이 아파서 운동도 못하고 있어.

문법 정보

- **선어말어미 정보** : '-시-', '-었-', '-겠-'과 결합할 수 있다.

담화 정보

- 주로 구어에서 사용한다.
- 주로 비격식적인 상황에서 사용한다.
- 격식적인 상황에서는 잘 사용하지 않는다. '-냐니요'는 감정을 적극적으로 드러내는 경우에 사용되므로 좀 어색하다.

  [예문] 상사 : 자네, 주말에 좀 나와서 내 발표 준비 좀 도와줄 수 있겠나?
  부하 직원 : 네? 주말에 발표 준비 좀 도와줄 수 있겠냐니요? 출장이 있는데요.
  (무례하게 들림.)

- 그러나 비격식적인 상황에서 가까운 윗사람에게, 예를 들어 부모와 자식 사이에서는 사용되기도 한다.

  [예문] 어머니 : 네가 동생 과자 먹었지?
  아 들 : 네? 제가 먹었냐니요? 아까 동생이 먹는 거 보셨잖아요.

-냐니까(요)

형태 정보

- 용언의 어간에 '-냐니까(요)'를 붙인다.
- **tip** 본래 '-냐니까(요)'는 다음과 같은 이형태가 있다. 그러나 최근에는 선행 용언에 관계없이 '-냐니까(요)'를 붙이는 경우가 많다.

	형태	
	동사	형용사
받침 ○	-느냐니까(요)	-으냐니까(요)
받침 ×		-냐니까(요)

📋1 대답 재촉하기

자신의 질문에 대한 반응이 없거나 상대방이 자신의 질문에 어긋난 대답을 하였을 때 그 대답을 재촉하기 위하여 다시 물어볼 때 사용한다.

- 가 : 채린아, 숙제 다 했어?
  나 : 엄마, 저 지금 책 읽고 있어요.
  가 : 숙제 다 **했냐니까**?
- 가 : 어제 소개팅 어땠어? 한 번 더 만나 볼 마음 있어?
  나 : 아, 소개해 줘서 정말 고마워요. 정말 착한 사람이더라고요.
  가 : 그래서, 한 번 더 만나 볼 마음이 **있냐니까**?
- 가 : 저 그 뮤지컬 보려고 하는데 재미있어요?
  나 : 여기에 엄청 잘생긴 배우가 나와.
  가 : 아니, 저는 배우에는 관심이 없고요. 내용이 볼 **만하냐니까요**?

문법 정보

- **선어말어미 정보** : '-시-', '-었-', '-겠-'과 결합할 수 있다.

담화 정보

- 주로 구어에서 사용한다.
- 주로 비격식적인 상황에서 사용된다.
- 격식적인 상황에서는 잘 사용하지 않는다. '-냐니까요'는 감정을 적극적으로 드러내는 경우에 사용되므로 무례하게 들릴 수 있으며 어색하다. 그러나 비격식적인 상황에서 가

까운 윗사람에게, 예를 들어 부모와 자식 사이에서는 사용되기도 한다.
- 구어에서 그 의미를 더 강조하고 싶을 때 '-냐니까'에 조사 '은/는'을 붙여 '-냐니까는' 또는 '-느냐니깐'으로 발음하여 말할 수 있다. '-냐니까요'의 경우에는 '-냐니깐요'로 말할 수 있다.
- 비난하듯 대답을 재촉하는 느낌으로 사용될 수도 있다.

-냐면서(요)

종결어미

형태 정보

- 용언의 어간에 '-냐면서(요)'를 붙인다.
- **tip** 본래 '-냐면서(요)'는 다음과 같은 이형태가 있다. 그러나 최근에는 선행 용언에 관계없이 점차 '-냐면서(요)'를 붙이는 추세이다.

	형태	
	동사	형용사
받침 ○	-느냐면서(요)	-으냐면서(요)
받침 ×		-냐면서(요)

1 상대방의 질문을 인용하여 자신의 행동에 대한 배경 제시하기

상대방이 한 질문을 인용하여 자신의 발화 및 행동에 대한 근거 및 배경을 제시할 때 사용한다. 보통 상대방의 질문에 반감을 드러내며 제시할 때 사용한다.

- 가 : 왜 갑자기 가방을 싸요?
  나 : 언제 집에 **가냐면서요**. 그래서 집에 이제 가려고요.
  가 : 왜요. 좀 더 놀다 가세요.
- 가 : 너 밥을 먹다 말고 어디로 가는 거야?
  나 : 언제 살 뺄 **거냐면서**.
  가 : 그래서, 지금 내가 그 말 했다고 삐친 거야?

문법 정보

- **선어말어미 정보** : '-시-', '-었-', '-겠-'과 결합할 수 있다.

담화 정보

- 주로 구어에서 사용한다.

- 주로 비격식적인 상황에서 사용한다.
- 격식적인 상황에서 청자가 윗사람일 경우에는 사용하지 않는다. '-냐면서요'는 감정을 적극적으로 드러내는 경우에 사용되므로 무례하게 들릴 수 있으며 어색하다. 그러나 비격식적인 상황에서 가까운 윗사람에게, 예를 들어 부모와 자식 사이에서는 사용되기도 한다.
- 주로 상대방의 앞선 발화, 여기에서는 질문에 대한 반감을 가지는 화자의 태도를 드러낼 때 사용되기도 한다.

억양 정보

- 정보를 요구하는 물음이 아니므로 억양이 올라가지 않는다.

-내(요)

종결어미

형태 정보

- 용언의 어간에 '-내(요)'를 붙인다.
- **-냐고 해(요)** : '-내(요)ㄴ'는 '-냐고 해(요)'가 줄어든 꼴로 볼 수 있다.
  예문 채린이가 너 아픈 건 (괜찮냐고 해/괜찮내).

  tip 본래 '-내(요)'는 다음과 같은 이형태가 있다. 그러나 최근에는 선행 용언에 관계 없이 '-내(요)'를 붙이는 경우가 많다.

	형태	
	동사	형용사
받침 ○	-느내(요)	-으내(요)
받침 ×		-내(요)

📋1 (평서문으로 쓰여) 들은 질문을 전달하기

청자가 들은 질문의 내용을 전달할 때 사용한다.

- 가 : 연정이가 그러는데 오늘 너 시간 있내.
  나 : 오늘 나는 수업이 많아서 시간이 없는데.
- 가 : 채린이가 우리보고 오늘 파티가 있는데 같이 갈 거내.
  나 : 정말? 무슨 파티래?
- 가 : 선생님, 강 선생님께서 몇 시에 회의에 갈 수 있으시내요.

나 : 아, 회의 시간에 맞게 갈 수 있다고 전해 주세요.
- 가 : 엄마가 형보고 어제 몇 시에 집에 **들어왔내**.
  나 : 나? 어제 집에 일찍 들어왔는데 왜 물으시지?
- 가 : 내 친구가 궁금해하던데 네가 이번에 산 자전거 **좋으내**.
  나 : 응, 나는 아주 만족해. 잘 산 것 같아.

문법 정보

- **선어말어미 정보** : '-시-', '-었-', '-겠-'과 결합할 수 있다.

담화 정보

- 주로 구어에서 사용된다.
- 주로 비격식적인 상황에서 사용된다.
- 격식적인 상황에서는 '-냐고 하다/묻다' 등의 형태로 쓰는 경향이 있다. 특히 격식적인 상황에 전달할 말을 한 주체가 화자보다 윗사람이며 예의를 지켜야 할 경우에 이러한 형태로 쓰는 경우가 많다.
  <u>예문</u> 부장님께서 이번에 어떤 팀이 발표를 하냐고 물으셨습니다.

2 (의문문으로 쓰여) 들은 질문의 내용에 대하여 질문하기

청자가 들은 질문의 내용에 대하여 질문할 때 사용한다.

- 가 : 신혜가 뭐래? 오늘 너 시간 **있내**?
  나 : 응, 나한테 무슨 부탁이 있나 봐.
- 가 : 나 아까 잘 못 들었어. 강희가 뭐래? 파티에 같이 갈 **거내**?
  나 : 아니, 파티가 몇 시내.
- 가 : 채린아, 아빠가 뭐라고 하셨니? 뭘 먹고 **싶으내**?
  나 : 네, 아빠가 뭘 먹고 싶냐고 하셨어요.
- 가 : 연정이가 너한테 뭐라고 한 거야? 지금 내가 무슨 책을 **읽내**?
  나 : 응, 그래서 내가 너 지금 소설책 읽는다고 했어.
- 가 : 서준이가 뭐라고 했어? 내 여동생 **예쁘내**?
  나 : 어, 걔가 그렇게 물어보더라.

문법 정보

- **선어말어미 정보** : '-시-', '-었-', '-겠-'과 결합할 수 있다.

담화 정보

- 주로 구어에서 사용된다.

- 주로 비격식적인 상황에서 사용된다.
- 격식적인 상황에서는 '-냐고 하다/묻다' 등의 형태로 쓰는 경향이 있다. 특히 격식적인 상황에서 전달할 말을 한 주체가 화자보다 윗사람이며 예의를 지켜야 할 경우에 이러한 형태로 쓰는 경우가 많다.
  > 예문 부장님께서 이번에 어떤 팀이 발표를 하냐고 하셨습니까?

-네(요)

종결어미

형태 정보

- 용언의 어간에 '-네(요)'를 붙인다.

1 새롭게 알게 된 사실 말하기

화자가 직접 경험하여 새롭게 알게 된 사실을 부드럽게 말할 때 사용한다.

- 오늘 학교에 사람이 정말 **많네요.**
- 이 집 음식이 정말 **맛있네.**
- 사람들이 여기에서 조깅을 많이 **하네.**
- 가 : 벌써 가을이 **왔네요.**
  나 : 네. 요즘 날씨가 꽤 선선해졌더라고요.
- 가 : 연정 씨 집이 꽤 **머네요.**
  나 : 네, 그래서 출근할 때 힘들어요.

문법 정보

- **주어 제약** : 주로 2인칭이나 3인칭 주어와 함께 쓴다. 단, 새롭게 발견한 자신의 모습이나 감정에 대해서 말할 때에는 1인칭 주어와 함께 쓸 수 있다.
  > 예문 (어렸을때 찍힌 비디오 영상을 보면서) 제가 어렸을 때에는 춤을 꽤 잘 췄네.

- **선어말어미 정보** : '-시-', '-었-', '-겠-'과 결합할 수 있다.

공기 정보

- 새로운 정보를 처음 맞닥뜨리자마자 놀라듯이 말할 때 사용하므로 '앗', '어어', '어머'와 같은 감탄사와 공기하는 것이 자연스럽다.
  > 예문 앗, 깜빡하고 지갑을 안 가져왔네.

어머, 여기에도 이렇게 예쁜 카페가 있었네.

담화 정보

- 주로 구어에서 사용한다.
- 주로 비격식적인 상황에서 사용한다.
- 대화에서 사용될 경우 여성스러운 느낌이 있다.

확장

- **칭찬하기** : 칭찬할 때 자주 사용된다.
  - 예문 가 : 한국어를 정말 잘하시네요.
    - 나 : 아니에요, 아직 잘하려면 멀었어요.
  - 예문 가 : 부인이 정말 미인이네요.
    - 나 : 감사합니다.

관련 표현

- **'-군(요)' 또는 '-구나'**

  (1) '-네(요)'와 '-군(요)' 또는 '-구나' 모두 새롭게 알게 된 사실을 감탄하여 말할 때 쓴
  다. 그러나 어떤 새로운 정보를 만나자마자 말하는 경우에는 '-네(요)'를, 새로운 정
  보에 대한 어느 정도의 생각의 과정을 거친 후에 말하는 경우에는 '-군(요)', '-구나'
  를 사용할 수 있다.
  - 예문 나 요즘 목이 아프네.
    - ?나 요즘 목이 아프구나.
    - → 화자 자신이 아픈 것은 충분한 사유를 거치지 않아도 바로 알 수 있으므로 '-네'가 적절하다.
  - 예문 ?너 요즘 목이 아프네.
    - 너 요즘 목이 아프구나.
    - → 화자는 상대방이 아픈 것을 바로 알 수 없다. 경험 등을 통하여 추론하여 생각하는 과정을 겪은 후에 알 수 있다.
  - 예문 ?어, 네가 수지 동생이네.
    - 아, 네가 수지 동생이구나.
    - → 어떤 사람이 수지의 동생인지 판단하기 위해서는 여러 뒷받침 정보를 바탕으로 추론하는 과정이 선행되어야 한다.

  (2) '-네(요)'는 말을 꺼낼 때 사용되는 경향이 있는 반면 '-군(요)' 또는 '-구나'는 다른
  사람의 말에 대한 반응을 할 때 사용되는 경향이 있다.
  - 예문 가 : 오늘 날씨가 참 좋네요.
    - 나 : 네, 오늘 놀러 가기 딱 좋은 날씨죠.
  - 예문 가 : 나는 비 오는 날이면 항상 막걸리에 파전이 생각나.
    - 나 : 그렇구나. 나는 별생각은 안 나던데.

-는/은가

형태 정보

	형태	
	동사	형용사
받침 ○	-는가	-은가
받침 ×		-ㄴ가

1 일반적인 문제 제기하기

일반적인 문제를 제기할 때 사용한다.

- 우리는 죽으면 어디로 **가는가**?
- 어느 나라가 가장 살기 **좋은가**?
- 어떻게 해서 지금과 같은 상황이 **일어났는가**?
- 그러면 이 문제를 어떻게 해결할 수 **있겠는가**?
- 과연 우리 회사 사장님이 회사를 살릴 수 **있으신가**?

문법 정보

- **선어말어미 정보** : '-시-', '-었-', '-겠-'과 같은 선어말어미와의 결합이 자연스럽다.

담화 정보

- 주로 문어에서 사용된다.
- 주로 신문과 논문과 같은 격식적인 문어에서 사용한다. 불특정 다수의 독자를 대상으로 하여 글을 쓸 때 사용한다.
- 또한 일기와 같은 독백적인 글에서도 사용할 수 있다.

tip '-는/은가 싶다/보다/하다'의 구성으로 쓰여 화자의 생각이나 추측을 나타내기도 한다.
- 오늘 일요일인데 학교에 왜 이렇게 사람이 많은가 싶었다.

-는/은걸(요)

형태 정보

	형태	
	동사	형용사
받침 ○	-는걸(요)	-은걸(요)
받침 ×		-ㄴ걸(요)

1 새롭게 알게 된 사실 말하기

새롭게 알게 된 사실을 강조하여 말할 때 사용한다.

- 가 : 이 음식 좀 드셔 보세요. 우리 연정이가 만든 거예요.
  나 : 연정이가 정말 요리를 잘하는걸요.
- 가 : 오늘 날씨가 정말 좋은걸.
  나 : 그럼 우리 어디 놀러 갈까?
- 가 : 이 배 정말 시원한걸. 한번 먹어 봐.
  나 : 음, 정말 맛있다.
- 가 : 저 도서관 좀 다녀올게요.
  나 : 그래? 우리 채린이가 요즘 공부를 정말 열심히 하는걸.

문법 정보

- **선어말어미 정보** : '-시-', '-었-', '-겠-', '-더-', '-었더-'와 결합할 수 있다.
  예문 어머니께서 정말 미인이신걸요. → '-시-'와 결합 가능
  눈이 정말 많이 왔는걸요. → '-었-'과 결합 가능
  내일 비가 많이 오겠는걸요. → '-겠-'과 결합 가능
  아버지께서 춤을 정말 잘 추시던걸요. → '-더-'와 결합 가능
  지수가 정말 일찍 일어났던걸요. → '-었더-'와 결합 가능

담화 정보

- 주로 비격식적이고 일상적인 상황에서 사용한다.
- 청자가 윗사람일 경우에는 '-는걸요'를, 그렇지 않을 경우에는 '-는걸'을 사용한다.
- 그러나 격식적인 상황에서 윗사람에게는 잘 사용하지 않는다. 격식적인 상황에서 윗사람에게는 '-는걸요' 대신 '-습니다'를 사용한다.

- 다소 비격식적인 상황에서 윗사람에게 '–는걸요'를 사용할 수 있으나 이 표현 대신 '–네요'를 많이 사용하는 편이다.

> **tip** 실제 한국인들의 대화에서는 '–는걸(요)'를 사용하면 어색한 경우가 많다. '–는걸(요)'는 드라마나 연극과 같이 주로 연출된 장면에서 많이 사용되는 편이다.

2 반박하기

상대방의 말에 가볍게 반박할 때 사용하기도 한다.

- 가 : 이 과자 정말 맛있지 않아?
  나 : 글쎄, 내 입맛에는 **별로인걸**.
- 가 : 오늘까지 과제를 다 끝낼 수 있겠니?
  나 : 글쎄, 오늘 일을 다 끝내기는 **무리겠는걸요**.
- 가 : 새로 생긴 식당 음식 맛이 괜찮죠?
  나 : 음, 저는 별로 맛있지 **않은걸요**.
- 가 : 오늘이 연정이 생일 아니야?
  나 : 아니, 연정이 생일은 **내일인걸**.

문법 정보

- **선어말어미 정보** : '–시–', '–었–', '–겠–', '–더–', '–었더–'와 결합할 수 있다.
  > **예문** 아버지께서는 지금 골프를 치러 가시는걸요. → '–시–'와 결합 가능
  > 저는 어렸을 때에는 우유를 안 먹었는걸요. → '–었–'과 결합 가능
  > 저에게는 별로 맛이 없던걸요. → '–더–'와 결합 가능
  > 아버지는 별로 좋아하지 않았던걸요. → '–었더–'와 결합 가능

담화 정보

- 주로 비격식적이고 일상적인 상황에서 사용한다.
- 청자가 윗사람일 경우에는 '–는걸요'를, 그렇지 않을 경우에는 '–는걸'을 사용한다.
- 그러나 격식적인 상황에서 윗사람에게는 잘 사용하지 않는다. 격식적인 상황에서 윗사람에게는 '–는걸요' 대신 '–습니다'를 사용한다.
- 다소 비격식적인 상황에서 윗사람에게 '–는걸요'를 사용할 수 있으나 이 표현 대신 '–는데요'를 많이 사용하는 표현이다.

> **tip** 실제 한국인들의 대화에서는 '–는걸(요)'를 사용하면 어색한 경우가 많다. '–는걸(요)'는 드라마나 연극과 같이 주로 연출된 장면에서 많이 사용되는 편이다.

-는/은데(요)

형태 정보

	형태	
	동사	형용사
받침 ○	-는데(요)	-ㄴ데(요)
받침 ×		-은데(요)

1 반응 유도하기

듣는 사람의 반응을 적극적으로 기대하며 말할 때 사용한다.

- 가 : 규현 씨, 오늘 정말 **멋진데요**?
  나 : 사실 오늘 소개팅이 있거든요.
- 가 : 여보, 오늘 날씨 정말 **좋은데요**?
  나 : 어, 그러네? 우리 드라이브나 갈까요?
- 가 : 그런 거 요즘 아무도 안 **입는데**.
  나 : 그럼, 이 옷은 사지 말까?
- 가 : 아빠가 나한테 사 주신 **건데**.
  나 : 알았어. 이건 안 쓸게.
- 가 : 이거 누구한테 줄 **꽃인데**?
  나 : 비밀인데.

문법 정보

- **선어말어미 제약** : '-시-', '-었-', '-겠-'과 결합할 수 있다.

담화 정보

- 주로 구어에서 사용한다.
- 비격식적인 상황에서 청자와 화자가 긴밀하게 의사소통이 가능한 상황에서 자주 사용된다.
- 격식적인 상황에서 윗사람에게 '-는데요'를 사용하면 공손하지 않은 느낌이 있으므로 잘 사용되지 않는다. 대신 '-습니다'를 사용한다.
- 청자의 말 또는 행동과 같은 반응을 유도하는 기능이 있다.
  예문 가 : 오늘까지 숙제 내야 **하는데**. 그래서 컴퓨터 **필요한데**.

나 : 알았다. 내가 자리 비켜줄게.

예문 가 : 엄마, 제가 설거지했는데요.

나 : 그래. 잘했어. 수고했다. 용돈 줄게.

관련 표현

• **-어요**

(1) '-는데(요)'를 사용하는 경우에 대부분 '-어요'를 써도 의미를 전달하는 데에 크게 차이가 없다. 그런데 '-는데(요)'는 상대방의 반응을 더 적극적으로 유도할 때 사용된다는 측면에서 차이가 있다.

예문 오늘 날씨가 정말 좋아요.

예문 가 : 오늘 날씨가 정말 좋은데요? → 상대방의 반응을 더 적극적으로 유도함.

나 : 어, 그러네? 우리 드라이브나 갈까요?

-는구나

종결어미

형태 정보

	형태	
	동사	형용사
받침 ○	-는구나	-구나
받침 ×		

1 새롭게 알게 된 사실 말하기

추론을 통해 새롭게 깨닫게 된 사실을 말할 때 사용한다.

• (상대가 허겁지겁 먹는 모습을 보고) 배가 많이 고팠구나. 많이 먹어라.
• 가 : 서준 씨는 어렸을 때부터 바이올린을 배웠대요.
　나 : 아, 그래서 서준이가 바이올린을 잘하는구나.
• 가 : 제가 이번 주말에 일이 있어서 회사에 나가야 돼요.
　나 : 그러니? 그럼, 다음 주 평일에 만날 수밖에 없겠구나.
• 가 : 요즘 일이 너무 많아서 잠 잘 시간도 부족해요.
　나 : 정말 많이 힘들겠구나.
• 가 : 비행기가 연착돼서 공항에서 10시간 기다렸어요.
　나 : 고생을 정말 많이 했구나.

문법 정보

- **주어 제약** : 주로 2인칭이나 3인칭 주어와 함께 쓴다. 단, 새롭게 발견한 자신의 상황이나 감정에 대해서 말할 때에는 1인칭 주어와 함께 쓸 수 있다.

  `예문` (깜빡하고 내복을 안 입은 것을 깨닫고) 아, 그래서 내가 아까 그렇게 추위를 탔구나.

공기 정보

- 추론을 통하여 깨닫게 된 내용에 대하여 놀라듯이 말할 때 사용하므로 '아'와 같은 감탄사와 공기하는 것이 자연스럽다.

  `예문` 가 : 어제 휴대 전화를 잃어버렸어요.

  나 : 아, 그래서 어제부터 연락이 안 됐구나.

담화 정보

- 주로 구어에서 사용한다.
- 주로 비격식적이고 일상적인 상황에서 사용한다.
- 윗사람에게는 '-군요'를, 비슷한 나이의 청자 또는 아랫사람에게는 '-군'을 사용한다.
- 어떤 특별한 추론 없이 단순한 사실에 대해서 말할 때 사용되기도 한다.

  `예문` 오늘은 좀 힘들구나. 다음에 하자.

  이 과일은 좀 신선해 보이는구나. 이걸로 사자.

관련 표현

- **-네(요)**

  (1) '-는구나'와 '-네(요)' 모두 새롭게 알게 된 사실을 감탄하여 말할 때 쓴다. 그러나 새로운 정보에 대한 어느 정도의 생각의 과정을 거친 후에 말하는 경우에는 '-는구나'를, 어떤 새로운 정보를 만나자마자 말하는 경우에는 '-네(요)'를 사용할 수 있다.

  `예문` [?]나 요즘 목이 아프구나.

  나 요즘 목이 아프네요.

  → 화자 자신이 아픈 것은 충분한 사유를 거치지 않아도 바로 알 수 있으므로 '-네'가 적절하다.

  `예문` 너 요즘 목이 아프구나.

  [?]너 요즘 목이 아프네.

  → 발화자는 상대방이 아픈 것을 바로 알 수 없다. 경험 등을 통하여 추론하여 생각하는 과정을 겪은 후에 알 수 있다.

  `예문` 아, 네가 수지 동생이구나.

  [?]아, 네가 수지 동생이네.

  → 어떤 사람이 수지의 동생인지 판단하기 위해서는 여러 뒷받침 정보를 바탕으로 추론하는 과정이 선행되어야 한다. 따라서 이 경우에는 '-는구나'가 더 자연스럽다.

  (2) '-네(요)'는 말을 꺼낼 때 사용되는 경향이 있는 반면 '-는구나'는 다른 사람의 말에 대한 반응을 할 때 사용되는 경향이 있다.

예문 가 : 오늘 날씨가 참 좋네요.
　　　나 : 네, 오늘 놀러 가기 딱 좋은 날씨죠.
예문 가 : 나는 비 오는 날이면 항상 막걸리에 파전이 생각나.
　　　나 : 그렇구나. 나는 별생각은 안 나던데.

- **–는군요**
  (1) '–는구나'와 큰 의미 차이 없이 바꿔 쓸 수 있으나 사용되는 맥락에서 차이가 있다.
  　'–는구나'는 아랫사람에게 주로 사용하며, '–는군요'는 주로 윗사람 또는 예의를 갖
  　추어야 하는 대상에게 사용한다 . 또한 '–는구나'는 일상적인 대화 상황에서 주로 사
  　용하며, '–는군요'는 공식적인 상황에서 주로 사용한다.
  예문 가 : 어머니가 참 미인이시군요! → 공식적인 상황에서
  　　　나 : 네, 감사합니다.
  예문 가 : 어머니가 미인이시구나! → 일상적인 대화 상황에서 친구 또는 아랫사람에게
  　　　나 : 하하. 감사합니다.

-는군(요)

종결어미

형태 정보

| | 형태 ||
	동사	형용사
받침 ○	–는군(요)	–군(요)
받침 ×		

1 새롭게 알게 된 사실 말하기

추론을 통해 새롭게 깨닫게 된 사실을 말할 때 사용한다.

- 가 : (연예인을 인터뷰하는 상황에서) 저는 어렸을 때부터 춤에 관심이 많았어요.
  나 : 아, 그래서 이렇게 춤을 잘 추게 됐군요.
- 가 : (부동산 전문가가 방송에서) 올해 서울 시내 아파트 값이 내려갈 전망입니다.
  나 : 올해에 집을 장만하는 사람들이 많겠군요.
- 가 : (서울의 한 행사장에서) 저는 제주도에서 온 이서준입니다.
  나 : 와, 멀리 사시는군요.
- 가 : (작가 인터뷰에서) 두 달 동안 이 작품을 만들기 위해 밤낮없이 일했어요.
  나 : 정말 고생을 많이 했군요.

문법 정보

- **주어 제약** : 주로 2인칭이나 3인칭 주어와 함께 쓴다. 단, 새롭게 발견한 자신의 상황이나 감정에 대해서 말할 때에는 1인칭 주어와 함께 쓸 수 있다.

  예문 (친구가 바다에서 구해 준 것을 뒤늦게 알고) 아, 이 친구 덕분에 제가 살아남았군요.

공기 정보

- 추론을 통하여 깨닫게 된 내용에 대하여 놀라듯이 말할 때 사용하므로 '아'와 같은 감탄사와 공기하는 것이 자연스럽다.

  예문 가 : 어제 휴대 전화를 잃어버렸어요.

  　　　 나 : 아, 그래서 어제부터 연락이 안 됐군요.

담화 정보

- 구어에서는 주로 토론, 인터뷰, 행사 진행과 같이 공적인 상황에서 사용한다.
- 교사가 학생들에게 피드백을 줄 때 사용하기도 한다.

  예문 마리 씨는 배운 어휘를 잘 활용하는군요.

- 사적인 상황에서 상대방을 마주보고 말하는 상황에서는 '-는군요'를 사용하는 것이 어색하다.
- 사적인 상황에서 청자가 아랫사람 또는 나이가 같은 사람일 경우에는 '-는구나'를 사용한다.
- '요'를 뺀 '-는군'은 혼잣말처럼 쓰이기도 한다.

  예문 음식이 입에 안 맞을까 걱정이군.

  　　　 서준이는 운동도 잘하고 공부도 잘하는군.

관련 표현

- **-는구나**

  (1) '-는군요'와 큰 의미 차이 없이 바꿔 쓸 수 있으나 사용되는 맥락에서 차이가 있다. '-는군요'는 주로 윗사람 또는 예의를 갖추어야 하는 대상에게 사용하며, '-는구나'는 아랫사람에게 사용된다. 또한 '-는군요'는 공식적인 상황에서 주로 사용되며, '-는구나'는 일상적인 대화 상황에서 주로 사용된다.

  예문 가 : 어머니가 미인이시구나! → 일상적인 대화 상황에서 친구 또는 아랫사람에게

  　　　 나 : 하하. 감사합니다.

  예문 가 : 어머니가 참 미인이시군요! → 공식적인 상황에서

  　　　 나 : 네, 감사합니다.

- **-네(요)**

  (1) '-는군(요)'와 '-네(요)' 모두 새롭게 알게 된 사실을 감탄하여 말할 때 쓴다. 그러나

새로운 정보에 대한 어느 정도의 생각의 과정을 거친 후에 말하는 경우에는 '-는군
(요)'를, 어떤 새로운 정보를 만나자마자 말하는 경우에는 '-네(요)'를 사용할 수 있다.

예문 ?제가 요즘 목이 아프군요.

제가 요즘 목이 아프네요.

→ 화자 자신이 아픈 것은 충분한 사유를 거치지 않아도 바로 알 수 있으므로 '-네'가 적절하다.

예문 네가 요즘 목이 아프군.

?네가 요즘 목이 아프네.

→ 발화자는 상대방이 아픈 것을 바로 알 수 없다. 경험 등을 통하여 추론하여 생각하는 과정을 겪은 후에 알 수 있다.

예문 아, 네가 신혜 동생이군.

?아, 네가 신혜 동생이네.

→ 어떤 사람이 신혜의 동생인지 판단하기 위해서는 여러 뒷받침 정보를 바탕으로 추론하는 과정이 선행되어야 한
다. 따라서 이 경우에는 '-군(요)'이 더 자연스럽다.

(2) '-네(요)'는 말을 꺼낼 때 사용되는 경향이 있는 반면 '-군(요)' 또는 '-구나'는 다른
사람의 말에 대한 반응을 할 때 사용되는 경향이 있다.

예문 가 : 오늘 날씨가 참 좋네요.

나 : 네, 오늘 놀러 가기 딱 좋은 날씨죠.

예문 가 : 저는 비 오는 날이면 항상 막걸리에 파전이 생각나요.

나 : 그렇군요. 저는 삼겹살이 생각나요.

-는다

종결어미

형태 정보

	형태	
	동사	형용사
받침 ○	-는다	-다
받침 ×	-ㄴ다	

1 (글을 쓸 때) 진술하기

어떤 상황을 진술할 때 사용한다.

- 요즘 야구장에 여성 팬들이 많다고 한다.
- 올해 백화점의 매출이 줄었다.
- 오늘의 발표에 아쉬움이 남는다.

- 홍대에는 사람들이 항상 **많다**.
- 앞으로 이러한 문제점이 개선되면 **좋겠다**.

문법 정보

- **선어말어미 정보** : '-시-', '-었-', '-겠-'과 결합할 수 있다.

담화 정보

- 특정 독자가 상정되어 있지 않은 경우에 사용한다. 따라서 일기의 독백적인 장면에서 진술하는 글을 쓸 때 사용할 수 있다.
- 또한 불특정 다수를 대상으로 하는 신문이나 책의 글을 쓸 때 사용할 수도 있다.

2 (말할 때) 진술하기

어떤 상황을 진술할 때 사용한다.

- 가 : 어제 아빠가 컴퓨터 사 **줬다**.
  나 : 아, 왜 누나한테만 사 주셨지? 나도 필요한데…….
- 가 : 아빠, 몇 시쯤 집에 들어오세요?
  나 : 글쎄, 오늘은 일 끝나면 10시쯤 **되겠다**.
- 가 : 애, **늦겠다**. 서둘러.
  나 : 네, 이제 옷만 입으면 돼요.
- 가 : 이거 **예쁘다**. 너한테 잘 어울리겠어.
  나 : 그래? 그럼 이걸로 **사야겠다**.
- 가 : 너희 어머니 정말 **미인이시다**.
  나 : 그렇지? 내가 엄마를 닮았어야 했는데.
- 가 : 차가 너무 **막힌다**.
  나 : 응, 안 **되겠다**. 우리 돌아가자.

문법 정보

- **선어말어미 정보** : '-시-', '-었-', '-겠-'과 결합할 수 있다.

담화 정보

- 주로 구어에서 사용한다.
- 비격식적이고 일상적인 상황에서 주로 사용한다.
- 청자가 아랫사람이거나 동등한 지위의 사람일 경우에만 사용한다. 한편 윗사람에게 진술할 경우에는 상황에 따라 '-어요' 또는 '-습니다'를 사용한다.

확장

- **자랑하기** : 자랑할 때 사용할 수 있으며, 이때 말끝이 약간 올라간다.
  예문 가 : 나 내일 제주도로 여행 간다.
  　　 나 : 정말? 진짜 좋겠다.

- **즉각적인 감정 및 의견 말하기** : 즉각적인 감정 및 의견을 말할 때 사용할 수 있다.
  예문 가 : 와, 이거 정말 맛있다.
  　　 나 : 응, 정말 이거 꿀맛이다.

-는다고(요)

종결어미

형태 정보

	형태		
	동사	형용사	명사
받침 ○	-는다고(요)	-다고(요)	-이라고(요)
받침 ×	-ㄴ다고(요)		-라고(요)

1 (평서문으로 쓰여) 다시 말하기

자신이 한 말을 반복하여 말할 때 사용한다. 상대방에게 이미 전달한 정보를 다시 말해야 하는 상황에서 사용한다.

- 가 : 나 이번 방학에 고향에 돌아가.
  나 : 뭐라고? 내일 고향에 돌아가?
  가 : 아니, 이번 방학에 돌아간다고.
- 가 : 할머니 제가 신혜 친구, 서준예요.
  나 : 그래, 이름이 뭐라고?
  가 : 서준이요, **서준이라고요**.
- 가 : 여보세요? 여기 서울 아파트 11동 902호인데요. 양념 치킨 두 마리 갖다 주세요.
  나 : 네, 치킨 몇 마리 주문하시겠습니까?
  가 : 두 마리요.
  나 : 네? 손님, 잘 안 들리는데요.
  가 : 두 마리요. 두 마리 **주문한다고요**.
- 가 : 어머니, 현정이 왔어요.

나 : 뭐라고?

가 : 현정이가 왔다고요.

문법 정보

• **선어말어미 정보** : '-시-', '-었-', '-겠-'과 결합할 수 있다.

담화 정보

• 주로 구어에서 사용된다.
• 주로 비격식적인 상황에서 사용된다.
• 평서문의 '-는다고(요)'는 아주 가까운 관계의 윗사람에게 말할 때 사용할 수 있다. 그러나 가까운 관계의 윗사람이라 하더라도 조금 기분 나쁘게 들릴 수도 있으므로 주의하여 사용한다.
• 격식적인 상황에서 청자가 윗사람일 경우, 청자에게 자신이 한 말을 반복하여 전달할 경우에는 '-는다고요'를 사용하지 않고 자신이 한 말을 그대로 다시 말하는 것이 자연스럽다.
  > **예문** 가 : 부장님, 다음 주 수요일까지 이 보고서를 끝내도록 하겠습니다.
  > 나 : 네? 언제까지요?
  > 가 : 다음 수 수요일까지 끝내겠습니다.
• 구어에서 '-는다구(요)'로 발음하기도 한다.
  > **예문** 할머니, 제가 서준이라구요.

2 (평서문으로 쓰여) 강조하기

상대방에게 강조하여 말할 때 사용한다.

• 난 너를 정말 좋아해. 정말, 사랑한다고.
• 나도 이제 어른이라고. 간섭하지 마.
• 가 : 애야, 콩도 많이 먹어야지.
  나 : 저는 콩 싫어요. 콩 싫다고요.
• 가 : 저녁 먹을래?
  나 : 난 지금 밥 생각이 없어. 배 안 고프다고.
• 가 : 숙제 다 했어?
  나 : 아니, 아직 다 못 했다고.
• 가 : 난 새우 알레르기가 있어.
  나 : 그럼 우리 해산물 파스타 시킬까?
  가 : 나 새우 못 먹는다고.

• **선어말어미 정보** : '–시–', '–었–', '–겠–'과 결합할 수 있다.

::: 담화 정보
:::

• 주로 구어에서 사용된다.
• 주로 비격식적인 상황에서 사용된다.
• 평서문의 '–는다고(요)'는 아주 가까운 관계의 윗사람에게 말할 때 사용될 수 있다. 그
  러나 가까운 관계의 윗사람이라 하더라도 조금 기분 나쁘게 들릴 수도 있으므로 주의
  하여 사용한다.

> 예문) 엄마 : 청소 안 하니?
> 　　　딸　 : 이따 제가 청소할 거라고요.
> 　　　엄마 : 너, 엄마한테 그 말투가 뭐니?
> 예문) 엄마 : 공부 안 하니?
> 　　　아들 : 이제 공부할 거라고요.
> 　　　엄마 : 뭐라고? 너 태도가 그게 뭐니?

• 격식적인 상황에서 청자가 윗사람일 경우, 강조하여 말할 때 '–는다고요'를 사용하면 무
  례하게 들릴 수 있어서 잘 사용하지 않는다. 이때는 '–는다고요'를 사용하는 대신 '꼭',
  '반드시' 등과 같은 어휘를 사용하여 표현한다.

> 예문) 가 : 마지막으로 하고 싶은 말씀이 있으면 하십시오.
> 　　　나 : 저를 뽑아 주신다면 반드시 이 회사에 필요한 인재가 되도록 노력하겠습니다.

• 구어에서 '–는다구(요)'로 발음하기도 한다.

> 예문) 저는 야채를 잘 못 먹는다구요.

::: 확장
:::

• **자랑하기** : '얼마나'와 함께 쓰여 다른 사람에게 자랑하듯이 말할 때 사용되기도 한다.

> 예문) 우리 수지가 얼마나 노래를 잘한다고요. 한번 들어 보세요.
> 　　　우리 어머니가 얼마나 음식을 잘 만드신다고요. 한번 먹어 보면 깜짝 놀랄 걸요.

🖐3 (의문문으로 쓰여) 확인하기

상대방의 말의 내용을 확인하기 위해 물을 때 사용한다.

• 가 : 여보세요? 저 수지인데요.
  나 : **누구라고요**? 지금 엘리베이터 안이라 소리가 잘 안 들려요.
  가 : 수지요.
• 가 : 저 8월에 미국으로 떠나요.

나 : 언제 **떠난다고**?

가 : 8월에 떠난다고요.

• 가 : 이번에 여행 가서 번지 점프도 했어.

나 : 뭘 **했다고**?

가 : 번지 점프 했다고.

• 가 : 녹차 한 잔 마실래?

나 : **뭐라고**?

다 : 녹차 한 잔 마실 거냐고 물었어.

문법 정보

• **선어말어미 정보** : '–시–', '–었–', '–겠–'과 결합할 수 있다.

담화 정보

• 주로 구어에서 사용된다.

• 주로 비격식적인 상황에서 사용된다.

• 격식적인 상황에서 청자가 윗사람일 경우, 정보를 확인하기 위하여 질문할 때 '–는다고요'를 사용하면 무례하게 들릴 수 있다. 대신 '네? 다시 한 번 말씀해 주시겠습니까?'와 같은 표현을 사용하여 정보를 요구할 수 있겠다.

• 정보 확인의 '–는다고(요)'를 너무 자주 사용하게 되면 의사소통에 방해가 될 수 있으므로 주의하여 사용하는 것이 필요하다.

• 정보를 확인하기 위하여 질문할 때 사용하므로 이에 대한 대답이 뒤따른다.

• 문장의 전체 내용을 확인할 때 사용하거나 문장 내의 세부 내용을 확인하기 위해 물어볼 때 사용할 수 있다.

• 구어에서 '–는다구(요)'로 발음하기도 한다.

  예문 몇 시에 퇴근한다구요?

tip 상대방이 한 말에 담겨 있는 함축적 의미를 이용하여 정보 확인을 요구할 수도 있다.

  • 가 : 요즘 만나는 사람 어때?

  나 : 그냥 착한 것 같아.

  가 : 마음에 안 든다고?

억양 정보

• '–는다고(요)' 자체에 힘이 실리는 억양으로 발음한다.

4 (의문문으로 쓰여) 놀람 표현하기

다른 사람의 말에 놀람을 표현할 때 사용한다.

- 가 : 저 여자 친구와 헤어졌어요.
  나 : 정말요? 헤어졌다고요?
- 가 : 어머니, 저 드디어 시험에 합격했어요.
  나 : 뭐라고? 시험에 합격했다고? 정말 장하구나!
- 가 : 나 어제 그 잘생긴 배우 있잖아. 김수현 봤어.
  나 : 네가 김수현을 봤다고? 진짜? 정말 부럽다.

문법 정보

- **선어말어미 정보** : '-시-', '-었-', '-겠-'과 결합할 수 있다.

담화 정보

- 주로 구어에서 사용된다.
- 주로 비격식적인 상황에서 사용된다.
- 놀람을 표현하는 '-는다고요'는 가까운 사이의 윗사람에게 사용하는 것이 자연스럽다.
- 놀람을 표현할 때 사용하므로 다음에 꼭 대답이 요구되는 것은 아니다.
- '-는다고(요)' 자체보다는 결합되는 서술어 부분 또는 문장의 내용을 강조하는 억양으로 발음한다.
- 놀람의 '-는다고(요)'는 해당 내용에 대한 정보 확인이라기보다는 상대방의 말에 대한 반응을 나타내는 의사소통 기능에 초점을 맞춘 것이므로 주로 상대방의 말을 그대로 인용하거나 똑같은 의미의 말을 다른 표현으로 바꾸어 말한다.
  예문 가 : 이번 휴가 때 제주도 가기로 했어.
  　　　나 : 제주도에 가기로 했다고? 진짜 좋겠다.
  예문 가 : 내가 어렸을 때 우리 집에는 돈이 많았어. 지금은 사정이 안 좋지만.
  　　　나 : 그래요? 부자였다고요?
- 구어에서 '-는다구(요)'로 발음하기도 한다.
  예문 우리 호식이가 드디어 시험에 합격했다구?

억양 정보

- '-는다고(요)' 자체보다는 결합되는 용언 부분 또는 문장의 내용을 강조하는 억양으로 발음한다.

5 (의문문으로 쓰여) 반대 의견 표현하기

다른 사람의 말에 반대 의견을 표현할 때 사용한다.

- 가 : 아버지, 어머니, 저는 올해에 이 사람과 결혼하겠습니다.
  나 : 뭐라고? 대학교 졸업도 안 했는데 결혼하겠다고?

- 가 : 내가 보기에 우리 반에서 서준이가 제일 잘생긴 것 같아.
  나 : 서준이가 제일 **잘생겼다고**? 글쎄…….

문법 정보

- **선어말어미 정보** : '-시-', '-었-', '-겠-'과 결합이 가능하다.

담화 정보

- 주로 구어에서 사용된다.
- 주로 비격식적인 상황에서 사용된다.
- 청자가 윗사람일 경우 반대 의견을 표현하는 것은 무례하게 들릴 수 있으므로 잘 사용하지 않으나 부모님과 같이 가까운 사이에서는 반대 의견을 표현하기 위해 사용하기도 한다.
  > 예문 아버지 : 올해는 가족 여행을 가지 않기로 하자.
  >   아   들 : 우리 이번에 가지 않는다고요? 안 돼요! 이번 여행을 얼마나 기다렸는데요.
- 구어에서 '-는다구(요)'로 발음하기도 한다.
  > 예문 저 사람이 노래를 제일 잘한다구?

억양 정보

- 약간 퉁명스러운 어조로 말한다.

6 (의문문으로 쓰여) 화제 전환하기

화제를 전환할 때 사용한다.

- 가 : 안녕? 오랜만이다. 너 취직은 잘 됐어?
  나 : 응, 나 이제 취직한 지 몇 달 됐어.
  가 : 정말 축하해. 일 때문에 바쁘겠구나. 참, 너 **결혼했다고**?
- 가 : 주말 잘 보냈어?
- 나 : 응, 오랜만에 영화도 보고 재미있었어.
  가 : 그랬구나. 맞다, 너 내일 부산에 **간다고**?
- 가 : 채린아, 엄마가 김치 보냈다. 밥 잘 챙겨 먹고 그래라.
  나 : 네, 고마워요. 요즘 잘 챙겨 먹어요. 걱정 마세요. 참, 그런데 아빠가 언제 출장 **가신다고요**?
- 가 : 부장님, 설 연휴 잘 보내셨어요?
  나 : 그래, 간만에 가족들도 만나고 낚시도 하고 왔어.
  가 : 그러셨군요. 좋으셨겠어요. 맞다, 그런데 부장님, 다음 주 회의에 사장님도 **참석하신다고요**?

나 : 그래, 그러니까 이번에 회의 준비 더 잘 해야 돼.

문법 정보

• **선어말어미 정보** : '-시-', '-었-', '-겠-'과 결합할 수 있다.

공기 정보

• 주로 '아', '참', '맞다'와 같이 갑자기 생각난 것을 말하기 전에 사용하는 담화 표지와 함께 공기한다.

담화 정보

• 주로 구어에서 사용된다.
• 주로 비격식적인 상황에서 사용된다.
• 격식적인 상황에서는 잘 사용되지 않으며 일반적으로 친하지 않은 윗사람에게는 잘 사용하지 않는다. 가까운 관계의 윗사람에게는 사용하기도 한다.
• 이전에 화자와 청자가 공유하고 있던 지식에서 출발한다.
• 구어에서 '-는다구(요)'로 발음하기도 한다.

-는다니(요)   종결어미

형태 정보

	형태		
	동사	형용사	명사
받침 ○	-는다니(요)	-다니(요)	-이라니(요)
받침 ×	-ㄴ다니(요)		-라니(요)

1 듣고 놀람 표현하기

들은 내용에 대하여 놀람을 표현할 때 사용한다.

• 가 : 이제 너는 재시험을 볼 기회가 없대.
  나 : 어떡하지. 이제 더 이상 기회가 없다니…….
• 가 : 이번에 배우 김수영이 군대를 간대.
  나 : 네? 김수영이 군대를 간다니요. 믿을 수 없어요.

- 가 : 네 옆집 사람이 글쎄 이번에 도둑질을 했대.
  나 : 뭐라고? 그 착하게 생긴 분이 **도둑이라니**.
- 가 : 규현아, 형이 네 아이스크림 다 먹어 버렸다.
  나 : 네? 형이 다 **먹었다니요**. 아, 정말 짜증나요!

문법 정보

- **선어말어미 정보** : '-시-', '-었-', '-겠-'과 결합할 수 있다.

담화 정보

- 주로 구어에서 사용한다.
- 주로 비격식적인 상황에서 사용된다.
- 격식적인 상황에서 청자가 윗사람일 경우에는 잘 사용하지 않는다. '-는다니(요)'는 말하는 사람의 감정이 적극적으로 드러나 있으므로 공손함을 나타내야 하는 상황에서는 잘 사용하지 않는다.

2 ('-는다니' 형태의 의문문으로 쓰여) 들은 내용 물어보기

상대방이 들은 내용을 물어볼 때 사용한다.

- 가 : 강희는 스파게티 **싫다니**?
  나 : 네. 밀가루 음식을 별로 안 좋아한대요.
- 가 : 서준이는 왜 그 사람을 안 **만난다니**?
  나 : 자기 취향이 아니래요.
- 가 : 규현이는 왜 책을 안 **읽는다니**?
  나 : 재미없대요.
- 가 : 이모한테 전화해 봤어? 이모가 언제 **출발했다니**?
  나 : 10분 전에 출발하셨대요.

문법 정보

- 조사 결합 정보 : 보조사 '요'와 결합하기 어렵다.
  > **예문** *강희는 스파게티가 싫다니요?

> **tip** '-는다고 하니'와 같이 원래의 형태로 환원하여 사용할 수 있다.
> - 연정이는 언제 (출발한다니/출발한다고 하니)?

담화 정보

- 주로 비격식적인 상황에서 사용된다.
- 격식적인 상황에서 청자가 윗사람일 경우에는 잘 사용하지 않는다. 대신 '-는다고 하셨

습니까?' 등과 같은 표현을 사용하여 직접 물어볼 수 있다.

3 ('–는다니' 형태의 의문문으로 쓰여) 비아냥거리기

어떤 상황에 대하여 비아냥거리며 말할 때 사용한다.

- 연정이는 뭐 하냐? 지금 공부라도 한다니?
- 그래서 그 사람이 나한테 뭐 보태 준 거 있다니?
- 자기는 뭐 그럼 그렇게 잘났다니?
- 채린이는 이번 휴가 때 유럽이라도 갈 거라니?
- 가 : 강희는 다이어트를 해서 밥을 안 먹는대요.
  나 : 무슨 미스코리아 대회에라도 나간다니?

문법 정보

- **주어 제약** : 주로 3인칭 주어와 함께 쓴다.
- **조사 결합 정보** : 보조사 '요'와 결합하기 어렵다.
  예문 *강희는 유럽이라도 갈 거라니요?

담화 정보

- 주로 구어에서 사용한다.
- 주로 비격식적인 상황에서 사용한다.
- 격식적인 상황에서 청자가 윗사람일 경우에는 잘 사용하지 않는다. '–는다니'는 말하는 사람의 감정이 적극적으로 드러나 있으므로 공손성을 드러내야 하는 상황에서는 잘 사용하지 않는다.

억양 정보

- 마지막 음절 '니'에 힘이 실리는 억양으로 발음한다. 끝이 올라가게 발음한다.

-는다니까(요)

형태 정보

	형태		
	동사	형용사	명사
받침 O	-는다니까(요)	-다니까(요)	명이라니까(요)
받침 X	-ㄴ다니까(요)		명라니까(요)

1 강조하여 내용 표현하기

말하고자 하는 내용을 강조하여 표현할 때 사용한다.

- 가 : 너 그렇게 짧은 치마 입고 가면 어떡하니? 오늘 날씨 정말 춥다니까!
  나 : 괜찮아요. 저는 하나도 안 추워요.
- 가 : 정말 밥 안 먹고 출근할 거예요? 제가 밥 다 차려 놨다니까요!
  나 : 미안해요. 오늘 배가 좀 아파서 입맛이 좀 없어요.
- 가 : 역시 우리 아빠는 대단하시다니까요!
  나 : 어이쿠, 우리 딸. 칭찬 고마워.

문법 정보

- **선어말어미 정보** : '-시-', '-었-', '-겠-'과 결합할 수 있다.

담화 정보

- 주로 구어에서 사용한다.
- 주로 비격식적인 상황에서 사용한다.
- 격식적인 상황일 경우에는 사용하지 않는다. '-는다니까요'는 감정을 적극적으로 드러
  내는 경우에 사용되므로 어색하다.
- 그러나 비격식적인 상황에서 가까운 윗사람에게, 예를 들어 부모와 자식 사이에서는
  사용되기도 한다.
- 구어에서 그 의미를 더 강조하고 싶을 때 '-는다니까'에 보조사 '은/는'을 붙여 '-는다
  니까는' 또는 '-는다니깐'으로 발음하여 말할 수 있다. '-는다니까요'의 경우에는 '-는
  다니깐요'로 말할 수 있다.
  > **예문** 엄마는 요리를 정말 잘하신다니깐요!

다른 사람의 말에 대해 반발하는 태도로 대답할 때 사용한다.

- 가 : 너 언제 약 먹을래?
  나 : 걱정하지 마세요. 제가 이따 알아서 먹**는다니까요**!
- 가 : 저랑 차나 한잔해요.
  나 : 글쎄, 저는 시간이 **없다니까요**!
- 가 : 이번 휴가 때 같이 번지 점프 하러 갈까요?
  나 : 아니요, 싫어요. 저는 번지 점프 **무섭다니까요**!

문법 정보

- **선어말어미 정보** : '-시-', '-었-', '-겠-'과 결합할 수 있다.

담화 정보

- 주로 구어에서 사용한다.
- 주로 비격식적인 상황에서 사용한다.
- 격식적인 상황일 경우에는 사용하지 않는다. '-는다니까요'는 감정을 적극적으로 드러내는 경우에 사용되므로 어색하다.
- 그러나 비격식적인 상황에서 가까운 윗사람에게, 예를 들어 부모와 자식 사이에서는 사용되기도 한다.
- 구어에서 그 의미를 더 강조하고 싶을 때 '-는다니까'에 보조사 '은/는'을 붙여 '-는다니까는' 또는 '-는다니깐'으로 발음하여 말할 수 있다. '-는다니까요'의 경우에는 '-는다니깐요'로 말할 수 있다.
  예문 저는 하기 싫다니깐요!

-는다면서(요)

종결어미

형태 정보

	형태		
	동사	형용사	명사
받침 ○	-는다면서(요)	-다면서(요)	명이라면서(요)
받침 ×	-ㄴ다면서(요)		명라면서(요)

들은 내용을 확인하기 위하여 물어볼 때 사용한다.

- 가 : 현정아, 언니가 그렇게 **미인이라면서?**
  나 : 어, 맞아. 우리 언니 미인 대회에도 나갔었어.
- 가 : 이번에 **결혼한다면서요?** 축하드려요.
  나 : 무슨 소리예요. 저 남자 친구도 없어요.
- 가 : 어제 소개팅 **하셨다면서요?** 어땠어요?
  나 : 누구한테 들었어요? 제가 비밀로 해 달라고 했는데……

문법 정보

- **선어말어미 정보** : '–시–', '–었–', '–겠–'과 결합할 수 있다.

담화 정보

- 주로 구어에서 사용한다.
- 주로 비격식적인 상황에서 사용한다.
- 격식적인 상황에서 청자가 윗사람일 경우에는 사용하지 않는다. '–는다면서요'는 감정을 적극적으로 드러내는 경우에 사용되므로 어색하다. 그러나 비격식적인 상황에서 가까운 윗사람에게 사용할 수 있다.
- 다른 사람을 통해 들은 내용을 확인하는 경우 외에 자신이 이미 알고 있는 내용에 대해 확인하며 말할 때에도 사용할 수 있다.
- 구어에서 '–는다면서'는 '–는다며'로 줄여 쓸 수 있다.
  예문 너 내일부터 방학이라며?

억양 정보

- 정보를 요구하는 물음으로 그 끝의 억양이 올라간다.

다른 사람에게 들은 내용을 인용하여 발화의 배경이나 근거 등을 사용하여 화제를 제시할 때 사용한다.

- 가 : 이번에 미국 **가신다면서요?** 언제 가세요?
  나 : 네, 다음 달에 가게 됐어요.
- 가 : 너희 집 **부자라면서.** 너 왜 그렇게 아르바이트를 많이 해?
  나 : 아니에요. 그건 소문일 뿐이에요. 저희 집 가난해요.

- 가 : 규현이는 말도 잘 듣**는다면서요**. 뭘 그렇게 규현이 걱정을 해요.
  - 나 : 밖에서만 그렇게 보일 뿐이지 집에서는 얼마나 말을 안 듣는지 몰라요.
- 가 : 강희가 키도 크고 **예쁘다면서요**. 미인 대회에 한번 나가 보라고 해 보세요.
  - 나 : 네, 그렇게 하고 싶은데 애가 수줍음을 타서요.

문법 정보

- **선어말어미 정보** : '–시–', '–었–', '–겠–'과 결합할 수 있다.

담화 정보

- 주로 비격식적인 상황에서 사용된다.
- 격식적인 상황에서 청자가 윗사람일 경우에는 사용하지 않는다. '–는다면서요'는 감정을 적극적으로 드러내는 경우에 사용되므로 어색하다. 그러나 비격식적인 상황에서 가까운 윗사람에게 사용할 수 있다.
- 다른 사람을 통해 들은 내용 외에도 자신이 이미 알고 있는 내용을 이야기하며 화제를 제시할 경우에도 사용할 수 있다.
- 구어에서 '–는다면서'는 '–는다며'로 줄여 말할 수 있다.
  - 예문 네 동생이 가수라며.

억양 정보

- 정보를 요구하는 물음이 아니며 그 억양이 내려간다.

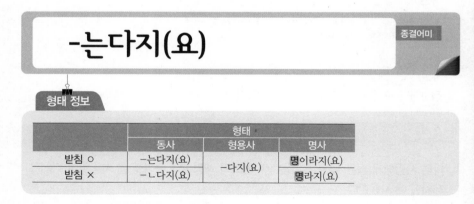

-는다지(요)

종결어미

형태 정보

	형태		
	동사	형용사	명사
받침 ○	–는다지(요)	–다지(요)	**명**이라지(요)
받침 ×	–ㄴ다지(요)		**명**라지(요)

📝 **1** (의문문으로 쓰여) 화제 꺼내기

> 이미 확신하거나 잘 알고 있는 내용을 확인하듯 물어보면서 화제를 제시할 때 사용한다.

- 가 : 채린 씨 어머니가 그렇게 **미인이시라지요**?
  나 : 네, 지난번에 길에서 뵌 적이 있었는데 정말 깜짝 놀랐었어요.
- 가 : 어제 선생님이 **아프셨다지요**?
  나 : 네, 오늘은 괜찮아지셨는지 모르겠네요.
- 사람들이 요즘 특히 다이어트에 관심이 **많다지요**? 오늘은 특별 게스트를 모시고 효과적인 다이어트 방법에 대해 들어보겠습니다.

문법 정보

- **선어말어미 정보** : '-시-', '-었-', '-겠-'과 결합할 수 있다.

담화 정보

- 주로 구어에서 사용한다.
- 주로 비격식적인 상황에서 사용한다.
- 구어에서 '-는다지요'는 '-는다죠'로 말할 수 있다.
- '-는다지요'는 화자가 이미 알고 있는 내용이나 확신을 가지고 있는 내용에 대해서 질문하는 것이므로, 정보를 확인하기 위하여 사용한다기보다는 상대방과의 화제를 공유하기를 희망하며 이야기를 꺼내는 경우에 사용한다고 할 수 있다.
- 새롭게 도입된 화제에 대하여 맞장구를 치는 경우에 사용할 수 있다.
  예문 가 : 요즘 이 식당에 그렇게 손님들이 많대요.
  　　　 나 : 맞아요. 요즘 이 식당이 그렇게 인기가 많다지요?

관련 표현

- **-는다면서(요)**
  (1) '-는다면서(요)'와 '-는다지(요)'는 모두 들은 내용을 확인할 때 사용할 수 있다. 그러나 '-는다면서(요)'는 2인칭 주어와 써도 어색하지 않으나 '-는다지(요)'는 2인칭 주어와 쓰면 좀 어색하며 3인칭 주어와 쓰는 것이 더 자연스럽다.
  예문 연정아, 너 다음 달에 결혼한다면서? → 자연스러움.
  　　　 연정아, 너 다음 달에 결혼한다지? → 어색함.
  　　　 연정아, 채린이가 다음달에 결혼한다지? → 자연스러움.

-는단다

형태 정보

	형태		
	동사	형용사	명사
받침 ○	-는단다	-단다	**명**이란다
받침 ×	-ㄴ단다		**명**란다

1 들은 내용 전달하기

다른 사람에게서 듣거나 매체를 통해 알게 된 내용을 전달할 때 사용한다.

- 가 : 현정이가 뭐래요? 오늘도 병원 안 가겠대요?
  나 : 응, 자기는 건강해서 아파도 금방 나을 **거란다**.
- 가 : 채린이가 오늘은 웬일로 등산을 간다고 했지요?
  나 : 이제부터 자기도 건강을 **챙기겠단다**.
- 가 : 내일도 비가 올까요?
  나 : 응, 일기 예보 보니까 내일도 비가 **온단다**.

문법 정보

- **주어 제약** : 주로 매체나 타인을 통해 알게 된 내용에 대하여 말할 때 쓰므로 3인칭 주어와 함께 쓴다.
  예문 가 : 채린이가 오늘은 웬일로 등산을 간다고 했지요?
     나 : 이제부터 (*나/*너)도 건강을 챙기겠단다.

- **선어말어미 정보** : '-시-', '-었-', '-겠-'과 결합할 수 있다.

담화 정보

- 주로 구어에서 사용한다.
- 주로 비격식적인 상황에서 사용한다.
- 주로 아랫사람이나 같은 나이인 사람에게 사용한다. 서로의 관계가 가까운 경우에 사용하는 것이 자연스럽다.
- 격식적인 상황에서 청자가 윗사람일 경우에는 사용하지 않는다.
- 격식적인 상황에서 다른 사람에게 듣거나 매체를 통해 알게 된 내용을 전달하는 경우에는 '-는다고 합니다'의 형태로 말하고 화청자의 거리가 가까운 경우에는 '-는답니다'

를 사용할 수도 있다.
- 구어에서 '-는단다'가 '-는댄다'의 형태로 사용되는 경우가 많다.
  [예문] 서준이가 이제부터 자기도 열심히 공부한댄다.

확장

- **비꼬기** : 비꼬아서 말할 때도 사용할 수 있다.
  [예문] 얘, 너희 아빠는 어렸을 때 인기가 엄청 많으셨댄다. 난 못 믿겠지만⋯⋯.

2 상대방이 모르는 내용을 알려 주기

상대방이 해당 내용을 모른다고 생각하는 내용을 알려 주듯 말할 때 사용한다.

- 가 : 채린아, 아빠가 젊었을 때에는 지금보다 생활이 더 어려웠단다.
  나 : 그래요? 그때 집안 형편은 어땠는데요?
- 가 : 이 꽃 이름이 물망초란다.
  나 : 아, 그래요? 처음 알았어요. 정말 예쁘게 생겼네요.

문법 정보

- **선어말어미 정보** : '-시-', '-었-'과 결합할 수 있다. '-겠-'과 결합하기 어렵다.
  [예문] *내일 비가 오겠단다.

  [tip] '-는다고 하다'의 형태로 복원할 수 없다.

담화 정보

- 주로 구어에서 사용한다.
- 주로 비격식적인 상황에서 사용한다.
- 주로 아랫사람에게 사용한다. 서로의 관계가 가까운 경우에 사용하는 것이 자연스럽다.
- 가까운 관계의 윗사람에게 말할 경우에는 '-는답니다'의 형태로 말할 수 있다.

3 친근하게 말하기

상대방에게 친근한 태도로 내용을 전달할 때 사용한다.

- 가 : 선생님, 요즘 어떻게 지내세요?
  나 : 요즘도 계속 바쁘단다. 너는 어떻게 지내고 있니?
- 가 : 나는 아직도 제주도에 살면서 한 번도 한라산에 못 가 봤단다.
  나 : 아, 그러세요? 꼭 가 보세요. 경치가 정말 아름다워요.

- **선어말어미 정보** : '-시-', '-었-'과 결합할 수 있다. '-겠-'과 결합하기 어렵다.
  예문 *내일 오후쯤 거기에 도착하겠단다.

tip '-는다고 하다'의 형태로 복원할 수 없다.

담화 정보

- 주로 구어에서 사용한다.
- 주로 비격식적인 상황에서 사용한다.
- 주로 아랫사람에게 사용한다. 서로의 관계가 가까운 경우에 사용하는 것이 자연스럽다.
- 그러나 가까운 관계의 윗사람에게 말할 경우에는 '-는답니다'의 형태로 말할 수 있다.

-는답니다

종결어미

형태 정보

	형태		
	동사	형용사	명사
받침 ○	-는답니다	-답니다	**명**이랍니다
받침 ×	-ㄴ답니다		**명**랍니다

tip '-는답니다'의 의문문 형태는 '-는답니까'이다.
- 가 : 서준이가 뭐라고 합니까? 그래서 내일 모임에 온답니까?
  나 : 네, 내일 온답니다.

tip 평서문의 내용을 전달할 때에는 '-는답니다'를 쓰고, 명령의 내용을 전달할 경우에는 '-(으)랍니다', 제안의 내용을 전달할 경우에는 '-잡니다'를 사용한다.
- 강 선생님이 채린이한테 오랍니다. → 명령 전달
- 김 대리가 내일 회식을 하잡니다. → 제안 전달

1 들은 내용 전달하기

다른 사람에게서 듣거나 매체를 통해 알게 된 내용을 전달할 때 사용한다.

- 가 : 김 대리, 박민수 씨가 왜 아직도 출근을 안 하고 있는지 압니까?
  나 : 네, 출근하는 길에 차가 고장이 나서 지금 급하게 수리하러 **간답니다.**

- 가 : 현정 씨가 내일 회의에 왜 참석하지 못하는지 아세요?
  나 : 네, 현정 씨는 내일 출장을 가야 해서 회의에 참석 **못하겠답니다.**
- 가 : 내일도 비가 올까요?
  나 : 네, 일기 예보 보니까 내일도 비가 **온답니다.**

문법 정보

- **주어 제약** : 주로 매체나 타인을 통해 알게 된 내용에 대하여 말할 때 쓰므로 3인칭 주어와 함께 쓴다.

  예문 가 : 채린 씨가 내일 회의에 왜 참석하지 못하는지 아세요?
  나 : 네, (*저는/*당신은) 내일 출장을 가야 해서 회의에 참석 못하겠답니다.

- **선어말어미 정보** : '-시-', '-었-', '-겠-'과 결합할 수 있다.

담화 정보

- 주로 구어에서 사용한다.
- 격식적인 상황에서 사용한다.
- 윗사람에게 말할 때 사용하며 서로의 관계가 가까운 경우에 사용하는 것이 자연스럽다.
- 아랫사람에게 말할 경우에는 '-는단다'를 사용하여 말할 수 있다.
- 격식적인 상황에서 화청자의 관계가 가깝지 않은 윗사람에게 말할 경우에는 '-는다고 합니다'의 형태로 복원하여 말한다.

2 상대방이 모르는 내용을 알려 주기

상대방이 해당 내용을 모른다고 생각하고 알려 주듯 말할 때 사용한다.

- 가 : 부장님, 요즘은 이 가수의 춤이 유행이랍니다.
  나 : 그래? 요즘 텔레비전을 안 보니까 통 모르겠네.
- 가 : 파운데이션에 크림을 섞어 바르면 피부가 아주 촉촉하게 **된답니다.**
  나 : 그래요? 요즘 환절기라 피부가 거칠거칠한데 한번 해 봐야겠어요.

문법 정보

- **선어말어미 정보** : '-시-', '-었-'과 결합할 수 있다. '-겠-'과 결합하기 어렵다.

  예문 *내일 비가 오겠답니다.

담화 정보

- 주로 구어에서 사용한다.
- 주로 비격식적인 상황에서 사용한다.

- 구어에서뿐만 아니라 구어의 특징이 있는 문어에서도 사용된다. 특히 상품 후기나 블로그에서 불특정 다수를 대상으로 하여 이야기하듯 친근하게 글을 쓸 때 자주 사용된다. 화청자의 친소 관계에 구애받지 않고 쓰이는 경향이 있다.
- 다소 사회적 거리가 있는 사람들에게 친절한 태도로 말하고 싶을 때 사용하는 경향이 있다.

📋3 친근하게 말하기

상대방에게 친근한 태도로 내용을 전달할 때 사용한다.

- 가 : 우리 집 가족들은 모두 건강하답니다.
  나 : 다행이네요. 모두들 보고 싶어요.
- 요즘 집 앞의 정원에 꽃들이 예쁘게 피었답니다.

문법 정보

- **선어말어미 정보** : '-시-', '-었-'과 결합할 수 있다. '-겠-'과 결합하기 어렵다.
  [예문] *저는 내일 오후쯤 거기에 도착하겠답니다.

담화 정보

- 주로 구어에서 사용한다.
- 주로 비격식적인 상황에서 사용한다.
- 주로 나이가 같은 사람 또는 윗사람에게 사용한다. 또는 불특정 다수의 사람들에게 친근하게 말을 건넬 때 사용하기도 한다.

-는대(요)

종결어미

형태 정보

	형태		
	동사	형용사	명사
받침 ○	-는대(요)	-대(요)	명이래(요)
받침 ×	-ㄴ대(요)		명래(요)

- -는다고 해(요) : '-는대(요)'는 '-는다고 해(요)'가 줄어든 꼴로 볼 수 있다.
  [예문] 이번에 할아버지께서 중국으로 여행 (가신다고 해요/가신대요).

1 (평서문으로 쓰여) 다른 사람에게 들은 말을 전달하기

다른 사람에게서 들은 말을 전할 때 쓴다.

- 가 : 규현이가 아직 3살밖에 안 됐는데 책을 많이 읽는대.
  나 : 그래? 나중에 정말 똑똑해지겠다.
- 가 : 채린이가 강아지를 키운대.
  나 : 아, 그렇구나. 그래서 강아지에 대해 잘 알고 있구나.
- 가 : 요즘은 조금 헐렁한 청바지가 인기가 있대.
  나 : 그래? 그럼 나도 헐렁한 청바지를 좀 사 볼까?
- 가 : 할머니가 이번에는 밭에 감자를 심으신대요.
  나 : 그럼 내가 좀 도와 드려야겠구나.
- 가 : 우리 엄마는 젊었을 때 인기가 정말 많았대.
  나 : 너희 엄마는 지금도 미인이시니까 예전에도 인기가 많았을 것 같아.
- 가 : 현정이가 내일 사진기를 가져 오겠대.
  나 : 그래? 다행이다.
- 가 : 신혜가 내일 점심 때 우리 집에 올 거래요.
  나 : 그래요? 그럼 제가 집을 좀 청소해 놓아야겠어요.
- 가 : 서준 씨의 누나가 간호사래요.
  나 : 그래요? 무슨 병원에서 일하는지 알아요?

문법 정보

- **선어말어미 정보** : '-시-', '-었-', '-겠-'과 결합할 수 있다.

담화 정보

- 주로 구어에서 사용된다.
- 주로 비격식적인 상황에서 사용된다.
- 격식적인 상황에서는 '-는다고 하다/말하다/말씀하다' 등의 형태로 쓴다. 특히 격식적인 상황에서 전달할 말을 한 주체가 화자보다 윗사람이며 예의를 지켜야 할 경우에 이러한 형태로 쓴다.
  > 예문 (주체 : 부장 〉 화자 : 과장) 부장님께서 이번에는 우리 팀이 발표 자료를 만들어야 한다고 말씀하셨습니다.

- **남에게 이르기** : 남에게 이를 때 사용할 수 있다. 주로 아이들이 사용하며, 억양이 올라갔다가 내려간다. 이때에는 '-는다고 해(요)'가 줄어든 표현으로 볼 수 없다.
  > 예문 엄마, 누나가 나 몰래 내 과자 먹었대요.
  > 아빠, 형이 나랑 같이 놀러 안 간대. 형 친구들이랑만 놀러 간대.

- **−데**

  (1) '−데'는 '−더라'와 같은 의미로 화자가 직접 경험하여 깨달은 사실을 전달할 때 사용하는 것이며 '−대'는 남이 말한 내용을 전달할 때 사용하는 것이다.

  예문 가 : 그 집 팥빙수가 진짜 맛있대. → 들은 내용을 전달

  　　　 나 : 맞아. 나도 먹어 봤는데 정말 맛있더라.

  예문 가 : 어제 내가 먹었던 팥빙수 진짜 맛있데. → 자신이 경험한 바를 전달

  　　　 나 : 진짜? 나도 한번 먹어 봐야겠다.

2 (의문문으로 쓰여) 들은 내용에 대해 물어보기

청자가 들은 내용에 대해 물어볼 때 쓴다.

- 가 : 서준이가 뭐라고 했어? 내일 파티에 **온대**?
  나 : 아니, 내일 일이 있대.
- 가 : 채린이가 뭐래? 나랑 밥 먹기 **싫대**?
  나 : 아니, 아까 수업 전에 밥 먹어서 안 먹을 거래.
- 가 : 규현이도 숙제 안 **했대**?
  나 : 응, 어제 많이 아파서 숙제를 못 했대.
- 가 : 할머니가 이번에는 어떤 걸 **심으신대요**?
  나 : 이번에 콩이랑 고추를 심으실 거래.
- 가 : 그래서, 서준이가 연정이한테 언제 청혼할 **거래**?
  나 : 몰라, 아직 계획 중인가 봐.
- 가 : 강희가 뭐라고 했어? 이번에 밥 **사겠대**?
  나 : 응, 장학금 받아서 기분 좋으니까 이번에 자기가 밥 사겠대.
- 가 : 이번 노래 대회 1등 상품은 **뭐래**? 이번에도 **사전이래**?
  나 : 아니, 이번에는 노트북이래. 이번에 연습 열심히 해서 꼭 1등 해야지.
- 가 : 어떤 영화가 제일 **재미있대**?
  나 : 내 친구가 그러는데 이 영화가 제일 괜찮대.

- **선어말어미 정보** : '−시−', '−었−', '−겠−'과 결합할 수 있다.

- 주로 구어에서 사용된다.
- 주로 비격식적인 상황에서 사용된다.
- 격식적인 상황에서는 '−는다고 하다/말하다/말씀하다' 등의 형태로 쓰는 것이 공손하

다. 특히 격식적인 상황에서 전달할 말을 한 주체가 화자보다 윗사람이며 예의를 지켜야 할 경우에 이러한 형태로 쓰는 경우가 많다.

예문 부장님께서 이번에 우리 팀이 발표 자료를 만들어야 한다고 말씀하셨습니까?

확장

• **강한 반발하기** : 강하게 반발할 때 사용할 수 있다. 이때에는 꼭 대답을 요구하지는 않으며, '누가', '언제' 등과 같은 말과 함께 잘 쓰인다. 또한 이때에는 '–는다고 해(요)?'가 줄어든 표현으로 볼 수 없다.

예문 내가 언제 그런 걸 하겠대?
　　　누가 이 어려운 것을 할 거래? 나 안 해.
　　　누가 언제 너랑 같이 논대? 난 싫어.

-니 　　　　　　　　　　　　　　　종결어미

형태 정보

• 용언의 어간에 '–니'를 붙인다.

1　질문하기

상대방에게 질문할 때 쓴다.

• 가 : 현정아, **자니?**
　나 : 아니, 왜?
• 가 : 어디에 **가니?**
　나 : 응, 지금 슈퍼에 잠깐 들르려고.
• 가 : 내일 신혜랑 영화 볼 **거니?**
　나 : 아니요, 내일은 시간이 없대요.
• 가 : 어제는 왜 수업에 **빠졌니?**
　나 : 배가 좀 아파서요.
• 가 : 어디 **아프니?**
　나 : 아니요, 괜찮아요.
• 가 : 할머니가 어디에 **계시니?**
　나 : 할머니 지금 부엌에 계세요.
• 가 : 너 내 생일 잊어버렸지?

나 : 내가 네 생일을 잊어버렸겠니?

문법 정보

- **선어말어미 정보** : '-시-', '-었-', '-겠-'과 결합할 수 있다.

담화 정보

- 주로 구어에서 사용한다.
- 주로 비격식적인 상황에서 사용한다.
- 아랫사람이나 나이가 같은 사람에게만 사용할 수 있다.
- 단, 아주 가까운 사이에서만 사용할 수 있다.
- 부드럽고 여성적인 느낌을 준다. 주로 여성 화자들이 많이 사용한다.
- 낮춤말이므로 화청자가 가까운 사이라도 나이나 지위가 비슷한 경우에는 주의해서 사용해야 한다. '-니'를 사용하면 청자는 화자가 자신을 아랫사람으로 대한다는 느낌이 강하게 들기 때문이다.
- 또한 아무리 가족과 같이 가까운 사이라도 나이가 많은 사람에게 사용하는 것은 어색하다.

  예문 (한 살 어린 동생이 언니에게) 밥 먹었니? → 어색함.
  (한 살 많은 언니가 동생에게) 밥 먹었니? → 자연스러움.

관련 표현

- **-냐**

  (1) '-냐'와 '-니' 모두 낮춤말이며 물을 때 사용한다. 그러나 '-냐'는 조금 더 거친 느낌이 들고, 주로 남성 화자들이 자주 사용하는 경향이 있다. 그러나 '-니'는 '-냐'에 비해 부드럽고 여성스러운 느낌이 있다.

  예문 (언니가 동생에게) 우산은 챙겼니? → 자연스러움.
  (형이 동생에게) 우산은 챙겼냐? → 자연스러움.

  (2) '-냐'와 '-니' 모두 같은 나이의 친구에게 사용할 수 있으나 이때 더 친근함이 느껴지는 표현은 '-냐'이다. 친구 사이이면서 관계가 매우 가까울 때에는 남녀 구분 없이 '-냐'를 즐겨 사용한다.

  예문 (친한 친구끼리) 이거 예쁘다. 어디서 샀냐?

-더군(요)

형태 정보

• 용언의 어간에 '-더군(요)'를 붙인다.

---

1 과거에 새롭게 알게 된 것을 전달하기

과거의 어느 시점에 새롭게 깨닫게 된 것이나 새롭게 든 생각을 청자에게 전달하듯 말할 때 사용한다.

• 가 : 어제 크림 스파게티를 처음 먹었는데 생각보다 느끼하지 않더군요.
  나 : 그래요? 난 서준 씨가 정말 느끼해 할 줄 알았는데요!
• 가 : 지난달에 오랜만에 고향에 갔더니 많이 변했더군요.
  나 : 그렇죠? 이제 옛날 모습은 아예 없어진 것 같아요.
• 가 : 요즘 날씨가 따뜻해서 그런지 꽃이 많이 피더군.
  나 : 그래? 꽃구경 좀 하러 가야겠네.
• 가 : 아까 백화점에 가 보니까 요즘 세일이라서 지금 구두를 사는 것도 괜찮겠더군요.
  나 : 그래요? 그럼 같이 가 볼까요?
• 가 : 지난주에 규현이랑 클럽에 갔는데 규현이가 춤을 아주 잘 추더군요. 깜짝 놀랐어요.
  나 : 그래요? 상상이 잘 안 돼.

문법 정보

• **주어 제약** : 주로 2인칭이나 3인칭 주어와 함께 쓴다. 단, 새롭게 발견한 자신의 모습이나 감정에 대해서 말할 때에는 1인칭 주어와 함께 쓸 수 있다.
  예문 (꿈에서 보니) 내가 하늘 위를 날더군요.

• **선행 용언 제약** : 감정을 나타내는 형용사와 결합할 때는 1인칭 주어와 함께 써야 한다. 2인칭이나 3인칭 주어의 감정을 나타낼 때는 감정 형용사에 '-어하다'를 붙여야 한다.
  예문 어제 (저는) 동생의 합격 소식을 듣고 정말 기쁘더군요. (1인칭 주어)
  어제 채린이가 동생의 합격 소식을 듣고 정말 기뻐하더군요. (3인칭 주어)

• **선어말어미 정보** : '-시-', '-었-', '-겠-'과 결합할 수 있다.

담화 정보

• 주로 구어에서 사용된다.

- 주로 비격식적인 상황에서 사용된다.
- '-더군(요)'는 실제 발화 상황에서 자주 사용되지 않는다. '-더군(요)'대신에 '-던데(요)', '-더라고(요)' 등이 더 자주 사용된다.

-더라

형태 정보

- 용언의 어간에 '-더라'를 붙인다.

1 과거에 새롭게 알게 된 것을 알려 주기

과거의 어느 시점에 새롭게 깨닫게 된 것이나 새롭게 든 생각을 말할 때 사용한다.

- 가 : 어제 새로 생긴 카페에 갔는데 정말 커피가 맛있더라.
  나 : 그래? 한번 가 봐야겠네.
- 가 : 오랜만에 초등학교 동창회에 갔는데 친구들이 하나도 안 변했더라.
  나 : 정말? 나 못 가서 아쉽다. 보러 가고 싶다.
- 가 : 지난주에 눈앞에서 영화배우 이지수를 직접 봤는데 진짜 예쁘더라.
  나 : 맞아, 나도 직접 봤는데 정말 예뻤어.
- 가 : 영화 예고편을 봤는데 재미있겠더라.
  나 : 그래? 그럼 내일 영화 보러 가 볼까?
- 가 : 어제 노래방에 연정이랑 같이 갔는데 노래 진짜 잘 부르더라. 깜짝 놀랐어.
  나 : 그래? 난 전혀 몰랐네. 나도 듣고 싶다.

문법 정보

- **주어 제약** : 주로 2인칭이나 3인칭 주어와 함께 쓴다. 단, 새롭게 발견한 자신의 모습이나 감정에 대해서 말할 때에는 1인칭 주어와 함께 쓸 수 있다.
  예문 (꿈에서 보니) 내가 하늘 위를 날더군요.

- **선행 용언 제약** : 감정을 나타내는 형용사와 결합할 때는 1인칭 주어와 함께 써야 한다. 2인칭이나 3인칭 주어의 감정을 나타낼 때는 감정 형용사에 '-어하다'를 붙여야 한다.
  예문 어제 (나는) 동생의 합격 소식을 듣고 정말 기쁘더라. → 1인칭 주어
  어제 채린이가 동생의 합격 소식을 듣고 정말 기뻐하더라. → 3인칭 주어

- **선어말어미 정보** : '-시-', '-었-', '-겠-'과 결합할 수 있다.

- **조사 결합 정보** : 보조사 '요'와 결합하기 어렵다.
  > 예문 *그 초콜릿 좀 많이 달더라요.

담화 정보

- 주로 구어에서 사용된다.
- 주로 비격식적인 상황에서 사용된다.
- 청자가 높임의 대상일 경우에 사용하지 않는다.

확장

- **사실 확인하기** : '-더라'의 끝이 약간 올라가는 억양으로 발화하여 어떠한 사실을 확인하는 경우에 사용할 수 있다.
  > 예문 너 어제 학교에 안 가고 놀이공원에 갔더라?

2 과거의 기억 뒤적이기

과거에 직접 경험하여 새롭게 알게 된 것이 잘 생각나지 않을 때 그것을 생각해 내려고 말할 때 사용한다.

- 가 : 어제 먹었던 파스타 이름이 뭐더라?
  나 : 잘 좀 생각해 봐. 나도 그거 먹고 싶어.
- 가 : 서준 씨 아버지가 어떻게 생기셨더라?
  나 : 키 좀 크시고 마른 체격이셨어.
- 가 : 누가 어제 발표를 했더라?
  나 : 음, 나도 기억이 잘 안 나네.
- (혼잣말) 음, 규현이가 어디에 살더라.
- (혼잣말) 내가 몇 시에 집에 도착했더라.

문법 정보

- **주어 정보** : 기억이 나지 않는 경우에 대하여 생각해 보는 것이므로 1인칭 주어일 때에도 자연스럽게 사용할 수 있다.
  > 예문 내가 선생님께 뭐라고 이메일을 썼더라?

- **선어말어미 제약** : '-시-', '-었-'과 결합할 수 있다. '-겠-'과 결합하기 어렵다.
  > 예문 *내가 오늘 할 일이 뭐겠더라?

- **조사 결합 정보** : 보조사 '요'와 결합하기 어렵다.
  > 예문 *그 초콜릿 가격이 얼마더라요?

공기 정보

- '언제', '어디', '무엇', '어떻게', '누구' 등과 같은 의문사와 자주 결합을 한다.

담화 정보

- 주로 구어에서 사용된다.
- 주로 비격식적인 상황에서 사용된다.
- 청자가 높임의 대상일 경우에 사용하지 않는다.

억양 정보

- 청자의 반응을 요구하는 경우 '-더라'의 끝이 약간 올라가는 억양으로 발화하는 경향이 있으며 혼잣말을 할 때에는 억양이 올라가거나 내려가거나 상관없다.
    예문 가 : 내가 몇 시 비행기를 예약했더라?
    　　　나 : 너 오전 8시 비행기 예약했잖아.
    예문 내가 몇 시 비행기를 예약했더라.

-더라고(요)
종결어미

형태 정보

- 용언의 어간에 '-더라고(요)'를 붙인다.

1 과거에 새롭게 알게 된 것을 알려 주기

과거의 어느 시점에 새롭게 깨닫게 된 것이나 새롭게 든 생각을 청자에게 전달하듯 말할 때 사용한다.

- 가 : 저는 집 앞 식당에 자주 가요. 음식이 **괜찮더라고요.**
  나 : 그래요? 나도 한번 가 봐야겠어요.
- 가 : 어제 현정이네 집에 갔다면서? 어땠어?
  나 : 응, 집이 아기자기하고 예뻤어. 현정이네 어머니가 잘 꾸며 **놓으셨더라고.**
  가 : 그래? 궁금하다.
- 가 : 백화점에 갔다면서 왜 하나도 안 샀어?
  나 : 응, 물건이 너무 **비싸더라고.**
- 가 : 너 그 영화 벌써 예매했어?
  나 : 응, 친구한테 줄거리를 들었는데 진짜 **재미있겠더라고.**
- 가 : 신혜가 음식을 정말 잘 **하더라고요.** 깜짝 놀랐어요.

나 : 맞아요. 저도 깜짝 놀랐어요.

문법 정보

- **주어 제약** : 주로 2인칭이나 3인칭 주어와 함께 쓴다. 단, 새롭게 발견한 자신의 모습이나 감정에 대해서 말할 때에는 1인칭 주어와 함께 쓸 수 있다.
  > 예문 (꿈에서 보니) 내가 하늘 위를 날더라고요.

- **선행 용언 제약** : 감정을 나타내는 형용사와 결합할 때는 1인칭 주어와 함께 써야 한다. 2인칭이나 3인칭 주어의 감정을 나타낼 때는 감정 형용사에 '-어하다'를 붙여야 한다.
  > 예문 어제 (나는) 동생의 합격 소식을 듣고 정말 기쁘더라고. (1인칭 주어)
  > 어제 채린이가 동생의 합격 소식을 듣고 정말 기뻐하더라고. (3인칭 주어)

- **선어말어미 정보** : '-시-', '-었-', '-겠-'과 결합할 수 있다.

담화 정보

- 주로 구어에서 사용된다.
- 주로 비격식적인 상황에서 사용된다.
- 구어에서 '-더라구(요)'로 발음되기도 한다.
  > 예문 신발이 정말 싸더라구.

억양 정보

- '-더라고(요)'를 앞에서 나온 발화나 행동에 대해 뒷받침하기 위하여 말할 때에는 보통 내려가는 억양으로 실현된다.
  > 예문 가 : 너 왜 그 초콜릿 안 먹어?
  > 나 : 이 초콜릿이 좀 많이 달더라고요. ↘

- '-더라고(요)'를 청자의 반응을 유도하기 위하여 말할 때에는 끝이 올라가는 억양으로 실현된다.
  > 예문 가 : 이 초콜릿 좀 많이 달더라고요? ↗
  > 나 : 그래? 난 괜찮던데.

-던가(요)

종결어미

형태 정보

- 용언의 어간에 '-던가(요)'를 붙인다.

(의문문으로 사용하여) 기억을 회상하면서 청자의 주의를 환기할 때 사용한다.

- 가 : 가만 있어 봐. 오늘이 어머님 **생신이던가요**?
  나 : 그런가? 아, 아니에요. 다음 달이에요.
- 가 : 혹시 우리가 몇 시에 만나기로 **했던가요**?
  나 : 한 시쯤 만나기로 했지.
- 가 : 참, 어제 점심 때 메뉴가 무엇이던가요?
  나 : 음, 아마 김치찌개였을 거예요.

문법 정보

- **선행 용언 제약** : 감정을 나타내는 형용사와 결합할 때는 1인칭 주어와 함께 써야 한다. 2인칭이나 3인칭 주어의 감정을 나타낼 때는 감정 형용사에 '-어하다'를 붙여야 한다.
  예문 어제 (나는) 동생의 합격 소식을 듣고 정말로 기쁘던가? → 1인칭 주어
  어제 채린이가 동생의 합격 소식을 듣고 정말 기뻐하던가? → 3인칭 주어
- **선어말어미 정보** : '-시-', '-었-', '-겠-'과 결합할 수 있다.

담화 정보

- 주로 구어에서 사용된다.
- 주로 비격식적인 상황에서 사용된다.

확장

- **혼잣말** : 상대방의 반응을 유도하는 기능이 있으나 혼잣말로도 사용될 수 있다. 상대방의 반응을 유도하는 경우에는 그 끝이 올라가는 어조를 띠며 혼잣말일 경우에는 여러 가지 어조를 띨 수 있다.
  예문 맞다! 내가 가스 밸브를 잠갔던가.

(의문문으로 사용하여) 청자의 기억에 대해 질문할 때 사용한다.

- 가 : 영화는 어땠나? 재미있던가?
  나 : 네, 정말 오래간만에 재미있는 영화를 본 것 같습니다.
- 가 : 불꽃 축제에 사람들이 많이 왔던가?
  나 : 말도 마세요. 너무 사람들이 많이 와서 정신이 하나도 없었어요.
- 가 : 여행은 잘 다녀왔나? 음식은 입에 잘 맞던가?

나 : 네, 처음 간 것치고는 음식이 입에 잘 맞았습니다.
- 가 : 신혜를 직접 보니 **어떻던가?**
  나 : 친절하고 예의가 바르던데요.
- 가 : 참, 연정이가 중국어를 할 줄 **알던가?**
  나 : 네, 중국어를 꽤 잘하더라고요.

문법 정보

- **선어말어미 정보** : '-시-', '-었-', '-겠-'과 결합할 수 있다.

담화 정보

- 주로 구어에서 사용된다.
- '-던가'는 교수님이 제자에게, 장인이나 장모가 사위에게 말하는 등의 윗사람이 아랫사람에게 말하는 상황에서 사용된다.

📋 3 ('-던가'로 쓰여) 강조하기

자신이 말하는 내용을 강조할 때 사용한다.

- 어제 먹었던 아이스크림, 아! 얼마나 **맛있던가.**
- 아, 내가 얼마나 이곳에 오고 싶었던가.
- 어머니는 얼마나 음식을 **잘하셨던가.**
- 그 경치는 얼마나 **아름답던가.**

문법 정보

- **선행 용언 제약** : 감정을 나타내는 형용사와 결합할 때는 1인칭 주어와 함께 써야 한다. 2인칭이나 3인칭 주어의 감정을 나타낼 때는 감정 형용사에 '-어하다'를 붙여야 한다.
  > 예문 어제 (나는) 동생의 합격 소식을 듣고 얼마나 기쁘던가. → 1인칭 주어
  > 어제 채린이가 동생의 합격 소식을 듣고 얼마나 기뻐하던가. → 3인칭 주어

- **선어말어미 정보** : '-시-', '-었-'과 결합할 수 있다. '-겠-'과 결합하기 어렵다.
  > 예문 *아! 내년에는 가뭄이 얼마나 심하겠던가.

공기 정보

- 보통 '얼마나'와 같은 부사어와 자주 함께 쓰인다.

담화 정보

- 주로 문어에서 사용된다.

- 대답을 요구하지 않는다.
- 청자를 상정하지 않으므로 '-던가요'의 형태로 사용하지 않는다. 항상 '-던가'로만 사용한다.

-던데(요)

종결어미

형태 정보

- 용언의 어간에 '-던데(요)'를 붙인다.

1 의견을 뒷받침하는 근거 말하기

자신의 의견을 뒷받침하기 위하여 과거에 새롭게 깨닫게 된 것이나 새롭게 든 생각을 근거로 하여 말할 때 사용한다.

- 가 : 이번 어머니 생신 모임을 어디에서 하는 게 좋을까요?
  나 : 여기 새로 생긴 레스토랑 어때요? 거기 **괜찮던데요**.
- 가 : 강희는 어떤 사람이야? 좀 재미없는 사람이라면서?
  나 : 어? 그렇지 않아. 지난번에 만났을 때 말도 잘하고 **재미있던데**.
- 가 : 오늘 날씨도 좋은데 연정 씨한테 어디 놀러 가자고 할까요?
  나 : 글쎄요. 다음에 연락하는 게 어때요? 요즘 연정 씨가 시험 기간이라 **바쁘던데요**.

문법 정보

- **주어 제약** : 주로 2인칭이나 3인칭 주어와 함께 쓴다. 단, 새롭게 발견한 자신의 모습이나 감정에 대해서 말할 때에는 1인칭 주어와 함께 쓸 수 있다.
  예문 (꿈에서 보니) 내가 하늘 위를 날던데.

- **선행 용언 제약** : 감정을 나타내는 형용사와 결합할 때는 1인칭 주어와 함께 써야 한다. 2인칭이나 3인칭 주어의 감정을 나타낼 때는 감정 형용사에 '-어하다'를 붙여야 한다.
  예문 어제 저는 동생의 합격 소식을 듣고 정말 기쁘던데요. → 1인칭 주어
  어제 채린이가 동생의 합격 소식을 듣고 정말 기뻐하던데요. → 3인칭 주어

담화 정보

- 주로 구어에서 사용된다.
- 주로 비격식적인 상황에서 사용된다.

- 보통 끝이 내려가는 어조를 띤다.

2 상대방의 반응 유도하기

과거에 새롭게 깨닫게 된 것이나 새롭게 든 생각을 토대로 상대방의 반응을 유도할 때 사용한다.

- 가 : 날씨가 참 **좋던데?**
  나 : 그래서? 너 외출하고 싶구나?
  가 : 응, 사실 몸이 근질근질해.
- 가 : 이 영화 진짜 **재미있겠던데?**
  나 : 그래? 이번 주말에 이 영화나 볼까?
  가 : 좋아!
- 가 : 강희가 음식을 정말 **잘하던데요?**
  나 : 그래요? 그럼 이번 생일 파티 때 강희한테 음식을 준비하라고 할까요?
- 가 : 나 집 앞에 있는 신발 가게에서 이거 샀어요.
  나 : 아, 거기! 거기 정말 물건이 싸고 **좋던데?**
  가 : 그렇지? 앞으로 거기 단골이 될 것 같아.

문법 정보

- **주어 제약** : 주로 2인칭이나 3인칭 주어와 함께 쓴다. 단, 새롭게 발견한 자신의 모습이나 감정에 대해서 말할 때에는 1인칭 주어와 함께 쓸 수 있다.
  [예문] (꿈에서 보니) 내가 하늘 위를 날던데요?

- **선행 용언 제약** : 감정을 나타내는 형용사와 결합할 때는 1인칭 주어와 함께 써야 한다. 2인칭이나 3인칭 주어의 감정을 나타낼 때는 감정 형용사에 '-어하다'를 붙여야 한다.
  [예문] 어제 저는 동생의 합격 소식을 듣고 정말 기쁘던데요? → 1인칭 주어
  어제 채린이가 동생의 합격 소식을 듣고 정말 기뻐하던데요? → 3인칭 주어

- **선어말어미 정보** : '-시-', '-었-', '-겠-'과 결합할 수 있다.

담화 정보

- 주로 구어에서 사용된다.
- 주로 비격식적인 상황에서 사용된다.

억양 정보

- 이 경우에는 보통 상대방의 반응을 기대하므로 끝이 올라가는 어조를 띤다.

-습니까

형태 정보

	형태
받침 ○	-습니까
받침 ×	-ㅂ니까

- **명사** **입니까** : 선행어가 '명사'인 경우에는 '입니까'를 붙인다.

  예문 학생입니까?

  아는 사이입니까?

1 질문하기

격식적인 자리에서 말하는 사람이 듣는 사람에게 질문할 때 사용한다.

- 요즘 많이 바쁘십니까?
- 손님, 예약은 하셨습니까?
- 몇 시에 회의를 시작합니까?
- 요즘 여러분이 걱정하고 있는 것은 무엇입니까?
- 앞으로 우리의 미래는 어떻겠습니까?

문법 정보

- **선어말어미 정보** : '-시-', '-었-', '-겠-'과 결합할 수 있다.

담화 정보

- 주로 구어에서 사용된다.
- 주로 격식적인 상황에서 사용한다.
- 청자가 높임의 대상일 경우에 사용한다. 청자가 불특정 계급의 다수일 경우에 즐겨 사용된다.
- 주어를 존대해야 할 경우에는 '-시-'를 사용한다.

  예문 어머니는 요즘 많이 바쁘십니까?

- 처음 만난 사람이나 손님과 같이 예의를 갖추어야 할 대상에게 사용한다.
- 여자들보다 남자들이 더 자주 사용하는 경향을 보이는데 이는 남자들이 군대나 직장과 같은 격식적인 상황에 접해 있는 경우가 많기 때문이다.

- 격식적이고 예의를 갖추는 표현이기 때문에 친한 사람에게 사용하면 거리감이 느껴지는 효과를 가져올 수 있다.

-습니다

종결어미

형태 정보

	형태
받침 ○	-습니다
받침 ×	-ㅂ니다

- **명사 입니다** : 선행어가 명사인 경우에는 '입니다'를 붙인다.
  - 예문 저는 학생입니다.
  - 이 사람은 제 친구입니다.

1 설명하여 알리기

격식적인 자리에서 말하는 사람이 듣는 사람에게 공손하게 어떤 상황에 대해 설명하여 알릴 때 쓴다.

- 보통 1시에 점심을 먹습니다.
- 저는 아침마다 클래식 음악을 듣습니다.
- 오늘 수업은 여기서 마치겠습니다.
- 가 : 오전에 옆 사무실에서 회의합니다.
  나 : 네, 제가 회의 준비를 해 놓겠습니다.
- 가 : 김 대리 지금 어디에 있는지 아나?
  나 : 잠깐 화장실에 갔습니다.

문법 정보

- **선어말어미 제약** : '-시-', '-었-', '-겠-'과 결합할 수 있다.

담화 정보

- 주로 구어에서 사용한다.
- 격식적인 상황에서 주로 사용한다.
- 청자가 높임의 대상일 경우에 사용한다.

- 처음 만난 사람이나 손님과 같이 예의를 갖추어야 할 대상에게 사용한다.
- 여자들보다 남자들이 더 자주 사용하는 경향을 보이는데 이는 남자들이 군대나 직장과 같은 격식적인 상황에 접해 있는 경우가 많기 때문이다.
- 격식적이고 예의를 갖추는 표현이기 때문에 친한 사람에게 사용하면 거리감이 느껴질 수 있다.

관련 표현

- **–어요**
  (1) '–습니다'와 같이 진술 또는 설명할 때 쓸 수 있지만 비교적 비격식적이며 부드러운 느낌을 준다. '–어요'는 일상적인 상황에서 주로 사용되는 표현이다.
  > **예문** 요즘은 사람들이 일찍 퇴근합니다. → 격식적인 상황
  > 요즘은 사람들이 일찍 퇴근해요. → 일상적인 상황

–아/어

종결어미

형태 정보

어간 모음	형태	받침 유무	예시
ㅏ/ㅗ	–아	받침 ○	안다 : 안– + –아 → 안아
			좋다 : 좋– + –아 → 좋아
		받침 ×	가다 : 가– + –아 → (가아) → 가
			보다 : 보– + –아 → 보아 → 봐
ㅏ/ㅗ 외	–어	받침 ○	먹다 : 먹– + –어 → 먹어
		받침 ×	서다 : 서– + –어 → (서어) →서
			쉬다 : 쉬– + –어 → 쉬어
			마시다 : 마시– + –어 → (마시어) → 마셔
			주다 : 주– + –어 → 주어 → 줘
			보내다 : 보내– + –어 → 보내
하다	–여	–	하다 : 하– + –여 → (하여) → 해

- **명사 야** : 선행어가 '**명사**' 혹은 형용사 '아니다'인 경우에는 '–야'를 붙인다.
  > **예문** 내 이름은 장채린이야.
  > 이건 아니야.

📝 1 설명하여 알리기

비격식적인 상황에서 어떤 상황에 대해 설명하여 알릴 때 쓴다.

- 보통 나는 저녁 6시에 밥 먹어.
- 요즘 난 한국어 공부해.
- 우리 언니는 스트레스 받을 때 음악을 들어.
- 동생은 축구 하러 갔어.
- 오빠는 대학교 4학년이야.
- 우리 선생님이 이번에 결혼하셔.
- 이러다가 정말 엄마한테 혼나겠어.

문법 정보

- **선어말어미 정보** : '-시-', '-었-', '-겠-'과 결합할 수 있다.

담화 정보

- 주로 구어에서 사용한다.
- 주로 비격식적이고 일상적인 상황에서 사용한다.
- 청자와 화자가 동등하거나 청자가 화자보다 아랫사람일 경우에 사용한다.
- 주어를 존대해야 할 경우에는 '-시-'를 사용한다.
  > 예문 어머니는 요즘 많이 바쁘셔.
  > 아버지는 지금 텔레비전을 보고 계셔.

관련 표현

- **-습니다**
  (1) '-어/아'와 같이 진술하거나 설명할 때 쓸 수 있지만 비교적 격식적이며 딱딱한 느낌을 준다. '-습니다'는 공식적인 상황에서 주로 사용되는 표현이다.
  > 예문 (뉴스에서) 오늘 정부가 새로운 부동산 대책을 발표했습니다.
  > (친구에게) 나 오늘 강 선생님 수업에서 발표했어.

- **-어/아요**
  (1) '-어/아'와 같이 진술하거나 설명할 때 쓸 수 있지만 청자가 윗사람이거나 아랫사람이더라도 공손하게 말해야 할 상황에서 사용된다.
  > 예문 (동료에게) 김 대리는 밥 먹으러 갔어요.
  > (친구에게) 채린이는 밥 먹으러 갔어.

2 질문하기

비격식적인 상황에서 어떤 상황에 대해 물어볼 때 쓴다.

- 이름이 뭐야?
- 어제 어디에서 공부했어?

- 내일 눈이 **와**?
- 어떤 색이 **예뻐**?
- 언제쯤 강 선생님 **오셔**?
- 이 식당은 양이 좀 적은데 **괜찮겠어**?

문법 정보

- **선어말어미 정보** : '–시–', '–었–', '–겠–'과 결합할 수 있다.

담화 정보

- 주로 구어에서 사용한다.
- 주로 비격식적이고 일상적인 상황에서 사용한다.
- 청자와 화자가 동등하거나 청자가 화자보다 아랫사람일 경우에 사용한다.
- 주어를 존대해야 할 경우에는 '–시–'를 사용한다.
    > **예문** 어머니는 요즘 많이 바쁘세요?
    > 할머니는 지금 무엇을 하고 계세요?

억양 정보

- 끝의 억양이 올라간다.

관련 표현

- **–습니까**
    (1) '–어/아'와 같이 물어볼 때 쓸 수 있지만 비교적 격식적이며 딱딱한 느낌을 준다. '–습니까'는 공식적인 상황에서 주로 사용되는 표현이다.
    > **예문** (뉴스에서) 정부의 새로운 부동산 정책에 대한 국민들의 반응이 어떻습니까?
    > (친구에게) 내일 뭐 해?

- **–어요**
    (1) '–어/아'와 같이 물어볼 때 쓸 수 있지만 청자가 윗사람이거나 아랫사람이더라도 공손하게 말해야 할 상황에서 사용되는 표현이다.
    > **예문** (동료에게) 김 대리님, 서류를 어디에 두셨어요?
    > (친구에게) 현정아, 가방 어디에 놨어?

2 명령하기

비격식적인 상황에서 듣는 사람에게 어떤 행동을 할 것을 명령할 때 쓴다.

- 서준아, 내일은 일찍 **와**.

- 채린아, 우산 **가져가**.
- 연정아, 이 책을 **읽어**.
- 현정아, 이쪽으로 **와**.

문법 정보

- **주어 제약** : 주로 2인칭 주어와 함께 쓰거나 주어 없이 쓴다.
  예문 (서준아,) 내일은 일찍 와.

- **선행 용언 제약** : 주로 동사와 결합하나 '침착하다', '행복하다', '건강하다' 등의 일부 형용사와 결합이 가능한 경우도 있다.
  예문 *(명령의 의미로) 강희야, 예뻐.
  예문 늘 (침착해/행복해/건강해).

- **선어말어미 정보** : 선어말어미 '-시-', '-었-', '-겠-'과 결합하기 어렵다.
  예문 (명령의 의미로) 연정아, 이 책을 (*읽으셔/*읽었어/*읽겠어).

담화 정보

- 주로 구어에서 사용한다.
- 주로 비격식적이고 일상적인 상황에서 사용한다.
- 청자와 화자가 동등하거나 청자가 화자보다 아랫사람일 경우에 사용한다.

관련 표현

- **-으십시오**
  (1) '-어'와 같이 명령할 때 쓸 수 있지만 비교적 격식적이며 딱딱한 느낌을 준다. '-으십시오'는 공식적인 상황에서 주로 사용되는 표현이다.
  예문 (시험에서) 글을 읽고 맞는 답을 고르십시오.
  (친구에게) 연정아, 뭐 먹을지 빨리 골라.

- **-어요**
  (1) '-어'와 같이 명령할 때 쓸 수 있지만 청자가 윗사람이거나 아랫사람이더라도 공손하게 말해야 할 상황에서 사용되는 표현이다.
  예문 (부하 직원에게) 김 대리, 내일 아침 일찍 회의가 있으니까 8시까지 와요.
  (친구에게) 강희야, 스터디가 두 시부터니까 늦지 말고 와.

3 청유하기

비격식적인 상황에서 듣는 사람에게 어떤 행동을 같이 할 것을 제안할 때 쓴다.

- 우리 밥 같이 먹어.

- 우리 콘서트에 같이 가.
- 이 의자 좀 같이 들어.
- 가 : 우리 이제 아침마다 운동해.
  나 : 좋아, 내일부터 하자.

문법 정보

- **주어 제약** : 주로 1인칭 복수 주어와 함께 쓴다.

- **선행 용언 제약** : 주로 동사와 결합한다.
  > 예문 *(청유의 의미로) 우리 예뻐.

- **선어말어미 정보** : 선어말어미 '-시-', '-었-', '-겠-'과 결합하기 어렵다.
  > 예문 (청유의 의미로) 연정아, 우리 이 책을 (*읽으셔/*읽었어/*읽겠어).

공기 정보

- 부사 '같이', '함께'와 자주 쓰인다.
  > 예문 우리 숙제 좀 같이 해.

담화 정보

- 주로 구어에서 사용한다.
- 주로 비격식적이고 일상적인 상황에서 사용한다.
- 청자와 화자가 동등하거나 청자가 화자보다 아랫사람일 경우에 사용한다.

관련 표현

- **-읍시다**
  (1) '-어'와 같이 청유할 때 쓸 수 있지만 비교적 격식적이며 딱딱한 느낌을 준다. '-읍
  시다'는 공식적인 상황에서 주로 사용되는 표현이다.
  > 예문 (동료에게) 벌써 점심시간이네요. 밥 먹으러 갑시다.
  > (친구에게) 신혜야, 밥 먹으러 가자.

- **-자**
  (1) '-어'와 같이 청유할 때 쓸 수 있으며 '-어'와 마찬가지로 청자가 높임의 대상이 아
  닐 경우에 사용한다. '-자'는 청유의 기능이 확실하게 드러난다.
  > 예문 (친구에게) 현정아, 내일 만(나/나자).

-아/어라

형태 정보

	형태
ㅏ, ㅗ	-아라
ㅏ, ㅗ 외	-어라
하다	-여라(하여라/해라)

1 명령하기

명령할 때 사용한다.

- 가 : 규현아, 아침은 꼭 챙겨 **먹어라**.
  나 : 네, 알겠어요. 어머니, 걱정 마세요.
- 가 : 야, 거짓말하지 **마라**.
  나 : 정말 저 거짓말 안 했는데요.
- 가 : 책 좀 **읽어라**.
  나 : 네, 이번 방학 때부터 열심히 읽을 거예요.
- 가 : 내일 아침 일찍 출근해야 되니까 일찍 **자라**.
  나 : 네, 어머니. 안 그래도 지금 자려고 했어요.

문법 정보

- **주어 제약** : 주로 2인칭 주어와 함께 쓰거나 주어 없이 쓴다.
  [예문] (서준아,) 내일은 일찍 와.

- **선행 용언 제약** : 주로 동사와 결합하나 '침착하다', '행복하다', '건강하다' 등의 일부 형
  용사와 결합이 가능한 경우도 있다.
  [예문] *(명령의 의미로) 강희야, 예뻐라.
  늘 (침착해라/행복해라/건강해라).

- **선어말어미 정보** : 선어말어미 '-시-', '-었-', '-겠-'과 결합하기 어렵다.
  [예문] (명령의 의미로) 연정아, 이 책을 (*읽으셔라/*읽었어라/*읽겠어라).

- **부정형 정보** : '말다' 부정형은 가능하나 '안' 부정형과 '못' 부정형은 어색하다.
  [예문] 과식을 (*안/*못) 해라.

담화 정보

- 주로 구어에서 사용한다.
- 아랫사람을 대상으로 말할 때 사용한다.

관련 표현

- **-어/아**
  (1) 두 형태 모두 아랫사람에게 명령할 때 쓸 수 있다. 그러나 '-어'는 윗사람이면서 가까운 사람에게 사용할 수 있지만 '-어라'는 친한 사이라고 하더라도 윗사람에게 사용하면 무례하게 느껴진다.

  예문 (동생이 형에게) 형, 오늘 일찍 집에 들어와. → 자연스러움.
  (동생이 형에게) 형, 오늘 일찍 집에 들어와라. → 무례한 느낌

- **-거/너라**
  (1) 두 형태 모두 아랫사람에게 명령할 때 쓸 수 있다. 그러나 '-거라'는 젊은 세대들이 잘 사용하지 않는다. ('-너라'는 앞선 동사가 '오다'일 경우 사용한다.)

  예문 (할아버지가 손자에게) 서준아, 오늘 일찍 들어오(거라/너라). → 자연스러움.
  (대학생 형이 동생에게) 서준아, 오늘 일찍 들어오(거라/너라). → 어색한 느낌

2 희망 사항 말하기

희망 사항을 말할 때 사용한다.

- 이번에는 우리 팀이 제발 좀 **이겨라**.
- 내 뱃살아 좀 **빠져라**.
- **예뻐져라**.
- 다시 만날 때까지 **건강해라**.
- 에잇, 가다가 그냥 **넘어져라**.
- 빨리 **끝나라**.

문법 정보

- **선어말어미 정보** : '-시-', '-었-', '-겠-'과 결합하기 어렵다.
  예문 제발 나한테 상을 ([?]주셔라/*주었어라/*주겠어라).

담화 정보

- 주로 구어에서 사용한다.
- 아랫사람을 대상으로 말할 때 사용한다.
- 또는 특정 청자를 대상으로 하지 않는 독백적 장면에서도 사용한다.

관련 표현

- **–어/아**

  (1) 두 형태 모두 아랫사람에게 소망을 말할 때 쓸 수 있다. 그러나 '–어'는 윗사람이면서 가까운 사람에게 사용할 수 있지만 '–어라'는 친한 사이라고 하더라도 윗사람에게 사용하면 무례하게 느껴진다.

  예문 (동생이 언니에게) 언니, 결혼해서도 행복해. → 자연스러움.
  (동생이 언니에게) 언니, 결혼해서도 행복해라. → 무례한 느낌

3 감정 및 느낌을 즉각적으로 표현하기

자신의 감정이나 느낌을 즉각적으로 표현할 때 사용한다.

- 아이, 귀여워라.
- 아, 예뻐라.
- 아, 시원해라.
- 아, 좋아라.
- 아, 행복해라.

문법 정보

- **선행 용언 정보** : 주로 형용사와 결합한다. 동사, '이다'와 결합하기 어렵다.
  예문 (감탄의 의미로) *많이도 먹어라.

- **선어말어미 정보** : '–시–', '–었–', '–겠–'과 결합하기 어렵다.
  예문 (감탄의 의미로) 날씨도 (*맑으셔라/*맑았어라/*맑겠어라).

담화 정보

- 주로 구어에서 사용한다.
- 아랫사람을 대상으로 말할 때 사용한다.
  예문 (아기를 보며) 아, 귀여워라.

- 또는 특정 청자를 대상으로 하지 않는 독백적 장면에서도 사용된다.
  예문 (혼잣말로) 아, 외로워라.

-아/어야지(요)

형태 정보

	형태
ㅏ, ㅗ	-아야지(요)
ㅏ, ㅗ 외	-어야지(요)
하다	-여야지(요)(하여야지(요)/해야지(요))

1 의지 말하기

자신의 의지나 결심을 말할 때 사용한다.

- 가 : 나 저 옷 꼭 사야지.
  나 : 응, 저거 너한테 정말 잘 어울렸어.
- 가 : 이제부터 매일 30분씩 운동해야지.
  나 : 나도 같이 하자.
- 가 : 올해는 저도 책 좀 읽어야지요.
  나 : 네, 저도 요즘 책을 너무 안 읽어서 책을 읽어야겠어요.
- 가 : 이번 시합에서는 저 선수를 꼭 이겨야지요.
  나 : 네, 힘내세요! 응원할게요.

문법 정보

- **주어 제약** : 주로 1인칭 주어와 함께 쓴다. 2인칭, 3인칭 주어와 함께 쓰기 어렵다.

- **선행 용언 제약** : 주로 동사와 결합한다. 형용사, '이다'와 결합하기 어렵다.
  예문 *나도 꼭 예뻐야지.

- **선어말어미 정보** : '-시-', '-었-', '-겠-'과 결합하기 어렵다.
  예문 오늘은 꼭 일찍 (*주무셔야지/*잤어야지/*자겠어야지).

담화 정보

- 주로 구어에서 사용한다.
- 주로 비격식적인 상황에서 사용된다.
- 구어에서 '-어야죠'로 발음되는 경우가 많다.

억양 정보

- '–어/아야지'의 형태를 발음할 경우에는 마지막 '지'를 조금 높은 음으로 말하며 끄는 억양으로 발화한다.

2 권유하기

상대방에게 권유할 때 사용한다.

- 규현아, 이제 슬슬 준비하고 나가야지.
- 지금 밖이 추운데 따뜻하게 입어야지.
- 아버지, 이제부터 매일 30분씩 운동하셔야지요.
- 가 : 이제 집에 가 보셔야지요?
  나 : 네, 그게 좋겠네요.

문법 정보

- **주어 제약** : 주로 2인칭 주어와 함께 쓰거나 주어 없이 쓴다.

- **선행 용언 제약** : 주로 동사와 결합한다.
  예문 *너도 꼭 예뻐야지.

- **선어말어미 정보** : '–시–'와 결합할 수 있다. '–었–', '–겠–'과 결합하기 어렵다.
  예문 채린아, 오늘은 꼭 일찍 (*잤어야지/*자겠어야지).

담화 정보

- 주로 구어에서 사용한다.
- 주로 비격식적인 상황에서 사용된다.
- 말하는 사람의 생각이 강하게 드러나 있는 것이므로 친하지 않은 윗사람에게 권유하는 상황에서는 '–어/아야지(요)'를 사용하는 것은 부자연스럽거나 무례하게 느껴질 수 있다.
- 구어에서 '–어/아야죠'로 발음되는 경우가 많다.

확장

- **기원하기** : '행복하다', '건강하다' 등의 일부 형용사와 결합하여 상대방의 건강, 행복 등을 빌어 줄 경우에 사용할 수 있다.
  예문 가 : 할머니, 올해에도 건강하셔야지요.
  나 : 오냐. 고맙다. 너도 건강해라.

3 당연하다고 말하기

상황에 대하여 당연하다고 말할 때 사용한다.

- 그만큼 일을 했으면 **쉬어야지**.
- 그런 몸매를 유지하려면 식단 관리를 **해야지요**.
- 배우로 성공하려면 연기가 **좋아야지**.
- 합격하려면 시험 점수가 최소한 **70점이어야지**.
- 가 : 저도 결혼하고 싶어요.
  나 : 결혼하려면 연애도 해 **봐야지**.

문법 정보

- **선어말어미 정보** : '−시−'와 결합할 수 있다. '−었−', '−겠−'과 결합하기 어렵다.
  예문 그만큼 일을 했으면 당연히 (쉬셔야지요/*쉬겠어야지요).

담화 정보

- 주로 구어에서 사용한다.
- 주로 비격식적인 상황에서 사용된다.
- 구어에서 '−어야죠'로 발음되는 경우가 많다.
- 공식적인 상황에서 윗사람이나 다수의 사람들에게 어떤 상황에 대하여 당연하다고 말할 때에는 '−어야 합니다'의 형태로 말하는 것이 자연스럽다.
  예문 합격하려면 시험 점수가 최소한 70점 이상이어야 합니다.
  건강해지려면 꾸준히 운동해야 합니다.

4 그러지 못했음을 강조하기

당연히 그래야 했는데 그러지 못했음을 강조하여 말할 때 사용한다.

- 아프기 전에 밥을 잘 챙겨 **먹었어야지**.
- 배우로 성공하려면 연기가 **좋았어야지**.
- 나도 참고 싶었는데 웬만큼 잔소리를 해 **대야지**.
- 저도 결혼하고 싶은데 할 사람이 **있어야지요**.
- 가 : 서준 씨가 집에서 만든 김밥을 먹고 싶다고 했었는데.
  나 : 헤어지기 전에 잘 해 **줬어야지**. 이제 와서 생각해 봤자 뭐해.

문법 정보

- **선어말어미 정보** : '−시−', '−었−'과 결합할 수 있다. '−겠−'과 결합하기 어렵다.
  예문 그만큼 일을 했으면 당연히 (쉬셨어야지요/*쉬겠어야지요).

담화 정보

- 주로 구어에서 사용한다.

- 주로 비격식적인 상황에서 사용한다.
- 문맥에 따라 '책망', '핑계', '한탄'의 의미로 해석된다. '책망'의 의미일 경우 주어는 2인 칭 또는 3인칭이며, '핑계', '한탄'일 경우의 주어는 보통 1인칭이다.

> **예문** 아프기 전에 밥을 잘 챙겨 먹었어야지. → 책망
> 배우로 성공하려면 연기가 좋았어야지. → 책망
> 나도 참고 싶었는데 웬만큼 잔소리를 해 대야지. → 핑계
> 저도 결혼하고 싶은데 할 사람이 있어야지요. → 한탄

- 구어에서 '-어야죠'로 발음되는 경우가 많다.

-아/어요
종결어미

형태 정보

어간 모음	형태	받침 유무	예시
ㅏ / ㅗ	-아요	받침 ○	안다 : 안- + -아요 → 안아요
			좋다 : 좋- + -아요 → 좋아요
		받침 ×	가다 : 가- + -아요 → (가아요) → 가요
			보다 : 보- + -아요 → 보아요 → 봐요
ㅏ / ㅗ 외	-어요	받침 ○	먹다 : 먹- + -어요 → 먹어요
		받침 ×	서다 : 서- + -어요 → (서어요) → 서요
			쉬다 : 쉬- + -어요 → 쉬어요
			마시다 : 마시- + -어요 → (마시어요) → 마셔요
			주다 : 주- + -어요 → 주어요 → 줘요
			보내다 : 보내- + -어요 → 보내요
하다	-여요	–	하다 : 하- + -여요 → (하여요) → 해요

- **명사** **이에요/예요** : 선행어가 명사인 경우에는 받침 유무에 따라 '이에요'나 '예 요'를 붙인다.

> **예문** 저는 한국 사람이에요.
> 이 사람은 우리 언니예요.

1 설명하여 알리기

비격식적인 상황에서 어떤 상황에 대해 설명하여 알릴 때 쓴다.

- 보통 저녁 6시에 밥을 먹어요.
- 요즘 저는 한국어를 공부해요.

- 저는 스트레스 받을 때 음악을 들어요.
- 가 : 동생은 어디에 갔어요?
  나 : 동생은 축구를 하러 갔어요.
- 가 : 오빠는 몇 학년이니?
  나 : 오빠는 대학교 4학년이에요.

문법 정보

- **선어말어미 제약** : '-시-', '-었-', '-겠-'과 결합할 수 있다.

담화 정보

- 주로 구어에서 사용된다.
- 주로 비격식적이고 일상적인 상황에서 사용한다.
- 주로 윗사람에게 사용한다.
- 또는 나이가 비슷하거나 사회적 지위가 비슷한 경우에는 처음 만났거나 아직 친하지 않아서 약간 높여야 하는 경우에 사용되기도 한다.

관련 표현

- **-습니다**
  (1) '-어요'와 같이 설명할 때 쓸 수 있지만 비교적 격식적이며 딱딱한 느낌을 준다. '-습니다'는 공식적인 상황에서 주로 사용되는 표현이다.
  > 예문 요즘은 사람들이 일찍 퇴근해요. → 일상적인 상황
  > 요즘은 사람들이 일찍 퇴근합니다. → 격식적인 상황

2 질문하기

비격식적인 상황에서 어떤 상황에 대해 물어볼 때 쓴다.

- 가 : 어제 어디에서 공부했어요?
  나 : 카페에서 공부했어요.
- 가 : 내일 눈이 와요?
  나 : 네, 눈이 올 거예요. 일기 예보에서 들었어요.
- 가 : 어떤 색 가방이 예뻐요?
  나 : 저는 파란색 가방이 제일 예쁜 것 같아요.
- 가 : 형제가 어떻게 되세요?
  나 : 남동생이 한 명 있어요.

문법 정보

- **선어말어미 제약** : '-시-', '-었-', '-겠-'과 결합할 수 있다.

담화 정보

- 주로 구어에서 사용된다.
- 주로 비격식적이고 일상적인 상황에서 주로 사용한다.
- 주로 윗사람에게 사용한다.
- 또는 나이가 비슷하거나 사회적 지위가 비슷한 경우에는 처음 만났거나 아직 친하지 않아서 약간 높여야 하는 경우에 사용되기도 한다.

관련 표현

- **-습니까**

  (1) '-어요'와 같이 물어볼 때 쓸 수 있지만 비교적 격식적이며 딱딱한 느낌을 준다. '-습니까'는 공식적인 상황에서 주로 사용되는 표현이다.

  예문 요즘은 사람들이 일찍 퇴근해요? → 일상적인 상황

  　　 요즘은 사람들이 일찍 퇴근합니까? → 격식적인 상황

2 명령하기

비격식적인 상황에서 듣는 사람에게 어떤 행동을 할 것을 명령할 때 쓴다.

- 내일은 일찍 와요.
- 우산을 가져가요.
- 이 책을 읽어요.
- 이쪽으로 와요.

문법 정보

- **주어 제약** : 명령을 나타내므로 주로 2인칭 주어와 함께 쓰거나 주어 없이 쓴다.

  예문 (명령의 의미로) ?현정이는 내일 일찍 와요.

  　　 (명령의 의미로) 당신은 내일 일찍 와요.

- **선행 용언 제약** : 주로 동사와 결합하나 '침착하다', '행복하다', '건강하다' 등의 일부 형용사와 결합이 가능한 경우도 있다.

  예문 연정아, 그곳에서도 아프지 말고 건강해.

- **선어말어미 정보** : '-시-'와 결합할 수 있다. '-었-', '-겠-'과 결합하기 어렵다.

  예문 쓰레기 버리지 (마세요/*말았어요/*말겠어요).

  tip 명령을 나타내는 '-어요'는 선어말어미 '-시-'와 자주 결합하여 '-(으)세요'의 꼴로 쓰인다. '-(으)세요'에 대해서는 357쪽 참조

담화 정보

- 주로 구어에서 사용된다.
- 주로 비격식적이고 일상적인 상황에서 사용한다.
- 주로 윗사람에게 사용한다.
- 또는 나이가 비슷하거나 사회적 지위가 비슷한 경우에는 처음 만났거나 아직 친하지 않아서 약간 높여야 하는 경우에 사용되기도 한다.

관련 표현

- **-으십시오**
  (1) '-어요'와 같이 명령할 때 쓸 수 있지만 비교적 격식적이며 딱딱한 느낌을 준다. '-으십시오'는 공식적인 상황에서 주로 사용되는 표현이다.
  > **예문** 오늘은 일찍 집에 가십시오. → 격식적인 상황
  > 오늘은 일찍 집에 가요. → 일상적인 상황

3 청유하기

비격식적인 상황에서 듣는 사람에게 어떤 행동을 같이 할 것을 제안할 때 쓴다.

- 같이 먹어요.
- 콘서트에 같이 가요.
- 우리 이제 아침마다 운동해요.
- 가 : 의자를 옮기려고 하는데 좀 무겁네요.
  나 : 같이 들어요.

문법 정보

- **주어 제약** : 주로 1인칭 복수 주어와 함께 쓴다.
  > **예문** 우리 오늘은 집에 일찍 들어가요.

- **선행 용언 제약** : 주로 동사와 결합하나 '침착하다', '행복하다', '건강하다' 등의 일부 형용사와 결합이 가능한 경우도 있다.
  > **예문** 우리 (침착해요/*멋있어요).

- **선어말어미 제약** : '-시-', '-었-', '-겠-'과 결합하기 어렵다.
  > **예문** 우리 같이 (*가세요/*갔어요/*가겠어요).

공기 정보

- 부사 '같이'나 '함께'와 자주 쓰인다.

예문 우리 숙제 좀 같이 해요.
이거 함께 읽어 봐요.

담화 정보

- 주로 구어에서 사용된다.
- 주로 비격식적이고 일상적인 상황에서 사용한다.
- 주로 윗사람에게 사용한다.
- 또는 나이가 비슷하거나 사회적 지위가 비슷한 경우에는 처음 만났거나 아직 친하지 않아서 약간 높여야 하는 경우에 사용되기도 한다.

관련 표현

- **–읍시다**
  (1) '–어요'와 같이 청유할 때 쓸 수 있지만 비교적 격식적이며 딱딱한 느낌을 준다. '–읍시다'는 공식적인 상황에서 주로 사용되는 표현이다.
  예문 오늘은 우리 일찍 퇴근합시다. → 격식적인 상황
  오늘은 우리 일찍 퇴근해요. → 일상적인 상황

- **–자**
  (1) '–어요'와 같이 청유할 때 쓸 수 있지만 청자가 높임의 대상이 아닐 경우에 사용한다.
  예문 오늘은 우리 일찍 집에 가자 → 청자가 높임의 대상 아님.
  오늘은 우리 일찍 집에 가요. → 청자가 높임의 대상임.

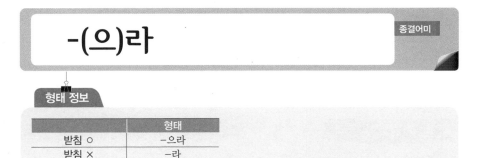

-(으)라

종결어미

형태 정보

	형태
받침 ○	–으라
받침 ×	–라

1 명령하기

명령할 때 사용한다.

- 나를 따르라.

- 이상한 낌새가 있으면 즉각 **보고하라**.
- **기대하시라**. 짜잔!

문법 정보

- **주어 제약** : 명령을 나타내므로 보통은 2인칭 주어와 함께 쓰거나 주어 없이 쓴다.
- **선행 용언 제약** : 주로 동사와 결합한다. 형용사, '이다'와 결합하기 어렵다.
  `예문` *예쁘시라.
- **선어말어미 정보** : '−시−'와 결합할 수 있다. '−었−', '−겠−'과 결합하기 어렵다.
  `예문` *기대했으라
  *기대하겠으라

담화 정보

- 주로 신문과 같이 공식적인 글이나 포스터, 광고 문구와 같은 장르에서 사용된다.
  `예문` (신문 기사에서) 한국의 우승을 기대하라.
  (영화 포스터에서) 마음이 약한 자는 절대 보지 마라. 올해 최고의 공포 영화!
- 한편 군대와 같이 위계질서가 있는 경우 아랫사람에게 **명령할** 때에도 사용한다.
  `예문` (군대에서) 문제 발생 시 즉각 보고하라.
  딱딱한 말투에서 사용되며 상황상 남자가 많이 사용한다.
- 약간 옛날 말투의 느낌이 나기도 한다.
  `예문` 고개를 들라.

관련 표현

- **−어라**
  (1) '−어라'는 아랫사람이나 친구와 같이 친한 사이에서 직접적으로 **명령할** 때 사용한다.
  `예문` (시험에서의 지시문) 글을 읽고 알맞은 답을 고르라.
  (친구에게) 규현아, 내가 빌려 준 책 내일 가져 와라. 알았지?

2 기원하기

기원 내용을 말할 때 사용한다.

- **우리나라여**, 영원하라.
- 그대 앞날에 행운이 있으라.

문법 정보

- **선어말어미 정보** : '-시-'와 결합할 수 있다. '-었-', '-겠-'과 결합하기 어렵다.

  예문 그대 늘 (건강하시라/*건강했으라/*건강하겠으라).

담화 정보

- 주로 불특정 다수를 대상으로 말할 때 사용한다.
- 남성적인 느낌이 있다.

-(으)라고(요)

종결어미

형태 정보

	형태
받침 ○	-으라고(요)
받침 ×	-라고(요)

1 (의문문으로 쓰여) 명령 확인하기

상대방이 한 명령, 요청을 확인하기 위하여 물어볼 때 사용한다.

- 가 : 문 좀 닫아 주세요.
  나 : 어, 잘 못 들었는데 문 좀 닫아 **달라고요**?
  가 : 네, 문 좀 닫아 주세요.
- 가 : 연정이랑 한번 만나 봐. 예쁘고 착해.
  나 : 누구? 누구랑 **만나라고**?
  가 : 우리 반 연정이 있잖아. 연정이랑 만나 보라고.
- 가 : 여기에 전화번호와 이메일 주소를 써 주세요.
  나 : 아, 여기에 **쓰라고요**?
  가 : 네, 여기에 써 주세요.
- 가 : 냄비에 물을 반만 부으세요.
  나 : 냄비에 물을 얼마 정도 **부으라고요**?
  가 : 반 정도 부어 주세요.

문법 정보

- **선행 용언 정보** : 주로 동사와 결합한다. 단, '침착하다', '행복하다', '건강하다' 등의 일부 형용사와 결합이 가능한 경우도 있다.

예문 *저더러 예쁘라고요?
지금 이 상황에서 저더러 침착하라고요?

- **선어말어미 정보** : '–시–'와 결합할 수 있다. '–었–', '–겠–'과 결합하기 어렵다.
예문 이번에는 형님이 (하시라고요/*했으라고요/*하겠으라고요)?

담화 정보

- 주로 구어에서 사용된다.
- 주로 비격식적인 상황에서 사용된다.
- 격식적인 상황에서 청자가 윗사람일 경우, 청자가 한 명령 및 요청을 확인하기 위하여 물어볼 때에는 '다시 한 번 말씀해 주시겠습니까?' 등과 같은 표현으로 요청할 수 있다.
예문 가 : 김 대리, 내일까지 제안서를 써 오도록 하세요.
나 : 네? 다시 한 번 말씀해 주시겠습니까?
가 : 내일까지 제안서를 써 오도록 하세요.

- 평서문의 '–으라고(요)'는 아주 가까운 관계의 윗사람에게 말할 때 사용될 수 있다. 그러나 약간 무례하게 느껴질 수 있으므로 '–으라고 하신 거예요?', '–으라고 하셨어요?' 등과 같은 표현을 사용하여 물어볼 수 있다.
예문 선배 : 강희야, 이번 동아리 행사 참석 인원 좀 조사해 봐.
후배 : 아, 이번 동아리 행사 참석 인원 조사하라고요?
아, 이번 동아리 행사 참석 인원 조사하라고 하신 거예요?
아, 이번 동아리 행사 참석 인원 조사하라고 하셨어요?

- 반드시 상대방이 한 명령 및 요청에 대하여 그 상대방에게 확인하기 위하여 질문하지 않고 그 명령 및 요청을 함께 들은 다른 사람에게 확인하기 위한 질문을 할 수 있다.
예문 가 : (교사가 학생에게) 여러분, 숙제는 책 10쪽까지 읽어 오는 거예요.
나 : (같은 교실 친구에게) 10쪽까지 읽어 오라고?

- 청자에게 명령 및 요청 내용에 대한 확인을 요구할 때 사용하므로 청자는 이에 따른 대답을 한다.
- 구어에서 '–라구(요)', '–으라구(요)'로 발음하기도 한다.

참고 정보

- 간접 인용문의 내포절에 쓰일 수 있다.
예문 규현이가 내일은 학교에 꼭 나오라고 했어요.
연정이가 나한테 발레를 배워 보라고 했어요.

2 명령 강조하기

강한 어조로 명령 및 요구할 때 사용한다.

- 청소 좀 해요. 청소 좀 하라고요.
- 너 지금 몇 시야? 집에 좀 일찍 들어오라고.
- 밥 좀 적당히 **드시라고요**.
- 앞을 똑바로 보고 **다니라고**.
- 좀 조용히 **하라고요**.

문법 정보

- **선행 용언 정보** : 주로 동사와 결합한다. 형용사, '이다'와 결합하기 어렵다.
  <u>예문</u> *좀 예쁘시라고요.

- **선어말어미 정보** : '-시-'와 결합할 수 있다. '-겠-', '-더-'와 결합하기 어렵다.
  <u>예문</u> 빨리 좀 (드시라고요/*먹었으라고요/*먹겠으라고요).

담화 정보

- 주로 구어에서 사용된다.
- 주로 비격식적인 상황에서 사용된다.
- 거듭 질문하는 것을 통해 자신의 명령 및 요구를 강조할 수 있다.
- 격식적인 상황에서 청자가 윗사람일 경우, 청자에게 명령을 하는 상황이 조금 무례할 수 있으므로 아주 가까운 사이가 아니면 잘 사용하지 않는다.
- 강한 명령을 나타내는 '-냐고(요)'는 아주 가까운 관계의 윗사람에게 말할 때 사용될 수 있다. 그러나 이 표현을 사용할 경우 상대방에게 불만을 가지고 있는 듯한 느낌이 있고 무례하게 느껴질 수 있으므로 주의하여 사용한다.

3 (의문문으로 쓰여) 반발 표현하기

상대방의 요구 및 명령에 대한 거부 의사 및 불평을 밝힐 때 사용한다.

- 가 : 손님, 좀 더 기다려 주시겠어요?
  나 : 지금 한 시간이나 기다렸는데 더 **기다리라고요**?
- 가 : 나 이번 숙제 좀 대신 해 줄 수 있어?
  나 : 뭐라고? 대신 해 **달라고**? 지금 내 코가 석 자야.
- 가 : 나 만 원만 빌려 줘.
  나 : 뭐? 또 돈을 빌려 **달라고**? 너무한 거 아니야?
- 가 : 좀 자리 좀 비켜 주세요.
  나 : 네? 지금 **비키라고요**? 제가 일하고 있는 거 안 보이세요?

문법 정보

- **선행 용언 정보** : 주로 동사와 결합한다. 형용사, '이다'와 결합하기 어렵다.
  예문 *좀 예쁘라고?

- **선어말어미 정보** : '-시-', '-었-', '-겠-'과 결합하기 어렵다.
  예문 네가 남긴 걸 나더러 (*드시라고/*먹었으라고/*먹겠으라고)?

담화 정보

- 주로 구어에서 사용된다.
- 주로 비격식적인 상황에서 사용된다.
- 격식적인 상황에서 청자가 윗사람일 경우에는 거의 사용하지 않는다. 청자와 화자 간의 거리가 아주 가까운 경우에만 사용한다.
- 반발을 표현하는 '-으라고(요)'는 아주 가까운 관계의 윗사람에게 말할 때 사용될 수 있다. 그러나 약간 무례하게 느껴질 수 있으므로 주의하여 사용한다.

억양 정보

- 약간 퉁명스러운 어조로 말한다.

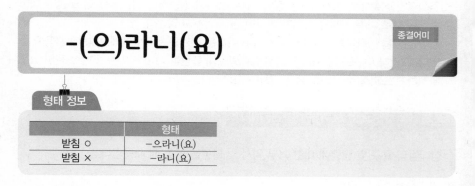

-(으)라니(요) · 종결어미

형태 정보

	형태
받침 ○	-으라니(요)
받침 ×	-라니(요)

1 반발 표현하기

상대방의 요구 및 명령에 대한 거부 의사 및 불평을 밝힐 때 사용한다.

- 가 : 채린아, 아무리 속상하더라도 이번에만 좀 참아.
  나 : 또 **참으라니요**. 언제까지 제가 참아야 하는데요.
- 가 : 손님, 죄송합니다. 조금만 더 기다려 주셔야 합니다.
  나 : 아니, 지금 몇 시간째 기다리고 있는데 더 **기다리라니요**.

- 가 : 여보, 오늘 아침에 시간이 없어서 식사 준비를 못했어요. 과일이라도 드세요.

  나 : 뭐라고? 나보고 아침을 **굶으라니요**?

문법 정보

- **선행 용언 제약** : 명령의 내용을 다시 말할 때 사용하므로 주로 동사와 결합한다. 단, '침착하다', '행복하다', '건강하다' 등의 일부 형용사와 결합이 가능한 경우도 있다.

  예문 *매끄러우라니요?/길라니요?/짧으라니요?

  부지런하라니요?/행복하라니요?/침착하라니요?

- **선어말어미 정보** : '-시-'와 결합할 수 있다. '-었-', '-겠-'과 결합하기 어렵다.

  예문 지금 할머니께 만화책을 (읽으시라니요/*읽었으라니요/*읽겠으라니요)?

담화 정보

- 주로 구어에서 사용된다.
- 주로 비격식적인 상황에서 사용된다.
- 격식적인 상황에서는 잘 사용하지 않는다. '-으라니요'는 감정을 적극적으로 드러내는 경우에 사용되므로 무례하게 들릴 수 있으며 어색하다.

  예문 상사 : 자네, 내일까지 이거 정리해 와.

  부하 직원 : 네? 내일까지 이 많을 걸 정리하라니요? → 무례하게 들림.

- 그러나 비격식적인 상황에서 가까운 윗사람에게, 예를 들어 부모와 자식 사이에서는 사용되기도 한다.

  예문 어머니 : 내가 오기 전까지 설거지, 빨래 다 해 놔.

  아들 : 네? 엄마, 저 약속이 있는데 그때까지 다 해 놓으라니요?

- 화자가 생각하기에 너무 황당한 명령 및 요구 사항이라서 그런 질문을 하는 것 자체에 대한 놀람 및 의외성을 표현할 때 사용할 수 있다.

-(으)라니까(요)

종결어미

형태 정보

	형태
받침 ○	-으라니까(요)
받침 ×	-라니까(요)

자신이 이미 한 명령의 내용을 다시 말함으로써 상대방에게 그에 대한 행동을 촉구할 때 사용한다.

- 가 : 민수야, 오늘은 가족들이랑 저녁 먹을 테니까 적당히 놀고 일찍 들어와라.
  나 : 오늘 노래 연습 있는 날이란 말이에요.
  가 : 그래도 일찍 들어오라니까.
- 가 : 문단속 잘하고 다녀라.
  나 : 네? 왜요? 무슨 일 있었어요?
  가 : 아니, 그냥. 문단속 잘하라니까.

문법 정보

- **선행 용언 제약** : 명령의 내용을 다시 말할 때 사용하므로 주로 동사와 결합한다. 형용사, '이다'와 결합하기 어렵다.
  > 예문 *좁으라니까요/짧으라니까요.
- **선어말어미 정보** : '–시–'와 결합할 수 있다. '–었–', '–겠–'과 결합하기 어렵다.
  > 예문 아버지, 약 좀 잘 챙겨 (드시라니까요/*드셨으라니까요/*드시겠으라니까요).

담화 정보

- 주로 구어에서 사용한다.
- 주로 비격식적인 상황에서 사용한다.
- 격식적인 상황에서는 잘 사용하지 않는다. '–으라니까요'는 감정을 적극적으로 드러내는 경우에 사용되므로 무례하게 들릴 수 있으며 어색하다.
- 그러나 비격식적인 상황에서 가까운 윗사람에게, 예를 들어 부모와 자식 사이에서는 사용되기도 한다.
- 그 의미를 더 강조하고 싶을 때 '–으라니까'에 보조사 '은/는'을 붙여 '–으라니깐'으로 발음하여 말할 수 있다. '–으라니까요'의 경우에는 '–으라니깐요'로 말할 수 있다.

억양 정보

- 보통 '–으라니까'의 끝을 올리면서 약간 길게 끌어 말한다.

상대방이 처한 상황을 보고 그 상황에 대해 나무라듯 핀잔을 줄 때 사용하기도 한다.

- 가 : 요즘 왜 이렇게 계속 피곤하지?

  나 : 그러게 제가 뭐랬어요! 밥 좀 잘 먹고 잘 **자라니까요**.
- 가 : 담배를 피우니까 달리기할 때 힘든 것 같아.

  나 : 제발 담배 좀 **끊으라니까요**.
- 가 : 아, 이러다가 학교에 늦겠다.

  나 : 그러게 내가 뭐랬어! 좀 일찍 자고 일찍 **일어나라니까**.

문법 정보

- **선행 용언 제약** : 주로 동사와 결합한다. 형용사, '이다'와 결합하기 어렵다.

  예문 *좁으라니까요/*짧으라니까요.
- **선어말어미 정보** : '-시-'와 결합할 수 있다. '-었-', '-겠-'과 결합하기 어렵다.

  예문 아버지, 담배 좀 (끊으시라니까요/*끊었으라니까요/*끊겠으라니까요).

담화 정보

- 주로 구어에서 사용한다.
- 비격식적인 상황에서 사용한다.
- 격식적인 상황에서는 잘 사용하지 않는다. '-으라니까요'는 감정을 적극적으로 드러내는 경우에 사용되므로 무례하게 들릴 수 있으며 어색하다. 그러나 비격식적인 상황에서 가까운 윗사람에게, 예를 들어 부모와 자식 사이에서는 사용되기도 한다.
- 구어에서 그 의미를 더 강조하고 싶을 때 '-으라니까'에 보조사 '은/는'을 붙여 '-으라니깐'으로 발음하여 말할 수 있다. '-으라니까요'의 경우에는 '-으라니깐요'로 말할 수 있다.

억양 정보

- 약간 그 끝을 내려 말한다.

확장

- **억울함 또는 화 표현하기** : (말끝을 올리고 힘주어 말하여) 상대방의 핀잔 또는 꾸지람에 억울함 또는 화를 표현할 때 사용하기도 한다.

  예문 가 : 민수야, 아까 패스할 때 상대를 보고 패스했어야지.

  　　 나 : 아빠, 그럼 아빠가 한번 해 보시라니까요?

-(으)라면서(요)

형태 정보

	형태
받침 ○	-으라면서(요)
받침 ×	-라면서(요)

1 상대방의 명령을 인용하여 자신의 행동에 대한 배경 제시하기

상대방이 한 명령의 내용을 인용하여 자신의 발화 및 행동에 대한 근거 및 배경을 제시할 때 사용한다. 보통 상대방의 명령에 반감을 드러내며 제시할 때 사용한다.

- 가 : 왜 연락이 없어?
  나 : 왜 연락이 없냐고? 네가 이제 연락하지 **말라면서**.
  가 : 아니, 내 말은 그게 아니라……
- 가 : 왜 갑자기 먹다 말아?
  나 : 나보고 살 **빼라면서**.
  가 : 그래서, 지금 내가 그 말 했다고 삐친 거야?

문법 정보

- **선행 용언 제약** : 명령의 내용을 다시 말할 때 사용하므로 주로 동사와 결합한다.
  [예문] *좁으라면서/*짧으라면서.

- **선어말어미 정보** : '-시-', '-었-', '-겠-'과 결합하기 어렵다.
  [예문] 네가 언제는 나더러 걱정하지 (?마시라면서/*말았으라면서/*말겠으라면서).

담화 정보

- 주로 구어에서 사용한다.
- 주로 비격식적인 상황에서 사용한다.
- 격식적인 상황에서 청자가 윗사람일 경우에는 사용하지 않는다. '-으라면서요'는 감정을 적극적으로 드러내는 경우에 사용되므로 무례하게 들릴 수 있으며 어색하다.
- 그러나 비격식적인 상황에서 가까운 윗사람에게, 예를 들어 부모와 자식 사이에서는 사용되기도 한다.
- 상대방의 앞선 발화, 여기에서는 앞서 상대방이 한 명령에 대한 반감을 가지는 화자의

태도를 드러낼 때 사용되기도 한다.

억양 정보

• 정보를 요구하는 물음이 아니므로 억양이 올라가지 않는다.

-(으)래(요)

종결어미

형태 정보

	형태
받침 ○	-으래(요)
받침 ×	-래(요)

• -(으)라고 해(요) : '-(으)래(요)'는 '-(으)라고 해(요)'가 줄어든 꼴로 볼 수 있다.
  예문 엄마가 지금 설거지를 (하라고 해요/하래요).

1 다른 사람에게 명령을 전달하기

다른 사람이 한 명령을 전할 때 사용한다.

• 가 : 연정아, 언니가 너도 설거지 좀 하래.
  나 : 알겠어요.
• 가 : 이번에 병원에 가니까 의사 선생님이 뭐라고 하셨니?
  나 : 약만 먹으면 나으니까 약을 잘 챙겨 먹으래요.
• 가 : 교수님이 언제까지 보고서 내라고 하셨어?
  나 : 이번 주 금요일까지 내래.
• 가 : 아버지, 옆집 아저씨가 저기에 주차하시래요.
  나 : 그래. 그럼 저기에 주차해야겠다.
• 가 : 채린아, 엄마가 아까 너보고 청소 좀 해 놓으래.
  나 : 언니, 나 오늘 바쁘단 말이야. 언니가 좀 해 주면 안 돼?

문법 정보

• **선어말어미 정보** : '-시-'와 결합할 수 있다. '-었-', '-겠-'과 결합하기 어렵다.
  예문 약을 잘 챙겨 먹(*었/*겠)으래.

담화 정보

- 주로 구어에서 사용된다.
- 주로 비격식적인 상황에서 사용된다.
- 말을 한 주체가 화자와 청자보다 윗사람이면 '-으라셨어요'를 사용한다.
  > 예문 (주체 : 할아버지 > 청자 : 아버지 > 화자 : 아들)
  > 아버지, 할아버지께서 아버지 안방으로 좀 오라셨어요.
- 말을 한 주체가 화자보다 윗사람이고, 청자보다 아랫사람이면 '-으시래요'를 사용한다.
  > 예문 (청자 : 할아버지 > 주체 : 어머니 > 화자 : 아들)
  > 할아버지, 어머니가 거실에 나오셔서 과일 드시래요.
- 격식적인 상황에서는 '-으라고 하다/말하다/말씀하다' 등의 형태로 쓰는 경향이 있다. 특히 전달할 말을 한 주체가 화자보다 윗사람이며 예의를 지켜야 할 경우에 이러한 형태로 쓰는 경우가 많다.
  > 예문 부장님께서 이번에는 우리 팀이 발표 자료를 만들라고 말씀하셨습니다.
- 구어에서는 과거에 한 명령의 내용을 전달할 때에는 '하랬어요'의 형태로 말하기도 한다.
  > 예문 엄마가 아까 설거지를 (하라고 했어요/하랬어요).

2 (의문문으로 쓰여) 들은 명령의 내용에 대해 물어보기

청자가 들은 명령의 내용에 대해 물어볼 때 사용한다.

- 가 : 선생님이 이거 언제까지 제출하래?
  나 : 나도 못 들었어. 이따 수지한테 물어보자.
- 가 : 서준이가 너한테도 선물을 사 오래?
  나 : 어, 내일 자기 생일이라고 꼭 선물 사 오래.
- 가 : 언니, 아빠가 책 어디까지 읽으래?
  나 : 여기부터 15쪽까지 책 읽으래.
- 가 : 주방장이 이번에 나한테 무슨 음식을 만들래?
  나 : 어, 이번에는 크림 스파게티를 만들어 보래.

문법 정보

- **선어말어미 정보** : '-시-'와 결합할 수 있다. '-었-', '-겠-'과 결합하기 어렵다.
  > 예문 약을 잘 챙겨 먹(*었/*겠)으래?

담화 정보

- 주로 구어에서 사용된다.
- 주로 비격식적인 상황에서 사용된다.

- 격식적인 상황에서는 '-(으)라고 하다/말하다/말씀하다' 등의 형태로 쓰는 경향이 있다. 특히 격식적인 상황에서 전달할 말을 한 주체가 화자보다 윗사람이며 예의를 지켜야 할 경우에 이러한 형태로 쓰는 경우가 많다.

  예문 부장님께서 이번에 우리 팀이 발표 자료를 만들라고 하셨어요?

확장

- **강한 반발 또는 의문 제기하기** : 앞선 상황, 다른 사람의 행동에 대하여 강한 반발 또는 의문을 제기할 때 사용할 수 있다. 이때 꼭 대답을 요구하지는 않으며, '누가', '언제' 등과 같은 말과 함께 잘 쓰인다. 이때에는 '-(으)라고 해(요)?'가 줄어든 표현으로 볼 수 없다.

  예문 가 : 아, 어제 밤새워 부엌 정리했더니 너무 피곤하다.
  　　나 : 누가 너보고 그런 걸 하래?

  예문 가 : 엄마, 너무 배고파요.
  　　나 : 그러게, 누가 널더러 아침 굶으래?

  예문 가 : 엄마, 누나가 아직도 안 일어났어요.
  　　나 : 아이고, 누가 자기더러 그렇게 늦게까지 공부하래?

-(으)세요

종결어미

형태 정보

	형태
받침 ○	-으세요
받침 ×	-세요

1 명령하기

공손하게 명령하거나 권유할 때 사용한다.

- 밥 먹기 전에 손을 씻고 오세요.
- 내일까지 숙제를 꼭 가져오세요.
- 여기요. 주문 좀 받아 주세요.
- 여러분, 10쪽을 읽으세요.
- 지금 에어컨을 켰으니까 문을 열지 마세요.
- 오늘 햇볕이 강하니까 선크림 꼭 바르세요.

- **주어 제약** : 주로 2인칭 주어와 함께 쓰거나 주어 없이 쓴다.

- **선행 용언 제약** : 주로 동사와 결합하나 '침착하다', '행복하다', '건강하다' 등의 일부 형용사와 결합이 가능한 경우도 있다.
  > **예문** *예쁘세요.
  > 늘 (침착하세요/행복하세요/건강하세요).

- **선어말어미 정보** : 이미 '-시-'가 포함되어 있는 형태이므로 '-시-'와 결합하기 어렵다. 또한 '-었-', '-겠-'과도 결합하기 어렵다.
  > **예문** 문제를 잘 (*들었으세요/*듣겠으세요).

- **부정형 정보** : '말다' 부정형은 가능하나 '안' 부정형과 '못' 부정형은 어색하다.
  > **예문** 여기에 주차하지 (*않으세요/*못하세요).

담화 정보

- 주로 구어에서 사용한다.
- 주로 비격식적인 상황에서 사용하나 공식적 석상에서 부드럽게 말할 때에도 사용한다.
- 청자가 화자 자신보다 나이나 지위가 아래라도 다수를 대상으로 할 때에는 사용하는 경우가 있다.
  > **예문** (유치원 선생님이 어린이 학생들에게) 여러분, 공책에 이름을 쓰세요.

- 보통 윗사람에게 '-으세요'를 사용하지 않는다. 윗사람에게 명령하는 상황 자체가 어색하기 때문이다. 대신 '-어 주실 수 있으세요?', '-을 수 있을까요?' 등과 같은 요청 표현으로 공손하게 요구할 수 있다.
  > **예문** (학생이 교수님에게) 교수님, 관련 자료를 보내세요. → 무례하게 들림.
  > 교수님, 관련 자료를 보내주실 수 있으세요? → 공손하게 들림.
  > 교수님, 관련 자료를 받아 볼 수 있을까요? → 공손하게 들림.

- '-으세요' 대신 '-으셔요' 또는 '-으시어요'를 사용할 수 있다. 그러나 '-으셔요' 또는 '-으시어요'는 공식적인 자리보다는 일상적인 상황, 가까운 사이의 윗사람에게 쓰거나 같은 나이/지위의 청자이더라도 친하지 않은 상황에서 쓰기도 한다.

확장

- 관용적으로 아래와 같이 사용되기도 한다.
  > **예문** 맛있게 드세요.
  > 안녕히 주무세요.
  > 안녕히 계세요.
  > 새해 복 많이 받으세요.
  > 올 한 해도 건강하세요.

-(으)십시오

형태 정보

	형태
받침 O	-으십시오
받침 X	-십시오

1 명령하기

격식적인 자리에서 정중하게 명령하거나 권유할 때 사용한다.

- 손님, 이쪽으로 오십시오.
- 여러분, 출연자가 나오면 박수를 쳐 주십시오.
- 문제를 잘 들으십시오.
- 여기에 주차하지 마십시오.

문법 정보

- **주어 제약** : 주로 2인칭 주어와 함께 쓰거나 주어 없이 쓴다.

  예문 *제가 주차하십시오.

- **선행 용언 제약** : 주로 동사와 결합하나 '침착하다', '행복하다', '건강하다' 등의 일부 형용사와 결합이 가능한 경우도 있다.

  예문 *예쁘십시오.
  늘 (침착하십시오/행복하십시오/건강하십시오).

- **선어말어미 정보** : 이미 '-시-'가 포함되어 있는 형태이므로 '-시-'와 결합하기 어렵다. 또한 '-었-', '-겠-'과도 결합하기 어렵다.

  예문 문제를 잘 (*들었으십시오/*듣겠으십시오).

- **부정형 정보** : '말다' 부정형은 가능하나 '안' 부정형과 '못' 부정형은 어색하다.

  예문 여기에 주차하지 (*않으십시오/*못하십시오).

담화 정보

- 주로 구어에서 사용한다.
- 주로 격식적인 상황에서 다수를 대상으로 하여 명령할 때 주로 사용한다. 예를 들어 공식적인 석상에서 다수를 대상으로 정중하게 말하거나 시험과 같은 공식적인 상황에서 불특정 다수를 대상으로 명령할 때 사용한다.

  > **예문** (발표회장에서) 여러분, 식사 장소로 이동해 주십시오.
  > (시험지의 지시문에서) 잘 듣고 물음에 답하십시오.

- 보통 윗사람에게 '-으십시오'를 사용하지 않는다. 윗사람에게 명령하는 것 자체가 어색한 상황이기 때문이다. 대신 '-어 주실 수 있으세요?' 등과 같은 '요청' 표현을 통하여 공손하게 요구할 수 있다.

  > **예문** (학생이 선생님에게) 선생님, 신청서를 주십시오. → 어색함.
  > 선생님, 신청서 한 장 더 주실 수 있으세요? → 자연스러움.

- '-으십시오'는 격식적인 상황에서 사용하므로 '나', '너'와 같이 주어와의 대등한 관계에 있거나 아랫사람을 상대하는 인칭 대명사 주어와의 호응은 어색하다.
- 처음 만난 사람이나 손님과 같이 예의를 갖추어야 할 대상에게 사용되기도 한다.

확장

- 관용적으로 아래와 같이 사용되기도 한다.

  > **예문** 맛있게 드십시오.
  > 안녕히 주무십시오.
  > 안녕히 계십시오.
  > 새해 복 많이 받으십시오.
  > 올 한 해도 건강하십시오.

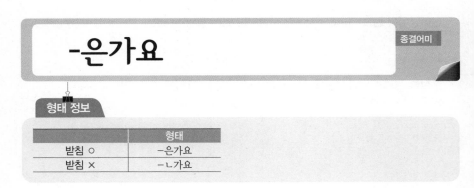

-은가요

종결어미

형태 정보

	형태
받침 ○	-은가요
받침 ×	-ㄴ가요

1 부드럽게 물어보기

상대방에게 부드럽게 물어볼 때 사용한다.

- 어떤 차가 성능이 더 **좋은가요**?
- 그 바지는 얼마나 **긴가요**?
- 새로 산 옷은 **예쁜가요**? 마음에 드나요?
- 내일 언제쯤 오실 **건가요**?
- 가 : 지금 좀 **추우신가요**? 문을 닫아 드릴까요?
  나 : 네, 감사합니다.

문법 정보

- **선행 용언 정보** : 주로 형용사, '이다'와 결합한다. 동사 '있다', '없다'와 결합하면 어색하다.

  예문　*몇 시쯤 출근한가요?

  　　　몇 시쯤 출근하나요?

- **선어말어미 정보** : '-시-'와 결합할 수 있다. '-었-', '-겠-'과 결합하기 어렵다.

  예문　그때는 (*바빴는가요/*바쁘겠는가요)?

  tip　'-을 것이다'와 '-은가요'가 결합하여 '-을 건가요'의 형태로 사용된다.
  - 연정 씨는 언제쯤 이사하실 건가요?

담화 정보

- 주로 구어에서 사용된다.
- 주로 비격식적인 상황에서 사용된다.
- 부드러운 말투이며 여성스러운 느낌이 있다.

관련 표현

- **-나요**

  (1) '-나요' 또한 상대방에게 부드럽게 물어볼 때 사용한다. '-은가요'와 같은 의미이다.

  (2) 단, '-나요'는 동사와 '있다', '없다'에 사용할 수 있으나 '-은가요'는 '있다', '없다'를 제외한 형용사에 사용할 수 있다.

  예문　이 모자 예쁜가요?

  　　　이 모자 저한테 어울리나요?

-을 것

형태 정보

	형태
받침 ○	-을 것
받침 ×	-ㄹ 것

1 지시하기

어떤 행동을 지시할 때 쓴다.

- 내일까지 50쪽 읽을 것.
- 주말에 방 청소할 것.
- 매일 9시까지 교실에 올 것.
- 이곳에 음식물 쓰레기를 버리지 말 것.

문법 정보

- **주어 정보** : 주로 인칭에 관계없이 사람을 나타내는 주어와 함께 쓴다. 그러나 주어가 생략될 때가 많다.
  - 예문 (화자 자신에게) 오늘까지 보고서 끝낼 것.
    - 학생들은 여기에서 식사할 것.

- **선행 용언 제약** : 주로 동사와 결합한다. 형용사, '이다'와 결합하기 어렵다.
  - 예문 *내일은 더 예쁠 것.

- **선어말어미 정보** : 선어말어미 '-시-', '-었-', '-겠-'과 결합하기 어렵다.
  - 예문 제시간에 (*도착하실/*도착했을/*도착하겠을) 것.

담화 정보

- 주로 문어에서 사용한다.
- 메모, 공고 등의 글에서 사용한다.
- 구체적인 청자가 지정되지 않은 상황에서 사용된다. 따라서 높임법 등의 화계를 표현하지 않으나 주로 윗사람이 아랫사람에 지시할 경우에 사용한다.

  tip 좀 더 부드럽게 하기 위하여 '-기 바람'과 같은 표현을 사용하여 지시할 수 있다.
  - 제시간에 도착하기 바람.

- 이곳에 보고서를 제출하기 바람.

- **-기**

  (1) '-을 것'과 '-기'는 모두 아직 일어나지 않은 상황을 가리킨다. 그런데 다른 사람에게 어떤 일을 하도록 지시하는 기능은 '-을 것'에만 있다. 똑같은 상황을 '-기'로 나타내면 '약속하기'의 기능이 두드러진다.

  예문 내일 회의에 제시간에 올 것. → 지시하기

  내일 회의에 제시간에 오기. → 약속하기

- **-음**

  (1) '-을 것'은 모두 아직 일어나지 않은 상황을 가리키며, '-음'은 이미 일어난 구체적인 상황을 가리킨다. 그런데 다른 사람에게 어떤 일을 하도록 지시하는 기능은 '-을 것'에만 있다. 똑같은 상황을 '-음'으로 나타내면 '보고하기'의 기능이 두드러진다.

  예문 회의 자료 준비함. → 보고하기

  회의 자료 준비할 것. → 지시하기

  (2) '-을 것'은 '-시-', '-었-', '-겠-'과 쓸 수 없으나 '-음'은 이러한 선어말어미들과 쓸 수 있다. 또한 '-을 것'는 형용사, '이다'와 쓸 수 없으나 '-음'은 쓸 수 있다.

-을걸

종결어미

형태 정보

	형태
받침 ○	-을걸
받침 ×	-ㄹ걸

1 후회하기

자신의 행동에 대한 후회를 나타낼 때 쓴다.

- 열심히 공부할걸.
- 지금 배고픈데 아까 많이 먹을걸.
- 좋아한다고 용기 내서 고백해 볼걸.
- 담배를 끊을걸.

- **주어 제약** : 주로 1인칭 단수 주어와 함께 쓴다.
  > 예문 *그 사람이 강희를 좋아한다고 말할걸.

- **선행 용언 제약** : 주로 동사와 결합한다. 형용사, '이다'와 결합하기 어렵다.
  > 예문 *나도 좀 더 귀여울걸.

- **선어말어미 정보** : '-시-', '-었-', '-겠-'과 결합하기 어렵다.
  > 예문 (후회의 의미로) 열심히 (*공부하실걸/*공부했을걸/*공부하겠을걸).

- **부정형 정보** : '말다' 부정형은 가능하나 '안' 부정형과 '못' 부정형은 어색하다.
  > 예문 디저트를 먹지 말걸.
  > 디저트를 (?안/*못) 먹을걸.

- **조사 결합 제약** : 보조사 '요'와의 결합이 어색하다.
  > 예문 *나도 오디션에 나갈걸요.

공기 정보

- '-을걸' 뒤에 '그랬다'가 올 수 있다.
  > 예문 나도 오디션에 나갈걸 (그랬다/그랬어/그랬네).

담화 정보

- 주로 구어에서 사용한다.
- 주로 혼잣말을 하는 상황에서 사용하므로 1인칭 단수와의 결합이 자연스러우며 보조사 '요'와의 결합은 부자연스럽다.
- '-을걸'은 '-을 것을'로 대체하여 말할 수 있다.

억양 정보

- 뒷부분의 억양이 약간 내려가며 끌 듯이 발음한다.

확장

- **미안함이나 아쉬움 나타내기** : 상대에 대한 미안함이나 아쉬움을 나타내는 경우에도 사용된다. 혼잣말을 빌어 이렇게 표현한다. 이때에는 1인칭 외의 주어와도 결합이 자연스럽다.
  > 예문 날씨 추운데 괜히 너를 밖에 데리고 나온 것 같네. 너는 그냥 집에 있을걸.

-을걸(요)

형태 정보

	형태
받침 ○	-을걸(요)
받침 ×	-ㄹ걸(요)

1 추정하기

어떤 상황에 대하여 추정할 때 쓴다. 경험이나 객관적 사실에 근거한 확신한 추정을 할 때 사용한다.

- 연정이는 아마 피자를 안 먹을걸.
- 아마 지금 샤워하고 있을걸요.
- 그 사람은 이미 결혼했을걸.
- 가 : 우리 저 카페에서 공부하는 게 어때요?
  나 : 글쎄요. 저 카페는 공부하기에 좀 시끄러울걸요.
- 가 : 우리 지난번에 갔던 그 식당에서 파티 하는 게 어때요?
  나 : 이제 더 이상 그 식당은 영업을 하지 않을걸요.

문법 정보

- **주어 제약** : 현재 상황에 대한 추측일 경우 1인칭 주어와 함께 쓰기 어렵다. 그러나 과거나 미래 상황에 대한 추측을 경우에는 1인칭 주어와 함께 쓰는 것도 가능하다.
  - 예문 *내가 지금 식사하고 있을걸. → 현재 상황에 대한 추측
    내가 그때 이겼을걸. → 과거 상황에 대한 추측
    내가 다음 시합에서 이기겠는걸. → 미래 상황에 대한 추측

- **선어말어미 정보** : '-시-', '-었-'과 결합할 수 있다. '-겠-'과 결합하기 어렵다.
  - 예문 3시쯤이면 할머니께서 (도착하실걸요/도착하셨을걸요/*도착하시겠을걸요).

- **부정형 정보** : '안' 부정형과 '못' 부정형은 가능하나 '말다' 부정형은 어색하다.
  - 예문 아직 (안/못) 시작했을걸요.
    *아직 시작하지 말걸요.

담화 정보

- 주로 구어에서 사용한다.

- 청자가 높임의 대상일 경우에는 '-을걸요'를 그렇지 않을 경우에는 '-을걸'을 사용한다.
- '요'를 뺀 '-을걸'은 '-을 거야'로 대체할 수 있고, '-을걸요'는 '-을 거예요', '-을 겁니다'로 대체할 수 있다.

  > **예문** 지금은 아마 은행 문이 닫혔을 거야.
  >
  > 지금은 아마 은행문이 닫혔을 거예요.
  >
  > 지금은 아마 은행 문이 닫혔을 겁니다.

억양 정보

- 뒷 부분의 억양이 약간 올라가듯 말한다.

확장

- **가볍게 반박하기** : 청자가 이미 알고 있는 사실이나 기대와 다르다고 가볍게 반박할 때 사용하기도 한다.

  > **예문** 가 : 이 영화 재미있을 것 같은데 이거 보자.
  >
  > 나 : 글쎄, 별로 재미없을걸. 평점이 낮던데.

  > **예문** 가 : 이 케이크 현정 씨가 만든 거 맞아요?
  >
  > 나 : 아니요. 그거 연정 씨가 만들었을걸요.

-을게(요)

종결어미

형태 정보

	형태
받침 ○	-을게(요)
받침 ×	-ㄹ게(요)

1 약속하기

상대방에게 약속할 때 사용한다.

- 제가 설거지를 해 놓을게요.
- 내일 너한테 빌린 책 가져올게.
- 모르는 부분이 있으면 말해. 알려 줄게.
- 가 : 그동안 바빠서 제가 강희 씨에게 잘 못했죠? 이제부터 잘해 줄게요.
- 나 : 아니에요. 그동안 서준 씨가 저에게 얼마나 잘해 줬는데요.

- 가 : 다음 주 토요일이 네 생일이지? 그때 내가 미역국 끓여 줄게.
  나 : 감사합니다.

문법 정보

- **주어 제약** : 주로 1인칭 주어와 함께 쓴다. 2인칭이나 3인칭 주어와 함께 쓰기 어렵다.
  예문 (*네가/*현정이가) 밥을 살게.

- **선행 용언 제약** : 주로 동사와 결합한다. 형용사, '이다'와 결합하기 어렵다.
  예문 *오늘 친절할게.

- **선어말어미 제약** : '-시-', '-었-', '-겠-'과 결합하기 어렵다.
  예문 내가 오늘은 밥을 (*사실게/*샀을게/*사겠을게).

담화 정보

- 주로 구어에서 사용한다.
- 주로 비격식적인 상황에서 사용한다.
- 화자와 청자와의 관계가 가까운 경우에 주로 사용한다.
- 격식적인 상황에서 윗사람에게 말할 때는 '-을게(요)' 대신 '-겠습니다'나 '-도록 하겠습니다'를 사용하여 말한다.
  예문 다음부터는 조심할게요. → 비격식적인 상황에서 공손하게 말하는 경우
  다음부터는 조심하겠습니다. → 격식적인 상황에서 공손하게 말하는 경우
  다음부터는 조심하도록 하겠습니다. → 격식적인 상황에서 공손하게 말하는 경우

- 약속하는 내용이 청자에게 도움이 된다고 생각되는 경우에만 쓴다.
  예문 나중에라도 돈을 갚을게.
  *나중에라도 돈을 갚지 않을게.

  tip 나이가 많은 사람이 나이가 적은 사람에게 말할 경우에는 '-을게' 대신 '-으마'를 사용하는 경우도 있다.
  - 네 생일에 그 인형을 사 주마.

확장

- **충고 · 조언 · 요청에 응하기** : 충고 · 조언 · 요청에 응하여 대답할 때에 사용할 수 있다.
  예문 가 : 짠 음식을 너무 자주 드시지 마세요.
  나 : 네, 이제부터 조심할게요.
  예문 가 : 오늘 약속에 왜 이렇게 늦었어요?
  나 : 미안해요. 다음부터 일찍 올게요.
  예문 가 : 연정아, 혹시 카메라 있어? 다음 주에 필요한데 카메라가 없네.
  나 : 그래? 그럼 내가 빌려줄게.

2 자신의 의지 알리기

상대방에게 자신의 의지를 알릴 때 쓴다.

- 이만 줄일게.
- 여기 남은 음식은 내가 먹을게.
- 제가 이 부분을 읽을게요.
- 가 : 메뉴 정했어요?
  나 : 네, 저는 비빔밥을 주문할게요.
- 가 : 지금 버스 온다. 이제 전화 끊을게.
  나 : 그래, 그럼 나중에 다시 통화하자.

문법 정보

- **주어 정보** : 주로 1인칭 주어와 함께 쓴다. 2인칭이나 3인칭 주어와 함께 쓰기 어렵다.
  예문 *네가 여기에 앉을게.

- **선행 용언 정보** : 주로 동사와 결합한다. 형용사, '이다'와 결합하기 어렵다.
  예문 *내일 예쁠게요.

- **선어말어미 제약** : '-시-', '-었-', '-겠-'과 결합하기 어렵다.
  예문 나는 여기에 (*앉으실게/*앉았을게/*앉겠을게).

담화 정보

- 주로 구어에서 사용한다.
- 주로 비격식적인 상황에서 사용한다.
- 화자와 청자와의 관계가 가까운 경우에 주로 사용한다.
- 격식적인 상황에서 윗사람에게 말할 때는 '-을게(요)' 대신 '-겠습니다'나 '-도록 하겠습니다'를 사용하여 말한다.
  예문 제가 발표할게요. → 비격식적인 상황에서 공손하게 말하는 경우
  제가 발표하겠습니다. → 격식적인 상황에서 공손하게 말하는 경우
  제가 발표하도록 하겠습니다. → 격식적인 상황에서 공손하게 말하는 경우
- 주로 구어에서 화자의 의지를 부드럽고 완곡하게 표현할 때 사용된다.

관련 표현

- **-을 거예요**
  (1) '-을 거예요'는 청자를 고려하지 않은 상황에서 사용할 수 있으나 '-을게(요)'는 청자를 고려하는 상황에서만 사용 가능하다.
  예문 오늘 일찍 퇴근할 거예요. → 청자를 고려하지 않으면서 자신의 의지를 얘기할 때

오늘 일찍 퇴근할게요. → 청자를 고려하면서 자신의 의지를 얘기할 때

(2) '-을 거예요'는 발화 시점 이전에 이미 생각해 놓은 미래의 일에 대하여 말할 때 사용한다. 그러나 '-을게(요)'는 발화 시점 당시에 생각한 미래의 일에 대하여 말할 때 사용한다.

예문 가 : 현정 씨, 이번 주말에 뭐 할 거예요? 계획이 있어요?
나 : 네, 저는 그날 어머니 생신이라서 케이크를 만들 거예요.
→ 자연스러움. 발화 당시에 생각한 미래의 일이 아니라 이전에 세워둔 계획이므로
네, 저는 그날 어머니 생신이라서 케이크를 만들게요. → 어색함.

- **-을래(요)**
  (1) '-을래(요)'는 청자를 고려하지 않은 상황에서 사용하여 화자의 일방적인 의지를 나타내나 '-을게(요)'는 청자를 고려하는 상황에서만 사용 가능하다.

  예문 엄마, 오늘은 제가 알아서 공부할래요. → 청자를 고려하지 않고 말하는 상황
  엄마, 오늘은 제가 알아서 공부할게요. → 청자를 고려하여 말하는 상황

  (2) '-을래(요)'와 '-을게(요)' 모두 1인칭 주어와 함께 쓰여 의지를 나타낼 때 사용할 수 있다. 또한 선행 용언에 동사가 오는 것이 자연스러우며 '-었-', '-겠-', '-더-'의 선어말어미가 오는 것이 부자연스럽다. 이 둘의 문법적인 정보는 비슷하나 의미와 담화의 측면에서 차이가 있다.

  (3) 요청에 대한 대답을 하는 경우에는 '-을래(요)'보다는 '-을게(요)'를 사용하여 말하는 경우가 더 자연스럽다

  예문 가 : 제가 오늘 연필을 안 가져왔는데 연필 좀 빌려 주실 수 있으세요?
  나 : 제가 빌려 드릴게요. → 자연스러움.
  제가 빌려 드릴래요. → 어색함.

-을까

형태 정보

	형태
받침 ○	-을까
받침 ×	-ㄹ까

1 일반적인 문제 제기하기

일반적인 문제를 제기할 때 사용한다.

- 앞으로의 미래는 어떻게 펼쳐질까?
- 이 문제의 해결 방법은 무엇일까?
- 우주는 어떻게 해서 만들어지게 되었을까?
- 우리나라에서 어느 회사가 가장 일하기 좋을까?

문법 정보

- **선어말어미 정보** : '-시-', '-었-', '-겠-'과 같은 선어말어미와의 결합이 자연스럽다.

담화 정보

- 주로 문어에서 사용된다.
- 주로 신문과 논문과 같은 격식적인 문어에서 사용한다. 불특정 다수의 독자를 대상으로 하여 글을 쓸 때 사용한다.

2 의문을 혼잣말하듯 표현하기

불확실한 일에 대하여 의문을 가지고 혼잣말하듯이 말할 때 사용한다. 실제 혼잣말 하는 경우에도 사용할 수 있다.

- 가 : 내일 파티에 누가 올까?
  나 : 글쎄, 아마 현정이랑 신혜는 올 것 같은데.
- 가 : 이렇게 늦게 출발하면 우리가 제시간에 도착할 수 있을까?
  나 : 빨리 운전해서 가면 도착할 수 있을 거니까 걱정 마.
- (혼잣말) 내 마음을 어떻게 전하는 게 좋을까?
- (혼잣말) 할머니가 어디에 떡을 숨겨 놓으셨을까?

문법 정보

- **선어말어미 정보** : 선어말어미 '-겠-'과 결합하기 어렵다.
  예문 *내일 배우 이민수를 만나면 얼마나 좋겠을까?

담화 정보

- 주로 구어에서 사용한다.

tip '-을까 싶다'의 구성으로 쓰여 화자의 생각이나 추측을 나타내기도 한다.
  - 그 사람이 과연 나한테 고백할까 싶어.

-을까(요)

형태 정보

	형태
받침 ○	-을까(요)
받침 ×	-ㄹ까(요)

1 추측하며 질문하기

추측하며 상대방에게 질문할 때 쓴다.

- 가 : 내일 날씨가 어떨까요?
  나 : 구름이 많이 낀 걸 보니까 비가 오겠는데요.
- 가 : 드라마에서 여자가 왜 남자를 떠났을까요?
  나 : 음, 여자에게 다른 남자가 생긴 게 아닐까요?
- 가 : 이번 경기에서 누가 우승할까요?
  나 : 글쎄요. 예측하기 정말 어렵네요.
- 가 : 정말로 제가 노래 대회에서 잘할 수 있을까요?
  나 : 지금까지 열심히 노래 연습을 해 왔잖아요. 잘할 수 있을 거예요.
- 가 : 내일 명동에 사람이 많을까요?
  나 : 내일은 추석이잖아요. 사람들이 고향에 내려가서 별로 붐비지 않을 거예요.
- 가 : 저 사람은 학생일까요?
  나 : 책가방을 메고 가는 걸 보니까 학생일 것 같네요.

문법 정보

- **선어말어미 제약** : '-시-', '-었-'과 결합할 수 있다. '-겠-'과 결합하기 어렵다.
  예문 누가 (이기실까요/이겼을까요/*이기겠을까요)?

담화 정보

- 주로 구어에서 사용된다.
- 화자가 청자도 모를 것이라고 생각하는 사실에 대하여 '같이 생각해 보자'는 태도로 물어볼 때 사용한다. 그래서 듣는 사람의 부담을 더욱 덜어주며 부드러운 질문으로 들린다.

상대방에게 제안할 때 쓴다.

- 가 : 우리 오늘은 카페에서 **공부할까요?**
  나 : 글쎄요, 카페는 좀 시끄러우니까 도서관에서 공부합시다.
- 가 : 선생님 댁에 같이 **갈까요?**
  나 : 네, 좋아요. 같이 가면 더 좋을 것 같아요.
- 가 : 오늘 저녁에는 피자 **먹을까요?**
  나 : 피자 말고 설렁탕 어때요? 점심 때 피자를 먹었거든요.
- 가 : 같이 신나는 음악을 **들을까요?**
  나 : 좋아요. 무슨 노래 있어요?

문법 정보

- **주어 제약** : 함께 할 행동을 제안할 때 쓰므로 주로 1인칭 복수 주어와 함께 쓴다.
  예문 (우리/*규현이가/*네가) 같이 신나는 음악을 들을까요?
- **선행 용언 제약** : 주로 동사와 결합한다. 형용사, '이다'와 결합하기 어렵다.
  예문 *우리 예쁠까요?
- **선어말어미 제약** : '-시-'와 결합할 수 있다. '-었-', '-겠-'과 결합하기 어렵다.
  예문 (제안의 의미로) 채린 씨, 같이 뭘 (드실까요/*먹었을까요/*먹겠을까요)?

담화 정보

- 주로 구어에서 사용된다.
- 윗사람에게 잘 사용하지 않는다.

관련 표현

- **-을래(요)**
  (1) '-을래(요)' 또한 제안하는 경우에 사용할 수 있다. 그러나 '-을래(요)'는 상대방의 의
  지 및 의향에 더 초점을 두어 제안하는 표현이다.
  예문 채린아, 우리가 먼저 발표할까? → 상대방에게 먼저 발표할 것을 제안함.
  채린아, 우리가 먼저 발표할래? → 상대방에게 먼저 발표할 것을 제안하는 의미이나, 결정권이 상대방
  에게 있는 느낌이 있음.

  (2) '-을까(요)'로 제안할 경우 주어는 1인칭 복수(우리)이지만 '-을래(요)'로 제안할 경우
  주로 주어는 2인칭(청자)이 된다. 따라서 '-을까(요)'를 사용하면 주체는 말하는 사
  람과 듣는 사람이 되어 청유하는 의미가 강조되는 한편, '-을래(요)'를 사용하면 듣
  는 사람의 의향에 초점을 두어 제안하는 의미가 강조된다.

상대방의 의향을 물어볼 때 쓴다.

- 가 : 내가 커피 사 **갈까**?
  나 : 아니, 안 사도 돼. 아까 마셨어.
- 가 : 영화 뭐 **볼까요**?
  나 : 액션 영화는 어때요?
- 가 : 오늘은 어떤 책을 같이 **읽을까요**?
  나 : 요즘 한국의 역사에 관심이 많아요. 역사에 관련된 책을 같이 읽으면 어때요?
- 가 : 몇 시에 **운동할까요**?
  나 : 아침 7시에 만나서 같이 조깅합시다.

문법 정보

- **주어 제약** : 주로 1인칭 주어와 함께 쓴다.
  (예문) 우리 무슨 선물을 살까?
  네가 식사를 준비하니까?
  내가 설거지할까?

- **선행 용언 제약** : 주로 동사와 결합한다. 형용사, '이다'와 결합하기 어렵다.
  (예문) *오늘 멋있을까요?

- **선어말어미 제약** : '–시–', '–었–', '–겠–'과 결합하기 어렵다.
  (예문) (의향 묻기의 의미로) 내가 커피 사 (*가실까/*갔을까/*가겠을까)?

담화 정보

- 주로 구어에서 사용된다.

관련 표현

- **–을래(요)**
  (1) '–을래(요)' 또한 상대방의 의향을 묻는 경우에 사용할 수 있다. 그러나 '–을래(요)'는
      상대방의 의지 및 의향에 더 초점을 두는 표현이다.

  (2) '–을까(요)'로 의향을 물을 경우 주어는 1인칭 단수나 복수이지만 '–을래(요)'로 의향
      을 물을 경우에 주어는 2인칭(청자)이 된다.
  (예문) 현정 씨, 피곤해 보이는데 내일 좀 쉴래요? → 상대방이 피곤해 보여서 상대방에게 쉴 의향이 있
      는지를 물어봄.
      ?현정 씨, 피곤해 보이는데 내일 좀 쉴까요? → '–을까(요)'는 상대방 단독으로 어떤 행동을 할 의
      향이 있는지를 물을 때 쓰면 어색함.

-을래(요)

형태 정보

	형태
받침 ○	-을래(요)
받침 ×	-ㄹ래(요)

1 의향

자신의 의향을 표현하거나 상대방의 의향을 물어볼 때 사용한다.

- 나는 오늘 짜장면 먹을래.
- 이번 방학에는 바이올린을 배워 볼래.
- 오늘은 좀 피곤해서 집에 있을래.
- 가 : 네가 이쪽으로 올래?
  나 : 아니, 여기가 더 시원해. 여기에 앉을래.
- 가 : 어떤 음악을 들으실래요?
  나 : 오늘은 신나는 음악을 듣고 싶네요.

문법 정보

- **주어 정보** : 평서문에서는 주로 1인칭 주어와 함께 쓰며, 의문문에서는 주로 2인칭 주어와 함께 쓴다.

  예문 이번에는 내가 밥을 살래. → 평서문, 1인칭 주어

  너 나랑 사귈래? → 의문문, 2인칭 주어

- **선행 용언 제약** : 주로 동사와 결합한다. 형용사, '이다'와 결합하기 어렵다.

  예문 *오늘은 좀 예쁠래요.

- **선어말어미 제약** : 평서문에서는 '-시-', '-었-', '-겠-'과 결합하기 어렵다. 의문문에서는 '-시-'와 결합할 수 있으나 '-었-', '-겠-'과 결합하기 어렵다.

  예문 이 옷은 제가 (*입으실래요/*입었을래요/*입겠을래요).

  이 옷 입어 (보실래요/*봤을래요/*보겠을래요)?

담화 정보

- 주로 구어에서 사용한다.
- 주로 비격식적인 상황에서 사용한다.

374 한국어교육 문법-자료편

- '–을래요'는 해요체이지만 주로 윗사람에게 잘 사용하지 않고, 아랫사람이나 청자와 화자의 나이가 같을 경우에 사용한다.
- 청자가 화자보다 나이가 많거나 지위가 높을 경우에 사용하는 것이 어색하지만 화자와 청자의 사이가 가까운 경우에는 자연스럽다.

  예문 엄마, 오늘은 그 불편한 옷 말고 이 편한 옷 입을래요. → 자연스러움.

- 격식적인 상황에서 청자가 윗사람일 경우에 자신의 의향을 말할 경우에는 '–을래요' 대신 '–겠습니다'를, 상대방의 의향을 물을 때에는 '–을래요' 대신 '–으시겠습니까'를 사용하여 말하는 것이 자연스럽다.

  예문 (회사에서 사원이 부장에게) 마케팅 쪽 일은 제가 맡을래요. → 어색함.
  　　　　　　　　　　　　　　마케팅 쪽 일은 제가 맡겠습니다. → 자연스러움.

  예문 (회사에서 사원이 부장에게) 부장님, 어떤 음료로 하시겠습니까? → 자연스러움.

- '–어 줄래(요)?', '–어 주실래요?'와 같은 표현을 사용하여 요청을 할 수 있다. 이 표현은 보통 윗사람이 아랫사람에게 요청할 때 사용하는 것이 자연스럽다.

  예문 서준아, 접시 좀 갖다 줄래?
  　　　규현 씨, 저 펜 좀 빌려 주실래요?

확장

- **부탁 또는 완곡한 명령** : 부탁하거나 완곡하게 명령할 때 사용할 수 있다.

  예문 이것보다 더 큰 것으로 보여 주실래요?

- **위협하기** : 위협할 때 사용하기도 한다.

  예문 너 죽을래?

관련 표현

- **–을까(요)?**

  (1) '–을까(요)?' 또한 상대방의 의향을 묻는 경우에 사용할 수 있다. 그러나 '–을래(요)'는 상대방의 의지 및 의향에 더 초점을 두는 표현이다.

  (2) '–을래(요)'로 의향을 물을 경우에 주어는 2인칭(청자)가 되며, '–을까(요)'로 의향을 물을 경우 주어는 1인칭 단수나 복수가 된다.

  예문 ?현정 씨, 피곤해 보이는데 내일 좀 쉴까요?
  → '–을까(요)'는 상대방 단독으로 어떤 행동을 할 의향이 있는지를 물을 때 쓰면 어색함.
  　　현정 씨, 피곤해 보이는데 내일 좀 쉴래요?
  → 상대방이 피곤해 보여서 상대방에게 쉴 의향이 있는지를 물어봄.

- **–을게(요)**

  (1) '–을래(요)'와 마찬가지로 '–을게(요)'는 자신의 의향 및 의지를 나타낼 때 사용할 수 있

다. 둘 다 발화 당시에 즉각적으로 생각한 자신의 의지 및 의도를 말할 때 사용한다.

(2) '–을래(요)'와 '–을게(요)'의 차이는 청자에 대한 고려가 있는지의 여부에 있다. 청자를 고려할 때, 즉 청자에게 도움이 되는 내용을 말할 때에는 '–을게(요)'를 사용하고 그것에 상관이 없을 때에는 '–을래(요)'를 사용한다. 따라서 '–을게(요)'는 상대방의 요청 사항에 대한 대답으로 사용될 수 있으나 '–을래(요)'는 상대방의 요청 사항에 대한 대답으로 사용될 수 없다.

> 예문 가 : 갑자기 급한 일이 생겼는데요. 제 아이를 잠깐만 돌봐 주실 수 있으세요?
> 나 : 그럼요, 제가 돌볼게요. → 자연스러움.
> 그럼요, 제가 돌볼래요. → 어색함.

2 (의문문으로 쓰여) 제안하기

상대방에게 어떤 일을 같이 하자고 제안할 때 쓴다.

- 저기요, 시간 괜찮으시면 차나 **한잔하실래요?**
- 신혜야, 나 오늘 용돈 받았는데 같이 백화점에 **쇼핑하러 갈래?**
- 가 : 현정 씨, 오늘 날씨가 좋은데 같이 **산책하실래요?**
  나 : 네, 좋아요.
- 가 : 강희야, 이번 주말에 영화 **볼래?**
  나 : 미안해. 주말에 발표 준비 때문에 시간이 없어.

문법 정보

- **주어 제약** : 주로 2인칭 주어와 함께 쓰며, 1인칭 단수 주어와 함께 쓰기 어렵다.
  > 예문 *내가 지금 운동하러 갈래?

- **선행 용언 제약** : 주로 동사와 결합한다. 형용사, '이다'와 결합하기 어렵다.
  > 예문 *오늘은 좀 바쁠래?

- **선어말어미 제약** : '–시–'와 결합할 수 있다. '–었–', '–겠–'과 결합하기 어렵다.
  > 예문 이쪽에 (앉으실래요/*앉았을래요/*앉겠을래요)?

담화 정보

- 주로 구어에서 사용한다.
- 주로 비격식적인 상황에서 사용한다.
- '–을래요'는 해요체이지만 윗사람에게는 잘 사용하지 않고, 아랫사람이나 청자와 화자의 나이가 같을 경우에 사용한다.
- 보통 청자가 화자보다 나이가 많거나 지위가 높을 경우에 사용하는 것이 어색하지만 화자와 청자의 사이가 가까운 경우에는 자연스럽다.

선배, 우리 차나 한잔할래요? → 자연스러움.

- 격식적인 상황에서 청자가 윗사람일 경우에 제안할 경우에는 '–을래요?' 대신 '–겠습니까?'를 사용하여 말하는 것이 자연스럽다.
  (회사에서 사원이 부장에게) 부장님, 오늘 식사 같이 하실래요? → 친하지 않은 경우 어색함.
  부장님, 오늘 식사 같이 하시겠습니까? → 자연스러움.

- **–을까(요)?**
  (1) 제안하는 경우에 '–을래(요)'와 '–을까(요)'를 모두 사용할 수 있다. '–을래(요)'는 '–을까(요)'보다 상대방의 의향에 더 초점을 맞추어 제안하는 표현이다. 따라서 '–을래(요)'로 제안하게 되면 상대방은 자신의 의향이 중요하게 여겨지고 있다는 생각이 들 수 있다. 한편 '–을까(요)'는 제안하는 행동의 주체가 '우리'인 것이 더 부각되는 표현이다.
  채린아, 우리가 먼저 발표할까? → 상대방에게 먼저 발표할 것을 제안함.
  채린아, 우리가 먼저 발표할래? → 상대방에게 먼저 발표할 것을 제안하는 의미이나, 결정권이 상대방에게 있는 느낌이 있음.

  (2) 상대방의 행동 및 의향에 초점이 있으므로 '–지 않을래?'로 제안할 수 있는 반면 '–지 않을까?'로 제안할 수 없다.
  연정아, 우리 내일 영화 보러 가지 않을래? → 자연스러움.
  ?연정아, 우리 내일 영화 보러 가지 않을까? → 부자연스러움.

–음

종결어미

형태 정보

	형태
받침 ○	–음
받침 ×	–ㅁ

1 구체적인 사실 알리기

구체적인 사실이나 정보를 효율적으로 알리거나 기록할 때 사용한다. 즉 어떤 사실을 보고할 때 많이 사용한다.

- 11시쯤 강 선생님께 전화가 옴.
- 주말에 부모님이 서울에 오심.
- 여행 일정이 바뀌었음.
- 내일 아침 10시에 회의가 있겠음.

문법 정보

- **주어 정보** : 주어가 생략될 때가 많다.
  예문 보고서 제출 완료함.

- **선어말어미 정보** : '–시–', '–었–', '–겠–'과 결합할 수 있다.

담화 정보

- 주로 문어에서 사용한다.
- 주로 메모나 보고문 등의 글에서 사용한다.
- 구체적인 청자가 지정되지 않은 상황에서 사용된다. 따라서 높임법 등의 화계를 표현하지 않으나 주로 화자가 자기 자신에게 말하거나 윗사람이 아랫사람에게 말하는 경우에 사용한다.

관련 표현

- **–기**
  (1) '–음'은 실제로 일어난 일을 구체적으로 말할 때 사용하며, '–기'는 실제로 일어난 일이 아닌 상황을 일반화하여 나타낼 때 주로 사용한다. 따라서 '–음'은 보고하는 기능을, '–기'는 계획을 말하는 기능일 때가 많다.
  예문 도서관에 책 반납함. → 한 일을 말함, 보고하기
  　　도서관에 책 반납하기. → 할 일을 말함, 계획 말하기

  (2) '–음'은 '–시', '–었–', '–겠–'과 쓸 수 있으나 '–기'는 이러한 선어말어미들과 쓸 수 없다. 또한 '–음'는 형용사, '이다'와 쓸 수 있으나 '–음'은 쓸 수 없다.

- **–을 것**
  (1) '–음'은 이미 일어난 구체적인 상황을 가리키며 '–을 것'은 모두 아직 일어나지 않은 상황을 가리킨다. 다른 사람에게 어떤 일을 하도록 지시하는 기능은 '–을 것'에만 있다. 똑같은 상황을 '–음'으로 나타내면 '보고하기'의 기능이 두드러진다.
  예문 회의 자료 준비함. → 보고하기
  　　회의 자료 준비할 것. → 지시하기

-읍시다

형태 정보

	형태
받침 ○	-읍시다
받침 ×	-ㅂ시다

1 청유하기

어떤 행동을 함께 하자고 할 때 쓴다.

- 내일부터 같이 공부합시다.
- 물을 아껴 씁시다.
- 길거리에 쓰레기를 버리지 맙시다.
- 가 : 여러분, 이번 방학 때 이 책을 같이 읽읍시다.
  나 : 네, 좋아요. 같이 읽어요.
- 가 : 식사 후에 어디에 갈까요?
  나 : 공원에 갑시다.

문법 정보

- **주어 제약** : 주로 1인칭 복수 주어와 함께 쓴다.
  예문 *당신 여기에서 잠깐 쉽시다.

- **선행 용언 제약** : 주로 동사와 결합하나 '침착하다', '행복하다', '건강하다' 등의 일부 형용사와 결합이 가능한 경우도 있다.
  예문 우리 (침착합시다/건강합시다/*멋있읍시다).

- **선어말어미 제약** : '-시-'와 결합할 수 있다. '-었-', '-겠-'과 결합하기 어렵다.
  예문 우리 이제 차 마시러 카페에 (가십시다/*갔읍시다/*가겠읍시다).

공기 정보

- 부사 '같이'나 '함께'와 자주 쓰인다.

담화 정보

- 격식적인 상황에서 주로 사용한다. 공적인 방송 또는 공공장소에서 이루어지는 캠페인

이나 표어에서 자주 사용되기도 한다.
- 청자가 높임의 대상일 때 '-읍시다'를 사용한다.
- 그러나 화자보다 청자의 나이가 많거나 윗사람일 경우에는 사용할 수 없다. 이 형태는 윗사람에게 잘 사용하지 않는다.
- 나이가 있는 화자들은 '-으십시다'의 형태로 자주 말한다.
- 윗사람에게 어떤 일을 함께 하자고 청유할 경우에는 '-읍시다' 대신 '-으시겠어요?', '-으시겠습니까?', '-어 주시겠어요?', '-어 주시겠습니까?', '-으시지요', '-어 주시지요' 등을 사용한다.

확장

- **요청 및 요구에 대한 동의 또는 승낙** : 상대방의 제안, 요청이나 요구에 대하여 동의 또는 승낙하는 것을 나타내기도 한다.
  > 예문 가 : 우리 오늘 저녁 메뉴로 불고기집에 가는 게 어떻습니까?
  > 나 : 좋아요. 그럽시다.

관련 표현

- **-어요**
  (1) '-읍시다'와 같이 청유하는 의미로 쓸 수 있지만 '-어요'는 비격식적인 상황 또는 비공식적인 자리에서 사용되는 표현이다.
  > 예문 이번에 학교의 교육 과정을 바꿉시다. → 공식적인 자리
  > 이번에 학교의 교육 과정을 바꿔요. → 비공식적인 자리

- **-자**
  (1) '-읍시다'와 같이 청유하는 의미로 쓸 수 있지만 '-자'는 비격식적인 상황에서 사용되며 보통 친구나 아랫사람에게 사용한다.
  > 예문 우리 치킨 시켜 먹읍시다. → 격식적
  > 우리 치킨 시켜 먹자. → 비격식적, 친구나 아랫사람에게 사용

2 요구 및 명령하기

어떤 행동을 요구하거나 명령할 때 쓴다.

- 좀 지나갑시다.
- 저 좀 내립시다.
- 여러분, 숙제 좀 빨리 합시다.
- 쓰레기 좀 버리지 맙시다.

문법 정보

- **주어 제약** : 명령이나 요구를 나타내므로 보통은 2인칭 주어와 함께 쓰거나 주어 없이 쓴다. 그러나 청자의 협조를 간접적으로 표현할 때는 1인칭 주어와 함께 쓰기도 한다.
  > 예문 저 좀 지나갑시다. → 1인칭 주어, 청자에게 협조해 줄 것을 간접적으로 전달함.
- **선행 용언 제약** : 주로 동사와 결합하나 '침착하다', '행복하다', '건강하다' 등의 일부 형용사와 결합이 가능한 경우도 있다.
  > 예문 여러분, (침착합시다/건강합시다/*멋있습시다).
- **선어말어미 제약** : '-시-'와 결합할 수 있다. '-었-', '-겠-'과 결합하기 어렵다.
  > 예문 숙제 좀 빨리 (하십시다/*했읍시다/*하겠읍시다).

담화 정보

- 구어에서 주로 사용한다.
- 격식적인 상황에서 주로 사용한다.
- 청자가 높임의 대상일 때 사용한다.
- 그러나 화자보다 청자의 나이가 많거나 윗사람일 경우에는 사용할 수 없다. 이 형태는 윗사람에게 잘 사용하지 않는다.

3 가정하기

어떤 상황에 대해 가정할 때 쓴다.

- 선물을 준 셈 **칩시다**.
- 복권에 당첨되었다고 **합시다**.
- 가 : 여자 친구랑 헤어져서 너무 힘들어요.
  나 : 좋은 경험을 한 거라고 **생각합시다**.

문법 정보

- **주어 제약** : 주로 1인칭 복수 주어와 함께 쓴다.
  > 예문 (우리) 복권에 당첨되었다고 가정해 봅시다.
- **선행 용언 제약** : 주로 동사 '가정하다', '하다', '치다'와 결합한다.
- **선어말어미 제약** : '-시-'와 결합할 수 있다. '-었-', '-겠-'과 결합하기 어렵다.
  > 예문 오늘은 제가 경기에서 졌다고 (치십시다/*쳤읍시다/*치겠읍시다).

담화 정보

- 주로 구어에서 사용한다.
- 격식적인 상황에서 주로 사용한다.

- 청자가 높임의 대상일 때 사용한다.
- 그러나 화자보다 청자의 나이가 많거나 윗사람일 경우에는 사용할 수 없다. 이 형태는 윗사람에게 잘 사용하지 않는다.

-자

종결어미

형태 정보

- 용언의 어간에 '-자'를 붙인다.

1 청유하기

어떤 행동을 함께 하자고 할 때 쓴다.

- 우리 이따가 수영하자.
- 방학 때 책 같이 읽자.
- 우리 헤어지지 말자.
- 가 : 우리 내일 뭐 할까?
  나 : 영화 어때? 오랜만에 재미있는 영화 보자.

문법 정보

- **주어 제약** : 주로 1인칭 복수 주어와 함께 쓴다.
  예문 *나는 이따가 수영하자.

- **선행 용언 제약** : 주로 동사와 결합하나 '침착하다', '행복하다', '건강하다' 등의 일부 형용사와 결합이 가능한 경우도 있다.
  예문 우리 (침착하자/행복하자/*예쁘자).

- **선어말어미 제약** : '-시-', '-었-', '-겠-'과 결합하기 어렵다.
  예문 오랜만에 영화를 (*보시자/*봤자/*보겠자).

- **조사 결합 정보** : 보조사 '요'와 결합하기 어렵다.
  예문 *우리 차 마시러 가자요.

공기 정보

- 부사 '같이'나 '함께'와 자주 쓰인다.

담화 정보

- 주로 구어에서 사용한다.
- 주로 윗사람이 아랫사람에게 권유할 때 사용한다. 또는 친밀한 관계의 비슷한 또래에게 사용한다.

확장

- 상대방의 요청이나 요구를 승낙하는 것을 나타내기도 한다.
  > **[예문]** 가 : 아빠, 저 컴퓨터 새로 사 주시면 안 돼요?
  >   나 : 그래, 그렇게 하자.

관련 표현

- **─읍시다**
  (1) '─자'와 같이 권유하는 의미로 쓸 수 있지만 '─읍시다'는 격식적인 상황 또는 공식적인 자리에서 주로 윗사람에게 사용되는 표현이다.
  > **[예문]** 이번에 학교의 교육 과정을 바꾸자. → 비공식적 자리, 아랫사람 또는 동료에게
  >   이번에 학교의 교육 과정을 바꿉시다. → 공식적인 자리, 주로 윗사람에게

📌 2 요구하기

어떤 행동을 요구할 때 쓴다

- 이럴 때 덕 좀 보자.
- 연정아, 잠깐 나 좀 보자.
- 좀 조용히 하자.
- 가 : 나도 좀 먹자.
  나 : 안 돼. 나도 못 먹었어.

문법 정보

- **주어 제약** : 명령이나 요구를 나타내므로 보통은 2인칭 주어와 함께 쓰거나 주어 없이 쓴다. 그러나 청자의 협조를 간접적으로 표현할 때는 1인칭 주어와 함께 쓰기도 한다.
  > **[예문]** 나 좀 지나가자. → 1인칭 주어, 청자에게 협조해 줄 것을 간접적으로 전달함.
- **선행 용언 제약** : 주로 동사와 결합하나 '침착하다', '행복하다', '건강하다' 등의 일부 형용사와 결합이 가능한 경우도 있다.
  > **[예문]** 앞으로는 좀 (침착하자/행복하자/건강하자/*멋있자).
- **선어말어미 제약** : '─시─', '─었─', '─겠─'과 결합하기 어렵다.

예문 나도 좀 (*하시자/*했자/*하겠자).

- **보조사 결합 정보** : 보조사 '요'와 결합하기 어렵다.
  예문 *나 좀 보자요.

- 구어에서 주로 사용한다.
- 주로 윗사람이 아랫사람에게 요구할 때 사용한다. 또는 친밀한 관계의 비슷한 또래에게 사용한다.

3 가정하기

어떤 상황에 대해 가정할 때 쓴다.

- 선물을 준 셈 **치자**.
- 복권에 당첨되었다고 **하자**.
- 가 : 운동을 했는데 몸무게가 똑같아!
- 나 : 근육이 생긴 거라고 **치자**.

문법 정보

- **주어 제약** : 주로 1인칭 복수 주어와 함께 쓴다.
  예문 우리가 지금 달에 있다고 치자.
- **선행 용언 제약** : 주로 동사 '가정하다', '하다', '치다'와 결합한다.
- **선어말어미 정보** : '-시-', '-었-', '-겠-'과 결합하기 어렵다.
  예문 우리가 지금 달에 있다고 (*치시자/*쳤자/*치겠자).

담화 정보

- 주로 구어에서 사용한다.
- 주로 윗사람이 아랫사람에게 가정하여 말할 때 사용한다. 또는 친밀한 관계의 비슷한 또래에게 사용한다.

-자고(요)

형태 정보

- 용언의 어간에 '-자고(요)'를 붙인다.

1 다시 말하기

자신이 한 청유 및 제안 등을 반복하여 말할 때 사용한다. 상대방에게 이미 전달한 정보를 다시 말해야 하는 상황에서 사용한다.

- 가 : 우리 한 시간 후에 나가자.
  나 : 뭐라고? 잘 안 들려.
  가 : 한 시간 후에 **나가자고**.
- 가 : 오늘 저녁으로 된장찌개 어때요?
  나 : 어떤 메뉴요?
  가 : 된장찌개 **먹자고요**.
- 가 : 여기 자리가 좀 시끄럽네요. 다른 테이블로 옮길까요?
  나 : 네? 뭐라고 하셨어요?
  가 : 다른 자리로 **옮기자고요**.

문법 정보

- **선행 용언 정보** : 주로 동사와 결합한다. 단, '침착하다', '행복하다', '건강하다' 등의 일부 형용사와 결합이 가능한 경우도 있다.

  예문 *좀 바쁘자고.
  좀 침착하자고.

- **선어말어미 정보** : '-시-', '-었-', '-겠-'과 결합하기 어렵다.

  예문 된장찌개 (*드시자고/*먹었자고/*먹겠자고).

담화 정보

- 주로 구어에서 사용된다.
- 주로 비격식적인 상황에서 사용된다.
- 격식적인 상황에서 청자가 윗사람일 경우, 청자에게 자신이 한 말을 반복하여 전달할 경우에는 '-자고요'를 사용하지 않고 자신이 한 말을 그대로 다시 말하기도 한다.

  예문 가 : 부장님, 월요일 말고 수요일로 회의 시간을 잡는 것이 어떻습니까?

나 : 네? 방금 뭐라고 하셨지요? 이메일 쓰느라 잘 못 들었네요.

가 : 아, 회의 시간을 수요일로 하는 것이 어떻습니까?

- 평서문의 '-자고(요)'는 아주 가까운 관계의 윗사람에게 말할 때 사용될 수 있다. 그러나 가까운 관계의 윗사람이라 하더라도 조금 기분 나쁘게 들릴 수도 있으므로 주의하여 사용한다.
- 구어에서 '-자구(요)'로 발음하기도 한다.

  예문 우리 내일 영화 보러 가자구요.

참고 정보

- 간접 인용문의 내포절에 쓰일 수 있다.

  예문 현정이가 내일 일찍 학교에 오자고 해요.

  채린이가 발레를 배우자고 했어요.

2 강조하기

(상대방에게 강조하여 청유나 제안을 할 때 사용한다.

- 우리 이번 가족 여행을 제주도로 가요. 제주도에 정말 가고 싶어요. **가자고요.**
- 우리 좀 만나요. 만나서 **얘기하자고요.**
- 나 치킨이 정말 먹고 싶어. 치킨 좀 같이 **먹자고.**
- 우리도 옆집처럼 강아지 키워요. 강아지 **키우자고요.**

문법 정보

- **선행 용언 정보** : 주로 동사와 결합한다. 단, '침착하다', '행복하다', '건강하다' 등의 일부 형용사와 결합이 가능한 경우도 있다.

  예문 *좀 바쁘자고.

  좀 침착하자고.

- **선어말어미 정보** : '-시-', '-었-', '-겠-'과 결합하기 어렵다.

  예문 치킨 좀 (*드시자고/*먹었자고/*먹겠자고).

담화 정보

- 주로 구어에서 사용된다.
- 주로 비격식적인 상황에서 사용된다.
- 격식적인 상황에서 청자가 윗사람일 경우, 강조하여 말할 때 '-자고요'를 사용하면 무례하게 들릴 수 있다. 이때는 '꼭', '-으면 좋겠습니다.', '-으면 어떻습니까?' 등과 같은 말을 사용하여 자신의 제안이나 청유를 강조할 수 있다.

예문 (부하 직원이 상사에게) 우리 사무실에도 정수기를 설치했으면 좋겠습니다.
이번 회식 메뉴는 삼겹살로 하면 어떻습니까?

- 평서문의 '-자고(요)'는 아주 가까운 관계의 윗사람에게 말할 때 사용될 수 있다. 그러나 가까운 관계의 윗사람이라 하더라도 조금 기분 나쁘게 들릴 수도 있으므로 주의하여 사용한다.

  예문 엄마 : 우리 이번에 어느 식당에 갈까?

  딸 : 피자 먹고 싶어요. 우리 피자 좀 먹자고요.

  엄마 : 너, 엄마한테 그 말투가 뭐니?

3 (의문문으로 쓰여) 확인하기

상대방의 청유나 제안에 대한 내용을 확인하기 위해 물을 때 사용한다.

- 가 : 이번 8월에 부산에 가서 우리 바다에 가는 게 어때?

  나 : 잘 안 들려. 언제 부산에 가자고?

  가 : 8월에 가자고.

- 가 : 이번에 텔레비전 좋은 걸로 바꿉시다.

  나 : 뭘 바꾸자고요?

  가 : 텔레비전요.

- 가 : 이번 현정이 생일에 선물을 같이 준비하자.

  나 : 누구 생일 선물 준비하자고?

  가 : 현정이 생일 선물.

문법 정보

- **선행 용언 정보** : 주로 동사와 결합한다. 단, '침착하다', '행복하다', '건강하다' 등의 일부 형용사와 결합이 가능한 경우도 있다.

  예문 *좀 바쁘자고?

  좀 침착하자고?

- **선어말어미 정보** : '-시-', '-었-', '-겠-'과 결합하기 어렵다.

  예문 생일 선물을 (*준비하시자고/*준비했자고/*준비하겠자고)?

공기 정보

- 정보를 확인하기 위하여 질문하는 상황에 쓰이므로 '누구, 무엇, 어떻게, 왜, 언제, 어디'와 같은 의문사와 함께 공기한다.

  예문 누구랑 같이 가자고?

담화 정보

- 주로 구어에서 사용된다.
- 주로 비격식적인 상황에서 사용된다.
- 격식적인 상황에서 청자가 윗사람일 경우, 정보를 확인하기 위하여 질문할 때 '-자고요'를 사용하면 무례하게 들릴 수 있다. 대신 '다시 한 번 말씀해 주시겠습니까?'와 같은 표현을 사용하여 정보를 요구할 수 있겠다.
- 정보를 확인하기 위하여 질문할 때 사용하므로 이에 대한 대답이 뒤따른다.

> **tip** 상대방의 한 말에 담겨 있는 함축적 의미를 이용하여 정보 확인을 요구할 수도 있다.
> - 가 : 아, 정말 힘들다. 더 이상 여기에 못 있겠어.
>   나 : 집에 가자고?

「4」 (의문문으로 쓰여) 놀람 표현하기

다른 사람의 청유나 제안에 당연함 또는 의외성 등에 대한 느낌, 놀람을 표현할 때 사용한다.

- 가 : 우리 오늘 저녁은 맛있는 걸로 먹자.
  나 : 맛있는 걸로 **먹자고?** 당연하지. 그걸 말이라고 하냐.
- 가 : 우리 결혼하자.
  나 : 뭐, 뭐라고? 이렇게 갑자기? **결혼하자고?**
- 가 : 우리 명동에서 신촌까지 걸어가자.
  나 : 뭐? **걸어가자고?** 나 지금 당황했다.

문법 정보

- **선행 용언 정보** : 주로 동사와 결합한다. 단, '침착하다', '행복하다', '건강하다' 등의 일부 형용사와 결합이 가능한 경우도 있다.
  > **예문** *좀 바쁘자고?
  > 좀 침착하자고?

- **선어말어미 정보** : '-시-', '-었-', '-겠-'과 결합하기 어렵다.
  > **예문** 차 같이(*드시자고/*마셨자고/*마시겠자고)?

담화 정보

- 주로 구어에서 사용된다.
- 주로 비격식적인 상황에서 사용된다.
- 가까운 사이의 윗사람에게 사용하는 것은 자연스럽다.
  > **예문** 할머니 : 우리 노래방에 갈까?

손자 : 노래방에 가자고요? 할머니, 노래방도 가세요?

- 놀람을 표현할 때 사용하므로 다음에 꼭 대답이 요구되는 것은 아니다.
- 놀람의 '-자고(요)'는 해당 내용에 대한 정보 확인이라기보다는 상대방의 말에 대한 반응을 나타내는 의사소통 기능에 초점을 맞춘 것이다.

5 (의문문으로 쓰여) 반발 표현하기

다른 사람의 청유나 제안의 내용에 반대 의견을 표현할 때 사용한다.

- 가 : 우리 설렁탕 먹자.
  나 : 이렇게 더운 날 그 뜨거운 걸 먹자고? 별로 내키지 않는데…….
- 가 : 오늘 같이 야근할까?
  나 : 뭐? 야근하자고? 나는 오늘 별로 일이 없어.
- 가 : 이번에 새로 개봉한 공포 영화 어때? 같이 보자.
  나 : 뭐? 그걸 같이 보자고? 내가 공포 영화 싫어하는 거 알잖아.

문법 정보

- **선행 용언 정보** : 주로 동사와 결합한다. 단, '침착하다', '행복하다', '건강하다' 등의 일부 형용사와 결합이 가능한 경우도 있다.
  예문 *좀 바쁘자고?
  　　　좀 침착하자고?

- **선어말어미 정보** : '-시-', '-었-', '-겠-'과 결합하기 어렵다.
  예문 이 더운 날 뜨거운 된장찌개 (*드시자고/*먹었자고/*먹겠자고)?

담화 정보

- 주로 구어에서 사용된다.
- 주로 비격식적인 상황에서 사용된다.
- 청자가 윗사람일 경우 반대 의견을 표현하는 것은 무례하게 들릴 수 있으므로 잘 사용하지 않으나 부모님과 같이 가까운 사이에서는 반대 의견을 표현하기 위해 사용하기도 한다.
  예문 아버지 : 올해는 가족 여행으로 부산에 가자.
  　　　아들 : 네? 이번에 부산에 가자고요? 저는 부산에 많이 가 봤단 말이에요.

억양 정보

- 약간 퉁명스러운 어조로 말한다.

-자니(요)

- 용언의 어간에 '-자니(요)'를 붙인다.

1 반발 표현하기

다른 사람의 청유나 제안의 내용에 반대 의견을 표현할 때 사용한다.

- 가 : 오늘 점심 메뉴로 된장찌개 어때?
  나 : 뭐? 또 된장찌개를 먹자니. 어제도 먹었잖아! 오늘은 콩국수 어때?
- 가 : 우리 헤어지자.
  나 : 뭐? 헤어지자니. 우리가 어떻게 만났는데!
- 가 : 이번 가족 여행은 자전거 타고 서울에서 부산까지 가는 게 어떻겠니?
  나 : 네? 자전거로 그 거리를 여행하자니요? 말도 안 돼요.
- 가 : 오늘 같이 한강에서 조깅할래요?
  나 : 네? 조깅하자니요? 지금 비가 많이 오는데요.

문법 정보

- **선행 용언 제약** : 청유의 내용을 다시 말할 때 사용하므로 주로 동사와 결합한다. 단, '침착하다', '행복하다', '건강하다' 등의 일부 형용사와 결합이 가능한 경우도 있다.
  > 예문 *매끄럽자니요?/길자니요?/짧자니요?
  > 부지런하자니요?/행복하자니요?/침착하자니요?

- **선어말어미 정보** : '-시-', '-었-', '-겠-'과 결합하기 어렵다.
  > 예문 우리 (*헤어지시자니/*헤어졌자니/*헤어지겠자니)?

담화 정보

- 주로 구어에서 사용한다.
- 주로 비격식적인 상황에서 사용한다.
- 격식적인 상황일 경우에는 사용하지 않는다. '-자니요'는 감정을 적극적으로 드러내는 경우에 사용되므로 무례하게 들릴 수 있으며 어색하다.
- 그러나 비격식적인 상황에서 가까운 윗사람에게, 예를 들어 부모와 자식 사이에서는 사용되기도 한다.

-자니까(요)

형태 정보

- 용언의 어간에 '-자니까(요)'를 붙인다.

1 강조하여 제안하기

자신이 이미 한 제안의 내용을 다시 말함으로써 상대방에게 그에 대한 행동을 촉구할 때 사용한다. 즉, 강조하여 제안할 때 사용한다.

- 가 : 연정아, 쉬는 시간에 우리 뭐 좀 먹을까?
  나 : 나 별로 배 안 고픈데?
  가 : 글쎄, 그래도 뭐 좀 먹자니까.
- 가 : 어머니, 우리도 좀 더 큰 텔레비전으로 사요.
  나 : 지금 있는 것도 충분히 좋은데?
  가 : 그래도 더 큰 걸로 사자니까요.

문법 정보

- **선행 용언 제약** : 청유의 내용을 다시 말할 때 사용하므로 주로 동사와 결합한다. 형용사, '이다'와 결합하기 어렵다.
  > 예문 *좁자니까요/짧자니까요.

- **선어말어미 정보** : '-시-', '-었-', '-겠-'과 결합하기 어렵다.
  > 예문 뭐 좀 (먹자니까/*드시자니까/*먹었자니까/*먹겠자니까).

담화 정보

- 주로 구어에서 사용한다.
- 주로 비격식적인 상황에서 사용한다.
- 격식적인 상황에서는 잘 사용하지 않는다. '-자니까요'는 감정을 적극적으로 드러내는 경우에 사용되므로 무례하게 들릴 수 있으며 어색하다. 그러나 비격식적인 상황에서 가까운 윗사람에게, 예를 들어 부모와 자식 사이에서는 사용되기도 한다.
- 구어에서 그 의미를 더 강조하고 싶을 때 '-자니까'에 보조사 '은/는'을 붙여 '-자니까는' 또는 '-자니깐'으로 발음하여 말할 수 있다. '-자니까요'의 경우에는 '-자니깐요'로 말할 수 있다.

예문 시원한 것 좀 마시자니깐(요).

2 핀잔주기

상대방이 처한 상황을 보고 그 상황에 대해 나무라듯 핀잔을 줄 때 사용하기도 한다.

- 가 : 요즘 왜 이렇게 계속 피곤하지?
  나 : 그러니까 어제 일찍 집에 **들어가자니까요**.
- 가 : 아, 아까 남은 김밥이라도 먹을걸. 지금 너무 배고프다.
  나 : 그러게 내가 뭐랬어! 편의점에서 라면이라도 사 **먹자니까**.

문법 정보

- **선행 용언 제약** : 주로 동사와 결합한다. 형용사, '이다'와 결합하기 어렵다.
  예문 *좁자니까요/짧자니까요.

- **선어말어미 정보** : '-시-', '-었-', '-겠-'과 결합하기 어렵다.
  예문 그러게 내가 (서두르자니까/*서두르시자니까/*서둘렀자니까/*서두르겠자니까).

담화 정보

- 주로 비격식적인 상황에서 사용된다.
- 특히 격식적인 상황에서 청자가 윗사람일 경우에는 사용하지 않는다. '-자니까요'는 감정을 적극적으로 드러내는 경우에 사용되므로 무례하게 들릴 수 있으며 어색하다. 그러나 비격식적인 상황에서 가까운 윗사람에게, 예를 들어 부모와 자식 사이에서는 사용되기도 한다.
- 구어에서 그 의미를 더 강조하고 싶을 때 '-자니까'에 보조사 '은/는'을 붙여 '-자니까는' 또는 '-자니깐'으로 발음하여 말할 수 있다. '-자니까요'의 경우에는 '-자니깐요'로 말할 수 있다.
  예문 그러게 아까 김밥이라도 사자니깐(요).

-자면서(요)

종결어미

형태 정보

- 용언의 어간에 '-자면서(요)'를 붙인다.

상대방이 청유하거나 제안한 내용을 인용하여 자신의 발화 및 행동에 대한 근거 및 배경을 제시할 때 사용한다.

- 가 : 오늘 웬일로 집에 일찍 왔니?
  나 : 어머니, 오늘 같이 **외식하자면서요**. 그래서 일찍 퇴근했어요.
- 가 : 벌써 가려고?
  나 : 응, 네가 오늘은 집에 일찍 **가자면서**.
  가 : 내가 그랬나? 그래. 나도 얼른 짐 챙길게.

문법 정보

- **선행 용언 제약** : 청유의 내용을 다시 말할 때 사용하므로 주로 동사와 결합한다.
  예문 *좁자면서/*짧자면서.

- **선어말어미 정보** : '-시-', '-었-', '-겠-'과 결합하기 어렵다.
  예문 네가 오늘은 집에 일찍 (?가시자면서/*갔자면서/*가겠자면서).

담화 정보

- 주로 구어에서 사용한다.
- 주로 비격식적인 상황에서 사용한다.
- 격식적인 상황에서 청자가 윗사람일 경우에는 사용하지 않는다. '-자면서요'는 감정을 적극적으로 드러내는 경우에 사용되므로 무례하게 들릴 수 있으며 어색하다.
- 그러나 비격식적인 상황에서 가까운 윗사람에게, 예를 들어 부모와 자식 사이에서는 사용되기도 한다.

억양 정보

- 정보를 요구하는 물음이 아니므로 억양이 올라가지 않는다.

확장

- **반감 드러내기** : 상대방의 앞선 발화, 여기에서는 앞서 상대방이 한 청유 및 제안에 대한 반감을 가지는 화자의 태도를 드러낼 때 사용되기도 한다.
  예문 가 : 너 왜 그동안 연락이 없었어?
  나 : 우리 당분간 자기 일에만 집중하자면서. 그래서 연락 안 했는데?
  가 : 너 내가 그렇게 얘기해서 삐쳤구나?

-잖아(요)

형태 정보

- 용언의 어간에 '-잖아(요)'를 붙인다.

> **tip** '-잖아(요)'의 '-잖-'은 '-아/어요'이외의 어미들과 결합하여 '-잖습니까?', '-잖니', '-잖고', '-잖나', '-잖냐'의 꼴로 쓰이기도 한다.

1 확인하기

상대방이 알고 있는 사실을 확인할 때 사용한다.

- 내가 지금 시험 준비를 하고 있잖아. 그래서 말인데 책 좀 빌려 줄 수 있어?
- 우리 집에 손님이 오시잖아요. 그러니까 과일 같은 게 필요하지 않을까요?
- 내년에 우리 아빠 환갑이잖아. 어떤 선물이 좋을까?
- 가 : 현정이가 성격이 좋아서 인기가 많잖아.
  나 : 맞아. 현정이가 성격도 좋고 예뻐서 인기가 많아.

문법 정보

- **선어말어미 제약** : '-시-', '-었-'과 결합할 수 있다. '-겠-'과 결합하기 어렵다.
  > **예문** 엄마가 오늘 (돌아오시잖아요/돌아오셨잖아요/*돌아오시겠잖아요).

담화 정보

- 주로 구어에서 사용된다.
- 주로 비격식적이며 일상적인 상황에서 자주 사용된다.
- 해당 명제의 내용은 화자와 청자 모두 공유하고 있는 것이므로 해당 정보 내용의 공유가 충분히 이루어진 상태에서 사용할 수 있다.
- 따라서 만약 화자와 청자가 해당 정보를 공유하지 않은 상태, 그렇게 친밀하지 않은 상태에서 사용하면 약간의 무례함을 느낄 가능성이 있다.
- 한편 이미 공유하고 있는 정보를 확인함으로써 친밀감이나 연대감을 느끼게 하려는 의도로 사용될 수도 있다.
- 청자와 공유하는 지식을 환기하며 발화를 시작할 때 사용하는 경우도 있다.
  > **예문** 요즘 이 노래가 유행이잖아. 이 노래를 연습해 보면 어때?

억양 정보

- 끝을 올려 말한다.

- **동의 구하기** : 동의를 구할 때 사용할 수 있다.
  > **예문** 아시다시피 이 집 커피가 맛있잖아요.

2 알려주기

상대방이 알아야 한다고 생각하는 내용을 알려 줄 때 사용한다. 특히 자신이 말한 것의 근거나 이유를 말할 때 사용된다.

- 가 : 규현 씨 생일에 우리 뭐 사 줄까요?
  나 : 책을 사 줄까요? 규현 씨는 책을 많이 읽잖아요.
- 가 : 커피를 또 마셔요? 아까 마셨잖아요.
  나 : 너무 졸려서요.
- 가 : 우리 피자 시킬까? 강희가 피자 좋아하잖아.
  나 : 글쎄, 오늘은 다른 걸 먹자. 속이 좀 안 좋네.
- 가 : 우리 오늘 같이 도서관에 갈래?
  나 : 오늘 일요일이잖아. 주말에는 좀 쉬자.

문법 정보

- **선어말어미 제약** : '-시-', '-었-'과 결합할 수 있다. '-겠-'과 결합하기 어렵다.
  > **예문** 커피를 (드시잖아요/드셨잖아요/*드시겠잖아요)

담화 정보

- 주로 구어에서 사용된다.
- 주로 비격식적이며 일상적인 상황에서 자주 사용된다.
- 화자는 청자가 알고 있는 사실을 상기시켜 자신이 말하는 것의 근거를 말하려고 할 때에도 사용한다.
- 화자가 자신이 알고 있는 정보를 청자와 공유하려고 하는 의지의 표출을 통하여 대화 참여자 간의 친밀감이나 연대감을 느끼게 하려는 의도로 사용될 수도 있다.
- 그러나 반대로 화자는 해당 명제의 내용에 대하여 청자가 알아야 한다는 의도가 있으므로 충분히 친밀하지 않은 상태에서 사용하면 무례함을 느낄 가능성이 있다.

억양 정보

- 끝을 내려 말한다.

확장

- **화제 도입** : 화제를 도입할때 사용할 수 있다.

  (예문) 내가 어제 콘서트에 갔잖아.

- **비난하기, 못마땅함 드러내기** : 비난할 때, 못마땅함을 드러낼 때 사용할 수 있다. 이때 문말이 상승되지 않고 지속하면서 강하게 끄는 듯한 억양이 나타난다.

  (예문) 왜 이렇게 늦게 들어왔어요? 아이들이 엄마를 많이 찾았잖아요.

  (예문) 가 : 오늘 왜 이렇게 늦었어요?

  　　 나 : 피곤한데 왜 그래요? 오늘 나 야근이었잖아요.

- **핀잔주기** : 핀잔 줄 때 사용하기도 한다.

  (예문) 얘는 그것도 모르니? 답은 3번이잖아.

  　　 너는 그 옷이랑 가방이 어울린다고 생각해? 전혀 다른 분위기잖아.

  (예문) 가 : 엄마, 저도 책 사 주세요.

  　　 나 : 얘, 너는 책을 읽지도 않잖아.

- **강조하기** : 강조할 때 사용할 수 있다.

  (예문) 저 수학 문제는 잘 풀 수 있어요. 제가 수학과 출신이잖아요.

- **깨달은 사실 드러내기** : (혼잣말일 경우) 깨달은 사실을 드러낼 때 사용하기도 한다.

  (예문) 아, 맞다! 지금 할아버지가 산에 계시잖아.

관련 표현

- **-거든(요)**

  (1) '-거든(요)'는 '-잖아(요)'와 마찬가지로 앞선 말이나 상황에 대한 근거나 이유를 말할 때 사용하기도 한다. 그러나 청자가 모를 것이라고 가정한 내용에 대해서 말할 경우에는 '-거든(요)'를 사용한다. 반면 청자가 알고 있는 내용에 대해서 말할 경우에는 '-잖아(요)'를 사용한다.

  (예문) 가 : 채린아, 우리 다이어트도 할 겸 아침에 운동할까?

  　　 나 : 나는 못 해. 나 아침에 영어 학원 다니거든.

  　　　　 → 아침에 영어 학원을 다니고 있다는 사실을 청자가 모르고 있었으며 새로이 알려 줌.

  　　 나 : 나는 못 해. 나 아침에 영어 학원 다니잖아.

  　　　　 → 아침에 영어 학원을 다니고 있다는 사실을 청자가 이미 알고 있었으며 환기해 줌.

-재(요)

형태 정보

- 용언의 어간에 '-재(요)'를 붙인다.
- -자고 해(요) : '-재(요)'는 '-자고 해(요)'가 줄어든 꼴로 볼 수 있다.
  > **예문** 연정이가 같이 영화 (보자고 해/보재).

1 다른 사람에게 제안을 전달하기

다른 사람이 한 제안을 전달할 때 사용한다.

- 가 : 연정아, 언니가 우리 같이 한강에 놀러 가재.
  나 : 좋죠! 우리 도시락 싸 가요.
- 가 : 서준이가 이따가 같이 산책하재요.
  나 : 그래? 나 아직 숙제가 좀 남아서 좀 어려울 것 같은데.
- 가 : 신혜가 뭐라고 했어?
  나 : 이번에 축제하는 데에 같이 참여하재.
- 가 : 이번 독서 동아리 모임에서 '유배지에서 보낸 편지'를 같이 읽재.
  나 : 그래? 그럼 나 그 책 빌리러 가야겠다.

문법 정보

- **선행 용언 제약** : 주로 동사와 결합한다. 형용사, '이다'와 결합하기 어렵다.
  > **예문** *채린이가 우리 귀엽재요.

- **선어말어미 정보** : '-시-', '-었-', '-겠-'과 같은 선어말어미와 결합하기 어렵다.
  > **예문** 내일 소풍 (*가시/*갔/*가겠)재요.

담화 정보

- 주로 구어에서 사용된다.
- 주로 비격식적인 상황에서 사용된다.
- 격식적인 상황에서는 '-자고 하다/말하다/말씀하다' 등의 형태로 쓰는 경향이 있다. 특히 격식적인 상황에서 전달할 말을 한 주체가 화자보다 윗사람이며 예의를 지켜야 할 경우에 이러한 형태로 쓰는 경우가 많다.
  > **예문** 부장님께서 이번에는 우리 팀이 발표 자료를 만들자고 하셨습니다.

청자가 들은 제안의 내용에 대해 물어볼 때 사용한다.

- 가 : 아까 채린이가 신혜 생일 선물 언제 사재?
  나 : 어, 금요일 저녁에 같이 사러 가재.
- 가 : 강희가 어떤 케이크를 만들재?
  나 : 어, 규현이가 치즈 케이크를 좋아한다고 치즈 케이크를 같이 만들재.
- 가 : 연정아, 아까 채린이가 어디에서 만나재?
  나 : 학교 앞 카페에서 보재.
  가 : 언니, 서준이가 라디오 듣재?
  나 : 어, 자기가 아는 사람이 라디오에 나온다고 라디오 듣재.
- 가 : 현정아, 언니가 쇼핑하재?
  나 : 응, 나 시간 없는데 자꾸 언니가 같이 쇼핑하재.

문법 정보

- **선행 용언 제약** : 주로 동사와 결합한다. 형용사, '이다'와 결합하기 어렵다.
  예문 *현정이가 우리 귀엽재요?

- **선어말어미 정보** : '-시-', '-었-', '-겠-'과 같은 선어말어미와 결합하기 어렵다.
  예문 내일 소풍 (*가시/*갔/*가겠)재요?

담화 정보

- 주로 구어에서 사용된다.
- 주로 비격식적인 상황에서 사용된다.
- 격식적인 상황에서는 '-자고 하다/말하다/말씀하다' 등의 형태로 쓰는 경향이 있다. 특히 전달할 말을 한 주체가 화자보다 윗사람이며 예의를 지켜야 할 경우에 이러한 형태로 쓰는 경우가 많다.
  예문 부장님께서 이번에 우리 부서가 발표하자고 하셨습니까?

확장

- **상대방의 제안에 대하여 강한 불만 표시하기** : 상대방의 제안에 대하여 강하게 불만을 표시할 때 사용하기도 한다. 이때 꼭 대답을 요구하지는 않으며, 제안을 들은 직후에 그 제안의 내용을 확인하기 위하여 사용되지 않고, 약간의 시간 차를 두고 사용된다. 즉, 그 제안에 따라 행동한 이후에 그것에 대한 불만을 제기할 때 사용할 수 있다. 이때 '누가', '언제' 등과 같은 말과 함께 잘 쓰인다. 또한 의문문이지만 말끝이 올라갈 수도 있고 안 올라갈 수도 있다. 이때에는 '-자고 해(요)?'가 줄어든 표현으로 볼 수 없다.

예문 가 : 아, 정말 이사하는 건 힘든 것 같아.

나 : 그러니까! 누가 이사하재?

예문 가 : 현정아, 우리 너무 힘들지 않냐?

나 : 그러니까! 누가 아침부터 등산하재?

예문 가 : 이 영화 좀 재미없다. 그치?

나 : 야, 내가 언제 이거 보재? 이거 네가 보자고 했다.

-지(요)

종결어미

형태 정보

- 용언의 어간에 '-지(요)'를 붙인다

✓1 (평서문으로 쓰여) 확신 있는 내용 말하기

확신을 가지고 있는 내용에 대하여 말할 때 사용한다.

- 가 : 친구들이 내 결혼식에 많이 올까?

  나 : 네 결혼식에 친구들 당연히 많이 **오지**. 걱정 마.
- 가 : 우리 반에서 누가 가장 춤을 잘 추었더라.

  나 : 현정이가 제일 춤을 잘 **추지**.
- 가 : 잘 지내세요. 우리가 또 언제 만날 날이 있을까요?

  나 : 살다 보면 언젠가 만날 날이 **있겠지요**.
- 가 : 엄마, 아빠 처음 만났을 때 어땠어요?

  나 : 엄청 **촌스러웠지**. 지금은 정말 많이 발전한 거야.
- 가 : 요즘 왜 이렇게 피곤한지 모르겠네요.

  나 : 매일 그렇게 늦게 자니까 당연히 **피곤하지요**.

문법 정보

- **선어말어미 제약** : '-시-', '-었-', '-겠-'과 결합할 수 있다.

담화 정보

- 비격식적인 상황에서 주로 사용한다.
- 구어에서 '-지요'는 '-죠'의 형태로 실현되는 경우가 많다.

  예문 여행이라면 당연히 좋죠.

2 (의문문으로 쓰여) 확인하기

어떤 내용을 확인하기 위하여 물어볼 때 사용한다.

- 가 : 우리 수업 몇 시에 끝나지?
  나 : 7시에 끝나잖아.
- 가 : 참, 오늘 우리 약속이 있었지?
  나 : 응, 이따 학교 앞에서 봐.
- 가 : 지금 비 오지요?
  나 : 네, 비가 많이 오니까 우산 꼭 가져가세요.
- 가 : 저 사람 이름이 뭐지요?
  나 : 서준이잖아요. 잊어버렸어요?
- 가 : 너 요즘 많이 힘들지?
  나 : 어, 매일 야근을 해서 죽을 지경이야.
- 가 : 내일도 숙제 있겠지?
  나 : 당연하지. 그 선생님은 숙제를 안 내 주신 적이 없어.

문법 정보

- **선어말어미 제약** : '-시-', '-었-', '-겠-'과 결합할 수 있다.

담화 정보

- 주로 구어에서 사용한다.
- 주로 비격식적인 상황에서 사용한다.
- 구어에서 '-지요'는 '-죠'의 형태로 실현되는 경우가 많다.
  예문 저 사람이 뭐죠?

확장

- **동의 구하기** : 동의를 구할 때 사용할수 있다.
  예문 가 : 나 잘못 없지. 맞지?
       나 : 그래 넌 잘못 없어.

3 강한 느낌으로 명령하기

확신을 가지고 청자에게 어떤 행동을 하라고 명령할 때 사용한다.

- 이쪽으로 오시지요.
- 이번 출장은 김´ 대리가 다녀오지.
- 이 부분은 신혜가 읽지.

- 조용히 좀 하시지요.
- 가 : 여보, 당신이 돈 좀 내지.
  나 : 알겠어요. 당신 친구들이니까 오늘 저녁은 내가 살게.

문법 정보

- **주어 제약** : 주로 2인칭 주어와 함께 쓰거나 주어 없이 쓴다.
- **선행 용언 제약** : 주로 동사와 결합하나 '침착하다', '행복하다', '건강하다' 등의 일부 형용사와 결합이 가능한 경우도 있다.
  예문 (명령의 의미로) *예쁘시지요.
  늘 (침착하시지요/행복하시지요/건강하시지요).
- **선어말어미 정보** : '-시-'와 결합할 수 있다. '-었-', '-겠-'과 결합하기 어렵다.
  예문 (명령의 의미로) 그럼 전화를 (주시지요/*주었지요/*주겠지요).

담화 정보

- 주로 구어에서 사용한다.
- 주로 비격식적인 상황에서 사용한다.
- 구어에서 '-지요'는 '-죠'의 형태로 실현되는 경우가 많다.
  예문 일을 좀 빨리 하시죠

확장

- **비아냥거리기** : 비아냥거리는 것을 나타낼 때 사용할 수 있다.
  예문 그럼 어디 네가 한번 해 보시지.
  어디 한번 덤벼 보시지.

- **권유하기** : 권유할 때 사용할 수 있다.
  예문 이 메뉴로 하시지요. 맛있습니다.

4 강하게 제안하기

확신을 가지고 청자에게 어떤 행동을 제안할 때 사용한다.

- 우리 밥이나 먹으러 가지.
- 오늘 저녁에 한잔하지. 내가 쏠게.
- 이따가 같이 자전거 타지.
- 나랑 이 소설 같이 읽지.
- 가 : 강희야, 언니 책 좀 같이 나르지.
  나 : 네 언니, 금방 갈게요.

- **주어 제약** : 주로 1인칭 복수 주어와 함께 쓴다.

- **선행 용언 제약** : 주로 동사와 결합한다.

- **선어말어미 정보** : '-시-'와 결합할 수 있다. '-었-', '-겠-'과 결합하기 어렵다.
  예문 (청유의 의미로) 우리 같이 (산책하시지요/*산책했지요/*산책하겠지요).

담화 정보

- 비격식적인 상황에서 주로 사용한다.
- 윗사람에게 사용되지 않는다.
- 구어에서 '-지요'는 '-죠'의 형태로 실현되는 경우가 많다.
  예문 내일 점심 식사 같이 하죠.

5 강하게 불만 말하기

원하는 대로 되지 않은 상황에 대하여 강하게 불만을 말할 때 사용한다.

- 이럴 거면 우리 시작도 하지 말지.
- 가 : 내 아이스크림도 남겨 놓지.
  나 : 미안해. 내가 다 먹어 버렸어.
- 가 : 나도 데려가지.
  나 : 미안해. 깜빡하고 너를 못 챙겼어.

문법 정보

- **선어말어미 정보** : '-시-' 외의 선어말어미와의 결합이 자연스럽지 않다.

담화 정보

- 주로 비격식적인 상황에서 사용한다.
- 격식적인 상황에서 윗사람에게 거의 사용되지 않는다.
- 구어에서 '-지요'는 '-죠'의 형태로 실현되는 경우가 많다.
  예문 나도 여행에 데려가죠. 왜 안 데려가셨어요.

-지그래(요)

형태 정보

- 용언의 어간에 '-지그래(요)'를 붙인다.

1 권유하기

권유할 때 쓴다.

- 이거 맛있는데 더 먹지그래요.
- 고민이 있으면 얘기해 보지그래요.
- 너무 졸리면 조금 자고 하지그래.
- 가 : 나 요즘 너무 스트레스를 많이 받아.
  나 : 스트레스 받을 때에는 이 음악을 듣지그래.

문법 정보

- **주어 제약** : 주로 2인칭 주어와 함께 쓴다.
  [예문] *내가 이것 좀 해 보지그래.

- **선행 용언 제약** : 주로 동사와 결합한다. 형용사, '이다'와 결합하기 어렵다.
  [예문] *너 좀 더 예쁘지그래.

- **선어말어미 제약** : '-시-'와 결합할 수 있다. '-었-', '-겠-'과 결합하기 어렵다.
  [예문] 고민이 있으면 얘기해 (보시지그래요/*봤지그래요/*보겠지그래요).

담화 정보

- 주로 구어에서 사용된다.
- 주로 친한 사이에서 사용된다.

억양 정보

- 뒤의 억양을 올려서 말한다.

확장

- **완곡하게 조언하기** : 완곡하게 조언할 때에도 사용된다.
  [예문] 너 너무 놀기만 하는데 책 좀 읽지그래.
  날씨가 많이 더운데 좀 시원하게 입고 가지그래.

4

의존어 구성 : 연결표현

4 의존어 구성 : 연결표현

❀ 구성 ❀

표제항 정보

▶ **표제항은 다음과 같은 원칙에 근거하여 기술하였다.**
- 결합 용언의 받침이 있는 형태로 제시: '−은 끝에'
- 결합 가능한 관형사형어미를 모두 포함하여 제시: '−은/는/을 만큼'

의존어 구성(연결표현) 영역 쉽게 읽기

▶ **결합 용언에 따른 이형태 정보의 제시**
- 의존어 구성(연결표현)은 용언의 어간 말 받침 유무, 품사, 시제에 따라 이형태의 정보를 제시하였다. 다른 영역과 달리 시제에 따른 이형태를 명시적으로 나타내고자 한 점이 특징적이다.

▶ **'이다' 결합 가능 여부에 대한 정보의 제시**
- 의존어 구성(연결표현)은 연결의 기능을 하는 문법 항목이기는 하지만 핵심어가 '이다'와 함께 쓰여 종결표현으로 나타날 수 있는 것은 그에 대한 해당 종결 형태를 함께 제시하였다.

▶ **선행절과 후행절의 관계에 따른 문법 정보의 제시**
- 의존어 구성(연결표현)은 연결어미와 같이 선행절과 후행절을 연결하는 기능을 한다는 점에서 다른 영역과 달리 선행절과 후행절의 관계에 따른 문법 정보를 제시해 주고자 하였다. 선행절과 후행절의 주어, 목적어의 일치에 대한 정보, 선행절과 후행절 각각의 시제 및 부정형에 대한 정보가 상세히 다루어졌으며, 후행절의 문장 유형 제약이 주요하게 기술되었다.

▶ **결합 용언의 속성에 대한 정보의 제시**
- 의존어 구성(연결표현)은 결합하는 용언(또는 사태)의 속성에 따라 쓰임의 제약을 갖는 경우가 있기 때문에 이에 대한 내용을 결합 용언 정보를 통해 비교적 상세히 제시하였다.

▶ **비교적 간소한 화청자 정보의 제시**
- 의존어 구성(연결표현)은 종결어미에 비해 비교적 화자와 청자의 제약을 지니지 않기 때문에 화청자 관계에 대한 정보는 필요한 경우에만 간략하게 제시하였다.

▶ **사용역에 따른 담화 정보의 제시**
- 의존어 구성(연결표현)은 화청자 정보보다 구어성/문어성, 격식/비격식 등에 따른 제약을 많이 보이기 때문에 사용역에 따른 담화 정보를 보다 상세하게 제시하였다.

▶ **연결어미와의 교체 가능 여부에 대한 정보의 제시**
- 의존어 구성(연결표현)은 문장에서 선행절과 후행절을 연결하는 기능을 하기 때문에 유사한 의미 · 기능으로 쓰이는 연결어미와 교체되는 경우가 많다. 따라서 표제항과 유사한 의미 · 기능을 하는 연결어미 등과 교체가 가능한지에 관한 정보를 관련 표현 기술을 통해 제시하였다.

-고 나서

형태 정보

- 용언의 어간에 '-고 나서'를 붙인다.

1 시간 순서

앞의 내용과 뒤의 내용이 시간의 순서에 따라 차례대로 일어남을 나타낸다.

- 나는 보통 샤워를 하고 나서 아침을 먹는다.
- 아기를 낳고 나서 어머니를 존경하게 됐습니다.
- 우선 급한 일을 다 끝내고 나서 같이 커피나 마시자.
- 가 : 졸업하고 나서 무엇을 할 생각인가요?
  나 : 취직 준비를 하려고 합니다.

문법 정보

- **선행 용언 제약** : 주로 동사와 결합한다. 형용사, '이다'와 결합하기 어렵다.
  예문 *우리 아기는 예쁘고 나서 똑똑하다.

- **선어말어미 제약** : 선행 용언과 결합할 때 '-었-', '-겠-'이 개재되기 어렵다.
  예문 *나는 보통 샤워를 (했고/하겠고) 나서 아침을 먹는다.

담화 정보

- 주로 구어나 비격식적 문어에서 쓴다.

관련 표현

- **-고서**
  (1) '-고서'는 앞말의 행위 상태가 지속되면서 뒷말의 행위가 발생함을 나타낼 수 있지
     만, '-고 나서'는 앞말의 행위가 끝난 상태에서 뒷말의 행위가 발생함을 나타낸다.
     예문 장군은 3천 명의 군사를 (거느리고서/*거느리고 나서) 전투 현장에 나왔다.
         마이크를 (들고서/*들고 나서) 이야기를 했다.

  (2) '-고서'는 앞의 내용에서 부정형이 쓰일 수 있지만, '-고 나서'는 앞의 내용에 부정
     형이 쓰이지 않는다.
     예문 손을 안 (씻고서/*씻고 나서) 식사를 하면 안 됩니다.

-고 보니

형태 정보

- 용언의 어간에 '-고 보니'를 붙인다.

1 앞의 행동을 하고 나서 뒤의 사실을 새로 깨달음

앞말이 나타내는 행동을 하고 나서 뒷말이 나타내는 사실을 새로 깨달음을 나타낼 때 쓴다.

- 한국어 공부를 시작하고 보니 그렇게 재미있을 수가 없어요.
- 내가 엄마가 되고 보니 부모님의 은혜가 얼마나 큰지 알겠다.
- 선생님 말씀을 듣고 보니 제가 잘못한 것 같네요.
- 가 : 지나고 보니 모든 순간이 다 소중했던 것 같습니다.
  나 : 그래서 매순간 최선을 다해 살아야 해요.

문법 정보

- **주어 제약** : 주로 사람을 나타내는 주어와 함께 쓴다. 선행절과 후행절의 주어가 같아야 하며 후행절의 주어는 보통 생략된다.

  예문 *네가 엄마가 되고 보니 신혜가 부모님의 은혜를 깨달았다. → 주어 불일치 불가능
  네가 엄마가 되고 보니 부모님의 은혜를 알겠지? → 후행절 주어 생략 가능

- **선행 용언 제약** : 주로 동사와 결합한다. 형용사, '이다'와 결합하기 어렵다.

  예문 *제가 예쁘고 보니 세상이 다르게 보여요.

- **선어말어미 제약** : 선행 용언과 결합할 때 '-었-', '-겠-'이 개재되기 어렵다.

  예문 *선생님 말씀을 (들었고/들겠고) 보니 제가 잘못한 것 같네요.

- **후행절 제약** : 후행절은 주로 평서문, 의문문으로 쓴다. 청유문, 명령문으로 쓰기 어렵다.

  예문 *네가 밥을 먹고 보니 후식을 (먹자/먹어라).

담화 정보

- 구어에서는 의미 차이 없이 '-고 보니까'로 쓰기도 하고 '-고 봤더니'로 쓰기도 한다.

  예문 한국어 공부를 시작하고 보니까 그렇게 재미있을 수가 없어요.
  한국어 공부를 시작하고 봤더니 그렇게 재미있을 수가 없어요.

-고 해서

형태 정보

• 용언의 어간에 '-고 해서'를 붙인다.

1 여러 이유 중 하나

여러 가지 이유를 나열하거나 여러 이유 중 하나임을 나타낼 때 쓴다.

• 그 가수는 노래도 잘하고 해서 인기가 아주 많아요.
• 요즘에는 서로 바쁘고 해서 연락을 통 못하고 지냈다.
• 비도 오고 날도 춥고 해서 등산 계획을 취소했다.
• 가 : 어제 왜 전화했어요?
  나 : 외롭기도 하고 잠도 안 오고 해서 전화했어요.

문법 정보

• **선행 용언 제약** : 주로 동사나 형용사와 결합한다.

• **선어말어미 제약** : 선행 용언과 결합할 때 '-었-'과 결합하기 어렵다.
  예문 *비도 왔고 해서 등산 계획을 취소했다.
       비도 오겠고 해서 등산 계획을 취소했다.

• **후행절 제약** : 후행절은 주로 평서문, 의문문으로 쓴다. 명령문, 청유문으로 쓰기 어렵다.
  예문 *비도 오고 날도 춥고 해서 등산 계획을 취소합시다.

담화 정보

• 주로 구어에서 사용한다.
• 주로 비격식적 상황에서 쓴다.
• 화자가 이유를 명시적으로 드러내지 않고 싶거나 약화시켜서 말하고 싶을 때 쓰기도
  한다.
  예문 가 : 강희 씨, 왜 이렇게 전화를 안 받아요?
       나 : 미안해요. 너무 바쁘고 해서 전화를 못 받았어요.
       → 강희 씨는 사실 상대방이 불편해서 일부러 전화를 받지 않았지만, 그 이유를 명시적으로 말해 주는 것이 부담스
         러워서 다른 핑계를 대고 있다.

• **-고 하니까**

(1) 후행절은 주로 명령문이나 청유문으로 쓴다.

`예문` 비도 오고 날도 춥고 하니까 등산 계획을 취소합시다.

-기 때문에

의존어 구성:
연결표현

형태 정보

• 용언의 어간에 '–기 때문에'를 붙인다.

• `명사` **+ 때문에** : 주로 서술성 명사나 사람 명사가 온다.

`예문` 요즘 시험 때문에 바빠요.

남자 친구 때문에 한국어 시험을 잘 못 봤어요.

• **–기 때문이다** : '때문' 뒤에 '이다'를 붙이기도 한다.

`tip` '`명사` + 때문에'와 '`명사` + 이기 때문에'는 혼동하기 쉬우므로 주의해야 한다.

`예문` 저는 (강아지 때문에/??강아지이기 때문에) 행복해요.

내일이 동생 생일(이기 때문에/*때문에) 선물을 샀어요.

---

1 이유나 원인

어떤 일의 이유나 원인을 나타낼 때 쓴다.

• 한국의 여름은 덥기 때문에 반팔이 필요합니다.
• 저는 의사가 되고 싶기 때문에 의학 대학에 가려고 해요.
• 날씨가 좋지 않았기 때문에 비행기 운항이 지연되었다.
• 작년에는 가뭄이 들었기 때문에 농사일이 특히 힘들었지요.
• 가 : 연정 씨, 많이 피곤해 보여요.

나 : 시험 때문에 한동안 잠을 못 잤어요.

중심어

• **때문** : 원인, 까닭.

문법 정보

- **선어말어미 제약** : 선행 용언과 결합할 때 '-겠-'이 개재되기 어렵다.
  > [예문] 비가 (왔기/오기/*오겠기) 때문에 창문을 닫아 주시면 감사하겠습니다.

담화 정보

- 구어에서는 '-기 땜에'로 말하기도 한다.
  > [예문] 요새는 공기가 나쁘기 땜에 감기에 잘 걸려요.
  > 어차피 늦었기 땜에 그냥 티켓을 취소하는 게 나을 것 같아요.

관련 표현

- **-어서**

  (1) '-기 때문에'와 큰 의미 차이 없이 바꿔 쓸 수 있다.
  > [예문] 눈이 많이 (와서/왔기 때문에) 길이 미끄럽다.

  (2) 단, '-기 때문에'가 '-어서'에 비해 문어성이 강하다.
  > [예문] 가 : 서준아, 안 씻니?
  > 나 : 오늘은 피곤해서 그냥 자려고요.
  > [예문] 경기가 회복되고 있기 때문에 내년에는 경제 성장률이 올해보다 높을 것으로 예상된다.

- **-으니까**

  (1) '-기 때문에'와 큰 의미 차이 없이 바꿔 쓸 수 있는 경우가 있다.
  > [예문] 지금은 시간이 없(으니까/기 때문에) 내일 설명해 드리겠습니다.

  (2) 후행절에 문장 유형 제약이 없다. 그러나 '-기 때문에'는 명령문, 청유문으로 쓸 수 없다.
  > [예문] 차가 막히(니까/*기 때문에) 지하철을 탑시다.
  > 날씨가 (추우니까/*춥기 때문에) 따뜻하게 입어라.

  (3) '-으니까'에 비해 '-기 때문에'가 문어성이 강하다.
  > [예문] 오늘은 차가 막히니까 지하철 타고 갈래.
  > 경기가 회복되고 있기 때문에 내년에는 경제 성장률이 올해보다 높을 것으로 예상된다.

- **-는 탓에**

  (1) '-는 탓에'는 부정적인 결과를 만든 책임이 어디에 있는지를 강조할 때 쓴다.
  > [예문] 요즘 많이 (바쁜 탓에/바쁘기 때문에) 아이하고 많이 놀아 주지 못했다.
  > 곧 어머니 생신(*인 탓에/이기 때문에) 선물을 사러 백화점에 가는 중이다.

-기에/(으)니 망정이지

형태 정보

- **-기에 망정이지** : 받침 유무에 관계없이 용언의 어간에 '-기에 망정이지'를 붙인다.
- **-으니 망정이지** :

	형태
받침 ○	-으니 망정이지
받침 ×	-니 망정이지

> **tip** 별 의미의 차이 없이 '-기에 망정이지'로도 '-(으)니 망정이지'로도 쓸 수 있다.

1 다행

그렇게 된 것이 다행임을 나타낼 때 쓴다.

- 일찍 출발했기에 망정이지 차가 막혀서 늦을 뻔했네.
- 오늘 날씨 엄청 춥네! 옷을 따뜻하게 입었으니 망정이지.
- 안전벨트를 했기에 망정이지 안 그랬으면 크게 다쳤을 거예요.
- 가 : 시험 결과가 좋으니 망정이지 아니었으면 정말 우울했을 거야.
  나 : 그러게 말이야. 그동안 시험 공부하느라 수고 많았어.

중심어

- **망정** : 괜찮거나 잘된 일

문법 정보

- **조사 결합 정보** : '망정' 뒤에는 서술격조사 '이다'만 온다.
- **선어말어미 정보** : 동사와 결합할 때는 주로 '-었-'이 개재된다.
  > **예문** 옷을 따뜻하게 (입었으니 망정이지/[?]입으니 망정이지).
- **시제 제약** : 주로 현재 시제나 과거 시제로 쓴다. 미래 시제로 쓰기 어렵다.
  > **예문** *시험 결과가 좋으니 (망정이지/망정이었지/*망정일 거야).
- **문장 유형 제약** : 주로 평서문으로 쓴다. 의문문, 명령문, 청유문으로 쓰기 어렵다.
  > **예문** *시험 결과가 좋으니 (망정이지?/망정이어라./망정이자.)

공기 정보

- 괜찮거나 잘된 일을 의미하는 '망정'이 중심어로 어떤 행동의 결과나 상태가 다행이라는 화자의 인식을 나타낸다. 따라서 뒤에는 '안 그랬으면, 아니었으면, 아니면' 등으로 이어져 반대되는 상황을 가정하는 말이 오는 일이 많다.

담화 정보

- 주로 구어에서 쓴다.
- 주로 비격식적인 상황에서 사용한다.

-기 전(에)

의존어 구성:
연결표현

형태 정보

- 용언의 어간에 '-기 전(에)'를 붙인다.
- **명사** + 전(에) : 주로 서술성 명사가 온다.
  예문 식사 전에 손을 씻어야지요.

1 어떤 일이 있기에 앞서

어떤 상황보다 앞선 시간을 나타낼 때 쓴다.

- 시험을 보기 전에 꼭 연습 문제를 풀어 보세요.
- 물에 들어가기 전에는 꼭 준비 운동을 해야 한다.
- 한국에 오기 전 미국에서 언어학을 공부했다.
- 가 : 한국 사람들은 식사를 하기 전에 애피타이저를 먹나요?
  나 : 아니요. 식사를 마치고 후식을 먹는 편이에요.

중심어

- **전** : 이전, 과거의 어느 때

문법 정보

- **선행 용언 제약** : 주로 동사와 결합한다. 단, '늦다', '바쁘다', '아프다'와 같은 일부 형용사와 결합하기도 한다.

예문 더 늦기 전에 준비를 서두르세요.

더 아프기 전에 병원에 가 봐.

- **선어말어미 제약** : 선행 용언과 결합할 때 '-었-', '-겠-'이 개재되기 어렵다.

예문 *한국에 (왔기/오겠기) 전에 무슨 일을 하셨어요?

기타 용법

① 역할의 우선순위

> 앞에 나오는 역할보다 뒤에 나오는 역할이 더 우선적임을 강조할 때 쓴다.

- 나는 **아내이기 전에** 여자예요.
- 강 선생님은 **지도교수이시기 전에** 나의 절친한 언니다.
- 가 : 김 대통령께서는 이번 유괴 사건에 대해 어떻게 생각하십니까?

  나 : 저는 국가의 **대통령이기 전에** 한 아이의 엄마입니다. 몹시 유감스럽습니다.

-는 길에

의존어 구성:
연결표현

형태 정보

- 용언의 어간에 '-는 길에'를 붙인다.
- **-던 길에** : 아직 미완료된 상태임을 나타내기 위해 '-던'을 쓸 수 있다.
- **-는 길이다** : '길' 뒤에 '이다'를 붙이기도 한다.

1 이동 도중

이동하는 도중임을 나타낼 때 쓴다.

- 학교 오는 길에 커피 좀 사다 줘.
- 집에 가는 길에 슈퍼마켓에 잠깐 들러야 해.
- 늦게 **퇴근하던 길에** 우연히 부장님을 만났어.
- 가 : 어디쯤이에요? **오는 길에** 책 한 권만 사다 주세요.

  나 : 네, 그럼 잠깐 서점에 들를게요.

문법 정보

- **주어 정보** : 주로 사람을 나타내는 주어와 함께 쓴다. 선행절과 후행절의 주어가 일치해

야 하며 후행절의 주어는 보통 생략된다.

> [예문] 나는 집에 가는 길에 (나는) 슈퍼마켓에 잠깐 들러야 해.

- **선행 용언 제약** : 주로 '가다', '오다' 등의 이동 동사나 '출근하다, 퇴근하다'와 같이 이동의 의미가 있는 동사와 결합한다.

> [예문] *밥을 먹는 길에 옆자리의 여자와 눈이 마주쳤다.

- **선어말어미 제약** : 선행 용언과 결합할 때 '-었-', '-겠-'이 개재되기 어렵다.

> [예문] (오는/*왔는/*오겠는) 길에 책 한 권만 사다 줘.

- **부정형 정보** : 선행절에 부정을 나타내는 표현을 쓰면 어색한 경우가 많다.

> [예문] 집에 (오는/*안 오는/*오지 않는) 길에 슈퍼마켓에서 간장 좀 사다 줘.

관련 표현

- **-는 도중에**

    (1) '-는 도중에'가 '가다, 오다' 등의 이동 동사와 결합하여 '가거나 오는 중간에'의 의미로 쓰인 경우에 '-는 길에'와 큰 의미 차이 없이 바꿔 쓸 수 있다.

    > [예문] 학교에 가(는 도중에/는 길에) 우연히 어릴 적 친구를 만났다.

    (2) 그러나 '-는 도중에'가 '가다, 오다' 등의 이동 동사 이외의 동사와 결합할 경우 '-는 길에'와 거의 바꿔 쓸 수 없다.

    > [예문] 회의를 하고 있(는 도중에/*는 길에) 전화벨이 울렸다.

-는 날엔

의존어 구성:
연결표현

형태 정보

- 용언의 어간에 '-는 날엔'을 붙인다.
- **-는 날에는** : '-는 날엔'의 '엔'은 '에는'이 줄어든 꼴이다.

1 가정하여 경고

어떤 일이 일어나는 경우를 가정하여 뒤의 일을 경고하거나 위험함을 알릴 때 쓴다.

- 또 약속을 어기는 날엔 헤어질 거예요.
- 한 번 더 지각하는 날엔 감점하겠습니다.
- 이대로 계속 야식을 먹는 날엔 옷이 다 작아질 거야.

- 가 : 여보, 이제 정말 술 안 마실게. 약속해.
  나 : 또 술 마시고 집에 안 **들어오는 날엔** 정말 끝이에요.

중심어

- **날** : 경우

문법 정보

- **선행 용언 제약** : 주로 동사와 결합한다. 형용사, '이다'와 결합하기 어렵다.
  예문 *계속해서 더운 날엔 열대 기후가 되겠어.

- **선어말어미 제약** : 선행 용언과 결합할 때 '-었-', '-겠-'이 개재되기 어렵다.
  예문 *한 번 더 (지각했는/지각하겠는) 날엔 감점하겠습니다.

- **후행절 제약** : 후행절은 주로 미래의 사건을 나타낸다. 따라서 과거 시제로 쓰기 어렵다.
  예문 *한 번 더 지각하는 날엔 감점했습니다.

담화 정보

- 주로 구어에서 사용한다.

관련 표현

- **-는다면**
  (1) 가정을 나타내는 '-는다면'은 '-는 날엔'과 바꿔 쓸 수 있는 경우가 있다. 그러나 '-는 날엔'은 경고의 의미를 더 강하게 지닌다는 점에서 차이가 있다.
  예문 계속해서 야식을 먹(는다면/는 날엔) 비만이 될지도 몰라.
  도로가 막히지 않(는다면/*는 날엔) 다섯 시간 정도 걸립니다.

-는 동안(에)

의존어 구성: 연결표현

형태 정보

- 용언의 어간에 '-는 동안(에)'을 붙인다.
- **명사 + 동안(에)** : 명사에는 '동안'을 붙인다. 주로 '방학, 연휴, 하루' 등 기간이나 시간을 나타내는 명사가 온다.

어떤 행위나 상태가 계속되는 시간임을 나타낼 때 쓴다.

- 한국에 사는 동안 여행을 많이 해 보세요.
- 강희는 대학원에 다니는 동안 우수한 논문을 많이 썼다.
- 나는 한국어를 배우는 동안에 많은 한국 친구를 사귀었다.
- 가 : 지용아, 방학에 뭐 할 거야?
  나 : 쉬는 동안 피아노를 좀 배워 보려고.

문법 정보

- **선행 용언 제약** : 주로 동사와 결합한다. 단, 순간적인 동작을 나타내는 동사와는 결합하기 어렵다. 형용사, '이다'와도 결합하기 어렵다.
  예문 *내가 시험에 떨어지는 동안 그는 집에 있었다. → 순간적 동작을 나타내는 동사와 결합 불가
  *내가 힘든 동안에 부모님께서 큰 격려를 해 주셨다. → 형용사와 결합 불가

- **선어말어미 제약** : 선행 용언과 결합할 때 '-었-', '-겠-'이 개재되기 어렵다.
  예문 *한국에 (살았는/살겠는) 동안 여행을 많이 해 보세요.

- **조사 결합 정보** : 의미에 따라 보조사 '는, 도, 만, 야' 등과 결합할 수 있다.
  예문 저는 한국에 사는 동안에는 한국어만 쓸 거예요.
  저는 한국에 사는 동안에도 한국 친구를 못 사귀었어요.
  저는 한국에 사는 동안에만 한국어를 공부했어요.
  제가 한국에 사는 동안에야 한국어를 쓸 기회가 있겠지요.

관련 표현

- **-은/는 사이(에)**
  (1) '-은/는 동안'이 어떤 행위나 상황이 지속되는 시간을 나타낸다면, '-은/는 사이(에)'는 어떤 행위 또는 상황이 일어나는 중간의 짧은 시간을 나타낸다는 차이가 있다.
  예문 아이가 자(는 사이에/는 동안에) 설거지를 했다.
  잠깐 방심하(는 사이에/??는 동안에) 차 사고가 났다.
  눈 깜짝하(는 사이에/??는 동안에) 아이가 없어졌어요!

-는 바람에

형태 정보

- 용언의 어간에 '-는 바람에'를 붙인다.

1 부정적 원인이나 이유

앞의 상황이 뒤의 내용의 부정적 원인이나 이유가 됨을 나타낼 때 쓴다.

- 늦잠을 **자는 바람에** 학교에 늦었습니다.
- 깜박 잠이 **드는 바람에** 화장을 못 지웠어요.
- 배탈이 **나는 바람에** 하루 종일 굶었어요.
- 가 : 현정 씨, 오늘 기분이 안 좋아 보여요.
  나 : 아침에 남편과 **싸우는 바람에** 하루 종일 우울해요.

중심어

- **바람** : 기세, 계기

문법 정보

- **선행 용언 제약** : 주로 동사와 결합한다. 형용사, '이다'와 결합하기 어렵다.
  예문 ?날씨가 너무 추운 바람에 여행을 취소했어요.

- **선어말어미 제약** : 선행 용언과 결합할 때 '-었-', '-겠-'이 개재되기 어렵다.
  예문 *배탈이 (났는/나겠는) 바람에 하루 종일 굶었어요.

- **후행절 제약** : 후행절은 주로 과거의 사건을 나타내므로 미래 시제로 쓰기 어렵다. 또한 명령문, 청유문으로 쓰기 어렵다.
  예문 *감기에 걸리는 바람에 집에서 쉴 거예요.
  　　　*감기에 걸리는 바람에 집에서 쉬십시오.

담화 정보

- 주로 구어에서 사용한다.
- 주로 의도하지 않은 부정적인 결과가 생겼을 때 그 원인을 말하기 위하여 사용한다.
  예문 오늘 버스를 놓치는 바람에 학교에 늦었다.

관련 표현

- **–은/는 탓에**

  (1) '–은/는 탓에'는 부정적인 결과의 책임을 강조하는 의미로 사용된다.

  예문 현정이가 넘어지는 바람에 앞에 있던 친구도 넘어졌다.

  → 부정적 원인인 현정이가 '넘어지다'를 강조

  현정이가 넘어진 탓에 앞에 있던 친구도 넘어졌다. → '현정이'의 책임을 강조

  (2) '–은/는 탓에'는 관형사형어미 '–은/는'과 모두 쓸 수 있지만, '–는 바람에'는 '–는'과 쓸 수 있다.

  예문 안전벨트를 (하지 않은 탓에/*하지 않은 바람에) 머리를 크게 다쳤다.

- **–는 통에**

  (1) '–는 통에'는 부정적인 상황이나 판국을 강조하는 의미로 사용된다.

  예문 옆에서 떠드는 바람에 영화에 집중할 수 없었다. → 부정적 원인 강조

  옆에서 떠드는 통에 영화에 집중할 수 없었다. → 부정적 원인이 되는 상황 및 판국을 묘사

  (2) '–는 통에'는 ' 명사 + 통에'의 형태로 쓰일 수 있지만, '–는 바람에'는 명사와 쓸 수 없다.

  예문 전쟁 (통에/*바람에) 아들을 잃어버렸다.

- **–느라고**

  (1) '–느라고'는 앞의 행위를 하는 과정에서 뒤의 상황이 됨을 의미하고, '–는 바람에'는 앞 상황의 결과로서 뒤 상황이 일어남을 의미하여 차이가 있다. 따라서 '–느라고'는 앞 내용과 뒷내용의 행위가 같은 시간 속에서 일어난다는 의미가 있고, '–는 바람에'는 앞, 뒤 내용에 시간 차가 있다.

  예문 아침에 남편하고 (*싸우느라고/싸우는 바람에) 하루 종일 우울해요.

  (2) '–느라고'는 선행절과 후행절의 주어가 같거나 화제가 같아야 하지만, '–는 바람에'에는 그러한 제약이 없다.

  예문 사람들이 나를 밀치고 (*가느라고/가는 바람에) 내가 넘어졌다.

-는 중(에)

형태 정보

- 용언의 어간에 '-는 중(에)'를 붙인다.
- **-던 중(에)** : 아직 미완료된 상태임을 나타내기 위해 '-던'을 쓸 수 있다.
  > 예문 학교에 가던 중 지갑을 잃어 버렸다.
- **-는 중이다** : '중' 뒤에 '이다'가 붙기도 한다.
- **명사** + **중(에)** : 시간, 기간을 나타내는 명사가 온다.
  > 예문 식사 중에 돌아다니면 안 된다.

1 시간의 지속

어떤 행위나 상태가 지속되고 있는 시간임을 나타낼 때 쓴다.

- **회의하는 중에** 남편에게 급한 전화가 걸려 왔다.
- 급하게 **뛰던 중** 버스에 서류 가방을 두고 온 사실을 깨달았다.
- 마침 선생님이 어제 주신 초콜릿을 **먹는 중이었어요.**
- 가 : 지용아, **공부하는 중에** 미안한데, 나랑 커피 한 잔 할래?
  나 : 미안해. 공부 중에 나갈 수 없어.

문법 정보

- **선행 용언 제약** : 주로 시간의 폭이 있는 동사와 결합한다. '도착하다', '죽다', '(시험에) 떨어지다'와 같이 순간을 나타내는 동사와 결합하기 어렵다. 일반적으로는 형용사와 결합하기 어렵다. 단, '바쁘다', '아프다' 등과 같이 지속 구간이 있을 수 있는 상태를 나타내는 특정 형용사와는 결합하는 경우도 있다.
  > 예문 ?나는 산 정상에 도달하는 중에 성취감을 느꼈다.
  > 나는 아픈 중에도 수업을 빼먹지 않았다. → '아프다'와 결합한 경우
- **선어말어미 제약** : 선행 용언과 결합할 때 '-었-', '-겠-'이 개재되기 어렵다.
  > 예문 *(회의했는/회의하겠는) 중에 급한 전화가 걸려 왔다.

담화 정보

- '-는 중(에)'를 사용하면 어떤 주체가 동작이 진행되고 있는 상황 속에 놓여 있다는 사실을 강조하게 된다. 이는 여러 상황에서 다양한 발화 효과를 가져온다. 예를 들어 아래와 같이 상대방의 요청에 대하여 어떤 사람이 해당 상황 속에 놓여 있음을 강조하여

거절의 이유를 밝히는 경우에 잘 사용될 수 있다.

> **예문** 가 : 강 선생님과 통화할 수 있을까요?
>
> 나 : 지금 선생님이 학생과 상담하는 중이라서 전화를 받으실 수 없습니다.

관련 표현

- **–고 있다**

  (1) 대부분의 경우에 '–는 중이다'와 큰 의미 차이 없이 바꿔 쓸 수 있다. 단, '–는 중이다'가 지칭하는 시간의 폭이 '–고 있다'가 지시하는 시간의 폭보다 짧기 때문에 의미 차이가 발생하기도 한다.

  > **예문** 김 선생은 요즘 어학당에서 한국어를 가르치고 있어요.
  >
  > 김 선생은 지금 어학당에서 한국어를 가르치는 중이에요.

  (2) '–는 중에'는 현재 진행되고 있는 동작과 상태를 나타내지만, '–고 있다'는 동작의 결과가 지속되거나 긴 시간 동안 계속되고 있는 상태를 나타내기도 한다.

  > **예문** 강희는 연희동에 (*사는 중이에요/살고 있어요).

–는 통에

의존어 구성:
연결표현

형태 정보

- 용언의 어간에 '–는 통에'를 붙인다.
- **명사** + 통에 : 주로 '전쟁', '난리' 등과 같은 일부 명사와 결합한다.

1 부정적 상황의 원인이나 근거

어떤 부정적인 결과가 나타나게 된 원인이나 근거를 나타낼 때 쓴다.

- 집주인이 하도 난리를 치는 통에 이사를 못 했어요.
- 옆에서 떠드는 통에 영화에 집중할 수가 없었어요.
- 옆집 아이가 밤새도록 우는 통에 잠을 못 잤어요.
- 가 : 왜 지하철을 놓쳤어요?

  나 : 사람들이 하도 왔다 갔다 하는 통에 정신이 없었어요.

중심어

- **통** : 환경, 판국

- **선행 용언 제약** : 주로 동사와 결합한다. 형용사, '이다'와 결합하기 어렵다. 그러나 '시끌벅적하다', '정신이 없다' 등과 같이 어떤 상황이나 판국을 묘사하는 형용사와는 예외적으로 함께 쓰이기도 한다. 또, '죽다', '(목적지에) 닿다', '(시험에) 떨어지다'와 같이 일회성을 지니며 순간적으로 도달함을 나타내는 동사와는 결합하지 않는다.

  예문 *그 아이는 가난한 통에 대학 등록금을 못 냈다.

  　　시끌벅적한 통에 딸아이를 잃어 버렸다. → 형용사가 쓰인 경우

  　　산꼭대기에 늦게 도착하(는 바람에/*는 통에) 해가 뜨는 것을 볼 수 없었다.

- **선어말어미 제약** : 선행 용언과 결합할 때 '-었-', '-겠-'이 개재되기 어렵다.

  예문 *차가 막혔는 통에 늦었습니다.

- **부정형 정보** : 선행하는 내용에 '안' 부정형이 결합할 수 없다.

  예문 *내가 돈을 많이 (*안/못) 버는 통에 우리 집은 가난하다.

- **후행절 제약** : 후행절은 주로 평서문, 의문문으로 쓴다. 명령문, 청유문으로 쓰기 어렵다.

  예문 *옆집 아이가 밤 새우는 통에 잠을 청해 봅시다.

담화 정보

- 주로 구어에서 사용한다.
- 어떤 원인이 된 상황이 매우 정리가 되지 않고 정신이 없었음을 표현하고자 하는 화자의 의도를 드러내고자 할 때 사용한다.

관련 표현

- **-는 바람에**

  (1) **부정적인 원인** : '-는 바람에'는 부정적인 원인을 나타내고 '-는 통에'는 부정적인 판국이나 상황을 나타낸다.

  예문 친구가 떠드는 통에 잠을 못 잤다. → 잠을 못 잔 상황 묘사

  　　친구가 떠드는 바람에 잠을 못 잤다. → 잠을 못 잔 원인 강조

  (2) '-는 바람에'는 다양한 속성의 동사와 결합할 수 있다. 그러나, '-는 통에'는 상황이나 판국을 묘사하기 때문에 일회성이 있거나 순간적으로 도달하는 속성을 지니는 동사와는 결합하지 않는다.

  예문 시험에서 떨어지(는 바람에/*는 통에) 대학교에 가지 못 했다.

- **-은/는 탓에**

  (1) **부정적인 결과의 책임**: '-은/는 탓에'는 부정적인 결과의 책임이 어디에 있는지를 나타낸다.

  예문 사람들이 왔다 갔다 한 통에 지갑을 잃어버렸다. → 어수선한 상황 강조

사람들이 왔다 갔다 한 탓에 지갑을 잃어버렸다. → '사람들'의 잘못 강조

(2) '-는 통에'는 항상 관형사형어미 '-는'과 쓰이고, '-은/는 탓에'는 '-은/는'이 모두 쓰일 수 있다.

> **예문** 밖에서 떠드는 통에 선생님 목소리가 잘 들리지 않았다.
> 밖에서 (떠든/떠드는) 탓에 선생님 목소리가 잘 들리지 않았다.

-는 한이 있더라도

의존어 구성:
연결표현

형태 정보

- 용언의 어간에 '-는 한이 있더라도'를 붙인다.

1 감수해야 하는 상황

뒤의 상황을 위해서 감수해야 하는 상황을 나타낼 때 쓴다.

- 꼴찌를 하는 한이 있더라도 도전해 보고 싶어요.
- 원망을 듣는 한이 있더라도 조언을 해 주고 싶구나.
- 실패하는 한이 있더라도 시도해 봐.
- 가 : 엄마, 오늘도 학교까지 데려다 주시면 안 돼요?
  나 : 길을 잃어버리는 한이 있더라도 혼자 가보렴.

중심어

- **한** : 한도의 끝.

문법 정보

- **선행 용언 제약** : 주로 동사와 결합한다. 형용사, '이다'와 결합하기 어렵다.
  > **예문** *건강에 나쁜 한이 있더라도 다이어트를 할 거예요.

- **선어말어미 제약** : 선행 용언과 결합할 때 '-었-', '-겠-'이 개재되기 어렵다.
  > **예문** *꼴찌를 (했는/하겠는) 한이 있더라도 도전해 보겠습니다.

- **후행절 제약** : 후행절은 주로 미래의 사건을 나타낸다. 따라서 과거 시제로 쓰기 어렵다.
  > **예문** *실패하는 한이 있더라도 시도했습니다.

4. 의존어 구성 : 연결표현 423

- **-어도**

  (1) '-는 한이 있더라도'와 큰 의미 차이 없이 바꿔 쓸 수 있는 경우가 있다. 단, '-어도'가 기대에 어긋남을 나타내는 데 비해, '-는 한이 있더라도'는 앞의 상황을 극복해서라도 뒤에 이어지는 내용을 꼭 이루겠다는 의지를 나타낸다.

  예문 오늘은 밤을 새(도/는 한이 있더라도) 일을 모두 끝냅시다.

  　　 신혜는 많이 먹(어도/*는 한이 있더라도) 살이 찌지 않아요.

- **-더라도**

  (1) '-는 한이 있더라도'와 큰 의미 차이 없이 바꿔 쓸 수 있는 경우가 있다. 단, '-더라도'가 기대에 어긋남을 나타내는 데 비해, '-는 한이 있더라도'는 앞의 상황을 극복해서라도 뒤에 이어지는 내용을 꼭 이루겠다는 의지를 나타낸다.

  예문 죽음이 우리를 갈라놓(더라도/는 한이 있더라도) 너를 영원히 사랑할 거야.

  　　 그가 무슨 말을 하(더라도/*는 한이 있더라도) 사람들은 믿지 않는다.

- **-을지라도**

  (1) '-을지라도'가 기대에 어긋남을 나타내는 데 비해, '-는 한이 있더라도'는 앞의 상황을 극복해서라도 뒤에 이어지는 내용을 꼭 이루겠다는 의지를 나타낸다.

  예문 비록 굶어죽(을지라도/는 한이 있더라도) 남에게 손 벌리지는 않을 겁니다.

  　　 정도의 차이는 있(을지라도/*는 한이 있더라도) 대체적으로는 비슷한 결과이다.

-는다 뿐이지

의존어 구성:
연결표현

형태 정보

	형태	
	동사	형용사
받침 ○	-는다 뿐이지	-다 뿐이지
받침 ×	-ㄴ다 뿐이지	

1 오직 그러함

오직 그럴 따름이고 그 이상은 아님을 나타낼 때 쓴다.

- 그 사람과는 같은 학교에 **다닌다 뿐이지** 서로 대화해 본 적도 없어요.

- 오늘은 바람이 **분다 뿐이지** 많이 춥지는 않아요.
- 그 사람은 일찍 **결혼했다 뿐이지** 아직 아기는 없어요.
- 신혜는 말투가 좀 **퉁명스럽다 뿐이지** 나쁜 사람은 아니다.
- 가 : 현정아, 많이 아파?
  나 : 괜찮아. 조금 **기침한다 뿐이지** 크게 아프지는 않아.

중심어

- **뿐** : 오직, 따름

문법 정보

- **주어 제약** : 선행절과 후행절의 주어나 화제가 일치해야 한다.
  - **예문** (그 사람은) 입만 살았다 뿐이지 (그 사람은) 잘하는 일은 별로 없어요. → **주어가 같음.**
    (그 일은) 시간이 좀 부족하다 뿐이지 (그 일은) 어려운 일은 아니에요. → **화제가 같음.**

- **선어말어미 제약** : 선행 용언과 결합할 때 '-겠-'이 개재되기 어렵다.
  - **예문** *날씨가 흐리겠다 뿐이지 비는 안 올 거예요.

- **후행절 제약** : 후행절은 주로 평서문, 의문문으로 쓴다. 명령문, 청유문으로 쓰기 어렵다.
  - **예문** *말투가 퉁명스럽다 뿐이지 좋은 사람이 됩시다.

담화 정보

- 주로 구어에서 사용한다.

-는다는 것이

의존어 구성:
연결표현

형태 정보

	형태
받침 ○	-는다는 것이
받침 ×	-ㄴ다는 것이

tip -는다는 게 : '-는다는 것이'의 '것이'는 '게'로 줄여서 쓸 수 있다.

1 화자의 의도와 다르게

화자가 의도한 것과 다른 결과가 나타났을 때 쓴다.

- 한 시간만 **잔다는 것이** 아침까지 자 버렸어요.
- 에어컨을 **켠다는 것이** 실수로 히터를 틀었어요.
- **돕는다는 것이** 오히려 폐를 끼치고 말았습니다.
- '멋있다'고 **말한다는 것이** '맛있다'고 말하고 말았어요.
- 가 : 여보세요. 지금 수업 중입니다.

  나 : 어머! 선생님 죄송해요. 엄마에게 **전화한다는 것이** 선생님께 전화를 했네요.

중심어

- **것** : 추상적 일, 현상, 사물

문법 정보

- **주어 제약** : 주로 사람을 나타내는 주어와 함께 쓴다. 선행절과 후행절의 주어가 일치해야 하며 후행절의 주어는 보통 생략된다.

  〔예문〕 (내가) 설거지를 한다는 것이 (내가/*네가/*소현이가) 접시를 깨버렸구나.

- **선행 용언 제약** : 주로 동사와 결합한다. 형용사나 '이다'와 결합하기 어렵다.

  〔예문〕 *커피가 따뜻하다는 것이 너무 뜨겁게 되었다.

- **부정형 제약** : 선행절은 화자의 의도를 나타내기 때문에 능력을 부정하는 '못' 부정형이 올 수 없다.

  〔예문〕 김 선생, 미안해요. 늦은 시간에 전화를 (안/*못) 한다는 것이 너무 급해서 어쩔 수 없이 했어요.

- **선어말어미 제약** : 선행 용언과 결합할 때 '-었-'이 개재되기 어렵다.

  〔예문〕 에어컨을 (켠다는/켜겠다는/*켰다는) 것이 실수로 히터를 틀었다.

- **후행절 제약** : 후행절은 주로 과거의 사건을 나타낸다. 따라서 명령문, 청유문으로 쓰기 어렵다.

  〔예문〕 잡초를 뽑는다는 것이 그만 보리를 (뽑았어요/*뽑아요/*뽑을 거예요).

  조언을 한다는 것이 그만 마음을 상하게 (했구나./했니?/*해라./*하자.)

담화 정보

- 주로 구어에서 자주 사용한다.

-는다는 점에서

형태 정보

	형태	
	동사	형용사
받침 ○	-는다는 점에서	-다는 점에서
받침 ×	-ㄴ다는 점에서	

1 여러 속성 중 하나의 이유

여러 속성 중 하나의 원인이나 이유를 짚을 때 쓴다.

- 외국인 친구들을 사귈 수 있다는 점에서 유학 생활의 장점을 찾을 수 있다.
- 학교를 3년이나 일찍 졸업했다는 점에서 그 사람의 실력을 짐작할 수 있다.
- 이번 말하기 대회의 열기가 특히 뜨겁다는 점에서 학생들의 변화를 느낄 수 있다.
- 가 : 이번 토론에 대해 어떻게 생각하십니까?
  나 : 다양한 사람들의 의견을 듣는다는 점에서 의미가 있을 것 같습니다.

중심어

- **점** : 여러 속성 중 한 부분이나 요소, 지점

문법 정보

- **선어말어미 제약** : 선행 용언과 결합할 때 '-겠-'이 개재되기 어렵다.
  예문 어려움을 스스로 (극복했다는/*극복하겠다는) 점에서 그의 정신력을 높이 평가하고 싶다.

- **후행절 제약** : 후행절은 주로 평서문, 의문문으로 쓴다. 명령문, 청유문으로 쓰기 어렵다.
  예문 *성적이 대학 입시에 있어 중요하다는 점에서 열심히 공부해라.

담화 정보

- 주로 격식적인 상황에서 사용한다.
- '-는다는 점에서'를 사용하면 조금 더 객관적인 느낌이 든다.

-다 못해서

의존어 구성:
연결표현

형태 정보

- 용언의 어간에 '-다 못해서'를 붙인다.
  준말 - 다 못해

1 행동 지속 불가

어떤 행동을 하다가 더 이상 계속할 수 없는 지경에 이르렀음을 나타낼 때 쓴다.

- 후배의 무례한 행동을 **참다 못해** 결국 화를 냈다.
- 그 노래는 너무 시끄러워서 **듣다 못해** 라디오를 꺼 버렸어요.
- 그 선수는 무리한 훈련을 **견디다 못해** 쓰러지고 말았습니다.
- 가 : 왜 김 대리 일까지 자네가 하고 있나?
  나 : 김 대리 일 처리가 너무 느려요. **보다 못해서** 제가 대신 맡았어요.

문법 정보

- **주어 제약** : 선행절과 후행절의 주어가 같아야 하며 후행절의 주어는 보통 생략된다.
  예문 *나는 후배의 무례한 행동을 참다 못해 그가 화를 냈다.

- **선행 용언 제약** : 주로 '참다', '견디다'와 같은 동사나 '듣다', '보다'와 같은 지각 동사와 결합한다.

- **선어말어미 제약** : 선행 용언과 결합할 때 '-었-', '-겠-'이 개재되기 어렵다.
  예문 *오래 (살았다/살겠다) 보니 너한테 선물을 다 받네.

- **부정형 제약** : 선행절에 부정을 나타내는 '안' 또는 '못'이 오기 어렵다.
  예문 *나는 후배의 무례한 행동을 (안/못) 참다 못해 병에 걸릴 지경이다.

- **후행절 제약** : 후행절은 평서문, 의문문으로 쓴다. 명령문, 청유문으로 쓰기 어렵다.
  예문 *그 노래는 너무 시끄러워서 듣다 못해 라디오를 꺼 버립시다.

담화 정보

- 주로 구어나 비격식적 장면에서 쓴다.

2 극한 상태

어떤 상태가 극에 달했음을 나타낼 때 쓴다.

- 날씨가 **덥다 못해** 숨까지 턱턱 막힌다.
- 아기의 살결이 **희다 못해** 투명해 보일 정도네요.
- 음악 소리가 어찌나 큰지, **시끄럽다 못해** 귀가 먹먹하다.
- 가 : 규현이는 참 착하지?
  나 : **착하다 못해** 바보 같을 지경이야.

문법 정보

- **선행 용언 제약** : 주로 형용사와 결합한다. 동사와 결합하기 어렵다. 그러나 동사의 상태를 나타낼 수 있는 부사가 함께 올 경우에는 동사와도 결합할 수 있다.
  > 예문 *그는 밥을 먹다 못해 토할 지경까지 먹었다.
  > 　　　그는 밥을 많이 먹다 못해 토할 지경까지 먹었다.

- **선어말어미 제약** : 선행 용언과 결합할 때 '-었-', '-겠-'이 개재되기 어렵다.
  > 예문 *날씨가 (더웠다/덥겠다) 못해 숨이 턱턱 막혀요.

- **부정형 제약** : 선행절에 부정을 나타내는 '안' 또는 '못'이 오기 어렵다.
  > 예문 *날씨가 (안/못) 덥다 못해 추울 지경이다.

- **후행절 제약** : 후행절은 평서문, 의문문으로 쓴다. 명령문, 청유문으로 쓰기 어렵다.
  > 예문 *우리는 착하다 못해 바보 같읍시다.

  > tip '어찌나 ~ -ㄴ지'와 의미의 차이 없이 바꿔 쓸 수 있다. 강조의 효과를 높이기 위해서 '어찌나 ~ -ㄴ지'와 동시에 나타나기도 한다.
  > ・날씨가 어찌나 더운지 숨까지 턱턱 막힌다.
  > ・날씨가 어찌나 더운지, 덥다 못해 숨까지 턱턱 막힌다.

담화 정보

- 주로 구어나 비격식적 장면에서 쓴다.

-아/어 봤자

형태 정보

	형태
ㅏ, ㅗ	-아 봤자
ㅏ, ㅗ 외	-어 봤자
하다	해 봤자

1 소용없음

어떤 행동을 시도해도 소용이 없음을 나타낸다.

- 지금 출발해 봤자 제 시간에 도착하기는 힘들다.
- 네가 아무리 애써 봤자 별 수 없을 걸.
- 우리가 아무리 이야기해 봤자 그는 자기가 하고 싶은 대로 할 것이다.
- 가 : 엄마, 저 장난감 사 주세요!
  나 : 계속 그렇게 떼써 봤자 소용없어. 안 돼.

문법 정보

- **선행 용언 제약** : 주로 동사와 결합한다.
- **선어말어미 제약** : 선행 용언과 결합할 때 '-었-', '-겠-'이 개재되기 어렵다.
  예문 *우리가 아무리 (이야기했어/이야기하겠어) 봤자 소용없어.

- **후행절 제약** : 후행절은 주로 평서문, 의문문으로 쓴다. 명령문, 청유문으로 쓰기 어렵다.
  예문 *아이가 그렇게 떼써 봤자 장난감을 사 주지 말자.

공기 정보

- **부사어 공기 정보** : '아무리/그렇게 -어 봤자'의 꼴로 써서 의미를 더욱 강조하는 일이 많다.
  예문 그렇게 치워 봤자 아이 때문에 또 금방 더러워질 텐데 그냥 놔 둬.

담화 정보

- 주로 구어에서 사용한다.
- 어떤 행위나 시도가 기대하는 결과를 가져오지 못할 것이라는 화자의 부정적인 인식이

드러나므로, 행위의 주체는 화자보다 지위, 연령이 낮거나 비슷해야 한다.

[예문] 학생: [?]선생님, 그렇게 열심히 가르치셔 봤자 학생들은 열심히 공부하지 않아요.

관련 표현

- **–어도**

  (1) 행동이나 시도가 기대하는 결과를 가져오지 못할 것이라는 화자의 부정적인 인식이 드러나는 경우, '–어 봤자'와 바꿔 쓸 수 있는 경우가 있다.

    [예문] 우리가 지수에게 아무리 이야기를 (해도/해 봤자) 지수는 우리의 말을 안 믿을 거예요.

    [예문] (실패해도/*실패해 봤자) 포기하지 마.

  (2) '–어도'가 구어와 문어에 두루 쓰이는 데 비해, '–어 봤자'는 주로 구어에서 사용한다.

- **–어야**

  (1) '–어 봤자'와 큰 의미 차이 없이 바꿔 쓸 수 있다. 단, '–어 봤자'가 더 강조하는 느낌이 있다.

    [예문] 그런 애들은 아무리 (야단쳐야/야단쳐 봤자) 눈도 깜짝 않는 걸.
    이렇게 서로 (싸워야/싸워 봤자) 무슨 소용이 있을까.
    네가 아무리 (노력해야/노력해 봤자) 별 수 없을걸.

2 정도가 대단하지 않음

앞의 내용을 가정하거나 인정해도 그 정도가 대단하지 않음을 나타낸다.

- 걔가 아무리 **똑똑해 봤자** 나한테는 안 될걸.
- 아저씨는 **길어 봤자** 6개월 정도밖에 못 사신다고 해요.
- 며느리와 시어머니 사이가 **좋아 봤자** 엄마와 딸의 관계 같지는 않지요.
- 가 : 내일 회의에 몇 명이나 올 것 같아요?
  나 : 참석자가 **많아 봤자** 열 명 정도일 것 같은데요.

문법 정보

- **선행 용언 제약** : 주로 형용사의 기본형과 결합한다. 동사와 결합할 때에는 정도성이 나타나는 부사어와 함께 쓰이는 경향이 있다.

  [예문] 평범한 대학원생이 아무리 예뻐 봤자 연예인만 하겠어?
  평범한 대학원생이 춤을 ([?]춰/잘 춰) 봤자 연예인만 하겠어?

- **선어말어미 제약** : 선행 용언과 결합할 때 '–었–', '–겠–'이 개재되기 어렵다.

  [예문] *걔가 아무리 (똑똑했어/똑똑하겠어) 봤자 나한테는 안 될걸.

- **후행절 제약** : 후행절은 주로 평서문, 의문문으로 쓴다. 명령문, 청유문으로 쓰기 어렵다.

예문 *동생이 아무리 예뻐 봤자 언니한테는 못 미쳐라.

공기 정보

- **부사어 공기 정보** : '아무리/그렇게 ~ -어 봤자'의 꼴로 써서 의미를 더욱 강조하는 일이 많다.
  예문 밖에서 사 먹는 음식이 아무리 맛있어 봤자 엄마가 해 주신 음식만 못하지요.

담화 정보

- 주로 구어에서 사용한다.
  예문 조카가 아무리 예뻐 봤자 자기 자식만큼 예쁘진 않아요.

관련 표현

- **-어도**
  (1) 어떤 사실을 가정해도 그 정도가 대단하지 않음을 타나내는 경우 '-어 봤자'와 큰 의미 차이 없이 바꿔 쓸 수 있다. 단, '-어 봤자'가 더 강조하는 느낌이 있다.
  예문 아저씨는 (길어도/길어 봤자) 6개월 정도밖에 못 사신다고 해요.
  걔가 아무리 (똑똑해도/똑똑해 봤자) 나한테는 안 될걸.

  (2) '-어도'가 구어와 문어에 두루 쓰이는 데 비해, '-어 봤자'는 주로 구어에서 사용한다.

- **-어야**
  (1) '-어 봤자'와 큰 의미 차이 없이 바꿔 쓸 수 있다. 단, '-어 봤자'가 더 강조하는 느낌이 있다.
  예문 아저씨는 (길어야/길어 봤자) 6개월 정도밖에 못 사신다고 해요.

-은 끝에

의존어 구성:
연결표현

형태 정보

	형태
받침 ○	-은 끝에
받침 ×	-ㄴ 끝에

- **-던 끝에** : 예전부터 반복적으로 혹은 지속적으로 나타난 일임을 표현하기 위해 '-던'을 쓸 수 있다.
  - **예문** 망설이던 끝에 연락해 봤어요.
    우리는 만남과 헤어짐을 반복하던 끝에 드디어 결혼하기로 했다.
- **명사** + **끝에** : 주로 '전쟁', '고민', '고생' 등과 같이 길고 힘든 과정의 의미를 지닌 명사가 온다.
  - **예문** 고생 끝에 낙이 있다.

1 앞의 일의 결과

앞의 일의 결과, 어떠한 일이나 목적에 도달하거나 성취했음을 나타낼 때 쓴다.

- 고생한 끝에 결국 졸업했어요.
- 오랫동안 고민한 끝에 결국 답을 찾아냈어요.
- 오랫동안 다툰 끝에 그 부부는 결국 이혼하기로 결정했다.
- 수개월 동안 연구에 몰두한 끝에 드디어 신제품 개발에 성공했다.
- 가 : 선생님, 드디어 책이 나왔어요.
  나 : 그래, 여러 번 수정한 끝에 이제야 완성됐구나.

중심어

- **끝** : 기간의 종료

문법 정보

- **주어 제약** : 주로 사람을 나타내는 주어와 함께 쓴다.
  - **예문** *날씨가 건조한 끝에 감기에 걸렸다.

- **선행 용언 제약** : 주로 시간의 폭이 있는 동사와 결합한다. 형용사, '이다', 그리고 '(버스에) 타다', '죽다'와 같이 일회적이거나 순간적인 동작을 나타내는 동사와는 결합하기

4. 의존어 구성 : 연결표현 433

어렵다.

> **예문** *버스에 탄 끝에 손잡이를 잡고 섰다.

- **선어말어미 제약** : 선행 용언과 결합할 때 '-었-', '-겠-'이 개재되기 어렵다.

> **예문** *열심히 (공부했는/공부하겠는) 끝에 마침내 시험에 합격했어요.

- **부정형 정보** : 선행절에 부정을 나타내는 표현이 오면 어색한 경우가 많다.

> **예문** *열심히 공부하지 않은 끝에 시험에 떨어지고 말았다.

- **후행절 제약** : 후행절은 주로 과거의 사건을 나타낸다. 따라서 청유문, 명령문으로 쓰기
어렵다.

> **예문** *열심히 공부한 끝에 정답을 (찾을 거예요/찾읍시다/찾으십시오).

담화 정보

- 힘이 들고 고생스러운 과정을 거쳐 드디어 기다리던 일이 일어났다는 상황을 표현한다.

> **예문** 오랜 기간 동안 연구한 끝에 획기적인 발견을 할 수 있었다.

-은 나머지

의존어 구성:
연결표현

형태 정보

	형태
받침 ○	-은 나머지
받침 ×	-ㄴ 나머지

- **-았/었던 나머지** : 화자가 경험한 과거의 상황을 강조하기 위해 '-은' 대신에 '-았/었던'을 쓸 수 있다.

> **예문** 너무나 힘들었던 나머지 주저앉고 말았다.

1 정도가 지나쳐서 결국

앞의 일의 정도가 너무 지나쳐서 의도치 않은 다음 일이 벌어졌음을 나타낼 때 쓴다.

- 너무 **긴장한 나머지** 실수를 해 버렸어요.
- 오늘 너무 **아픈 나머지** 학교에도 못 갔어요.
- 어제 너무 많이 **먹은 나머지** 배탈이 나 버렸어요.
- 요즘 지나치게 **바쁜 나머지** 엄마 생일도 잊어버렸다.

- 가 : 남자 친구한테 헤어지자고 말했어?

  나 : 아니, 너무 화가 **난 나머지** 그냥 아무 말도 못 했어.

문법 정보

- **선행 용언 제약** : 주로 형용사와 결합한다. 동사의 경우 정도나 상태의 어떠함을 나타내는 부사를 동반한 경우에 결합이 허용되기도 한다. 또한 피동의 의미를 갖는 일부 동사와도 결합할 수 있다.

  예문 *밥을 먹은 나머지 체하고 말았다. → 동사와 결합한 경우

  밥을 빨리 먹은 나머지 체하고 말았다. → 부사를 동반한 동사와 결합한 경우

  나는 큰 상처를 받은 나머지 우울증에 걸렸다. → 피동의 의미를 갖는 동사와 결합한 경우

- **선어말어미 제약** : 선행 용언과 결합할 때 '-었-', '-겠-'이 개재되기 어렵다.

  예문 *교실이 너무 (추웠는/춥겠는) 나머지 감기에 걸렸어요.

- **후행절 제약** : 후행절은 주로 과거의 사건을 나타낸다. 따라서 청유문, 명령문으로 쓰기 어렵다.

  예문 *너무 바쁜 나머지 어머니 생신을 (잊읍시다/잊으십시오).

담화 정보

- 주로 문어에서 사용한다.
- 어떤 상황이 너무 지나쳐서 예상하지 못한 사건이 일어났음을 표현한다.

  예문 요즘 너무 바쁜 나머지 끼니를 챙기는 것도 잊고 산다.

  오래 만나던 애인과의 이별이 너무 슬픈 나머지 일이 손에 잡히지 않는다.

관련 표현

- **-어서**

  (1) '이유, 원인'을 나타내는 '-어서'는 '-는 나머지'와 바꿔 쓸 수 있는 경우가 있다. 그러나 '-는 나머지'는 의도하지 않은 결과를 초래한 경유만을 나타낸다는 점에서 차이가 있다.

  예문 현정이는 너무 (집중해서/집중한 나머지) 친구가 부르는 것도 몰랐다.

  열심히 (공부해서/*공부한 나머지) 훌륭한 학자가 되었다.

-은 다음(에)

형태 정보

	형태
받침 ○	-은 다음(에)
받침 ×	-ㄴ 다음(에)

1 행위의 시간 순서

어떤 행위를 하고 시간이 흐른 뒤에 다른 행위가 이어짐을 나타낸다.

- 우선 밥을 **먹은 다음**에 영화 보자.
- 손을 **씻은 다음**에 식사를 해야 한다.
- 친구 생일 선물을 **산 다음**에 집에 갈 거예요.
- 수영을 할 때는 준비 운동을 **한 다음**에 물에 들어가야 된다.
- 가 : 요즘 잠이 잘 안 와요.
  나 : 그럼, 샤워를 **한 다음**에 따뜻한 우유를 한 잔 드셔 보세요.

중심어

- **다음** : 나중

문법 정보

- **선행 용언 제약** : 주로 동사와 결합한다. 형용사, '이다'와 결합하기 어렵다.
  예문 *많이 바쁜 다음에 휴가를 갔다.

- **선어말어미 제약** : 선행 용언과 결합할 때 '-었-', '-겠-'이 개재되기 어렵다.
  예문 *손을 (씻었는/씻겠는) 다음에 식사를 하세요.

- **조사 결합 정보** : 보조사 '야'와 결합하여 필수적 조건을 강조하는 의미를 나타낼 수 있다.
  예문 *다 잃은 다음에야 작은 것의 소중함을 깨달았다.

담화 정보

- 구어에서는 '-은 담에'로 발음하기도 한다.
  예문 여보, 설거지 한 담에 주변 정리도 해 주세요.

- **-고**
  (1) '-은 다음에'와 큰 의미 차이 없이 바꿔 쓸 수 있다. 단, '-고'는 앞의 행위의 결과가 지속될 수 있고, '-은 다음에'는 일의 지속 여부와 상관없이 순서 그 자체를 더욱 강조한다는 점에서 차이가 있다.

  예문 옷을 갈아입(고/은 다음에) 식사 준비를 했다.
  일단 일을 먼저 (끝내고/끝낸 다음에) 밥 먹으러 갑시다.
  앞치마를 입고 요리를 했다. → 앞치마를 입은 상태가 지속
  앞치마를 입은 다음에 요리를 했다. → 두 행위의 순서를 강조(요리를 하고 앞치마를 입은 것이 아님.)

- **-고서**
  (1) '-은 다음에'와 큰 의미 차이 없이 바꿔 쓸 수 있다. 단, '-은 다음에'가 일의 순서를 더욱 강조하는 의미가 있다. 단, '-고서'는 앞의 일이 후행하는 일의 조건이나 방법, 수단이 됨을 나타내는 의미가 있고, '-은 다음에'는 순서 자체를 강조한다는 점에서 차이가 있다.

  예문 서준아, 숙제 먼저 (끝내고서/끝낸 다음에) 놀도록 해.
  현정이의 이야기를 다 (듣고서/들은 다음에) 내가 하고 싶은 이야기를 했어요.

  예문 우선 그 남자를 만나고서 사귈지 말지 결정해. → 앞의 일이 후행하는 일의 방법 또는 조건이 될 수 있음.
  우선 그 남자를 만난 다음에 사귈지 말지 결정해. → 순서 자체를 강조

  (2) '-고서'는 대립 관계를 나타낼 수 있다.

  예문 신희는 그 소문을 (알고서/*안 다음에) 모른다고 했다.

- **-고 나서**
  (1) '-은 다음에'와 큰 의미 차이 없이 바꿔 쓸 수 있다. 단, '-고 나서'는 앞선 행위의 완료를 강조하는 의미가 있고, '-은 다음에'는 두 행위의 순서 자체를 강조하는 의미가 있다.

  예문 서준아, 숙제 먼저 (끝내고 나서/끝낸 다음에) 놀도록 해.
  현정이의 이야기를 듣고 나서 내가 하고 싶은 이야기를 했어요.
  → 현정이가 이야기를 다 하고 그 행위가 끝남을 강조
  현정이의 이야기를 들은 다음에 내가 하고 싶은 이야기를 했어요.
  → 현정이 선행하고 내가 후행하는 순서 자체를 강조

- **-은 뒤에**
  (1) '-은 다음에'와 큰 의미 차이 없이 바꿔 쓸 수 있다. 단, '-은 뒤에'가 후행하는 사건을 강조한다면, '-은 다음에'는 두 사건의 순서를 강조하는 의미가 있다.

  예문 나는 채린이의 전화를 끊은 뒤에 연정이에게 전화를 걸었다.
  → 후행하는 사건이 발생한 시점을 강조

나는 채린이의 전화를 끊은 다음에 연정이에게 전화를 걸었다.

→ 선행하는 사건과 후행하는 사건의 순서 자체를 강조

- **–은 후에**
  (1) '–은 다음에'와 큰 의미 차이 없이 바꿔 쓸 수 있다. 단, '–은 후에'가 후행하는 사건
  을 강조한다면, '–은 다음에'는 두 사건의 순서를 강조하는 의미가 있다.

  예문 현정이는 남자 친구와 헤어진 후에 머리를 짧게 잘랐다.

  → 후행하는 행위의 시점이 더 나중임을 강조

  현정이는 남자 친구와 헤어진 다음에 머리를 짧게 잘랐다.

  → 두 사건의 순서를 강조(머리를 자르고 헤어진 것이 아님.)

  (2) '–은 다음에'에 비해 문어성이 강하다.

  예문 새로운 부동산 정책이 발표된 후에 논란이 계속되고 있다.

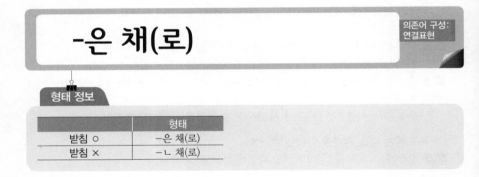

–은 채(로)

의존어 구성:
연결표현

형태 정보

	형태
받침 ○	–은 채(로)
받침 ×	–ㄴ 채(로)

1 행위나 상태의 지속

어떤 행위나 상태가 그대로 지속되고 있음을 나타낼 때 쓴다.

- 옷을 입은 채로 수영장에 들어가면 안 됩니다.
- 눈을 뜬 채 잠을 자는 사람도 있군요.
- 칫솔을 입에 문 채로 돌아다니지 마세요.
- 가 : 오늘 무슨 일 있어? 피부가 안 좋아 보여.
  나 : 어제 화장을 지우지 못한 채로 잠들었더니 피부가 상한 것 같아.

문법 정보

- **주어 제약** : 선행절과 후행절의 주어가 일치해야 하며 후행절의 주어는 보통 생략된다.
  예문 신혜가 입에 음식물을 넣은 채로 (신혜가/*채린이가) 말했다.
- **선행 용언 제약** : 주로 동사와 결합한다. 형용사, '이다'와 결합하기 어렵다. 또, '(눈을)

감다/뜨다', '젖다'처럼 행위의 끝점이 있는 동사와 주로 쓰이며, '(소리가) 들리다', '뛰다', '흐르다', '머무르다'와 같이 끝점이 없거나 지속성이 강조되는 동사와는 잘 결합하지 않는다.

> **예문** *이렇게 예쁜 채로 돌아다니면 위험해. → 형용사가 쓰일 수 없음.

> **예문** *문을 두드린 채로 오래 기다리지 마세요. → 끝점이 없는 동사와 쓰일 수 없음.

> **예문** *같은 지역에 오래 머무른 채로 지내는 건 지루합니다.
> → 지속성이 강조되는 동사와 쓰일 수 없음.

- **선어말어미 제약** : 선행 용언과 결합할 때 '-었-', '-겠-'이 개재되기 어렵다.
> **예문** *그 사람은 눈을 (떴던/뜨겠는) 채로 잠을 잔다.

- **후행절 제약** : 후행절은 주로 평서문, 의문문으로 쓴다. 명령문, 청유문으로 쓰기 어렵다.
> **예문** *화장을 지운 채로 주무세요.

관련 표현

- **-고**
  (1) '-고'는 앞선 행위의 지속을 나타낼 수도 있지만, 단순히 두 행위의 선후관계만을 나타내기도 한다. 그러나 '-은 채로'는 행위의 선후관계는 나타낼 수 없다. 즉, 반드시 앞선 행위의 결과가 후행하는 내용까지 지속되어야 한다.
  > **예문** 어제는 너무 피곤해서 화장을 (한 채로/하고) 잠이 들었어요.
  > 세수를 하고 (로션을 바르고) 잠이 들었어요.
  > → 단순한 선후관계. 두 사건 사이에 다른 사건이 개입할 수 있음.
  > 세수를 한 채로 잠이 들었어요.
  > → 세수를 하고 난 그 직후의 결과 상태가 잠이 드는 행위까지 지속됨. (로션을 바르거나 기타 첨가되는 내용이 없음.)

- **-(으)며**
  (1) '-(으)며'는 앞선 행위의 결과물이 존재하지 않아도 상관없지만, '-은 채로'는 어떤 행위를 하고 그 결과물이 지속됨을 나타낸다. 따라서 '-(으)며'는 다양한 속성의 동사와 결합할 수 있지만, '-은 채로'는 행위의 끝점이 없거나 지속성이 강조되는 동사, 반복적인 동작을 나타내는 동사와는 결합하지 않는다.
  > **예문** 한 곳에 오래 (머무르며/*머무른 채로) 지내는 건 지루해요.
  > → 끝점 없이 지속성이 강조되는 동사
  > 입김으로 뜨거운 국물을 (불며/*부는 채로) 식을 때까지 기다리세요.
  > → 반복적인 동작을 나타내는 동사

-은 후(에)

형태 정보

	형태
받침 ○	-은 후(에)
받침 ×	-ㄴ 후(에)

- **명사** + **후(에)** : 주로 서술성 명사가 온다.
  예문 수업 후에 친구를 만났어요.

1 어떤 일이 일어난 다음에

어떤 상황이 끝난 경우를 나타낼 때 쓴다. 이때 뒤에 나오는 내용은 앞 내용보다 시간적으로 나중임을 표현한다.

- 한국에서는 어른이 먼저 수저를 드신 **후에** 식사를 시작해야 해요.
- 너는 내가 이미 청소를 다 **한 후에** 도착했구나.
- 말하기 시험을 **본 후** 쓰기 시험을 봤다.
- 홍일이는 항상 밥을 **먹은 후에** 산책을 간다.
- 가 : 강훈아, 밥은 먹었어?
  나 : 아니, **수업 후에** 자장면 시켜 먹으려고. 같이 먹을래?

중심어

- **후** : 뒤, 나중

문법 정보

- **선행 용언 제약** : 주로 동사와 결합한다. 형용사, '이다'와 결합하기 어렵다.
  예문 *많이 바쁜 후에 휴가를 갔다.

- **선어말어미 제약** : 선행 용언과 결합할 때 '-었-', '-겠-'이 개재되기 어렵다.
  예문 *나는 밥을 (먹었는/먹겠는) 후에 산책을 간다.

- **조사 결합 정보** : 보조사 '야'와 결합하여 필수적 조건을 강조하는 의미를 나타낼 수 있다.
  예문 다 잃은 후에야 작은 것의 소중함을 깨달을 수 있다.

- **-고**
  (1) '-은 후에'와 바꿔 쓸 수 있다. 단, '-은 후에'가 앞에 오는 일 끝난 뒤임을 더욱 강조하는 의미가 있다.

  예문 앞치마를 입고 식사 준비를 했다. → 앞치마를 입은 상태가 지속됨을 나타내기도 함.
  앞치마를 입은 후에 식사 준비를 했다.
  → 앞치마를 착복하는 행위가 끝나고, 그 이후에 식사 준비를 하는 행위가 이루어짐을 나타냄.

- **-고서**
  (1) '-은 후에'와 바꿔 쓸 수 있다. 단, '-고서'는 앞의 행위가 뒤의 내용에 지속되거나, 조건 또는 방법으로 쓰일 수 있는 반면, '-은 후에'는 앞의 행위가 완료되고 뒤의 행위가 있음을 강조한다는 점에서 차이가 있다.

  예문 아버지의 손을 잡고서 공원을 산책했다. → 앞의 행위 지속(산책하는 동안 손을 계속 잡고 있음.)
  아버지의 손을 잡은 후에 공원을 산책했다.
  → 손을 잡는 행위가 있고 그 다음에 공원을 산책했음을 나타냄.(산책하는 동안 손을 잡고 있지 않을 수도 있음.)

  (2) '-고서'는 대립관계를 나타내기도 한다.

  예문 강희는 어머니의 마음을 다 (알고서/*안 후에) 모르는 척 했다.

- **-고 나서**
  (1) '-은 후에'와 큰 의미 차이 없이 바꿔 쓸 수 있다. 앞선 행위가 끝나고 다음의 행동이 이어짐을 강조하는 의미가 있다.

  예문 남자 친구와 영화를 (보고 나서/본 후에) 밥을 먹으러 갔다.

- **-은 뒤에**
  (1) '-은 후에'와 큰 의미 차이 없이 바꿔 쓸 수 있다.

  예문 제일 친한 친구가 이사를 (간 뒤에/간 후에) 줄곧 친한 친구가 없었다.

- **-은 다음에**
  (1) '-은 후에'와 큰 의미 차이 없이 바꿔 쓸 수 있다. 단, '-은 다음에'가 순서 자체를 더 강조하는 의미가 있다.

  예문 언니가 결혼을 한 후에 우리 집은 썰렁해졌다.
  언니가 결혼을 한 다음에 남동생이 결혼을 했다. → 차례를 강조

  (2) '-은 후에'가 '-은 다음에'에 비해 문어성이 강하다.

  예문 새로운 부동산 정책이 발표된 후 논란이 계속되고 있다.

-은/는 가운데

의존어 구성:
연결표현

형태 정보

	형태		형용사
	과거	현재	
받침 ○	-은 가운데	-는 가운데	-은 가운데
받침 ×	-ㄴ 가운데		-ㄴ 가운데

1 상황 또는 배경 제시

어떤 행위나 사건을 둘러싼 상황이나 배경을 제시할 때 쓴다.

- 오늘은 전국이 맑은 가운데 일교차가 클 전망이다.
- 많은 사람들이 지켜보는 가운데 패션쇼가 시작되었다.
- 주민들이 모두 참석한 가운데 찬반 투표를 실시하였습니다.
- 저희 부모님께서는 어려운 가운데에도 저를 키워 주셨어요.
- 가 : 바쁘신 가운데 참석해 주셔서 감사합니다.
  나 : 별말씀을요.

문법 정보

- **선행 용언 제약** : 주로 동사와 결합한다. 형용사, '이다'와 결합하기 어렵다. 그러나 '바쁘다'와 같은 일부 형용사는 허용할 때도 있다.
  > 예문 *현정이는 예쁜 가운데 남학생들에게 인기가 많았다.
  > 바쁘신 가운데 이렇게 참석해 주셔서 감사합니다.

- **선어말어미 제약** : 선행 용언과 결합할 때 '-었-', '-겠-'이 개재되기 어렵다.
  > 예문 *학생들이 모두 (모였는/모이겠는) 가운데 학생 회의가 시작되었다.

- **후행절 제약** : 후행절은 주로 평서문, 의문문으로 쓴다. 청유문, 명령문으로 쓰기 어렵다.
  > 예문 *불이 난 가운데 빨리 대피하십시오.

담화 정보

- 주로 문어에서 사용한다.
- 주로 격식적인 상황에서 사용한다.

-은/는 김에

형태 정보

	형태	
	과거	현재
받침 O	-은 김에	-는 김에
받침 X	-ㄴ 김에	

- **-던 김에** : 아직 미완료된 상태임을 강조하기 위해 '-던'을 쓸 수 있다.
  > 예문 하던 김에 끝까지 해.

1 기회나 계기

> 앞의 일을 하면서, 그 일을 기회나 계기로 예정에 없었던 다른 일을 함을 나타낼 때 쓴다.

- 샤워하는 김에 욕실 청소도 같이 했어요.
- 서울에 가는 김에 남산 타워를 구경하고 올까 해요.
- 언니, 이왕 여기까지 온 김에 식사나 하고 가요.
- 가 : 신혜야, 나 이번 학기는 휴학하려고.
  나 : 그래? 그럼 휴학한 김에 여행이라도 다녀오지 그래?

중심어

- **김** : 기회나 계기

문법 정보

- **주어 제약** : 주로 사람을 나타내는 주어와 함께 쓴다. 선행절과 후행절의 주어가 일치해야 하며, 후행절의 주어는 보통 생략된다.
  > 예문 *비가 오는 김에 좀 더 머물다 가세요.

- **선행 용언 제약** : 주로 동사와 결합한다. 형용사, '이다'와 결합하기 어렵다.
  > 예문 *소현이는 예쁜 김에 키도 크다.

- **선어말어미 제약** : 선행 용언과 결합할 때 '-었-', '-겠-'이 개재되기 어렵다.
  > 예문 (청소하시는/*청소했는/*청소하겠는) 김에 여기도 해 주세요.

> tip 선행하는 일이 미완료된 경우에는 '-는 김에'를 사용하고, 완료된 경우에는 '-은 김

4. 의존어 구성 : 연결표현 443

에'를 사용한다.

- 지용 씨, 백화점에 가는 김에 우산 좀 사다 주세요. → 지용 씨는 아직 백화점에 가지 않음.
- 지용 씨, 백화점에 간 김에 김치 좀 사다 주세요. → 지용 씨는 이미 백화점에 감.

공기 정보

- '이왕' 등의 부사와 함께 자주 쓰인다.
  > **예문** 이왕 한국에 다녀오는 김에 서울 말고 다른 도시도 가 보고 싶어.

담화 정보

- 주로 구어에서 사용한다.
- 상황에 따라 여러 가지 효과가 있을 수 있다. 예를 들어 부탁하는 상황에서 사용할 경우에는 부탁하는 일의 부담이 적다는 것을 알려 주는 효과를 가져올 수 있다.
  > **예문** 이왕 도서관에 가는 김에 이 책 좀 반납해 줄래요?

- 또한, 상대방을 설득하는 상황에서 사용할 경우에는 어떤 행동을 하도록 설득하는 이유를 말할 때, 그 일을 함으로써 생기는 이익이 있음을 알려 주는 효과를 가져올 수 있다.
  > **예문** 여기까지 온 김에, 힘들어도 정상까지 올라가 보자.
  > 복습을 하는 김에 숙제까지 하면 시간을 절약할 수 있다.

관련 표현

- **–는 길에**

  (1) '가거나 오는 도중 또는 중간, 과정에'의 의미를 나타낸다.
  > **예문** 퇴근하고 집에 가는 길에 슈퍼마켓에 잠깐 들렀다.

  (2) 이동의 의미를 나타내는 동사와 자주 쓰인다.
  > **예문** 빨래 하(*는 길에/는 김에) 세탁기 청소까지 하세요.
  > 밖에 나가(는 길에/는 김에) 지우개 좀 사다 주세요.

  (3) '–은/는 김에'는 완료된 일과 미완료된 일을 모두 나타낼 수 있지만, '–는 길에'는 진행 중인 일만을 나타내기 때문에 항상 '–는'으로만 실현된다.
  > **예문** 강희 씨, 한국에 가는 김에 김치 좀 사다 주세요. → 강희 씨는 아직 한국에 가지 않음.
  > 강희 씨, 한국에 간 김에 김치 좀 사다 주세요. → 강희 씨는 이미 한국에 감.
  > *강희 씨, 한국에 간 길에 김치 좀 사다 주세요.

-은/는 대로

형태 정보

	형태		형용사
	과거	현재	
받침 ○	-은 대로	-는 대로	-은 대로
받침 ×	-ㄴ 대로		-ㄴ 대로

- **-던 대로** : 용법 1에서 예전부터 규칙적으로 반복된 일임을 나타내기 위해 '-던'을 쓸 수 있다.
  > **예문** 늘 하던 대로 해.

- **-았/었던 대로** : 용법 1에서 과거의 상황을 강조하기 위해 '-은' 대신에 '-았/었던'을 쓸 수 있다.
  > **예문** 지금까지 해 왔던 대로 열심히 하면 될 거야.
  > **tip** 용법 2와 용법 3에서는 '-는 대로'의 꼴로만 쓴다.

1 상태나 방법 그대로

앞선 상태나 모양, 방법에 따라서 뒤의 행위를 함을 나타낸다.

- 자, 지금부터 제가 **하는 대로** 따라해 보세요.
- 현정이에 대해서 **알고 있는 대로** 다 말해 봐.
- 의사 선생님께 **들은 대로** 솔직히 말해 주세요.
- 그냥 **배운 대로** 하자는 생각으로 시험을 봤습니다.
- 글을 쓸 때는 자신이 **느낀 대로** 솔직히 쓰는 것이 좋다.
- 가 : 인생에서 돈이 정말 중요한 것 같아.
  나 : 글쎄, 돈은 많으면 **많은 대로** 적으면 **적은 대로** 그냥 살아지는 게 아닐까?

중심어

- **대로** : 어떤 상태와 같이

문법 정보

- **선어말어미 제약** : 선행 용언과 결합할 때 '-었-', '-겠-'이 개재되기 어렵다.
  > **예문** *평소에 (갔는/가겠는) 대로 점심쯤 갈 것 같아.

- **부정형 정보** : 선행절에 부정을 나타내는 표현을 쓰면 어색한 경우가 많다.
  > 예문 *선생님이 (안/못) 하는 대로 따라하세요.

- **조사 결합 정보** : 의미에 따라 보조사 '도', '만'과 결합할 수 있다.
  > 예문 선생님께서 가르쳐 주신 대로만 했습니다.
  > 선생님께서 알려 주신 대로도 못 하는데 더 어려운 걸 어떻게 하겠어요?

2 앞선 일이 있고 바로 즉시

앞선 동작이 일어난 바로 그 직후를 나타낸다.

- 공항에 **도착하는 대로** 연락 주세요.
- 오늘은 수업이 **끝나는 대로** 집에 가야 한다.
- 지금은 기억이 안 나요. **생각나는 대로** 알려 드릴게요.
- 미국에서 일자리를 **찾는 대로** 이민을 갈 생각이다.
- 가 : 연정아, 돈 언제 줄 거야?
  나 : 미안. 이번 달 월급 **받는 대로** 바로 갚을게.

중심어

- **대로** : 즉시

문법 정보

- **선행 용언 제약** : 주로 동사와 결합한다. 형용사, '이다'와 결합하기 어렵다.

- **선어말어미 제약** : 선행 용언과 결합할 때 '-었-', '-겠-'이 개재되기 어렵다.
  > 예문 *집에 (도착했는/도착하겠는) 대로 연락해 주세요.

- **부정형 정보** : 선행절에 부정을 나타내는 표현을 쓰면 어색한 경우가 많다.
  > 예문 *해가 (밝지 않는/안 밝는/밝지 못하는/못 밝는) 대로 떠나도록 하지요.

- **후행절 제약** : 후행절은 주로 미래의 사건을 나타낸다. 따라서 과거 시제로는 쓰기 어려우며, 청유, 명령, 약속, 제안 등을 나타내는 표현이 주로 온다.
  > 예문 *집에 도착하는 대로 이메일을 확인했다.

관련 표현

- **-자마자**
  (1) '-는 대로'는 앞서 어떤 행위가 일어나고 그 상태가 계속되는 가운데 그와 관련된 뒤의 행위가 일어남을 나타내지만, '-자마자'는 앞의 행위가 일어난 그 순간을 가리키기 때문에 우연적인 상황에도 사용할 수 있다.
  > 예문 한국에 도착하(자마자/는 대로) 연락할게요.

학교가 끝나(자마자/는 대로) 집으로 돌아와라.

집을 나오(자마자/*는 대로) 비가 내리기 시작했다.

(2) '-는 대로'의 후행절에는 과거 시제가 올 수 없고, 앞으로 발생할 일이 이어지는 것이 자연스럽다.

예문 일어나(자마자/*는 대로) 운동하러 나갔다.

일어나(자마자/는 대로) 운동하러 갈 거예요.

(3) '-는 대로'의 뒤에 예정이나 계획을 나타내는 내용 이외의 진술문(평서문)이 오는 것은 어색한 경우가 많다. '-자마자'의 뒤에는 평서문, 의문문, 명령문, 청유문이 모두 쓰일 수 있다.

예문 일어나(자마자/*는 대로) 물을 마십니다.

한국에 도착하(자마자/는 대로) 연락할게요.

관련 표현

- **-는 길에**

(1) 어떤 일이 일어날 시간이나 경우 모두를 나타내는 표현이다. '-는 대로'는 각각의 기회에 모두 응함을 나타내고, '-을 때마다'는 각각의 시간에 모두 응함을 나타낸다. 단, '-을 때마다'는 각각의 시간 사이에 간격이 클 수 있지만, '-는 대로'는 각 동작 간의 간격이 매우 좁게 반복적으로 연이어 일어나는 경우에만 사용될 수 있다.

예문 (틈나는 대로/틈날 때마다) 연락을 자주 하세요.

전쟁이 일어날 때마다 많은 사람이 죽었다.

→ 전쟁이 일어나고 다음 전쟁이 일어날 때까지 긴 시간적 공백이 있을 수 있음.

?전쟁이 일어나는 대로 많은 사람이 죽었다.

→ 전투가 연달아 발생하는 의미일 때만 어색하지 않게 쓰일 수 있음.

강희는 (만날 때마다/*만나는 대로) 즐거워 보인다.

3 앞선 행동이 일어나는 기회마다

앞선 행동이 일어나는 각각의 기회에 모두 응함을 나타낸다.

- 아기가 달라는 대로 사탕을 줬어요.
- 요즘 강희는 닥치는 대로 일을 하고 있어요.
- 바쁘시겠지만 틈나는 대로 메일 좀 확인해 주세요.
- 기회가 생기는 대로 한국의 여기저기를 여행할 예정이다.
- 가 : 어제 왜 그렇게 취했던 거야?

나 : 부장님께서 주시는 대로 다 마셨거든.

- **대로** : 모두

- **선행 용언 제약** : 주로 동사와 결합한다. 형용사, '이다'와 결합하기 어렵다. 특히 연이어 반복적으로 일어나는 동작을 나타내는 동사와만 주로 결합할 수 있다.

  [예문] 그 군인은 총을 쏘는 대로 백발백중이구나!

  > → 반복적으로 연이어 일어나는 동작을 나타내는 동사 '총을 쏘다'

  *그 군인은 외국인을 만나는 대로 자꾸 말을 걸었다.

- **선어말어미 제약** : 선행 용언과 결합할 때 '-었-', '-겠-'이 개재되기 어렵다.

  [예문] *(틈났는/틈나겠는) 대로 변경 사항을 점검해 주세요.

- **부정형 정보** : 선행절에 부정을 나타내는 표현을 쓰면 어색한 경우가 많다.

  [예문] *바쁘시겠지만 틈이 (안/못) 나는 대로 연락을 확인해 주세요.

- **-을 때마다**

  (1) 모든 기회마다 족족 응함을 나타낸다. '-은/는 대로'는 짧은 시간 동안 반복적으로 일어나는 경우만을 나타내는 반면, '-을 때마다'는 일정한 간격을 두고 반복되는 것이 가능한 대부분의 경우를 나타낸다.

  [예문] 희정이는 총을 (쏠 때마다/쏘는 대로) 득점을 했다.

  나는 희정이를 (만날 때마다/*만나는 대로) 카페에 간다.

-은/는 대신(에)

의존어 구성:
연결표현

형태 정보

	동사		형용사
	과거	현재	
받침 ○	-은 대신(에)	-는 대신(에)	-은 대신(에)
받침 ×	-ㄴ 대신(에)		-ㄴ 대신(에)

- **-았/었던 대신(에)** : 화자가 경험한 과거의 상황을 강조하기 위해 '-은' 대신에 '-았/었던'을 쓸 수 있다.

  [예문] 그 당시에는 돈이 없었던 대신에 시간은 많았어요.

- **명사 + 대신(에)** : 용법 1에서 앞뒤 절의 서술어가 동일한 경우, '**명사** + 대신(에)'의 꼴로 쓸 수 있다.

  [예문] 커피 대신에 물 주세요.

  [tip] 용법 1에서는 주로 '-는 대신(에)'의 꼴로 쓴다.

1 대체

앞선 행동을 하지 않고 다른 행동으로 대체함을 나타낼 때 쓴다.

- 배부른데 영화를 보는 대신에 운동을 하는 게 어때?
- 앞으로 주말에 자는 대신 아이들과 놀아 주기로 했어요.
- 엄마, 밤이니까 커피를 마시는 대신 차를 드시는 건 어떨까요?
- 이번 지진으로 많은 사람들이 여행을 가는 대신 봉사활동을 떠났다.
- 가 : 채린이 생일 선물 샀어?

  나 : 아니. 이번에는 선물을 주는 대신 요리를 해 주려고.

문법 정보

- **주어 제약** : 선행절과 후행절의 주어나 화제가 같아야 한다.

  [예문] (저는) 술을 먹는 대신에 (저는) 커피 마시는 걸 좋아해요. → 주어가 같음.

  (데이트를 할 때) 나는 활동적인 일을 좋아하는 대신에 남자 친구는 조용한 곳에 있기를 좋아한다. → 화제가 같음.

- **선행 용언 제약** : 행동을 대체함을 나타내므로 주로 동사와 결합한다. 형용사, '이다'와

4. 의존어 구성 : 연결표현 449

결합하기 어렵다.

> **예문** *우리 예쁜 대신 착한 건 어때?

관련 표현

- **-지 말고**
  (1) '-는 대신에'가 상대방에게 어떤 행위를 하지 않고 다른 행위로 대체할 것을 권유하
  거나 명령하는 의미로 쓰인 경우에 '-지 말고'와 큰 의미 차이 없이 바꿔 쓸 수 있다.
  > **예문** 돈이 없으면 선물을 사(지 말고/는 대신에) 편지를 써보세요.
  > 선물을 사(*지 말고/는 대신에) 편지를 썼다.

2 앞선 부정적인 일에 대한 보상

부정적인 면이 있지만, 그것이 다른 것으로 보상됨을 나타낸다.

- 주말까지 **일하는 대신에** 월급을 많이 받아요.
- 우리 학교는 **먼 대신** 무료 셔틀 버스가 있어요.
- 강 선생님 수업은 숙제가 **많은 대신** 배우는 것이 많아요.
- 부모님과 함께 살면 자유가 **없는 대신에** 생활비를 절약할 수 있다.
- 가 : 장거리 연애가 힘들지 않아요?
  나 : 자주 못 **만나는 대신에** 전화를 자주 하니까 괜찮아요.

문법 정보

- **선행 용언 제약** : 행동을 대체함을 나타내므로 주로 동사와 결합한다. 형용사, '이다'와
  결합하기 어렵다.

- **선어말어미 제약** : 선행 용언과 결합할 때 '-었-', '-겠-'이 개재되기 어렵다.
  > **예문** *일찍 (퇴근했는/퇴근하겠는) 대신에 변경 사항을 점검해 주세요.

공기 정보

- **이라도**
  (1) 차선 : 보상의 의미를 지니는 '-는 대신에'와 함께 자주 어울려 쓰이는 표현이다.
  > **예문** 배가 고프면 (밥 먹는 대신에) 김밥이라도 먹으렴.

기타 용법

① 장점과 단점

앞선 긍정적인 일에 반하여 부정적인 측면이 있음을 나타낼 때도 쓸 수 있다.

• 우리 언니는 똑똑한 대신 사교성이 부족하다.
• 가 : 사회인이 되면 돈을 잘 벌 수 있겠죠?
  나 : 응. 근데 돈을 많이 벌 수 있는 대신에 정말 바빠.

-은/는 덕분에

의존어 구성:
연결표현

형태 정보

	동사		형용사
	과거	현재	
받침 ○	-은 덕분에	-는 덕분에	-은 덕분에
받침 ×	-ㄴ 덕분에		-ㄴ 덕분에

• **명사** + 덕분에 : 주로 '선생님' 등과 같이 사람을 나타내는 명사가 온다. 이때 '**명사**'는 생략할 수도 있다.

  예문 교수님 덕분에 대학생활을 잘 마치게 되었습니다.
    (여러분) 덕분에 아주 의미 있는 시간이었습니다.

• **-은/는 덕분이다** : '덕분' 다음에 '이다'를 붙이기도 한다.

---

1 어떤 은혜나 도움으로 인해

어떤 은혜나 도움으로 인해 좋은 결과가 있었음을 나타낼 때 쓴다.

• 많은 분들께서 도와주신 덕분에 무사히 일을 끝냈습니다.
• 이번 학기는 장학금을 받은 덕분에 학비 걱정 없이 공부를 했어요.
• 친구가 해외에서 결혼을 하는 덕분에 다음 달에 해외여행을 가요.
• 다행히 올겨울은 날씨가 따뜻한 덕분에 감기에 별로 안 걸렸어요.
• 가 : 그동안 논문 쓰느라 수고했다.
  나 : 선생님께서 부족한 저를 지도해 주신 덕분에 쓸 수 있었습니다. 감사합니다.

- **덕분** : 은혜, 도움

문법 정보

- **주어 제약** : 주로 사람을 나타내는 주어와 함께 쓰지만, 은혜나 도움을 강조하기 위해 사람이 아닌 주어를 쓰기도 한다.

  예문 다행히 날씨가 맑은 덕분에 예정대로 행사가 진행되었다.

- **선어말어미 제약** : 선행 용언과 결합할 때 '-었-', '-겠-'이 개재되기 어렵다.

  예문 도움을 *(주셨는/주시겠는) 덕분에 일을 잘 마쳤습니다.

- **후행절 제약** : 후행절은 주로 과거의 사건을 나타낸다. 따라서 청유문, 명령문으로 쓰기 어렵다.

  예문 *선생님께서 잘 가르쳐 주신 덕분에 시험에 (합격하겠습니다/합격합시다).

담화 정보

- 주로 구어에서 사용한다.
- 어떤 결과가 일어나게 된 원인에 대하여 고마운 마음을 표현할 경우에 사용한다.

  예문 한국 친구들이 도와준 덕분에 이사를 쉽게 할 수 있었어요.

관련 표현

- **-어서**

  (1) 이유나 원인을 나타낸다. 단 '-는 덕분에'가 긍정적인 일이 생긴 원인이나 은혜, 도움 등을 강조하는 의미가 있다.

  예문 강 선생님께서 지도를 해 주셔서 논문을 쓰고 졸업하게 되었습니다.

  → 원인이나 이유 강조

  강 선생님께서 지도를 해 주신 덕분에 논문을 쓰고 졸업하게 되었습니다.

  → '강 선생님'의 은혜 강조

  비가 안 와서 무사히 행사를 치를 수 있었다. → 원인이나 이유 강조

  비가 안 온 덕분에 무사히 행사를 치를 수 있었다. → '비'의 도움 강조

  비가 (와서/*오는 덕분에) 아쉽게도 소풍이 취소되었다. → 긍정적이지 않은 결과

- **-기 때문에**

  (1) 이유나 원인을 나타낸다. 단, '-는 덕분에'가 긍정적인 일이 생긴 원인이나 은혜, 도움 등을 강조하는 의미가 있다.

  예문 비가 안 왔기 때문에 무사히 행사를 치를 수 있었다. → 원인이나 이유 강조

  비가 안 온 덕분에 무사히 행사를 치를 수 있었다. → '비'의 도움 강조

  비가 (오기 때문에/*오는 덕분에) 아쉽게도 소풍이 취소되었다. → 긍정적이지 않은 결과

- **–은/는 탓에**

   (1) '–는 탓에'는 부정적인 일이 생긴 원인이나 책임을 강조한다. 반면, '–는 덕분에'는 긍정적인 일이 생긴 원인이나 은혜, 도움 등을 강조하는 의미가 있다.

   예문 버스를 (놓친 탓에/*놓친 덕분에) 중요한 회의에 늦었다.

–은/는 데다가

의존어 구성:
연결표현

형태 정보

	동사		형용사
	과거	현재	
받침 ○	–은 데다가	–는 데다가	–은 데다가
받침 ×	–ㄴ 데다가		–ㄴ 데다가

준말 –은/는 데다

1 관련된 사항이 더해짐

현재의 상태나 사실에 관련된 사항이 더해짐을 나타낼 때 쓴다.

- 날씨도 추워진 데다가 비도 오니 옷을 따뜻하게 입으세요.
- 나는 요새 과로를 한 데다가 감기까지 걸려서 많이 아프다.
- 요즘 할 일이 많은 데다가 시험까지 다가와서 힘들어요.
- 우리 집 강아지는 밥을 많이 먹는 데다가 운동을 싫어해서 자꾸 살이 찐다.
- 가 : 이따 같이 영화 보러 못 갈 것 같아. 아직 일도 안 끝난 데다가 두통도 심하네.

   나 : 어쩔 수 없지, 뭐. 얼른 마치고 집에 가서 쉬어.

중심어

- **데** : 경우

문법 정보

- **목적어 정보** : 선행절과 후행절의 목적어에는 조사 '도', '까지', '조차' 등이 결합하는 경우가 많다.

   예문 밥도 잔뜩 먹은 데다가 후식까지 많이 먹었어요.

- **선어말어미 제약** : 선행 용언과 결합할 때 '–었–', '–겠–'이 개재되기 어렵다.

예문 *날씨도 (추워졌는/추워지겠는) 데다가 비까지 오네요.

- **후행절 제약** : 후행절은 주로 평서문, 의문문으로 쓴다. 청유문, 명령문으로 쓰기 어렵다.

  예문 *밥도 먹은 데다가 후식도 먹읍시다.

  tip 선행절과 후행절의 의미가 상반되면 어색한 경우가 많다.

  *강희는 똑똑한 데다가(집중력도 좋다/*집중력도 없다).

담화 정보

- 주로 구어에서 사용한다.

관련 표현

- **–더니**

  (1) 관련된 상황이 더해짐을 나타내는 '–더니'는 '–는 데다가'와 바꿔 쓸 수 있는 경우가 있다.

  예문 연정이는 얼굴도 예(쁘더니/쁜 데다가) 마음씨까지 곱다.

  (2) '–더니'는 1인칭 주어와 함께 쓸 수 없다.

  예문 나는 얼굴도 예(*쁘더니/쁜 데다가) 공부도 잘한다.

  아들이 사춘기가 되어서 반항을 하(더니/는 데다가) 가출까지 하려고 했다.

- **–을 뿐만 아니라**

  (1) 앞의 일에 뒤의 일까지 더해짐을 의미한다. '–는 데다가'와 큰 의미 차이 없이 바꿔 쓸 수 있다.

  예문 거기는 (멀 뿐만 아니라/먼 데다가) 교통도 복잡해요.

  (2) ' 명사 + 뿐만 아니라'의 형태로 쓸 수 있지만, '–는 데다가'는 명사 와 함께 쓸 수 없다.

  예문 이번에 아빠가 (새 자동차뿐만 아니라/*자동차 데다가) 아파트도 사셨어요.

-은/는 마당에

형태 정보

	동사		형용사
	과거	현재	
받침 ○	-은 마당에	-는 마당에	-은 마당에
받침 ×	-ㄴ 마당에		-ㄴ 마당에

1 상황이나 처지

어떤 일이 이루어진 상황이나 처지를 나타낼 때 쓴다.

- 건강을 잃은 마당에 돈이 다 무슨 소용인가?
- 당장 생활비도 부족한 마당에 사치품을 살 돈은 더욱 없었다.
- 급한 마당에 체면까지 생각할 여유가 없었어요.
- 함께 늙어가는 마당에 어려운 일은 솔직하게 이야기하세요.
- 가 : 남자친구랑 헤어져서 너무 슬퍼요.
  나 : 이미 헤어진 마당에 미련을 버려.

중심어

- **마당** : 판, 상황

문법 정보

- **선행 용언 정보** : 대체로 부정적인 상황을 나타내므로 주로 부정적인 의미의 용언과 결합한다. 긍정적인 의미의 용언은 부정형의 형태로 함께 쓰일 수 있다.
  예문 시험에 (떨어진/*합격한/합격 못한) 마당에 여행 갈 기분이 아니야.

- **선어말어미 제약** : 선행 용언과 결합할 때 '-었-'이 개재되기 어렵다.
  예문 *시험에 떨어졌는 마당에 밥이 넘어가니?

담화 정보

- 주로 구어에서 사용한다.
- 주로 화자가 어떤 상황에 대하여 부정적인 태도일 때 사용한다.
  예문 시험에 떨어진 마당에 책이 눈에 들어올 리가 없었다.

관련 표현

- **-는데**

(1) 뒤에 이어지는 내용에 대한 배경이나 상황을 제시하는 '-는데'는 '-는 마당에'와 바꿔 쓸 수 있는 경우가 있다. 그러나 '-는 마당에'는 어떤 일이 이루어진 상황이나 처지를 강조하면서 뒤의 내용이 이루어질 수 없거나 소용없음, 또는 그 기회를 이용함을 나타낸다는 점에서 차이가 있다.

> **예문** 바빠서 잠 잘 시간도 (없는데/없는 마당에) 여행을 어떻게 가요?
> 건강을 (잃었는데/잃은 마당에) 돈이 다 무슨 소용이야?
> 주말에 영화를 (봤는데/*본 마당에) 지루해서 잠이 들어 버렸다.
> 어제 고속도로에서 큰 교통사고가 (났는데/*난 마당에) 많은 사람들이 다쳤다.

-은/는 반면(에)

> 의존어 구성:
> 연결표현

형태 정보

| | 동사 | | 형용사 |
	과거	현재	
받침 ○	-은 반면(에)	-는 반면(에)	-은 반면(에)
받침 ×	-ㄴ 반면(에)		-ㄴ 반면(에)

- **-았/었던 반면(에)** : 화자가 경험한 과거의 상황을 강조하기 위해 '-은' 대신에 '-았/었던'을 사용할 수 있다.

1 상반되는 사실

앞에 오는 내용과 뒤에 오는 내용이 상반되는 사실임을 나타낼 때 쓴다.

- 소현이는 공부를 잘하는 반면에 운동은 잘 못한다.
- 그 공원은 입장료가 싼 반면에 볼거리가 적어요.
- 그 회사는 월급을 많이 주는 반면에 주말에도 출근을 해야 해요.
- 신희는 어릴 때는 소극적이었던 반면, 지금은 적극적인 사람이 되었다.
- 가 : 선생님, 이 교재로 공부하면 어때요?
  나 : 그 교재는 그림이 많은 반면에 설명이 부족해요.

중심어

- **반면** : 반대, 한편

문법 정보

- **선어말어미 제약** : 선행 용언과 결합할 때 '-었-', '-겠-'이 개재되기 어렵다.
  - 예문 *소현이는 공부를 (잘했는/잘하겠는) 반면에 운동은 못해요.

- **후행절 제약** : 주로 평서문으로 쓴다. 의문문의 경우 주로 확인의문문으로 쓴다. 명령문, 청유문으로 쓸 수 없다.
  - 예문 *형은 운동을 잘하는 반면에 동생은 운동을 (못해라/못하자).
    - → 명령문, 청유문으로 쓰이지 않음
    - 형은 운동을 잘하는 반면에 동생은 운동을 (*못해요/못하지 않아요)?
    - → 확인의문문으로 자연스럽게 쓸 수 있음

담화 정보

- 주로 격식적인 상황에서 사용한다.
- '-은/는 반면에'를 사용하면 객관적인 태도를 가지고 있는 듯한 느낌을 줄 수 있다.
- 문어에서는 주로 '에'가 생략된 형태로 쓴다.

관련 표현

- **-는데**
  (1) 대부분의 경우에 '-는 반면에'와 큰 의미 차이 없이 바꿔 쓸 수 있다.
  - 예문 나는 매운 음식은 좋아하(는데/는 반면에) 단 음식은 별로 좋아하지 않는다.

  (2) '-는데'에 비해 '-는 반면에'가 문어성이 강하다.

- **-지만**
  (1) 대부분의 경우에 '-는 반면에'와 큰 의미 차이 없이 바꿔 쓸 수 있다.
  - 예문 나는 매운 음식은 좋아하(지만/는 반면에) 단 음식은 별로 좋아하지 않는다.

  (2) '-지만'에 비해 '-는 반면에'에 문어성이 강하다.

- **-으나**
  (1) 대부분의 경우에 '-는 반면에'와 큰 의미 차이 없이 바꿔 쓸 수 있다.
  - 예문 재무팀에는 지원자가 많지 않(으나/은 반면에) 인사팀은 경쟁률이 무척 높다.

① 접속

> 문장의 맨 앞에서 '반면에', '반면'의 형태로 쓰여 접속의 기능을 하는 담화 표지로 사용되기도 한다.

- 북한산은 매우 높고 길이 복잡하다. 반면, 안산은 가볍게 산책하기 좋다.

-은/는 양

의존어 구성:
연결표현

형태 정보

	동사		형용사
	과거	현재	
받침 ○	-은 양	-는 양	-은 양
받침 ×	-ㄴ 양		-ㄴ 양

1 흉내 내어 꾸밈

실제로는 그렇지 않지만 마치 그런 것처럼 흉내 내어 꾸밈을 나타낸다.

- 그 사람은 겉으로는 너를 **좋아하는 양** 대하지만 속으로는 너를 질투하고 있어.
- 그 소문에 대해 **모르는 양** 한번 물어보면 어떨까요?
- **괜찮은 양** 웃고 있지만 자식을 잃은 그 속이 어떻겠니.
- 가 : 두 살 된 딸이 말을 잘한다면서요?
  나 : 네, 요즘 말이 늘더니 **어른인 양** 흉내 내는 모습이 아주 귀여워요.

중심어

- **양** : 짐짓, 취함

문법 정보

- **주어 제약** : 선행절과 후행절의 주어가 일치해야 하며 후행절의 주어는 보통 생략된다.
  예문 연정이는 괜찮은 양 (연정이는) 억지로 웃었다.

- **선어말어미 제약** : 선행 용언과 결합할 때 '-었-', '-겠-'이 개재되기 어렵다.

예문 *채린이는 괜찮았는 양 웃었다.

　　*고백하겠는 양 했지만 커피만 마시다 헤어졌어요.

관련 표현

- **-는 것처럼**

(1) '-는 양'과 큰 의미 차이 없이 바꿔 쓸 수 있는 경우가 있다.

예문 그 소문에 대해 모르(는 것처럼/는 양) 한번 물어보면 어떨까요?

-은/는 이상

의존어 구성:
연결표현

형태 정보

	동사	
	과거	현재
받침 ○	-은 이상	-는 이상
받침 ×	-ㄴ 이상	

1 이미 정해졌거나 확실한 상황이나 조건

어떤 일이 이미 정해졌거나 확실한 상황임을 나타낸다. 따라서 뒤에 어떤 일을 해야 한다거나 어떤 상황임이 당연하다는 내용이 나온다.

- 이번에 시험을 **보는 이상** 합격을 위해 열심히 공부를 하겠다.
- 이 동아리에 **가입하는 이상** 개인적인 시간은 포기를 해야 한다.
- 한국에 **사는 이상** 한국 문화에 익숙해질 수밖에 없다.
- 당신이 그 일을 **맡은 이상** 최선을 다하세요.
- 가 : 휴, 직장을 그만 뒀더니 생활이 쪼들리네요.

  나 : 네가 **선택한 이상** 책임을 져야지. 불평만 한다고 달라지는 건 없어.

중심어

- **이상** : 바, 결과

문법 정보

- **선어말어미 제약** : 선행 용언과 결합할 때 '-었-', '-겠-'이 개재되기 어렵다.

예문 *네가 (선택했는/선택하겠는) 이상 책임을 져야지.

- **후행절 제약** : 후행절은 보통 과거 시제로 나타내기 어렵다.
  예문 *이미 결혼을 한 이상 서로 배려하며 행복하게 살았다.

관련 표현

- **–는 한**
  (1) 앞의 내용이 뒤에 이어지는 내용의 전제나 조건이 됨을 나타내는 '–는 한'은 '–는 이상'과 바꿔 쓸 수 있는 경우가 있다.
  예문 네가 이 학교에 다니는 (한/이상) 정해진 규칙을 따라야 한다.

–은/는/을 듯이

의존어 구성:
연결표현

형태 정보

| | 동사 | | | 형용사 |
	과거	현재	미래	
받침 ○	–은 듯이	–는 듯이	–을 듯이	–은 듯이
받침 ×	–ㄴ 듯이		–ㄹ 듯이	–ㄴ 듯이

준말 –은/는/을 듯

- **–았/었던 듯이** : 화자가 경험한 과거의 상황을 강조하기 위해 '–은' 대신에 '–았/었던'을 사용할 수 있다.
  예문 그 사람은 마치 그런 일이 없었던 듯이 행동했다.

1 견주어 짐작하거나 추측함

어떤 상황과 견주어 비슷한 상황이라고 짐작하거나 추측함을 나타낼 때 쓴다.

- 신혜는 자기가 부자인 듯 돈을 펑펑 쓴다.
- 채린이는 마치 다 알아듣는 듯이 고개를 끄덕였다.
- 비가 올 듯이 하늘이 흐리네요.
- 연정이는 피곤한 듯이 하품을 했다.
- 가 : 현정아, 왜 아기를 계속 안고 있어?
  나 : 아기가 깰 듯이 자꾸 움직여서.

중심어

- **듯이** : 같이

문법 정보

- **주어 제약** : 선행절과 후행절의 주어나 화제가 일치해야 하며 후행절의 주어는 대체로 생략된다.

  예문 연정이가 졸린 듯 (*강희가) 눈을 비볐다. → 주어가 같아야 함.

  (날씨가) 비가 올 듯이 (날씨가) 흐렸다. → 화제가 같아야 함.

공기 정보

- '마치' 등의 부사어와 함께 자주 쓰인다.

  예문 동생은 자신이 마치 십대인 듯이 하고 다닌다.

관련 표현

- **-듯이**

  (1) '-듯이'가 앞의 내용과 유사함을 나타내는 반면에, '-는/은/을 듯이'는 어떤 상황이 앞 상황과 유사하다고 추측함을 나타낸다.

  예문 사람마다 생김새가 다르듯이 성격도 각기 다르다.

-은/는/을 만큼

의존어 구성: 연결표현

형태 정보

	동사			형용사
	과거	현재	미래	
받침 ○	-은 만큼	-는 만큼	-을 만큼	-은 만큼
받침 ×	-ㄴ 만큼		-ㄹ 만큼	-ㄴ 만큼

- **-았/었던 만큼** : 화자가 경험한 과거의 상황을 강조하기 위해 '-은' 대신에 '-았/었던'을 사용할 수 있다.

  예문 노력했던 만큼 좋은 결과가 있을 거야.

1 비슷한 정도나 수량

앞의 내용과 비슷한 정도나 수량을 나타낼 때 쓴다.

- 먹을 만큼만 덜어 가세요.
- 너의 짜증에 그동안 참을 만큼 참았어.
- 나는 가사를 전부 다 외울 만큼 그 노래를 좋아한다.
- 요새는 잘 시간도 없을 만큼 너무 바쁘다.
- 주는 만큼 받고 싶은 마음이 드는 건 어쩔 수 없네.
- 가 : 강희야, 나 정말 힘들어.
  나 : 아픈 만큼 성숙해진다는 말도 있잖아. 같이 이겨내 보자.

중심어

- **만큼** : 수량, 정도

문법 정보

- **주어 제약** : 선행절과 후행절의 주어가 일치해야 하며, 후행절의 주어는 주로 생략된다.
  예문 우리 딸은 1등을 도맡을 만큼 (우리 딸은/*우리 아들은) 공부를 잘해요.
- **선행 용언 제약** : 정도성을 갖는 의미를 나타내는 용언과 주로 결합한다. 따라서 순간적으로 완료된 상태를 나타내는 동사와는 결합할 수 없다.
  예문 *지하철이 도착할 만큼 도착했어요.
  　　*그 사람은 이미 죽을 만큼 죽었습니다.
- **선어말어미 제약** : 선행 용언과 결합할 때 '-겠-'이 개재되기 어렵다.
  예문 *먹겠을 만큼만 덜어 가세요.

관련 표현

- **만큼**
  (1) 명사 뒤에 쓰여 어느 정도나 한도임을 나타내는 조사 '만큼'도 있다.
  예문 수박만큼 복숭아도 맛있어요.
  　　연정이는 천사만큼 착하다.

2 이유나 근거

앞의 내용이 이유나 근거가 됨을 나타낼 때 쓴다.

- 선생님께서 아껴 주신 만큼 최선을 다하겠습니다.
- 저는 아직은 나이가 어린 만큼 사회 경험이 더 필요할 것 같아요.
- 지난번에 도와주신 만큼 이번에는 제가 도움을 드릴게요.
- 가 : 민수 씨, 왜 이렇게 연락을 자주 해요?

나 : 이제 막 사귀기 **시작한 만큼** 더 알아가고 싶어서요.

중심어

- 원인, 이유

담화 정보

- 주로 격식적인 상황에서 사용한다.

문법 정보

- **선어말어미 제약** : 선행 용언과 결합할 때 '-었-', '-겠-'이 개재되기 어렵다.

  예문 저를 (아껴 주신/아껴 주셨던/*아껴 주셨는) 만큼 최선을 다하겠습니다.

관련 표현

- **-으니까**

  (1) 대부분의 경우에 '-는 만큼'과 큰 의미 차이 없이 바꿔 쓸 수 있다.

  예문 엄마가 예(쁘니까/쁜 만큼) 아이도 예쁠 거예요.

-은/는가 하면

의존어 구성:
연결표현

형태 정보

	동사	
	과거	현재
받침 ○	-는가 하면	-은가 하면
받침 ×		-ㄴ가 하면

1 상반되는 사실

어떤 행동이나 상태가 있는 한편, 그와 다른 행동이나 상태도 있음을 나타낸다. 앞의 내용과 뒤의 내용에 주로 반대되거나 대비되는 내용이 온다.

- 어떤 사람은 한국 음식을 **좋아하는가** 하면 싫어하는 사람도 있다.
- 어떤 날은 아침을 **먹는가** 하면 어떤 날은 굶기도 한다.
- 연휴에는 고향에 가는 사람이 **있는가** 하면 여행을 가는 사람도 있지요.

- 가 : 요즘 그곳 날씨는 어때요?
- 나 : 어떨 때는 너무 더운가 하면 어떨 때는 너무 춥기도 해요.

문법 정보

- **선어말어미 제약** : 선행 용언과 결합할 때 '-겠-'이 개재되기 어렵다.
  - **예문** *언제는 시험을 잘 보겠는가 하면 다른 때는 시험을 못 보기도 해요.
- **후행절 제약** : 후행절은 주로 평서문으로 쓴다. 의문문으로 쓸 때는 주로 '-지요?'나 '-잖아요?' 등과 결합한 확인 의문문으로 쓴다. 명령문, 청유문으로 쓰기 어렵다.
- **예문** 어떤 날은 아침을 먹는가 하면 어떤 날은 굶기도 하지요?
  - *어떤 날은 아침을 먹는가 하면 어떤 날은 굶기도 하십시오.

-을 것까지는 없겠지만

의존어 구성:
연결표현

형태 정보

	형태
받침 ○	-을 것까지는 없겠지만
받침 ×	-ㄹ 것까지는 없겠지만

1 그 정도는 아니지만

앞말의 정도나 수준만큼은 아니지만, 이를 완전히 부정하지는 않음을 나타낼 때 쓴다.

- 취직을 서두를 것까지는 없겠지만, 미리 준비를 해 두면 좋아요.
- 매일 공부를 해야 할 것까지는 없겠지만, 그래도 꾸준히 해야지요.
- 일부러 화를 낼 것까지는 없겠지만, 자기 생각을 말할 필요는 있다.
- 모두와 친할 것까지는 없겠지만 그래도 알아두면 다 도움이 될 거예요.
- 가 : 떨어져서 실망했지요?
- 나 : 실망이라고 할 것까지는 없지만, 그래도 기분이 좋지는 않네요.

중심어

- **것** : 필요나 정도.

문법 정보

- **주어 제약** : 선행절과 후행절의 주어나 화제가 같아야 한다.
  - **예문** (내가) 밥을 굶을 것까지는 없겠지만 (내가) 양을 줄여야겠어. → 주어가 같음.
    내가 꼭 1등을 할 것까지는 없겠지만 내 성적이 좋으면 더 좋겠지. → 화제가 같음.
- **선행 용언 제약** : 주로 동사와 결합한다. 단, 형용사가 '-어야 하다/되다'와 결합한 꼴과 결합하는 경우도 있다.
  - **예문** 날씨가 꼭 좋아야 할 것까지는 없겠지만 적어도 비는 안 왔으면 좋겠어.
- **선어말어미 제약** : 선행 용언과 결합할 때 '-었-', '-겠-'이 개재되기 어렵다.
  - **예문** 군이 윗사람에게 (보고할/?보고했을/*보고하겠을) 것까지는 없겠지만 일부러 숨기면 어떡해!

공기 정보

- '그렇게, 이렇게' 등 정도성을 나타내는 부사어와 자주 함께 쓰인다.
  - **예문** 그렇게 노력할 것까지는 없겠지만 나는 정말 최선을 다했어.
- '굳이, 일부러' 등 의지, 당위를 나타내는 부사어와 자주 함께 쓰인다.
  - **예문** 굳이 일등을 할 것까지는 없겠지만 일등을 목표로 공부한다면 더 남는 게 있지 않겠어?

담화 정보

- 주로 구어에서 사용한다.

-을 게 아니라

의존어 구성:
연결표현

형태 정보

	형태
받침 ○	-을 게 아니라
받침 ×	-ㄹ 게 아니라

- -을 것이 아니라 : '-을 게 아니라'의 '게'는 '것이'가 줄어든 형태이다.

1 다른 것을 권유

앞의 일을 하지 않고 뒤의 일을 할 것을 권유함을 나타낼 때 쓴다.

- 그냥 참을 게 아니라 아프면 병원에 가 봐.
- 귀찮은데 요리를 할 게 아니라 그냥 시켜 먹자.
- 영양제만 먹을 게 아니라 운동을 좀 해 보면 어때?
- 유학 가서 공부만 할 게 아니라 친구들도 좀 사귀고 해야지.
- 화가 날 때는 감정적으로 대응할 게 아니라 냉정히 생각할 필요가 있다.
- 가 : 서준이가 많이 늦네? 벌써 12시가 넘었어.
  나 : 무작정 기다릴 게 아니라 한번 전화해 보는 건 어때?

중심어

- 것 : 추상적인 일

문법 정보

- **주어 제약** : 주로 사람을 나타내는 주어와 함께 쓴다. 선행절과 후행절의 주어가 일치해야 하며 후행절의 주어는 보통 생략된다.
  예문 환자는 아프면 무작정 참을 게 아니라 (*의사는) 병원에 가 보는 게 좋다.
- **선행 용언 제약** : 주로 동사와 결합한다. 형용사, '이다'와 결합하기 어렵다.
  예문 *더울 게 아니라 추우면 좋겠다.
- **선어말어미 제약** : 선행 용언과 결합할 때 '-었-', '-겠-'이 개재되기 어렵다.
  예문 *요리를 (했을/하겠을) 게 아니라 그냥 시켜 먹자.
- **후행절 제약** : 후행절은 주로 미래의 사건을 나타낸다. 따라서 과거 시제로 쓰기 어려우며 주로 제안, 계획, 명령, 청유 등의 내용이 온다.
- 예문 *요리를 할 게 아니라 그냥 시켜 먹었다.

담화 정보

- 주로 구어에서 사용한다.
- 주로 비격식적인 상황에서 사용한다.

-을 겸

의존어 구성:
연결표현

형태 정보

	형태
받침 ○	-을 겸
받침 ×	-ㄹ 겸

- **-을 겸 해서** : '겸' 뒤에 '해서'가 오기도 한다.
- **명사** + **겸** : 주로 두 가지 용도나 자격을 가짐을 나타낸다.
  - **예문** 이곳은 주방 겸 거실로 쓰고 있다.
    아침 겸 점심을 먹었다.
    그는 작곡가 겸 가수로 활동 중이다.

1 여러 목적 중 하나

두 가지 이상의 목적을 가지고 뒤의 행동을 했음을 나타낼 때 쓴다.

- 점심도 먹을 겸 잠시 쉴 겸 밖에 나갔어요.
- 운동도 할 겸 돈도 아낄 겸 해서 학교에 걸어 왔어요.
- 한국 역사 공부도 할 겸 박물관에 가 보는 건 어때요?
- 그냥 한국어 공부도 할 겸 해서 아르바이트하고 있어.
- 가 : 여기까지 웬일이야?
  나 : 네 얼굴도 볼 겸, 빌린 책도 줄 겸 왔어.

중심어

- **겸** : 동시에 아우름.

문법 정보

- **주어 제약** : 주로 사람을 나타내는 주어와 함께 쓴다. 선행절과 후행절의 주어가 일치해야 하며 후행절의 주어는 보통 생략된다.
  - **예문** 나는 친구도 만날 겸 (나는/*너는) 학교에 갔다.

- **목적어 정보** : 목적어에 보조사 '도'가 자주 결합한다.
  - **예문** 저녁도 먹을 겸, 아예 회의 장소를 식당으로 잡는 건 어때요?

- **선행 용언 제약** : 주로 동사와 결합한다. 형용사, '이다'와 결합하기 어렵다.

예문 *자외선도 차단할 겸 예쁠 겸 화장을 했어요.

- **선어말어미 제약** : 선행 용언과 결합할 때 '-었-', '-겠-'이 개재되기 어렵다.
  예문 *점심도 (먹었을/먹겠을) 겸 잠시 밖에 나갔다.

- **부정형 정보** : 화자의 의도가 반영되기 때문에 선행절에 '못' 부정형을 쓰면 어색한 경우가 많다.
  예문 그 사람을 (안/*못) 만날 겸 다른 길로 돌아 왔어.

담화 정보

- 주로 구어에서 사용한다.
- 상황에 따라 여러 가지 효과가 있을 수 있다. 예를 들어 제안하는 경우에는 여러 가지 목적을 성취할 수 있음을 나열하여 좀 더 설득력 있게 말할 수 있다.
  예문 오늘 날씨도 좋은데 우리 예쁜 사진도 찍을 겸 운동도 할 겸 공원에 같이 갈래?

-을 때

의존어 구성: 연결표현

형태 정보

	형태
받침 ○	-을 때
받침 ×	-ㄹ 때

- **-던 때** : 용법 1에서 예전부터 반복적으로 혹은 지속적으로 나타난 일임을 표현하기 위해 '-던'을 쓸 수 있다. 아주 먼 과거를 회상하듯이 말하는 듯한 느낌을 준다.
  예문 학교에 다니던 때가 그립네요.

- **-았/었던 때** : 화자가 경험한 과거의 상황을 강조하기 위해 '-았/었던'을 쓸 수 있다. 아주 먼 과거를 회상하듯이 말하는 듯한 느낌을 준다.
  예문 그때는 지금처럼 빵이 흔하지 않았던 때였다.

- **명사 + 때** : 주로 '방학', '휴가' 등과 같이 기간을 나타내는 일부 명사가 온다.

1 시간, 경우

어떤 행동이나 상황이 일어나는 동안이나 그 시기, 또는 그러한 일이 일어난 경우를 나타낼 때 쓴다.

- 여보, 퇴근할 때 콩나물 좀 사다 주세요.
- 연정이는 학생일 때 결혼을 했다.
- 나는 어렸을 때 키가 작았다.
- 눈이 아플 때 손으로 비비지 마세요.
- 비가 왔을 때 우산이 없어서 비를 다 맞고 말았다.
- 몸이 아팠을 때 네 보살핌이 큰 힘이 되었어.
- 가 : 연정 언니, 학교에 올 때 커피 한 잔만 사다 줄 수 있어?
  나 : 그래, 3시쯤 갈 거야. 그때 가서 연락할게.

문법 정보

- **선어말어미 제약** : 선행 용언과 결합할 때 '-겠-'이 개재되기 어렵다.
  > **예문** *여보, 퇴근하겠을 때 콩나물 좀 사다 주세요.

관련 표현

- **-을 적에**
  (1) '-을 때'와 바꿔 쓸 수 있는 경우가 있다. 다만, '-을 적에'가 더 예스러운 느낌이며, 주로 과거를 나타낼 때 쓴다. '-을 때에'는 부사격조사 '에'가 생략될 수 있지만, '-을 적에'는 거의 부사격조사 '에'가 결합한 형태로 쓰인다.
  > **예문** 할머니: 내가 학교 다닐 (적에는/때에는) 외국인 친구가 별로 없었단다.

- **-을 경우에**
  (1) 어떤 행위나 상황이 일어난 경우를 나타낸다. '(-았/었)을 경우에'는 가정이나 조건의 의미로 쓰이기도 한다. 대부분의 경우에는 '-을 때에', '-을 적에'와 바꿔 쓸 수 있지만, '-을 적에'는 '에'가 거의 생략되지 않으며, 미래 사실이나 가정, 조건의 의미로는 잘 쓰이지 않는다.
  > **예문** 이번 시험에서 불합격할 (때/경우/*적에) 학교를 그만둬야 할지도 몰라.

-을 때마다

의존어 구성:
연결표현

형태 정보

	형태
받침 ○	-을 때마다
받침 ×	-ㄹ 때마다

'어떤 행위나 상황이 일어나는 시간이나 경우 모두'를 나타낸다.

- 강희는 **만날 때마다** 바빠 보여.
- 소현이는 시험을 **볼 때마다** 긴장을 많이 하는 것 같다.
- 나는 여행을 **할 때마다** 그 곳에서 가장 유명한 식당에 가 본다.
- 가 : 기침이 **나올 때마다** 이 약을 드세요.
  나 : 네, 알겠습니다.

문법 정보

- **선행 용언 제약** : 주로 동사와 결합한다. 형용사의 경우, 일정한 간격을 두고 반복되는 것이 가능한 상태를 나타내는 경우에만 결합이 가능하다. 따라서 영구적인 것으로 여겨지는 상태를 나타내는 형용사와는 결합하기 어렵다.

  예문 나는 날씨가 좋을 때마다 그 사람이 떠오른다. → 반복 가능한 상태를 나타내는 형용사
  *나는 키가 작을 때마다 우유를 많이 마셨다. → 반복 불가능한 상태를 나타내는 형용사

- **선어말어미 제약** : 선행 용언과 결합할 때 '-겠-'이 개재되기 어렵다.

  예문 내가 (힘들/힘들었을) 때마다 아내가 위로해 주었다.
  *스트레스를 받겠을 때마다 먹는 것으로 풀지 마세요.

관련 표현

- **-은/는 대로**
  (1) 모든 기회마다 족족 응함을 나타낸다. 단, '-을 때마다'는 일정한 간격을 두고 반복되는 것이 가능한 대부분의 경우를 나타낼 수 있는 반면, '-은/는 대로'는 아주 짧은 시간 동안 반복적으로 일어나는 경우만을 나타낼 수 있다.

  예문 나는 화가 (날 때마다/*나는 대로) 등산을 간다.
  경훈이는 공을 (찰 때마다/차는 대로) 득점을 했다.

-을 바에

의존어 구성:
연결표현

형태 정보

	형태
받침 ○	-을 바에
받침 ×	-ㄹ 바에

1 차선으로

최선은 아니지만 앞의 내용이 기대에 워낙 못 미치기 때문에 뒤의 것을 선택함을 나타낼 때 쓴다.

- 거기로 신혼여행을 갈 바에야 안 가는 게 낫겠어요.
- 어차피 그 일을 끝낼 수 없을 바에야 시작하지 않을래요.
- 이렇게 외롭게 지낼 바에는 고향에 돌아가는 게 좋겠다.
- 그렇게 아프면 집에서 고생할 바에야 입원이라도 하지그래요?
- 가 : 신희야, 미안해, 30분 정도 늦을 것 같아.

  나 : 그렇게 자꾸 늦을 바에는 차라리 약속을 늦게 잡아.

중심어

- **바** : 형편

문법 정보

- **선어말어미 제약** : 선행 용언과 결합할 때 '-겠-'이 개재되기 어렵다.

  예문 *거기로 신혼여행을 가겠을 바에야 안 가는 게 나아요.

- **후행절 제약** : 후행절은 주로 미래의 사건을 나타낸다. 따라서 과거 시제로 쓰기 어려우며 계획, 약속, 제안, 청유, 명령 등의 내용이 주로 온다.

  예문 *거기로 신혼여행을 갈 바에야 집에 있었어요.

- **조사 결합 정보** : 큰 의미 차이 없이 보조사 '야'와 '는'이 교체되어 사용될 수 있다. 그러나 이들 보조사를 생략하면 어색한 경우가 많다.

  예문 ?거기로 신혼여행을 갈 바에 안 가는 게 나아요.

4. 의존어 구성 : 연결표현   471

담화 정보

- 주로 구어에서 사용한다.
- 화자가 어떤 상황에 대하여 부정적인 태도를 가지고 있을 경우 사용한다.
  - **예문** 고백하고 거절당할 바에야 그냥 말하지 않고 가만히 있는 것이 나을 것 같다.

-을 뿐만 아니라

의존어 구성:
연결표현

형태 정보

	형태
받침 ○	-을 뿐만 아니라
받침 ×	-ㄹ 뿐만 아니라

1 앞의 일에 더해 뒤의 일까지 그러함

앞의 일에 더해 뒤의 일까지 그러함을 나타낼 때 쓴다.

- 이 컴퓨터는 무거울 뿐만 아니라 고장도 잦다.
- 한국은 경치가 좋을 뿐만 아니라 맛있는 음식이 많아서 여행하기에 좋아요.
- 지용 씨는 얼굴이 잘생겼을 뿐만 아니라 성격도 자상해요.
- 가 : 김홍일 고객님, 왜 환불하려고 하십니까?
  나 : 이 컴퓨터는 무거울 뿐만 아니라 디자인도 마음에 들지 않아요.

중심어

- **뿐** : 오직, 따름

문법 정보

- **주어 제약** : 선행절과 후행절의 주어나 화제가 일치해야 한다.
  - **예문** 현정이는 예쁠 뿐만 아니라 (현정이는/*채린이는) 착하다. → 주어 일치
    현정이가 예쁠 뿐만 아니라 그 동생도 예쁘다. → 화제 일치
- **선어말어미 제약** : 선행 용언과 결합할 때 '-겠-'이 개재되기 어렵다.
  - **예문** *내일은 비가 오겠을 뿐만 아니라 안개도 낄 예정입니다.
- **후행절 제약** : 후행절은 주로 평서문으로 쓴다. 명령문, 청유문으로 쓰기 어렵다.

예문 *숙제를 열심히 할 뿐만 아니라 좋은 성적을 받으세요.

관련 표현

• **-을 뿐더러**

(1) 대부분의 경우에 '-을 뿐만 아니라'와 큰 의미 차이 없이 바꿔 쓸 수 있다.

예문 강희는 착할 (뿐만 아니라/뿐더러) 성실하다.

• **-은/는 데다가**

(1) 대부분의 경우에 '-을 뿐만 아니라'와 큰 의미 차이 없이 바꿔 쓸 수 있다.

예문 강희는 (착할 뿐만 아니라/착한 데다가) 성실하다.

-을 양

의존어 구성:
연결표현

형태 정보

	동사
	미래
받침 ○	-을 양
받침 ×	-ㄹ 양

1 의도 및 의향

어떤 의도나 의향을 지닌 것처럼 흉내 내어 행동함을 나타낼 때 쓴다

• 남편은 자고 있는 아기를 깨우지 않을 양 조심스럽게 방문을 닫았다.
• 너는 마치 살인범이라도 용서할 양 너그럽게 말하는구나?
• 이번에 한국어 능력 시험을 볼 양이면 한국 소설책도 많이 읽어야 합니다.
• 석훈이는 아내의 공부를 방해하지 않을 양으로 텔레비전 소리를 줄였다.
• 가 : 신희야, 어제 그 남자가 드디어 고백했니?
  나 : 아니요, 고백할 양 하다가 결국 또 커피만 마시고 헤어졌어요.

중심어

• **양** : 의도, 의향

문법 정보

- **주어 제약** : 선행절과 후행절의 주어가 일치해야 하며 후행절의 주어는 보통 생략된다.
  > 예문 연정이는 살인범이라도 용서할 양 (연정이는) 너그럽게 말했어요.

- **선행 용언 제약** : 주로 동사와 결합한다. 형용사, '이다'와 결합하기 어렵다.
  > 예문 *나는 세상에서 제일 예쁠 양 열심히 화장을 했다.

- **선어말어미 제약** : 선행 용언과 결합할 때 '–었–', '–겠–'이 개재되기 어렵다.
  > 예문 *채린이는 전국의 상을 모두 (받았을/받겠을) 양 열심히 대회에 나갔다.

관련 표현

- **–을 것처럼**
  (1) '–을 양'과 큰 의미 차이 없이 바꿔 쓸 수 있는 경우가 있다.
  > 예문 그 커플은 당장이라도 (결혼할 것처럼/결혼할 양) 붙어 다녔다.

–을 정도로

의존어 구성:
연결표현

형태 정보

	형태
받침 ○	–을 정도로
받침 ×	–ㄹ 정도로

1 어떤 일이 일어날 수준에 빗대어

어떤 행위나 상태가 일어날 정도의 수준을 말할 때 쓴다. 뒤에는 이러한 내용에 빗대어 어떤 상황을 기술하는 내용이 온다.

- 눈이 **따가울 정도로** 바람이 심하게 분다.
- 수돗물이라도 마시고 싶을 **정도로** 목이 말라요.
- 그 영화는 꿈에 **나올 정도로** 무섭다.
- 소현이는 지하철 안에서 코를 골았을 **정도로** 많이 피곤했다.
- 아버지는 프로 선수로 데뷔 **할 정도로** 골프를 좋아하신다.
- 가 : 은주야 이게 우리 얼마 만이야!
  나 : 정말 얼굴 **까먹을 정도로** 오랜만이다, 얘.

중심어

- **정도** : 수준, 한도

문법 정보

- **선어말어미 정보** : 선행 용언과 결합할 때 '-었-'이 개재되면 해당 사태가 이미 일어난 사실임을 뜻한다. 반면 선행 용언의 기본형과 결합하면 해당 사태가 실제로 발생한 사실인지 여부에 대한 정보를 담지 않는다.

  예문 어머니는 동생이 잠에서 깼을 정도로 나를 큰 소리로 혼내셨다.
     → 선행절이 사실을 나타냄.
     어머니는 동생이 잠에서 깰 정도로 나를 큰 소리로 혼내셨다.
     → 선행절이 사실일 수도, 비유일 수도 있음.

관련 표현

- **-을 만큼**
  (1) '-을 정도로'와 큰 의미 차이 없이 바꿔 쓸 수 있다.
  예문 눈이 따가울 (만큼/정도로) 햇빛이 강했다.

-을 테니까

의존어 구성:
연결표현

형태 정보

	형태
받침 ○	-을 테니까
받침 ×	-ㄹ 테니까

준말 -을 테니

1 확신을 가지고 추측한 근거

뒤의 내용을 말하기 위해 확신을 가지고 추측한 근거를 나타낼 때 쓴다.

- 먼 길 오느라 많이 힘들었을 테니 푹 쉬세요.
- 그 사람은 분명 늦을 테니까 우리 먼저 시작합시다.
- 한강대교가 막힐 테니까 다른 길로 돌아가지요?
- 가 : 왜 빨래를 한꺼번에 많이 하는 거야?

나 : 내일 비가 오면 말릴 수 없을 테니 미리 해 두는 거야.

- 터 : 밑바탕, 이유

문법 정보

- **선어말어미 제약** : 선행 용언과 결합할 때 '-겠-'이 개재되기 어렵다.
  예문 *그 사람은 분명 늦겠을 테니까 우리 먼저 시작합시다.

담화 정보

- 주로 구어에서 사용한다.
- 강한 확신을 가지고 추측하여 근거를 말할 때 사용한다.

2 의지

화자의 의지를 나타낼 때 쓴다

- 앞으로 늦지 않을 테니까 믿어 주세요.
- 이번 프로젝트는 꼭 제가 참여할 테니 맡겨만 주세요.
- 남자 친구한테 시킬 테니까 너는 그냥 쉬어.
- 가 : 엄마, 이번 주말에 여행을 가신다고요?
  나 : 반찬 만들어 두고 갈 테니까 챙겨 먹어.

중심어

- 터 : 밑바탕, 이유

문법 정보

- **선행 용언 제약** : 주로 동사와 결합한다.
  예문 내가 (*예쁠/잘 할) 테니까 믿어 주세요.
- **선어말어미 제약** : 선행 용언과 결합할 때 '-겠-'이 개재되기 어렵다.
  예문 *그 사람은 분명 늦겠을 테니까 우리 먼저 시작합시다.

담화 정보

- 주로 구어에서 사용한다.

-을 테지만

형태 정보

	형태
받침 ○	-을 테지만
받침 ×	-ㄹ 테지만

1 뒤의 내용에 대비되는 상황을 추측하여 제시

확신을 가지고 추측한 내용을 제시할 때 쓴다. 이때 뒤에 오는 내용은 앞 내용을 통한 기대가 부정된 상황을 표현한다.

* 먼 길 오느라 많이 힘들었을 테지만 일단 일부터 시작합시다.
* 그 사람은 분명 늦을 테지만 조금 더 기다려 봅시다.
* 한강대교가 막힐 테지만 그래도 한번 가 봅시다.
* 가 : 강희야, 왜 벌써 다음 주 숙제를 하고 있어?
  나 : 그때가 되면 다시 할 테지만 미리 예습해 보고 싶어서 그래.

중심어

* **터** : 밑바탕, 이유

문법 정보

* **선어말어미 제약** : 선행 용언과 결합할 때 '-겠-'이 개재되기 어렵다.
  예문 *그 사람은 분명 늦겠을 테지만 조금 더 기다려 봅시다.

담화 정보

* 주로 구어에서 사용한다.
* 강한 확신을 가지고 추측하여 말할 때 사용한다.

-을 텐데

형태 정보

	형태
받침 ○	-을 텐데
받침 ×	-ㄹ 텐데

1 확신을 가지고 추측한 상황의 제시

뒤의 내용을 말하기 위해 확신을 가지고 추측한 상황을 제시할 때 쓴다.

- 많이 **힘들 텐데** 조금 쉬었다 해요.
- 그 사람은 분명 **늦을 텐데** 우리 먼저 시작합시다.
- 이 일을 이번 주 안에 끝내야 **할 텐데** 걱정이에요.
- 꽤 배가 **고팠을 텐데** 잘 참았네요?
- 가 : 강희야, 오늘 영화 보러 갈래?
  나 : 나는 안 될 것 같아. 신희도 쉬는 **날일 텐데** 한번 연락해 봐.

중심어

- **터** : 밑바탕

문법 정보

- **선어말어미 제약** : 선행 용언과 결합할 때 '-겠-'이 개재되기 어렵다.
  예문 *그 일을 내일까지 끝내야 하겠을 텐데 걱정이에요.

담화 정보

- 주로 구어에서 사용한다.
- 강한 확신을 가지고 추측하여 내용을 제시할 때 사용한다.

5

의존어 구성 : 종결표현

❀ 구성 ❀

표제항 정보

▶ **표제항은 다음과 같은 원칙에 근거하여 기술하였다.**
- 관형형 어미와의 결합 제시: '-은/는/을 것 같다'
- 형태가 복잡한 경우, 동사에 붙는 형태를 대표형으로 제시: '-는단 말이다'
- 중심어가 반복되는 구성은 특정 관형형 어미만 제시: '-는 둥 마는 둥하다'
- 별 의미 차 없이 교체가 가능한 어미나 표현은 '/'로 병기: '-기/게 마련이다'
- 중심어의 의미를 고려하여 복수 표제항 인정: '-은/는/을 참이다', '-던 참이다/차이다'
- 생략 가능한 조사는 ( )로 표시: '-기(가) 십상이다'

의존어 구성(종결표현) 영역 쉽게 읽기

▶ **결합 용언에 따른 이형태 정보의 제시**
- 의존어 구성(종결표현)은 관형사형어미를 포함하므로 받침의 유무뿐만 아니라 시제와 품사에 따라 이형태가 달리 나타난다. 이에 의존어 구성(종결표현)의 형태 정보에는 어미와 달리 시제 정보를 형태 정보에 포함하였다는 점이 특징적이다.

▶ **연결 형태로의 쓰임에 대한 정보의 제시**
- 의존어 구성(종결표현)은 종결표현이기는 하지만 조사와 결합하여 연결표현으로도 기능할 수 있는 경우가 있기 때문에 이와 관련된 해당 연결 형태를 제시하였다.

▶ **결합 가능한 요소에 대한 풍부한 정보의 제시**
- 의존어 구성(종결표현)은 선행 용언의 어간과 어말어미 사이에 위치하며 그 앞뒤로 선어말어미 역시 결합 가능하다는 점에서 결합 가능한 형태의 종류가 다양하다는 특징이 있다. 따라서 다양한 결합 요소들에 대한 정보를 풍부하게 담고자 하였다. 또한 주로 자립적으로 연결의 기능을 수행하는 의존어 구성(연결표현)과는 달리 의존어 구성(종결표현)은 어말어미와의 결합이 필수적인 경우가 많다. 이에 따라 의존어 구성(종결표현)의 문법 정보는 결합 가능한 어말어미의 종류에 따른 정보로서 분포 및 활용 정보가 포함된 경우가 있다는 점이 특징적이다.

▶ **다양한 양태 정보의 제시**
- 의존어 구성(종결표현)은 명제에 대한 화자의 태도, 즉 양태를 다양하게 나타내는 기능을 한다. 따라서 다른 영역과 달리 의존어 구성(종결표현)은 명제에 대한 화자의 미묘한 태도 차이가 문법 표현을 통해 어떻게 드러나는지에 대하여 충분하게 의미 정보를 제시하고자 하였다. 담화 정보에서 역시 양태 정보로 인해 발생하는 담화적 제약 및 특징에 대하여 상세히 기술하였다.

▶ **장르의 제약에 대한 정보의 제시**
- 의존어 구성(종결표현)은 장르에 따라 사용이 더 선호되거나 회피되는 경우가 있기 때문에 이러한 장르 제약 정보를 최대한 제시하고자 하였다.

-게 되다

형태 정보

• 용언의 어간에 '-게 되다'를 붙인다.

1 변화

의지나 바람과 상관없이 그러한 상황에 이르게 됨을 나타낼 때 쓴다.

• 그 가게는 손님이 없어서 문을 닫게 되었다.
• 집에서 학교까지 너무 멀어서 학교 근처로 이사를 가게 되었다.
• 어릴 적 친구의 소식을 우연히 듣게 되었습니다.
• 어릴 때 나쁜 습관을 고치지 않으면 나이가 들수록 고치기 어렵게 된다.
• 가 : 내가 급한 일이 생겨서 내일 모임에 참석하지 못하게 되었어. 정말 미안해.
  나 : 정말? 오랜만에 네 얼굴 보려고 오는 친구들이 많은데.

문법 정보

• **선행 용언 제약** : 주로 동사와 결합한다. 단, '바쁘다, 어렵다' 등의 일부 형용사와 결합
  하는 경우도 있다.
  예문 가구를 더 들여 놓았더니 방이 (좁아졌다/²좁게 되었다).
  새로운 일을 시작하고 나서부터 전보다 더 바쁘게 되었다.

• **선어말어미 제약** : 선행 용언과 결합할 때 '-었-', '-겠-'이 개재되기 어렵다.
  예문 *그 가게는 손님이 없어서 문을 (닫았게/닫겠게) 되었다.

• **문장 유형 제약** : 주로 평서문, 의문문으로 쓴다. 청유문, 명령문으로 쓰기 어렵다.
  예문 *외국으로 이사를 가게 되어라.

담화 정보

• 1인칭 주어와 함께 쓰일 때 자신의 의지와 관계없이 이루어졌음을 나타내므로 공손한
  표현이 될 수 있다.

접미 피동

일부 동사에 피동 접미사가 결합하여 피동의 의미를 나타낼 수 있다. 그러나 '-게 되다'는 많은 동사와 자유롭게 결합할 수 있고 피동 접미사에 의한 피동과 의미에도 차이가 있다.

> **예문** 친구의 결혼식에서 헤어진 남자 친구를 다시 보게 되었다.
> 멀리서 손을 흔드는 어머니의 모습이 보였다.
> 어릴 적 친구의 소식을 우연히 듣게 되었다.
> 어디에선가 음악 소리가 들린다.

-게 하다

의존어 구성:
종결표현

형태 정보

• 용언의 어간에 '-게 하다'를 붙인다.

1 사동

다른 사람이 무엇을 하게 시키거나 사물이 어떤 상태가 되도록 만듦을 나타낼 때 쓴다.

• 엄마는 아이가 밥을 끝까지 다 먹게 했다.
• 저는 주말마다 남편에게 청소를 하게 해요.
• 아내가 차를 험하게 몰아서 차가 고장나게 했다.
• 여보, 이제 우리 규현이도 컸으니까 혼자서 자게 합시다.
• 교수님은 학생들이 스스로 논문 주제를 찾아오게 하실 거예요.
• 가 : 네가 웬일로 텔레비전을 안 보니?
  나 : 형이 시끄럽다고 텔레비전을 못 보게 했어요.

> **tip** '하다' 자리에는 '만들다'나 '시키다'가 대신 올 수도 있다.
> • 엄마는 아이가 밥을 먹게 만들었다.
> • 교수님은 학생들이 스스로 논문 주제를 찾아오게 시키셨다.

문법 정보

• **조사 결합 정보** : '-게'와 '하다' 사이에는 보조사 '는', '도', '만', '까지' 등이 올 수 있다.

예문 저는 주말마다 남편에게 청소를 하게도 하고, 빨래를 하게까지 해요.

- **선행 용언 제약** : 주로 동사와 결합한다. 그러나 상태 변화의 의미를 담을 수 있는 형용사와도 결합할 수 있다.

    예문 엄마는 아이가 밥을 먹게 했다. → 동사와 결합 가능
    *엄마는 아이가 예쁘게 했다. → 형용사와 결합 어려움.
    엄마는 국을 데워서 따뜻하게 하셨다. → 상태 변화 의미의 형용사와 결합 가능

- **선어말어미 제약** : 선행 용언과 결합할 때 '-었-', '-겠-'이 개재되기 어렵다.

    예문 *엄마는 아이가 밥을 혼자서 다 (먹었게/먹겠게) 했다.

tip '-게 하다'와 결합하는 동사의 행위주에는 조사 '-에게' 대신에 '-이/가', '-을/를'이 오는 경우도 있다.
- 엄마는 아이(에게/가/를) 밥을 먹게 했다.

관련 표현

- **-도록 하다**

    (1) 주로 문어나 격식적인 상황에서 사용하는 경향이 있다.

    예문 정부는 기업들이 공해 물질을 줄이도록 했다.

    (2) 청자에게 명령할 때나 화자 스스로의 의지나 다짐을 표현할 때도 쓸 수 있다.

    예문 여러분, 운동장으로 모이도록 하세요. → 명령
    곧 답변 드리도록 하겠습니다. → 의지, 다짐

접미 사동

사동 접미사와 결합하는 동사는 매우 제한적이지만 '-게 하다' 앞에는 많은 동사가 자유롭게 쓰인다. 사동 접미사에 의한 사동과 '-게 하다'와의 결합에 의한 사동이 둘 다 가능한 경우에는 양자 간에 의미 차이가 있다. 일반적으로 접미사에 의한 사동은 직접 사동인 데 비하여 '-게 하다'에 의한 사동은 간접 사동의 의미가 있다.

예문 엄마가 아이에게 젖을 먹였다.
아이가 밥을 안 먹고 장난만 치자, 엄마가 아이를 혼내서 밥을 먹게 했다.

---

2 허락

다른 사람의 행동을 허락하거나 허용함을 나타낼 때 쓴다.

- 자취를 하고 싶었지만 부모님이 혼자 자취하게 하지 않으셨어요.
- 우리 엄마는 하루에 한 시간만 컴퓨터 게임을 하게 하셔.

- 우리 기숙사에서는 학생들이 **외박하게 하지** 않습니다.
- 가 : 아이에게 사탕 줘도 돼?

  나 : 응, 하루에 한 개 정도는 **먹게 하고** 있어.

> **tip** '하다' 자리에는 '두다'나 '허락하다'가 대신 올 수도 있다.
> - 엄마는 내가 한 시간만 컴퓨터 게임을 하게 허락한다.
> - 주말이니까 남편이 낮잠을 자게 두었다.

문법 정보

- **조사 결합 정보** : '-게'와 '하다' 사이에는 보조사 '는', '도', '만', '까지' 등이 올 수 있다.

  예문 주말이니까 남편이 낮잠을 자게는 해 주었다.

- **선행 용언 제약** : 주로 동사와 결합한다.

  예문 ?나는 동생을 귀엽게 했다.

- **선어말어미 제약** : 선행 용언과 결합할 때 '-었-', '-겠-'이 개재되기 어렵다.

  예문 *그 우리 기숙사는 학생들이 (외박했게/외박하겠게) 하지 않습니다.

> **tip** '-게 하다'와 결합하는 동사의 행위주에는 조사 '-에게' 대신에 '-이/가', '-을/를'이
> 오는 경우도 있다.
> - 엄마는 (내가/나를/나에게) 한 시간만 컴퓨터 게임을 하게 한다.

관련 표현

- **-도록 하다**

  (1) 주로 문어나 격식적인 상황에서 사용하는 경향이 있다.

  예문 저희 병원에서는 환자들이 허가 없이 외출하도록 하지 않습니다.

  (2) 청자에게 명령할 때나 화자 스스로의 의지나 다짐을 표현할 때도 쓸 수 있다.

  예문 내일 아침 8시까지 운동장으로 모이도록 하세요. → 명령

  곧 답변 드리도록 하겠습니다. → 의지, 다짐

-고 말다

의존어 구성:
종결표현

형태 정보

- 용언의 어간에 '-고 말다'를 붙인다.

1 안타까움

일어나지 않았으면 좋았을 어떤 일이 끝내 일어났음을 나타내면서 동시에 그 일이 일어난 것에 대한 화자의 안타까움을 나타낼 때 쓴다.

- 선수들은 피나는 노력에도 불구하고 금메달 획득에는 실패하고 말았다.
- 김 선생은 불의의 사고로 일찍 세상을 떠나고 말았습니다.
- 늦잠을 자는 바람에 중요한 행사에 지각하고 말았어요.
- 가 : 필기시험은 통과했는데 면접에서 떨어지고 말았어.
  나 : 다음에 기회가 또 있을 거야. 힘내.

문법 정보

- **조사 결합 정보** : '-고'와 '말다' 사이에 조사 '야'가 쓰여 그 의미를 더욱 강조하기도 한다.
  예문 김 선생은 불의의 사고로 일찍 세상을 떠나고야 말았습니다.

- **선행 용언 제약** : 주로 동사와 결합한다. 형용사, '이다'와 결합하기 어렵다.
  예문 *아기가 엄마를 닮아서 못생기고 말았어요.

- **선어말어미 제약** : 선행 용언과 결합할 때 '-었-', '-겠-'이 개재되기 어렵다.
  예문 *늦잠을 자는 바람에 중요한 행사에 (지각했고/지각하겠고) 말았어요.

- **시제 정보** : 주로 '-었-'과 결합하여 과거형으로 쓴다. 그러나 미래의 사건을 기정사실화하여 표현할 때는 미래형으로 쓸 수도 있다.
  예문 나도 언젠가는 세상을 떠나고 말겠지. → 변할 수 없는 사건을 표현할 때
  김 선생은 불의의 사고로 일찍 세상을 떠나고 말 겁니다. → 점쟁이가 미래를 예언할 때

- **문장 유형 제약** : 주로 평서문, 의문문으로 쓴다. 청유문, 명령문으로 쓰기 어렵다.
  예문 *중요한 행사에 지각하고 맙시다.

관련 표현

- **-어 버리다**
  (1) 아쉬움이나 후회 등의 의미를 나타낼 때는 '-어 버리다'와 '-고 말다'를 대부분의 경우에 바꿔 쓸 수 있다.
     예문 차가 막히는 바람에 기차를 (놓쳐 버렸어/놓치고 말았어). → 아쉬움
     살을 빼야 하는데 못 참고 (먹어 버렸다/먹고 말았다). → 후회

  (2) 그러나 부담을 덜게 되어 시원한 감정을 나타낼 때는 '-어 버리다'를 쓰는 것이 자연스럽다.
     예문 오히려 포기를 (해 버리니/²하고 마니) 마음이 편해요.
     그동안 하고 싶었는데 못 했던 이야기를 (해 버리니까/²하고 마니까) 시원해요.

2 의지

이루기 쉽지 않은 어떤 일을 이루고자 하는 화자의 의지를 나타낼 때 쓴다.

- 올해는 꼭 시험에 **통과하고 말겠**다고 다짐했다.
- 이번 올림픽에서 반드시 금메달을 **따고 말겠습니다**.
- 금연에 성공해서 건강을 **되찾고 말 거예요**.
- 가 : 요즘 아르바이트를 열심히 하네.
  나 : 응. 열심히 돈을 모아서 내년에는 꼭 유럽으로 배낭여행을 **가고 말 거야**.

문법 정보

- **조사 결합 정보** : '-고'와 '말다' 사이에 조사 '야'가 쓰여 그 의미를 더욱 강조하기도 한다.
  예문 올해는 꼭 시험에 통과하고야 말겠다.

- **선행 용언 제약** : 주로 동사와 결합한다. 형용사, '이다'와 결합하기 어렵다.
  예문 *올해는 꼭 예쁘고 말겠다.

- **선어말어미 제약** : 선행 용언과 결합할 때 '-었-', '-겠-'이 개재되기 어렵다.
  예문 *꼭 시험에 (통과했고/통과하겠고) 말 거예요.

- **시제 제약** : 주로 '-겠-'이나 '-을 것이다'와 결합하여 미래형으로 쓴다. 과거 시제를 나타내는 '-었-'과 결합하기 어렵다.
  예문 금연에 성공해서 건강을 되찾고 (말 것이다/말겠다/^{??}말았다).

- **문장 유형 제약** : 주로 평서문, 의문문으로 쓴다. 청유문, 명령문으로 쓰기 어렵다.
  예문 *올해는 꼭 시험에 통과하고 말아라.

관련 표현

- **-어 버리다**
  (1) '-어 버리다'는 해당 사태가 (사실 관계와는 상관없이) 마치 화자가 마음만 먹으면 어렵지 않게 달성할 수 있는 목표라는 듯이 가정하는 태도로 말할 때 쓴다.
  예문 가 : 이번에는 장학금을 못 받을 것 같아. 1등만 장학금을 준다네.
  나 : 정말? 되게 까다롭네. 까짓 거, 그냥 1등 해 버려.

-고 싶다

형태 정보

- 용언의 어간에 '-고 싶다'를 붙인다.

1 희망

그 일을 하기 원하거나 그렇게 되기를 원함을 나타낼 때 쓴다.

- 나는 세계 모든 나라에 다 가 보고 싶다.
- 우리 팥빙수 먹으러 갈래? 날씨가 더워서 시원한 거 먹고 싶네.
- 이번 방학에는 운전면허를 따고 싶어서 운전 학원에 등록했어요.
- 가 : 우리 점심에 뭐 먹을까? 먹고 싶은 거 있어?
  나 : 글쎄. 학교 앞에 새로 생긴 식당에 가고 싶은데. 너는 어때?

문법 정보

- **조사 결합 정보** : '-고'와 '싶다' 사이에는 보조사 '는', '도', '만' 등이 올 수 있다.
  예문 여행을 가고(는/도/만) 싶다.

- **주어 제약** : 주로 유정물을 나타내는 주어와 함께 쓰며, 3인칭 주어와 결합하면 어색한 경우가 많다.
  예문 *오후에 날씨가 좋고 싶다.
  　　　*부모님이 아프시지 말고 건강하고 싶다.

- **선행 용언 제약** : 주로 동사와 결합하고 형용사와 결합하기 어렵다. '이다'와 결합하여 관용적인 표현으로 쓰이기도 한다.
  예문 나는 당신에게 좋은 남편이고 싶어.

- **선어말어미 제약** : 선행 용언과 결합할 때 '-었-', '-겠-'이 개재되기 어렵다.
  예문 *나는 세계 모든 나라에 다 가 (봤고/보겠고) 싶다.

- **문장 유형 제약** : 주로 평서문, 의문문으로 쓴다. 청유문, 명령문으로 쓰기 어렵다.
  예문 *학교 앞 새로 생긴 식당에 가고 싶자.

tip 3인칭 유정물 주어에는 '-고 싶어하다'를 쓴다.
- 규현이가 엄마를 많이 보고 싶어해.
- 여보, 서준이가 젤리를 먹고 싶어해요. 좀 사다 줄래요?

- **–었으면 좋겠다/하다/싶다**

  (1) '–었으면 좋겠다/하다/싶다'는 그렇게 되기를 바라거나 희망함을 나타내며, 큰 의미 차이 없이 '–고 싶다'와 바꿔 쓸 수 있는 경우가 있다.

  예문 가 : 이번 연휴에 뭘 할 거예요?
  나 : 이번 연휴에는 집에서 푹 쉬(었으면 해요/고 싶어요).

  (2) '–었으면 좋겠다/하다/싶다'는 주어 제약이 없으나 '–고 싶다'는 그렇지 않다.

  예문 여유가 생기면 운전을 (배웠으면 싶어/배우고 싶어).
  오후에 날씨가 (좋았으면 싶다/*좋고 싶다).

  → '–고 싶다'는 무정물 주어나 2, 3인칭 주어와 결합하면 어색한 경우가 많음.

–고 있다

의존어 구성:
종결표현

형태 정보

- 용언의 어간에 '–고 있다'를 붙인다.

1 진행

어떤 행동이 계속 진행됨을 나타낼 때 쓴다.

- 연정이는 늦는다니까 우리 먼저 회의를 하고 있자.
- 혜진이는 상대방이 말하고 있을 때 불쑥 끼어드는 버릇이 있다.
- 너는 아직도 밥을 먹고 있니? 정말 천천히 먹는구나.
- 가 : 현정이 출국이 언제더라?
- 나 : 현정이 오늘 아침에 출국했어. 지금쯤 미국에 가고 있겠다.

문법 정보

- **조사 결합 정보** : '–고'와 '있다' 사이에는 보조사 '는', '만' 등이 올 수 있다.
  예문 나는 머릿속으로는 딴 생각을 하면서 수업을 듣고(는/만) 있었다.

- **선행 용언 제약** : 주로 동사와 결합한다. 형용사, '이다'와 결합할 수 없다.
  예문 *나는 요즘 계속 바쁘고 있다.

- **선어말어미 제약** : 선행 용언과 결합할 때 '–었–', '–겠–'이 개재되기 어렵다.

예문 *네가 전화했을 때 (잤고/자겠고) 있었어.

tip 주어가 높임의 대상일 때는 '–고 있다' 대신에 '–고 계시다'를 쓴다.
• 할머니께서 주무시고 계시니까 조용히 해.

관련 표현

• **–는 중이다**
(1) 대부분의 경우에 '–고 있다'와 의미 차이 없이 바꾸어 쓸 수 있지만, '–고 있다'에 비해서 지칭하는 시간의 폭이 짧아서 의미 차이가 발생할 때도 있다.
예문 김 선생은 요즘 어학당에서 한국어를 가르치고 있어요.
김 선생은 지금 어학당에서 한국어를 가르치는 중이에요.

2 상태 지속

어떤 행동의 결과나 상태가 계속 지속됨을 나타낼 때 쓴다.

• 흰색 원피스를 입고 있는 사람이 채린이야.
• 무거운 가방을 들고 있어서 팔이 아파요.
• 나는 집중해서 생각을 하느라고 눈을 감고 있었다.
• 가 : 너 오늘 되게 키가 커 보이네?
  나 : 굽이 높은 구두를 신고 있어서 그런가 봐.

문법 정보

• **주어 제약** : 주로 사람을 나타내는 주어와 함께 쓴다.

• **조사 결합 정보** : '–고'와 '있다' 사이에는 보조사 '는', '만' 등이 올 수 있다.
예문 나는 굽이 높은 구두를 신고는 있었지만 여전히 남들보다 키가 작았다.

• **선행 용언 제약** : 주로 '입다', '신다', '쓰다', '걸치다' 등의 착용 동사나 '감다', '들다', '메다', '쥐다' 등과 같이 신체를 이용한 동작을 나타내는 특정 동사와만 결합한다.

• **선어말어미 제약** : 선행 용언과 결합할 때 '–었–', '–겠–'이 개재되기 어렵다.
예문 *나는 눈을 (감았고/감겠고) 있다.

tip 주어가 높임의 대상일 때는 '–고 있다' 대신에 '–고 계시다'를 쓴다.
• 흰색 원피스를 입고 계신 분이 강 선생님이셔.

관련 표현

• **–어 있다**
(1) 주로 피동형 동사나 자세 동사와 결합하여 상태 지속의 의미를 나타낸다.

예문 책상 위에 꽃병이 놓여 있다.

많은 사람들이 자리가 없어서 서 있었다.

(2) '가다', '오다'와 같은 이동 동사와 결합할 때, '-고 있다'는 진행의 의미를 나타내지만 '-어 있다'는 완료 상태의 지속을 나타낸다.

예문 신혜는 버스를 타고 학교에 가고 있어요. → 신혜는 지금 버스에 있음.

신혜는 학교에 가 있어요. → 신혜는 지금 학교에 있음.

-고자 하다

의존어 구성: 종결표현

형태 정보

• 용언의 어간에 '-고자 하다'를 붙인다.

1 의도

그렇게 하기를 의도하거나 그렇게 되기를 희망함을 나타낼 때 쓴다.

• 우리 두 사람은 이제 부부가 **되고자 한다**.
• 최고의 교사들에게 **배우고자 하면** 우리 학교로 오십시오.
• 이후의 일정을 안내해 **드리고자 합니다**.
• 무슨 말씀을 **하고자 하십니까**?
• 가 : 우리 회사에 들어오면 어떤 사원이 되고 싶습니까?

나 : 저는 가장 성실히 일하는 사원이 **되고자 합니다**.

문법 정보

• **주어 제약** : 주로 사람을 나타내는 주어와 함께 쓴다.
• **선행 용언 제약** : 주로 동사와 결합한다. 형용사, '이다'와 결합하기 어렵다.

예문 *저는 이제 예쁘고자 합니다.

• **선어말어미 제약** : 선행 용언과 결합할 때 '-었-', '-겠-'이 개재되기 어렵다.

예문 *이후의 일정을 안내해 (드렸고자/드리겠고자) 합니다.

• **문장 유형 제약** : 주로 평서문, 의문문으로 쓴다. 청유문, 명령문으로 쓰기 어렵다.

예문 *이후의 일정을 안내해 드리고자 합시다.

- 논문에서의 글쓰기, 공식적인 발표 및 안내 등과 같이 격식적인 상황에서 관용적으로 많이 쓴다.

관련 표현

- **-으려고 하다**
  (1) 주로 구어나 비격식적인 상황에서 사용하는 경향이 있다.
  > **예문**   가 : 방학에 뭐 할 거야?
  > 나 : 모아 둔 돈으로 배낭여행을 가려고 해.

-곤 하다

의존어 구성:
종결표현

형태 정보

- 용언의 어간에 '-곤 하다'를 붙인다.
  - **본말** -고는 하다
  - **tip** '-곤 하다'는 '-고는 하다'로 풀어 쓰면 오히려 어색해지기도 한다.

1 반복

같은 행동이나 상황이 반복됨을 나타낼 때 쓴다.

- 남편은 주말이면 매번 늦잠을 자곤 한다.
- 예전에는 일기를 곧잘 쓰곤 했지만 요새는 통 쓰지를 않는다.
- 여기가 어렸을 적 친구들과 함께 놀곤 하던 놀이터예요.
- 우리 동네는 툭하면 안개가 끼곤 한다.
- 가 : 현정이랑 왜 싸웠어?
  나 : 약속 시간에 매번 늦곤 해서 조금 다퉜어.

문법 정보

- **선행 용언 제약** : 주로 시간의 폭이 있는 동사와 결합한다. 형용사와는 결합하기 어려우며, 동사라 하더라도 '좋아하다' 등의 상태성 동사나 '죽다'와 같은 순간적이고 일회적인 의미의 동사와는 결합하기 어렵다.

예문 *내 동생은 어렸을 때도 예쁘곤 했다.
　　　 *나는 어렸을 때 K-POP 가수를 좋아하곤 했다.
　　　 *나는 늘 죽곤 했다.

- **선어말어미 제약** : 선행 용언과 결합할 때 '-었-', '-겠-'이 개재되기 어렵다.
  예문 *우리 동네는 툭하면 안개가 (꼈곤/끼겠곤) 한다.

- **문장 유형 제약** : 주로 평서문이나 의문문으로 쓴다. 명령문이나 청유문으로 쓰기 어렵다.
  예문 *주말에는 늦잠을 자곤 하자.

관련 표현

- **-기(가) 일쑤이다**
  (1) 어떤 행동이나 상황이 자주 있음을 나타내면서, 그것으로 인한 화자의 부정적인 감정도 함께 나타낸다. 따라서 주로 부정적인 사태를 나타낼 때 쓴다.
  예문 현정이는 약속 시간에 늦기 일쑤이다.
  　　　 그 아이는 거짓말로 둘러대기 일쑤야.

-기(가) 십상이다

의존어 구성:
종결표현

형태 정보

- 용언의 어간에 '-기(가) 십상이다'를 붙인다.

1 가능성이 높음

어떤 상황이 되기 쉽거나 그럴 가능성이 높음을 나타낼 때 쓴다.

- 장마철에는 언제라도 비가 오기 십상이니까 우산을 잘 챙겨라.
- 이렇게 미끄러운 길에서는 넘어지기 십상이겠어요.
- 조심해서 운전하지 않으면 사고 나기가 십상입니다.
- 가 : 너, 그렇게 공부를 안 하다가는 낙제하기 십상일 거야.
  나 : 앞으로 열심히 하면 되지 뭘 그래.

중심어

- **십상** : 꼭 알맞은 것

문법 정보

- **조사 결합 정보** : '십상' 뒤에는 주로 서술격 조사 '이다'가 온다.
- **주어 제약** : 가능성에 대한 추정을 나타내므로 1인칭 주어와 함께 쓰면 어색할 때가 있다.
  > 예문 ??나는 지금쯤 밥을 먹고 있기 십상이다.
- **선행 용언 제약** : 주로 동사와 결합한다. 형용사나 '이다'와 결합하기 어렵다. 그러나 '바쁘다', '아프다'와 같은 일부 형용사와 결합하는 경우도 있다.
  > 예문 *화장을 잘 해 놓으면 예쁘기 십상이지요.
  > *나는 늘 꼴찌이기 십상이었다.
  > 연말이 되면 바쁘기 십상이니까 미리 미리 끝내 놓읍시다.
- **선어말어미 제약** : 선행 용언과 결합할 때 '-었-', '-겠-'이 개재되기 어렵다.
  > 예문 *장마철에는 비가 (왔기/오겠기) 십상입니다.
- **문장 유형 제약** : 주로 평서문으로 쓴다. 의문문의 경우 주로 '-지요?', '-잖아요?' 등과 결합하여 확인의문문으로 쓴다. 명령문, 청유문으로 쓸 수 없다.
  > 예문 장마철에는 비가 오기 (십상이지요/*십상이에요)?
  > *장마철에는 비가 오기 십상입시다.

공기 정보

- '-으면 ~ -기 십상이다'에서와 같이 '-기 십상이다'의 앞에 오는 절의 내용은 조건을 나타내는 상황이 되는 경우가 많다. 중심어 '십상'은 '꼭 알맞은 것'을 의미하며 어떤 조건 하에서 해당 상황이 되는 것은 필연적임을 나타내기 때문이다.
  > 예문 눈이 오면 차가 막히기 십상이다.

담화 정보

- 주로 구어에서 사용한다.
- 주로 비격식적인 상황에서 사용한다.
- 주로 안 좋은 일이 일어날 가능성에 대해서 경고하거나 주의를 줄 때 많이 쓴다. 따라서 화자 자신이 다 알고 있다는 듯한 느낌을 주기 때문에 윗사람에 대해서 쓰기에는 적절하지 않다.
  > 예문 ?선생님, 눈이 오면 차가 막혀서 늦기 십상이에요.

관련 표현

- **-기(가) 쉽다**
  (1) '-기(가) 십상이다'에 비해 경고하는 의미가 약하다.
  > 예문 유리그릇은 깨지기 쉽다.
  > 그런 옷을 입고 학교에 갔다가는 놀림거리가 되기 십상이야.

- **-기(가) 어렵다**
  (1) '-기(가) 십상이다'나 '-기(가) 쉽다'와 반대로 어떤 상황이 되기 어렵거나 가능성이 낮음을 나타낸다.
  예문 이 금속은 깨지기 어렵다.

- **-은/는 수가 있다**
  (1) 주로 2인칭 주어와 함께 쓴다.
  예문 너 그러다 미끄러지는 수가 있으니까 조심해.
  　　　 이런 빙판길에서는 미끄러지기가 십상이니까 조심합시다.

  (2) '바쁘다' 등의 일부 형용사는 허용하지 않는다.
  예문 연말에는 (*바쁘는 수가 있어요/바쁘기 십상이에요).

- **-기(가) 일쑤이다**
  (1) 주로 어떤 일이 반복적으로 일어나는 것에 대한 화자의 부정적 인식을 나타낸다.
  예문 나는 눈만 내리면 미끄러지기 일쑤야. 그래서 정말 짜증나.
  　　　 이런 눈길에서는 미끄러지기 십상이야. 그러니까 조심해.

-기(가) 일쑤이다
의존어 구성:
종결표현

형태 정보

- 용언의 어간에 '-기(가) 일쑤이다'를 붙인다.

1 반복적 행동

자꾸 반복적으로 하게 되거나 일어나는 일을 나타낼 때 쓴다.

- 저 학생은 툭하면 지각하기가 일쑤더라.
- 채린이는 건망증이 심해서 물건을 잃어버리기 일쑤이다.
- 너는 아기 때 눈만 뜨면 울기가 일쑤였단다.
- 가 : 신혜는 또 전화를 안 받네.
  나 : 걔는 전화를 안 받기가 일쑤야.

중심어

- **일쑤** : 자꾸 그러는 일

문법 정보

- **조사 결합 정보** : '일쑤' 뒤에는 주로 서술격조사 '이다'가 온다.
- **선행 용언 제약** : 주로 동사와 결합한다. 형용사, '이다'와 결합하기 어렵다. 그러나 '바쁘다', '아프다'와 같은 일부 형용사와 결합하는 경우도 있다.
  > [예문] *그 나무는 키가 작기 일쑤이다.
  > 나는 환절기만 되면 감기에 걸려서 아프기 일쑤이다.
- **선어말어미 제약** : 선행 용언과 결합할 때 '-었-', '-겠-'이 개재되기 어렵다.
  > [예문] *그는 툭하면 (지각했기/지각하겠기) 일쑤이다.
- **문장 유형 제약** : 주로 평서문으로 쓴다. 의문문의 경우 주로 '-지요?', '-잖아요?' 등과 결합하여 확인의문문으로 쓴다. 명령문, 청유문으로 쓰기 어렵다.
  > [예문] 걔는 전화를 안 받기가 (일쑤지요/*일쑤예요)?
  > *우리 전화를 안 받기 일쑤입시다.

공기 정보

- 주로 어떤 일이 반복적으로 일어나는 것에 대한 화자의 부정적 인식을 나타낸다. 따라서 그 일이 지나치게 많이 일어남을 강조하기 위해서 '툭하면'과 같은 부사어와 자주 공기하여 '툭하면 ~ -기가 일쑤이다'와 같은 꼴로 쓰이기도 한다.

담화 정보

- 주로 구어에서 사용한다.
- 주로 비격식적인 상황에서 사용한다.
- 불평하는 화행에서 사용되는 경우가 많다.

관련 표현

- **-기(가) 십상이다**
  (1) 어떤 조건 하에서 앞말이 가리키는 상황이 되는 것이 이치상 알맞고 자연스러운 것임을 나타낸다.
  > [예문] 이런 눈길에서는 미끄러지기 십상이야. 그러니까 조심해.
  > 나는 눈만 내리면 미끄러지기 일쑤야. 그래서 정말 짜증나.

-기(가) 짝이 없다

형태 정보

- 용언의 어간에 '-기(가) 짝이 없다'를 붙인다.

1 매우 심함

상태나 속성의 정도가 매우 심함을 강조하여 나타낼 때 쓴다.

- 들려오는 노랫소리가 실로 **구슬프기 짝이** 없었다.
- 아이들이 노는 걸 보니 **유치하기 짝이** 없더라.
- 신혜는 **불쾌하기 짝이 없다는** 얼굴 표정을 하고 있었다.
- 가 : 그 사람은 매일 집에 틀어박혀서 게임만 한대요.
  나 : 정말 **한심하기 짝이** 없군요.

중심어

- **짝** : 어떤 꼴이나 모양

문법 정보

- **조사 결합 정보** : '짝' 뒤에 오는 조사 '이'를 생략하기 어렵다.

  예문 *정말 한심하기 짝 없군요.

- **선행 용언 제약** : 주로 부정적인 의미의 형용사와 결합한다. 동사와 결합하기 어렵다.

  예문 ?공기가 상쾌하기 짝이 없군요. → 긍정적인 의미로 쓰기 어려움.
  *현정이는 밥을 먹기 짝이 없어요. → 동사와 결합하기 어려움.

- **선어말어미 제약** : 선행 용언과 결합할 때 '-었-', '-겠-'이 개재되기 어렵다.

  예문 *노랫소리가 (구슬펐기/구슬프겠기) 짝이 없다.

- **문장 유형 제약** : 주로 평서문으로 쓴다. 의문문의 경우 주로 '-지요?', '-잖아요?' 등과 결합하여 확인의문문으로 쓴다. 명령문, 청유문으로 쓰기 어렵다.

  예문 노랫소리가 구슬프기 짝이 (없지요/*없어요)?
  *노랫소리가 구슬프기 짝이 없읍시다.

공기 정보

- 주로 부정적인 상태나 속성의 정도가 매우 심하다는 화자의 인식을 강조하여 표현할 때

쓰므로 구어에서는 '정말', 문어에서는 '실로' 등과 같이 강조하는 뜻의 부사와 함께 쓰는 경우가 많다.

담화 정보

- 불평하는 화행에서 사용되는 경우가 많다.

-기 나름이다

의존어 구성: 종결표현

형태 정보

- **-기 나름이다** : 용언의 어간에 '-기 나름이다'를 붙인다.
  - **tip** -을 나름이다 : '-기' 대신 '-을'을 사용하여, '-을 나름이다'로도 쓸 수 있다. 그러나 '-기 나름이다'가 더욱 자주 쓰인다

1 하기에 따라서 결과가 달라짐

어떤 행동을 하기에 따라서 결과가 달라짐을 나타낼 때 쓴다.

- 생각하기 **나름이겠지만** 너 정도면 행복한 삶이잖아?
- 이 개념은 학자마다 정의하기 **나름이라서** 여러 가지 뜻으로 쓰인다.
- 세상 모든 일은 마음먹기 **나름이지요.**
- 가 : 내가 좋은 논문을 쓸 수 있을까?
  나 : 네가 노력하기 **나름이지,** 뭐. 열심히 해 봐.

문법 정보

- **조사 결합 정보** : '나름' 뒤에는 주로 서술격 조사 '이다'가 온다.

- **선행 용언 제약** : 주로 동사와 결합한다. 형용사, '이다'와 결합하기 어렵다.
  - **예문** *인기는 예쁘기 나름이지.

- **선어말어미 제약** : 선행 용언과 결합할 때 '-었-', '-겠-'이 개재되기 어렵다.
  - **예문** *모든 일은 (마음먹었기/마음먹겠기) 나름이에요.

- **문장 유형 제약** : 주로 평서문으로 쓴다. 의문문의 경우 주로 '-지요?', '-잖아요?' 등과 결합하여 확인의문문으로 쓴다. 명령문, 청유문으로 쓸 수 없다.
  - **예문** 남자든 여자든 외모는 꾸미기 (나름이지요/*나름입니까)?

*우리가 노력하기 나름이자.

- 주로 비격식적인 상황에서 사용한다.
- 전문성, 학술성, 공식성 등이 있는 장르에서는 잘 사용되지 않는다.

-기는 하다

의존어 구성:
종결표현

형태 정보

- 용언의 어간에 '-기는 하다'를 붙인다.
  준말 -긴 하다

1 한정

그 말이 나타내는 사태에만 한정하여 말하면서, 관련된 다른 사태에 대해서는 반대하거나 의견을 유보할 때 쓴다.

- 이 옷은 **예쁘기는** 한데 너무 비싸요.
- 아기가 있으면 참 좋은데 그만큼 **힘들기는 하지요.**
- 아내가 해 준 음식이라 **먹기는 했지만** 너무 맛이 없었어요.
- 가 : 상대가 너무 강한 팀이라서 시합을 하나 마나 질 거예요.
  나 : 그래도 결과는 모르는 거니까 최선을 다해 **보기는 하자.**
- 가 : 이번 명절에는 시댁과 친정을 둘 다 가려고 해.
  나 : 좋은 생각이네. 근데 좀 **피곤하기는 하겠다.**
- 가 : 연정이랑 친한 사이야?
  나 : 아니, 몇 번 **만나기는 했어.**

tip '하다' 자리에 '-기는'과 결합하는 것과 동일한 용언을 넣어서 말할 수도 있다.
- 이 옷은 예쁘기는 예쁜데 너무 비싸요.
- 아내가 해 준 음식이라 먹기는 먹었지만 너무 맛이 없었어요.

문법 정보

- **선어말어미 제약** : 선행 용언과 결합할 때 '-었-', '-겠-'이 개재되기 어렵다.
  예문 *그를 몇 번 (만났기는/만나겠기는) 하다.

담화 정보

- 구어나 비격식적 문어에서 주로 쓴다.
- 구어에서는 '-긴 하다'로 줄여서 쓰기도 한다.

-기로 하다

형태 정보

- 용언의 어간에 '-기로 하다'를 붙인다.

1 약속

어떤 일을 할 것을 결심하거나 약속함을 나타낼 때 쓴다.

- 올해부터는 열심히 운동하기로 했다.
- 여기에서 친구를 만나기로 해서 기다리는 중이에요.
- 내년에는 같이 휴가를 떠나기로 하자.
- 두 번 다시는 거짓말하지 않기로 해.
- 가 : 강희 씨, 우리 언제까지나 서로 아껴주기로 해요.
  나 : 네, 약속할게요.

> tip '하다' 자리에는 '결심하다'나 '약속하다'가 대신 올 수도 있다.
> - 올해부터는 열심히 운동하기로 결심했다.
> - 내년에는 같이 휴가를 떠나기로 약속하자.

문법 정보

- **선행 용언 제약** : 주로 동사와 결합한다. 형용사, '이다'와 결합하기 어렵다.
  예문 *올해부터는 예쁘기로 했다.

- **선어말어미 제약** : 선행 용언과 결합할 때 '-었-', '-겠-'이 개재되기 어렵다.
  예문 *같이 (만났기로/만나겠기로) 했어요.

-기/게 마련이다

의존어 구성:
종결표현

형태 정보

- 용언의 어간에 '-기/게 마련이다'를 붙인다.

  tip 별 의미의 차이 없이 '-기 마련이다'로도 '-게 마련이다'로도 쓸 수 있다.

1 당연함

어떤 일이 당연하고 자연스러운 이치임을 나타낼 때 쓴다.

- 날씨가 궂으면 기분이 **우울해지기 마련이지요.**
- 겨울이 가면 봄이 **오게 마련이다.**
- 시간이 지나면 자연히 **해결되기 마련이니까** 너무 고민하지 마.
- 가 : 요즘 주름이 너무 많아져서 우울해.
  나 : 괜찮아요. 누구나 나이가 들면 주름이 **늘게 마련이잖아요.**

문법 정보

- **조사 결합 정보** : '마련' 뒤에는 주로 서술격 조사 '이다'가 온다.

- **선어말어미 제약** : 선행 용언과 결합할 때 '-었-', '-겠-'이 개재되기 어렵다.

  예문 *겨울이 가면 봄이 (왔기/오겠기) 마련이다.

- **시제 제약** : 주로 현재 시제로 쓴다. 과거 시제나 미래 시제로 쓰기 어렵다.

  예문 *나이가 들면 주름이 늘게 (마련일 거예요/마련이었어요).

- **문장 유형 제약** : 주로 평서문으로 쓴다. 의문문의 경우 주로 '-지요?', '-잖아요?' 등과
  결합하여 확인의문문으로 쓴다. 명령문, 청유문으로 쓰기 어렵다.

  예문 나이가 들면 주름이 늘게 (마련이지요/*마련입니까)?
  *나이가 들면 주름이 늘게 마련입시다.

공기 정보

- 주로 어떤 일에 대해서 그것이 자연스러운 이치라는 화자의 인식을 나타내므로 일반적
  인 원리를 언급할 때 쓰는 일이 많다. 따라서 특정 시점을 나타내는 '어제', '내일'과 같
  은 시간 부사와 공기하기 어렵다.

  예문 *나이가 들면 내일 주름이 늘게 마련이다.

500 한국어교육 문법-자료편

담화 정보

- 주로 비격식적인 상황에서 사용한다.
- 어떤 명제에 대해 당연하다는 화자의 인식을 나타내므로 윗사람에게 쓸 때는 공손성이 결여되기 쉽다. 아랫사람이 윗사람에게 당연한 이치를 알려 주는 듯한 느낌이 들기 때문이다.
- 따라서 윗사람에게 말할 때에는 청자도 해당 명제의 내용을 알고 있음을 가정하고 확인할 때 사용하는 종결어미와 함께 쓰는 경우가 많다.

  예문 나이가 들면 주름이 늘게 마련이잖아요.

관련 표현

- **–은/는 법이다**

  (1) '–기/게 마련이다'와 큰 의미 차이 없이 바꿔 쓸 수 있다.

  예문 살다 보면 누구나 한 번쯤 실수하(는 법이다/기 마련이다).

- **–기(가) 일쑤이다**

  (1) 주로 어떤 일이 반복적으로 일어나는 것에 대한 화자의 부정적 인식을 나타낸다.

  예문 나는 궂은 날씨가 싫어. 날씨가 궂으면 우울해지기 일쑤거든.
  날씨가 궂으면 누구나 우울해지기 마련이야.

  (2) 과거 시제로도 쓸 수 있다.

  예문 예전에는 날씨가 궂으면 우울해지기 일쑤였다.

- **–기(가) 십상이다**

  (1) 어떤 조건 하에서 앞말이 가리키는 상황이 되기가 쉬움을 나타낸다. 그러나 그렇게 되는 것이 당연한 순리라는 인식을 동반하지는 않는다.

  예문 겨울이 가면 봄이 (*오기 십상이다/오기 마련이다).

–기만 하다

의존어 구성:
종결표현

형태 정보

- 용언의 어간에 '–기만 하다'를 붙인다.

1 오직 그것만

오직 그 말이 나타내는 사태에만 해당됨을 나타낼 때 쓴다.

- 우리 둘은 아무 말 없이 **먹기만 했다.**
- 그 애는 **똑똑하기만 하지** 인성이나 품행은 형편없어요.
- 어렸을 때 우리 부모님은 **싸우기만 하셨지.**
- 가 : 여보, 시댁에 처음 가는 거라 긴장돼요. 가서 뭘 해야 되죠?
  나 : 당신은 **가기만 하면** 돼요. 나머지는 내가 다 할게요.

문법 정보

- **선행 용언 정보** : 주로 동사나 형용사와 결합한다. 단, 〈 명사 + '하다'〉로 된 동사와 결합하는 경우, 〈 명사 + '만' + '하다'〉의 꼴로 쓰는 경우가 많다.
  (예문) 현정이는 수험생이 되더니 밤낮으로 공부만 한다.

- **선어말어미 제약** : 선행 용언과 결합할 때 '-었-', '-겠-'이 개재되기 어렵다.
  (예문) *그는 아무 말 없이 (먹었기만/먹겠기만) 한다.

- **문장 유형 제약** : 선행 용언이 형용사일 때는 주로 평서문, 의문문으로 쓰고 명령문, 청유문으로 쓰기 어렵다. 단, 기원이나 바람의 뜻을 나타낼 때는 선행 용언이 형용사일 때도 청유문, 명령문으로 쓸 수 있다.
  (예문) 그저 건강하기만 해라.

2 반대 의견

상대방의 의견에 반대하여 자신의 의견을 개진할 때 쓴다.

- 가 : 저 아기 참 못생겼다.
  나 : 무슨 말을 그렇게 해? **예쁘기만 하네.**
- 가 : 이 영화 진짜 재미없지?
  나 : 아니. 나는 **재미있기만 하던데?**
- 가 : 무슨 날씨가 이렇담? 추워 죽겠네.
  나 : 왜? 날씨가 **좋기만 하구먼.**

문법 정보

- **선행 용언 제약** : 주로 형용사와 결합한다. 동사와 결합하기 어렵다. 그러나 동사의 상태를 나타낼 수 있는 부사가 함께 올 경우에는 동사와도 결합할 수 있다.
  (예문) 가 : 앞 차가 왜 이렇게 안 가지?
  　　　나 : *가기만 하는구먼.
  　　　나' : 잘 가기만 하는구먼.

- **선어말어미 제약** : 선행 용언과 결합할 때 '–었–', '–겠–'이 개재되기 어렵다.

  예문 *그는 아무 말 없이 (먹었기만/먹겠기만) 한다.

- **시제 제약** : 주로 현재 시제나 과거 시제로 쓴다. 미래 시제를 나타내는 '–겠–'이나 '–을 것이다'와 결합하기 어렵다.

  예문 *나는 (재미있었기만/재미있겠기만) 한데?

- **문장 유형 제약** : 주로 평서문, 의문문으로 쓴다. 명령문, 청유문으로 쓰기 어렵다.

- **분포 · 활용 정보** : 주로 종결어미와 결합한다. 특히 '–네(요)', '–는데(요)', '–는구먼'과 잘 결합한다.

담화 정보

- 주로 구어에서 쓴다.

-나/은가 보다

의존어 구성:
종결표현

형태 정보

	형태	
	동사	형용사
받침 ○	–나 보다	–은가 보다
받침 X		–ㄴ가 보다

tip 동사에는 '–는가', 형용사에는 '–나'를 붙일 수도 있지만, 일반적이지 않다.

1 추측

어떤 것을 인지하고 그것에 대하여 객관적으로 추측함을 나타낸다.

- 신혜가 전화를 안 받는 걸 보니 자나 보다.
- 서준 씨가 아침부터 웃는 걸 보니 기분이 좋은가 봐요.
- 저 두 사람은 친한가 봐요. 항상 둘이 같이 다니네요.
- 두 사람이 말도 안 하는 걸 보니 싸웠나 봐.
- 하늘에 구름이 많은 걸 보니까 비가 올 건가 봐요.
- 가 : 신혜 씨가 인사도 안 하고 나가네요.

  나 : 그래요? 급한 일이 있나 봐요.

- **주어 제약** : 추측을 나타내므로 1인칭 주어와 함께 쓰면 어색한 경우가 있다. 단, 화자 자신이 스스로를 객관화하여 자신에 대해 몰랐던 것에 대해 이야기할 때에는 1인칭 주어도 가능하다.

  예문 *저는 밥을 먹나 봐요.
       나 아무래도 그 사람을 사랑하나 봐. 계속 그 사람 생각만 나.

- **선어말어미 정보** : '-나 보다'가 선행 용언과 결합할 때는 '-었-'이 개재될 수 있다. 그러나 '-은가 보다'가 선행 용언과 결합할 때는 '-었-'이 개재되기 어렵다. 두 경우 모두 '-겠-'은 개재되기 어려우며 미래에 대한 추측을 나타내고자 할 때에는 '-을 건가 보다' 꼴로 쓴다.

  예문 땅이 젖은 걸 보니 비가 (왔나/?왔는가) 봐요.
       하늘에 구름이 많은 걸 보니 비가 (*오겠나/올 건가) 봐요.

- **시제 제약** : 주로 현재 시제로 쓴다. 과거 시제나 미래 시제로 쓰기 어렵다.

  예문 *수지가 아까 대답을 못하는 걸 보니 몰랐나 봤어요.
       *민수가 비행기 표를 사는 걸 보니 고향에 갈 건가 보겠어요.

- **문장 유형 제약** : 주로 평서문으로 쓴다. 의문문의 경우 주로 '-지요?', '-네요?'와 결합하여 확인의문문으로 쓴다. 명령문, 청유문으로 쓸 수 없다.

  예문 강희가 계속 기침을 하는 걸 보니 감기에 걸렸나 (보지요?/보네요?/*봅니까?)

- **분포·활용 정보** : 선행절과 후행절을 연결하는 위치에서는 주로 연결어미 '-는데'와 결합한다. 그 외에 문장의 종결부에서는 종결어미 '-아/어요', '-ㄴ데요', '-네(요), -군요(/구나), -지(요)' 등과 결합하는 일이 많다.

- 추측의 근거를 나타내는 '-(으)ㄴ/는 걸 보니(까)'와 함께 사용된다. 객관적인 추측을 나타내므로 '내가 생각하기에'와 어울리지 않는다.

- 주로 문어보다 구어에서 사용된다.

- **-은/는/을 모양이다**
  (1) 대부분의 경우에 '-은가/나 보다'와 큰 의미 차이 없이 바꿔 쓸 수 있다.

  예문 사람들이 줄을 서 있는 것을 보니 이 식당 음식이 (맛있는 모양이에요/맛있나 봐요).

(2) '-은가/나 보다'는 주로 현재 시제로 쓴다. '-은/는/을 모양이다'에는 그러한 제약이 없다.

예문 그 지역에 태풍 피해가 (큰 모양이었어요/*큰가 봤어요).

(3) '-나 보다'가 연결어미 중 주로 '-는데'와 결합하는 데 반해, '-는 모양이다'는 다양한 연결어미와 결합하여 사용할 수 있다.

예문 아기가 잠이 들 모양이어서 조용히 방을 나왔다.

- **-은/는/을 것 같다**

(1) 근거 없는 추측이 가능하다.

예문 오늘은 왠지 좋은 일이 있을 것 같다.

(2) '-는 것 같다'는 주관적인 추측을 나타내는 데 반해, '-나 보다'는 객관적인 추측을 나타낸다. 따라서 구체적인 근거가 주어진 상황에서는 '-나 보다'를 사용하는 것이 더 자연스럽다.

예문 가 : 신혜가 전국 달리기 대회에 나간대요.
　　나 : 우와, 신혜는 달리기를 진짜 (??잘하는 것 같아요/잘하나 봐요).

예문 제 생각에는 한국 사람들은 김치를 정말 (좋아하는 것 같아요/*좋아하나 봐요).

(3) '-는 것 같다'는 화자의 의견을 완곡하게 표현할 때 사용하는 반면, '-나 보다'에는 이러한 용법이 없다.

예문 가 : 이 옷 어때요?
　　나 : 수지 씨에게 잘 어울리(는 것 같아요/*나 봐요).

- **-은/는/을 듯싶다/듯하다**

(1) 주관적 추측을 나타낸다.

예문 이건 그냥 내 느낌인데, 다음 주쯤 인사이동이 있을 듯싶다.

(2) '-은/는/을 듯'은 주로 신문 제목으로 자주 사용된다.

예문 전국 추위 풀릴 듯.

- **-겠-**

(1) 상대방의 말을 듣고 그것에 대해 그 자리에서 즉각적으로 추측함을 나타낸다.

예문 가 : 어제 이사를 했어요.
　　나 : 힘들었겠어요.

- **-을것이다 2**

(1) '-(으)ㄹ 것이다'도 2인칭이나 3인칭 주어와 함께 쓸 때 추측의 의미를 갖기도 한다. 이 표현은 화자가 어떤 일에 대해 확신하는 정도가 강하다고 할 수 있다. 주로 상대방의 걱정에 대해 안심시켜 주는 상황에서 사용된다.

예문 가 : 시험에서 떨어지면 어떡하지요?!
　　나 : 걱정하지 마세요. 괜찮을 거예요.

-나/은가 싶다

형태 정보

	형태	
	동사	형용사
받침 ○	-나 싶다	-은가 싶다
받침 ×		-ㄴ가 싶다

tip 동사에는 '-는가', 형용사에는 '-나'를 붙일 수도 있지만, 일반적이지 않다.

1 의구심

어떤 일에 대한 화자의 의구심을 나타낸다.

- 집에 밥이 있나 싶다.
- 연정이가 내 생일을 기억하나 싶어.
- 이 문법과 저 문법이 무엇이 다른가 싶어요.
- 처음 유학을 왔을 때, 잘 적응할 수 있으려나 싶었다.
- 겸손이야말로 세상을 사는 데 필요한 덕목이 아닌가 싶다.
- 가 : 학교 앞에 〈대박 식당〉에 가 봤어요?
  나 : 네. 얼마나 맛있나 싶어 가 봤는데, 별로였어요.

tip 다른 사람의 생각을 표현할 수 없다.
- *민수는 내가 바쁜가 싶었어요.
- 나는 민수가 바쁜가 싶었어요.

문법 정보

- **주어 제약** : 추측을 나타내므로 1인칭 주어와 함께 쓰기 어렵다. 단, 화자 자신이 스스로를 객관화하여 자신에 대해 몰랐던 것에 대해 이야기할 때에는 1인칭 주어도 가능하다.
  예문 *저는 밥을 먹나 싶어요.
  나 아무래도 그 사람을 사랑하나 싶어. 계속 그 사람 생각만 나.

- **선어말어미 정보** : '-나 싶다'가 선행 용언과 결합할 때는 '-었-'이 개재될 수 있다. 그러나 '-은가 싶다'가 선행 용언과 결합할 때는 '-었-'이 개재되기 어렵다. 두 경우 모두 '-겠-'은 개재되기 어려우며 미래에 대한 추측을 나타내고자 할 때에는 '-을 건가 싶다' 꼴로 쓴다.
  예문 하늘에 구름이 많은 걸 보니 비가 (왔나/올 건가/²왔는가/*오겠나) 싶어요.

- **시제 제약** : 주로 현재 시제나 과거 시제로 쓴다. 그러나 추측을 나타낼 때는 '-겠-'과 결합할 수 있다.

  [예문] 이 문법과 저 문법이 뭐가 다른가 싶겠지만 알고 보면 어렵지 않아.

- **문장 유형 제약** : 주로 평서문, 의문문으로 쓴다. 명령문, 청유문으로 쓸 수 없다.

  [예문] *수지가 우리 생일을 기억하나 싶자.

담화 정보

- 주로 구어에서 사용한다.
- 해당 내용에 대한 약간의 의심스러운 태도를 표현한다. 혼잣말 하듯이 사용하기도 한다.

관련 표현

- **-나/은가 하다**

  (1) '-나 하다'는 주로 과거형으로 사용되어 화자가 과거에 그런 의문을 가졌음을 나타낸다.

  [예문] 수지가 밥을 안 먹길래 다이어트하나 했는데, 위가 아파서 그랬군요.

2 후회 및 걱정

화자가 어떠한 일 대해 후회하거나 걱정함을 나타낸다.

- 활발하던 애가 요즘 나가지도 않고 왜 **저러나 싶어요**.
- 시계를 잘 차고 다니지도 않는데 괜히 **샀나 싶어요**.
- 술을 마시고 실수한 다음 날에는 내가 정말 왜 **그랬나 싶다**.
- 걱정하시는 어머니를 보니 아프다는 말을 괜히 **했나 싶었어요**.
- 어제 여자 친구에게 너무 **했나 싶어서** 문자를 보냈는데 답이 없네요.
- 동생의 어리둥절해하는 표정을 보니 내 말을 정말 **이해했나 싶었다**.
- 할아버지가 조금 **우울하신가 싶어서** 같이 산책을 하자고 했어요.
- 오늘따라 날씨가 왜 이렇게 **우중충한가 싶다**.
- 가 : 의사 선생님이 두통은 지난 번 수술이랑은 관계없대. 그냥 스트레스래.
  나 : 다행이다. 수술이 잘못 **됐나 싶어서** 걱정했어.

[tip] 다른 사람의 후회나 걱정을 표현할 수 없다.
- *민수는 내가 괜히 질문했나 싶었다.
- 나는 민수에게 괜히 질문했나 싶었다.

문법 정보

- **주어 제약** : 주로 사람을 나타내는 주어와 함께 쓴다.
- **선어말어미 정보** : 이미 한 행동에 대한 후회의 의미를 나타내므로 '-나 싶다'가 동사와

결합할 때는 주로 '-었-'이 개재된다.

- **시제 제약** : 주로 현재 시제나 과거 시제로 쓴다. 그러나 미래에 대한 추측을 나타낼 때
는 '-겠-'과 결합할 수 있다.
  > 예문 그때쯤이면 내가 너무했나 싶겠지요.

- **문장 유형 제약** : 주로 평서문, 의문문으로 쓴다. 명령문, 청유문으로 쓸 수 없다.
  > 예문 *시계를 괜히 샀나 싶자.

담화 정보

- 주로 구어에서 사용한다.
- 해당 내용에 대한 약간의 의심스러운 태도를 표현한다.

관련 표현

- **-나/은가 하다**
  (1) '-나 하다'는 주로 과거형으로 사용되어 화자가 과거에 그런 의문을 가졌음을 나타
  내며, 후회하거나 걱정하는 의미를 나타내지는 않는다.
  > 예문 너무 머리가 아파. 어제 술을 괜히 마셨나 (*했어/싶어).

-나/은가 하다

의존어 구성:
종결표현

형태 정보

	형태	
	동사	형용사
받침 O	-나 하다	-은가 하다
받침 X		-ㄴ가 하다

> tip 동사에는 '-는가', 형용사에는 '-나'를 붙일 수도 있지만, 일반적이지 않다.

1 불확실한 추측

**(주로 '-나 했다'의 꼴로 쓰여) 어떤 일에 대하여 화자가 주관적으로 불확실하게 추측
하거나 궁금해 했음을 나타낸다.**

- 가 : 선생님, 죄송해요. 고향에서 친구가 와서 어제 결석했어요.
  나 : 안 그래도 결석했길래 몸이 **아픈가 했어요.**

- 가 : 다음 달에 신혜 씨가 아들 돌잔치를 한대요.
  나 : 돌잔치요? 하도 어려 보여서 **학생인가 했는데** 결혼했군요.
- 가 : 서준이 왔니?
  나 : 할머니, 집에 계셨어요? 집이 조용해서 아무도 **없나 했어요**.
- 가 : 서준 씨, 저 제시카예요. 잘 지냈어요?
  나 : 오래간만이에요. 연락이 없어서 벌써 고향에 **돌아갔나 했어요**.
- 화장을 해서 밖에 나갈 **건가 했더니**, 안 나가고 방에서 뭐 해?

> **tip** 다른 사람의 생각을 표현할 수 없다.
> - *민수는 내가 아픈가 했다.
> - 나는 민수가 아픈가 했다.

문법 정보

- **주어 제약** : 주로 사람을 나타내는 주어와 함께 쓴다.
- **선어말어미 정보** : '-나 하다'가 선행 용언과 결합할 때는 '-었-'이 개재될 수 있다. 그러나 '-은가 하다'가 선행 용언과 결합할 때는 '-었-'이 개재되기 어렵다. 두 경우 모두 '-겠-'은 개재되기 어려우며 미래에 대한 추측을 나타내고자 할 때에는 '-을 건가 하다' 꼴로 쓴다.

  > **예문** 땅이 젖은 걸 보니 비가 (왔나/?왔는가) 봐요.
  > 하늘에 구름이 많은 걸 보니 비가 (*오겠나/올 건가) 봐요.

- **시제 제약** : 주로 현재 시제나 과거 시제로 쓴다. 그러나 다른 사람의 생각을 추측해서 말할 때는 '-겠-'과 결합할 수 있다.

  > **예문** 그때쯤이면 아마 친구들은 나에게 무슨 일이 있나 하겠지.

- **문장 유형 제약** : 주로 평서문, 의문문으로 쓴다. 명령문, 청유문으로 쓸 수 없다.

  > **예문** *수지가 우리 생일을 기억하나 하자.

담화 정보

- 해당 내용에 대하여 화자의 불확실한 태도를 표현한다.

관련 표현

- **-겠거니 하다**
  (1) 어떤 사실에 대해 화자가 으레 그럴 것이라고 짐작하여 믿었음을 의미한다.
  > **예문** 가 : 왜 유통기한이 지난 우유를 먹었어?
  > 나 : 냉장고에 있었으니까 (괜찮겠거니 하고/*괜찮은가 하고) 마셨지.

- **-나/은가 싶다**
  (1) 혼잣말을 하듯이 화자의 의구심을 나타낼 때 사용한다.
  > **예문** 내가 과연 이 일을 잘 해낼 수 있나 (싶다/*했다).

-는 게 좋겠다

형태 정보

- 용언의 어간에 '-는 게 좋겠다'를 붙인다.

1 권유, 제안

어떤 행동을 상대방에게 권유하거나 제안할 때 쓴다.

- 가 : 날이 저물고 있으니까 이제 그만 산에서 **내려가는 게 좋겠어요.**
  나 : 그럽시다.
- 가 : 오후에 비가 온다니까 우산을 챙겨서 **나가는 게 좋겠다.**
  나 : 알겠어요.
- 가 : 너 취한 거 같아. 이제 그만 **마시는 게 좋겠네.**
  나 : 아니야. 한 잔만 더 마시자.

문법 정보

- **조사 결합 정보** : '게'는 '거' 뒤에 격조사 '이'가 결합된 것으로, '게'와 '좋겠다' 사이에 다른 조사가 올 수 없다.
- **주어 제약** : 주로 2인칭 주어나 1인칭 주어와 함께 쓴다.
- **선행 용언 제약** : 주로 동사와 결합한다. 형용사나 '이다'와 결합하기 어렵다.
  예문 *이제 예쁘는 게 좋겠다.
- **선어말어미 제약** : 선행 용언과 결합할 때 '-었-', '-겠-'이 개재되기 어렵다.
  예문 *이제 그만 (마셨는/마시겠는) 게 좋겠다.
- **문장 유형 제약** : 주로 평서문, 의문문으로 쓴다. 명령문, 청유문으로 쓰기 어렵다.
  예문 *이제 그만 마시는 게 좋겠읍시다.

담화 정보

- 자신의 생각을 말하는 방식으로 청자에게 간접적으로 어떤 행동을 권유하거나 제안할 때 주로 쓴다.

-는단 말이다

형태 정보

	형태	
	동사	형용사
받침 ○	-는단 말이다	-단 말이다
받침 ×	-ㄴ단 말이다	

1 반문

상대방의 말이 잘 믿어지지 않을 때나 상대방의 말에 놀라움을 표현하기 위해 되물을 때 쓴다.

- 가 : 내일 최고 기온이 30도래요.
  나 : 정말요? 아직 여름도 안 됐는데 그렇게 덥단 말입니까?
- 가 : 현정이는 이번 학기에도 장학금을 받는다더라고요.
  나 : 이번에도 장학금을 놓치지 않았단 말이에요? 정말 대단하네요!
- 가 : 여보, 밥 한 그릇 더 줄 수 있어요?
  나 : 또요? 두 그릇이나 먹었으면서 한 그릇을 또 먹겠단 말이에요?
- 가 : 규현이는 벌써 말을 잘한대요.
  나 : 아직 두 돌도 안 된 아기가 말을 잘한단 말이에요? 에이, 거짓말 같아요.

문법 정보

- **조사 결합 정보** : '말' 뒤에는 서술격 조사 '이다'만 온다.
- **문장 유형 정보** : 주로 의문문으로 쓴다.
- **분포·활용 정보** : 일부 의문형 어미와만 결합하여 주로 '-는단 말입니까?', '-는단 말이에요?', '-는단 말이야?'의 꼴로 쓴다.

담화 정보

- 주로 구어에서 쓴다.
- 격식적인 상황에서 윗사람에게 잘 사용하지 않는다. 이러한 경우에는 '-는단 말씀입니까?'의 형태를 사용하는 것이 자연스럽다.
  > 예문 (회사에서 회의하는 상황에 사원이 부장에게) 이번에 저희 부서의 실적이 많이 올랐단 말씀입니까?

▸ 상대방은 모르고 있던 상황을 설명하면서 변명이나 항변을 나타낼 때 쓴다.

- 가 : 너는 무슨 밥을 그렇게 많이 먹니?
  나 : 오늘 아침부터 굶어서 **배고프단 말이야**!
- 가 : 연정아, 너 숙제도 안 하고 게임만 하고 있는 거야?
  나 : 엄마, 오늘은 숙제 **없단 말이에요**!
- 가 : 당신은 왜 하루 종일 잠만 자요?
  나 : 그냥 좀 놔 둬요. 몸이 안 **좋단 말이에요**.
- 가 : 너 그렇게 부모 속만 썩일 거면 차라리 집을 나가라!
  나 : 아버지, 정말 너무하십니다. 저도 좋은 아들이 되고 **싶었단 말입니다**!

문법 정보

- **조사 결합 정보** : '말' 뒤에는 서술격 조사 '이다'만 온다.
- **문장 유형 정보** : 주로 평서문으로 쓴다.
- **분포 · 활용 정보** : 일부 평서형 어미와만 결합하여 주로 '–는단 말입니다', '–는단 말이에요', '–는단 말이야'의 꼴로 쓴다.

담화 정보

- 주로 구어에서 사용한다.
- 주로 비격식적인 상황에서 사용한다. 격식적인 상황에서 윗사람에게 사용하지 않는다.
- 주로 가까운 사람에게 쓴다. 직접적으로 항변할 때 사용하므로 친하지 않은 사람에게 쓰지 말아야 한다.

-는 둥 마는 둥 하다

의존어 구성: 종결표현

형태 정보

	동사		
	과거	현재	미래
받침 ○	-은 둥 만 둥 하다	-는 둥 마는 둥 하다	-을 둥 말 둥 하다
받침 ×	-ㄴ 둥 만 둥 하다		-ㄹ 둥 말 둥 하다

1 하는 것 같기도, 하지 않는 것 같기도 함

어떤 일을 하는 것 같기도 하고 하지 않는 것 같기도 함을 나타낸다.

- 나는 입맛이 없어서 밥을 먹는 둥 마는 둥 했다.
- 채린이가 나를 본 둥 만 둥 하면서 인사를 안 하더라.
- 앞 차가 천천히 가면서 차선을 바꿀 둥 말 둥 하고 있어요.
- 가 : 야! 너 왜 내 말을 듣는 둥 마는 둥 해?
  나 : 어? 미안해. 음악을 듣느라고 잘 못 들었네.

문법 정보

- **조사 결합 정보** : '둥'과 '하다' 사이에는 아무런 조사가 오지 않는 것이 보통이지만, 강조를 위해서 격조사 '을'이 수의적으로 올 수도 있다.
  예문 나는 입맛이 없어서 밥을 먹는 둥 마는 둥을 했다.

- **선행 용언 제약** : 주로 동사와 결합한다. 형용사나 '이다'와 결합하기 어렵다.
  예문 *그 가수는 예쁜 둥 만 둥 했다.

- **선어말어미 제약** : 선행 용언과 결합할 때 '-었-', '-겠-'이 개재되기 어렵다.
  예문 *나는 밥을 먹었는 둥 말았는 둥 했다.
  *앞 차가 차선을 바꾸겠을 둥 말겠을 둥 한다.

담화 정보

- 주로 구어에서 쓴다.
- 주로 비격식적인 상황에서 쓴다.

-는 수가 있다

의존어 구성:
종결표현

형태 정보

- 용언의 어간에 '-는 수가 있다'를 붙인다.

1 가능성이 있음을 경고

앞으로 안 좋은 일이 일어날 가능성이 있음을 알려 주며 경고할 때 쓴다.

- 너, 계속 그렇게 놀다가는 낙제하는 **수가 있어**.
- 그렇게 험하게 운전하면 사고 나는 **수가 있으니까** 조심하세요.
- 서두르지 않으면 **지각하는 수가 있겠다**.
- 가 : 그렇게 술을 많이 마시다가는 취해서 집에도 못 가는 **수가 있어**.
  나 : 걱정 마. 나는 아무리 마셔도 안 취하니까.

문법 정보

- **조사 결합 정보** : '수' 뒤에 오는 조사 '가'는 생략할 수 없다.
  > **예문** *너, 계속 그렇게 놀다가는 낙제하는 수 있어.

- **주어 정보** : 경고하거나 주의를 주는 상황에서 많이 사용되므로 1인칭 주어와 함께 쓰면 어색할 때가 있다.
  > **예문** *내가 계속 이렇게 놀다가는 낙제하는 수가 있어.

- **선행 용언 제약** : 주로 동사와 결합한다. 형용사, '이다'와 결합하기 어렵다.
  > **예문** *그렇게 계속 놀다가는 더 바쁘는 수가 있어.

- **선어말어미 제약** : 선행 용언과 결합할 때 '-었-', '-겠-'이 개재되기 어렵다.
  > **예문** *서두르지 않으면 (지각했는/지각하겠는) 수가 있다.

- **시제 제약** : 주로 현재 시제나 미래 시제로 쓴다. 과거 시제로 쓰기 어렵다.
  > **예문** ?그렇게 계속 놀다가는 파산하는 수가 있었다.

- **문장 유형 제약** : 주로 평서문으로 쓴다. 의문문, 명령문, 청유문으로 쓸 수 없다.
  > **예문** 계속 이렇게 놀다가는 낙제하는 수가 (??있습니까?/*있읍시다./*있으십시오.)

담화 정보

- 주로 구어에서 사용한다.
- 주로 비격식적인 상황에서 사용한다.
- 경고하는 표현이므로 윗사람에게 잘 사용하지 않는다.
  > **예문** ?아버님, 그렇게 계속 놀다가는 파산하시는 수가 있으세요.

관련 표현

- **-을 수도 있다**
  (1) 1인칭이나 3인칭 주어와도 함께 쓸 수 있다.
  > **예문** 내가 계속 이렇게 놀다가는 낙제할 수도 있겠지.

  (2) 형용사, '이다'와도 결합할 수 있다.
  > **예문** 지금 너무 무리하면 내일 아플 수도 있으니까 조심하세요.

  (3) 시제 제약이 없다.

예문 그렇게 계속 놀다가는 파산할 수도 있었다.

2 대안 제시

어떤 일을 하다가 잘 안 될 때 대안으로 할 수 있는 일을 제시할 때 쓴다.

- 일단 해 보세요. 정 어려우면 선생님께 여쭤 보는 수가 있잖아요.
- 만일 정전이 되면 보조 전력을 사용하는 수가 있습니다.
- 유학 시절, 식당 음식에 질릴 때는 집에서 요리해 먹는 수가 있었다.
- 가 : 주말이라 차가 막히면 어떡하지요?
  나 : 차가 막히면 지하철을 타는 수가 있으니까 걱정 마세요.

문법 정보

- **조사 결합 정보** : '수' 뒤에는 의미의 차이 없이 조사 '가'나 '도'가 온다. 이때 조사 '가'
  나 '도'는 생략할 수 없다.
  예문 정 어려우면 선생님께 여쭤 보는 수도 있잖아요.
  　　*정 어려우면 선생님께 여쭤 보는 수 있잖아요.

- **선행 용언 제약** : 주로 동사와 결합한다. 형용사, '이다'와 결합하기 어렵다.

- **선어말어미 제약** : 선행 용언과 결합할 때 '-었-', '-겠-'이 개재되기 어렵다.
  예문 *정전이 되면 보조 전력을 (사용했는/사용하겠는) 수가 있다.

- **시제 제약** : 주로 현재 시제나 과거 시제로 쓴다. 미래 시제로 쓰기 어렵다.
  예문 ?식당 음식이 질릴 때는 집에서 요리해 먹는 수가 있겠다.

- **문장 유형 제약** : 주로 평서문으로 쓴다. 의문문, 명령문, 청유문으로 쓰기 어렵다.
  예문 *정 어려우면 선생님께 여쭤 보는 수가 있어요?

담화 정보

- 주로 구어에서 사용한다.
- 주로 비격식적인 상황에서 사용한다.

관련 표현

- **-는/을 수도 있다**
  (1) 하나의 대안뿐 아니라 여러 선택지를 제시할 때도 쓸 수 있다.
  예문 버스를 타는 수도 있고 지하철을 타는 수도 있는데 어떻게 갈래요?

  (2) '-는'뿐만 아니라 '-을'과도 결합할 수 있다.
  예문 차가 막히면 지하철을 탈 수도 있으니까 걱정 마세요.

(3) '수' 뒤에 오는 조사 '도'는 일반적으로 생략되지 않지만 생략할 수도 있다.

　예문 차가 막히면 지하철을 탈 수 있으니까 걱정 마세요.

(4) 시제 제약이 없다.

　예문 식당 음식이 질릴 때는 집에서 요리해 먹을 수도 있겠다.

(5) 의문문으로도 쓸 수 있다.

　예문 앞문이 잠겼으면 뒷문으로 들어갈 수도 있어요?

- **–아/어도 되다**
  (1) 2인칭 주어와 함께 쓸 때, 허락하는 의미로 쓴다.

　예문 일단 강희한테 시켜 보고, 강희가 정 못하면 나중에 네가 도와주는 수가 있어. → 대안
　　　　 일단 강희한테 시켜 보고, 강희가 정 못하면 나중에 네가 도와줘도 돼. → 허락

–다가 보다

의존어 구성:
종결표현

형태 정보

- 용언의 어간에 '–다가 보다'를 붙인다.
  준말 – 다 보다

1 의도치 않게

앞의 행동을 하는 과정에서 의도하지 않았지만 뒤의 사실을 새로 깨닫게 되거나, 뒤의 상태로 됨을 나타낸다.

- 열심히 일하다 보니까 어느새 해가 져 있었다.
- 나는 책을 많이 읽다 보니 어휘력이 좋아졌다.
- 오래 살다가 보니 너한테 선물을 다 받아 보네.
- 공부를 열심히 하다 보면 성적은 자연히 오를 거야.
- 아기를 키우다 보면 부모님께 저절로 감사한 마음이 들 거예요.
- 가 : 너는 어떻게 한국어를 그렇게 잘하게 됐어?
  나 : 한국 음악을 좋아해서 많이 듣다 보니까 한국어를 잘하게 됐어요.

문법 정보

- **주어 제약** : 선행절은 주로 사람을 나타내는 주어와 함께 쓴다.

- **선행 용언 제약** : 주로 동사와 결합한다.

  예문 *성실하다 보면 성적이 금방 오를 거야.
  열심히 공부하다 보면 성적이 금방 오를 거야.

- **선어말어미 제약** : 선행 용언과 결합할 때 '–었–', '–겠–'이 개재되기 어렵다.

  예문 *오래 (살았다가/살겠다가) 보니 너한테 선물을 다 받네.

- **분포 · 활용 제약** : 주로 '–다(가) 보니(까)'나 '–다(가) 보면'의 꼴로 써서 후행절을 요구
  한다.

- **문장 유형 제약** : '–다(가) 보니(까)'로 쓸 때는 후행절에 주로 과거형이 오고 '–다(가) 보
  면'으로 쓸 때는 후행절에 주로 미래형이 온다. 후행절은 주로 평서문, 의문문으로 쓴
  다. 명령문, 청유문으로 쓰기 어렵다.

  예문 *한국 음악을 많이 듣다 (보니까/보면) 한국어를 잘하게 됩시다.

–도록 하다

의존어 구성:
종결표현

형태 정보

- 용언의 어간에 '–도록 하다'를 붙인다.

1 사동

다른 사람이 무엇을 하게 시키거나 사물이 어떤 상태가 되도록 만듦을 나타낼 때 쓴다.

- 이번 워크숍에 모든 직원을 참석하도록 하십시오.
- 투자자로 하여금 투자를 망설이도록 하는 요인이 무엇인가?
- 대규모 시위가 일어나 독재 정권이 무너지도록 했다.
- 가 : 보고서를 금요일까지 제출하도록 하세요.
  나 : 네, 알겠습니다.

tip '하다' 자리에는 '만들다'나 '시키다'가 대신 올 수도 있다.
  - 이번 워크숍에 모든 직원이 참석하도록 만드십시오.
  - 이번 워크숍에 모든 직원이 참석하도록 시키십시오.

문법 정보

- **조사 결합 정보** : '–도록'과 '하다' 사이에는 보조사 '은', '도', '만', '까지' 등이 올 수 있다.

  예문 대규모 시위가 일어나 독재 정권이 무너지도록까지 했다.

- **선행 용언 제약** : 주로 동사와 결합한다. 그러나 상태 변화의 의미를 담을 수 있는 형용사와도 결합할 수 있다.

  예문 엄마는 아이가 밥을 먹도록 했다. → 동사와 결합 가능함.

  ?엄마는 아이가 예쁘도록 했다. → 형용사와 결합 어려움.

  엄마는 국을 데워서 따뜻하도록 하셨다. → 상태 변화 의미의 형용사와 결합 가능함.

- **선어말어미 제약** : 선행 용언과 결합할 때 '-었-', '-겠-'이 개재되기 어렵다.

  예문 *대규모 시위가 일어나 독재정권이 (무너졌도록/무너지겠도록) 했다.

tip '-도록 하다'와 결합하는 동사의 행위주에는 조사 '-에게' 대신에 '-이/가', '-을/를'이 오는 경우도 있다.
  - 엄마는 아이(에게/가/를) 밥을 먹도록 했다.

담화 정보

- 주로 격식적 장면이나 문어에서 쓴다.

관련 표현

- **-게 하다**

  (1) 구어와 비격식적인 상황에서도 두루 사용된다.

  예문 가 : 여보, 서준이 좀 내려오게 해요.

  나 : 왜요?

  가 : 짐 좀 들게 하려고 해요.

2 허락

다른 사람의 행동을 허락하거나 허용함을 나타낼 때 쓴다.

- 그들이 서울에 있는 동안 우리 집에서 지내도록 했다.
- 학교에서는 일정 기간 동안 성적에 대한 이의 신청이 **가능하도록 하고** 있다.
- 당국은 동맹국 국민에 한해서 비자 없이 입국이 **가능하도록 하였다.**

tip '하다' 자리에는 '두다'나 '허락하다'가 대신 올 수도 있다.
  - 나는 그들이 우리 집에서 지내도록 두었다.
  - 나는 그들이 우리 집에서 지내도록 허락했다.

문법 정보

- **조사 결합 정보** : '-도록'과 '하다' 사이에는 보조사 '는', '도', '만', '까지' 등이 올 수 있다.

  예문 주말이니까 남편이 낮잠을 자도록은 해 주었다.

- **선행 용언 제약** : 주로 동사와 결합한다.

예문 ?나는 동생을 귀엽도록 했다.

- **선어말어미 제약** : 선행 용언과 결합할 때 '-었-', '-겠-'이 개재되기 어렵다.
  예문 *그들을 우리 집에서 (머물었도록/머물겠도록) 했다.

tip '-도록 하다'와 결합하는 동사의 행위주에는 조사 '-에게' 대신에 '-이/가', '-을/를'이 오는 경우도 있다.
- 나는 그들(이/을/에게) 우리 집에서 지내도록 했다.

담화 정보

- 주로 격식적 장면이나 문어에서 쓴다.

관련 표현

- **-게 하다**
  (1) 구어와 비격식적인 상황에서도 두루 사용된다.
  예문 가 : 엄마, 규현이네 집에 놀러 가게 해 주세요.
  나 : 숙제 먼저 끝내고 가렴.

3 명령이나 권유

듣는 사람에게 어떤 행동을 할 것을 명령하거나 권유할 때 쓴다.

- 가 : 내일부터 늦지 말도록 하세요.
  나 : 네, 알겠습니다.
- 가 : 오늘은 이쯤에서 마무리하고 퇴근하도록 합시다.
  나 : 네, 부장님.
- 가 : 약을 꼭 챙겨 먹도록 하세요.
  나 : 네, 그럴게요. 고맙습니다.

문법 정보

- **주어 제약** : 주로 2인칭 주어와 함께 쓰거나 주어 없이 쓴다.

- **선행 용언 제약** : 주로 동사와 결합한다. 형용사, '이다'와 결합하기 어렵다.
  예문 *내일부터는 더 예쁘도록 하세요.

- **선어말어미 제약** : 선행 용언과 결합할 때 '-었-', '-겠-'이 개재되기 어렵다.
  예문 *약을 꼭 챙겨 (먹었도록/먹겠도록) 하세요.

- **문장 유형 제약** : 주로 명령문이나 청유문으로 쓴다.

- 격식적 장면에서 주로 쓴다.
- 군대에서 상급자가 하급자에게 명령할 때나 메모 등을 통해 명령할 때에는 '하다'가 생략되어 쓰이기도 한다.
  > 예문 (군대에서) 훈련에 성실히 임하도록. 알았나?
  > (메모에서) 3시까지 끝내도록.

4 다짐이나 의지

말하는 사람의 다짐이나 의지를 나타낼 때 쓴다.

- 내일부터 늦지 않도록 하겠습니다.
- 오늘은 이쯤에서 마무리하도록 해야겠어요.
- 앞으로는 안전하게 운전하도록 하겠습니다.
- 가 : 우리 헤어지자. 힘들어서 더는 못 만나겠어.
  나 : 내가 앞으로는 더 잘하도록 할게. 미안해.

문법 정보

- **주어 제약** : 주로 1인칭 주어와 함께 쓴다.
- **선행 용언 제약** : 주로 동사와 결합한다. 형용사, '이다'와 결합하기 어렵다.
  > 예문 *내일부터는 더 예쁘도록 하겠습니다.
- **선어말어미 제약** : 선행 용언과 결합할 때 '-었-', '-겠-'이 개재되기 어렵다.
  > 예문 *내일부터 늦지 (않았도록/않겠도록) 하겠습니다.
- **시제 제약** : 주로 미래 시제로 쓴다. 과거 시제나 현재 시제로 쓰기 어렵다.

담화 정보

- 주로 격식적 장면에서 쓴다.

관련 표현

- **-을게(요)**
  (1) 구어나 비격식적 상황에서도 두루 사용된다.
  > 예문 가 : 약속 시간에 매번 늦으면 어떻게 해?
  > 나 : 다음부터는 절대 늦지 않을게. 미안해.

-아/어 가다

의존어 구성:
종결표현

형태 정보

	형태
ㅏ, ㅗ	-아 가다
ㅏ, ㅗ 외	-어 가다
하다	해 가다

1 계속 진행

행동이나 상태가 어떤 끝점을 향해 계속 진행됨을 나타낸다.

- 팥빙수가 **녹아 가니까** 다 녹아 버리기 전에 얼른 먹어라.
- 날이 추워서인지 방이 빠르게 **식어 가요**.
- 채린이는 어려운 환경에서도 열심히 공부하며 실력을 **쌓아 갔다**.
- 가 : (식당에서) 음식이 나오려면 아직 멀었나요?
  나 : 아니에요. 거의 다 **돼 가니까** 조금만 기다리세요.

문법 정보

- **선행 용언 제약** : 주로 '녹다', '식다' 등과 같이 그 동사로 표현된 동작이 지속된 결과 도
  달한 끝점의 상태를 동일한 형태로 표현할 수 있는 동사와 결합한다. 그렇지 않을 때에
  는 끝점에서의 완료 상태를 나타낼 수 있는 부사 '다', '거의' 등이 공기해야 한다.
  [예문] *밥을 먹어 간다. → 밥을 다 먹어 간다.
  *청소를 해 간다. → 청소를 다 해 간다.

- **선어말어미 제약** : 선행 용언과 결합할 때 '-었-', '-겠-'이 개재되기 어렵다.
  [예문] *방이 빠르게 (식었어/식겠어) 갑니다.

관련 표현

- **-고 있다**
  (1) '-고 있다'는 어떤 행위의 진행상을 중립적으로 나타내며 시작점이나 끝점으로부터
  의 거리에 대한 정보를 상정하지 않는다. 따라서 대부분의 동사와 결합할 수 있다.
  [예문] *밥을 먹어 간다.
  밥을 먹고 있다.

- **–어 오다**
  (1) '–어 오다'는 시간의 경과에 따라 상태나 행위가 진행되어 어떤 기준점을 향해 다가 옴을 뜻하고, '–어 가다'는 상태나 행위가 진행되어 어떤 명확한 끝점을 향해 나아감을 뜻한다. 따라서 더 적극적인 행위의 결과로 어떤 목표를 달성 또는 성취하는 과정에 있을 경우는 '–어 가다'를 쓰는 것이 자연스럽다.

    예문 밥을 다 먹어 (*온다/간다).
    일을 거의 끝내 (*온다/간다).
    마감일이 다가 (온다/*간다).
    십 년 동안 친구로 지내 (왔다/*갔다).

2 그 행동을 이따금씩 반복하는 모양으로

어떤 행동을 이따금씩 반복하는 모양으로 다른 행동을 함을 나타낸다.

- 숨 좀 쉬어 **가면서** 말해라. 할 말이 그렇게도 많니?
- 저는 아르바이트를 **해 가면서** 공부하느라 늘 바빠요.
- 가끔씩은 취미 생활도 **해 가며** 여유롭게 살고 싶어요.
- 주변을 **살펴 가며** 살아가는 모습은 얼마나 아름다운가.
- 가 : 나 이번 달에 절약하려고 커피 한 잔도 안 마셨어!
  나 : 맙소사, 돈도 좀 **써 가면서** 살아야지. 너무 아끼기만 해도 안 돼.

문법 정보

- **선행 용언 제약** : 주로 동사와 결합한다. 형용사나 '이다'와 결합하기 어렵다.
  예문 *이따금씩 예뻐 가면서 살고 싶다.

- **선어말어미 제약** : 선행 용언과 결합할 때 '–었–', '–겠–'이 개재되기 어렵다.
  예문 *숨 좀 (쉬었어/쉬겠어) 가면서 말해라.

- **분포 · 활용 정보** : 주로 '–어 가며'나 '–어 가면서'의 꼴로 쓰며 후행절을 요구한다.

담화 정보

- 구어에서는 주로 '–어 가면서'의 꼴로 쓰고 문어에서는 주로 '–어 가며'의 꼴로 쓴다.

-아/어 내다

형태 정보

	형태
ㅏ, ㅗ	-아 내다
ㅏ, ㅗ 외	-어 내다
하다	해 내다

1 끝내 이룸

이루기 어려운 일을 스스로의 노력이나 힘으로 끝내 이룸을 나타낼 때 쓴다.

- 아내는 열심히 노력한 끝에 마침내 학위를 **받아 냈다.**
- 우리 국민 모두의 힘을 모아 살기 좋은 나라를 **만들어 냅시다.**
- 우리 선수단은 온갖 어려움을 극복하고 금메달을 **따 냈다.**
- 나는 끝까지 포기하지 않고 진실을 **밝혀 낼** 것이다.
- 가 : 결국 부모님의 허락을 **받아 내다니** 정말 대단해요.
  나 : 제가 고집이 좀 센 편이에요.

문법 정보

- **주어 제약** : 주로 사람을 나타내는 주어와 함께 쓴다.

- **선행 용언 제약** : 주로 동사와 결합한다. 형용사나 '이다'와 결합하기 어렵다.
  예문 *올해는 꼭 예뻐 내겠다.

- **선어말어미 제약** : 선행 용언과 결합할 때 '-었-', '-겠-'이 개재되기 어렵다.
  예문 *나는 마침내 학위를 (받았어/받겠어) 냈다.

공기 정보

- 노력 끝에 얻은 성취를 나타내므로 '마침내', '결국' 등의 부사와 잘 어울린다.

담화 정보

- 주로 이루기 어려운 일을 끈질긴 노력으로 이룬 것이라는 화자의 생각과 관련된다. 따라서 노력을 통하지 않고 얻은 성과에 대해서는 쓰기 어렵다.
  예문 *나는 복권 당첨금을 받아 냈다. → 복권에 당첨되는 것은 노력과 관계 없으므로 어색함.

- 또한 '받다'와 같은 동사와 결합하는 경우에는 자칫 자격이 되지 않음에도 지나치게 조르거나 우겨서 억지로 받는 일을 나타낼 수 있으므로 조심해야 한다.

  예문 나는 (선생님을 졸라서 억지로) 장학금을 받아 냈다.
  ?나는 (열심히 공부해서) 장학금을 받아 냈다.

관련 표현

- **–고 말다**

  (1) '–고 말다'가 의지 표현으로 쓸 때는 주로 미래 시제로 쓴다. 과거 시제로 쓰면 다른 의미가 된다.

  예문 우리 선수단은 메달을 따고 말 것이다. → 메달을 따겠다는 강한 의지
  우리 선수단은 동메달을 따고 말았다. → 동메달을 딴 일은 안타까운 일임.
  우리 선수단은 동메달을 따 냈다. → 동메달을 딴 일은 좋은 성과임.

- **–어 버리다**

  (1) '–어 버리다'는 해당 사태가 (사실 관계와는 상관없이) 마치 화자가 마음만 먹으면 어렵지 않게 달성할 수 있는 목표라는 듯이 가정하는 태도로 말할 때 쓴다.

  예문 우리 선수단은 이번에도 손쉽게 금메달을 따 버렸다. → 금메달을 딴 일은 쉬운 일임.
  우리 선수단은 어려운 적수를 물리치고 마침내 금메달을 따 냈다.
  → 금메달을 딴 일은 어려운 일임.

–아/어 놓다

의존어 구성:
종결표현

형태 정보

	형태
ㅏ, ㅗ	–아 놓다
ㅏ, ㅗ 외	–어 놓다
하다	해 놓다

1 행위 결과 상태의 유지

앞말이 나타내는 행동을 한 결과 상태를 유지함을 나타낼 때 쓴다.

- 도서관에 있는 동안에는 휴대 전화를 꺼 놓으십시오.
- 해외에 가려면 사전에 비자 발급을 받아 놓아야 한다.
- 누가 방을 이렇게 어질러 놓았어?

- 가 : 왜 빈집에 불을 켜 놓았니?
  나 : 도둑이 들까 봐서 일부러 누가 있는 것처럼 한 거예요.

문법 정보

- **주어 제약** : 주로 유정물을 나타내는 주어와 함께 쓴다.

- **선행 용언 제약** : 주로 동사와 결합한다.
  - 예문 *그 애는 참 예뻐 놓았다.

- **선어말어미 제약** : 선행 용언과 결합할 때 '-었-', '-겠-'이 개재되기 어렵다.
  - 예문 *빈집에 불을 (켰어/켜겠어) 놓았다.

담화 정보

- 주로 구어에서 쓴다.
- 주로 행위 자체가 아니라 행위의 결과가 유지되고 있는 상태에 초점을 맞추기 위하여 사용한다. 따라서 사전에 준비해야 하는 일이라는 화자의 인식을 나타내거나 어떤 행위의 결과가 화자에게 미치는 영향에 대해 갖는 느낌을 간접적으로 나타내기 위해 사용되는 일이 많다.
  - 예문 학생증을 만들려고 사진을 미리 찍어 놓았어요. → 사전에 미리 준비해야 하는 일
    누가 방을 이렇게 어질러 놓았어?
    → 어떤 결과 상태에 대한 화자의 불편한 마음을 간접적으로 표현함.

2 상태 지속

앞말이 나타내는 상태가 지속됨을 나타낼 때 쓰며, 주로 앞말이 뒷내용에 대한 원인이나 이유를 나타낸다.

- 그 도시는 공기가 워낙 **나빠 놓아서** 외출하기도 겁난다.
- 저는 원체 몸이 **약해 놔서** 때마다 보약을 지어 먹어요.
- 배추 값이 그렇게 **비싸 놓으**니 장사가 잘 되겠어요?
- 가 : 딸이 6년 동안이나 반장을 했다고요? 반장 엄마는 많이 바쁘다던데.
  나 : 네. 소현이가 6년 내내 반장이 돼 놓는 바람에 매년 학교에 가느라 좀 바빴어요.

문법 정보

- **선행 용언 제약** : 주로 형용사와 결합한다.

- **분포 · 활용 제약** : 주로 '-어 놓아서'나 '-어 놔서'의 꼴로 쓰여 후행절의 이유를 나타낸다.

- **문장 유형 제약** : 후행절은 주로 평서문, 의문문으로 쓴다. 명령문, 청유문으로 쓰기 어렵다.

  예문 *저는 원체 몸이 약해 놔서 때마다 보약을 지어 먹읍시다.

담화 정보

- 주로 구어에서 쓴다.
- 축약이 빈번한 구어의 특성상 '–어 놔서'의 꼴로 쓸 때가 많다.
- 주로 어느 정도 나이든 계층의 화자가 많이 사용한다.

관련 표현

- **–어 두다**

  (1) 대부분의 경우에 '–어 놓다'와 큰 의미 차이 없이 바꿔 쓸 수 있다. 단, '–어 두다'가 어떤 일을 하기 위해 미리 준비해 둔다는 의미가 더 강하다.

  예문 지갑은 가방 속에 넣(어 둬/어 놔).
  밥 먹을 시간도 없이 아주 바쁠 것 같아서 아침을 든든히 먹어 두었다.
  시험 기간이 얼마 남지 않았으니 미리미리 준비해 두도록 해.

–아/어 대다

의존어 구성: 종결표현

형태 정보

	형태
ㅏ, ㅗ	–아 대다
ㅏ, ㅗ 외	–어 대다
하다	해 대다

1 지나치게 반복적임

어떤 행동을 지나치게 반복함을 나타낸다. 그러한 행동에 대해 화자가 부정적이거나 못마땅하게 생각하는 것을 드러낸다.

- 아이가 엄마에게 장난감을 사 달라고 **졸라 댔다**.
- 서준이가 하루 종일 **떠들어 대서** 너무 시끄러워.
- 그들은 서로가 옳다고 **우겨 댔다**.

- 가 : 너는 다이어트를 한다면서 계속 **먹어 대니**?
  나 : 이것만 먹고 내일부터 할 거야.

문법 정보

- **선행 용언 제약** : 주로 '조르다, 떠들다, 우기다, 울다, 손가락질하다' 등과 같이 부정적인 어감이 있고 행위의 지속이나 반복을 나타낼 수 있는 동사와 결합한다. '도착하다', '죽다' 등과 같이 일회적이고 순간적인 의미를 갖는 동사와 결합하기 어렵다.
  예문 ?그는 계속해서 늦게 도착해 댔다.

- **선어말어미 제약** : 선행 용언과 결합할 때 '-었-', '-겠-'이 개재되기 어렵다.
  예문 *아이가 (울었어/울겠어) 댔다.

공기 정보

- **부사어 공기 정보** : 반복적임을 강조하기 위해 '계속, 하루 종일' 등과 함께 어울려 쓰이는 일이 많다.
  예문 아이가 간밤에 계속 울어 대서 한숨도 못 잤어요.

담화 정보

- 주로 구어에서 쓴다.

관련 표현

- **-기(가) 일쑤이다**
  (1) '-기(가) 일쑤이다'는 어떤 일이 매우 자주 있음을 나타내고, '-어 대다'는 어떤 행동이 반복되는 정도가 매우 심함을 나타낸다.
  예문 요즘 바빠서 끼니를 거르기 일쑤이다. → 끼니를 거르는 일이 자주 있음.
  아이가 밤새 울어댔다. → 아이가 계속해서 울었음.

-아/어 두다

의존어 구성:
종결표현

형태 정보

	형태
ㅏ, ㅗ	-아 두다
ㅏ, ㅗ 외	-어 두다
하다	해 두다

앞말이 나타내는 행동을 한 결과 상태를 유지함을 나타낼 때 쓴다.

- 이 일은 제가 마무리할 테니 걱정 말고 **맡겨 두세요**.
- 여기에 차를 잠시 **세워 둬**도 괜찮을까요?
- 주말에 시간이 없을 것 같아서 발표 준비를 미리 **끝내 두었다**.
- 가 : 어거 어디에다가 놓을까?
  나 : 책상 서랍 속에 **넣어 둬**.

문법 정보

- **주어 제약** : 주로 유정물을 나타내는 주어와 함께 쓴다.

- **선행 용언 제약** : 주로 동사와 결합한다. 형용사, '이다'와 결합하기 어렵다.
  예문 *우리 미리 바빠 두고 주말에는 푹 쉬자.

- **선어말어미 제약** : 선행 용언과 결합할 때 '–었–', '–겠–'이 개재되기 어렵다.
  예문 *여기에 차를 잠시 (세웠어/세우겠어) 둡시다.

담화 정보

- 주로 구어에서 쓴다.
- 미래의 일을 위해 준비해 둔다는 화자의 인식을 나타내는 경우에 사용한다.
  예문 이따 오랫동안 운동하려면 미리 밥을 많이 먹어 둬. → 미래의 일을 위해 미리 준비함.

관련 표현

- **–어 놓다**
  (1) 대부분의 경우에 '–어 두다'와 큰 의미 차이 없이 바꿔 쓸 수 있다. 단, '–어 두다'가
  어떤 일을 하기 위해 미리 준비해 둔다는 의미가 더 강하다.
  예문 지갑은 가방 속에 넣(어 놔/어 둬).
  밥 먹을 시간도 없이 아주 바쁠 것 같아서 아침을 든든히 먹어 두었다.
  시험 기간이 얼마 남지 않았으니 미리미리 준비해 두도록 해.

-아/어 드리다

형태 정보

	형태
ㅏ, ㅗ	-아 드리다
ㅏ, ㅗ 외	-어 드리다
하다	해 드리다

1 윗사람을 위해 행동을 함

윗사람을 위해 어떤 행동을 하는 것을 나타낸다.

- 할아버지께 안마를 해 드렸다.
- 짐이 무거워 보이는데 들어 드릴까요?
- 어머니, 내년 생신에는 더 좋은 선물을 해 드릴게요.
- 가 : 스승의 날 선물로 뭐가 좋을까?
  나 : 선생님께 꽃다발을 사 드리는 게 어때?

문법 정보

- **주어 제약** : 주로 사람을 나타내는 주어와 함께 쓴다.

- **선행 용언 제약** : 주로 동사와 결합한다. 형용사, '이다'와 결합하기 어렵다.
  [예문] *나는 부모님을 위해 예뻐 드렸다.

- **선어말어미 제약** : 선행 용언과 결합할 때 '-었-', '-겠-'이 개재되기 어렵다.
  [예문] *할아버지께 안마를 (했어/하겠어) 드린다.

관련 표현

- **-어 주다**
  (1) '-어 드리다'는 '-어 주다'의 높임 표현이다. 도움을 제공받는 대상이 도움을 주는 대상
  보다 아랫사람일 때는 '-어 드리다' 대신에 '-어 주다'를 사용하는 것이 자연스럽다.
  [예문] 동생에게 선물을 사 (*드렸다/주었다).
  할머니께 선물을 사 (드렸다/*주었다).

-아/어 버리다

형태 정보

	형태
ㅏ, ㅗ	-아 버리다
ㅏ, ㅗ 외	-어 버리다
하다	해 버리다

1 행위가 완전히 끝남

행위가 완전히 끝난 결과로 아무것도 남지 않았음을 나타낸다. 그 결과로 화자가 부담을 덜게 되었거나 아쉬움이 남았음을 나타낼 수 있다.

- 동생이 피자를 다 **먹어 버렸**다.
- 일을 다 **끝내 버리**고 나니 시원해요.
- 차가 막히는 바람에 기차를 **놓쳐 버렸**어.
- 가 : 어제 친구들은 잘 만났어?
  나 : 아니. 조금 늦게 갔더니 다 **가 버리**고 없더라고.

문법 정보

- **선행 용언 제약** : 주로 동사와 결합한다. 형용사, '이다'와 결합하기 어렵다.
  > 예문 *요새는 너무 바빠 버렸다.

- **선어말어미 제약** : 선행 용언과 결합할 때 '-었-', '-겠-'이 개재되기 어렵다.
  > 예문 *동생이 피자를 다 (먹었어/먹겠어) 버려요.

담화 정보

- 기본적으로 '끝남', '없어짐'과 같은 의미를 나타내나 문맥에 따라 다음과 같은 다양한 의미를 포함할 수 있다. 우선 화자의 시원한 감정을 나타낼 수 있다.
  > 예문 밀렸던 빨래를 다 해 버리니 날아갈 듯 기분이 좋았다. → '시원함'

- 또는 화자의 아쉬움, 안타까움, 아까움, 서운함, 후회와 같은 감정 또한 나타낼 수 있다.
  > 예문 영화가 아주 재미있었는데 너무 빨리 끝나 버려서 아쉬웠다. → '아쉬움'
  > 어제 산 휴대폰이 깨져 버려서 정말 짜증이 났다. → '아까움'
  > 좀 더 참지 못하고 여자 친구에게 헤어지자고 말해 버린 것이 너무 후회가 된다.
  > → '후회'

- **-고 말다**

  (1) 아쉬움이나 후회 등의 의미를 나타낼 때는 '-고 말다'와 '-어 버리다'를 대부분의 경우에 바꿔 쓸 수 있다.

  > **예문** 차가 막히는 바람에 기차를 (놓치고 말았어/놓쳐 버렸어). → '아쉬움'
  >
  > 살을 빼야 하는데 못 참고 (먹고 말았다/먹어 버렸다). → '후회'

  (2) 그러나 부담을 덜게 되어 시원한 감정을 나타낼 때는 '-어 버리다'를 쓰는 것이 자연스럽다.

  > **예문** 오히려 포기를 (?하고 마니/해 버리니) 마음이 편해요. → '시원함'
  >
  > 그동안 하고 싶었는데 못 했던 이야기를 (?하고 마니까/해 버리니까) 시원해요.
  > → '시원함'

-아/어 보다

의존어 구성:
종결표현

형태 정보

	형태
ㅏ, ㅗ	-아 보다
ㅏ, ㅗ 외	-어 보다
하다	해 보다

1 시도

어떤 행동을 시도함을 나타낸다.

- 손님, 마음에 드시면 **입어 보세요**.
- 어떤 맛인지 궁금해서 한번 **먹어 보았다**.
- 좋은 사람 같던데 **만나 보는** 게 어때?
- 가 : 이 문제 풀 수 있어? 한번 **풀어 봐**.

  나 : 아, 정말 어렵다. 전혀 모르겠어.

문법 정보

- **주어 제약** : 주로 유정물을 나타내는 주어와 함께 쓴다.

- **선행 용언 제약** : 주로 동사와 결합한다. 형용사, '이다'와 결합하기 어렵다.

  예문 *일단 한번 귀여워 봅시다.

- **선어말어미 제약** : 선행 용언과 결합할 때 '-었-', '-겠-'이 개재되기 어렵다.

  예문 *좋은 사람 같던데 (만났어/만나겠어) 봐요.

공기 정보

- 시험 삼아 해 봄을 나타내므로 '한번 -어 보다'로 쓰는 일이 많다.

  예문 내일 예약이 되는지 한번 확인해 봐.

2 경험

어떤 행동을 이전에 경험했음을 나타낸다.

- 어렸을 때 미국에 **가 본** 적이 있다.
- 같은 일을 **겪어 보**지 않은 사람은 내 심정을 몰라.
- 그 호텔에는 한 번도 안 **묵어 봤는**데 다들 좋다고 하더라고요.
- 가 : 저기 레스토랑이 새로 생겼네. **가 봤어?**

  나 : 나는 안 **가 봤는**데, **가 본** 사람들이 다들 맛있다고 하더라. 우리 오늘 **가 보자.**

문법 정보

- **주어 제약** : 주로 유정물을 나타내는 주어와 함께 쓴다.

- **선행 용언 제약** : 주로 동사와 결합한다. 형용사, '이다'와 결합하기 어렵다.

  예문 *예전에 한번 귀여워 봤어요.

- **선어말어미 제약** : 선행 용언과 결합할 때 '-었-', '-겠-'이 개재되기 어렵다.

  예문 *어렸을 때 미국에 (갔어/가겠어) 봤다.

- **시제 제약** : 이전에 경험한 행위를 나타내므로 주로 과거 시제로 쓴다.

  예문 새로 생긴 카페에 아직 안 **가 봤어.** → 경험

  우리 내일 **가 보자.** → 시도

-아/어야 되다

형태 정보

	형태
ㅏ, ㅗ	-아야 되다
ㅏ, ㅗ 외	-어야 되다
하다	해야 되다

• **-라야 되다** : '이다/아니다'의 어간에 '-라야 되다'를 붙이기도 한다.

예문 연세대학교 국문과 학생이라야 됩니다.

1 의무나 당위

반드시 그럴 필요나 의무가 있음을 나타낸다.

• 감기에 걸렸을 때는 약을 먹고 푹 **쉬어야 된다.**
• 금요일까지는 꼭 보고서를 **제출해야 됩니다.**
• 내일 새벽에 일어나려면 일찍 **자야 돼.**
• 가 : 이번 주 토요일에는 학원에 **가야 돼서** 못 만날 것 같아.
  나 : 그럼, 다음 주 토요일은 어때?
• 가 : 남자는 **씩씩해야 돼요.**
  나 : 그건 고정관념이에요.

문법 정보

• **조사 결합 정보** : 보조사 '만'이 덧붙어 그 의미를 강조하기도 한다.
  예문 금요일까지는 꼭 보고서를 제출하셔야만 됩니다.

• **선어말어미 제약** : 선행 용언과 결합할 때 '-겠-'이 개재되기 어렵다.
  예문 좋은 성적을 받고 싶었으면 공부를 열심히 했어야 돼.
  *좋은 성적을 받고 싶으면 공부를 열심히 하겠어야 돼.

• **문장 유형 제약** : 주로 평서문, 의문문으로 쓴다. 명령문, 청유문으로 쓰기 어렵다.
  예문 *결혼식에 1시까지 가야 (돼라/되자).

담화 정보

• 주로 구어에서 사용하는 경향이 있다.
  예문 우리 아이가 내년까지 입으려면 옷이 좀 더 커야 돼.

우리 결혼식 날 날씨가 좋아야 되는데.

관련 표현

- **–어야 하다**

  (1) '–어야 하다'와 큰 의미 차이 없이 바꿔 쓸 수 있다.

  예문 차가 고장이 나서 당분간은 대중교통을 이용(해야 해요/해야 돼요).

  (2) 본래 '되다'는 피동의 의미를 나타내고, '하다'는 능동의 의미를 나타내지만 실제 언어생활에서는 잘 구분이 되지 않는다.

  (3) 구어에서는 '–어야 되다'를 더 많이 쓰고, '–어야 하다'는 구어와 문어에 두루 쓰인다.

  예문 공공장소에서는 큰 소리로 떠드는 것을 삼가야 한다.
  서준아, 밥 남기지 말고 다 먹어야 돼.

–아/어야 하다

의존어 구성:
종결표현

형태 정보

	형태
ㅏ, ㅗ	–아야 하다
ㅏ, ㅗ 외	–어야 하다
하다	해야 하다

- **–라야 하다** : '이다/아니다'의 어간에 '–라야 하다'를 붙이기도 한다.

  예문 연세대학교 국문과 학생이라야 한다.

1 의무나 당위

반드시 어떤 행동을 하거나 어떤 상태가 될 필요가 있음을 나타낸다.

- 해외여행을 가려면 여권이 **있어야 한다.**
- 운전을 하고 싶으면 먼저 운전면허 시험에 **합격해야 합니다.**
- 오늘 저는 야근이에요. **끝내야 할** 일이 많거든요.
- 가 : 한국어를 잘하려면 어떻게 **해야 해요?**
  나 : 한국 친구들을 많이 사귀어서 많이 이야기해 보세요.
- 가 : 한국에서 아나운서가 되려면 **예뻐야 하는** 것 같아요.
  나 : 글쎄요. 저는 외모보다 실력이 중요하다고 봐요.

문법 정보

- **조사 결합 정보** : 보조사 '만'이 덧붙어 그 의미를 강조하기도 한다.
  예문 하루라도 빨리 새 직장을 찾아야만 합니다.

- **선어말어미 제약** : 선행 용언과 결합할 때 '-겠-'이 개재되기 어렵다.
  예문 좋은 성적을 받고 싶었으면 공부를 열심히 했어야 해.
  *좋은 성적을 받고 싶으면 공부를 열심히 하겠어야 해.

- **문장 유형 제약** : 주로 평서문, 의문문으로 쓴다. 명령문, 청유문으로 쓰기 어렵다.
  예문 *일단 운전면허 시험에 합격해야 합시다.

담화 정보

- '하다' 대신에 '되다'를 써서 같은 의미를 나타낼 수 있다. '-어야 하다'는 '-어야 되다'
  에 비해서 공식적인 글이나 서류에서 많이 쓴다.

관련 표현

- **-어야 되다**

  (1) '-어야 하다'는 '-어야 되다'와 큰 의미 차이 없이 바꿔 쓸 수 있다.
  예문 차가 고장이 나서 당분간은 대중교통을 이용(해야 돼요/해야 해요).

  (2) 본래 '되다'는 피동의 의미를 나타내고, '하다'는 능동의 의미를 나타내지만 실제 언
  어생활에서는 잘 구분이 되지 않는다.

  (3) 구어에서는 '-어야 되다'를 더 많이 쓰고, '-어야 하다'는 구어와 문어에 두루 쓰인다.
  예문 나 지금 친구한테 카메라 빌리러 가야 돼.
  정부는 하루빨리 대책을 발표해야 한다.

2 아쉬움

**(주로 과거형으로 써서) 반드시 어떤 행동을 할 필요나 어떤 상태일 필요가 있었지만
그렇지 못했기에 아쉬움을 나타낸다.**

- 이번에는 꼭 **합격했어야 했는데** 이번에도 시험에 떨어지고 말았다.
- 집값이 떨어졌을 때 집을 사 **두었어야 했어.**
- 자네가 그 일을 제때 **끝냈어야 했는데** 그렇게 하지 못해서 회사 전체가 손해를 봤어.
- 가 : 아까 낮에 그렇게 많이 자지 **말았어야 했어.**
  나 : 그러게 말이야. 너무 잠이 안 온다.

문법 정보

- **주어 정보** : 1인칭 주어와 함께 쓸 때는 후회의 의미를, 2인칭 주어와 함께 쓸 때는 비난의 의미를 나타낸다.

- **선어말어미 정보** : 선행 용언과 결합할 때 주로 '-었-'이 개재된다.

- **시제 제약** : 지나간 일에 대한 아쉬움의 의미를 나타내므로 주로 과거형으로 쓴다.
  > **예문** *그렇게 하루 종일 자지 말았어야 하겠어.

- **분포·활용 정보** : 선행절과 후행절을 연결하는 위치에서는 주로 '-었어야 했는데', '-었어야 했지만', '-었어야 했으나' 등과 같이 역접의 의미를 나타내는 연결어미와 결합한다.

- **문장 유형 제약** : 주로 평서문이나 의문문으로 쓴다. 명령문, 청유문으로 쓰기 어렵다.
  > **예문** *그렇게 하루 종일 자지 말았어야 합시다.

담화 정보

- 주로 구어나 비격식적 문어에서 쓴다.

-아/어 오다

> 의존어 구성:
> 종결표현

형태 정보

	형태
ㅏ, ㅗ	-아 오다
ㅏ, ㅗ 외	-어 오다
하다	해 오다

1 계속 진행

어떤 행위나 상태가 계속되거나 진행됨을 나타낸다.

- 시험 기간이 **가까워 오니까** 도서관에서 자리를 찾기가 힘들다.
- 지금까지 잘 **해 온** 것처럼 앞으로도 잘 할 거라고 믿어.
- 벌써 날이 **밝아 오고** 있다.
- 서울시는 노숙자들에게 무료 급식을 **제공해 오고** 있다.

- 강 선생님은 남몰래 어려운 이웃을 도와 오고 계십니다.
- 가 : 저 분은 누구세요?
  나 : 오랫동안 친하게 지내 온 이웃이에요.

문법 정보

- **선행 용언 제약** : 주로 시간의 폭이 큰 동사나 '가깝다, 밝다, 어둡다'와 같이 상태의 정도성을 나타낼 수 있는 일부 형용사와 결합한다. 순간적인 행위를 나타내는 동사나 '도착하다, 가다, 달성하다, 끝내다'처럼 어떤 목표점 또는 끝점을 나타내는 동사와는 결합하기 어렵다.
  예문 *하루 종일 일어서 왔다.
  　　　*우리의 목표를 달성해 오고 있으니까 힘냅시다!

- **선어말어미 제약** : 선행 용언과 결합할 때 '-었-', '-겠-'이 개재되기 어렵다.
  예문 *날이 (밝았어/밝겠어) 옵니다.

- **문장 유형 제약** : 주로 평서문이나 의문문으로 쓴다. 명령문, 청유문으로 쓰기 어렵다.
  예문 *오랫동안 친하게 지내옵시다.

관련 표현

- **-어 가다**
  (1) '-어 오다'는 시간의 경과에 따라 상태나 행위가 진행되어 어떤 기준점을 향해 다가옴을 뜻하고, '-어 가다'는 상태나 행위가 진행되어 어떤 명확한 끝점을 향해 나아감을 뜻한다. 따라서 보다 적극적인 행위의 결과로 어떤 목표를 달성하거나 성취하는 과정에 있을 경우는 '-어 가다'를 쓰는 것이 자연스럽다.
  예문 밥을 다 (먹어 간다/*먹어 온다).
  　　　일을 거의 (끝내 간다/*끝내 온다).
  　　　마감일이 (*다가 간다/다가 온다).
  　　　십 년 동안 친구로 (*지내 갔다/지내 왔다).

2 화자에게 어떤 행위를 함

누군가가 화자에게 어떤 행위를 함을 나타낸다.

- 그 남자가 나에게 남자 친구가 있냐고 물어 왔어.
- 채린이가 십 년 만에 전화를 걸어 왔다.
- 서준 씨가 데이트 신청을 해 왔다.
- 가 : 강희야, 너는 왜 사람들에게 집 주소를 안 가르쳐 줘?
  나 : 자꾸 선물을 보내 와서 좀 피곤해. 조용히 지내고 싶어.

- **주어 제약** : 주로 유정물을 나타내는 주어와 함께 쓴다.

- **선행 용언 제약** : 주로 동사와 결합한다. 형용사, '이다'와 결합하기 어렵다.
  예문 *그녀가 나에게 예뻐 왔다.

- **선어말어미 제약** : 선행 용언과 결합할 때 '-었-', '-겠-'이 개재되기 어렵다.
  예문 *채린이가 전화를 (걸었어/걸겠어) 왔다.

-아/어 있다

의존어 구성:
종결표현

형태 정보

	형태
ㅏ, ㅗ	-아 있다
ㅏ, ㅗ 외	-어 있다
하다	해 있다

1 지속

어떤 행위가 끝난 후 그 상태가 계속 유지 또는 지속됨을 나타낸다.

- 내 동생은 지금 할머니 댁에 가 있다.
- 가방에 책이 많이 들어 있어서 너무 무거워.
- 저기에 앉아 있는 분이 강 선생님이세요.
- 가 : 수미가 아파서 지금 병원에 입원해 있대.
  나 : 정말? 우리 내일 병문안 가자.

문법 정보

- **선행 용언 제약** : 주로 목적어를 요구하지 않는 자동사나 피동사와 결합한다.
  예문 텔레비전이 켜져 있다.
  벽에 그림이 걸려 있다.
  *눈을 감아 있다. → 눈을 감고 있다.
  *안경을 써 있다. → 안경을 쓰고 있다.

- **선어말어미 제약** : 선행 용언과 결합할 때 '-었-', '-겠-'이 개재되기 어렵다.

예문 *텔레비전이 (켜졌어/켜지겠어) 있다.

관련 표현

• **-고 있다**

(1) 행위의 결과가 지속됨을 나타내는 경우, '-어 있다'는 목적어를 필요로 하지 않는 동사에만 쓸 수 있으나 '-고 있다'에는 그런 제약이 없다.

예문 눈을 (감고 있다/*감아 있다).
안경을 (쓰고 있다/*써 있다).

(2) '-고 있다'는 행위가 진행되고 있음을 나타내기도 한다.

예문 내 동생은 지금 할머니 댁에 가 있다. → 동생이 할머니 댁에 도착했고 할머니 댁에 머무르고 있음.
내 동생은 지금 할머니 댁에 가고 있다. → 동생이 할머니 댁에 가는 중임.

-아/어 주다

의존어 구성:
종결표현

형태 정보

	형태
ㅏ, ㅗ	-아 주다
ㅏ, ㅗ 외	-어 주다
하다	해 주다

1 다른 사람을 위해 어떤 행동을 함

다른 사람을 위해서 어떤 행동을 함을 나타낸다.

• 오늘이 내 생일이라서 아내가 미역국을 **끓여 주었다.**
• 많은 분들이 난민 돕기 성금 모금에 **참여해 주셨습니다.**
• 저는 외국인 친구들에게 한국어를 **가르쳐 주고** 있어요.
• 학교 상담소에서는 무료로 학생들에게 고민 상담을 **해 준다.**
• 가 : 실례지만, 길 좀 **알려 주세요.**
　나 : 네, 어디를 찾으세요?

문법 정보

• **주어 정보** : 도움을 요청할 때는 주로 2인칭 주어와 함께 쓰거나 주어 없이 쓰고, 도움

을 제공할 때는 주로 1인칭 주어와 함께 쓴다.

- **선행 용언 제약** : 주로 동사와 결합한다. 형용사, '이다'와 결합하기 어렵다.
- **선어말어미 제약** : 선행 용언과 결합할 때 '-었-', '-겠-'이 개재되기 어렵다.
  예문 *아내가 미역국을 (끓였어/끓이겠어) 준다.
- **분포 · 활용 정보** : 도움을 요청할 때는 주로 '-어 주세요'의 꼴로 쓰고 도움을 제공할 때는 주로 '-어 드릴게요'의 꼴로 쓴다.

tip 특히 '돕다'와 자주 결합해서 '도와주다'는 한 단어로 쓰인다.

관련 표현

- **-어 드리다**
  (1) '-어 드리다'는 '-어 주다'의 높임 표현이다. 도움을 제공받는 대상이 도움을 주는 대상보다 윗사람일 때는 '-어 주다' 대신에 '-어 드리다'를 사용하는 것이 자연스럽다.
  예문 할머니, 제가 짐을 들어 (드릴게요/*줄게요).
       제가 그 할머니의 짐을 들어 (드렸어요/*주었어요).

-아/어 죽다

의존어 구성:
종결표현

형태 정보

	형태
ㅏ, ㅗ	-아 죽다
ㅏ, ㅗ 외	-어 죽다
하다	해 죽다

1 매우 심함

어떤 상태의 정도가 매우 심함을 과장하여 나타낼 때 쓴다.

- 우리 아기가 너무 **예뻐 죽겠어요**.
- 현정이는 공부하는 게 힘들어 죽을 지경이었다.
- 조금만 쉬었다 가자. 다리 **아파 죽을** 것 같아.
- 가 : 도대체 회의가 언제 끝나요? **심심해 죽겠어요**.
  나 : 미안해요. 저도 **답답해 죽겠어요**.

- 가 : 여보, 밥 좀 줘요. **배고파 죽겠어요.**
  나 : 알았어요. 조금만 기다려요.

문법 정보

- **주어 제약** : 2인칭 주어는 주로 의문문일 때에만 사용된다.
  `예문` *당신은 아기가 너무 예뻐 죽겠어요.
  당신은 아기가 너무 예뻐 죽겠어요?

- **선행 용언 제약** : 주로 형용사와 결합한다. 동사와는 결합하기 어렵다.
  `예문` *공부를 해 죽겠다.

- **선어말어미 제약** : 선행 용언과 결합할 때 '-었-', '-겠-'이 개재되기 어렵다.
  `예문` *공부하는 게 (힘들었어/힘들겠어) 죽을 지경이야.

- **문장 유형 제약** : 주로 평서문이나 의문문으로 쓴다. 명령문, 청유문으로 쓰기 어렵다.
  `예문` *우리 너무 배고파 죽읍시다.

- **분포·활용 제약** : 주로 추측 표현과 결합하여 '-어 죽겠다', '-어 죽을 것 같다', '-어
  죽을 지경이다'의 꼴로 쓴다.

담화 정보

- 주로 구어나 비격식적 장면에서 쓴다.
- 속된 느낌을 줄 수 있으므로 공손성이 낮아서 윗사람에게 쓰기 어렵다.
  `예문` *아버님, 졸려 죽으시겠어요?

-아/어 치우다

의존어 구성:
종결표현

형태 정보

	형태
ㅏ, ㅗ	-아 치우다
ㅏ, ㅗ 외	-어 치우다
하다	해 치우다

1 쉽고 빨리 함

어떤 행동을 쉽고 빨리 해 버림을 나타낸다.

- 채린이는 피자 한 판을 순식간에 다 먹어 치웠다.
- 자꾸 날파리가 꼬이니까 남은 수박을 빨리 먹어 치워라.
- 나는 숙제를 건성건성 해 치우고 게임을 시작했다.
- 김 사장은 비서가 조금만 마음에 안 들어도 쉽게 갈아 치워요.
- 가 : 여보, 설거지 좀 해 줄 수 있어요?
  나 : 그럼요. 이까짓 설거지쯤이야 금세 해 치울게요.

문법 정보

- **주어 제약** : 주로 유정물을 나타내는 주어와 함께 쓴다.

- **선행 용언 제약** : 주로 '먹다', '하다', '갈다' 등의 일부 동사와만 결합한다.
  > 예문 *등산 대장은 금세 험준한 산에 올라 치웠다.
  >   *규현이는 벌써 신발을 신어 치웠다.

- **선어말어미 제약** : 선행 용언과 결합할 때 '-었-', '-겠-'이 개재되기 어렵다.
  > 예문 *남은 수박을 빨리 (먹었어/먹겠어) 치워요.

담화 정보

- 주로 구어나 비격식적 장면에서 쓴다.
- 속된 느낌을 줄 수 있으므로 공손성이 낮아서 윗사람에게 쓰기 어렵다.
  > 예문 *아버님, 얼른 먹어 치우세요.

관련 표현

- **-어 버리다**
  (1) '-어 버리다'는 대부분의 동사와 결합할 수 있는 반면, '-어 치우다'는 일부 동사와
     만 결합할 수 있다.
     > 예문 규현이는 그 정도 문제는 어렵지 않게 풀어 버렸다.
     >   *규현이는 그 정도 문제는 어렵지 않게 풀어 치웠다.

-(으)려고 들다

형태 정보

	형태
받침 ○	-으려고 들다
받침 ×	-려고 들다

준말 -(으)려 들다

1 적극적인 의도

어떤 행동을 적극적인 의도를 가지고 굳이 하려고 함을 나타낸다.

- 지수는 자꾸 내 비밀을 **캐내려** 들어서 지수를 만나면 불편해.
- 약속 시간에 늦게 생겼는데도 아내는 굳이 아침을 **먹으려고** 든다.
- 그 애는 주제도 모르고 다섯 살이나 많은 형을 힘으로 **이기려** 들었다.
- 가 : 넌 왜 자꾸 나랑 **싸우려고** 들어? 내가 만만해?
  나 : 싸우자는 게 아니라 잘못된 건 짚고 넘어가자는 거야.

문법 정보

- **주어 제약** : 의도를 나타내므로 주로 유정물을 나타내는 주어와 함께 쓴다.

- **선행 용언 제약** : 주로 동사와 결합한다. 형용사, '이다'와 결합하기 어렵다.
  예문 *그 애는 충분히 날씬한데도 더 날씬하려 든다.

- **선어말어미 제약** : 선행 용언과 결합할 때 '-었-', '-겠-'이 개재되기 어렵다.
  예문 *아내는 굳이 아침을 (먹었으려고/먹겠으려고) 든다.

- **문장 유형 제약** : 주로 평서문이나 의문문으로 쓴다. 명령문이나 청유문으로 쓰기 어렵다.
  예문 *우리 굳이 아침을 먹으려고 들자.

담화 정보

- 구어에서는 '-을려구/을라구 들다'와 같이 발음하기도 한다.

관련 표현

- -으려고 하다

(1) '-으려고 들다'는 꼭 해야 하는 일이 아니거나 하기 어려운 일임에도 굳이 무리해서 적극적인 의도를 가지고 하고자 한다는 의미가 있다. 그러나 '-으려고 하다'는 이러한 의미 없이 중립적인 태도로 의도를 나타낸다.

> **예문** 마음먹고 하려고 들면 금방 끝낼 수 있어요.

(2) '-으려고 들다'는 행위에 대한 화자의 부정적인 인식이 드러나는 경우에 자주 사용한다. '-으려고 하다'는 행위에 대한 화자의 인식이나 평가를 반영하지 않는다.

> **예문** 우리는 내년에 결혼하려고 (해요/*들어요).
> 너는 왜 항상 동생 것을 뺏으려고 드니?
> 그는 제가 말만 하면 싸우려고 들어요.

-(으)려고 하다

의존어 구성: 종결표현

형태 정보

	형태
받침 ○	-으려고 하다
받침 ×	-려고 하다

준말 -(으)려 하다

1 의도나 의향

어떤 행동을 할 의도나 의향이 있음을 나타낸다.

- 내일부터는 운동 계획을 실천에 옮기려고 합니다.
- 우리는 내년쯤 결혼하려고 해요.
- 오늘은 일찍 일어나려고 했는데 늦잠을 자 버렸다.
- 가 : 방학 때 뭐 할 거야?
  나 : 외국어를 배워 보려고 하는데 뭘 배울지 고민 중이야.

문법 정보

- **주어 제약** : 의도를 나타내므로 주로 유정물을 나타내는 주어와 함께 쓴다.

- **선행 용언 제약** : 주로 동사와 결합한다. 형용사, '이다'와 결합하기 어렵다.
  > **예문** *내년에는 날씬하려고 해요.

- **선어말어미 제약** : 선행 용언과 결합할 때 '-었-', '-겠-'이 개재되기 어렵다.

예문 *외국어를 배워 (봤으려고/보겠으려고) 해요.

- **문장 유형 제약** : 주로 평서문, 의문문으로 쓴다. 명령문, 청유문으로 쓰기 어렵다.
  예문 *내년에는 날씬하려고 합시다.

담화 정보

- 구어에서는 '-을려구 하다'와 같이 발음되기도 한다.
- 문어에서는 '-고'를 생략하고 '-으려 하다'의 꼴로 쓰기도 한다.

관련 표현

- **-으려고 들다**
  (1) '-으려고 들다'는 꼭 해야 하는 일이 아니거나 하기 어려운 일임에도 굳이 무리해서 적극적인 의도를 가지고 하고자 한다는 의미가 있다. 그러나 '-으려고 하다'는 이러한 의미 없이 중립적인 태도로 의도를 나타낸다.
  예문 마음먹고 하려고 들면 금방 끝낼 수 있어요.

  (2) '-으려고 들다'는 행위에 대한 화자의 부정적인 인식이 드러나는 경우에 자주 사용한다. '-으려고 하다'는 행위에 대한 화자의 인식이나 평가를 반영하지 않는다.
  예문 우리는 내년에 결혼하려고 (*들어요/해요).
  　　　 너는 왜 항상 동생 것을 뺏으려고 드니?
  　　　 그는 제가 말만 하면 싸우려고 들어요.

2 　어떤 일이 곧 발생하거나 시작될 것 같음

어떤 일이 곧 발생하거나 시작될 것 같다는 화자의 생각을 나타낸다.

- 먹구름이 잔뜩 낀 것이 곧 소나기가 쏟아지려고 하네요.
- 우리는 영화가 곧 시작하려고 할 때 딱 맞춰 영화관에 도착했다.
- 비행기가 곧 이륙하려고 한다.
- 가 : 오빠, 곧 해가 지려고 하나 봐요. 하늘이 빨개요.
  나 : 노을이 널 닮아 참 예쁘다. 해가 질 때까지 보다 가자.

문법 정보

- **주어 제약** : 주로 무정물을 나타내는 주어와 함께 쓴다.

- **선행 용언 제약** : 주로 동사와 결합한다. 형용사, '이다'와 결합하기 어렵다.
  예문 *날씨가 곧 추우려고 한다.

- **선어말어미 제약** : 선행 용언과 결합할 때 '-었-', '-겠-'이 개재되기 어렵다.
  예문 *비행기가 (이륙했으려고/이륙하겠으려고) 해요.

- **문장 유형 제약** : 주로 평서문, 의문문으로 쓴다. 명령문, 청유문으로 쓰기 어렵다.
  예문 *소나기가 곧 쏟아지려고 합시다.

담화 정보

- 구어에서는 '-을려구/을라구 하다'와 같이 발음되기도 한다.
- 문어에서는 '-고'를 생략하고 '-으려 하다'의 꼴로 쓰기도 한다.

-(으)면 되다

의존어 구성:
종결표현

형태 정보

	형태
받침 ○	-으면 되다
받침 ×	-면 되다

1 충분함

조건으로서 어떤 행위를 하거나 어떤 상태만 갖추면 문제가 없거나 충분함을 나타낸다.

- 시험을 통과하기 위해서는 70점만 넘으면 됩니다.
- 시험은 내년에 다시 보면 되잖아.
- 시금치는 끓는 물에 살짝만 데치면 된다.
- 가 : 신혜야, 얘기 좀 할 수 있을까? 잠깐이면 돼.
  나 : 응. 금방 갈게.

문법 정보

- **선어말어미 제약** : 선행 용언과 결합할 때 '-겠-'이 개재되기 어렵다.
  예문 70점만 넘었으면 돼요.
  　　 *시험은 내년에 보겠으면 되잖아.

- **부정형 정보** : '-으면 안 되다'의 꼴로 쓰면 어떤 행위를 금지하거나 제한함을 나타낸다.
  예문 이곳에 주차하면 안 돼요.
  　　 박물관 안에서는 사진을 찍으면 안 됩니다.

- **문장 유형 제약** : 주로 평서문, 의문문으로 쓴다. 명령문, 청유문으로 쓰기 어렵다.
  예문 *내일 한 시까지 가면 됩시다.

관련 표현

- **-어도 되다/좋다/괜찮다/상관없다**

    (1) '-으면 되다'가 어떤 기준이나 결과를 충족시키는 조건을 말하는 기능을 하는 반면, '-어도 되다'는 단지 그 행위나 상태가 상대에게 허용 · 허락되는 것만을 나타낸다.

    예문 이곳에 주차(해도/하면) 됩니다.
    내일 10시까지 (와도/오면) 된다.

    (2) '-으면 안 되다'의 구성으로 쓰이면 어떤 행위에 대한 '금지'나 '제한'을 나타낸다.

    예문 이곳에 주차하면 돼요. (문제 없음) ↔ 이곳에 주차하면 안 돼요. (금지)
    소화가 잘되는 음식을 드시면 돼요. (문제 없음) ↔ 기름진 음식을 드시면 안 돼요. (금지)

-(으)면 안 되다

의존어 구성:
종결표현

형태 정보

	형태
받침 ○	-으면 안 되다
받침 ×	-면 안 되다

- **-라면 안 되다** : '이다/아니다'의 어간에 '-라면 안 되다'를 붙이기도 한다.

    예문 연세대학교 국문과 학생이 아니라면 안 돼요.

1 금지, 제한

어떤 행동을 금지하거나 제한함을 나타낸다.

- 내일 아침에 중요한 회의가 있으니까 절대 지각하면 안 돼요.
- 운전 중에는 통화를 하면 안 됩니다.
- 비행기 내에서 담배를 피우면 안 된다.
- 가 : 내가 끓인 라면이지만, 맛이 너무 없다.
    나 : 라면을 끓일 때 물이 너무 많으면 안 돼.

문법 정보

- **선어말어미 제약** : 선행 용언과 결합할 때 '-었-', '-겠-'이 개재되기 어렵다.

    예문 비행기에서 담배를 (피웠으면/피우겠으면) 안 된다.

- **문장 유형 제약** : 주로 평서문, 의문문으로 쓴다. 1인칭 주어와 함께 의문문으로 쓰면 상대방에게 허락을 구함을 나타내고, 2인칭 주어와 함께 의문문으로 쓰면 상대방에게 어떤 행위를 요청함을 나타낸다. 명령문, 청유문으로 쓰기 어렵다.

  예문 오늘은 친구 집에 놀러 가면 안 돼. → 금지

  오늘은 친구 집에 놀러 가면 안 돼요? → 허락을 구함.

  지금은 바쁜데 다음에 전화 주시면 안 됩니까? → 요청

  빨래 좀 널어 주면 안 돼? → 요청

  *내일 늦으면 안 됩시다.

관련 표현

- **–어도 되다**

  (1) 1인칭 의문문으로 쓰일 때 '–으면 안 되다'가 '–어도 되다'보다 상대방에게 허락해 줄 것을 더 공손하고 간곡하게 부탁하는 느낌을 준다.

  예문 친구 집에 놀러 가도 돼요?

  친구 집에 놀러 가면 안 돼요?

  일찍 집에 가도 돼요?

  오늘만 일찍 집에 가면 안 돼요?

- **–어서는 안 되다**

  (1) '–어서는 안 되다'로 바꾸어 쓸 수 있으나, 일상생활에서는 '–으면 안 되다'를 더 많이 사용한다. '–어서는 안 되다'는 금지의 뜻을 더 강조하는 느낌이 있어서 상대방에게 그 의미를 강력하게 전달하거나 설득할 때, 혹은 어떤 사실을 엄중하게 경고할 때 주로 쓴다.

  예문 비행기 내에서 담배를 피워서는 안 됩니다.

  도서관에서 큰 소리로 떠들어서는 안 된다.

-은/는 감이 있다

의존어 구성:
종결표현

형태 정보

	동사		형용사
	과거	현재	
받침 ○	-은 감이 있다	-는 감이 있다	-은 감이 있다
받침 ×	-ㄴ 감이 있다		-ㄴ 감이 있다

상태나 속성의 정도가 대체로 어떠하다는 의견을 완곡하게 나타낼 때 쓴다.

• 아직 이른 감이 있지만 여행 준비를 하기 시작했다.
• 그 당시의 우리 팀의 실력은 우승을 하기에는 부족한 감이 있었다.
• 조금 늦은 감은 있지만 이제라도 저축을 시작하자.
• 밥을 너무 빨리 먹는 감이 있다 싶더니 어김없이 체하고 말았다.
• 가 : 어제 본 영화는 어땠어요?
  나 : 너무 길어서 지루한 감이 있더라고요.

중심어

• **감** : 주관적 느낌

문법 정보

• **조사 결합 정보** : '감' 뒤에 오는 조사 '이'를 생략하면 어색하다.
  예문 ?이 영화는 너무 길어서 지루한 감 있지요.

• **선행 용언 제약** : 주로 형용사와 결합한다. 단, 속성이나 상태를 나타내는 부사의 수식을 받는 동사와도 결합할 수 있다.
  예문 신혜는 밥을 허겁지겁 먹는 감이 있다.
  *신혜는 밥을 먹는 감이 있다.

• **선어말어미 제약** : 선행 용언과 결합할 때 '-었-', '-겠-'이 개재되기 어렵다.
  예문 *조금 늦었는 감은 있지만 이제라도 저축을 시작하자.
  *이 영화는 너무 길어서 지루하겠는 감이 있겠다.

• **문장 유형 제약** : 주로 평서문, 의문문으로 쓴다. 명령문, 청유문으로 쓰기 어렵다.

담화 정보

• 주로 구어에서 사용한다.
• 주로 비격식적인 상황에서 사용한다.
• '주관적 느낌'을 뜻하는 '감'이 중심어이므로, 주로 상태나 속성의 정도가 대체로 어떠하다는 주관적인 의견을 완곡하게 나타낼 때 쓴다.

관련 표현

• **-을 것 같다**
  (1) 직접 겪어 보지 않은 상태에서 하는 막연한 추측의 뜻을 나타낸다.

예문 아직 보지는 않았지만 이 영화는 지루할 것 같다.

이 영화를 봤는데 지루한 감이 있더라.

(2) 동사나 형용사 모두와 결합할 수 있다.

예문 비가 올 것 같다.

*비가 올 감이 있다.

-은/는/을 것 같다

의존어 구성:
종결표현

형태 정보

	동사			형용사	
	과거	현재	미래	현재	미래
받침 ○	-은 것 같다	-는 것 같다	-을 것 같다	-은 것 같다	-을 것 같다
받침 ×	-ㄴ 것 같다		-ㄹ 것 같다	-ㄴ 것 같다	-ㄹ 것 같다

- **-았/었던 것 같다** : 화자가 경험한 과거의 상황을 강조하기 위해 '-은' 대신에 '-았/었던'을 사용할 수 있다.

  예문 이 가방은 가격이 비쌌던 것 같아요. → 직접 백화점에 가서 가격을 봤음.

- **-았/었을 것 같다** : 과거에 완료된 일을 추측하는 경우에 '-았/었을'을 사용할 수 있다. 이때 과거의 일은 화자가 직접 경험하지 않은 일이다.

  예문 백화점에서 샀으면 비쌌을 것 같아요. → 직접 백화점에 가지 않음.

1 추측

추측을 나타낼 때 쓴다.

- 아직 결과는 모르지만 시험을 잘 본 것 같다.
- 그 사람은 서울에 사는 것 같아요.
- 내일 비가 올 것 같아서 등산 계획을 취소했어요.
- 예전에는 두 사람이 친했던 것 같아.
- 신혜는 요즘 바쁜 것 같더라.
- 가 : 오늘은 날씨가 좋을 것 같지요?

  나 : 네, 모처럼 하늘이 맑네요.

문법 정보

- **조사 결합 정보** : '것' 뒤에는 보조사 '은', '도', '만'이 올 수 있다.
  - 예문 그 사람 표정을 보니 화난 것은 같은데 이유를 모르겠네.
    다시 보니 두 사람이 잘 어울리는 것도 같아요.
    곧 좋은 소식이 들릴 것만 같다.
- **주어 제약** : 추측할 때 쓰기 때문에 1인칭 주어와 함께 쓰면 어색할 때가 있다.
  - 예문 ?나는 왠지 예쁠 것 같다.
- **선어말어미 제약** : 선행 용언과 결합할 때 '-겠-'이 개재되기 어렵다.
  - 예문 *오늘은 날씨가 좋겠을 것 같다.
- **시제 제약** : 주로 현재 시제나 과거 시제로 쓴다. 미래 시제를 나타내는 '-겠-'과 결합
  하면 어색하다.
  - 예문 그 두 사람은 다정한 사이인 것 (같았어요/*같겠어요).
- **문장 유형 제약** : 주로 평서문, 의문문으로 쓴다. 명령문, 청유문으로 쓰기 어렵다.
  - 예문 회의가 곧 끝날 것 (같습니다./같습니까?/*같읍시다./*같으십시오.)

공기 정보

- 주로 근거가 없는 막연한 추측이거나 근거가 있더라도 개인적 견해라는 전제를 담보하
  는 추측의 뜻을 나타낸다. 따라서 부사어 '왠지'와 공기할 수 있다.
  - 예문 왠지 반가운 손님이 올 것 같다.

담화 정보

- 주로 구어에서 사용한다.
- 주로 비격식적인 상황에서 사용한다.
- 구어에서는 주로 '-은/는/을 거 같다'와 같은 형태로 발음된다.
- '추측'의 의미이므로 '정확성'을 중요시하는 전문성, 학술성, 공식성이 나타나는 장르에
  서는 잘 사용하지 않는다.

관련 표현

- **-는 모양이다**
  (1) 주로 추측의 근거가 있을 때 쓰고 막연한 추측에는 쓸 수 없다.
  - 예문 *왠지 그 사람은 서울에 사는 모양이다.

  (2) 일부 연결어미와 결합이 어색하다.
  - 예문 ?내일 비가 올 모양이라서 등산 계획을 취소했어요.

  (3) 형용사 과거형은 '-았/었던 모양이다'만 가능하고 '-았/었을 모양이다'는 쓸 수 없다.
  - 예문 *다리가 부러졌었다니, 엄청 아팠을 모양이네.

- **–는 게 틀림없다**
  (1) 거의 확실하거나 단정적인 추측을 할 때 쓴다.
  예문 *왠지 그 사람은 서울에 사는 게 틀림없다.

  (2) 시제 제약이 없다.
  예문 그 사람은 서울에 사는 게 틀림없었다.

- **–을 것이다 2**
  (1) 강한 추측을 나타낸다.
  예문 *왠지 그 사람은 서울에 살 거예요.

  (2) 일부 종결어미와 결합하면 어색하거나 의미가 달라진다.
  예문 ?그 사람은 서울에 살 거군요.

- **–겠–**
  (1) 추측의 정도가 강해 막연한 추측에 쓸 수 없다.
  예문 *왠지 내일 비가 오겠다.

  (2) 응답 발화에서 사용된 '–겠–'은 상대방의 감정이나 입장에서 화자가 생각한 것이므로 상대방에게 중점이 있는 데 반해, '–는 것 같다'는 화자의 생각에 초점이 있다.
  예문 가 : 어제 남자 친구랑 헤어졌어요.
  　　　　나 : 저런, (힘들겠어요/?힘들 것 같아요). → 상대방의 기분에 초점이 있음.
  예문 가 : 숙제를 안 가지고 왔는데, 선생님께 내일 내도 될까요?
  　　　　나 : 네, 제 생각에는 내일 내도 (?되겠어요/될 것 같아요). → 자신의 생각에 초점이 있음.

- **–나/은가 보다**
  (1) 주로 후행절에 오고 선행절에 오면 어색하다.
  예문 *내일 비가 오나 보니까 등산을 못 가겠다.

  (2) 과거 시제나 미래 시제로 쓰면 의미가 달라진다.
  예문 *그 두 사람은 다정한 사이인가 봤어요.
  　　　　*그 두 사람은 다정한 사이인가 볼 거예요.

2 공손하게 의견 제시

의견을 공손하게 나타낼 때 쓴다.

- 사실대로 털어놓기를 잘한 것 같아.
- 신혜는 정말 공부를 열심히 하는 것 같아.
- 저는 어렸을 때가 더 행복했던 것 같아요.
- 이 구두는 좀 비싼 것 같아요.
- 오늘은 이만 집에 가는 게 좋을 것 같습니다.

- 가 : 저 사람은 정말 게으르지 않니?

  나 : 언니, 다른 사람의 장점에 주목하는 게 **나을 것 같아요**.

문법 정보

- **조사 결합 정보** : '것' 뒤에는 보조사 '은', '도', '만'이 올 수 있다.

  예문 신혜는 공부를 열심히 하는 것은 같아.

  그 정도면 잘생긴 편인 것도 같네.

  이 옷은 너무 비싼 것만 같아서 살까 말까 고민된다.

- **선어말어미 제약** : 선행 용언과 결합할 때 '-었-', '-겠-'이 개재되기 어렵다.

  예문 *저는 어렸을 때가 더 행복했는 것 같아요.

  *이 구두는 좀 비싸겠을 것 같아요.

- **문장 유형 제약** : 주로 평서문, 의문문으로 쓴다. 명령문, 청유문으로 쓰기 어렵다.

담화 정보

- 주로 구어에서 사용한다.
- 주로 비격식적인 상황에서 사용한다.
- 구어에서는 주로 '-는 거 같다'로 발음하기도 한다.
- 주로 어떤 대상에 대한 평가를 내리거나 의견을 말할 때 단언하는 것을 피하고 단지 개인적인 견해를 말하는 것이라는 소극적인 태도를 보이고 싶을 때 사용한다. 즉, 청자에 대하여 공손한 태도를 보이고 싶을 때 사용한다.

-은/는/을 게 틀림없다

형태 정보

	동사			형용사	
	과거	현재	미래	현재	미래
받침 O	-은 게 틀림없다	-는 게 틀림없다	-을 게 틀림없다	-은 게 틀림없다	-을 게 틀림없다
받침 X	-ㄴ 게 틀림없다		-ㄹ 게 틀림없다	-ㄴ 게 틀림없다	-ㄹ 게 틀림없다

- **-았/었던 게 틀림없다** : 화자가 경험한 과거의 상황을 강조하기 위해 '-은' 대신에 '-았/었던'을 사용할 수 있다.
  > 예문 학교 다닐 때 신혜가 규현이를 좋아했던 게 틀림없다니까.

- **-았/었을 게 틀림없다** : 과거에 완료된 일을 추측하는 경우에 '-았/었을'을 사용할 수 있다. 이때 과거의 일은 화자가 직접 경험하지 않은 일이다.
  > 예문 가 : 나랑 헤어지고 나서 그 사람도 힘들었을까?
  > 나 : 당연하지. 그 사람도 꽤나 힘들었을 게 틀림없어.
  > → '힘들어하는 모습'을 직접 본 적 없음.

- **-은/는/을 것이 틀림없다** : '-은/는/을 게 틀림없다'의 '게'는 '것이'가 줄어든 말이다.

- **-음에 틀림없다** : 문어에서는 '-음에 틀림없다'로 사용하기도 한다.
  > 예문 환경오염 문제로 인해 전 세계가 혼란에 빠질 것임에 틀림없다.

1 단정적인 추측

단정적인 추측을 나타낼 때 쓴다.

- 신혜 표정을 보니 시험을 잘 본 게 틀림없다.
- 버스로 통학하는 걸 보면 그 사람은 서울에 사는 게 틀림없어요.
- 먹구름 낀 하늘을 보니 곧 비가 올 게 틀림없어.
- 예전에는 두 사람이 친했던 게 틀림없지만 지금은 앙숙이지.
- 신혜는 아기 때도 귀여웠을 게 틀림없어.
- 통 연락이 없던 신혜는 바쁜 게 틀림없었다.
- 까치가 우는 걸 보니 반가운 손님이 올 게 틀림없겠군요.
- 가 : 김 선생님이 임신을 하셨다고요?
  나 : 네, 부모님이 선남선녀이시니 태어날 아기는 엄청나게 예쁠 게 틀림없어요.

중심어

- **틀림없다** : 앞의 사실이 분명하고 확실하다.

문법 정보

- **조사 결합 정보** : '게'와 '틀림없다' 사이에 다른 말이 올 수 없다.
- **주어 제약** : 추측의 의미를 나타내므로 1인칭 주어와 함께 쓰면 어색한 경우가 있다.
  > [예문] *나는 서울에 사는 게 틀림없다.
- **선어말어미 제약** : '-을 게 틀림없다'의 경우, 선행 용언과 결합할 때 과거를 나타내는 '-었-'은 개재될 수 있으나 미래를 나타내는 '-겠-'은 개재되기 어렵다.
  > [예문] *반가운 손님이 오겠을 게 틀림없어요.
- **문장 유형 제약** : 주로 평서문, 의문문으로 쓴다. 명령문, 청유문으로 쓸 수 없다.
  > [예문] *시험을 잘 본 게 틀림없읍시다.

공기 정보

- '앞의 사실이 분명하고 확실하다'를 뜻하는 '틀림없다'가 중심어이므로, 주로 확실하다고 생각하고 추측할 때 쓴다. 따라서 불확실한 추측 표현과 자주 어울리는 '왠지' 등의 부사와 공기하기 어렵다.
  > [예문] *왠지 그 사람은 서울에 사는 게 틀림없다.

담화 정보

- 주로 구어에서 사용한다.
- 주로 비격식적인 상황에서 사용한다.

관련 표현

- **-는 것 같다**
  (1) 주로 막연한 추측이거나 개인적 견해라는 전제를 담보하는 추측의 뜻을 나타낸다. 따라서 '왠지' 등의 부사어와 공기할 수 있다.
  > [예문] 왠지 그 사람은 서울에 사는 것 같다.

- **-는 모양이다**
  (1) 주로 추측의 근거가 있을 때 쓰고 막연한 추측에는 쓸 수 없다.
  > [예문] *왠지 그 사람은 서울에 사는 모양이다.

  (2) 일부 연결어미와 결합이 어색하다.
  > [예문] ?내일 비가 올 모양이라서 등산 계획을 취소했어요.

(3) 선어말어미 '-겠-'과 결합하지 못한다.

예문 *까치가 우는 걸 보니 반가운 손님이 올 모양이겠다.

- **-을 것이다 2**

  (1) 강한 추측을 나타낸다.

  예문 *왠지 그 사람은 서울에 살 거예요.

  (2) 일부 종결어미와 결합하면 어색하거나 의미가 달라진다.

  예문 ?그 사람은 서울에 살 거군요.

- **-겠-**

  (1) 비교적 확실성의 정도가 높은 추측을 나타내기는 하지만 '-는 게 틀림없다'와 같이 확신이나 단정을 나타내지는 않는다.

  예문 비가 오겠어요. 《 비가 올 게 틀림없어요.

- **-나/은가 보다**

  (1) 주로 후행절에 오고 선행절에 오면 어색하다.

  예문 *내일 비가 오나 보니까 등산을 못 가겠다.

  (2) 과거 시제나 미래 시제로 쓰면 의미가 달라진다.

  예문 *그 두 사람은 다정한 사이인가 봤어요.
  　　*그 두 사람은 다정한 사이인가 볼 거예요.

-은/는/을 듯싶다/듯하다

의존어 구성: 종결표현

형태 정보

	동사			형용사	
	과거	현재	미래	현재	미래
받침 ○	-은 듯싶다/듯하다	-는 듯싶다/듯하다	-을 듯싶다/듯하다	-은 듯싶다/듯하다	-을 듯싶다/듯하다
받침 ×	-ㄴ 듯싶다/듯하다		-ㄹ 듯싶다/듯하다	-ㄴ 듯싶다/듯하다	-ㄹ 듯싶다/듯하다

1 추측

추측을 나타낼 때 쓴다.

- 아직 결과는 모르지만 시험을 잘 본 듯싶다.
- 그 사람은 서울에 사는 듯싶습니다.
- 내일 비가 올 듯해서 등산 계획을 취소했어요.
- 오늘은 날씨가 좋을 듯하지요?
- 가 : 현정이는 같이 안 왔어?
  나 : 전화를 안 받더라고. 요즘 되게 바쁜 듯하더라.

문법 정보

- **주어 제약** : 추측의 의미를 나타내므로 1인칭 주어와 함께 쓰면 어색한 경우가 있다.
  예문 *나는 예쁠 듯하다.

- **선어말어미 제약** : '-을 듯싶다/듯하다'의 경우, 선행 용언과 결합할 때 '-겠-'이 개재
  되기 어렵다.
  예문 너는 많이 바빴을 듯해서 일부러 안 불렀어.
  　　 *너는 많이 바쁘겠을 듯하니까 안 부를게.

- **시제 제약** : 주로 현재 시제나 과거 시제로 쓴다.
  예문 그 두 사람은 다정한 사이인 (듯해요/듯했어요/*듯하겠어요).

- **문장 유형 제약** : 평서문, 의문문으로 쓴다. 명령문, 청유문으로 쓸 수 없다.
  예문 회의가 곧 끝날 (듯합니다./듯합니까?/*듯합시다./*듯하십시오.)

공기 정보

- 주로 근거가 없는 막연한 추측이거나 근거가 있더라도 개인적 견해라는 전제를 담보하
  는 추측의 뜻을 나타낸다. 따라서 부사어 '왠지'와 공기할 수 있다.
  예문 왠지 반가운 손님이 올 (듯싶다/듯하다).

담화 정보

- 전문성, 학술성, 공식성을 띠는 장르에서는 사용되기 어렵다.
- '-은/는/을 듯싶다'는 구어보다 문어에서 많이 사용되고 '-은/는/을 듯하다'는 구어와
  문어 모두에서 많이 사용된다.
- 화자는 해당 내용에 대하여 불확실한 태도를 가진다.

관련 표현

- **-은/는/을 것 같다**
  (1) 추측을 나타낼 때 '-은/는/을 듯싶다/듯하다'와 큰 의미 차이 없이 바꿔 쓸 수 있다.
  예문 아직 결과를 모르지만 시험을 잘 (본 것 같다/본 듯싶다).

-은/는/을 모양이다

형태 정보

	동사			형용사	
	과거	현재	미래	현재	미래
받침 ○	-은 모양이다	-는 모양이다	-을 모양이다	-은 모양이다	-을 모양이다
받침 ×	-ㄴ 모양이다		-ㄹ 모양이다	-ㄴ 모양이다	-ㄹ 모양이다

- **–았/었던 모양이다** : 화자가 경험한 과거의 상황을 강조하기 위해 '–은' 대신에 '–았/었던'을 사용할 수 있다.

1 추측

추측을 나타낼 때 쓴다.

- 신혜 표정을 보니 시험을 잘 본 모양이다.
- 버스로 통학하는 걸 보면 그 사람은 서울에 사는 모양이에요.
- 먹구름 낀 하늘을 보니 곧 비가 올 모양이야.
- 예전에는 두 사람이 친했던 모양이지?
- 통 연락이 없는 걸 보니 신혜는 요즘 바쁜 모양이야.
- 가 : 까치가 우는 걸 보니 반가운 손님이 올 모양이에요.
  나 : 그러게. 누가 좋은 소식을 가지고 오면 좋겠네.

중심어

- **모양** : 겉으로 나타나는 생김새나 모습

문법 정보

- **조사 결합 정보** : '모양' 뒤에는 주로 서술격 조사 '이다'가 온다.
- **주어 제약** : 추측을 나타낼 때 쓰므로 1인칭 주어와 함께 쓰면 어색할 때가 있다.
  > 예문 ?나는 곧 집에 갈 모양이다.
- **선어말어미 제약** : 선행 용언과 결합할 때 '–었–', '–겠–'이 개재되기 어렵다.
  > 예문 *예전에는 두 사람이 친했는 모양이에요.
  > *반가운 손님이 오겠을 모양이에요.
- **시제 제약** : 주로 현재 시제나 과거 시제로 쓴다. 미래 시제로 쓰기 어렵다.

예문 *어제 그 먹보가 잘 안 먹는 걸 보니 어지간히 배가 부른 모양이었어요.

　　　 *그 사람은 서울에 사는 모양이겠어요.

- **문장 유형 제약** : 주로 평서문으로 쓴다. 의문문의 경우 주로 '-지요', '-네요' 등과 결합하여 확인의문문으로 쓴다. 명령문, 청유문으로 쓸 수 없다.

예문 예전에는 두 사람이 친했던 (모양이지요?/*모양입니까?/*모양인가요?)

　　　 *예전에는 두 사람이 친했던 모양입시다.

공기 정보

- '겉으로 나타나는 생김새나 모습'을 뜻하는 '모양'이 중심어로, 주로 눈에 보이는 모양처럼 가시적인 추측의 근거가 있을 때 쓰고 막연한 추측에는 쓸 수 없다. 따라서 부사어 '왠지'와 공기할 수 없다.

예문 *왠지 그 사람은 서울에 사는 모양이다.

담화 정보

- 주로 구어에서 사용한다.
- 주로 비격식적인 상황에서 사용한다.

관련 표현

- **-는 것 같다**

  (1) 주로 막연한 추측이거나 개인적 견해라는 전제를 담보하는 추측의 뜻을 나타낸다. 따라서 '왠지' 등의 부사어와 공기할 수 있다.

  예문 왠지 그 사람은 서울에 사는 것 같다.

- **-는 게 틀림없다**

  (1) 거의 확실하거나 단정적인 추측을 할 때 쓴다.

  예문 *왠지 그 사람은 서울에 사는 게 틀림없다.

  (2) 시제 제약이 없다.

  예문 그 사람은 서울에 사는 게 틀림없었다.

- **-을 것이다 2**

  (1) 과거의 경험을 통해 형성한 배경 지식에 기대어 추측을 할 때 주로 사용된다.

  예문 현정이는 결혼을 했을 거예요. 전에 남편 얘기를 들었거든요.

  　　　 현정이는 결혼을 한 모양이에요. 결혼 반지를 끼고 있더라고요.

  (2) 일부 종결어미와 결합하면 어색하거나 의미가 달라진다.

  예문 ?그 사람은 서울에 살 거군요.

- **-겠-**

(1) '-겠-'은 주관적인 경험 근거에 의한 추측을 나타낼 수 있으나, '-는 모양이다'는 객관적 근거에 의한 추측을 주로 나타낸다.

> **예문** 저 초콜릿 케이크 무척 맛있겠어요. 저는 단 걸 좋아하거든요. →주관적 근거
> 저 초콜릿 케이크 무척 맛있는 모양이에요. 불티나게 팔리네요. →객관적 근거

- **-나/은가 보다**

(1) 주로 후행절에 오고 선행절에 오면 어색하다.

> **예문** *내일 비가 오나 보니까 등산을 못 가겠다.

(2) 과거 시제나 미래 시제로 쓰면 의미가 달라진다.

> **예문** *그 두 사람은 다정한 사이인가 봤어요.
> *그 두 사람은 다정한 사이인가 볼 거예요.

-은/는 법이다

의존어 구성:
종결표현

형태 정보

	형태	
	동사	형용사
받침 ○	-는 법이다	-은 법이다
받침 ×		-ㄴ 법이다

1 당연함

그렇게 되는 것이 당연한 이치임을 나타낼 때 쓴다.

- 겨울이 가면 봄이 오고, 봄이 오면 꽃이 피는 법이다.
- 원래 휴가 다음날에는 출근하기가 싫은 법이지요?
- 열심히 노력하는 사람이 성공하는 법입니다.
- 아무리 겨울엔 추운 법이라지만, 오늘 날씨는 추워도 너무 춥다.
- 가 : 요즘은 일이 너무 많아서 회사에 다니기가 싫어요.
  나 : 당신이 회사에서 인정을 받나 봐요. 원래 능력 있는 사람이 더 **바쁜 법이잖아요.**

중심어

- **법** : 법률이나 규칙처럼 그것을 따르도록 정해져 있는 것

문법 정보

- **조사 결합 정보** : '법' 뒤에는 주로 서술격 조사 '이다'가 온다.

- **주어 제약** : 주로 3인칭 주어와 함께 쓰거나 주어 없이 쓴다.
  > **예문** *(나는/너는) 휴가 후에 출근하기가 싫은 법이다.

- **선어말어미 제약** : 선행 용언과 결합할 때 '-었-', '-겠-'이 개재되기 어렵다.
  > **예문** *열심히 노력하는 사람이 (성공했는/성공하겠는) 법이다.

- **시제 제약** : 주로 현재 시제로 쓴다. 과거 시제나 미래 시제로 쓰기 어렵다.
  > **예문** *열심히 노력하면 성공하는 (법이었다/법이겠다).

- **문장 유형 제약** : 주로 평서문이나 의문문으로 쓴다. 명령문, 청유문으로 쓰기 어렵다.

담화 정보

- 어떤 상황이 당연한 이치임을 말할 때 사용하므로 훈계조로 들릴 수 있다. 따라서 보통 아랫사람이 윗사람에게 사용하지 않는다.
  > **예문** *사장님, 열심히 노력하면 결국엔 성공하는 법입니다.

관련 표현

- **-기/게 마련이다**
  (1) '-은/는 법이다'와 큰 의미 차이 없이 바꿔 쓸 수 있다.
  > **예문** 살다 보면 누구나 한 번쯤 실수하(기 마련이다/는 법이다).

-은/는 셈이다

의존어 구성:
종결표현

형태 정보

	동사		형용사
	과거	현재	
받침 ○	-은 셈이다	-는 셈이다	-은 셈이다
받침 ×	-ㄴ 셈이다		-ㄴ 셈이다

- **-았/었던 셈이다** : 화자가 경험한 과거의 상황을 강조하기 위해 '-은' 대신에 '-았/었던'을 사용할 수 있다.

거의 그렇다고 볼 수 있다는 생각을 나타낸다.

- 어제는 20시간 동안 잤으니까 하루 종일 잠만 **잔 셈이다**.
- 나 좋다고 따라다니는 남자가 다섯은 됐으니 그 정도면 인기가 **많았던 셈이지**?
- 채린이랑 저는 거의 매일 만나니까 어찌 보면 가족보다 **가까운 셈이에요**.
- 바쁜 부모님 대신 저를 키워 주신 할머니가 저에게는 **어머니인 셈이에요**.
- 저는 작년 이맘때 한국에 왔으니까 한국에서 1년 정도 살고 **있는 셈입니다**.
- 가 : 오늘 할 일은 다 끝났어요?
  나 : 이제 마무리 작업만 남았으니까 다 **끝난 셈이네요**.

중심어

- **셈** : 더하기나 빼기 등과 같은 계산. 즉 따져봄.

문법 정보

- **조사 결합 정보** : '셈' 뒤에는 주로 서술격 조사 '이다'가 온다.

- **선어말어미 제약** : 선행 용언과 결합할 때 '-었-', '-겠-'이 개재되기 어렵다.
  예문 *어제는 하루 종일 잠만 잤는 셈이다.
  　　　*마무리 작업만 남았으니까 다 끝나겠는 셈이네요.

- **시제 제약** : 주로 현재 시제나 과거 시제로 쓴다. 그러나 추측의 의미가 결합될 때는 '-겠-'과 결합할 수 있다.
  예문 가 : 어렸을 때부터 할머니께서 저를 길러 주셨어요.
  　　　나 : 그럼 현정 씨한테는 할머니가 **어머니인 셈이겠어요**.

- **문장 유형 제약** : 주로 평서문이나 의문문으로 쓴다. 명령문, 청유문으로 쓰기 어렵다.
  예문 *하루 종일 잠만 잔 셈입시다.

담화 정보

- '따져 봄'을 뜻하는 '셈'이 중심어로, 어떠한 상황을 종합적으로 조망하여 그것을 한마디로 얘기할 때 쓰는 일이 많다.

관련 표현

- **-은/는/을 셈 치다**
  (1) 사실은 그렇지 않지만 그렇다고 일부러 가정하여 생각함을 나타낸다.
  예문 가 : 그렇게 먼 길을 걸어서 왔어요?

나 : 네, 길이 너무 막혀서요. 그냥 운동한 셈 치지요, 뭐.

나' : 네, 한 시간 동안 걷고 5분 동안 버스를 탔으니 걸어서 온 셈이지요.

-은/는/을 셈 치다

형태 정보

	동사		형용사
	과거	현재	
받침 ○	-은 셈 치다	-는 셈 치다	-을 셈 치다
받침 ×	-ㄴ 셈 치다		-ㄹ 셈 치다

1 사실과 다르지만 그렇다고 가정하여 생각함

사실은 그렇지 않지만 그렇다고 일부러 가정하여 생각함을 나타낸다.

- 속는 셈 치고 이번 한 번만 더 네 말대로 할게.
- 이번 일만은 죽을 셈 치고 열심히 해 보려고 합니다.
- 자식 없는 셈 치고 우리 부부끼리 잘 삽시다.
- 앞으로도 그 돈은 안 쓰는 게 좋겠으니 그냥 그 돈은 없는 셈 칩시다.
- 가 : 그렇게 큰 실수를 하다니 너무 속상해요.
  나 : 이왕 이렇게 됐으니 실수를 통해 배운 셈 쳐라.
- 가 : 준비하던 프로젝트가 없어졌다면서요?
  나 : 네, 아쉽지만 그냥 그 분야에 대해서 공부한 셈 치려고요.

중심어

- **셈** : 더하기나 빼기 등과 같은 계산. 즉 따져봄.

문법 정보

- **조사 결합 정보** : '셈' 뒤에는 조사 '(으)로'가 올 수 있지만 주로 생략하여 쓴다.
  예문 운동한 셈으로 치려고요.
  　　　운동한 셈 치려고요.

- **선행 용언 제약** : 주로 동사나 '이다'와 결합한다. 단, '바쁘다', '아프다' 등과 같은 일부 형용사와 결합이 가능한 경우도 있다.

[예문] 아픈 셈 치고 며칠 푹 쉬어.

- **선어말어미 제약** : 선행 용언과 결합할 때 '-었-', '-겠-'이 개재되기 어렵다.
  [예문] *속았는 셈 치고 잊어버려.
  　　　 *죽겠을 셈 치고 열심히 합시다.
- **분포 · 활용 정보** : '-은/는/을 셈 치고'의 꼴로 쓰는 경우가 많다.

담화 정보

- 주로 구어에서 사용한다.
- 주로 비격식적인 상황에서 사용한다.

관련 표현

- **-는 셈이다**
  (1) 거의 그렇다고 볼 수 있다는 생각을 나타낸다.
  [예문] 가 : 그렇게 먼 길을 걸어서 왔어요?
  　　　 나 : 네, 길이 너무 막혀서요. 그냥 운동한 셈치지요, 뭐.
  　　　 나' : 네, 한 시간 동안 걷고 5분 동안 버스를 탔으니 걸어서 온 셈이지요.

- **-을 셈이다**
  (1) 앞으로 어떻게 할 계획이나 궁리를 나타낸다.
  [예문] 가 : 왜 그렇게 무모한 짓을 해? 죽기라도 할 셈이야?
  　　　 나 : 설마 죽지는 않겠지. 그렇지만 죽을 셈 치고 열심히 해 보려고.

-은 적(이) 있다/없다

의존어 구성:
종결표현

형태 정보

	형태
받침 ○	-은 적(이) 있다/없다
받침 ×	-ㄴ 적(이) 있다/없다

- **-았/었던 적이 있다/없다** : 과거의 상황을 강조하기 위해 '-은' 대신에 '-았/었던'을 쓸 수 있다.

1 경험

- 저는 제주도에 간 적이 있습니다.
- 이렇게 맛있는 음식은 먹어 본 적이 없어요.
- 해 본 적 없는 일을 해야 할 때는 누구나 걱정이 앞선다.
- 저도 영어 공부를 한 적이 있는데 정말 재미있더라고요.
- 가 : 채린 씨, 스키를 타 본 적이 있어요?
  나 : 네, 있어요. 그렇지만 스키를 타다가 크게 다친 적이 있어서 요새는 안 타요.

중심어

- 적 : 어떤 때

문법 정보

- **조사 결합 정보** : '적' 뒤에는 격조사 '이'가 수의적으로 올 수 있다. '이' 대신에 보조사 '은', '도'가 올 수도 있다.
  [예문] 저는 제주도에 간 적은 없지만 부산에 간 적은 있어요.
  저는 제주도에 간 적도 있고 부산에 간 적도 있어요.

- **선행 용언 제약** : 주로 동사와 결합한다. 형용사나 '이다'와 결합하기 어렵다.
  [예문] 저는 한국에 간 적이 있어요.
  *저는 예쁜 적이 있어요.

- **선어말어미 제약** : 선행 용언과 결합할 때 '–았–', '–겠–'이 개재되기 어렵다.
  [예문] *저는 제주도에 갔는 적이 있어요.
  *스키를 타다가 크게 다치겠는 적이 있다.

- **문장 유형 제약** : 주로 평서문, 의문문으로 쓴다. 명령문, 청유문으로 쓸 수 없다.
  [예문] *제주도에 간 적이 있읍시다.

공기 정보

- '어떤 때'를 나타내는 '적'이 중심어로 주로 과거에 어떤 경험을 했거나 하지 않았다는 사실을 나타낸다. 따라서 '예전에', '한번', '일전에' 등과 같이 과거를 나타내는 부사와의 공기가 자연스럽다.
  [예문] 저는 예전에 한국에 간 적이 있어요.

관련 표현

- **–어 보다**
  (1) 자신의 의지로 한 경험에만 쓸 수 있다.
  [예문] 저는 교통사고로 크게 (*다쳐 봤어요/다친 적이 있어요).

-은/는/을 줄 알다/모르다

의존어 구성: 종결표현

형태 정보

	동사			형용사	
	과거	현재	미래	현재	미래
받침 ○	-은 줄 알다 /모르다	-는 줄 알다 /모르다	-을 줄 알다 /모르다	-은 줄 알다 /모르다	-을 줄 알다 /모르다
받침 ×	-ㄴ 줄 알다 /모르다		-ㄹ 줄 알다 /모르다		-ㄹ 줄 알다 /모르다

- **-았/었던 줄 알다/모르다** : 화자가 경험한 과거의 상황을 강조하기 위해 '-은' 대신에 '-았/었던'을 사용할 수 있다.

- **-았/었을 줄 알다/모르다** : 과거에 완료된 일을 새로이 알게 된 경우에 '-았/었을'을 사용할 수 있다. 이때 과거의 일은 화자가 직접 경험하지 않은 일이다.
  > **예문** 나도 채린 씨가 결혼했을 줄 몰랐어.

1 지각

어떤 사실에 대해 알고 있거나 모르고 있음을 나타낼 때 쓴다.

- 어렸을 때는 그 애가 그렇게 똑똑한 줄을 몰랐어요.
- 해외여행에 돈이 많이 드는 줄 알고는 있었지만 이 정도일 줄은 몰랐네.
- 비가 올 줄 알았으면 우산을 가지고 왔을 텐데.
- 운전하는 게 이렇게 어려울 줄은 몰랐네.
- 두 사람이 예전에 친했던 줄 몰랐어요.
- 제 소식을 듣고 많이 놀라셨을 줄 압니다만, 너무 걱정하지 않으셔도 됩니다.
- 가 : 연정이가 너 좋아하는 줄 알고 있었어?
  나 : 아니. 그런 줄 몰랐어.

중심어

- **줄** : 어떤 사실

문법 정보

- **조사 결합 정보** : '줄' 뒤에는 격조사 '을'이 수의적으로 올 수 있다. 또한 의미에 따라 보조사 '은', '도', '만'이 오기도 한다.

예문 스키가 재미있을 줄만 알았지, 무서울 줄은 몰랐다.

스키가 재미있을 줄도 알았고 무서울 줄도 알았다.

- **선어말어미 제약** : 선행 용언과 결합할 때 '-겠-'이 개재되기 어렵다.

  예문 *운전이 이렇게 어렵겠을 줄 몰랐어요.

- **문장 유형 제약** : 주로 평서문, 의문문으로 쓴다. 명령문, 청유문으로 쓸 수 없다.

  예문 *그 애가 날 좋아하는 줄을 모르자.

2 착각

어떤 사실에 대해 잘못 알고 있음을 나타낼 때 쓴다.

- 우리 아기는 아빠가 세상에서 제일 힘센 줄로 알고 있다.
- 가 : 우리 아들은 운동에는 소질이 없네요.

  나 : 그러게요. 당신 닮아서 운동을 잘할 줄 알았는데요.
- 가 : 왜 이렇게 늦었어? 우리 약속 시간은 2시였잖아!

  나 : 2시였다고? 나는 3시인 줄 알았어.
- 가 : 소식 들었어? 규현이한테 여자 친구가 생겼대.

  나 : 정말? 나는 규현이가 나를 좋아하는 줄로 알았는데 아니었구나.

문법 정보

- **조사 결합 정보** : '줄' 뒤에는 조사 '로'가 수의적으로 올 수 있다.

- **선어말어미 제약** : 선행 용언과 결합할 때 '-겠-'이 개재되기 어렵다.

  예문 나는 당신이 학창 시절에 공부를 잘했을 줄 알았어요. 그런데 아니었군요.

  *나는 우리 약속이 3시이겠을 줄 알았어. 그런데 4시라고?

- **문장 유형 제약** : 주로 평서문, 의문문으로 쓴다. 명령문, 청유문으로 쓸 수 없다.

  예문 *우리 약속 시간이 3시인 줄로 알자.

-은/는/을 참이다, -던 참이다/차이다

형태 정보

- **-은/는/을 참이다**

	형태		
	과거	현재	미래
받침 ○	-은 참이다	-는 참이다	-을 참이다
받침 ×	-ㄴ 참이다		-ㄹ 참이다

- **-던 참이다/차이다** : 아직 미완료된 상태임을 나타내기 위해 '-던'을 쓸 수 있다. '-던' 뒤에 오는 '참'과 '차'는 별 의미 차이 없이 바꾸어 쓸 수 있다.
- **-은/는/을 참에, -던 참에/차에** : '참'과 '차' 뒤에 '에'를 붙이기도 한다.

1 어떤 일을 하려던 때

어떤 동작이나 행위가 일어나는 바로 그때

- 저희는 지금 막 밥을 다 먹은 참이에요.
- 안 그래도 어려운 문제로 고민하던 차였는데 선생님께서 답을 주셨네요.
- 김 부장은 이제 막 퇴근할 참이었다.
- 잠이 들려던 참에 전화가 왔다.
- 가 : 여보세요? 강희야, 나야.
  나 : 그렇지 않아도 너한테 전화하려는 참인데 마침 네가 먼저 전화를 했구나.

중심어

- **차** : 기회나 순간
- **참** : 경우나 때

문법 정보

- **조사 결합 정보** : '차'와 '참' 뒤에는 주로 조사 '이다'나 '에'가 온다.
  예문 고민하던 차였는데 마침 선생님께서 답을 주셨다.
  고민하던 차에 마침 선생님께서 답을 주셨다.

- **선행 용언 제약** : 주로 동사와 결합한다. 형용사나 '이다'와 결합하기 어렵다. 또한 '차이다' 앞에 오는 동사는 주로 관형형 어미로 '-던'을 취한다. 그러나 '참이다' 앞에 오는

동사는 이러한 관형형 제약이 없다.

> [예문] 지금 막 밥을 다 먹은 (*차예요/참이에요).
>
> 이제 막 밥을 먹을 (*차예요/참이에요).
>
> 밥을 먹고 있던 (차예요/참이에요).

- **선어말어미 제약** : 선행 용언과 결합할 때 '-었-', '-겠-'이 개재되기 어렵다.

  > [예문] *저희는 지금 밥을 다 먹었는 참이에요.
  >
  > *잠이 막 들겠는 차에 전화가 왔다.

- **문장 유형 제약** : 주로 평서문, 의문문으로 쓴다. 명령문, 청유문으로 쓸 수 없다.

공기 정보

- 어떤 시간이나 때를 의미하는 '차'와 '참'이 중심어로, 어떤 행동이나 동작의 발생과 시간 차이 없는 바로 그때를 의미한다. 따라서 '지금', '이제' 등의 시간 부사나 '막', '마침' 등의 부사와 자연스럽게 공기한다.

-은/는 체하다/척하다

의존어 구성:
종결표현

형태 정보

	동사		형용사
	과거	현재	
받침 ○	-은 체하다/척하다	-는 체하다/척하다	-은 체하다/척하다
받침 ×	-ㄴ 체하다/척하다		-ㄴ 체하다/척하다

> [tip] 별 의미의 차이 없이 '-은/는 체하다'로도 '-은/는 척하다'로도 쓸 수 있다.

1 거짓으로 꾸밈

실제로는 그렇지 않지만 마치 그런 것처럼 거짓으로 꾸밈을 나타낸다.

- 우리는 형편없는 음식을 짐짓 맛있는 체하면서 먹었다.
- 나는 부모님께서 걱정하실까 봐 시험을 잘 본 척했다.
- 신혜는 남자 친구와 헤어진 뒤 일부러 잘 지내는 체를 한다.
- 빨리 집에 가고 싶으니까 일부러 술에 취한 척을 하자.
- 가 : 민준이가 자꾸 돈을 빌려 달라는데 빌려 주기 싫어. 어쩌지?

  나 : 그럼 돈이 없는 체해 봐.

- 가 : 그 남자는 만났어?

  나 : 아니. 만나기 싫어서 최대한 **바쁜 척할 거야.**

문법 정보

- **조사 결합 정보** : '체'와 '척' 뒤에는 격조사 '을/를'이 수의적으로 올 수 있다.
- **선어말어미 제약** : 선행 용언과 결합할 때 '-었-', '-겠-'이 개재되기 어렵다.

  예문 *나는 시험을 잘 봤는 척을 했다.

  　　　*나는 일부러 바쁘겠을 척을 했다.

담화 정보

- '-은/는 체하다'는 주로 문어에서 쓰는 것이 자연스럽고 '-은/는 척하다'는 주로 구어에서 쓰는 것이 자연스럽다.

-은/는 축에 들다

형태 정보

	동사		형용사
	과거	현재	
받침 ○	-은 축에 들다	-는 축에 들다	-은 축에 들다
받침 ×	-ㄴ 축에 들다		-ㄴ 축에 들다

- **-은/는 축에 끼다, 속하다** : '들다'와 큰 의미 차이 없이 '끼다', '속하다'를 쓸 수 있다.
- **-았/었던 축에 들다** : 과거의 상황을 강조하기 위해 '-은' 대신에 '-았/었던'을 쓸 수 있다.
- **명사** + **축에 들다** : 주로 '부자' 등과 같이 정도를 나타내는 말이 온다.

1 어떤 속성을 가지는 무리에 속함

대체로 어떤 쪽에 가까움을 나타낼 때 쓴다.

- 너 정도면 시험을 잘 본 축에 드니까 걱정 마.
- 신혜는 **똑똑한** 축에 들지만 좀 게으른 것 같더라.
- 저 정도면 **어린** 축에 드는 것 아닌가요?
- 우리 집은 이 동네에서 **부자** 축에 든답니다.

- 가 : 김 선생은 요즘 논문을 꾸준히 발표하는 것 같더라.
  나 : 그럼요. 김 선생은 신진 학자 가운데서도 가장 **전도유망한 축에 들지요.**

중심어

- **축** : 일정한 특성에 따라 나누어지는 부류

문법 정보

- **조사 결합 정보** : '축' 뒤에 오는 '에'는 생략할 수 없으며 다른 조사가 올 수 없다.
  > 예문 *서울은 물가가 비싼 축 들지요.

- **선행 용언 제약** : 주로 형용사와 결합한다. 단, 부사의 수식을 받을 때는 동사와도 결합
  할 수 있으며 속성을 나타내는 일부 동사와는 부사 없이도 결합할 수 있다.
  > 예문 *나는 밥을 먹는 축에 든다. → 동사와 결합이 어색함.
  > 나는 밥을 **빨리** 먹는 축에 든다. → 부사의 수식을 받는 동사와 결합이 가능함.
  > 나는 공부를 **잘하**는 축에 든다. → 속성을 나타내는 동사와 결합이 가능함.

- **선어말어미 제약** : 선행 용언과 결합할 때 '-었', '-겠-'이 개재되기 어렵다.
  > 예문 *그 정도면 시험을 잘 봤는 축에 들었다.
  > *그 애는 공부를 잘하겠는 축에 든다.

- **문장 유형 제약** : 주로 평서문, 의문문으로 쓴다. 명령문, 청유문으로 쓸 수 없다.
  > 예문 *서울은 물가가 비싼 축에 (듭니다./듭니까?/*듭시다./*드십시오.)

담화 정보

- 2인칭 주어일 때, 상대방을 평가하는 의미를 담으므로 윗사람에게 쓰면 무례하게 받아
  들여질 수 있다.
  > 예문 *교수님, 교수님께서는 좋은 학자 축에 드십니다.

관련 표현

- **-은 편이다**
  (1) 선행 요소가 ' 명사 + 이다'일 때 ' 명사 + 편이다'의 형식으로 쓸 수 없다.
  > 예문 그 정도면 부자인 편이지.
  > *그 정도면 부자 편이지.

-은/는 편이다

형태 정보

| | 동사 | | 형용사 |
	과거	현재	
받침 ○	-은 편이다	-는 편이다	-은 편이다
받침 ×	-ㄴ 편이다		-ㄴ 편이다

1 어떤 속성에 가까움

속성이 대체로 어떤 쪽에 가까움을 나타낼 때 쓴다.

- 결과를 보니, 그 정도면 시험을 잘 본 **편이었다**.
- 신혜는 **똑똑한 편이지만** 좀 게으른 것 같더라.
- 오늘은 빨리 **출발한 편이었는데도** 길이 막혀서 늦었어요.
- 서울은 물가가 비싼 **편이지요**?
- 가 : 벌써 식사를 다 하셨어요?
  나 : 네, 제가 좀 빨리 먹는 **편이에요**.

중심어

- **편** : 서로 다른 입장 중 하나

문법 정보

- **조사 결합 정보** : '편' 뒤에는 주로 서술격조사 '이다'가 오지만 서술어 '아니다' 앞에서는 '이' 또는 '은', '도', '만'이 올 수 있다.
  > **예문** 이 가게 물건이 싼 편은 아니다.
  > 이 가게 물건은 싼 편도 아니면서 품질도 나쁘다.
  > 이 가게 물건은 싼 편만 아니면 장점이 하나도 없다.

- **선행 용언 제약** : 주로 형용사와 결합한다. 단, 부사의 수식을 받을 때는 동사와도 결합할 수 있으며 속성을 나타내는 일부 동사와는 부사 없이도 결합할 수 있다.
  > **예문** *나는 밥을 먹는 편이다. → 동사와 결합 어색함.
  > 나는 밥을 빨리 먹는 편이다. → 부사의 수식을 받는 동사와 결합이 가능함.
  > 나는 공부를 잘하는 편이다. → 속성을 나타내는 동사와 결합이 가능함.

- **선어말어미 제약** : 선행 용언과 결합할 때 '-었-', '-겠-'이 개재되기 어렵다.

예문 *그 정도면 시험을 잘 봤는 편이다.

  *그 애는 공부를 잘하겠는 편이다.

- **문장 유형 제약** : 주로 평서문, 의문문으로 쓴다. 명령문, 청유문으로 쓸 수 없다.

공기 정보

- '서로 다른 입장 중 하나'를 뜻하는 '편'을 중심어로, 주로 대립되는 두 가지 속성 중에서 어느 쪽에 더 가까운지를 나타내면서 그 속성을 어느 정도 갖는지를 나타낸다. 따라서 대부분의 정도 부사와 공기가 자연스럽다.

  예문 서울은 물가가 아주 비싼 편이에요.

  서울은 물가가 조금 비싼 편이에요.

담화 정보

- 2인칭 주어일 때, 상대방을 평가하는 의미를 담으므로 윗사람에게 쓰면 무례하게 받아들여질 수 있다.

  예문 *교수님, 교수님께서는 좋은 학자인 편이십니다.

관련 표현

- **-은 축에 들다**

  (1) ' 명사 + 축에 들다' 형식으로도 쓸 수 있다.

  예문 그 정도면 부자 축에 들지.

  [?]그 정도면 부자 편이지.

  그 정도면 부자인 편이지.

-을 것이다 1

의존어 구성:
종결표현

형태 정보

	형태
받침 ○	-을 것이다
받침 ×	-ㄹ 것이다

1 미래

미래 시제를 나타낼 때 쓴다.

- 이번 주말에 등산을 갈 겁니다.
- 내일부터 장맛비가 올 거라고 들었어요.
- 방학에 어디로 여행을 갈 겁니까?
- 가 : 수업이 언제쯤 끝나요?
  나 : 30분쯤 후에 수업이 끝날 거예요.

문법 정보

- **조사 결합 정보** : '것' 뒤에는 서술격 조사 '이다'만 올 수 있다.

- **선행 용언 제약** : 주로 동사와 결합한다. 형용사나 '이다'와 결합하면 어색하거나 추측의 의미가 강해진다. 단, 날씨와 관련된 형용사나 '바쁘다' 등의 일부 형용사와는 결합할 수 있는 경우도 있다.

  예문 이 아이는 (*예쁠 거예요/예뻐질 거예요).
  내일은 아주 바쁠 거라서 오늘은 푹 쉬어 두기로 했다.
  이번 주 날씨는 내내 화창할 겁니다.

- **선어말어미 제약** : 선행 용언과 결합할 때 '-었-', '-겠-'이 개재되기 어렵다.

  예문 *저는 방학에 여행을 (갔을/가겠을) 거예요.

- **시제 제약** : 주로 현재 시제로 쓰지만 과거의 시점에서 예상한 미래를 나타낼 때는 '-았/었-'과도 결합할 수 있다. '-겠-'과는 결합하지 못하거나 의미가 달라진다.

  예문 원래는 그 주말에 등산을 갈 거였지만 못 갔어요.
  ?이번 주말에 등산을 갈 거겠어요.

- **문장 유형 제약** : 평서문이나 의문문으로 쓴다. 명령문, 청유문으로 쓸 수 없다.

담화 정보

- 비격식적인 상황에서는 주로 '-을 거야', '-을 거예요'로 쓰고 격식적인 상황에서는 주로 '-을 것입니다'로 쓴다. '-을 것입니다'는 '-을 겁니다'로 줄여 쓸 때가 많다.

관련 표현

- **-겠-**
  (1) '-겠-'은 여러 청중을 대상으로 공손하게 말할 때 자주 사용되는 반면, '-을 것이다'는 개인적으로 친근하게 말할 때 자주 사용된다.

  예문 승객 여러분, 우리 비행기는 곧 인천 공항에 (도착하겠습니다/?도착할 겁니다).
  수지 씨, 천천히 오세요. 영화는 20분부터 (?시작하겠어요/시작할 거예요).

2 다짐

다짐을 나타낼 때 쓴다.

- 올해는 꼭 담배를 끊을 것이다.
- 오늘은 내가 집안일을 다 할 거니까 당신은 푹 쉬어.
- 앞으로는 지각하지 않을 거예요. 믿어 주세요.
- 가 : 현정 씨는 꿈이 있어요?
  나 : 그럼요. 언젠가는 세계 일주를 할 거예요.

문법 정보

- **조사 결합 정보** : '것' 뒤에는 서술격 조사 '이다'만 올 수 있다.

- **주어 제약** : 다짐의 의미를 나타내므로 주로 1인칭 주어와 함께 쓴다.
  예문 저는 절대로 지각하지 않을 거예요. → 다짐의 의미
  당신은 절대로 지각하지 않을 거예요. → 다짐의 의미 X

- **선행 용언 제약** : 주로 동사와 결합한다. 형용사나 '이다'와 결합하기 어렵다.
  예문 *내일부터 꼭 예쁠 거예요.
  *꼭 좋은 선생님일 거예요.

- **선어말어미 제약** : 선행 용언과 결합할 때 '-었-', '-겠-'이 개재되기 어렵다.
  예문 *저는 꼭 담배를 (끊었을/끊겠을) 거예요.

- **시제 제약** : 주로 현재 시제로 쓰지만 과거의 시점에서 한 다짐을 나타낼 때는 '-았/었-'
  과도 결합할 수 있다. '-겠-'과는 결합하지 못하거나 의미가 달라진다.
  예문 원래 계획으로는 일을 다 끝낼 거였는데 반도 못했네요.
  ?언젠가는 세계 일주를 할 거겠어요.

- **문장 유형 제약** : 주로 평서문으로 쓴다.

담화 정보

- 비격식적인 상황에서는 주로 '-을 거야', '-을 거예요'로 쓰고 격식적인 상황에서는 주
  로 '-을 것입니다'로 쓴다. '-을 것입니다'는 '-을 겁니다'로 줄여 쓸 때가 많다.

관련 표현

- **-겠-**
  (1) 자신에게만 하는 다짐이나 의지가 아니라 상대방 앞에서 공언하는 다짐의 의미를 나
    타낸다.
    예문 내일부터는 절대로 지각하지 않겠습니다.

(2) 과거 시점에서 한 다짐을 나타내지 못한다.

예문 *원래 계획으로는 일을 다 끝냈겠는데 반도 못했네요.

- **–을게(요)**

  (1) 자신에게만 하는 다짐이나 의지가 아니라 상대방에게 약속하는 의미를 나타낸다.

  예문 내일은 내가 집안일을 다 할게.

  (2) 종결어미이기 때문에 문장을 끝맺는 위치에만 온다.

  예문 *내일은 내가 집안일을 다 할게니까 당신은 좀 쉬어.

–을 것이다 2

의존어 구성:
종결표현

형태 정보

	형태
받침 ○	–을 것이다
받침 ×	–ㄹ 것이다

1 추측

추측을 나타낼 때 쓴다.

- 너는 시험을 잘 봤을 거니까 걱정하지 마.
- 그 사람은 서울에 살 거예요.
- 먹구름이 꼈으니 곧 비가 올 겁니다.
- 두 사람이 지금은 서먹해도 예전에는 친했을 거라고 생각해.
- 신혜는 요즘 바쁠 거예요.
- 내일쯤 반가운 손님이 찾아올 것입니다.
- 가 : 강희가 언제쯤 졸업할 것 같아요?
  나 : 논문을 쓰고 있으니까 내년 봄에는 졸업할 것 같아요.

문법 정보

- **조사 결합 정보** : '것' 뒤에는 서술격 조사 '이다'만 올 수 있다.

- **주어 제약** : 추측할 때 쓰므로 1인칭 주어와 함께 쓰면 어색할 때가 있다.

  예문 *저는 요즘 바쁠 거예요.

- **선어말어미 제약** : 선행 용언과 결합할 때 '-겠-'이 개재되기 어렵다.

  예문 *신혜는 내일 바쁘겠을 거예요.

- **시제 제약** : 현재 시제로만 쓴다. 과거 시제로 쓰면 의미가 달라진다.

  예문 *그 사람은 서울에 살 거였어요. → 추측이 아닌 계획이나 의지를 나타냄.

- **문장 유형 제약** : 평서문으로만 쓴다. 의문문, 명령문, 청유문으로 쓸 수 없다.

- **분포 · 활용 제약** : 일부 종결어미와 결합하면 어색하거나 의미가 달라진다.

  예문 ?그 사람은 서울에 살 거(군요/네요/지요). → 추측이 아닌 계획이나 의지를 나타냄.

공기 정보

- 과거의 경험을 통해 형성한 배경 지식에 기대어 추측을 할 때 주로 사용된다. 따라서 논리적인 추론에 따른 예상이나 예측을 나타낼 때 사용되는 경우가 많다. 따라서 '왠지' 등의 부사어와 공기하기 어렵다.

  예문 *왠지 그 사람은 서울에 살 거예요.

담화 정보

- 비격식적인 상황에서는 주로 '-을 거야', '-을 거예요'로 쓰고 격식적인 상황에서는 주로 '-을 것입니다'로 쓴다. '-을 것입니다'는 '-을 겁니다'로 줄여 쓸 때가 많다.

관련 표현

- **-는 것 같다**

  (1) 주로 막연한 추측이거나 개인적 견해라는 전제를 담보하는 추측의 뜻을 나타낸다. 따라서 '왠지' 등의 부사어와 공기할 수 있다.

  예문 왠지 그 사람은 서울에 사는 것 같다.

  (2) '것' 뒤에 보조사 '은', '도', '만'이 올 수 있다.

  예문 곧 좋은 소식이 들릴 것만 같다.

  (3) 과거형으로 '-았/었을 것 같다'뿐 아니라 '-았/었던 것 같다'도 쓸 수 있다.

  예문 지금쯤 도착했을 것 같다.

  　　신혜가 우리가 하는 이야기를 들었던 것 같다.

  (4) 의문문으로도 쓸 수 있다.

  예문 현정이가 몇 시쯤 도착할 것 같아요?

- **-는 모양이다**

  (1) '-는 모양이다'는 주로 현장에서 지각한 경험에 근거하여 추측을 할 때 사용되고, '-을 것이다 2'는 과거의 경험을 통해 형성한 배경 지식에 기대어 추측을 할 때 주로 사용된다.

(2) 일부 연결어미와 결합이 어색하다.

> **예문** ?내일 비가 올 모양이라서 등산 계획을 취소했어요.

- **–는 게 틀림없다**

  (1) 확신을 가지고 단정적인 추측을 함을 나타낸다.

  (2) 시제 제약이 없다.

  > **예문** 그 사람은 서울에 사는 게 틀림없었다.

- **–겠–**

  (1) 종결어미 '–군(요)', '–구나', '지(요)/죠'와 결합하면 동사와 결합해서 쓸 수 있다.

  > **예문** 내일도 열심히 공부하겠군요.
  >
  > 내일도 열심히 공부하겠지요.

  (2) 형용사와 결합할 때, '–겠다'는 직접 경험하지 않은 일에 대한 추측을 의미한다. 따라서 강한 추측의 의미를 갖는 '–을 것이다'와는 추측의 정도가 다르다.

  > **예문** 가 : 이 케이크 정말 맛있겠다.
  >
  > 나 : 응, 한번 먹어 봐. 맛있을 거야. 내가 저번에 먹어 봤거든.

- **–나/은가 보다**

  (1) 주로 후행절에 오고 선행절에 오면 어색하다.

  > **예문** *내일 비가 오나 보니까 등산을 못 가겠다.

  (2) 과거 시제나 미래 시제로 쓰기 어렵다.

  > **예문** *그 두 사람은 다정한 사이인가 봤어요.
  >
  > *그 두 사람은 다정한 사이인가 볼 거예요.

–을까 보다

의존어 구성:
종결표현

형태 정보

	형태
받침 ○	–을까 보다
받침 ×	–ㄹ까 보다

1 '어떤 일이 생길 것 같아서'

('-을까 봐(서)'의 꼴로 사용되어) 주로 걱정하는 상황에서 '어떤 일이 생길 것 같아서'의 의미를 나타낸다.

- 시험 결과가 **나쁠까 봐** 걱정이에요.
- 밤이 되면 **추워질까 봐** 옷을 하나 더 가져 왔어요.
- 어머니가 **걱정하실까 봐** 매일 전화를 드리고 있어요.
- 언니는 내가 신경 **쓸까 봐서** 부모님의 수술 사실을 숨겼다.
- 신혜는 **거절당할까 봐** 좋아하는 남자에게 고백하지 않았다.
- 가 : 네가 내 실수를 이미 알고 **있었을까 봐** 두려웠어.
  나 : 괜찮아. 우린 친구잖아.

문법 정보

- **선어말어미 제약** : 선행 용언과 결합할 때 '-겠-'이 개재되기 어렵다.
  예문 아기가 밤새 (추웠을까/*춥겠을까) 봐 걱정이에요.

- **후행절 정보** : 후행절에는 주로 '걱정이다, 불안하다, 두렵다, 무섭다' 등의 부정적인 감정을 나타내는 형용사나 두려운 일을 막기 위한 행위를 나타내는 표현이 서술어로 온다. 후행절은 주로 평서문, 의문문으로 쓴다. 명령문, 청유문으로 쓸 수 없다.
  예문 배고플까 봐 음식을 가져 (왔어요./왔어요?/*오세요./*옵시다.)

담화 정보

- 주로 비격식적인 상황에서 사용한다.
- 화자는 해당 내용에 대하여 걱정하는 태도를 가진다.

> #### 참고 정보
> - '보다' 대신 큰 의미 차이 없이 '하다'나 '싶다'를 사용할 수 있다. 두려움의 정도는 '보다'가 가장 강하다.
>   **예문** 멀미를 할까 (봐서/해서/싶어서) 약을 가지고 왔어요.

2 불확실한 의도

('-을까 봐요'의 꼴로 쓰여) 아직 확실하지 않으나 '앞으로 어떤 일을 할 마음이 있다'는 의미를 나타낸다.

- 가 : 요즘 악기를 배우는 사람이 많더라.
  나 : 저도 방학 하면 기타나 좀 배워 **볼까 봐요**.
- 가 : 이렇게 출장이 잦은데 결혼 후에도 이 일을 계속 할 거예요?

나 : 그러게요. 결혼하게 되면 다른 일을 찾아볼까 봐요.
- 가 : 기분 전환에는 여행이 최고인 것 같아.
  나 : 나도 여행이나 갈까 봐.
- 가 : 이번에 A사 경쟁률이 진짜 높다던데, 들었어?
  나 : 그래요? 준비하고 있었는데, 지원하지 말까 봐요.

문법 정보

- **주어 제약** : 의도를 나타내므로 주로 1인칭 주어와 함께 쓴다.
  예문 *동생은 여행을 할까 봐요.

- **선어말어미 제약** : 선행 용언과 결합할 때 '-었-', '-겠-'이 개재되기 어렵다.
  예문 *나도 여행이나 (갔을까/가겠을까) 봐.

- **시제 제약** : 주로 현재 시제로 쓴다. 과거 시제를 나타내는 '-었-', 미래 시제를 나타내는 '-겠-'과 결합하기 어렵다.
  예문 *이번 방학에는 여행이나 할까 (봤어요/보겠어요).

- **문장 유형 제약** : 주로 평서문으로 쓴다. 의문문, 명령문, 청유문으로 쓰기 어렵다.
  예문 *여행이나 할까 봅니까?

- **분포 · 활용 제약** : 주로 문장의 종결부에서 '-을까 봐(요)'의 꼴로 쓰인다. 그 밖의 연결어미나 종결어미와 결합하기 어렵다.
  예문 *이번 방학에는 여행이나 할까 봅니다.

담화 정보

- 주로 구어에서 사용한다.
- 화자는 해당 내용에 대하여 불확실한 태도를 가진다.

- '-을까 보다'에서 '보다' 대신 큰 의미 차이 없이 '하다'와 '싶다'를 사용할 수 있다. '-을 까 보다'는 활용상의 제약이 많아, '-아/어요' 외의 다른 어미와는 잘 결합하지 않는 다. 이에 반해, '-을까 하다'나 '-을까 싶다'에는 이러한 제약이 없다.

  예문 방학을 하면 기타를 배워 볼까 (*보고/하고) 있어요.
  네 시간이 괜찮으면 잠깐 만날까 (*봤어/했어/?싶었어).
  주말에 아르바이트를 찾을까 (*보는데/하는데/싶은데), 잘 모르겠어요.

- '-을까 보다'는 '-을까 하다'보다 어떤 일을 하려는 계획성이 낮다. 즉, 구체적으로 생각해 보지 않았으며 현재 떠오르는 생각을 즉각적으로 말할 때는 '-을까 보다'를 사용하는 것이 더욱 자연스럽다.

  예문 가 : 빨리빨리 좀 해라.
  나 : 나 너를 주제로 책 한 권 쓸까 봐. 성격 급한 사람의 100가지 특성.
  예문 가 : 나는 주말에는 휴대폰을 아예 꺼 놔.
  나 : 그래? 그거 좋은 방법이네. 나도 너처럼 해 볼까 봐.

관련 표현

- **-을 것이다 1**

  (1) '-을 것이다'는 화자의 의도를 나타내는 정도가 강하다.

  예문 이따가 친구를 만날 거예요. → 친구와 약속을 했음.
  이따가 친구를 만날까 봐요. → 아직 약속하지 않았음.

  (2) '-을까 보다'는 화자가 방금 생각난 일에 대해 그것을 할 의도가 있음을 가볍게 표현할 때 쓰인다. 이 경우, 확신성이 강한 '-을 거예요'를 사용하면 어색하다.

  예문 가 : 요즘 홍삼을 먹었더니 건강해진 것 같아.
  나 : 그래요? 그럼 나도 홍삼을 좀 (??먹어 볼 거예요/먹어 볼까 봐요).

- **-(으)려고 하다**

  (1) '-을까 보다'보다 화자의 의도를 나타내는 정도가 강하다.

  예문 오늘은 집에 있으려고 해요. 〉〉 오늘은 집에 있을까 봐요.

  (2) '-을까 보다'는 주로 1인칭 주어와 함께 쓴다. '-으려고 하다'에는 그러한 제약이 없다.

  예문 민수가 초콜릿을 혼자 다 (먹으려고 해요/*먹을까 봐요).

-을까 하다

형태 정보

	형태
받침 ○	-을까 하다
받침 ×	-ㄹ까 하다

1 불확실한 의도

아직 확실하지 않으나 앞으로 어떤 일을 할 마음이 있음을 나타낸다.

- 이번 방학에는 해외로 여행을 **갈까 해요**.
- 나는 결혼하면 아이를 셋 정도 **낳을까 한다**.
- 가 : 주말 계획은 있어?
  나 : 글쎄. 날씨가 좋으면 드라이브나 **할까 하고** 있어.
- 가 : 새로 생긴 레스토랑에 가 **볼까 하는데** 같이 갈래?
  나 : 그래? 나도 거기에 한번 가 보고 싶었는데 언제 갈까?

문법 정보

- **주어 제약** : 화자의 의도를 나타내므로 주로 1인칭 주어와 함께 쓴다.
  예문 *동생은 여행을 할까 해요.

- **선행 용언 제약** : 주로 동사와 결합한다. 형용사, '이다'와 결합하기 어렵다.
  예문 *동생은 예쁠까 해요.

- **선어말어미 제약** : 선행 용언과 결합할 때 '-었-', '-겠-'이 개재되기 어렵다.
  예문 *날씨가 좋으면 드라이브나 (했을까/하겠을까) 해요.

- **시제 제약** : 주로 현재 시제나 과거 시제로 쓴다. 미래 시제로 쓰기 어렵다.
  예문 *이번 방학에는 여행이나 할까 하겠어요.

- **문장 유형 제약** : 주로 평서문으로 쓴다. 의문문, 명령문, 청유문으로 쓰기 어렵다.
  예문 ?이번 방학에는 해외로 여행을 갈까 합니까?
  *이번 방학에는 해외로 여행을 갈까 합시다.

담화 정보

- 주로 구어에서 사용한다.

- 화자는 해당 내용에 대하여 불확실한 태도를 가진다.

관련 표현

- **-을까 보다**
  (1) '-을까 하다'와 큰 의미의 차이 없이 바꿔 쓸 수 있다. 그러나 '-을까 보다'는 '-을까 하다'보다 어떤 일을 하려는 계획성이 대체로 낮다. 즉, 구체적으로 생각해 보지 않았으며 현재 떠오르는 생각을 즉각적으로 말할 때는 '-을까 보다'를 사용하는 것이 더욱 자연스럽다. 따라서 '-을까 하다'와는 달리 '-을까 보다'는 시제를 나타내는 형태와 결합하기가 어렵다.
  > **예문** 주말에 등산이나 갈까 (*봤어요/했어요).

- **-을 것이다 1**
  (1) '-을까 보다'는 화자의 불확실한 의도를 나타내는 반면 '-을 것이다'는 화자의 비교적 강한 의도를 나타낸다.
  > **예문** 이따가 친구를 만날 거예요. → 친구와 약속을 했음.
  > 이따가 친구를 만날까 해요. → 아직 약속하지 않았음.

- **-(으)려고 하다**
  (1) '-을까 보다'보다 화자의 의도를 나타내는 정도가 강하다.
  > **예문** 오늘은 집에 있으려고 해요. 〉〉 오늘은 집에 있을까 봐요.

  (2) '-을까 하다'는 주로 1인칭 주어와 함께 쓴다. '-으려고 하다'에는 그러한 제약이 없다.
  > **예문** 민수가 초콜릿을 혼자 다 (먹으려고 해요/*먹을까 해요).

-을 따름이다

의존어 구성:
종결표현

형태 정보

	형태
받침 ○	-을 따름이다
받침 ×	-ㄹ 따름이다

1 오직 그러함

오직 그것뿐이고 그 이상은 아님을 나타낸다.

- 뜻하지 않게 폐를 끼쳤으니 **죄송할 따름입니다**.
- 그냥 잠깐 얼굴이나 보려고 **왔을 따름이지** 다른 의도는 없어.
- 너무 **바빴을 따름이지** 일부러 네 연락을 피한 건 아니야.
- 가 : 자네 요새 논문 쓰느라고 고생이 많지?
  나 : 그저 좋은 글을 쓰고자 열심히 **노력할 따름입니다**.

문법 정보

- **조사 결합 정보** : '따름' 뒤에는 주로 서술격 조사 '이다'가 온다.

- **주어 제약** : 주로 1인칭 주어와 함께 쓴다.
  예문 (나는/*신혜는) 그냥 잠깐 네 얼굴이나 보려고 왔을 따름이야.

- **선어말어미 제약** : 선행 용언과 결합할 때 '-겠-'이 개재되기 어렵다.
  예문 나는 그냥 잠깐 네 얼굴이나 보려고 (왔을/*오겠을) 따름이야.

- **시제 제약** : 과거 시제를 나타내는 '-었-'과는 결합할 수 있지만 미래 시제를 나타내는 '-겠-'과 결합하면 어색하다.
  예문 그저 열심히 노력할 따름이었다.
  　　*그저 열심히 노력할 따름이겠다.

- **문장 유형 제약** : 주로 평서문으로 쓴다.

- **분포·활용 제약** : 후행절이 이어질 때는 주로 '-을 따름이지'의 꼴로만 쓴다. 다른 연결어미와의 결합은 어색하다.
  예문 *너무 바빴을 따름이지만 일부러 네 연락을 피한 건 아니야.

공기 정보

- 주로 그것 이외의 방도가 없음을 표현하면서 자신의 감정을 강조할 때 많이 쓴다. 따라서 '단 하나'를 뜻하는 부사어와의 공기가 자연스럽다.
  예문 제 마음을 이렇게 헤아려 주시니 그저 고마울 따름입니다.
  　　내가 합격했다는 사실에 단지 기쁠 따름이었다.

담화 정보

- 윗사람에게 공손하게 사과하거나 겸양을 표시할 때 쓸 수 있다.

관련 표현

- **-을 뿐이다**
  (1) 대부분의 경우에 '-을 따름이다'와 큰 의미 차이 없이 바꿔 쓸 수 있다.
  예문 나는 그 애 때문에 기가 막힐 (뿐이야/따름이야).

(2) 그러나 겸양을 표시하는 용법으로 쓸 때 '–을 따름이다'에 비해 공손성이 약해서 주로 청자가 화자보다 아랫사람일 때 쓴다.

> 예문 가 : 자네, 요즘 논문 쓰느라고 고생이 많지?
>
> 나 : 그저 열심히 노력할 따름입니다.

> 예문 가 : 선배님, 요즘 논문 쓰느라고 고생이 많으시지요?
>
> 나 : 그저 열심히 노력할 뿐이지.

-을 리(가) 없다

형태 정보

	형태
받침 ○	–을 리(가) 없다
받침 ×	–ㄹ 리(가) 없다

1 가능성이 없음

가능성이 없다는 확신을 나타낼 때 쓴다.

- 신혜가 벌써 도착했을 리가 없지요.
- 중세 시대 사람들은 지구가 태양을 돌 리 없다고 생각했다.
- 저렇게 노래를 못하는 사람이 가수일 리가 없어.
- 지금은 여름이니까 눈이 올 리가 없다.
- 가 : 김 대리는 아직도 일을 못 끝냈네. 내일이면 끝내려나?
  나 : 글쎄요. 여태 그 일을 안 한 사람이 내일이라고 할 리가 없지요.

문법 정보

- **조사 결합 정보** : '리' 뒤에는 주로 조사 '가'가 오지만 '는', '도'도 올 수 있다. 조사 '가'는 생략할 수 있다.
  > 예문 신혜가 벌써 왔을 수도 없고 왔을 리도 없어.

- **주어 제약** : 가능성에 대한 추정을 나타내므로 1인칭 주어와 함께 쓰면 어색할 때가 있다.
  > 예문 ??나는 지금쯤 밥을 먹고 있을 리가 없다.

- **선어말어미 제약** : 선행 용언과 결합할 때 '–겠–'이 개재되기 어렵다.

예문 서준이가 벌써 (왔을/*오겠을) 리가 없지요.

- **문장 유형 제약** : 주로 평서문으로 쓴다. 명령문, 청유문으로 쓸 수 없다. '없다' 대신 '있다'를 사용해서 반문하는 의문문으로 쓸 수 있다.

  예문 저렇게 노래를 못하는 사람이 가수일 리가 (있어/??없어)?

담화 정보

- 구어에서는 '없다'를 생략하기도 한다. 비격식 높임말에서는 '없다'를 생략한 자리에 '요'를 붙일 수도 있다.

  예문 가 : 저 사람이 가수래요.

  　　나 : 그럴 리가요? 노래를 저렇게 못하는데요?

관련 표현

- **-을 리(가) 만무하다**

  (1) 문어나 격식적인 상황에서 주로 사용한다.

  예문 저렇게 노래를 못하는 사람이 가수일 리가 만무합니다.

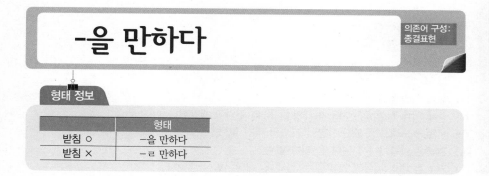

-을 만하다

의존어 구성:
종결표현

형태 정보

	형태
받침 ○	-을 만하다
받침 ×	-ㄹ 만하다

1 가치가 있음

어떤 행위를 할 가치가 있다는 화자의 생각을 나타낼 때 쓴다.

- 나는 평생을 걸 만한 가치가 있는 일을 직업으로 삼고 싶다.
- 이 식당 음식은 제법 먹을 만한 게 많아요.
- 가 : 영화는 어땠어요? 재미있었어요?

  나 : 네, 그럭저럭 볼 만했어요.
- 가 : 벼룩시장에 갔었다면서요? 어땠어요?

  나 : 좋았어요. 쓸 만한 물건도 많고 가격도 싸더라고요.

문법 정보

- **조사 결합 정보** : '만'과 '하다' 사이에는 조사가 오지 않는 것이 보통이다.

- **선행 용언 제약** : 주로 동사와 결합한다. 형용사, '이다'와 결합하기 어렵다.

- **선어말어미 제약** : 선행 용언과 결합할 때 '-겠-'이 개재되기 어렵다.
  > **예문** 그 일은 평생을 (걸었을/*걸겠을) 만한 가치가 있다.

- **문장 유형 제약** : 주로 평서문이나 의문문으로 쓴다. 명령문, 청유문으로 쓸 수 없다.

2 가능성이 충분함

그렇게 될 가능성이 충분함을 짐작하여 나타낼 때 쓴다.

- 지금쯤이면 회의가 끝났을 만하다.
- 가 : 민준이가 피곤한지 계속 잠만 자네.
  나 : 하긴. 운동하느라 무리를 했으니 피곤할 만도 하지.
- 가 : 신혜가 요즘 너무 힘들어 보여.
  나 : 일이 그렇게 많으니 힘들 만하잖아요.
- 가 : 하늘이 무너지면 어쩌지?
  나 : 있을 만하지도 않은 일로 쓸데없이 걱정하지 마.

문법 정보

- **조사 결합 정보** : '만'과 '하다' 사이에 의미 강조를 위하여 '도'가 오는 경우가 많다.
  > **예문** 지금쯤이면 회의가 끝났을 만도 하다.

- **주어 제약** : 가능성에 대한 추정을 나타내므로 1인칭 주어와 함께 쓰면 어색할 때가 있다.
  > **예문** ??나는 지금쯤 밥을 먹고 있을 만하다.

- **선어말어미 제약** : 선행 용언과 결합할 때 '-겠-'이 개재되기 어렵다.
  > **예문** 일이 그렇게 많으니 (힘들었을/*힘들겠을) 만하다.

- **문장 유형 제약** : 주로 평서문으로 쓴다. 의문문일 때는 주로 확인의문문으로만 쓴다. 명령문, 청유문으로 쓸 수 없다.
  > **예문** 그렇게 무리를 했으니 피곤할 만도 (하지요/*해요)?

공기 정보

- 어떤 일의 가능성이 충분히 높다는 화자의 의견을 나타낸다. 따라서 '불확실하지만'의 의미를 갖는 부사어 '어쩌면'과 공기하면 어색할 때가 있다.

- **–을 법하다**

  (1) '–을 만하다'와 큰 의미 차이 없이 바꿔 쓸 수 있다.

  예문 그 정도면 포기할 (법한데/만한데) 그는 포기하지 않고 있다.

- **–을 수(도) 있다**

  (1) 화자가 인식하는 가능성의 정도가 '–을 법하다'나 '–을 만하다'에 비해서 낮다.

  예문 회의가 시작된 지 5시간이나 지났으니까 지금쯤이면 회의가 끝났을 만하다.

  회의가 시작된 지 얼마 되지 않았지만 안건이 적다면 회의가 끝났을 수도 있다.

–을 법하다

의존어 구성:
종결표현

형태 정보

	형태
받침 ○	–을 법하다
받침 ×	–ㄹ 법하다

1 가능성이 충분함

그렇게 될 가능성이 충분함을 짐작하여 나타낼 때 쓴다.

- 지금쯤이면 회의가 끝났을 법하다.
- 가 : 민준이가 피곤한지 계속 잠만 자네.
  나 : 하긴. 운동하느라 무리를 했으니 피곤할 법도 하지.
- 가 : 신혜가 요즘 너무 힘들어 보여.
  나 : 일이 그렇게 많으니 힘들 법하잖아요.
- 가 : 하늘이 무너지면 어쩌지?
  나 : 있을 법하지도 않은 일로 쓸데없이 걱정하지 마.

문법 정보

- **조사 결합 정보** : '법'과 '하다' 사이에는 조사가 오지 않는 것이 일반적이지만 강조하기 위해서 보조사 '도'를 쓸 수도 있다.

- **주어 제약** : 가능성에 대한 추정을 나타내므로 1인칭 주어와 함께 쓰면 어색할 때가 있다.

예문 ??나는 지금쯤 밥을 먹고 있을 법하다.

- **선어말어미 제약** : 선행 용언과 결합할 때 '–겠–'이 개재되기 어렵다.

  예문 일이 그렇게 많으니 (힘들었을/*힘들겠을) 법하다.

- **문장 유형 제약** : 주로 평서문으로 쓴다. 의문문일 때는 주로 '–지요?', '–잖아요?' 등과 결합하여 확인의문문으로 쓴다. 명령문, 청유문으로 쓸 수 없다.

  예문 그렇게 무리를 했으니 피곤할 법도 (하지요/*해요)?

공기 정보

- 어떤 일의 가능성이 충분히 높다는 화자의 의견을 나타낸다. 따라서 '불확실하지만'의 의미를 갖는 부사어 '어쩌면'과 공기하면 어색할 때가 있다.

관련 표현

- **–을 만하다**

  (1) '–을 법하다'와 큰 의미 차이 없이 바꿔 쓸 수 있다.

  예문 그 정도면 포기할 (만한데/법한데) 그는 포기하지 않고 있다.

- **–을 수(도) 있다**

  (1) 화자가 인식하는 가능성의 정도가 '–을 법하다'나 '–을 만하다'에 비해서 낮다.

  예문 회의가 시작된 지 5시간이나 지났으니까 지금쯤이면 회의가 끝났을 법하다.
  회의가 시작된 지 얼마 되지 않았지만 안건이 적다면 회의가 끝났을 수도 있다.

–을 뻔하다

의존어 구성:
종결표현

형태 정보

	형태
받침 ○	–을 뻔하다
받침 ×	–ㄹ 뻔하다

1 어떤 일이 일어날 가능성이 아주 높았지만 결국 일어나지는 않았음

어떤 일이 일어날 가능성이 아주 높았지만 결국 일어나지는 않았음을 나타낼 때 쓴다.

- 길이 미끄러워서 넘어질 뻔했네.

- 그 사람은 병원에 조금만 늦게 왔으면 **죽을 뻔했어요**.
- 우리 팀이 거의 **이길 뻔했는데** 종료 직전에 상대방의 득점을 허용하고 말았다.
- 버스에서 잠이 드는 바람에 내릴 정류장을 **지나칠 뻔했지** 뭐야.
- 가 : 신혜 씨, 너무 예뻐져서 못 **알아볼 뻔 했습니다**.
  나 : 예뻐지기는요. 화장을 했을 뿐이에요.

> **tip** '죽을 뻔하다'의 꼴로 화자가 처한 상황을 과장하여 강조하기 위해 사용하기도 한다.
> - 운동이 너무 힘들어서 죽을 뻔했어.
> - 어찌나 시끄러운지 죽을 뻔했네.

문법 정보

- **조사 결합 정보** : '뻔'과 '하다' 사이에는 아무 조사가 오지 않는 게 일반적이지만 강조를 위해서 격조사 '을'이 올 수도 있다.
  > **예문** 잠이 드는 바람에 정류장을 지나칠 뻔을 했어.
- **선행 용언 제약** : 주로 동사와 결합한다. 형용사나 '이다'와 결합하기 어렵다.
  > **예문** *나는 거의 예쁠 뻔했다.
- **선어말어미 제약** : 선행 용언과 결합할 때 '-었-', '-겠-'이 개재되기 어렵다.
  > **예문** *길이 미끄러워서 (넘어졌을/넘어지겠을) 뻔했다.
- **시제 제약** : 주로 과거의 일에 대해 말할 때 쓰므로 '-었-'과 결합하여 과거 시제로 쓴다.
  > **예문** *우리 팀이 거의 이길 (뻔한다/뻔하겠다).
- **문장 유형 제약** : 평서문, 의문문으로 쓴다. 명령문, 청유문으로 쓸 수 없다.
  > **예문** *우리 팀이 거의 이길 (뻔해라/뻔하자).

담화 정보

- 주로 구어에서 사용한다.
- 주로 비격식적인 상황에서 사용한다.

-을 뿐이다

의존어 구성:
종결표현

형태 정보

	형태
받침 ○	-을 뿐이다
받침 ×	-ㄹ 뿐이다

1 오직 그러함

오직 그것뿐이고 그 이상은 아님을 나타낸다.

- 뜻하지 않게 폐를 끼쳤으니 **미안할 뿐이네.**
- 그냥 잠깐 얼굴이나 보려고 **왔을 뿐이지** 다른 의도는 없어.
- 너무 **바빴을 뿐이지** 일부러 네 연락을 피한 건 아니야.
- 가 : 선배님, 요새 논문 쓰느라고 고생이 많으시지요?
  나 : 고생은 무슨. 그저 좋은 글을 쓰고자 열심히 **노력할 뿐이지.**

중심어

- **뿐** : 단지 그 정도. 또는 오로지 그것 하나

문법 정보

- **조사 결합 정보** : '뿐' 뒤에는 주로 서술격 조사 '이다'가 온다.
- **주어 제약** : 주로 1인칭 주어와 함께 쓴다.
  【예문】 나는 그냥 잠깐 네 얼굴이나 보려고 왔을 뿐이야.
- **선어말어미 제약** : 선행 용언과 결합할 때 '–겠–'이 개재되기 어렵다.
  【예문】 나는 그냥 잠깐 네 얼굴이나 보려고 (왔을/*오겠을) 뿐이야.
- **시제 제약** : 과거 시제를 나타내는 '–었–'과는 결합할 수 있지만 미래 시제를 나타내는 '–겠–'과 결합하면 어색하다.
  【예문】 그저 열심히 노력할 (뿐이었다/*뿐이겠다).
- **문장 유형 제약** : 주로 평서문으로 쓴다.
  【예문】 *그저 열심히 노력할 뿐입니까?
- **분포 · 활용 제약** : 후행절이 이어질 때는 주로 '–을 뿐이지'의 꼴로만 쓴다. 다른 연결어미와의 결합은 어렵다.
  【예문】 *너무 바빴을 뿐이지만 일부러 네 연락을 피한 건 아니야.

공기 정보

- 주로 그것 이외의 방도가 없음을 표현하면서 자신의 감정을 강조할 때 많이 쓴다. 따라서 '단 하나'를 뜻하는 부사어와의 공기가 자연스럽다.
  【예문】 제 마음을 이렇게 헤아려 주시니 그저 고마울 뿐입니다.
  내가 합격했다는 사실에 단지 기쁠 뿐이었다.

담화 정보

• 공손하게 사과하거나 겸양을 표시할 때 쓸 수 있다.

관련 표현

• **–을 따름이다**

(1) 대부분의 경우에 의미 차이 없이 '–을 뿐이다'와 바꿔 쓸 수 있다.

〔예문〕 나는 그 애 때문에 기가 막힐 (따름이야/뿐이야).

(2) 그러나 겸양을 표시하는 용법으로 쓸 때 '–을 뿐이다'에 비해 공손성이 강해서 주로 청자가 화자보다 윗사람일 때 쓴다.

〔예문〕 가 : 자네, 요즘 논문 쓰느라고 고생이 많지?

나 : 그저 열심히 노력할 따름입니다.

〔예문〕 가 : 선배님, 요즘 논문 쓰느라고 고생이 많으시지요?

나 : 그저 열심히 노력할 뿐이지.

–을 셈이다

의존어 구성:
종결표현

형태 정보

	형태
받침 ○	–을 셈이다
받침 ×	–ㄹ 셈이다

1 계획이나 궁리

앞으로 어떻게 할 계획이나 궁리를 나타낸다.

• 덜컥 회사를 그만두었으니 앞으로 어떻게 **살 셈이냐**?
• 정말 미안해. 처음부터 네 돈을 **떼어먹을 셈으로** 돈을 빌린 건 아니었어.
• 나는 장학금을 받아서 학비에 **보탤 셈이었다**.
• 가 : 너 그렇게 만날 놀다가 낙제라도 하면 **어쩔 셈인** 건지 모르겠다.

나 : 걱정 마세요. 제가 알아서 할게요.

중심어

- **셈** : 더하기나 빼기 등과 같은 계산. 즉 따져봄.

문법 정보

- **조사 결합 정보** : '셈' 뒤에는 주로 '이다'나 '(으)로'가 온다.
- **선행 용언 제약** : 주로 의도성을 지닌 말과 결합하므로 형용사와는 결합하기 어렵다.
  > 예문 *언제까지 예쁠 셈이야?
- **선어말어미 제약** : 선행 용언과 결합할 때 '-었-', '-겠-'이 개재되기 어렵다.
  > 예문 *나는 장학금을 받아서 학비에 (보냈을/보태겠을) 셈이다.
- **시제 제약** : 주로 현재 시제나 과거 시제로 쓴다. 미래 시제로 쓰기 어렵다.
  > 예문 *나는 장학금을 받아서 학비에 보탤 셈이겠다.
- **문장 유형 제약** : 주로 평서문이나 의문문으로 쓴다. 명령문, 청유문으로 쓸 수 없다.

공기 정보

- 더하기, 빼기와 같이 따져보는 일을 나타내는 '셈'이 중심어로, 앞날의 일을 따져 세운 계획이나 궁리, 속셈 등을 나타낸다.

담화 정보

- 비격식적인 상황에서 주로 쓴다.
  > 예문 ??제가 대통령이 되면 복지 정책을 확대할 셈입니다.

-을 수도 있다

의존어 구성:
종결표현

형태 정보

	형태
받침 ○	-을 수도 있다
받침 ×	-ㄹ 수도 있다

1 가능성이 있음

어떤 일의 가능성이 있음을 나타낼 때 쓴다.

- 행사가 벌써 끝나 버렸을 수도 있다.
- 제가 1등일 수도 있었는데 아깝게 2등을 했어요.
- 내일 비가 올 수도 있다니까 등산 계획은 취소하자.
- 신혜도 아기 때는 귀여웠을 수도 있잖아요?
- 가 : 우리 서준이를 만나면 맥주 마시러 갈까요?
  나 : 서준이가 술을 못 마실 수도 있으니까 커피숍으로 갑시다.

문법 정보

- **조사 결합 정보** : '수' 뒤에 오는 조사 '도'를 생략해도 되지만 일반적으로는 생략되지 않는다.
  예문 행사가 벌써 끝나 버렸을 수 있겠다.

- **선어말어미 제약** : 선행 용언과 결합할 때 '–겠–'이 개재되기 어렵다.
  예문 *내일 비가 오겠을 수도 있어요.

- **문장 유형 제약** : 주로 평서문이나 의문문으로 쓴다. 명령문, 청유문으로 쓸 수 없다.

관련 표현

- **–는 수가 있다**

  (1) 주로 좋지 않은 일이 일어날 가능성에 대해 청자에게 경고하는 의미로 쓴다.
  예문 너, 계속 그렇게 놀다가는 낙제하는 수가 있어.

  (2) 2인칭 주어와 함께 쓴다.
  예문 *내가 계속 이렇게 놀다가는 낙제하는 수가 있어.

  (3) 동사와만 결합한다. 형용사, '이다'와 결합하지 못한다.
  예문 *그렇게 계속 놀다가는 더 바쁘는 수가 있어.

  (4) 과거 시제로 쓰기 어렵다.
  예문 ?그렇게 계속 놀다가는 파산하는 수가 있었다.

  (5) 주로 평서문으로 쓴다. 의문문, 명령문, 청유문으로 쓸 수 없다.

-을 수밖에 없다

형태 정보

	형태
받침 ○	-을 수밖에 없다
받침 ×	-ㄹ 수밖에 없다

- **-는 수밖에 없다** : 용법 2에서는 '-을' 대신에 '-는'을 쓰기도 한다.

1 다른 가능성이 없음

어떤 일 외의 다른 가능성이 없음을 나타낼 때 쓴다.

- 지금쯤이면 행사가 **끝났을 수밖에 없어요**.
- 모든 사람들이 칭찬하는 걸 보면 서준이는 **좋은 사람일 수밖에 없지요**.
- 내일 비가 오면 우리 계획은 **취소될 수밖에 없으니까** 비가 안 오기를 빌자.
- 가 : 요 며칠은 정말이지 너무 바빴어.
  나 : 그렇게 많은 일을 했으니 **바빴을 수밖에 없잖아요**. 이제 좀 쉬세요.

문법 정보

- **조사 결합 정보** : '수' 뒤에 오는 조사 '밖에'를 생략하면 의미가 달라지기 때문에 생략할 수 없다.

  예문 [?]그렇게 많은 일을 했으니 바빴을 수 없잖아요.

- **주어 제약** : 가능성에 대한 추정을 나타내므로 1인칭 주어와 함께 쓰면 어색할 때가 있다.

  예문 ^{??}나는 지금쯤 밥을 먹고 있을 수밖에 없다.

- **선행 용언 제약** : 주로 형용사나 '이다', 그리고 피동형 동사와 결합한다. 그 밖의 동사와 결합할 때는 주로 '-었-'이 개재된다.

  예문 내일 비가 오면 우리 계획은 취소될 수밖에 없다. → 다른 가능성이 없음.
  내일 비가 오면 우리 계획은 취소할 수밖에 없다. → 다른 방법, 대안이 없음.
  비가 온 걸로 봐서 그들이 계획을 취소했을 수밖에 없다. → 다른 가능성이 없음.

- **선어말어미 제약** : 결합하는 선행 용언의 종류에 따라 '-었-'이 개재될 수 있다. 그러나 '-겠-'이 개재되기 어렵다.

  예문 [?]먹구름이 낀 걸 보니 곧 비가 쏟아지겠을 수밖에 없다.

- **문장 유형 제약** : 주로 평서문이나 의문문으로 쓴다. 명령문, 청유문으로 쓸 수 없다.

- **–는 수가 있다**

  (1) 주로 좋지 않은 일이 일어날 가능성에 대해 청자에게 경고하는 의미로 쓴다.

  예문 너, 계속 그렇게 놀다가는 낙제하는 수가 있어.

  (2) 2인칭 주어와 함께 쓴다.

  예문 *내가 계속 이렇게 놀다가는 낙제하는 수가 있어.

  (3) 동사와만 결합한다. 형용사, '이다'와 결합하지 못한다.

  예문 *그렇게 계속 놀다가는 더 바쁘는 수가 있어.

  (4) 과거 시제로 쓸 수 없다.

  예문 ?그렇게 계속 놀다가는 파산하는 수가 있었다.

  (5) 주로 평서문으로 쓴다. 의문문, 명령문, 청유문으로 쓸 수 없다.

- **–을 수도 있다**

  (1) 나타내는 가능성의 정도가 '–을 수밖에 없다'에 비해 약하다.

  예문 지금쯤이면 행사가 끝났을 수도 있어요.

  (2) '수' 뒤에 오는 조사 '도'를 생략해도 의미가 크게 달라지지 않는다.

  예문 지금쯤이면 행사가 끝났을 수 있어요.

- **–은/는/을 게 틀림없다**

  (1) 대부분의 경우에 '–을 수밖에 없다'와 큰 의미 차이 없이 바꿔쓸 수 있다.

  예문 지금쯤이면 행사가 끝났을 (수밖에 없어요/게 틀림없어요).

  (2) 선행 용언 제약이 없다.

2 다른 방법이나 대안이 없음

어떤 일 외의 다른 방법이나 대안이 없음을 나타낸다.

- 버스가 끊겨서 택시를 **탈 수밖에 없었다.**
- 내일 비가 온다니까 집에 **있을 수밖에 없겠네요.**
- 식민 지배를 **당할 수밖에 없다**는 사실에 많은 지식인들이 절망하였다.
- 가 : 당신, 또 커피를 마셔요?

  나 : 할 일이 태산인데 너무 졸려서 또 커피를 마시는 **수밖에 없어요.**

문법 정보

- **조사 결합 정보** : '수' 뒤에 오는 조사 '밖에'를 생략하면 의미가 달라지기 때문에 생략할 수 없다.

| 예문 | ?버스가 끊겨서 택시를 탈 수 없었다. |

- **선행 용언 제약** : 주로 동사와 결합한다.

  | 예문 | 거기까지 따라간 걸 보면 서준이가 채린이에게 청혼할 수밖에 없겠네.

  → 다른 가능성이 없음.

  채린이가 저렇게 예쁜 걸 보면 서준이가 채린이를 좋아할 수밖에 없겠네.

  → 다른 방법이 없음.

- **선어말어미 제약** : 선행 용언과 결합할 때 '-었-', '-겠-'이 개재되기 어렵다.

  | 예문 | *버스가 끊겨서 택시를 (탔을/타겠을) 수밖에 없었다.

- **문장 유형 제약** : 주로 평서문이나 의문문으로 쓴다. 명령문, 청유문으로 쓰기 어렵다.

관련 표현

- **-는 수가 있다**

  (1) '-는/을 수밖에 없다'와는 반대로 다른 대안이나 방법을 제시할 때 쓴다.

  | 예문 | 버스가 끊기면 택시를 타는 수가 있으니까 걱정하지 마.

  (2) 선행 용언이 피동의 의미일 때는 다른 의미가 된다. 곧 가능성을 나타낸다.

  | 예문 | 자칫 잘못하면 식민 지배를 당하는 수가 있다는 사실에 많은 지식인들이 절망하였다.

  (3) 주로 현재 시제로 쓴다. 과거 시제도 가능하지만 미래 시제로는 쓰기 어렵다.

  | 예문 | *내일 비가 온다니까 집에 있는 수가 있겠다.

  (4) 주로 평서문으로 쓴다. 의문문, 명령문, 청유문으로 쓰기 어렵다.

  | 예문 | *정 어려우면 선생님께 여쭤 보는 수가 있어요?

- **-는/을 수도 있다**

  (1) '-는/을 수밖에 없다'와는 반대로 다른 대안이나 방법을 제시할 때 쓴다.

  | 예문 | 버스가 끊기면 택시를 타는 수도 있으니까 걱정하지 마.

  (2) 선행 용언이 피동의 의미를 가질 때는 다른 의미가 된다. 곧 가능성을 나타낸다.

  | 예문 | 식민 지배를 당할 수도 있다는 사실에 많은 지식인들이 절망하였다.

-을 수 있다/없다

의존어 구성:
종결표현

형태 정보

	형태
받침 ○	-을 수 있다/없다
받침 ×	-ㄹ 수 있다/없다

1 능력이 있음/없음

능력이 있거나 없음을 나타낼 때 쓴다.

- 신혜는 어렸을 때부터 매운 음식을 잘 먹을 수 있었다.
- 열심히 공부한 끝에 한국어를 잘 할 수 있게 되었어요.
- 서준이는 일을 빨리 끝낼 수 있겠지?
- 가 : 한국어 실력은 많이 늘었나요?
  나 : 아직은 한국어로 빨리 말할 수는 없지만 열심히 공부하고 있답니다.

tip '-을 수 없다'는 '-지 못하다'로 바꿔 쓸 수 있는 경우도 있다.

문법 정보

- **조사 결합 정보** : '수' 뒤에는 조사 '가', '는', '도', '만', '조차' 등이 올 수 있다.
  예문 과연 내가 언젠가는 한국어를 잘 할 수가 있을까?
  공부를 잘 할 수는 있겠지만 행복하지는 않겠지요.
  운동을 잘하는 신혜는 수영을 할 수도 있고 스키를 탈 수도 있다.
  할 수만 있다면 당장 이 나라를 떠나고 싶다.
  너무 무서워서 울 수조차 없었다.

- **선행 용언 제약** : 주로 동사와 결합한다. 형용사, '이다'와 결합하기 어렵다.
  예문 *열심히 노력하면 예쁠 수 있다.

- **선어말어미 제약** : 선행 용언과 결합할 때 '-었-', '-겠-'이 개재되기 어렵다.
  예문 *나는 매운 음식을 잘 (먹었을/먹겠을) 수 있다.

- **문장 유형 제약** : 주로 평서문이나 의문문으로 쓴다. 명령문, 청유문으로 쓸 수 없다.

담화 정보

- 의문문으로 쓸 때, '–을 수 있어요?'는 화자의 중립적인 태도를 나타내는 반면, '–을 수 없어요?'는 화자의 놀라움이나 빈정거림의 느낌을 나타낸다.

  예문 설마 아직도 밤에 혼자 잘 수 없어요?

관련 표현

- **–을 줄 알다/모르다**
  (1) 개인의 능력이 있는지 여부에 대한 정보만을 담고 상황적으로 가능한지에 대한 정보는 담지 않는다. 또한 타고난 능력이나 배워서 갖춘 능력 모두를 나타낼 수 있는 '–을 수 있다/없다'와는 달리, 주로 배우거나 익혀서 할 수 있게 되는 종류의 일에 대한 능력의 유무를 나타낸다.

  예문 저는 운전할 줄 알지만 한국 운전 면허증이 없어서 한국에서는 운전할 수 없어요.
  가 : 현정 씨, 피아노 칠 줄 알아요?
  나 : 아니요. 칠 줄 몰라요. 피아노는 배워 본 적이 없어서요.

- **–지 못하다**
  (1) '–(으)ㄹ 수 없다'는 어떤 일이 불가능함을 나타내는 데 반해, '–지 못하다'는 주변 상황이나 능력으로 인해 화자의 의지대로 어떤 일이 되지 않았음을 나타낸다.

  예문 이곳은 수심이 깊어 수영(*하지 못합니다/할 수 없습니다).
  〈안내〉 이 물은 (*마시지 못합니다/마실 수 없습니다).

2 가능성이 있음/없음

어떤 일의 가능성이 있다는 생각이나 없다는 생각을 나타낼 때 쓴다.

- 제가 1등일 수 있었는데 아깝게 2등을 했어요.
- 비행기가 연착됐을 수 있으니까 조금 더 기다립시다.
- 신혜도 아기 때는 귀여웠을 수 있잖아요?
- 서준이가 술을 못 마실 수 있으니까 커피숍으로 갑시다.
- 우리 토요일에 만날 수 있어요?
- 죄송하지만, 저 좀 도와줄 수 있으세요?
- 가 : 행사가 벌써 끝났을 수는 없겠지요?
  나 : 안건이 많아서 일찍 끝내려야 끝낼 수가 없을 거예요.

  tip '–으려야 ~을 수가 없다'는 의도와 상관없이 상황상 불가능함을 강조할 때 쓴다.

문법 정보

- **조사 결합 정보** : '수' 뒤에는 조사 '가', '는', '도' 등이 올 수 있다.
  예문 행사가 벌써 끝나 버렸을 수가 있어요?
  돈이 많으면 편리할 수는 있겠지.

내일 비가 올 수도 있대요.

- **선어말어미 제약** : 선행 용언과 결합할 때 '-겠-'이 개재되기 어렵다.

  예문 행사가 (끝났을/*끝나겠을) 수는 없나요?

- **문장 유형 제약** : 평서문이나 의문문으로 쓴다. 명령문, 청유문으로 쓸 수 없다.

담화 정보

- 제안이나 부탁을 표현하는 화행에서 쓸 수 있다.

  예문 우리 토요일에 만날 수 있어요? → 제안

  　　　죄송하지만, 저 좀 도와줄 수 있어요? → 부탁

관련 표현

- **-는 수가 있다**

  (1) 주로 좋지 않은 일이 일어날 가능성에 대해 청자에게 경고하는 의미로 쓴다.

  예문 너, 계속 그렇게 놀다가는 낙제하는 수가 있어.

  (2) 2인칭 주어와 함께 쓴다.

  예문 *내가 계속 이렇게 놀다가는 낙제하는 수가 있어.

  (3) 동사와만 결합한다. 형용사, '이다'와 결합하지 못한다.

  예문 *그렇게 계속 놀다가는 더 바쁘는 수가 있어.

  (4) 과거 시제로 쓸 수 없다.

  예문 ?그렇게 계속 놀다가는 파산하는 수가 있었다.

  (5) 주로 평서문으로 쓴다. 의문문, 명령문, 청유문으로 쓸 수 없다.

- **-을 수도 있다**

  (1) 대안이나 선택지를 제시하는 의미로도 쓴다.

  (2) '-을 수도 없다'로 쓰면 어색하거나 의미·용법이 달라진다.

  예문 내일 비가 올 수 있어요.

  　　　내일 비가 올 수도 있대요.

  　　　?내일 비가 올 수도 없대요.

- **-을 리(가) 없다**

  (1) 가능성이 없다는 확신을 나타낼 때 쓴다.

  (2) 주로 평서문으로 쓴다. '없다' 대신 '있다'를 사용해서 반문하는 의문문으로 쓸 수 있다.

  예문 ?저렇게 노래를 못하는 사람이 가수일 리가 없어?

  　　　저렇게 노래를 못하는 사람이 가수일 리가 있어?

  　　　저렇게 노래를 못하는 사람이 가수일 수가 있어?

(3) 구어에서는 '없다'를 생략하기도 한다. 화계에 따라서는 '없다'를 생략한 자리에 '요'
를 붙일 수도 있다.

예문 가 : 저 사람이 가수래요.
나 : 그럴 리가요? 노래를 저렇게 못하는데요?

-을 줄 알다/모르다

의존어 구성:
종결표현

형태 정보

	형태
받침 ○	-을 줄 알다/모르다
받침 ×	-ㄹ 줄 알다/모르다

1 방법을 앎/모름

어떤 일을 하는 방법을 알거나 모르고 있음을 나타낼 때 쓴다.

• 신혜는 외국어를 배운 적이 없어서 **할 줄 아는** 외국어가 없다.
• 나는 수영을 **할 줄 몰라서** 물에 빠질까 봐 무서워.
• 운전을 **할 줄 모르는** 남편은 늘 대중교통을 이용한다.
• 내 친구는 한국어로 말할 수 있지만 한국어를 **읽을 줄은 몰랐다.**
• 스키도 **탈 줄 몰라요?**
• 남편은 집을 **어지를 줄만 알았지** 치울 **줄은 모른다.**

tip '-을 줄만 알았지'의 형태로 두 문장을 연결할 때는 주로 선행절과 후행절의 서술부
가 서로 반대되는 의미가 있다. 이때는 '능력'뿐 아니라 반복적으로 하곤 하는 일도 나
타낼 수 있다.

tip 주로 타고난 능력보다는 배우거나 익혀서 갖게 된 능력의 의미를 나타낸다.
• ?신혜는 어렸을 때부터 매운 음식을 잘 먹을 줄 알았다.
• ?나는 마음만 먹으면 언제라도 부자가 될 줄 안다.

문법 정보

• **조사 결합 정보** : '줄' 뒤에는 조사 '은', '도', '만' 등이 올 수 있다.
예문 신혜는 영어를 할 줄도 알고 중국어를 할 줄도 안다.
신혜는 영어로 쓸 줄만 알고 말할 줄은 모른다.

- **선행 용언 제약** : 주로 동사와 결합한다. 형용사와 결합하면 다른 의미가 된다.
  > 예문 신혜는 예쁠 줄 알았어! → 지각이나 착각의 의미

- **선어말어미 제약** : 선행 용언과 결합할 때 '-었-', '-겠-'이 개재되기 어렵다.
  > 예문 *저는 수영을 (했을/하겠을) 줄 몰라요. 좀 가르쳐 주세요.

- **시제 제약** : 미래 시제를 나타내는 '-겠-'과 결합하기 어렵다.
  > 예문 ?신혜는 스키를 탈 줄 알겠다.

- **문장 유형 제약** : 주로 평서문이나 의문문으로 쓴다. 명령문, 청유문으로 쓸 수 없다.
  > 예문 *우리 수영을 할 줄 압시다.

관련 표현

- **-을 수 있다/없다**
  (1) 타고난 능력이나 배우거나 익혀서 갖춘 능력, 상황적인 가능성 모두를 폭넓게 의미
  한다.
  > 예문 가 : 운전할 수 있어요?
  > 나 : 네, 할 수 있어요.
  > 다 : 저는 운전할 줄 알지만 한국 운전 면허증이 없어서 한국에서는 운전할 수 없
  > 어요.

-을 지경이다

> 의존어 구성:
> 종결표현

형태 정보

	형태
받침 O	-을 지경이다
받침 X	-ㄹ 지경이다

1 정도

어떤 일의 정도를 묘사할 때 쓴다.

- 눈이 너무 많이 와서 발이 푹푹 **빠질 지경이었다.**
- 어찌나 고마운지 눈물이 **날 지경이에요.**
- 제 남편 일을 그렇게 성의껏 도와주시니 제가 다 **고마울 지경입니다.**
- 엄마는 누가 업어 가도 **모를 지경으로** 깊이 잠들어 계셨다.

- 그 무렵에는 어찌나 바빴던지 과로로 쓰러졌을 지경이거든.
- 가 : 현정이는 오늘도 술을 많이 마시고 오려나?
  나 : 그렇겠죠. 아마 지금쯤이면 취해서 정신도 못 차릴 지경일 거예요.

문법 정보

- **조사 결합 정보** : '지경' 뒤에는 주로 '이다'나 '(으)로'가 온다.
- **선행 용언 제약** : 주로 동사나 '고맙다', '기쁘다', '슬프다' 등과 같이 감정을 나타내는 형용사와 결합한다. 그 밖의 형용사와 결합하기 어렵다.
  > **예문** *달리기를 해도 될 만큼 방이 넓을 지경이다. → 형용사와 결합 어려움.
  > 영화가 어찌나 슬픈지 우울할 지경이었다. → 감정을 나타내는 형용사와 결합이 가능함.
- **선어말어미 제약** : 선행 용언과 결합할 때 '-겠-'이 개재되기 어렵다.
  > **예문** *제가 다 고맙겠을 지경입니다.
- **문장 유형 제약** : 주로 평서문으로 쓴다. 의문문의 경우 주로 '-지요?', '-잖아요?' 등과 결합하여 확인의문문으로 쓴다. 명령문, 청유문으로 쓰기 어렵다.
  > **예문** 너무 고마워서 눈물이 날 (지경입니다/*지경입시다).

담화 정보

- 주로 구어에서 사용한다.

공기 정보

- 정도성이 있는 어떤 일에 대하여, 그 일의 정도를 과장하거나 강조하여 비유하거나 묘사할 때 쓴다. 이때 묘사의 대상이 되는 일은 '-을 지경이다'로 쓸 때는 앞 부분에 오고, '-을 지경으로'로 쓸 때는 뒷부분에 온다.

-지 말다

의존어 구성:
종결표현

형태 정보

- 용언의 어간에 '-지 말다'를 붙인다.

1 금지

어떤 일을 그만두게 하거나 못 하게 함을 나타낸다.

- 여기에서 담배를 **피우지 마세요**.
- 잘 될 거니까 **걱정하지 마세요**.
- 신혜야, 내일 낮에 만나기로 한 거 **잊지 마**.
- **화내지 말고** 일단 전후사정을 들어 보세요.
- 우리 헤어진 후에 서로 연락하거나 **하지 말자**.
- 영화관에서는 앞 의자를 발로 **차지 말아 주세요**.
- 앞으로는 후회할 행동을 **하지 말아야겠다**.
- 노조는 정규직 전환을 더 이상 미루지 **말** 것을 요구했다.
- 가 : 우리 이제 다시는 **만나지 맙시다**.

  나 : 네, 저도 더 이상 스트레스 받고 싶지 않네요. 잘 지내세요.

문법 정보

- **주어 제약** : 주로 2인칭 주어와 함께 쓰거나 주어 없이 쓴다.

- **선행 용언 제약** : 주로 동사와 결합한다. 형용사 중에서는 예외적으로 '아프다'와만 결합하는데, 그런 상황이 없기를 바란다는 것을 나타낸다.
  > **예문** (*힘들지/힘들어하지) 마세요.
  > 새해에는 아프지 말고 건강하세요.

- **선어말어미 제약** : 선행 용언과 결합할 때 '-었-', '-겠-'이 개재되기 어렵다.
  > **예문** *후회할 행동을 (했지/하겠지) 마세요.

- **문장 유형 제약** : 주로 명령문과 청유문으로 쓴다. 평서문이나 의문문으로 쓰기 어렵다. 단, '-기를 바라다/희망하다/원하다'와 같이 바람을 나타내는 구문에서는 사용할 수 있다.
  > **예문** *이번 기회를 놓치지 맙니다.
  > 이번 기회를 놓치지 마시기 바랍니다.

담화 정보

- 직접적인 명령이므로 가족이나 친한 친구 사이에 주로 사용된다.
  > **예문** 언니, 나 잘 거니까 시끄럽게 하지 마.
  > 야, 술 마시고 전화 좀 하지 마.

- 여러 사람을 대상으로 할 때에는 '-지 말아 주다'를 사용하여 어떤 행동을 금지할 것을 공손하게 요청하기도 한다.
  > **예문** 국민 여러분, 부디 이번 사건을 잊지 말아 주십시오.

- '-지 말다'는 명령형 어미 '-아/어라'와 결합하면 '-지 마라'가 된다. 일상 회화에서는 '-지 말아라'의 꼴로 자주 사용되기도 한다.
  > **예문** 너무 늦게 다니지 말아라.

- **–(으)면 안 되다**

  (1) '–지 말다'보다 완곡한 금지 표현이다.

  예문 손님, 여기에서는 담배 피우시면 안 돼요. → 상대적으로 완곡한 금지를 나타냄.

  여기에서는 담배 피우지 마세요. → 강하고 직접적인 금지를 나타냄.

–지 못하다

의존어 구성:
종결표현

형태 정보

- 용언의 어간에 '–지 못하다'를 붙인다.

1 상황으로 인한 부정 및 능력 부정

주어가 어떤 것을 하려는 의도나 마음은 있으나 주변 상황이나 능력 부족으로 인해 이루어지지 않음을 의미한다.

- 아파서 숙제를 하지 못했어요.
- 가고 싶었는데 일이 생겨서 가지 못했어요.
- 시간이 부족해서 시험 문제를 끝까지 풀지 못했습니다.
- 신입생 오리엔테이션에 참석하지 못하는 사람도 있다.
- 가 : 아까 왜 전화 안 받았어?

  나 : 미안. 수업 중이라서 받지 못했어.

문법 정보

- **조사 결합 정보** : '지' 뒤에는 조사 '를', '도'가 결합하여 의미를 강하게 나타낼 수 있다.

  예문 너는 왜 네 생각도 말하지를 못하니?

  그건 정말 생각하지도 못한 일이에요.

- **주어 제약** : 주로 유정물을 나타내는 주어와 함께 쓴다.

- **선행 용언 제약** : 주로 동사와 결합한다.

- **선어말어미 제약** : 선행 용언과 결합할 때 '–었–', '–겠–'이 개재되기 어렵다.

  예문 *수업 중이라서 전화를 (받았지/받겠지) 못해요.

- **문장 유형 제약** : 주로 평서문, 의문문으로 쓴다. 명령문, 청유문으로 쓸 수 없다.

예문 *아파서 숙제를 하지 못합시다.

관련 표현

- **못**

  (1) '-지 못하다' 대신 '못'을 사용할 수도 있다.

  예문 바빠서 밥도 먹지 못했어요. = 바빠서 밥도 못 먹었어요.

  예문 오늘은 늦게 일어나서 아침에 운동하지 못했어요.
    = 오늘은 늦게 일어나서 아침에 운동을 못 했어요.

  (2) 문어나 격식적인 상황에서는 '-지 못하다'를 사용하는 것이 더 자연스럽다.

  예문 그 선수는 부상으로 오랫동안 경기에 나가지 못했다.

- **-을 수 없다**

  (1) '-(으)ㄹ 수 없다'는 어떤 일이 불가능함만을 나타내는 데 반해, '-지 못하다'는 주변 상황이나 능력으로 인해 화자의 의지대로 어떤 일이 되지 않았음을 나타낸다.

  예문 이곳은 수심이 깊어 수영(할 수 없습니다/?하지 못합니다).
    〈안내〉 이 물은 (마실 수 없습니다/?마시지 못합니다).

- **-지 않다**

  (1) 단순 부정을 나타낸다.

  예문 신혜는 텔레비전을 보지 않습니다.

  (2) '-지 않다'는 단순히 부정의 의미를 나타내는 데에 반해, '-지 못하다'는 하고 싶었으나 할 수 없음을 나타낸다.

  예문 선생님, 어제 바빠서 숙제를 (?하지 않았어요/하지 못했어요).

  (3) '-지 않다'는 인지 동사와 쓸 수 없지만 '-지 못하다'는 쓸 수 있다.

  예문 저는 그 일을 알지 (*않았어요/못했어요).
    선생님 말을 이해하지 (*않았어요/못했어요).

2 기대 부정

앞의 말이 나타내는 상태에 이를 수 없음을 나타낸다.

- 아이가 내 생각만큼 그렇게 **똑똑하지 못해**.
- 옛날 카메라로 찍어서 사진이 **깨끗하지 못하다**.
- 저는 우는 것은 **남자답지 못한** 행동이라고 생각했어요.
- 그 배우는 표정이 **다양하지 못하다**는 지적을 자주 당해요.
- 가 : 엄마, 이 옷 어때요?
  나 : 좀 **단정하지 못하구나**.

문법 정보

- **조사 결합 정보** : '지' 뒤에는 조사 '가', '를', '도'가 결합하여 의미를 강하게 나타낼 수 있다.
  > [예문] 그 애는 착하지도 못하고 똑똑하지를 못해.

- **선행 용언 제약** : 주로 형용사와 결합한다.

- **선어말어미 제약** : 선행 용언과 결합할 때 '–었–', '–겠–'이 개재되기 어렵다.
  > [예문] *사진이 (선명했지/선명하겠지) 못하다.

- **문장 유형 제약** : 주로 평서문, 의문문으로 쓴다. 명령문, 청유문으로 쓸 수 없다.
  > [예문] *우리는 그렇게 착하지 못합시다.

관련 표현

- **못**
  (1) 화자의 기대를 부정하는 용법에서는 '못'을 쓸 수 없다.
  > [예문] 애가 (*못 대답해/대답하지 못해).

- **–지 않다**
  (1) '–지 못하다'는 일부 형용사와 결합하면 화자의 기대에 미치지 못했음을 나타내지만, '–지 않다'에는 이러한 의미가 없다.
  > [예문] 이 상품은 색상이 다양하지 않아요. → 색깔의 종류가 적다.
  > 다양하지 못하다. → 색깔이 더 많았으면 좋겠는데 그렇지 않다.

–지 않다

> 의존어 구성:
> 종결표현

형태 정보

- 용언의 어간에 '–지 않다'를 붙인다.

1 부정

어떤 행위나 상황을 부정함을 나타낸다.

- 오늘은 날씨가 덥지 않아요.
- 저는 아르바이트를 하지 않아요.
- 방학에 고향에 돌아가지 않을 거예요.

- 요즘 기분이 좋지 않고 식욕도 없어요.
- 아침에 늦게 일어나서 밥을 먹지 않았다.
- 강 선생님께서는 언제나 화를 내지 않으신다.
- 한국은 여름에 눈이 오지 않는다.
- 요즘 부모들은 아들과 딸을 차별하지 않는다.
- 가 : 다시는 도둑질을 하지 않겠습니다.
  나 : 그래, 나는 너를 믿는다.
- 가 : 길이 생각보다 복잡하지 않네요?
  나 : 네, 다행이에요. 쉽게 찾아갈 수 있겠어요.

문법 정보

- **조사 결합 정보** : '지' 뒤에는 조사 '가', '를', '도'가 결합하여 의미를 강하게 나타낼 수 있다.
  예문 오늘은 날씨가 덥지도 않고 습하지가 않아서 좋다.

- **선어말어미 제약** : 선행 용언과 결합할 때 '-었-', '-겠-'이 개재되기 어렵다.
  예문 *수업 중에는 전화를 (받았지/받겠지) 않는다.

- **문장 유형 제약** : 주로 평서문, 의문문으로 쓴다. 명령문, 청유문으로 쓸 수 없다.
  예문 *우리는 그렇게 착하지 않자.

관련 표현

- **안**
  (1) '-지 않다' 대신에 '안'을 사용할 수도 있다.
  예문 저는 내일 학교에 (안 가요/가지 않아요).
        발표를 (준비하지 않았어요/준비 안 했어요).

  (2) 문어나 격식적인 상황에서는 '-지 않다'를 사용하는 것이 보다 자연스럽다.
  예문 그 사건의 범인이 아직 잡히지 않았다.

  (3) 음절 수가 긴 단어에는 '안'보다 '-지 않다'를 쓰는 것이 더 자연스럽다.
  예문 아직 한국 생활이 (?안 익숙해졌어요/익숙해지지 않았어요).

- **-지 못하다**
  (1) '-지 않다'는 단순히 부정의 의미를 나타내는 데에 반해, '-지 못하다'는 하고 싶으나 할 수 없음을 나타낸다.
  예문 선생님, 어제 바빠서 숙제를 (하지 못했어요/?하지 않았어요).

  (2) '-지 못하다'는 일부 형용사와 결합하면 화자의 기대에 미치지 못했음을 나타내지만, '-지 않다'에는 이러한 의미가 없다.
  예문 이 상품은 색상이 다양하지 않아요. → 색깔의 종류가 적다.
        다양하지 못하다. → 색깔이 더 많았으면 좋겠는데 그렇지 않다.

6

선어말어미

6 선어말어미

표제항 정보

▶ **표제항은 다음과 같은 원칙에 근거하여 기술하였다.**
- 매개모음을 사용하여 제시: −(으)시−
- 양성모음에 결합하는 어미를 먼저 제시: −았/었−

선어말어미 영역 쉽게 읽기

▶ **어말어미의 형태에 대한 정보의 제시**
- 선어말어미는 용언의 어간 말 받침 유무, 용언의 어간 말 모음의 종류에 따라 이형태에 대한 정보를 제시하였다. 또 다른 영역과 달리 예시를 통해 선어말어미의 위치에 대한 정보를 제공하고자 하였는데, 선어말어미 뒤에 다른 어미가 결합한다는 정보 등이 이에 해당한다.

▶ **문법 메타용어의 사용**
- 선어말어미는 다른 영역과 달리 '과거 회상', '관형형 과거 회상' 등 의미 정보를 제시함에 있어 문법 메타용어를 사용하기도 하였다.

▶ **결합하는 종결어미에 대한 정보의 제시**
- 선어말어미는 다른 영역과는 달리 해당 선어말어미가 결합하는 종결어미에 관한 정보를 포함하고 있다는 점이 특징이다. 가령, 특정 선어말어미가 청유형 등 특정 유형의 어미와 결합하기 어렵다는 내용 등을 종결어미 정보를 통해 제시하였다.

▶ **선어말어미 결합 순서에 대한 정보의 제시**
- 선어말어미는 다른 선어말어미와 결합하여 나타나기도 하는데, 이 경우 선어말어미들 간의 결합 순서에 대한 정보를 제시하였다.

▶ **다양한 사용역 정보의 제시**
- 선어말어미는 명제에 대한 화자의 태도를 포함하고 있기 때문에 화자의 의도에 따라 선택되어 사용되는 경우가 많다. 따라서 구어성/문어성, 장르 및 상황, 화청자 정보를 담화 정보를 통해 상세히 제시하였다.

▶ **세부적인 의사소통 기능 정보의 제시**
- 표제항이 지니는 기본적인 의미는 아니지만 화자의 의도나 상황 맥락에 따라 발생하는 함축적인 의미, 사용 의미, 화행에 대한 내용을 의사소통 기능 정보를 통해 설명하였다.

▶ **다양한 문형에서의 쓰임 제시**
- 선어말어미가 실제로 사용되는 다양한 문형들의 형태를 제시하여 선어말어미의 쓰임 양상을 학습할 수 있도록 하였다.

-겠-

선어말
어미

형태 정보

• 용언의 어간에 '-겠-'을 붙인다. '-겠-' 뒤에 어미가 붙는다.

1 가까운 미래

곧 있을 가까운 미래를 나타낸다.

• 이것으로 회의를 마치겠습니다.
• 이제 곧 수업을 시작하겠습니다.
• 잠시 후 열차가 도착하겠습니다.
• 다음으로 오늘의 스포츠 소식을 알아보겠습니다.
• 지금부터 신랑, 신부의 동시 입장이 있겠습니다.
• 가 : 선생님, 지금 50분인데요.
  나 : 그래요? 그럼 지금부터 10분 쉬겠습니다.

문법 정보

• **선어말어미 정보** : '-(으)시-'의 뒤에 결합하여 '-시- + -겠-'의 순서로 쓸 수 있다.
  예문 지금부터 회장님께서 개회사를 하시겠습니다.

• **종결어미 정보** : '-자', '-읍시다' 등의 청유형 어미나 '-어라', '-으세요', '-으십시오' 등의 명령형 어미와 결합하기 어렵다.
  예문 *시간이 없으니까 빨리 가겠(읍시다/으세요).

담화 정보

• 주로 구어에서 사용하는 경향이 있다.

• 주로 여러 청중을 대상으로 하는 안내 방송이나 입학식, 결혼식, 회의 등 공식적인 상황에서 사용한다.

• 화자의 공손한 태도를 나타낸다.
  예문 지금부터 회의를 시작합니다. → 통보하는 듯한 느낌을 줌.
  지금부터 회의를 시작하겠습니다. → 공손한 느낌을 더함.

• 이러한 '-겠-'의 특성으로 인해 '-어요'보다 '-습니다'와 자주 결합한다.

_{예문} 지금부터 장학금 수여식이 있겠(습니다/[?]어요).

이것으로 회의를 마치겠(습니다/[?]어요).

_{tip} 주로 일정을 안내하는 상황에서 '-겠-'을 사용한다.

• 10월 5일에 월드컵 예선 경기가 있겠고, 10월 8일에는 본선 경기가 있겠습니다.

관련 표현

• **-을 것이다 1**

(1) '-겠-'은 여러 청중을 대상으로 공손하게 말할 때 자주 사용되는 반면, '-을 것이다'
는 개인적으로 친근하게 말할 때 자주 사용된다.

_{예문} 승객 여러분, 우리 비행기는 곧 인천공항에 도착하겠습니다.

수지 씨, 천천히 오세요. 영화는 20분부터 시작할 거예요.

2 의지

화자의 의지를 나타낸다.

• 제가 **도와드리겠습니다**.
• 앞으로 열심히 **공부하겠습니다**.
• 내일 오전 중으로 다시 **연락드리겠습니다**.
• 오늘 저는 한국 문화에 대해서 **발표하겠습니다**.
• 저를 채용해 주시면 정말 열심히 **일하겠습니다**.
• 가 : 오늘은 제가 **사겠습니다**. 마음껏 시키세요.

나 : 정말요? 그럼 저는 제일 비싼 것으로 **주문하겠어요**.

문법 정보

• **주어 정보** : 주로 1인칭 주어와 함께 쓴다.

_{예문} ^{??}수지 씨는 김치찌개를 먹겠습니다.

• **선어말어미 정보** : '-(으)시-'와 결합하기 어렵다.

_{예문} *저는 일찍 일어나시겠습니다.

• **선행 용언 정보** : 주로 동사와 결합한다.

_{예문} *저는 앞으로 부지런하겠습니다.

• **종결어미 정보** : '-자', '-읍시다' 등의 청유형 어미나 '-어라', '-으세요', '-으십시오' 등
의 명령형 어미와 결합하기 어렵다.

_{예문} *여러분, 우리 앞으로 일찍 오겠(읍시다/으십시오).

담화 정보

- 주로 구어에서 사용하는 경향이 있다.
- 공공장소나 회사와 같이 공식적인 상황에서 주로 사용한다.
- 화자보다 윗사람, 친밀하지 않은 사람에게 말을 할 때 자주 사용한다. 매우 친밀한 관계에서는 잘 사용하지 않는다.
  - **예문** 과장 : 홍연정 씨, 전에 부탁한 일은 어떻게 됐어요?
    - 연정 : 지금 정리 중입니다. 내일 보고 드리겠습니다.
  - **예문** ??엄마, 주말에 집에 들르겠어요.
- '-겠-'은 공식적인 느낌을 주기 때문에 '-어요'보다 '-습니다'와 자주 결합한다.
  - **예문** 열심히 (?하겠어요/하겠습니다).
- 공식적인 상황이라고 하더라도 '-겠-'을 자주 사용하면 자칫 딱딱한 인상을 줄 수 있다.
  - **예문** 연정 : 네, 부장님. 그 부분은 수정하겠습니다. 수정 파일은 드리겠습니다.
    - 그리고 1차 보고는 금요일에 실시하도록 하겠습니다.
    - 부장 : 연정 씨, 너무 긴장하지 말고 편하게 해요.

관련 표현

- **-을게요**
  - (1) '-을게요'도 '-겠-'과 마찬가지로 화자의 의지를 나타낸다.
  - (2) 그러나 '-을게요'는 일상 회화 속에서 자신의 의지를 부드럽게 나타내는 반면, '-겠-'은 공식적인 상황에서 다소 딱딱하게 표현한다는 차이가 있다.
    - **예문** 선생님, 제가 읽을게요. → 친근하고 부드러운 표현
      - 읽겠습니다. → 딱딱한 표현
    - **예문** (면접에서) 저를 뽑아주신다면 정말 열심히 (??일할게요/일하겠습니다).
  - (4) '-겠-'은 '-을게요'에 비해서 화자가 상대적으로 더 큰 결심을 했다는 의미가 있다.
    - **예문** (친구에게) 오늘은 내가 밥을 살게.
      - 사겠어. → 친구를 위해 큰 결심을 했음을 나타냄.

- **-을 것이다 1**
  - (1) '-을 것이다'도 화자의 의지를 나타낼 수 있다.
  - (2) 그러나 '-을 것이다'는 '-겠-'과 달리 대화 상대방과 관계없는 화자의 일방적인 의도 및 의지 표현이다.
    - **예문** 가 : 책이 많아서 무겁네요.
      - 나 : 그래요? 그럼 제가 좀 (*도와드릴 거예요/도와드리겠습니다).
  - (3) '-겠-'을 사용하면 화자의 의지가 더욱 강하게 전달된다.
    - **예문** 나는 무슨 일이 있어도 꼭 (성공할 거예요/성공하겠어요).

미지의 사태에 대한 화자의 즉각적인 추측을 나타낸다.

- 가 : 어제 친구와 놀이공원에 갔다 왔어요.
  나 : 우와, 재미있었겠네요.
- 가 : 다음 주에 시험이 있어요.
  나 : 그래요? 공부하느라고 힘들겠어요.
- 가 : 이것 좀 먹어 봐. 내가 만들었어.
  나 : 우와, 진짜 맛있겠다.
- 가 : 강 선생님께서는 미국에서 10년이나 사셨대.
  나 : 진짜? 그럼 영어도 잘하시겠다.
- 가 : 지난 방학에 부산 여행을 했어요.
  나 : 그럼 부산 사투리도 들어 봤겠어요.
- 가 : 제 동생은 저하고 5살 차이가 나요.
  나 : 그래요? 그럼 동생은 아직 학생이겠어요.

문법 정보

- **주어 정보** : 추측을 나타내므로 1인칭 주어와는 잘 사용하지 않는다.
  예문 (*저/지수 씨)는 아침을 안 먹어서 배가 고프겠어요.

- **선어말어미 정보** : '-(으)시-', '-었-'의 뒤에 결합하여 '-(으)시- + -었- + -겠-'의 순서로 쓸 수 있다.
  예문 가 : 첫 월급으로 아버지께 선물을 사 드렸어요.
  　　 나 : 아버님께서 기뻐하시었겠어요.

- **종결어미 정보** : '-자', '-읍시다' 등의 청유형 어미나 '-어라', '-으세요', '-으십시오' 등의 명령형 어미와 결합하기 어렵다.
  예문 *강 교수님께서는 영어도 잘하시겠(읍시다/으십시오).

담화 정보

- 주로 구어에서 사용하는 경향이 있다.
- 대화 상황 속에서 화자가 어떠한 말을 듣고 그에 대해 즉각적으로 추측함을 나타낸다. 화자와 청자가 이미 알고 있는 사실에 대해서는 쓰지 않는다.
  예문 가 : 이거 제가 만들었어요. 한번 드셔 보세요.
  　　 나 : (먹기 전에) 우와, 맛있겠네요.
  　　　　 (먹은 후에) *우와, 맛있겠네요. → '맛있다'는 것은 먹어서 알고 있음.

- '-겠-'이 추측을 나타내는 경우, 상대방의 감정에 공감해 주고자 하는 발화 의도를 갖기도 한다. 따라서 상대방의 감정이나 기분을 나타내는 말을 그대로 반복해서 사용할

수 있다.

예문 가 : 어제는 일이 많아서 밥도 못 먹고 진짜 힘들었어요.

　　나 : 어머, 진짜 힘들었겠네요.

관련 표현

- **–은가/나 보다**

(1) '–은가/나 보다'는 대화에 참여하지 않는 제 3자에 대해 추측할 수 있지만, '–겠–'은 그렇지 않다.

예문 연정 씨가 자꾸 화장실에 가는 걸 보니까 배가 (아픈가 봐요/*아프겠어요).

예문 (피자를 맛있게 먹는 사람에게)

　　가 : (맛있나 봐요/*맛있겠어요).

예문 (피자 상자를 열고 나서)

　　가 : (맛있겠다/*맛있나 봐).

(2) 대화 상대방의 일을 추측할 경우, '–은가/나 보다'는 상대방의 모습이나 행동을, '–겠–'은 눈에 보이는 상태나 대화 상대방의 발화를 근거로 하는 경우가 많다.

(3) '–은가/나 보다'는 어떠한 현상에 대한 이유를 추측할 수 있으나, '–겠–'은 그렇지 않다.

예문 비가 와서 차가 막히나 봐요. → 비를 보면서 다른 사람이 늦는 이유를 추측함.

　　　　막히겠어요. → 비를 보면서 집에 돌아갈 일을 걱정함.

(4) '–겠–'에는 상대방의 발화에 공감하고자 하는 기능이 있는 반면, '–은가/나 보다'는 그렇지 않다.

예문 가 : 어제 긴팔 옷을 입고 와서 정말 더웠어요.

　　나 : 어머, 진짜 (*더웠나 봐요/더웠겠네요).

- **–을 것이다 2**

(1) '–을 것이다'는 화자의 확신이 매우 강한 추측 표현이다. 따라서 상대방을 안심시키는 상황에서는 '–겠–'보다 '–을 것이다'가 더 적절하다.

예문 가 : 시험 점수가 나쁘면 어떡하지요?

　　나 : 걱정하지 마세요. 점수가 (좋을 거예요/*좋겠어요).

- **–은/는/을 것 같다**

(1) '–은/는/을 것 같다'는 화자의 주관적인 생각을 나타내는 표현으로 이때에는 '–겠–' 과 바꾸어 쓸 수 없다.

예문 제 생각에 한국 사람은 모두 김치를 (좋아하는 것 같아요/*좋아하겠어요).

(2) 응답 발화에서 사용된 '–겠–'은 상대방의 감정이나 입장에서 화자가 생각한 것이므로 상대방에게 중점이 있는 데 반해, '–는 것 같다'는 화자의 생각에 초점이 있다.

예문 가 : 어제 남자 친구랑 헤어졌어요.

나 : 저런, ($^{??}$힘들 것 같아요/힘들겠어요). → 상대방의 기분에 초점이 있음.

예문 가 : 숙제를 안 가지고 왔는데, 선생님께 내일 내도 될까요?

나 : 네, 제 생각에는 내일 내도 (될 것 같아요/$^{??}$되겠어요). → 자신의 생각에 초점이 있음.

4 기타 용법

① 가능성 및 능력 추측

현재 상황에서 어떠한 가능성 및 능력이 있음을 추측함을 나타내기도 한다.

• 이렇게 맛있는 밥이라면 두 그릇도 더 먹겠다.
• 가 : 누나, 이 문제 좀 가르쳐 줘.
  나 : 넌 어떻게 중학생인데 이것도 모르니? 이건 초등학생도 풀겠다.

② 관용적인 용법

'–겠–'은 일부 인사말, '알다/모르다', 강조 표현에서 관용적으로 사용된다. 이는 '–겠–'이 가지고 있는 완곡성과 관계가 깊다. 즉, '–겠–'을 사용함으로써 단정적인 느낌을 피할 수 있다.

• 처음 뵙겠습니다.
• 앞으로 잘 부탁드리겠습니다.
• 네, 알겠습니다.
• 죄송하지만 잘 모르겠어요.
• 머리가 아파서 미치겠어요.
• 힘들어 죽겠어요.

tip 특히 '알다', '모르다'는 '–겠–'을 사용하지 않으면 매우 무례하게 느껴질 수 있으므로 주의해야 한다.

• 가 : 수지 씨, 이 일을 금요일까지 해 주세요.

  나 : 네, ($^{??}$압니다/알겠습니다).

다양한 문형에서의 '-겠-'

- **-(으)시겠어요?**
  - [의미] 화자의 의도를 완곡하게 질문할 때 사용한다.
  - [예문] 손님, 주문하시겠어요?

- **-아/어 주시겠어요?**
  - [의미] 완곡한 요청을 나타낸다.
  - [예문] 창문 좀 열어 주시겠어요?

- **-(으)면 좋겠다**
  - [의미] 화자의 희망 및 바람을 나타낸다.
  - [예문] 내일은 비가 안 왔으면 좋겠어요.

- **-겠거니 하고**
  - [의미] 화자가 일방적으로 그럴 것이라고 추측하고 다음 행동을 취했음을 나타낸다.
  - [예문] 오늘은 수업이 없겠거니 하고 교과서를 집에 놓고 왔어요.

- **-을지 모르겠다**
  - [의미] 화자가 어떠한 일의 가능성에 대해서 걱정하듯이 말함을 나타낸다.
  - [예문] 저는 민수가 좋아요. 민수도 저를 좋아할지 모르겠어요.

- **-아/어야겠다**
  - [의미] 화자가 어떤 일을 해야 할 필요성이 있음을 나타낸다.
  - [예문] 앞으로 더 열심히 살아야겠어요.

- **-고 말겠다**
  - [의미] 화자의 강한 의지를 나타낸다.
  - [예문] 올해에는 꼭 금연에 성공하고 말겠어요!

- **-는 게 좋겠다**
  - [의미] 어떤 일을 부드럽게 권유함을 나타낸다.
  - [예문] 그 문제는 다시 생각해 보는 게 좋겠어요.

- **-지 않겠습니까?, 왜 -지 않겠습니까?, 설마 -는 건 아니겠지요?, -은들 -겠습니까?, -(으)면 얼마나 -겠어요?**
  - [의미] 수사의문문에서 사용되어 그것의 의미를 더욱 강하게 해 준다.
  - [예문] 부모님들이 반대하지 않으시겠습니까? → '매우 반대할 것임'
    저라고 왜 취직하고 싶지 않겠습니까? → '매우 취직하고 싶음'
    설마 귀신을 믿는 건 아니겠지요? → '귀신을 믿는 일은 말도 안 된다고 생각함'
    엄마 말도 안 듣는데 제가 말한들 듣겠어요? → '내 말도 당연히 안 들을 것임'
    에이, 애가 먹으면 얼마나 먹겠어요? → '많이 먹지 않을 것이라고 확신함'

-더-

선어말
어미

형태 정보

- 용언의 어간에 '-더-'를 붙인다. '-더-' 뒤에 어미가 붙는다.

  tip 종결형으로 쓰이는 경우와 연결형으로 쓰이는 경우를 살피면 아래와 같다.
  ① 종결형 : -더라, -더구나, -더군, -더냐, -던가, -던가요, -던데
     (요) 등
  ② 연결형 : -던데, -더니, -더라도, -았/었더라면, -았/었던들 등

1 과거 회상

과거에 직접 경험하여 알게 된 것 또는 느낀 것에 근거하여 회상하며 말할 때 사용한다.

- 가 : 여행은 잘 다녀왔어요? 거기 날씨는 어땠어요?
  나 : 날씨가 **선선하더라**. 그래서 더 좋았어.
- 가 : 어제 신촌에 갔는데 거리에서 사람들이 물놀이를 **하더구나**.
  나 : 정말요? 상상이 안 돼요.
- 가 : 이 사람 한번 만나 보는 게 어때요? 좋은 사람 **같던데요**.
  나 : 그래요? 한번 만나 볼까요?
- 가 : 우리 이번 모임 장소는 어디로 정할까요?
  나 : 이번에 학교 앞에 새로 생긴 밥집은 어때요? 지난 주말에 갔는데 맛있고 **깔끔하더**
     라고요.

문법 정보

- **주어 정보** : 직접 경험하여 새로 알게 된 사실을 말하는 경우에는 1인칭 주어의 사용이
  어색하다. 그러나 '기쁘다', '슬프다' 등과 같은 심리 형용사를 서술어로 하는 경우 또는
  자신을 객관화하여 말할 경우에는 1인칭 주어도 허용된다.

  예문 *내가 점심으로 김밥을 먹더라.
  나는 동생이 그 대학에 합격했을 때 세상을 다 얻은 것 같이 기쁘더라.
  내가 꿈속에서 날아다니더라.

- **선어말어미 정보** : '-(으)시-', '-었-', '-겠-'의 뒤에 결합하여 '-(으)시- + -었- + -
  겠- + -더-'의 순서로 쓸 수 있다.

  예문 민수가 어렸을 때 찍은 사진을 보니까 진짜 귀여웠더라.
  아까 외출했을 때 봤는데 곧 비가 오겠더라.

여행 잘 다녀오셨어요? 사진 보니까 정말 재미있으시었겠더라고요.

- **종결어미 정보** : 주로 특정한 어미와만 결합하여 '-더라', '-더라고(요)', '-던데(요)', '-던가요' 등의 꼴로 쓴다. 그 밖에 '-습니다', '-습니까', '-어요' 등의 어미와 결합하기 어렵다. 또, '-자', '-읍시다' 등의 청유형 어미나 '-어라', '-으세요', '-으십시오' 등의 명령형 어미와 결합하기 어렵다.

  예문 어제 반 모임에 친구들이 많이 왔더라고요. → 평서문
  어제 반 모임에 친구들이 많이 왔던가요? → 의문문

담화 정보

- 주로 구어에서 사용한다.

- 주로 비격식적인 상황에서 사용된다.

- 그러나 비격식적인 상황이라 하더라도 화자와 청자의 사이가 가까울 때 사용된다.

- 격식적인 상황 또는 화자와 청자의 사이가 가깝지 않을 경우에는 주로 '-더-'를 생략하거나 '-더-' 대신 '-었-'을 사용하여 말한다.

  예문 (비격식적 : 친구에게 말할 때) 얘들아, 이번 뒤풀이는 요 앞에 생긴 밥집에서 하는 게 어때? 지난주에 가 봤는데 아주 맛있더라고.
  (격식적 : 회사에서 회의하는 중에) 부장님, 이번 회식은 요 앞에 새로 생긴 밥집에서 하는 게 어떻습니까? 지난주에 가 봤는데 아주 맛있었습니다.

- '-더-'는 개인적인 '경험'을 나눌 때 사용되며, 어떤 상황에 대한 화자의 '인식', '평가'를 적극적으로 드러낸다. 따라서 격식적인 상황 또는 화자와 청자의 사이가 가깝지 않을 경우에는 어색한 경우가 많다.

  예문 (비격식적 : 친구에게 말할 때) 신용카드보다 현금을 쓰는 게 경제적이더라고.
  (격식적 : 방송에서 경제 전문가가 시청자에게) 보통 신용카드보다 현금을 쓰는 게 경제적입니다.

- 소극적인 태도로 자신의 발화에 대한 책임을 회피하고 싶을 때 사용한다. '-더-'를 사용하여 개인적인 의견을 말한다. 자기가 직접 경험한 것에 근거하여 말할 때 사용하므로 자신이 말하는 것이 일반화된 정보가 아니라는 것을 알리고 싶을 때 사용한다.

  예문 가 : 이 영화 봤어? 어때?
  나 : 글쎄요. 별점은 별로인데 저는 재미있더라고요.

- 단언하여 말하는 것을 피하므로 청자에 대한 공손함을 나타내고 싶을 때 사용되기도 한다.

  예문 아주머니, 아까 복도가 좀 더럽더라고요. 거기 좀 닦아 주실 수 있으세요?

- 자신의 일을 객관화하여 말할 때 사용할 수도 있다.

  예문 나는 집에 밥이 있는데도 우리 동네에 있는 밥집에 자주 가게 되더라. 거기 정말 맛있어.

-(으)시-

형태 정보

	형태
받침 ○	-으시-
받침 ×	-시-

- '-(으)시-' 뒤에 어미가 붙는다.

1 높임

주어, 혹은 주어의 일부를 높인다.

- 아버지는 아침마다 신문을 읽으신다.
- 선생님께서 출석을 부르셨다.
- 할머니께서 핸드폰 번호를 물어보셨다.
- 아드님이 굉장히 똑똑하시네요.
- 가 : 몸은 좀 괜찮니?
  나 : 네, 엄마가 끓여주신 차를 마시고 좋아졌어요.
- 가 : 할아버지, 안경이 부러지신 것 같아요.
  나 : 괜찮아. 그래도 아직 쓸 만하단다.

문법 정보

- **주어 정보** : 주로 높임의 대상이 되는 사람이 주어로 온다.
  예문 아버지가 돈이 (있으시니?/ *계시니?)
  김 선생님, 내일 나올 수 (있으세요?/ *계세요?)

- **선행 용언 정보** : 동사, 형용사, '이다'의 어간과 결합한다. 단, '자다, 먹다, 마시다, 있다'
  는 각각 '주무시다, 드시다, 계시다'와 같이 높임의 의미를 갖는 어휘를 직접 사용한다.
  '있다'의 경우 주체와 관계된 사물이나 대상을 높일 때는 '계시다'가 아닌 '있으시다'를
  사용한다.
  예문 오늘은 일찍 주무세요. (자다 → 주무시다)
  천천히 드세요.(먹다 → 드시다)
  안녕히 계세요.(있다 → 계시다)
  아버지가 돈이 (있으시니?/ *계시니?)

- **선어말어미 정보** : '-었-', '-겠-', '-더-'의 앞에 결합하여 '-(으)시- + -었- + -겠- +

－더－'의 순서로 쓸 수 있다.

예문 이 시간이면 할아버지께서도 도착하시었겠어요.

　　　 선생님께서 그렇게 말씀을 하시었더라고요.

tip 다른 선어말어미와는 달리 '－시－'는 보조적 연결어미 '－아', '－게', '－지', '－고' 앞에
쓸 수 있다.

　　• 김 선생님은 아직 출근하시지 않았다.

공기 정보

• 주체가 높여야 할 대상이므로 조사 '께서'와 자주 쓴다.

담화 정보

• 고객을 대상으로 하는 서비스업에 종사하는 사람들 중 일부는 해당 고객과 관련되는 대
상에 '－시－'를 과도하게 붙여 말하기도 한다.

예문 가 : 얼마예요?

　　　 나 : 네, 고객님 50만 원이십니다. → 고객이 내야 할 돈 50만 원에 '－시－'를 붙임.

예문 가 : 저 실례지만 약속이 몇 시세요? → 고객의 약속 시간에 '－시－'를 붙임.

　　　 나 : 5시라서 지금 바로 가봐야 해요. 다음에 다시 올게요.

-았/었-

선어말
어미

형태 정보

	형태
ㅏ, ㅗ	-았-
ㅏ, ㅗ 외	-었-
하다	-였-(하였-/했-)

• '-았/었-' 뒤에 어미가 붙는다.

1 과거

어떤 사건이나 상황이 과거에 일어났음을 나타낸다.

• 태훈이는 주말에 강희를 만났다.
• 내가 어릴 때 어머니는 학교 선생님이셨다.
• 오랜만에 친구를 만나니까 참 기분이 좋았어요.

- 가 : 밥 먹으러 갈래?
  나 : 나는 이미 **먹었는데**.

문법 정보

- **선어말어미 정보** : '-(으)시-'의 뒤에, '-겠-', '-더-'의 앞에 결합하여 '-(으)시- + -었- + -겠- + -더-'의 순서로 쓸 수 있다.
  _{예문} 선생님께서 많이 힘드셨겠더라고요.

- **종결어미 정보** : '-자', '-읍시다' 등의 청유형 어미나 '-어라', '-으세요', '-으십시오' 등의 명령형 어미와 결합하기 어렵다.
  _{예문} *시간이 없으니까 빨리 갔(읍시다/으세요).

2 완료(지속)

이야기하는 시점에서 이미 완료된 결과가 현재까지 지속되어 영향을 미침을 나타낸다.

- 그 분과는 오랫동안 가깝게 지내 **왔습니다**.
- 꽃이 예쁘게 **피었네**.
- 그 사람에 대해서는 예전부터 **알았다**.
- 가 : 오늘은 웬일로 정장을 **입었어**?
  나 : 오늘 중요한 회의가 있어서 **입었어**.

문법 정보

- **선어말어미 정보** : '-(으)시-'의 뒤에, '-겠-'의 앞에 결합하여 '-(으)시- + -었-'의 순서로 쓸 수 있다.
  _{예문} 선생님께서 양복을 입으셨군요.

- **종결어미 정보** : '-자', '-읍시다' 등의 청유형 어미나 '-어라', '-으세요', '-으십시오' 등의 명령형 어미와 결합하기 어렵다.
  _{예문} *그 분과는 오랫동안 가깝게 지내 왔(읍시다/으세요).

- _{tip} '-고 있다'나 '-어 있다'를 통해서도 '완료'의 의미를 나타낼 수 있다.
  - 민수는 안경을 끼고 회색 바지를 입고 있다.
  - 친구들은 벌써 식당에 도착해 있어.

3 미래의 일 단정

미래에 일어날 일에 대해 그러할 것이라고 단정함을 나타낸다.

- 내일까지 끝내려면 오늘 잠은 다 **잤네**.

- 비가 오는 것을 보니 오늘 운동회는 다 했다.
- 이 정도 점수 차이라면 이 게임은 우리 팀이 이겼어.
- 가 : 지난번보다 시험을 훨씬 못 봤어.
  나 : 너 이제 엄마한테 죽었다.

문법 정보

- **선어말어미 정보** : '–(으)시–'의 뒤에 결합하여 '–(으)시– + –었–'의 순서로 쓸 수 있다.
  > (예문) 자네는 인제 마누라한테 혼나셨네.

- **종결어미 정보** : '–자', '–읍시다' 등의 청유형 어미나 '–어라', '–으세요', '–으십시오' 등의 명령형 어미와 결합하기 어렵다.
  > (예문) *내일까지 끝내려면 오늘 잠은 다 잤(읍시다/으세요).

담화 정보

- 주로 구어에서 사용하는 경향이 있다.
- 주로 비격식적인 상황에서 사용한다.

-았/었었-

형태 정보

	형태
ㅏ, ㅗ	–았었–
ㅏ, ㅗ 외	–었었–
하다	–였었–(하였었–/했었–)

- 용언의 어간에 '–았/었었–'을 붙인다. '–았/었었–' 뒤에 어미가 붙는다.

1 완료(단절)

과거의 어떤 상황이나 사건이 있었으나 이미 완료되어 현재로 이어지지 않음을 나타낸다.

- 예전에는 저 식당에서 자주 밥을 먹었었다.
- 지민이가 어릴 때 참 예뻤었는데.
- 저도 예전에 서울에 살았었어요.

- 가 : 이 식당이 오늘은 한가하네?

  나 : 그러게. 처음 문을 열었을 때는 사람이 **많았었는데** 말이야.

문법 정보

- **선어말어미 정보** : '–(으)시–'의 뒤에, '–겠–', '–더–'의 앞에 결합하여 '–(으)시– + –었었– + –겠– + –더–'의 순서로 쓸 수 있다.

  예문 그때는 선생님께서 많이 힘드셨었겠더라고요. 지금이야 다 회복되셨지만요.

- **종결어미 정보** : '–자', '–읍시다' 등의 청유형 어미나 '–어라', '–으세요', '–으십시오' 등의 명령형 어미와 결합하기 어렵다.

  예문 *예전에는 저 식당에서 자주 밥을 먹었었(읍시다/으세요).

담화 정보

- 주로 구어에서 사용한다.

- 과거의 상황이 더 이상 현재에 이어지지 않는 경우에 사용하므로 '–었었–'을 사용하여 명제 내용에 대한 화자의 아쉬움, 안타까움, 아련함 등의 감정을 표현할 수 있다.

  예문 어렸을 때에는 저 식당이 정말 맛있었었는데. → 지금은 음식 맛이 별로네.

관련 표현

- **–았/었–**

  (1) '–었–'은 어떤 사건, 상황이 과거에 단순히 있었거나, 과거에 완료된 상황이 현재에도 이어짐을 나타낸다. 이에 비해 '–었었–'은 과거에 완료된 상황, 사건이 현재와 다르거나 단절되었음을 나타낸다.

  예문 대기업에 취직했다. → 과거에 대기업에 취직하였음. 현재에도 다니고 있을 가능성이 큼.

  대기업에 취직했었다. → 과거에 대기업에 취직하였으나 현재에는 그 회사에 다니고 있지 않음.

  서준아, 친구한테 전화 왔다. → 친구에게 전화가 와서 끊지 않고 기다리고 있음.

  서준아, 친구한테 전화 왔었다. → 친구에게 전화가 왔었으나 서준이가 없어서 전화를 이미 끊었음.

2 과거 상황 강조

과거에 있었던 어떤 상황이나 사건을 강조할 때 쓴다.

- 우리 그때 수진이 **만났었잖아.**
- 내가 이 이야기를 너한테 전에 **했었나?**
- 작년 여름 방학에는 부모님과 미국 여행을 **갔었는데** 정말 좋은 추억이 되었습니다.
- 가 : 저 식당 맛있어 보이는데, 우리 저기에서 점심 먹을까?

  나 : 우리 저번에 저기에서 **먹었었잖아.** 기억이 안 나?

문법 정보

- **선어말어미 정보** : '-(으)시-'의 뒤에 결합하여 '-(으)시- + -었었-'의 순서로 쓸 수 있다.
  예문 어머니, 지난주에 할머님을 뵈셨었지요?

- **종결어미 정보** : '-자', '-읍시다' 등의 청유형 어미나 '-어라', '-으세요', '-으십시오' 등의 명령형 어미와 결합하기 어렵다.
  예문 *우리 저번에 저기에서 먹었었(읍시다/으세요).

7

관형사형어미

7 관형사형어미

❀ 구성 ❀

표제항 정보

▶ 표제항은 다음과 같은 원칙에 근거하여 기술하였다.
- 어간 말 받침이 있는 용언에 결합하는 형태를 대표형으로 제시: -을

관형사형어미 영역 쉽게 읽기

▶ 문법 메타용어의 사용
- 관형사형어미는 다른 영역과 달리 '관형형 과거' 등의 문법 메타용어가 의미 정보를 나타내기 위해 사용되기도 하였다.

▶ 행 용언에 대한 정보의 제시
- 관형사형어미는 결합하는 선행 용언에 제약이 있기 때문에 선행 용언의 의미, 형태, 품사와 관련된 정보를 제시하였다.

▶ 시제 선어말어미에 대한 정보의 제시
- 관형사형어미는 경우에 따라 시제 선어말어미와의 결합에 제약이 있기 때문에 이에 대한 정보를 제시하였다.

▶ 후행 요소에 대한 정보의 제시
- 관형사형어미는 다른 영역과 달리 후행하는 체언 및 표현이 존재하기 때문에 후행 요소에 대한 의미, 형태 등의 정보를 제시하였다.

▶ 유사 문형 간의 차이점에 대한 정보의 제시
- 관형사형어미는 학습자들이 많은 오류를 생산하는 문법 항목이기 때문에 유사한 문형 간의 차이점에 대한 정보를 관련 표현을 통해 상세하게 제시하였다.

▶ 실제 사용을 돕기 위한 추가 정보의 제시
- 관형사형어미는 일반적으로 시제에 따라 형태를 구분하는데, 이와 달리 발화의 시점이나 상황의 완료 여부에 따라 시제와 무관하게 사용이 결정되는 경우가 있다. 따라서 참고 정보를 통해 관형사형어미의 실제적 사용을 돕기 위한 내용들을 제시하였다.

-는

형태 정보

- 용언의 어간에 '-는'을 붙인다.

1 관형형 현재

앞말이 관형어가 되게 하고 사건이나 동작이 현재에 일어남을 나타낼 때 쓴다.

- 저기 서 계시는 분이 제 어머니세요.
- 내가 요새 즐겨 먹는 음식은 한국 음식이다.
- 저는 연세대학교에 다니는 학생입니다.
- 가 : 네 남자 친구는 어떤 사람이야?
  나 : 키가 크고 멋있는 사람이야.

문법 정보

- **선행 용언 정보** : 동사나 '있다', '없다'와 결합한다.
  > 예문 키가 작은 동생 → 형용사 + '-은'
  > 내가 먹는 사과 → 동사 + '-는'

- **후행어 정보** : 앞말에 의해서 그 의미가 구체적으로 설명되는 명사가 뒤에 온다.

관련 표현

- **-은**
  (1) 앞말이 관형어가 되게 한다는 점에서 같지만, '-은'은 동사와 결합하면 과거나 완료를 나타내고 형용사와 결합하면 현재 상태를 나타낸다.
  > 예문 내가 어제 먹은 과일은 사과였다.
  > 내가 지금 먹는 과일은 포도이다.

- **-을**
  (1) 앞말이 관형어가 되게 한다는 점에서 같지만, '-을'은 미래, 추측, 예정, 가능성 등의 의미를 더해 주거나 시제의 의미 없이 특정한 의존명사를 꾸며줄 때 쓴다.
  > 예문 내가 지금 먹는 과일은 포도이다.
  > 내가 내일 먹을 과일은 수박이다.

-던

형태 정보

• 용언의 어간에 '-던'을 붙인다.

1 관형형 과거 회상

과거의 상황을 회상하며 말할 때 사용한다.

• 언니는 비가 많이 **오던** 날에 결혼했다.
• 고등학교 졸업 여행을 **가던** 날에 배탈이 났었다.
• 입사해서 임원들 앞에서 처음으로 **발표하던** 날에 정말 긴장했었지.
• 내가 취직했을 때 가족들과 같이 불고기를 **먹던** 때가 아련하게 생각난다.

문법 정보

• **선어말어미 정보** : '-(으)시-', '-었-'의 뒤에 결합하여 '-(으)시- + -었- + -던'의 순서로 쓸 수 있다.

예문 어렸을 때 엄마가 해 주셨던 감자 튀김이 생각난다.

• **후행 요소 정보** : 주로 '일', '날', '때', '것', '시간', '해', '시절'과 같이 어떤 사건을 전체적으로 조망할 수 있는 시간 명사가 뒤에 온다.

관련 표현

• **-은**
• (1) '-은' : 결과 상태가 지속되거나 끝난 상황을 가리킬 때 사용한다.

예문 흰 셔츠에 청바지를 입은 여자가 좋다. → 결과 상태의 지속
　　　　흰 셔츠에 청바지를 입던 여자가 좋다. → 과거의 습관

아침에 문을 두드린 사람이 다시 찾아왔어요. → 끝난 상황

아침에 문을 두드리던 사람이 다시 찾아왔어요. → 과거에 지속되었던 상황

2 중단

과거의 어느 때까지 상황이 계속되다가 중단됨을 말할 때 사용한다.

- 사이가 **좋던** 친구와 자주 싸우게 되어서 요즘 기분이 별로다.
- 동생은 내가 **먹던** 아이스크림을 빼앗아 가서 먹었다.
- 중학생이 될 때까지 **배우던** 피아노를 그만두었다.
- 다리를 **건너던** 사람들이 다시 돌아왔다.
- 거리를 **걷던** 사람들이 갑자기 뛰기 시작했다.

문법 정보

- **선어말어미 정보** : '-(으)시-', '-었-'의 뒤에 결합하여 '-(으)시- + -었- + -던'의 순서로 쓸 수 있다. 그러나 '다리를 건너다'와 같이 끝점이 있는 상황과 결합할 경우에는 의미가 달라진다.

  예문 엄마는 사이가 좋으셨던 사람과 멀어졌다. = 엄마는 사이가 좋으시던 사람과 멀어졌다.

  다리를 건너던 사람들이 다시 돌아왔다. → 건너는 도중에 돌아옴.

  다리를 건넜던 사람들이 다시 돌아왔다. → 다리를 끝까지 건넌 후에 돌아옴.

- **후행 요소 정보** : 앞말에 의해서 그 의미가 구체적으로 설명되는 명사가 뒤에 온다.

3 지속

과거의 어느 반복적, 습관적인 상황이 지속되었음을 강조할 때 사용한다.

- 고등학교 때 자주 **가던** 떡볶이집에 다시 가 봤다.
- 어렸을 때 **키우던** 강아지가 자꾸 생각난다.
- 눈이 참 **예쁘던** 친구가 생각난다.
- 새 아파트로 이사 가기 전에 자주 **들르던** 국밥집을 지나가니 감회가 새롭다.

문법 정보

- **선어말어미 정보** : '-(으)시-', '-었-'의 뒤에 결합하여 '-(으)시- + -었- + -던'의 순서로 쓸 수 있다.

  예문 이 강아지는 어머니가 전에 키우셨던 강아지와 닮았다.

- **후행 요소 정보** : 앞말에 의해서 그 의미가 구체적으로 설명되는 명사가 뒤에 온다.

-은

형태 정보

	형태
받침 ○	-은
받침 ×	-ㄴ

1 관형형 과거

앞말이 관형어가 되게 하고 동작이 과거에 이루어졌음을 나타낼 때 쓴다.

- 지난여름 휴가에 **간** 곳은 부산 해운대였다.
- 그날은 모기 때문에 잠을 설친 날이었어요.
- 조금 전에 저에게 전화 **거신** 분이 누구신지요?
- 가 : 어제 **본** 영화는 어땠니?
  나 : 여태껏 **본** 영화 중에 제일 재미있었어.

문법 정보

- **선행 용언 정보** : 동사와 결합한다.
  > **예문** 어렸을 때부터 예뻤던 현정이 → 형용사 + '-었던'
  > 어제 내가 먹은 사과 → 동사 + '-은'

- **후행어 정보** : 앞말에 의해서 그 의미가 구체적으로 설명되는 명사가 뒤에 온다.

2 관형형 완료

앞말이 관형어가 되게 하고 동작이 완료되어 그 상태가 지속됨을 나타낼 때 쓴다.

- 높은 구두를 **신은** 여자가 또각또각 소리를 내며 걸어갔다.
- 민준이는 **상한** 음식을 먹고 배탈이 났다.
- 사고 현장에서는 처참하게 **부서진** 자동차가 놓여 있습니다.
- 가 : 이 식당 어때?
  나 : 최악이야. 식은 음식이 나오더라고.

- **선행 용언 정보** : 착용동사나, '상하다', '부서지다', '떨어지다' 등과 같이 일회적인 동작과 그 동작의 결과 상태를 모두 나타낼 수 있는 동사와 주로 결합한다.
- **후행어 정보** : 앞말에 의해서 그 의미가 구체적으로 설명되는 명사가 뒤에 온다.

3 관형형 현재 상태

앞말이 관형어가 되게 하고 현재의 상태를 나타낼 때 쓴다.

- 저기 있는 키 작은 사람이 내 동생이야.
- 밤하늘에 예쁜 별들이 반짝인다.
- 한국 음식 중에는 외국인이 먹기에 매운 음식이 많아요.
- 가 : 너는 이상형이 어떤 사람이야?
  나 : 나는 착한 사람을 좋아해.

문법 정보

- **선행 용언 정보** : 형용사와 결합한다.
  예문 키가 작은 동생 → 형용사 + '-은'
  내가 먹는 사과 → 동사 + '-는'
- **후행어 정보** : 앞말에 의해서 그 의미가 구체적으로 설명되는 명사가 뒤에 온다.

관련 표현

- **-는**
  (1) 앞말이 관형어가 되게 한다는 점에서 같지만, '-는'은 동사나 '있다', '없다'와 결합하여 현재를 나타낸다.
  예문 내가 어제 먹은 과일은 사과였다.
  내가 지금 먹는 과일은 포도이다.

- **-을**
  (1) 앞말이 관형어가 되게 한다는 점에서 같지만, '-을'은 미래, 추측, 예정, 가능성 등의 의미를 더해 주거나 시제의 의미 없이 특정한 의존명사를 꾸며줄 때 쓴다.
  예문 내가 지금 먹는 과일은 포도이다.
  내가 내일 먹을 과일은 수박이다.

-을

형태 정보

	형태
받침 ○	-을
받침 ×	-ㄹ

1 관형형 미래

앞말이 관형어가 되게 하고 사건이나 동작이 미래에 일어남을 나타내거나 추측, 예정, 가능성을 나타낼 때 쓴다.

- 장마철에는 비가 **올** 때를 대비해 우산을 가지고 다니는 게 좋다.
- 내일 **있을** 소개팅에 어떤 사람이 나올지 너무 기대돼요!
- 다음 학기에 **개설될** 강의는 한국어교육론이다.
- 가 : 여보, 지금 뭐 하고 있어요?
  나 : 저녁에 **먹을** 음식을 만드는 중이에요.

문법 정보

- **시제 정보** : 추측을 나타낼 때는 과거 시제를 나타내는 '-었-'과 결합하기도 한다.
  예문 그동안 마음고생 많았을 수험생들을 격려해 줍시다.

- **후행어 정보** : 앞말에 의해서 그 의미가 구체적으로 설명되는 명사가 뒤에 온다.

2 관형형 시제 중립

특정한 시제의 의미 없이 앞말이 관형어가 되게 할 때 쓴다.

- 가수가 되는 것은 **어릴** 적부터 꿈이었어요.
- 비가 **올** 때 우산이 없는 것만큼 난감한 것이 없다.
- 저는 해외여행을 **할** 때면 그 나라의 음식을 꼭 먹어 본답니다.
- 김 대리는 과로로 **쓰러질** 정도로 열심히 일했어요.

문법 정보

- **후행어 정보** : 주로 '적', '때', '만큼', '정도' 등의 특정 의존명사가 뒤에 온다.

예문 가수가 되는 게 (어릴/*어린) 적부터 꿈이었어요.

가수가 되는 게 (어린/*어릴) 시절부터 꿈이었어요.

관련 표현

- **-은**

  (1) 앞말이 관형어가 되게 한다는 점에서 같지만, '-은'은 동사와 결합하면 과거나 완료를 나타내고 형용사와 결합하면 현재 상태를 나타낸다.

  예문 내가 어제 먹은 과일은 사과였다.

  내가 내일 먹을 과일은 수박이다.

- **-는**

  (1) 앞말이 관형어가 되게 한다는 점에서 같지만, '-는'은 동사나 '있다', '없다'와 결합하여 현재를 나타낸다.

  예문 내가 지금 먹는 과일은 포도이다.

  내가 내일 먹을 과일은 수박이다.

색인

색인

한국어교육 문법 　자료편

초판발행	2016년 4월 25일
초판 5쇄	2021년 3월 25일

저자	강현화, 이현정, 남신혜, 장채린, 홍연정, 김강희
책임 편집	권이준, 양승주
펴낸이	엄태상
콘텐츠 제작	김선웅, 김현이
마케팅	이승욱, 전한나, 왕성석, 노원준, 조인선, 조성민
경영기획	마정인, 조성근, 최성훈, 정다운, 김다미, 오희연
물류	정종진, 윤덕현, 양희은, 신승진

펴낸곳	한글파크
주소	서울시 종로구 자하문로 300 시사빌딩
주문 및 교재 문의	1588-1582
팩스	0502-989-9592
홈페이지	http://www.sisabooks.com
이메일	book_korean@sisadream.com
등록일자	2000년 8월 17일
등록번호	1-2718호

ISBN 978-89-5518-389-4 03710